感谢贵州省高等学校人文社科研究基地——人口
贵州省2015年1%人口抽样调查办公室对本书的

# 人口·社会·法制研究

## 2017年卷（一）

主　编　杨军昌　王文忠

副主编　张忠阳　郑姝霞　申　鹏
廖　艳　方　印

知识产权出版社
全国百佳图书出版单位

**图书在版编目（CIP）数据**

人口·社会·法制研究.2017年卷.一/杨军昌，王文忠主编.—北京：知识产权出版社，2018.9
ISBN 978-7-5130-5783-7

Ⅰ.①人… Ⅱ.①杨… ②王… Ⅲ.①社会科学—文集 Ⅳ.① C53

中国版本图书馆 CIP 数据核字 (2018) 第 191464 号

**内容提要**

本书为贵州省高校人文社科研究基地——人口·社会·法制研究中心连续性学术辑刊《人口·社会·法制研究》2017年卷（一）（总第13卷）——贵州省2015年1%人口抽样调查研究成果专辑。专辑文稿为贵州省1%人口抽样调查办公室组织实施的课题成果汇编，涉及贵州省人口发展趋势预测、人口空间分布、生育意愿及生育水平、人口老龄化、人口就业与事业、流动人口问题等7个专题。各专题主题鲜明，中心突出，资料翔实，内容具体，论证有力，针对性强，具有一定的学术与实践参考价值。

**责任编辑**：王 辉　　　　**责任印制**：孙婷婷

**人口·社会·法制研究2017年卷（一）**

杨军昌 王文忠 主编

张忠阳 郑姝霞 申 鹏 廖 艳 方 印 副主编

| | |
|---|---|
| 出版发行：知识产权出版社有限责任公司 | 网　　址：http：//www. ipph. cn |
| | http：//www.laichushu.com |
| 电　　话：010－82004826 | |
| 社　　址：北京市海淀区气象路50号院 | 邮　　编：100081 |
| 责编电话：010-82000860转8381 | 责编邮箱：wanghui@cnipr.com |
| 发行电话：010-82000860转8101 | 发行传真：010-82000893 |
| 印　　刷：北京虎彩文化传播有限公司 | 经　　销：新华书店及相关销售网点 |
| 开　　本：720 mm × 1000 mm　1/16 | 总 印 张：27 |
| 版　　次：2018年9月第1版 | 印　　次：2018年9月第1次印刷 |
| 总 字 数：600千字 | 定　　价：136.00 元（全两册） |

ISBN 978-7-5130-5783-7

**出版权专有　侵权必究**
**如有印装质量问题，本社负责调换。**

# 人口·社会·法制研究
# 2017年卷（一）

《贵州省2015年1%人口抽样调查研究成果专辑》编辑委员会

主　任：任湘生　张　平

副主任：王文忠　杨军昌

成　员：张忠阳　陈应芳　刘　晴　张　萍　郑姝霞　申　鹏
　　　　廖　燕　方　印

编辑人员名单

主　编：杨军昌　王文忠

副主编：张忠阳　郑姝霞　申　鹏　廖　燕　方　印

编　辑：杨　娣　严进进　赵　娜　周慧群　李绍练　王　斌
　　　　李维嘉　张　阳　吴青芬

# 目　录

# ● 贵州省人口发展趋势预测

张文专*

（贵州财经大学　贵州　贵阳　550025）

**摘　要：**本研究通过追溯历年来贵州省的人口变动情况及目前户籍人口、2015年年末常住人口的发展现状，以2015年贵州省1%人口抽样数据为支撑，选取起始人口数、死亡水平、死亡模式、生育水平、生育模式、出生性别比、迁移水平、迁移模式8个指标，根据生育水平分设高、中、低三个方案，对贵州省未来50年人口规模进行预测，并从出生人口、死亡人口、总人口规模、年龄结构、性别比例、劳动人口、社会抚养比、各教育阶段人口、婚龄人口等多方面详细地分析了贵州省未来人口的发展趋势。

**关键词：**常住人口；PADIS-INT；人口预测

## 一、绪论

### （一）研究背景及意义

1. 研究背景

人口的特征与当地的社会稳定、经济发展息息相关，了解人口的结构，能为区域资源规划、资源调整做出合理的决策，因此对未来人口的预测显得十分重要。

2. 研究意义

人口是一个国家或区域的重要战略资源，是社会生产活动和财富分配的重要基础。人口问题研究也一直是学术界和决策部门关注的重点和热点问题。本研究在充分考虑计划生育政策调整因素的基础上，分析贵州省人口发展趋势，对未来50年贵州省总体人口进行科学预测，根据预测结果，为贵州省就业保障、养老、人口等方面的相关组织或单位提出政策建议。

### （二）研究现状及思路

1. 研究现状

在我国较早开始对人口进行分析预测的学者是宋健，他利用控制论基础，以人口

---

* 作者简介：张文专（1966—），男，汉族，湖南永州人，贵州财经大学贵州省经济系统仿真重点实验室教授、博士。研究方向：数学与统计学。

总和生育率为因子，建立偏微分方程来对人口规模进行预测[1]。随后，一部分学者逐渐开始对各个区域的人口进行研究。

2000年，王桂新从出生人口、年龄性别人口等指标入手，详细分析了各种人口预测模型的理论及其应用，并对各种模型进行比较[2]；李永胜（2004）认为人口预测模型的建立需要符合人口生产的自然特征，伴随变动的时间，根据社会发展中不同时期的要求进行选择，并指出设定预测参数也要遵循自然和时间的原则[1, 3]；杨付、唐春勇（2008）和凌佳（2009）各自选取了三种预测模型进行特征比较，确定了根据不同预测期限与预测区域的方案选择；田飞（2011）总结了人口预测的数学统计方法，认为利用人口学的队列因素法和概率预测法，会使人口预测的结果更加科学[3]。

对人口方面的研究，不仅从理论模型的各种分析能得到实践应用，并且从人口总体规模的预测，到人口结构、人口质量等方面的细化，再到人口与经济、资源规划、社会的关系分析都有十分丰硕的研究成果[4]。随着自动化的深入学习，人口研究也踏上了新的舞台。2002年，王广州开发了专门的人口预测软件CPPS。近几年，中国人口与发展研究中心又开发出了新的人口预测软件PADIS-INT[5]，并作为国际人口预测软件推向世界各国，成功地将我国人口预测技术提高到世界前列。

贵州省人口发展相关研究主要有2004年杨玉水在《贵州省人口老龄化的现状趋势特点及对策》一文中利用“四普”“五普”及相关数据，分析了贵州省人口老龄化情况[6]；2009年李旭东在《贵州省人口受教育程度对职业分层的影响及其关联度》中采用灰色关联分析出贵州省劳动力中教育水平普遍偏低；2010年，兰定松、唐明永在《贵州省人口老龄化及老年社会保障问题论析》中采用回归法预测出贵州人口老龄化将加剧并提出相关应对措施；2011年，连高社、葛建军在《贵州省人口变动预测研究》中利用CPPS软件预测出2020年贵州省劳动力人口最为充足，2037年或2045年贵州省将达到人口高峰期，2050年贵州省老龄人口比重将达到19.71%。2014年，杜妍在《贵州省劳动力人口现状及发展趋势研究》中，利用CPPS软件分低、中、高三种方案预测2010—2050年总人口和劳动力人口规模，并预测出贵州省总人口和劳动力人口的变化趋势为先上升后下降[7]；2014年，李凤枝在《贵州省人口老龄化的发展特点及人口预测》中，使用PROJCT模型预测出贵州省劳动力比重在2020年之前为上升趋势，2025年后为下降走向，老年人口比重一直呈增加趋势；2014年，孙双琳、冉凤在《人口模型在贵州省总人口预测中的应用》中比较了阻滞增长模型、马尔萨斯人口模型、GM（1，1）灰色模型对贵州省人口的预测，得出马尔萨斯人口模型更适合贵州省人口预测[8]。2015年王光召在《贵州省人口结构对产业结构的影响研究》中选取15个评价指标，构建人口结构对产业结构影响的评价体系，用主成分分析法、回归分析法探讨人口结构对产业结构的影响[9]。

综上所述，贵州省在人口方面的研究多趋于分模块、分结构的研究，或是从人口规模总体着手，但预测局限于数理模型，只呈现了数理模型在人口发展研究中的应用，研究止于预测结果，或者过于依赖预测软件，忽略了软件本身的假设条件与贵州省人口发展现状的巨大偏差。

2. 研究特色与研究思路

（1）本研究所使用的预测工具是国际通用人口预测软件（PADIS-INT），PADIS-INT 是 2011 年在联合国人口司的指导下，由中国人口与发展研究中心、神州数码研发的人口预测软件[10]。该软件自投放使用以来，一直得到联合国人口司的高度肯定并在印度、巴西、墨西哥等国得到推广应用。该软件预测区间长达 500 年，可前溯 100 年，后推 400 年，同时进行 13 个不同地区的 3 种方案预测，另外该软件所采用的预测技术先进，引入了迭代算法、非线性预测模型、多区域动态平衡预测等方法，并且预测结果准确率高，以联合国人口预测结果为参照，预测结果误差率小于 1%。

（2）合理的参数设置人口预测已经相对成熟，预测中用到的指标和参数大同小异，尤其是借助软件来预测人口的研究文献中，预测指标已被系统选定，只需要设置合理的预测参数。本研究通过对目前常用的人口预测模型、预测软件及软件所带模型的假设条件、预测原理等全面分析，为后文人口研究设置合理的预测参数[11]。

（3）结构化的预测内容。本研究在预测贵州省未来 50 年总体人口规模变动趋势的基础上，再对农业从业比重、人口结构抚养比、各年龄段结构等方面进行数据预测，并根据其预测结果，指出未来人口的发展趋势，在经济、资源分配、社会稳定等方面为相关部门提供相应的参考意见[12]。

## 二、贵州省人口发展现状分析

本研究从五次普查（1978—2015 年）的常住人口数、户籍人口数、农业从业人员占比、性别比、出生率、死亡率、自然增长率、年龄结构、抚养比各个方面研究贵州省历年来发展进程与人口现状及特征。

### （一）历年人口趋势

从人口总数来看，贵州省户籍人口以平稳方式持续上升，常住人口于 2005 年开始下降，至 2011 年有所回升，且在 2006 年以前常住人口数大于户籍人口数且近似相近，2006 年之后由于常住人口的大幅度下降，使得两者差距拉大；至 2015 年常住人口达 3529.50 万人，户籍人口达 4359.33 万人（见图 1）。

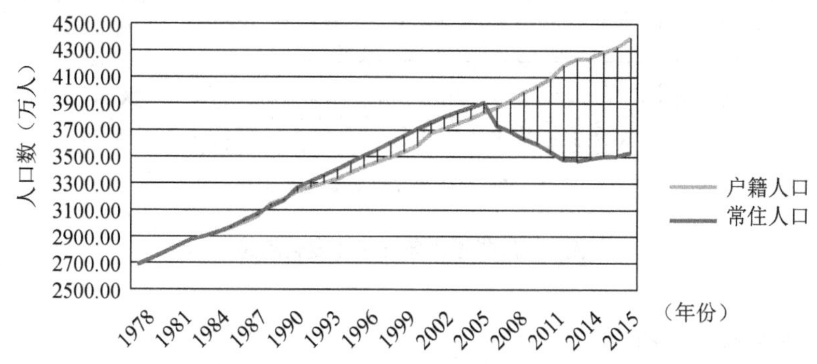


图 1　贵州省历年人口变化趋势

### （二）历年农业从业人员走势

从农业从业人口来看，贵州省的农业从业人口远远大于非农业人口，其占总人口数的比例逐年下降，在 1994 年后加快了下降速度，直至 2014 年农业从业人员从 1978 年的 88.6% 下降到 83.6%[13]；非农业从业人员比例从 1978 年的 11.4% 增加到 16.4%（见图 2）。

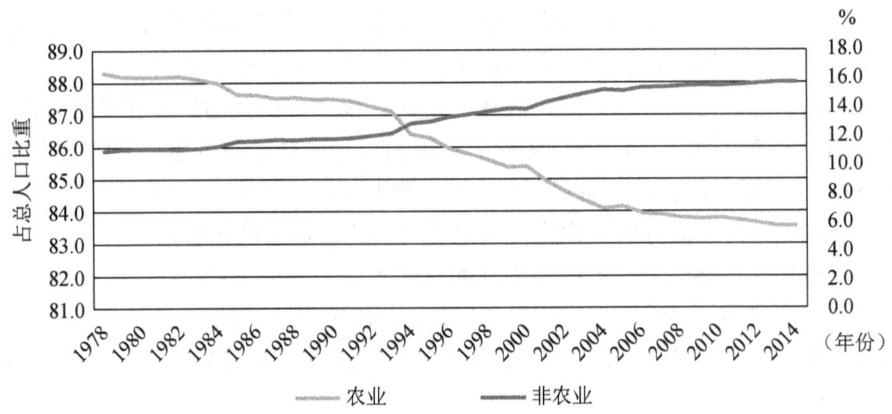


**图 2　贵州省历年农业人口变化趋势**

### （三）历年性别比

从性别结构看，2000 年以来性别比有较大波动，且男女人口数量在 2004 年均开始出现回跌现象，直至 2015 年年末贵州省男性人口 1820.63 万人、女性人口 1708.87 万人（见图 3），性别比 106.54（以女性为 100）。

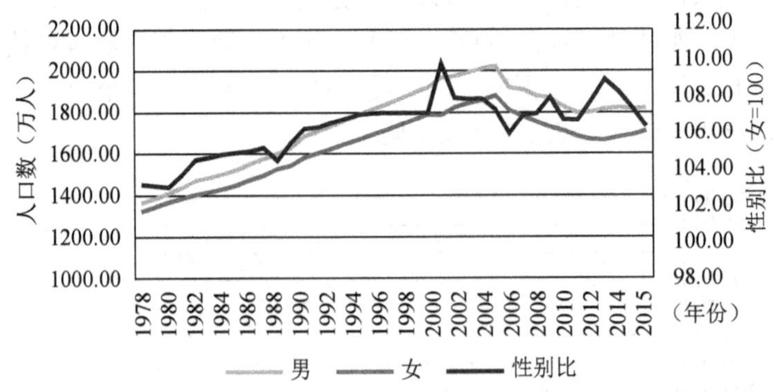


**图 3　贵州省历年性别比变化趋势**

### （四）历年人口增长

从人口增长来看，出生率、死亡率、自然增长率在 20 世纪 80 年代有较大波动。2000 年之后以较为平缓速度下降，直至 2015 年人口出生率为 13%，死亡率为 7.2‰，自然增长率为 5.8‰[14]。从出生率与自然增长方面看，出生率与自然增长率走势有高度近似的分布走势，1991 年以前两者上下不平稳波动，1991 年后均以较为平滑的趋势下降；死亡率一直处于上下波动的状态，1995 年以前死亡率波动幅度较大，1983 年死亡率达到最高 9.16%，1985 年达到最低 5.891%（见图 4）。

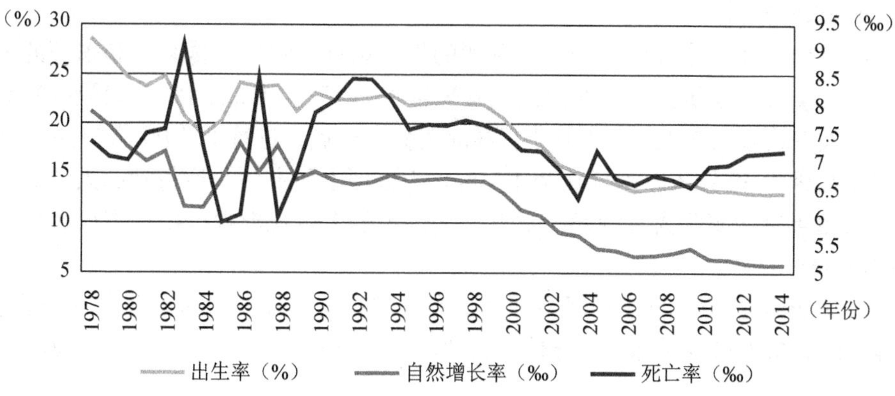


**图 4　贵州省历年人口自然变动情况**

## 三、预测方案选择

合理的人口预测方案，不仅能预测出区域内未来的人口规模或人口结构，更重要的是能根据预测数据事先调整相关政策及资源分配，以达到人口预测的实际应用力。所以，本研究根据以上对现有文献的综合分析，分别从户籍人口、年末常住人口两方面对总和生育率设置高、中、低三种方案对贵州省未来人口进行预测。

### （一）预测方法简介

本研究采用国际人口预测软件 PADIS-INT，该软件是中国人口与发展研究中心依靠在人口宏观管理与决策信息系统（PADIS）一期建设过程中形成的技术优势，在联合国人口司的协助和指导下，研发的一套国际通用人口预测软件。2011 年 4 月 14 日联合国人口与发展委员会第 44 届会议期间，中国政府成功举办了 PADIS-INT 人口预测软件推介边会，获得联合国、美国人口普查局、普林斯顿大学等国际权威机构高度认可，得到与会各国官员和技术专家的积极反响。

PADIS-INT 软件的主要特点在于，可分区域或民族预测跨度长达 500 年的人口规模，在预测算法上引入了非线性预测模型、多区域动态平衡、迭代算法等，并且界面友好，操作简单，输出结果内容丰富，预测结果准确率高，参照联合国人口预测结果，误差率小于 1%。

首先，准备人口预测所需要的基础年份年龄性别人口数、生育模式和迁移模式等贵州省人口数据；其次，设置高、中、低三个预测方案，预测模型的起始年份和终止年份为 2015 年和 2065 年，并选择预测区域数量并命名，本研究只对贵州省整体人口规模进行预测，因此预测区域数量设置为 1，命名“贵州省”；最后，将准备好的预测数据依次对应三个方案上传到起始人口、死亡水平等选项中，其中死亡模式选择“西区”，运行预测模型，得到贵州省未来 50 年人口发展的各项指标。

### （二）数据选择

1. 基础数据选择

基础数据的获得是开展整个人口预测的先决条件，它的质量高低和来源的真实可靠程度尤其重要。本研究采用的数据主要来自于 2015 年贵州省 1% 人口调查数据，本次贵州省人口调查以 2015 年 11 月 1 日零时为标准时点，进行了“1% 人口抽样调查”，其调查样本量为 48 万人，抽样比为 1.35%。为方便本研究预测后得到的人口数据能直接反映预测年份的实际人口规模，对调查文件中的人口规模数据做比率换算后作为预测基础数据。

该数据包含了人口的数量规模、生育和迁移模式、年龄性别结构等多方面内容，是准确全面分析人口发展趋势的最佳素材和反映一个地区人口状况的基本依据。

2. 基础数据质量评价

本研究利用惠普尔指数（Whipple）对年龄性别变量进行质量评价（见表 1），结果显示，该预测数据处于较好的范围之内，数据不存在年龄堆积。

**表 1　基础数据质量评价表**

| 指标 | 惠普尔指数 | 数据质量 |
|---|---|---|
| 男性人口数 | 101.43 | 好 |
| 女性人口数 | 100.57 | 好 |
| 男性死亡率 | 104.87 | 好 |
| 女性死亡率 | 105.46 | 好 |
| 总和生育率 | 100.72 | 好 |

### （三）参数选择

参数设置的合理性最终将决定预测结果是否符合实际。本研究的预测对象为贵州省的常住人口变动，由于新增加的迁移人口的死亡和生育模式的不确定性，那么我们考虑将现有的贵州省常住人口假定为封闭区域，以经济政治环境稳定且行政划分区域不变为前提进行预测。以 2015 年为预测基期，年限设为 50 年，为了使预测数据尽最大可能地贴近实际以描述未来人口的发展状况，本研究最终筛选出一套符合预测要求、对人口发展起显著性作用的参数，便于预测结果更为全面地反映未来人口的发展过程。因此，基于不同的假设前提设置了三种预测方案，且分别设置了它们各自的参数值。

1. 预期寿命参数

人口死亡水平意味着现存人口的存活概率，从而科学、客观地评估死亡模式成了人口预测的另一重要内容。这里选用人口的平均预期寿命作为参数，由于它相对变化稳定，基于人口寿命随经济和医疗技术不断提高的经验，以及贵州省该项指标目前已处于相对平稳状态，未来50年该指标主要选择的范围只能是基于当前水平有小幅度的上升。因此，死亡模式参数只设定了一种方案，即假定生活水平和医疗卫生条件的改善有效延长了人口的预期寿命，将2010年男性和女性该项值68.43岁和74.11岁作为参考值，根据国际经验人口的平均预期寿命按照先快后慢的方式增长，2020年之前平均每年增长0.1岁，2021—2065年平均每年增长0.05岁。

*2. 死亡模式参数*

PADIS-INT软件提供了两种模型生命表，即寇尔德曼生命表和联合国生命表。

寇尔德曼模型生命表，是1966年在192张实际生命表的基础上建立起来的。这套模型生命表按实际不同的死亡类型和特点进行分类、处理，分别推导出4个系列的生命表，称为“东、南、西、北”模型生命表，每一组生命表代表的是一种死亡模式，而西方模型是建立在130个实际生命表数据的基础上的，这些生命表主要来自于非洲和亚洲，如以色列、日本和南非等。这些区域的死亡数据无显著的系统偏差，因此，这组模型较之于其他几组具有更广泛的代表性，从而常常被当作标准的模型生命表。

联合国的发展中国家模型生命表是联合国人口司于1982年发行的一套根据发展中国家实际生命表构造的模型生命表，所采用的72张实际生命表的资料全部取自发展中国家和地区，因此可靠性较强。另外根据实际数据所反映的死亡率模式的地域特征，其又可以被分为几大区域，分别定名为拉美模型、智利模型、南亚模型、远东模型和一般模型，相比较其他4组，一般模型与西方模型较相似，接近标准模型。

根据调查数据，推算出模型生命表的参数与寇尔德曼西方模型生命表更为接近，故本研究选取软件中的“西方”作为死亡模式。

*3. 总和生育率参数*

总和生育率体现了人口的生育水平，是人口预测中最重要的参数，是人口规模缩减或增长的基础性因素，对人口长期发展能够产生重要影响。总和生育率的正常水平为2.1，而中国自1972年以来，一直处于低位徘徊阶段，长期低于2.1。面对总和生育率踏入超低生育陷进问题，国家开始“双独”生育政策，期望在不造成“生育堆积”的情况下，再由“双独”过渡到“单独”，最后全面放宽“二胎”政策，以此来缓解人口低生育现象。

据国务院人口普查办公室和国家统计局人口和就业统计司编辑出版的《中国2010年人口普查资料》显示，贵州省2010年的总和生育率为1.74785。本研究对未来人口的总和生育率的三种方案假定为：

低方案：假定现行的生育约束机制稳定不变，随着“单独”二孩生育政策到“二胎”政策的全面放宽，人们的生育意愿在2016—2025年只有小幅度加速上升，到2025年达到1.80，并趋于平稳，在2026—2065年的总和生育率一直保持不变。

中方案：即假定二胎政策放宽，且人们对二胎的生育意愿有所提高，在2025年总和生育率上升到1.95，并以此生育水平保持到2065年。

高方案：国家不仅在生育政策上全面放宽，并鼓励生育，实施对生育妇女或家庭发放育儿补助等措施，使妇女的生育意愿明显提高，总和生育率得到大幅度加速回升，到 2025 年达到 2.1 的平稳状态，并保持这一水平到 2065 年。

4. 出生性别比

出生性别比不仅直接作用于人口结构变动，而且将间接影响未来育龄妇女的人口数量。自 2007 年，贵州省开展“两非”（即禁止非医学需要的胎儿性别鉴定和禁止选择性别人工终止妊娠的规定）专项整治行动以来，累积查处 3200 多件“两非”案件，使贵州省出生性别比持续攀升的势头得到遏制。

5. 迁移模式

迁移模式即各年龄迁移人口数量与各年龄人口总数之比。本研究根据各年龄迁移人口数和各年龄人口总数计算出 2015 年人口迁移模式，并以此作为高、中、低三个方案的迁移模式。

## 四、贵州省未来人口发展趋势

人口变动对社会经济的发展和资源的开发与利用具有举足轻重的影响，贵州省人口趋势的预测结果对了解未来城市人口的消费和就业需求、制定城市发展的各项规划和政策有着战略性的意义。本研究以 2015 年贵州省 1% 人口调查数据为基础，运用预测模型对未来贵州省人口的发展趋势做出描述。

### （一）出生人口发展趋势

贵州省未来 50 年的出生人口呈现直线下降的趋势。从表 2、图 5 的三种方案可以看出，高方案的出生人口下降趋势较小，即提高人口总和生育率，可以缓解人口的快速下降。高方案中，出生人口在 2025 年以前先逐渐上升，年出生人口达到 50.5 万人，之后呈现下降趋势，而总和生育率在 1.95 以下的中低方案，出生人口一直呈现下降趋势。

以中方案预测为例，2020 年贵州省出生人口将达到 45.92 万人，出生率达到 12.70‰，2016—2020 年出生人口共计 309.20 万人，平均每年出生人口为 61.84 万人，平均出生率为 12.76‰。

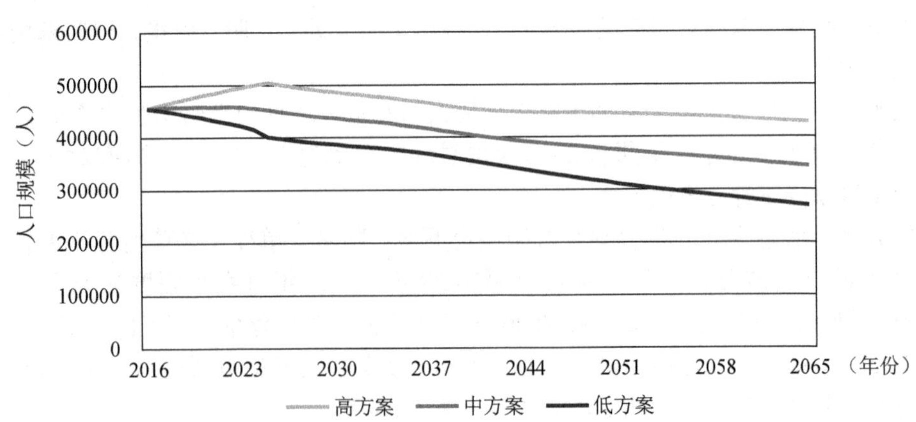


图 5　贵州省未来 50 年出生人口变化趋势

表 2　贵州省未来 50 年主要年份出生人口数

单位：人

| 年份 | 高方案 | 中方案 | 低方案 |
|---|---|---|---|
| 2020 | 480216 | 459226 | 438225 |
| 2025 | 504746 | 452981 | 401203 |
| 2030 | 486393 | 436508 | 386617 |
| 2035 | 471921 | 423268 | 374671 |
| 2045 | 447509 | 389407 | 334172 |
| 2055 | 441842 | 366343 | 297842 |
| 2065 | 428179 | 344062 | 269731 |

## （二）死亡人口发展趋势

另一个影响人口发展变动的重要因素是人口的死亡。由于经济、社会的迅速发展，人民安居乐业，生活水平显著提高，卫生条件不断改善，人口死亡率已降到较低水平。随着贵州省老龄化的加快，总人口死亡率快速上升（预测结果见表 3）。未来人口死亡呈现以下特点：由于老年人口持续增加，特别是高龄老年人口迅猛增长，死亡人口将逐年增多。以中方案为例，2020 年贵州省死亡人口达 33.34 万人，死亡率达 9.22‰，比 2015 年增加 15.1 万人；2055 年死亡人口将达 53.33 万人，比 2015 年增加 35.09 万人，增长 1.1 倍。

表 3　贵州省未来 50 年死亡人口预测

单位：万人

| 年份 | 高方案 | | | 中方案 | | | 低方案 | | |
|---|---|---|---|---|---|---|---|---|---|
| | 总死亡人口 | 男性 | 女性 | 总死亡人口 | 男性 | 女性 | 总死亡人口 | 男性 | 女性 |
| 2020 | 33.39 | 18.85 | 14.54 | 33.34 | 18.82 | 14.52 | 33.29 | 18.79 | 14.50 |
| 2025 | 36.31 | 20.31 | 16.00 | 36.18 | 20.23 | 15.95 | 36.06 | 20.15 | 15.91 |
| 2030 | 39.21 | 21.79 | 17.42 | 39.08 | 21.70 | 17.37 | 38.94 | 21.62 | 17.32 |
| 2035 | 42.32 | 23.36 | 18.96 | 42.17 | 23.27 | 18.91 | 42.04 | 23.18 | 18.86 |
| 2045 | 49.05 | 26.68 | 22.37 | 48.87 | 26.57 | 22.30 | 48.70 | 26.46 | 22.24 |
| 2055 | 53.58 | 28.29 | 25.29 | 53.33 | 28.13 | 25.20 | 53.09 | 27.98 | 25.11 |
| 2065 | 52.04 | 27.10 | 24.94 | 51.71 | 26.89 | 24.81 | 51.40 | 26.70 | 24.70 |

### （三）总人口发展趋势

当前贵州省的生育水平处于更替状态，根据上面的参数假定，估计 2016—2065 年的人口规模变动趋势为：未来 50 年贵州省常住人口将持续上升，达到最高点后逐渐下降。以低方案为例，总人口先以平均 0.19% 的增长率增加到 2037 年 3711.26 万人，达到人口高峰年后又以 0.29% 的速度快速下降至 2065 年 3422.75 万人，较峰值年下降了 288.51 万人。中方案与高方案的条件下，未来常住人口的总体规模也是先呈现出缓慢上升的趋势，达到峰值年后逐渐下降。其中，中方案的人口峰值年在 2041 年，人口数达 3808.56 万人，高方案的人口峰值年在 2049 年，人口规模达到 3904.17 万人（见图 6）。

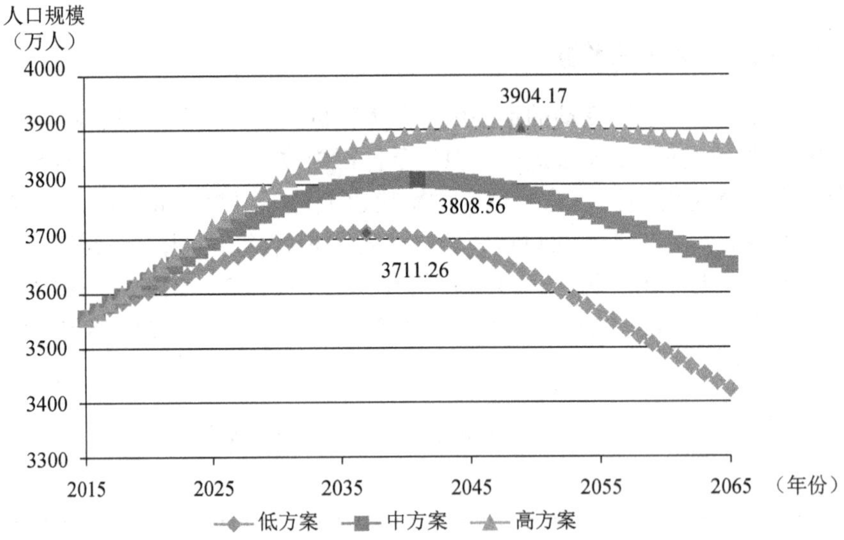


**图 6　贵州省未来 50 年人口规模预测图**

1. 未来劳动力人口预测分析

未来 50 年，贵州省劳动力规模总体先上升后下降。在 2030 年以前，2016 年新生的人口还没有形成劳动力，不同生育水平下对劳动力人口规模没有影响，三种方案的劳动力规模一致，在 2030 年达到最高点，分别为 2572.93 万人、2572.93 万人、2574.57 万人（见图 7）。2031—2065 年，劳动力整体规模下降（见图 7），即使随着 2016 年新生人口逐渐形成劳动力，依然无力摆脱劳动力规模总体下降的趋势。但可以看出，生育水平越高，劳动力人口规模下降速度越缓慢，从而达到缓解劳动力快速下降的目的。

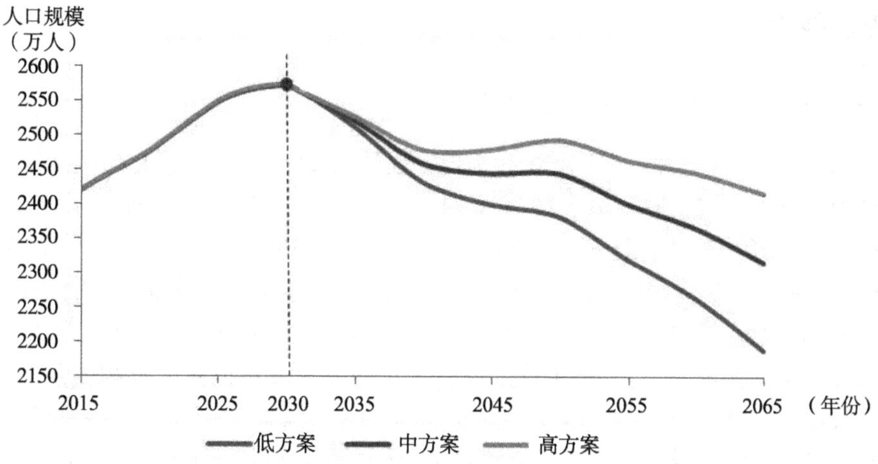


**图 7　贵州省未来 50 年劳动力人口规模趋势图**

2. 未来人口抚养比

未来 50 年人口的总抚养比与老年抚养比呈现出相似曲线的变化趋势，稳步上升。低方案中总人口抚养比在 2037 年达到 49.72%，2038 年达到 50.78%，逐渐离开人口红利期。中、高方案分别在 2035 年和 2032 年开始脱离人口红利期，总抚养比分别达到 49.65% 和 49.62%。三种方案分别在 2038 年、2036 年和 2033 年脱离人口红利期，并且总抚养比逐渐加重，高方案在 2065 年达到 60.14%，进入人口负债期（见图 8）。在三种不同生育水平下，生育水平越高，越早脱离人口红利期，进入人口负债期。以中方案为例，人口红利期相对明显的年份是 2026 年，人口抚养比在未来 50 年中最低，仅 44.27%，即相当于 100 个劳动人口只需负担 28 个少儿和 16 个老年人。而后总抚养比逐渐上升，在 2065 年达到 57.24%，而这时 100 个劳动人口需要负担 29 个少儿和 28 个老年人，负担加重的根源在于老年人口数逐年上升。

对比三种方案可见生育水平的提高不能在短时间内及时扭转社会负担加重的趋势，只有在较长时段才能显现出调整社会总抚养比的作用。

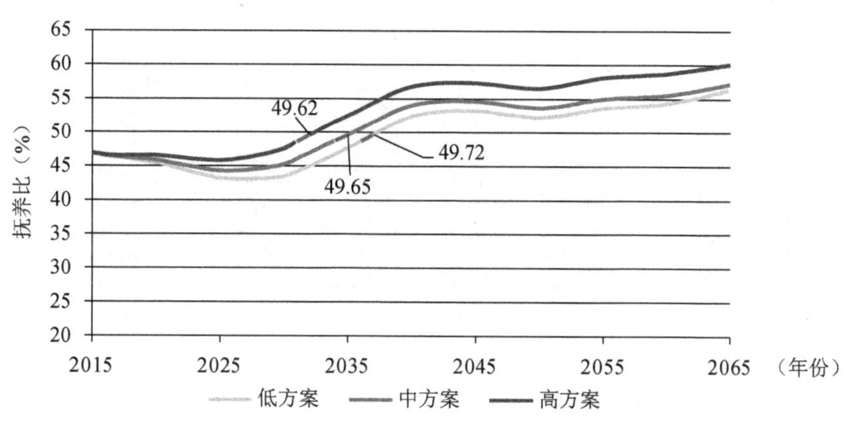


**图 8　不同生育率下贵州省未来 50 年总人口抚养比**

## 五、结论

### （一）未来人口总量与年均增长率

按照高中低三个方案：根据年出生人口，预计到 2020 年，其总人口数量将分别达到 3625.89 万人、3620.77 万人、3615.64 万人；其年均增长率分别达到 4.04%、3.48%、2.92%。到 2030 年，其总人口数量将分别达到 3753.99 万人、3705.70 万人、3657.61 万人；其年均增长率分别为 2.51%、1.24%、–0.08%。到 2065 年，其总人口数量将分别达到 3617.41 万人、3351.01 万人、3099.55 万人；其年均增长率分别为 –2.55%、–5.15%、–7.85%。

因此，预计未来 50 年，若无重大吸引人才的政策或其他重要影响因素的环境下，贵州省总人口数量在现有的基础上，将保持未来 20 年持续上升后 30 年缓慢减少的趋势，预计 2035 年人口数量最高可达 3788.42 万人，最低可达 3644.31 万人；直至 2065 年下降为最高达 3617.41 万人，最低达 3099.55 万人。

### （二）未来出生死亡人口

根据预测未来 50 年的出生人口与死亡人口变动情况如下。

（1）出生人口基本保持在 40 万人口左右浮动，预计在 2055 年达到最高 53.09 万人，出生率 1.43%，在 2065 年达到最低 51.4 万人，出生率 1.42%。

（2）死亡人口随着年份增长，未来也将与时间呈正相关关系，且预计未来 50 年内的每一年死亡人数都将大于 2015 年，预计 2055 年达到最高 53.58 万人，死亡率达 1.44%；预计 2045 年达最低 26.46 万人，死亡率达 0.7%。

### （三）老龄人口情况

未来 50 年老龄人口占比随着时间和人口的变动，65 岁以上老龄人口的比重将越来越大；到 2065 年最低为 18.82%，最高达 19.94%。根据国际老年型地区的划分标准，65 岁及以上老年人口数占比大于等于 7%（见图 9），这意味着这个地区人口处于老龄化社会。

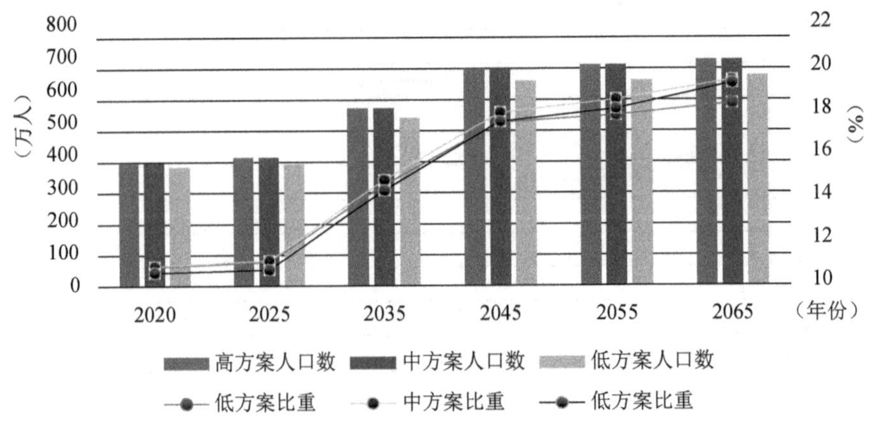


图 9　贵州省未来 50 年老龄化情况

综上，本研究能够丰富人口统计学中人口预测模型的理论和实践，能够得到贵州省未来50年各阶段总人口、各年龄段人口的预测值，理论上可以作为贵州省经济社会发展规划的参考。

## 【参考文献】


[1] 王文敏．人口结构对人地关系地域系统演变的影响研究［D］．济南：山东师范大学，2015.

[2] 郑清坡．新中国初期人口增长原因探析——以冀中定县为例[J]. 武汉理工大学学报(社会科学版)，2014（5）：922–928.

[3] 杜妍．贵州省劳动力人口现状及发展趋势研究［D］．贵阳：贵州财经大学，2014.

[4] 唐纳军．汉中市人口老龄化问题研究［D］．陕西：西北农林科技大学，2013.

[5] 王舒容．天津市人口发展趋势预测［D］．天津：天津理工大学，2013.

[6] 王硕，等．3标度层次分析法下盘锦人口预测方法的优选［J］．数学的实践与认识，2012（16）：158–167.

[7] 黄新明．县域人口预测及其老龄化社会状况的分析与研究［D］．陕西：西北师范大学，2012.

[8] 田飞．人口预测方法体系研究［J］．安徽大学学报（哲学社会科学版），2011（5）：151–156.

[9] 朱淑娟．贵州省劳动力供求状况分析及预测［D］．贵阳：贵州财经学院，2011.

[10] 胡科，石培基．区域研究中的常用人口预测模型［J］．西北人口，2009（1）：94–98.

[11] 田磊．郑州市人口发展趋势及对策研究［D］．天津：天津大学，2005.

[12] 宋夏伟，周丽婷，朱婧．长沙市人力资源现状分析［J］．科技与管理，2006（3）：137–139，142.

[13] 杨玉水．贵州省人口老龄化的现状趋势特点及对策［J］．贵州文史丛刊，2004（4）：112–116.

[14] 李亚丽．GIS支持下的河南省人口空间动态特征研究［D］．开封：河南大学，2004.

# ● 基于 GIS 贵州省人口空间分布与演化机理研究

李旭东　芦　颖　黄　娟*

（贵州师范大学地理与环境科学学院，贵州　贵阳　550001）

**摘　要：**人口分布是指人口在一定时间于一定地域空间中的集散状态。贵州省作为全国唯一没有平原支撑的山地省份，也是世界喀斯特分布最大和发育最典型的地区，境内地貌起伏大，各地经济发展水平差别较大，导致人口分布很不平衡。利用 GIS 技术，选用人口密度等指标来分析 2000 年以来贵州省人口分布地域格局及集疏变化，进而厘清人口分布的集疏特征及时空演化规律，对于揭示贵州省人口分布的规律，发现贵州省人口分布存在的问题，分析其可影响因素，及时制定人口、规划政策，引导人口合理有序流动，进一步推进区域经济发展与城市化进程，以及建设人口均衡型社会等工作具有重要参考价值和实践意义。

**关键词：**人口空间分布；人口空间演化；机理；GIS；贵州

## 一、贵州省人口空间分布概况及特征

人口空间分布，是人口地理学主要课题之一，是指人口在一定时间内的地理分布状况，确切地说是指人口发展过程在地理空间中的表现形式及其发展演化情况。根据空间结构要素的不同，人口空间结构可以用人口规模格局、人口密度格局两大指标来表示。

### 1. 人口规模格局

人口规模（Population Size）是指在一个区域或在一定期限内人口发展的数量，与区域经济基础、地理位置、建设条件和现状特点等密切相关，主要受人口自然增长与机械增长共同作用从而产生人口数量上的变化。进入 21 世纪以来，贵州省人口规模格局发生了很大变化。2015 年贵州省 1% 人口抽样调查主要数据显示，贵州省 2015 年年末总人口为 3837 万人，同 2000 年第五次人口普查相比，15 年间共增加 81.28 万人，增长 2.16%；常住人口为 3529.5 万人，同 2000 年第五次人口普查相比，15 年间共增加 5 万人，增长 0.14%。

从表 1 中 9 大片区常住人口数据来看，贵阳市常住人口 15 年间增长态势明显，共增长人口 124.73 万人，增长率 36.96%；六盘水市人口波动较明显，经历了“先增长后

---

* 作者简介：李旭东（1969—），男，贵州师范大学地理与环境科学学院教授、博士。研究方向：应对气候变化与低碳发展。

回落”的过程，仅增长1.16万人；遵义市、安顺市、毕节市、铜仁市、黔西南州、黔东南州、黔南州均出现常住人口减少现象，其中黔西南布依族苗族自治州人口减少现象最轻微，遵义市人口减少现象最为严重。贵阳市作为贵州省省会，经济条件和各项设施比较完善，能够满足人民生活基本需要，吸引了越来越多的人口向此聚集。六盘水市作为主要的工业城市劳动力需求旺盛，人口虽有波动但基本稳定，遵义市和毕节市的常住人口虽有所减少，但总量仍然超过600万人，是人口富集区域。

表1　贵州省2000—2015年常住人口变动

单位：万人

| 地区 | “五普”常住人口 | 2005年常住人口 | “六普”常住人口 | 2015年常住人口 | 15年间变化量 |
|---|---|---|---|---|---|
| 贵阳市 | 337.45 | 353.09 | 432.46 | 462.18 | +124.73 |
| 六盘水市 | 287.83 | 302.70 | 285.12 | 288.99 | +1.16 |
| 遵义市 | 713.94 | 743.28 | 612.70 | 619.21 | –94.73 |
| 安顺市 | 252.30 | 264.25 | 229.73 | 231.35 | –20.95 |
| 毕节市 | 690.63 | 725.12 | 653.64 | 660.61 | –30.02 |
| 铜仁市 | 374.77 | 392.84 | 309.24 | 312.24 | –62.53 |
| 黔西南州 | 296.53 | 311.73 | 280.59 | 282.16 | –14.37 |
| 黔东南州 | 422.49 | 441.72 | 348.06 | 348.54 | –73.95 |
| 黔南州 | 379.78 | 396.39 | 323.12 | 324.22 | –55.56 |

资料来源：贵州省第五次和第六次人口普查资料，贵州省1%抽样人口主要数据公报（2005年、2015年）。

为了更清晰地反映贵州省常住人口在空间上的分布特征，利用GIS技术结合相关年份人口抽样和普查统计数据，以最小的行政单元（县）作为研究对象，将贵州省2000年与2015年常住人口进行了对比分析。

由分析数据可见，贵州省常住人口的规模格局呈现明显的“中、西部高，北、东、南部低”的态势。常住人口主要集中于贵阳市、毕节市、遵义市和六盘水市。在2000年，常住人口超过百万的有遵义县、毕节市、威宁县与盘县地区。到2015年，遵义两城区（红花岗区和汇川区）取代遵义县成为第四个常住人口过百万人的地区。2000年常住人口介于80万~100万人的有黔西县、大方县、织金县、安顺市，大多集中在毕节地区和安顺市，而这一结构到2015年被打破，云岩区、南明区、遵义县加入这一范围。虽然常住人口大于80万人的县市在15年间发生明显变化，但常住人口少于80万人的区域却鲜有变化，贵州省北部、东部、南部仍是常住人口分布较少的区域。

2. 人口密度格局

人口密度是单位面积土地上居住的人口数，是反映人口分布疏密程度的常用数量指标，通常以每平方千米或每公顷内的常住人口为计算单位，是使用最为频繁的描述人口空间分布的表达方法[1]。贵州省土地面积17.62万平方千米，2015年贵州省常住人口达3529.5万人，平均人口密度为200人/千米$^2$，高于全国水平的138

人 / 千米 $^2$。但分市、州来看，贵阳市、六盘水市、遵义市、安顺市、毕节市人口密度均超过贵州省平均水平，这些占据贵州省总面积 48.16% 的地区却拥有贵州省 64.1% 的人口（见表 2）。

**表 2　贵州省 2000—2015 年各市州人口密度变动**

| 地区 | 2000年人口密度（人/千米$^2$） | 2015年人口密度（人/千米$^2$） |
|---|---|---|
| 贵州省合计 | 213 | 200 |
| 贵阳市 | 420 | 575 |
| 六盘水市 | 289 | 291 |
| 遵义市 | 232 | 201 |
| 安顺市 | 272 | 250 |
| 毕节市 | 257 | 246 |
| 铜仁市 | 207 | 173 |
| 黔西南州 | 176 | 167 |
| 黔东南州 | 139 | 115 |
| 黔南州 | 145 | 124 |

资料来源：贵州省第五次和第六次人口普查资料，贵州省 1% 抽样人口主要数据公报（2005 年、2015 年）经整理计算得到。

对比贵州省 9 大片区 2000 年与 2015 年人口密度变动可以发现，贵阳市人口密度一直领先于其他地区，其 2000 年人口密度就高达 420 人 / 千米 $^2$，其他区域到 2015 年也无法超越这个数值，到了 2015 年更是达到了 575 人 / 千米 $^2$。六盘水市、遵义市、安顺市、毕节市、铜仁市在 2000 年人口密度均超过 200 人 / 千米 $^2$，但 15 年之后人口密度开始下降，黔西南州、黔东南州、黔南州人口密度在原先较低的水平上继续下降。可见，贵州省各市州人口密度格局分布极为不均匀，呈现出明显的贵阳市“一家独大”的人口密度格局。以县域为单位对人口密度进行分级，统计结果见表 3。

**表 3　贵州省 2010—2015 年人口密度分级统计**

| 密度分级 \ 年份 | 2000 | 2005 | 2010 | 2015 |
|---|---|---|---|---|
| 大于2000人/千米$^2$ | 2 | 2 | 3 | 3 |
| 1000~2000人/千米$^2$ | 1 | 1 | 1 | 2 |
| 800~1000人/千米$^2$ | 1 | 1 | 1 | 2 |
| 600~800人/千米$^2$ | 3 | 3 | 3 | 3 |
| 400~600人/千米$^2$ | 3 | 2 | 2 | 1 |
| 200~400人/千米$^2$ | 36 | 43 | 26 | 27 |
| 0~200人/千米$^2$ | 42 | 36 | 52 | 50 |

资料来源：同表 2。

从数值方面来看，人口密度大于2000人/千米$^2$、1000~2000人/千米$^2$、800~1000人/千米$^2$的市县逐渐增加，形成了越来越多的人口密度高值区，但总量较少。人口密度600~800人/千米$^2$的市县数量15年间持平。人口密度400~600人/千米$^2$、200~400人/千米$^2$的市县呈下降趋势。0~200人/千米$^2$的市县波动增长，占据贵州省总量的绝大多数。

由图1可见，贵州省人口密度有显著的“西北高东南低”的空间特征，并呈现出以省会城市和工业城市为中心的“多核心”高集聚的人口密度分布特征。在2000年、2005年、2010年人口密度分布呈现这一趋势较为明显，人口密度高值区自北向南依次集中于铜仁市中北部、遵义市、安顺市、贵阳市、毕节市及六盘水市，黔西南州、黔东南州、黔南州人口密度较小；到2015年铜仁中北部地区人口密度降低，剑河县成为贵州省东南部人口密度较高的新人口集聚地，2010年以前的人口密度高值区基本未发生变化。

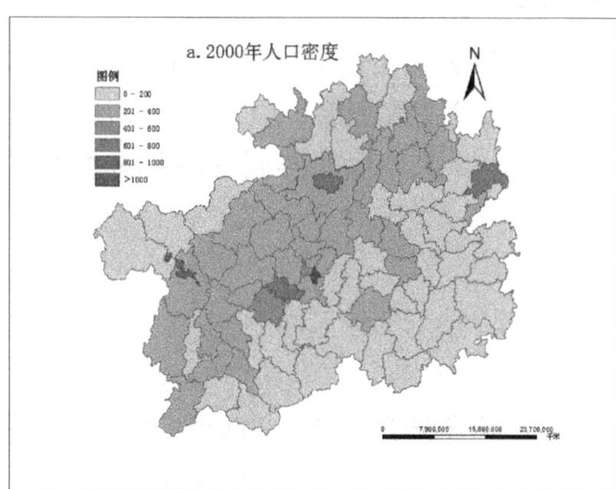


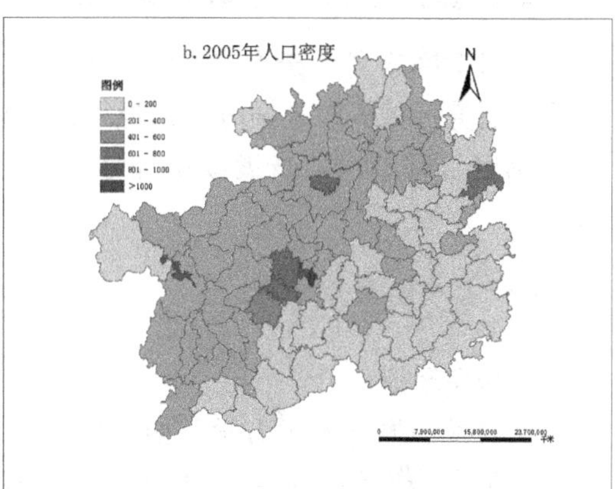


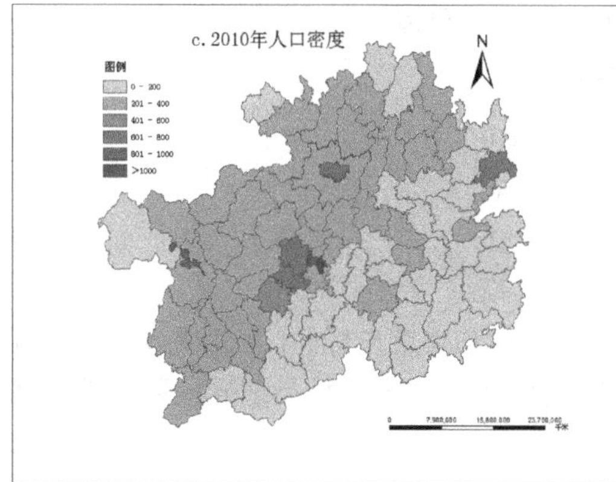


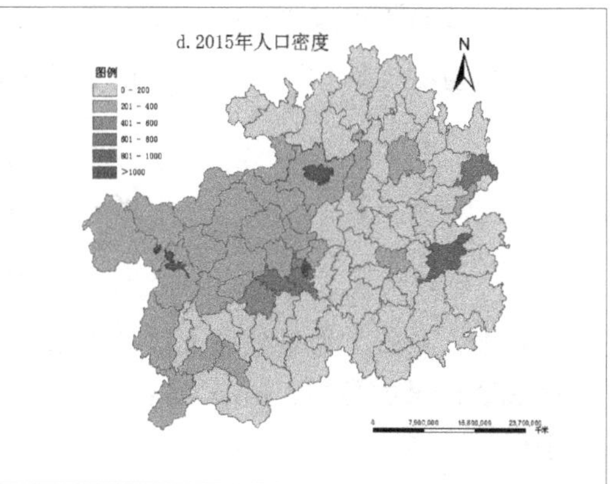


**图1 贵州省2000—2015年人口密度分布图**

除却行政区变动等外界因素，2000—2015年，贵州省人口高度集聚的核心区主要为贵阳市的云岩区、南明区、小河区，2012年撤销小河区后，遵义城区逐渐成为新的人口集聚中心。贵阳市中心城区人口密度不断上涨，同时出现了多个人口密度大于1000人/千米$^2$的新人口集聚区，如遵义市、六盘水市。高人口密度区域逐渐向贵阳市以外推移，人口密度向西和向北增长较快，尤其是遵义市、六盘水市增长比较明显，同时剑河县、平坝县、铜仁市、安顺市人口密度也有不同程度的提高。而人口分布密度较低的地区主要集中在贵州省东部、南部，这一趋势在过去 15 年内相对稳定，而 2015 年铜仁市人口密度也开始下降，形成了新的人口密度低值区。

总体而言，贵州省人口规模格局和人口密度格局在空间分布上存在极强的相关性。两者均呈现连片分布现象，且高水平地区在空间上均分布在贵州省西北部、中部，低水平地区则多分布于贵州省东部、南部。人口的分布受社会、经济、自然、政治等多种因素的制约，这些制约因素通过影响人口的增长和人口的迁移塑造着人口分布的全貌，而人口又以特定的方式影响着社会、经济、自然、历史等因素的发展变化。

## 二、贵州省人口空间格局的时空演化分析

人口空间格局是指人口在空间上的表现形式。研究人口的空间分布格局演变，可以揭示研究区域人口空间分布的规律，体现区域内经济集聚程度，以及区域发展水平，对于制定合理的人口发展政策和地区人口、经济、资源环境的协调发展具有重要的意义。

### （一）人口重心分析

1. 研究方法

人口重心概念源于力学。如果把地区人口分布形象地理解为人口分布图上具有确定的点值和位置的散点群，则把在特定地域内人口地域分布的平衡点叫作人口重心，故可将地区总人口看成集中在人口重心点上的一个人口总体。

人口重心（$X$，$Y$）可用以下的公式来表示：

$$X=\frac{\sum_{i=1}^{n}p_i x_i}{\sum_{i=1}^{n}p_i},Y=\frac{\sum_{i=1}^{n}p_i y_i}{\sum_{i=1}^{n}p_i} \quad (1)$$

式中，$X$ 和 $Y$ 为某地域人口分布重心的经度坐标和纬度坐标；$i$ 为组成该地域的行政区或统计区的数目，$p$、$x$ 和 $y$ 分别为行政区或统计区的人口数及该区域所在地经纬度坐标[2]。

2. 贵州省人口重心的变化特征

利用贵州省 2000—2015 年的人口密度数据和经纬度坐标的空间矢量化地图，计算出贵州省 2000—2015 年的人口重心坐标、绘制贵州省人口重心逐年的迁移方向、移动距离和移动速度等（见图 2、表 4）。通过数据地理信息系统，使用 Arcgis 进行专题制图得图 2。

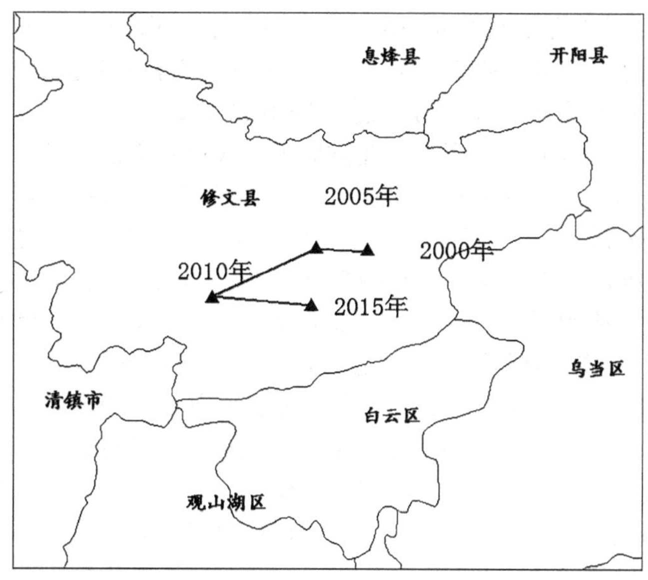


**图 2　贵州省 2000—2015 年人口重心变化**

**表 4　贵州省 2000—2015 年人口重心迁移距离**

| 时间段 | 人口重心移动距离（千米） | 移动方向 | 人口重心移动速度（m/a） |
|---|---|---|---|
| 2000—2005年 | 4.39 | 西北 | 731.01 |
| 2005—2010年 | 9.53 | 西南 | 1905.93 |
| 2010—2015年 | 8.08 | 东南 | 1615.96 |

资料来源：贵州省第五次和第六次人口普查资料，贵州省 1% 抽样人口主要数据公报（2005 年、2015 年）经整理计算得到。

由图 3 可见，贵州省 2000—2015 年人口重心一直处于贵阳市修文县内，位于修文县南部，主要由于贵阳市人口密度明显高于其他行政区，受云岩区、南明区两大人口集中地和其他周围高密度区域影响。人口重心的迁移方向与迁移速度在不同时间段内均有不同，2000—2005 年时间段内，人口重心从 2000 年的（106.70° E，26.88° N）变更到 2005 年的（106.65° E，26.89° N）；2005—2010 年时间段内，人口重心从 2005 年的（106.65° E，26.89° N）变更到 2010 年的（106.57° E，26.85° N），2010—2015 年时间段内，人口重心从 2010 年的（106.57° E，26.85° N）变更到 2015 年的（106.65° E，26.84° N）。贵州省的人口重心不断变化和移动说明在 2000—2015 年时间段内贵州省人口不断流动的特点。在总的趋势上，贵州省人口重心的移动主要有三个方向，即 2000—2005 年向西北方向移动，2005—2010 年向西南方向移动，2010—2015 年向东南方向移动，但各个时间段的迁移方向仍存在不同，且贵州省人口重心的移动速度和距离每个时段内都有变化（见表 4）：2000—2005 年移动距离为 4.39 千米，平均年移动速度为 731.01 m/a；2005—2010 年是贵州省人口重心移动的高峰期，重心移动速度和距离都比较大，人口重心折线移动距离为 9.53 千米，平均年移动速度为 1905.93m/a；2010 年以后出现了人口重心的调整期，表现为移动距离和移动速度的下降，人口重心折线迁移距离为 8.08 千米，平均年移动速度为 1615.96 m/a。

但是无论从东西方向上，还是南北方向上，人口重心的偏移量在不断增加。说明贵州省人口分布具有明显的极化倾向，主要向经济发展和投资增长较快的地区集聚。从图 3 可以看到，人口重心始终位于贵阳市北部，这个地区临近观山湖区、白云区、乌当区等支撑贵阳市发展的主要区域。因为临近贵阳市这一经济发展水平高、就业机会多的区域，吸引了大量外来人口迁入从事经济活动，由此增加了贵州省的人口数量。且近 16 年来，贵州省人口重心一直位于贵阳市修文县内，显著偏离贵州省几何中心（106.42 E，26.35N），位于几何中心西北部。这说明贵州省人口分布一直处于不平衡状态，西北部人口高于东南部。究其原因，首先是经济因素，中部、西北部地区为贵州省经济较发达地区，吸引了绝大多数本省人口和外省人口流入；其次是社会历史因素，贵州省中部、西北部地区社会经济发展水平一直高于东部和南部地区，更易于人口集聚。遵义市、毕节市历史人口基数较大，2000—2005 年由于中央及地方政府对遵义市、毕节市的开发，加速了人口向这一区域的迁徙；2005—2010 年由于六盘水市等资源的开发利用，人口重心转而向西南方向移动；2010—2015 年由于对黔东南地区旅游产业的支持与开发，人口重心转向东南方向移动，由于政府对落后地区交通运输设施的完善，各个地区之间的经济交流和人口流动日趋频繁。

### （二）不均衡分析

对于人口在某地区分布的均衡性（即集中或分散趋势）的衡量，通常用不均衡指数来表示。不均衡指数 $U$ 与均衡性成反比，若 $U$ 值越小，人口分布的均衡性越高；反之，均衡性越低。计算某一区域的不均衡指数可以很好地模拟该区域人口集中或分散的趋势。

#### 1. 研究方法

不均衡指数计算方法如下

$$U=\sqrt{\frac{\sum_{i=1}^{n}\left[\frac{\sqrt{2}}{2}(x_i-y_i)\right]^2}{n}} \tag{2}$$

式中，$U$ 为不均衡指数；$n$ 表示研究区内研究单元的总个数，$x$ 表示研究单元人口数占总人口的比重；$y$ 表示研究单元土地面积占研究区域总面积的比重。

#### 2. 贵州省人口分布不均衡特征

从 2000—2015 年期间四个典型年份人口不均衡指数的计算结果（见表 5）可以看出，贵州省 4 个年份人口不均衡指数总体呈上升趋势，这表示人口分布不均衡性显著，人口分布不均衡现象仍然在加剧。2000—2005 年人口分布不均衡指数由 0.0432 下降到 0.0379，该段时间内人口分布有倾向均衡发展的可能性，而随后 2005—2015 年，人口分布不均衡指数快速上涨，到 2015 年已经达到 2000 年近两倍水平，人口分布不均衡现象尤为明显。结合人口密度分布与经济发展水平来看，造成人口分布不均衡现象主要归因于贵州省区域经济发展水平的不均衡分布。贵阳市、遵义市、六盘水市经济发展较高，吸引了大量人口聚集，人口密度较高。而贵州省其他区域由于经济发展相对落后，人口大规模趋于迁移至经济发展较快、工资收入高、就业机会多的省内大城市或省外，使得人口分布不平衡的趋势得到加强。近几年，贵州省积极打造“生态贵州”“多彩贵州”，进一步加速了人口向经济发达地区流动的趋势，人口分布不均衡态势进一步加强。

**表 5　贵州省 2000—2015 年人口分布不均衡指数**

| 年份 | 2000 | 2005 | 2010 | 2015 |
| --- | --- | --- | --- | --- |
| U | 0.0432 | 0.0379 | 0.0626 | 0.0804 |

### （三）人口集中指数分析

人口地理集中度是衡量人口要素在某地域上集中程度的指标，它既可以反映人口在空间上的分布状况，同时又可以反映某一区域在同级区域或整体中的地位与作用。

人口地理集中指数计算公式为

$$C=\frac{1}{2}\sum_{i=1}^{n}\left|\frac{P_i}{P}-\frac{S_i}{S}\right| \tag{3}$$

式中，$P_i$、$S_i$ 分别为第 $i$ 个单元的人口和面积，$P$、$S$ 分别为该区域总人口和总面积，$n$ 为该区域单元数目。人口集中指数体现的是宏观层面上人口分布的变化，其值介于 0 与 1 之间，$C$ 越小，说明人口向某一地域集中的偏向越小，趋向于 0 时，说明人口几乎均匀分布于各地域；$C$ 值越大，说明人口分布越集中，趋向于 1 时，说明所有人口几乎集中分布于某一“点”[3]。根据公式（3），对贵州省 4 个年份的人口集中指数进行了计算（见表 6）。

**表 6　贵州省 2000—2015 年人口集中指数**

| 年份 | 2000 | 2005 | 2010 | 2015 |
| --- | --- | --- | --- | --- |
| 集中指数 | 0.1851 | 0.1800 | 0.2237 | 0.2280 |

资料来源：贵州省人口普查数据（“五普”“六普”）、贵州省 1% 抽样人口数据（2005 年、2015 年）、《贵州省统计年鉴》（2001 年、2006 年），经过整理计算得到。

由表 6 可见，贵州省 2000—2015 年人口集中指数主要在 0.18~0.23 之间波动，并有逐渐增大的趋势。2000 —2005 年人口集中指数降低了 0.0051，2005—2010 年人口集中指数增加了 0.0437，2010—2015 年人口集中指数增加了 0.0043。2005—2010 年变化幅度最大。人口集中指数的增大说明贵州省人口越来越趋于集中，2005—2010 年集中程度最高。总体看来，贵州省人口集中指数数值仍较小，虽然人口趋于集中，但集中程度并不高。2000—2005 年人口集中指数有所回落，说明人口出现了一定的分散。2005—2010 年人口集中指数增长速度相对较快，人口再度趋于集中，2010—2015 年人口集中指数增加值略低于 2005—2010 年水平。2000—2015 年，贵州省人口集中指数仅增长 0.0429，说明贵州省人口集中程度仍然较低，对应了人口分布的不均衡特点。

### （四）人口地理集中度

人口地理集中度是衡量人口要素在某地域上集中程度的指标，它既可以反映人口在空间上的分布状况，同时又可以反映某一区域在同级区域或整体中的地位与作用。

1. 研究方法

人口地理集中度计算公式为

$$GPR_i = \frac{Pop_i}{Acr_i} / \frac{\sum Pop_i}{\sum Acr_i} \tag{4}$$

式中，$GPR_i$ 表示某年 $i$ 地区的人口地理集中度；$Pop_i$ 和 $Acr_i$ 分别表示 $i$ 地区的人口和国土面积。为便于对比分析贵州省人口空间分布的变动，本研究选择 2000 年、2005 年、2010 年和 2015 年作为代表性年份对贵州省 88 个市县的人口地理集中度按照以下标准进行统一分级：一级区为高于 2.5 倍均值；二级区为 1.5~2.5 倍均值；三级区为 0.5~1.5 倍均值；四级区为低于 0.5 倍均值。

2. 贵州省人口地理集中度特征

**表 7　贵州省 2000—2015 年人口地理集中度分级**

| 范围＼年份 | 2000 | 2005 | 2010 | 2015 |
|---|---|---|---|---|
| >2.5倍均值 | 7 | 7 | 8 | 10 |
| 1.5~2.5倍均值 | 10 | 11 | 9 | 6 |
| 0.5~1.5倍均值 | 61 | 61 | 57 | 58 |
| <0.5倍均值 | 10 | 9 | 14 | 14 |

资料来源：同表 6。

从数量上来看，人口地理集中度高于 2.5 倍均值的地区在 2000 年有 7 个，2005 年保持这一水平不变，到 2010 年增加到 8 个，到 2015 年已增加到 10 个（见表 7）。1.5~2.5 倍均值区呈现波动下降的趋势，由最高的 2005 年的 11 个减少到 2015 年的 6 个；人口地理集中度 0.5~1.5 倍均值区占据 88 个市县的绝大部分，总体也呈现下降趋势；低于 0.5 倍均值的地区由 2000 年的 10 个增加到 2015 的 14 个。贵州省 2000—2015 年人口地理集中度呈现“双增”“双降”（高于 2.5 倍均值的地区与低于 0.5 倍均值的地区个数增加，1.5~2.5 倍均值区与 0.5~1.5 倍均值区个数减少）趋势。

根据相关数据得知，2000 年人口地理集中度处于一级区的有 7 个，分别为云岩区、南明区、小河区、钟山区、遵义市、平坝县、铜仁市，这些地区的人口地理集中度较高，大多数为主要城市市区。这一局面持续到 2015 年，人口地理集中度一级区新增了剑河县、观山湖区、花溪区，这些地区成为新的人口集中点。

2000—2005 年人口地理集中度出现的二级区的有西秀区、遵义县、普定县、六枝特区、黔西县、乌当区、清镇市、仁怀市、花溪区、七星关区；到 2010年，六枝特区、黔西县人口地理集中度下降，退出二级区，白云区、凯里市成为人口地理集中度二级区，说明在这一时间段内，白云区、凯里市的人口集中现象加强，六枝特区、黔西县的人口集中现象减弱；到 2015 年人口地理集中度二级区数量进一步减少，仅有西秀区、普定县、白云区、凯里市、七星关区、清镇市。

人口地理集中度三级区方面，2000 年、2005 年保持同一水平的有 61 个，2010 年减少到 57 个，2015 年减少为 58 个。四级区方面，2000 年共有 10 个，到 2005 年减少为 9 个，2010—2015 年四级区数量不变共 14 个。人口地理集中度的四个等级区变化总体较为稳定，以 2010 年为分界开始出现差异。

## 三、贵州省人口空间格局的演化机理模型分析

通过前人对人口空间格局的研究不难发现，不少关于人口空间格局的模型从自然、经济、社会、历史、政策、交通、社会公共服务、住房供给、工资收入等角度对人口空间格局进行了定性分析[4~5]，但就贵州省实际而言，人口空间分布不仅表现在各种要素的相互作用方面上，而且体现了贵州省空间差异与地区的区域性。如果忽视了空间因素的模型很有可能导致研究结论出现偏差。因此在对贵州省人口空间格局演化进行定量研究的同时将空间因素纳入模型进行分析，有助于更好地揭示贵州省人口空间格局演化机理。

### （一）指标选取与研究方法

#### 1. 指标选取

就人口分布影响因素而言，在归纳前人研究的成果和经验基础之上，遵循研究需要、数据可获得性、易处理性及模型代表性等，采用自然、经济、社会和人口 4 大类共 12 项解释变量进行分析，将 2015 年贵州省各市县级行政单元（共 88 个）的人口密度（人 / 千米$^2$）作为被解释变量来衡量县域人口分布状况。解释变量设置和说明如表 8 所示。

表 8　主成分分析所需指标

| 母系统 | 子系统 | 单位 | 选取意义 |
|---|---|---|---|
| 自然 | 平均海拔高度 | 米 | 是自然因素对人口分布最有影响的因子之一，人口分布随海拔升高而渐趋减少 |
| | 山地占全县面积比例 | % | 贵州省作为多山省份，地形限制人口分布 |
| | 河网密度 | 千米/平方千米 | 水源是人类赖以生存和发展的必备物质，对人口分布的重要性不言而喻 |
| 经济 | 人均地区生产总值 | 元 | 是反映地区经济发展水平的综合指标，也是衡量地区人民生活水平的重要标准。经济发展水平对人口增长（分布）起着决定性的影响 |
| | 非农产业占比 | % | 是制造业（第二产业）与服务业（第三产业）之和在GDP中的比重，是反映经济现状的有利指标 |
| | 规模以上工业增加值 | 亿元 | 是企业全部生产活动的总成果扣除了在生产过程中消耗或转移的物质产品和劳务价值后的余额，是企业生产过程中新增加的价值 |
| 社会 | 一般公共预算支出 | 亿元 | 是国家对集中的预算收入有计划地分配和使用而安排的支出，有助于提高民众生活水平 |
| | 城镇常住居民人均可支配收入 | 元 | 是指城镇居民的实际收入中能用于安排日常生活的收入。它是用以衡量城市居民收入水平和生活水平的最重要和最常用的指标 |
| | 社会消费品零售总额 | 亿元 | 是表现消费需求最直接的数据，反映经济景气程度的重要指标 |
| 人口 | 历史人口基数 | 人/立方千米 | 选取2014年各县级行政区域的人口密度作为前期人口基数的一个基本量，是反映区域历史人口惯性的影响程度 |
| | 年末常住人口增量 | 万人 | 是反映年末常住人口数量增加量的指标 |
| | 人口自然增长率 | % | 是反映人口发展速度和制订人口计划的重要指标，用来表明人口自然增长的程度和趋势 |

2. 研究方法

（1）主成分分析。

主成分分析是设法将原来众多具有一定相关性（比如 $P$ 个指标），重新组合成新的互相无关的综合指标来代替原来的指标。在所有的线性组合中选取方差最大的作为第一主成分。如果第一主成分不足以代表原来个指标的信息，再考虑选取第二主成分，依次类推可以构造出第三、第四……第 $P$ 个主成分[6]。通过主成分分析的方法，可以从复杂得多影响因素中提取可以包含绝大多数信息的主要影响因素，进而减轻分析压力。

（2）OLS 回归分析。

OLS 回归分析即最小二乘法（Ordinary Least Squares，OLS），是回归分析（Regression Analysis）最基本的形式。最小二乘法的基本原则是：最优拟合直线应该使各点到直线的距离的和最小，也可表述为距离的平方和最小。通过 OLS 回归分析方法能最贴切地拟合自变量与因变量关系，$\alpha$、$\beta$ 的系数大小决定影响程度的高低，系数的正负决定影响的方向。

（3）地理加权回归分析。

地理加权回归分析是用回归原理研究具有空间（或区域）分布特征的两个或多个变量之间数量关系的方法，在数据处理时考虑局部特征作为权重。地理加权回归模型扩展了传统的回归框架，容许局部而不是全局的参数估计，通过在线性回归模型中假定回归系数是观测点地理位置的位置函数，将数据的空间特性纳入模型中，为分析回归关系的空间特征创造了条件[7]。

（4）人口经济一致性系数。

人口经济一致性系数 CPE（Consistency of Population and Econnomy）是指某区域人口占上级区域人口的比重与该区域经济占上级区域的经济比重之间的比值，反映某区域人口分布与经济发展的一致性程度[8]。其计算公式为：

$$CPE_i = p_i / g_i = (P_i / \sum_{i=1}^{n} Pi)/(G_i / \sum_{i=1}^{n} G_i) \quad (5)$$

式中，$P_i$ 为 $i$ 区域的人口占上级区域人口的比重；$g_i$ 为 $i$ 区域的经济占上级区域的经济的比重；$P$ 为 $i$ 区域的人口数量；$n$ 为子区域个数；$G_i$ 为 $i$ 区域的国内或地区生产总值。

$CPE_i$>1 表示 $i$ 区域人口集聚度高于经济集聚度；$CPE_i$<1 表示 $i$ 区域人口集聚度低于经济集聚度；$CPE_i$ 越接近于 1 表明 $i$ 区域人口经济空间一致性越好，区域人口经济协调程度越高。

人口经济一致性系数 $CPE$ 易于揭示低级区域人口分布与经济发展的一致性，但无法反映人口集聚度较高或经济集聚度较高的子区域对上级区域人口经济分布协调程度的影响，为了弥补其不足，本研究以人口经济一致性系数 $CPE$ 为基础，设定人口经济偏离度指数 $CD$，以定量分析上级区域总体的人口经济一致性程度。其计算公式为：

$$CD = \sqrt{\sum_{i=1}^{n} p_i (CPE_i - 1)^2} \quad (6)$$

式中，$n$ 为子区域个数；$p_i$ 为 $i$ 区域的人口占上级区域人口的比重；$CPE_i$ 为 $i$ 区域的人口经济一致性系数。

人口经济偏离度指数 $CD$ 值，其实质上反映区域人口数量和经济数量与完全均衡状态时的偏离程度。$CD$ 的取值范围为［0，+∞），当 $CD$ = 1 时，表示该区域人口与经济在空间上处于完全均衡状态，各子区域的 $CPE$ 都为 1；$CD$ 值越大，表明该区域人口分布与经济发展越不协调；$CD$ 值越小，则表明该区域人口分布与经济发展越一致，即人口与经济越协调。

## （二）研究结论

### 1. 主成分分析结论

将表 8 的 12 项解释变量的原始数据进行极差标准化处理后运用统计分析软件 IBM

SPSS statistics 对 2015 年 12 个指标进行主成分分析。输出的结果如下。

（1）实际分析中，KMO 的值大于 0.6 时，适合进行因子分析；而当 KMO 的值小于 0.5 时，此时不适合应用因子分析法。关于 Bartlett 球形检验的选项，如果 sig. 值小于 0.005，则数据呈球形分布。此时应拒绝各变量独立的假设，即变量间具有较强的相关性。通过计算，KMO 值为 0.752，适合进行因子分析；sig. 为 0.000，变量间具有较强的相关性。

（2）经过正交旋转之后，前 4 个主成分的方差均大于 1，累计贡献比为 85.84%。包含了这 12 项社会经济指标的大部分信息，而主成分 5~12 项所包含的信息较少，说明选择 4 个主要因子基本可以代表所有的其他指标（见表 9）。

**表 9　贵州省人口空间格局演化各指标旋转主成分载荷矩阵（2015 年）**

| 指标 | 主成分 | | | |
|---|---|---|---|---|
| | 1 | 2 | 3 | 4 |
| 人均地区生产总值 | 0.874 | –0.197 | 0.124 | 0.086 |
| 非农产业占比 | 0.858 | –0.133 | –0.004 | 0.184 |
| 社会消费品零售总额 | 0.840 | –0.178 | –0.102 | –0.068 |
| 城镇常住居民人均可支配收入 | 0.840 | –0.330 | –0.018 | 0.053 |
| 规模以上工业增加值 | 0.631 | 0.196 | 0.546 | 0.312 |
| 一般公共预算支出 | 0.626 | 0.455 | 0.324 | 0.119 |
| 历史人口基数 | 0.570 | –0.311 | –0.348 | –0.257 |
| 平均海拔高度 | 0.374 | 0.754 | 0.053 | –0.233 |
| 年末常住人口增量 | 0.213 | 0.324 | –0.455 | 0.517 |
| 人口自然增长率 | –0.112 | 0.276 | –0.557 | 0.453 |
| 河网密度 | –0.341 | –0.446 | 0.218 | 0.590 |
| 山地面积占全县面积比例 | –0.734 | –0.012 | 0.359 | 0.161 |

资料来源：同表 6。

主成分载荷矩阵是主成分与变量之间的相关系数。从第一主成分可以看出，人均地区生产总值、非农产业占比、社会消费品零售总额、城镇常住居民人均可支配收入与第一主成分有较大的正相关，可以判断出经济因素和社会因素对人口分布的重要影响；平均海拔高度、一般公共预算支出与第二主成分有较大的正相关，可以判断出自然因素与社会因素对人口分布的重要影响；规模以上工业增加值、山地面积占全县面积比例与第三主成分有较大的正相关，可以判断出经济因素和自然因素对人口分布的重要影响；河网密度、年末常住人口增量与第四主成分有较大的正相关，可以判断出自然因素与历史因素对人口分布的重要影响。综上所述，四个主成分中，经济因素、社会因素与自然因素对贵州省人口分布影响明显，历史因素也有一定影响。

整体看来，第一、二、三主成分得分高于第四主成分得分，说明人均地区生产总值、非农产业占比、社会消费品零售总额对人口分布的影响大于城镇常住居民人均可支配收入影响，经济因素对人口分布的影响大于社会因素的影响。

2. OLS 分析结论

在具体的回归分析中调整合剔除统计学意义上显示异常的数据和统计检验不显著的变量。最终确定如下计量模型

$$F=\alpha+\beta_1X_1+\beta_2X_2+\beta_3X_3+\beta_4X_4+\beta_5X_5+\varepsilon \tag{7}$$

式中，被解释变量 $F$ 为贵州省 2015 年年末常住人口（万人）。$\beta_i$ 为估计参数，$\alpha$ 和 $\varepsilon$ 分别代表常数项和随机误差项。综合考虑上述主成分分析结果将贵州省人口格局演化的主要影响因素归为五类：地区经济发展水平，用人均地区生产总值（元）代替；社会消费水平，用社会消费品零售总额（亿元）代替；当地政府对社会公共服务和城市基础设施建设的投入状况，用一般公共预算支出（亿元）代替；自然环境条件，用平均海拔高度（米）代替；人口增长状况，用人口自然增长率（%）代替。

选用贵州省 2015 年年末常住人口为因变量，以 2015 年的人均地区生产总值、社会消费品零售总额、一般公共预算支出、平均海拔和年末常住人口增加量为自变量来定量考察人口格局演化中各类因素的影响程度。为消除指标单位不同造成数值差异较大的影响，以下数据均经过极差标准化处理后再加以分析计算。

**表 10　贵州省人口空间格局演化影响因素 OLS 回归分析结果**

| 变量 | *B* | *T* 值 | *P* 值 |
|---|---|---|---|
| 常数项 | −5.288 | −1.227 | 0.223 |
| 经济发展水平 | 0.3 | −5.595 | 0.000 |
| 社会消费水平 | 0.252 | 5.954 | 0.000 |
| 地方政府投入 | 0.134 | 11.554 | 0.000 |
| 自然环境条件 | 0.018 | 4.877 | 0.000 |
| 人口增长状况 | 0.247 | 0.783 | 0.436 |
| *F* =99.467，R−squared=0.858，Adjust R−squared= 0.85 | | | |

资料来源：同表 6。

从表 10 可以看出，OLS 模型调整后的拟合优度达到 0.85，整体通过 5% 水平的显著性检验。回归结果显示，经济发展水平、社会消费水平、地方政府投入、自然环境条件和人口增长状况对贵州省人口空间格局演化都呈现正向影响，变量按系数估计值从大到小排列分别为经济发展水平、社会消费水平、人口增长状况、地方政府投入和自然环境条件，反映了这些因素对贵州省人口格局演化的正面影响程度的强弱。

经济发展水平是一个地区各项综合实力的表现，经济发达地区常常对经济欠发达地区产生巨大的向心力，引导着欠发达地区的人口向发达地区流入；社会消费水平的提高意味着生活水平的不断提升带来的生活环境和健康状况的改善，正向增长的社会消费水平有助于引导人口集聚；人口增长状况除本地原生人口外还包括受地区经济社会发展吸引而来的外来人口，对贵州省人口空间格局演化也有较大贡献；地方政府投入意味着资金的大量流入，说明该地区享有更多的政策扶持，拥有更多的就业岗位，基础设施和生活环境得到大规模完善，是吸引人口聚集的重要因素；地形对人口分布同样有着不可避免的作用，但研究发现自然环境条件对人口分布虽然有一定影响，但并不是主要影响因素。

在前述基础上，仍然选择 2015 年年末常住人口（万人）为因变量，人均地区生产总值（元）、社会消费品零售总额（亿元）、一般公共预算支出（亿元）、平均海拔（米）、人口自然增长率（%）为自变量，将省域 88 个县域行政单元分解为三大区域进行分析计算以探寻其影响因素的差异化程度，其中西部高原山地区包含毕节市和六盘水市，中部丘原山地区包括遵义市、贵阳市、安顺市、黔西南州、黔南州，东部山地丘陵区包括铜仁市和黔东南州。地理加权回归模型适用的条件是研究区域内县域单元数要不少于 30 个，而各市、州包括的县域行政单元均不满足采用地理加权回归模型拟合的适用条件，为了探求上述五个方面的影响因素对三大区域整体影响程度的差异，并不涉及三大区域内部单独县域单元的具体差异，且地理加权回归模型从实质上就是考虑了各研究单元空间属性的最小二乘回归模型的空间分解，因此对三大区域内所选取的因变量和自变量之间分别做最小二乘回归模型拟合即可反应机制差异，所得结果如表 11 所示。

**表 11　贵州省各市州人口空间格局演化影响因素 OLS 回归分析结果**

| 地区 | 变量 | 估计值 | *T* | *P* |
|---|---|---|---|---|
| 西部高原山地区 | 常数项 | −20.622 | −0.737 | 0.494 |
| | 经济发展 | −0.001 | −1.499 | 0.194 |
| | 社会消费 | 0.121 | 1.254 | 0.265 |
| | 政府投入 | 1.356 | 3.334 | 0.021 |
| | 自然环境 | 0.023 | 2.353 | 0.065 |
| | 人口增长 | 16.201 | 2.407 | 0.061 |
| R−squared=0.935，Adjust R−squared=0.87 | | | | |
| 中部丘原山地区 | 常数项 | 5.94 | 0.692 | 0.493 |
| | 经济发展 | 0.001 | −4.054 | 0.000 |
| | 社会消费 | 0.166 | 6.031 | 0.000 |
| | 政府投入 | 0.975 | 6.142 | 0.000 |
| | 自然环境 | 0.009 | 1.094 | 0.28 |
| | 人口增长 | 0.137 | 0.147 | 0.884 |
| R−squared= 0.812，Adjust R−squared=0.79 | | | | |

续表

| 地区 | 变量 | 估计值 | *T* | *P* |
|---|---|---|---|---|
| 东部山地丘陵区 | 常数项 | 5.84 | 1.662 | 0.112 |
| | 经济发展 | 0.001 | −2.64 | 0.016 |
| | 社会消费 | −0.149 | −0.997 | 0.331 |
| | 政府投入 | 1.46 | 15.977 | 0.000 |
| | 自然环境 | −0.008 | −3.353 | 0.003 |
| | 人口增长 | 6.012 | 0.189 | 0.852 |
| R−squared=0.969，Adjust R−squared=0.961 | | | | |

资料来源：同表 6。

通过比较三个地区最小二乘回归模型分析结果（表 11）可见：三个区域的最小二乘回归模型调整后的拟合优度分别达到 0.87、0.79 和 0.961，整体上均通过了 5% 水平的显著性检验。西部高原山地区最小二乘回归结果显示，社会消费、政府投入、自然环境及人口增长对这一地区的年末人口数量有显著的正向作用。变量按系数估计值从大到小排列分别为人口增长、政府投入、社会消费和自然环境，表明在西部高原山地区人口自然增长较快，地方政府在公共预算上的投入及社会消费水平的提高是吸引人口分布的主要原因，相较于中部和东部地区来说，其人口增长主要表现为人口自然增长和政府投入提高而带来的人口增长；中部丘原山地区最小二乘回归结果显示，经济发展、社会消费、政府投入、自然环境及人口增长是导致中部地区人口分布的主要因素。有正向作用的变量按系数估计值从大到小排列分别为政府投入、社会消费和人口增长，经济发展和自然环境对人口分布的正向作用较弱，表明在中部地区影响其人口分布的最主要因素为政府投入；东部山地丘陵区最小二乘回归结果显示，人口的自然增长和政府投入对东部地区的人口分布有显著的正面影响，经济发展水平正向作用较弱，社会消费和自然环境对其人口增长有负面作用。政府投入变量的系数估计值虽然较大，但其对应的概率值为 0，表明政府投入的影响存在虚高，因此，自然增长是导致东部地区人口分布的主要原因，而政府投入在这一地区对人口分布影响作用不大是东部地区人口分布与西部和中部的最根本区别。

3. 地理加权回归分析结论

通过主成分分析表明，贵州省人口空间格局的演化受到诸多因素的影响，考虑到区位因素的客观性和可替代性，主要影响贵州省人口分布的多为经济因素和社会因素；而 OLS 分析中经济因素系数最大，体现出经济因素在贵州省人口分布中的绝对优势。考虑到贵州省特殊的地形条件及历史人口影响，选择若干变量进行地理加权回归分析，以便验证主成分分析和 OLS 分析结论的可靠性。

利用 Moran's I 指数和 Moran 散点图进行的空间相关统计分析已经证实了贵州省的人口分布存在空间关联性和异质性，形成了“西北高，东南低”的特征，各因素在不同县域对贵州省人口格局的演化的影响程度也可能不同。OLS 模型的拟合结果为“全局”或“平均”意义上的参数估计值，不能反映各因素随空间变化的空间非平稳性，故分析结果也无法全面反映空间数据的真实特征。针对这一问题，采用地理加权回归模型进行回归分析，将数据的空间位置嵌入到回归参数中，利用局部加权最小二乘法进行逐点参数估计。

采用地理加权回归模型调整后的拟合优度 91% 高于采用普通最小二乘回归模型的 85%。同时，采用地理加权回归模型的赤池信息量为 –112，而采用最小二乘回归模型的赤池信息量为 –109，通常当采用最小二乘回归模型得到的赤池信息量比采用地理加权回归模型得到的赤池信息量大 3.5 时，认为采用地理加权回归模型的拟合优度将更好，因此考虑了空间效应的地理加权回归模型整体拟合效果要优于最小二乘回归模型。得到的结果如表 12 所示。

**表 12　贵州省人口空间格局演化影响因素 GWR 分析结果（2015 年）**

| 市县 | 常数项 | 经济发展水平 | 社会消费水平 | 地方政府投入 | 自然环境条件 | 人口增长状况 | $R^2$ |
|---|---|---|---|---|---|---|---|
| 南明区 | 1.35 | 0.04 | 40.45 | 48.51 | 21.31 | 0.15 | 0.79 |
| 云岩区 | 1.54 | 0.04 | 27.54 | 63.83 | 21.60 | 0.54 | 0.89 |
| 花溪区 | 1.58 | 0.04 | 4.50 | 33.15 | 22.50 | 0.28 | 0.63 |
| 乌当区 | 1.26 | 0.03 | 5.70 | 39.17 | 21.31 | 0.36 | 0.70 |
| 白云区 | 1.46 | 0.03 | 13.39 | 53.26 | 21.60 | 0.96 | 0.58 |
| 观山湖区 | 1.44 | 0.19 | 4.75 | 33.38 | 19.88 | –6.19 | 0.98 |
| 开阳县 | 1.25 | 0.15 | 2.58 | 26.18 | 21.23 | 0.32 | 0.67 |
| 息烽县 | 1.24 | 0.26 | 2.99 | 24.57 | 23.40 | 0.30 | 0.96 |
| 修文县 | 1.34 | 0.22 | 5.34 | 37.14 | 23.67 | 0.49 | 0.69 |
| 清镇市 | 1.41 | 0.45 | 21.47 | 38.46 | 39.15 | 0.10 | 0.98 |
| 钟山区 | 1.42 | 0.50 | 4.77 | 44.29 | 24.30 | 0.08 | 0.57 |
| 六枝特区 | 1.25 | 0.38 | 2.24 | 56.21 | 31.46 | 0.16 | 0.51 |
| 水城县 | 1.25 | 0.22 | 10.16 | 106.59 | 30.60 | 0.17 | 0.69 |
| 盘县 | 1.35 | 0.36 | 25.53 | 50.15 | 19.71 | 0.47 | 0.98 |
| 红花岗区 | 1.33 | 0.37 | 13.63 | 28.02 | 23.40 | 0.41 | 0.53 |
| 汇川区 | 1.21 | 0.22 | 8.79 | 53.91 | 22.50 | 0.32 | 0.86 |
| 遵义县 | 1.15 | 0.21 | 3.33 | 33.98 | 19.80 | 0.10 | 0.52 |
| 桐梓县 | 1.36 | 0.21 | 2.58 | 27.14 | 15.59 | 0.10 | 0.71 |
| 绥阳县 | 1.11 | 0.20 | 2.56 | 30.22 | 21.60 | 0.12 | 0.90 |
| 正安县 | 1.21 | 0.17 | 1.62 | 24.39 | 21.60 | 0.08 | 0.59 |
| 道真县 | 1.22 | 0.16 | 1.64 | 27.93 | 18.61 | 0.09 | 0.78 |
| 务川县 | 1.31 | 0.17 | 2.22 | 24.51 | 12.96 | 0.10 | 0.85 |
| 凤冈县 | 1.22 | 0.14 | 3.39 | 29.39 | 17.51 | 0.12 | 0.63 |
| 湄潭县 | 1.54 | 0.13 | 2.11 | 19.66 | 16.08 | 0.08 | 0.98 |

续表

| 市县 | 常数项 | 经济发展水平 | 社会消费水平 | 地方政府投入 | 自然环境条件 | 人口增长状况 | $R^2$ |
|---|---|---|---|---|---|---|---|
| 余庆县 | 1.25 | 0.03 | 3.18 | 42.06 | 19.32 | 0.10 | 0.83 |
| 习水县 | 1.54 | 0.02 | 3.09 | 25.20 | 17.56 | 0.08 | 0.53 |
| 赤水市 | 1.64 | 0.02 | 10.79 | 57.39 | 15.84 | 0.25 | 0.97 |
| 仁怀市 | 1.25 | 0.23 | 8.10 | 62.90 | 23.40 | 0.20 | 0.51 |
| 西秀区 | 1.24 | 0.11 | 3.06 | 29.39 | 22.50 | 0.77 | 0.92 |
| 平坝县 | 1.42 | 0.14 | 2.32 | 27.65 | 21.42 | 0.70 | 0.74 |
| 普定县 | 1.13 | 0.14 | 2.46 | 25.86 | 18.31 | –0.03 | 0.68 |
| 镇宁县 | 1.21 | 0.11 | 2.73 | 22.86 | 19.98 | –1.24 | 0.51 |
| 关岭县 | 1.02 | 0.01 | 1.91 | 2.92 | 20.74 | –0.05 | 0.96 |
| 紫云县 | 1.24 | 0.15 | 17.93 | 65.42 | 27.20 | 0.93 | 0.97 |
| 七星关区 | 1.21 | 0.14 | 3.79 | 43.05 | 27.41 | 0.33 | 0.93 |
| 大方县 | 1.32 | 0.13 | 0.40 | 36.89 | 30.22 | 0.85 | 0.98 |
| 黔西县 | 1.27 | 0.01 | 4.13 | 42.42 | 26.28 | 0.67 | 0.91 |
| 金沙县 | 1.32 | 0.02 | 3.83 | 53.85 | 28.10 | 0.44 | 0.79 |
| 织金县 | 1.55 | 0.02 | 3.14 | 43.87 | 30.31 | 0.27 | 0.59 |
| 纳雍县 | 1.25 | 0.02 | 3.82 | 69.94 | 39.60 | 0.56 | 0.86 |
| 威宁县 | 1.21 | 0.14 | 2.80 | 41.75 | 37.53 | 0.17 | 0.70 |
| 赫章县 | 1.24 | 0.20 | 5.37 | 30.58 | 8.59 | 0.15 | 0.69 |
| 碧江区 | 1.24 | 0.17 | 1.29 | 19.04 | 15.44 | 0.02 | 0.90 |
| 万山区 | 1.22 | 0.13 | 1.10 | 20.28 | 25.61 | 0.01 | 0.63 |
| 江口县 | 1.22 | 0.17 | 1.18 | 17.42 | 11.39 | 0.03 | 0.69 |
| 玉屏县 | 1.19 | 0.14 | 1.26 | 29.33 | 20.32 | 0.03 | 0.71 |
| 石阡县 | 1.20 | 0.16 | 2.95 | 43.71 | 16.39 | 0.04 | 0.56 |
| 思南县 | 1.27 | 0.13 | 1.59 | 33.16 | 25.84 | 0.01 | 0.91 |
| 印江县 | 1.25 | 0.13 | 2.08 | 36.05 | 16.68 | 0.04 | 0.63 |
| 德江县 | 1.25 | 0.13 | 2.22 | 41.24 | 15.24 | 0.03 | 0.95 |
| 沿河县 | 1.12 | 0.14 | 2.82 | 41.05 | 11.83 | 0.03 | 0.89 |
| 松桃县 | 1.24 | 0.11 | 17.60 | 70.36 | 25.49 | 0.32 | 0.91 |
| 兴义市 | 1.25 | 0.12 | 2.28 | 42.99 | 24.81 | 0.00 | 0.62 |
| 兴仁县 | 1.15 | 0.13 | 1.02 | 27.18 | 25.20 | 0.13 | 0.96 |
| 普安县 | 1.15 | 0.11 | 0.84 | 23.04 | 19.80 | 0.00 | 0.67 |
| 晴隆县 | 1.16 | 0.12 | 1.19 | 33.02 | 20.62 | 0.13 | 0.75 |
| 贞丰县 | 1.15 | 0.12 | 0.58 | 27.07 | 17.94 | 0.01 | 0.56 |
| 望谟县 | 1.25 | 0.12 | 0.33 | 19.68 | 14.94 | 0.01 | 0.82 |

续表

| 市县 | 常数项 | 经济发展水平 | 社会消费水平 | 地方政府投入 | 自然环境条件 | 人口增长状况 | $R^2$ |
|---|---|---|---|---|---|---|---|
| 册亨县 | 1.21 | 0.12 | 1.52 | 33.42 | 21.36 | 0.06 | 0.52 |
| 安龙县 | 1.21 | 0.11 | 13.22 | 60.22 | 17.78 | 0.26 | 0.82 |
| 凯里市 | 1.11 | 0.13 | 1.46 | 22.01 | 16.97 | 0.02 | 0.88 |
| 黄平县 | 1.15 | 0.00 | 0.98 | 14.26 | 9.47 | 0.01 | 0.52 |
| 施秉县 | 1.15 | 0.02 | 1.64 | 16.39 | 17.28 | 0.01 | 0.86 |
| 三穗县 | 1.55 | 0.13 | 1.67 | 20.60 | 14.40 | 0.02 | 0.92 |
| 镇远县 | 1.47 | 0.16 | 1.35 | 17.85 | 9.90 | 0.01 | 0.61 |
| 岑巩县 | 1.37 | 0.14 | 2.27 | 26.90 | 17.28 | 0.02 | 0.57 |
| 天柱县 | 1.48 | 0.13 | 1.22 | 17.64 | 14.64 | 0.01 | 0.80 |
| 锦屏县 | 1.37 | 0.12 | 1.27 | 20.54 | 17.74 | 0.01 | 0.95 |
| 剑河县 | 1.25 | 0.12 | 0.73 | 13.71 | 21.92 | 0.01 | 0.92 |
| 台江县 | 1.35 | 0.12 | 2.49 | 33.96 | 12.51 | 0.03 | 0.65 |
| 黎平县 | 1.21 | 0.12 | 1.68 | 27.38 | 13.50 | 0.03 | 0.65 |
| 榕江县 | 1.21 | 0.10 | 1.67 | 25.86 | 16.34 | 0.03 | 0.52 |
| 从江县 | 1.24 | 0.10 | 0.82 | 19.47 | 19.64 | 0.01 | 0.95 |
| 雷山县 | 1.32 | 0.13 | 0.56 | 14.26 | 16.20 | 0.01 | 0.73 |
| 麻江县 | 1.30 | 0.12 | 0.72 | 15.06 | 15.30 | 0.01 | 0.73 |
| 丹寨县 | 1.27 | 0.12 | 8.20 | 40.58 | 16.88 | 0.06 | 0.86 |
| 都匀市 | 1.24 | 0.10 | 2.74 | 31.69 | 18.36 | 0.08 | 0.67 |
| 福泉市 | 1.27 | 0.11 | 1.30 | 19.77 | 13.66 | 0.01 | 0.86 |
| 荔波县 | 1.34 | 0.12 | 1.99 | 23.41 | 21.60 | 0.08 | 0.54 |
| 贵定县 | 1.37 | 0.12 | 2.49 | 36.46 | 18.50 | 0.08 | 0.96 |
| 瓮安县 | 1.35 | 0.12 | 2.17 | 23.58 | 17.55 | 0.01 | 0.63 |
| 独山县 | 1.21 | 0.11 | 1.57 | 23.84 | 12.78 | 0.04 | 0.97 |
| 平塘县 | 1.31 | 0.11 | 1.46 | 23.60 | 14.40 | 0.08 | 0.93 |
| 罗甸县 | 1.25 | 0.12 | 1.26 | 16.53 | 21.60 | 0.03 | 0.96 |
| 长顺县 | 1.25 | 0.12 | 1.91 | 23.74 | 19.44 | 0.03 | 0.73 |
| 龙里县 | 1.25 | 0.12 | 2.22 | 27.20 | 19.80 | 0.07 | 0.65 |
| 惠水县 | 1.25 | 0.12 | 1.58 | 24.26 | 13.50 | 0.04 | 0.94 |
| 三都县 | 1.35 | 0.04 | 40.45 | 48.51 | 21.31 | 0.15 | 0.79 |

资料来源：同表 6。

由表 12 可知，第 1 列是常数项的参数估计值，显示了贵州省九个地级市市区的常数估计值明显比其他县域大，常数项估计值从北到南，从西到东按梯度降低，这说明贵州省市区集聚人口能力是存在的，经济发达、社会发展水平高的市区集聚人口能力较强，其他县域集聚人口能力较差。第2列是经济发展水平的参数估计值，绝大多数县域的估计值为正，表明在贵州省人口格局的演化中经济发展水平是绝大多数县域单元的重要影响因素，尤其是贵阳市区、六盘水市区、遵义市区，其县域单元的参数估计值都较大，其人口增长速度和人口集聚能力受经济发展水平影响较其他县域更大。第3列是社会消费水平的参数估计值，社会消费水平的参数估计值全部为正，表明贵州省所有县域的人口集聚能力都受到当地消费水平的影响，消费水平影响估计值较高区域有时却是人口密度分布较低的区域，说明低社会消费水平能够留住一些人，是减少人才外流的一大举措，相对发达地区的高消费水平对人口集聚能力的影响相对较小。第4列是地方政府投入的参数估计值，地方政府投入的估计值全部为正，且在数值上表现明显高于其他估计值，说明在贵州省人口空间格局演化中，地方政府投入是吸引人口集聚的主要原因。第5列是自然环境条件的参数估计值，数值低于地方政府投入的参数估计值但高于其他估计值，说明地形条件如平均海拔高度仍是影响人口分布的一大重要因素，这是其他平原省份人口分布所不具备的特点。第6列是人口增长状况的参数估计值，估计值为正，说明人口自然增长率仍是贵州省年末常住人口增加的一个原因，但影响程度远不及社会、经济因素。

4. 人口经济一致性系数分析结论

综上分析表明，贵州省人口分布格局受经济因素影响较大，在此进一步通过人口经济一致性系数对贵州省人口分布与经济是否具有一致性进行验证。

根据人口经济一致性系数（CPE）指标值，贵州省人口经济空间一致性具体分类标准如表13所示。

**表13　贵州省人口经济空间一致性分类标准**

| 类型 | 类别 | CPE |
|---|---|---|
| 人口集聚低于经济集聚 | 人口集聚远低于经济集聚 | $CPE \leqslant 0.5$ |
| | 人口集聚略低于经济集聚 | $0.5 < CPE < 0.8$ |
| 人口经济基本一致 | 人口经济基本一致 | $0.8 \leqslant CPE \leqslant 1.2$ |
| 人口集聚高于经济集聚 | 人口集聚略高于经济集聚 | $1.2 < CPE < 2.0$ |
| | 人口集聚远高于经济集聚 | $CPE \geqslant 2.0$ |

资料来源：同表6。

（1）基于县级尺度的人口与经济的空间一致性。

基于人口经济一致性系数值的大小及其评价标准，得到2000年和2015年贵州省人口经济一致性程度评价结果，如表14和表15所示。

**表 14　贵州省县域人口经济一致性评价（2000 年）**

| 类型 | 人口 | | 经济 | | 县域单元 | |
|---|---|---|---|---|---|---|
| | 数量（万人） | 比重（%） | 数量（亿元） | 比重（%） | 数量（个） | 比重（%） |
| 人口集聚远低于经济集聚 | 292.66 | 7.79 | 313.42 | 28.84 | 9 | 10.23 |
| 人口集聚略低于经济集聚 | 409.83 | 10.91 | 176.98 | 16.29 | 8 | 9.09 |
| 人口集聚低于经济集聚 | 702.49 | 18.70 | 490.40 | 45.13 | 17 | 19.32 |
| 人口经济基本一致 | 842.06 | 22.42 | 245.82 | 22.62 | 19 | 21.59 |
| 人口集聚高于经济集聚 | 2211.18 | 58.87 | 350.52 | 32.25 | 52 | 59.09 |
| 人口集聚略高于经济集聚 | 1451.81 | 38.66 | 255.04 | 23.47 | 30 | 34.09 |
| 人口集聚远高于经济集聚 | 759.37 | 20.22 | 95.48 | 8.79 | 22 | 25.00 |

资料来源：同表 6。

如表 14 所示，贵州省 2000 年人口与经济空间分布基本一致的县域单元有 19 个，占贵州省县域单元的 21.59%，相应人口占贵州省的 22.42%，相应 GDP 占贵州省的 22.62%，人口与经济的比例基本相当。人口集聚低于经济集聚的县域单元有 17 个，占贵州省县域单元的 19.32%，相应人口占贵州省的 18.70%，相应 GDP 占贵州省的 45.13%；人口集聚低于经济集聚的县域单元的 GDP 约为贵州省平均水平的 2.46 倍，大多是经济较发达的县区，说明经济高度集聚情况下人口集聚现象尤为明显，这种情况下的人口集聚表现出较明显的经济导向性。此外人口集聚高于经济集聚的县域单元有 52 个，占贵州省县域单元的 59.09%，相应人口占贵州省的 58.87%，相应经济占贵州省的 32.25%；人口集聚远高于经济集聚的县域单元有 22 个，占贵州省县域单元的 25.00%；人口集聚略高于经济集聚的县域单元有 30 个，占贵州省县域单元的 34.09%。由此可知，贵州省 2000 年县域人口集聚表现出较明显的经济导向性，人口集聚与经济集聚表现出较明显的不协调性，并以人口集聚高于经济集聚为主要特征。

**表 15　贵州省县域人口经济一致性评价（2015 年）**

| 类型 | 人口 | | 经济 | | 县域单元 | |
|---|---|---|---|---|---|---|
| | 数量（万人） | 比重（%） | 数量（亿元） | 比重（%） | 数量（个） | 比重（%） |
| 人口集聚远低于经济集聚 | 234.47 | 6.66 | 1793.91 | 15.21 | 4 | 4.55 |
| 人口集聚略低于经济集聚 | 609.86 | 17.33 | 3361.68 | 28.51 | 14 | 15.91 |
| 人口集聚低于经济集聚 | 844.33 | 23.99 | 5155.59 | 43.72 | 18 | 20.45 |
| 人口经济基本一致 | 642.78 | 18.26 | 2237.73 | 18.98 | 15 | 17.05 |
| 人口集聚高于经济集聚 | 2032.40 | 57.75 | 4397.78 | 37.30 | 55 | 62.50 |
| 人口集聚略高于经济集聚 | 1817.29 | 51.63 | 4064.95 | 34.47 | 51 | 57.95 |
| 人口集聚远高于经济集聚 | 215.11 | 6.11 | 332.83 | 2.82 | 4 | 4.55 |

资料来源：同表 6。

如表 15 所示，贵州省 2015 年人口与经济空间分布相对一致的县域单元有 15 个，占贵州省县域单元的 17.05%，相应人口占贵州省的 18.26%，相应 GDP 占贵州省的 18.98%，二者的比例基本相当。而贵州省有 73 个县域单元表现为人口与经济分布不一致，占贵州省县域单元的 82.95%，相应人口占贵州省的 81.74%，相应 GDP 占贵州省的 81.02%。其中有 18 个县域单元人口集聚低于经济集聚，占贵州省的 20.45%，相应人口占贵州省的 23.99%，相应 GDP 占贵州省的 43.72%，与 2000 年相比，人口集聚低于经济集聚的县域单元个数、人口和经济的比重都有所增加，说明人口集聚的经济导向性有所下降。此外人口集聚高于经济集聚的县域单元有 55 个，占贵州省县域单元的 62.50%，相应人口占贵州省的 57.75%，相应 GDP 占贵州省的 37.30%；其中人口集聚远高于经济集聚的县域单元有 4 个，占贵州省的 4.55%，比 2000 年下降了 20.45%，人口集聚略高于经济集聚的县域单元有 51 个，占贵州省的 57.95%，比 2000 年增加了 23.86%。这表明贵州省 2015 年县域人口与经济空间一致性与 2000 年相比，人口集聚仍表现出较明显的经济导向性，但这种趋势在各市州经济发展的情况下有所降低。人口集聚与经济集聚表现出的不一致状态以人口集聚高于经济集聚为主要特征，比 2000 年有所加强。

但从相对比重来看，与 2000 年相比，贵州省人口经济基本一致的县域单元、人口和经济的相应比重都有所下降，人口与经济空间不一致性并没有改善较多。具体来看，人口经济相对一致的县域数由 2000 年的 19 个下降到 2015 年的 15 个，人口比重由 22.42% 下降至 18.26%；人口经济不一致的县域单元由 2000 年的 69 个增加到 2015 年的 73 个，人口比重由 77.58% 增加到 81.74%；人口集聚高于经济集聚的县域单元比重增加了 3.41%，人口比重下降了 1.12%，人口集聚县区的人口减少，而经济集聚县区的人口相应增加。

（2）基于地级和贵州省尺度的人口与经济的空间一致性。

在县域尺度的研究基础之上，采用人口经济偏离度指数，来定量分析 2000 年和 2015 年四个地级市、两个地区、三个自治州和贵州省总体的人口分布与经济发展的一致性程度，并评价人口分布与经济发展协调程度的地区差异及时序变化。贵州省全省及分区人口经济偏离度指数结果如表 16 所示。

**表 16　贵州省及各市州人口经济偏离度指数（CD）**

| 地区 | 2000年 | 2015年 |
|---|---|---|
| 贵阳市 | 1.4578 | 1.5108 |
| 六盘水市 | 2.3489 | 0.3515 |
| 遵义市 | 2.2602 | 2.4014 |
| 安顺市 | 1.5969 | 0.4738 |
| 毕节市 | 4.9852 | 4.9647 |
| 铜仁市 | 4.3832 | 1.3867 |
| 黔西南州 | 5.8036 | 0.6555 |

续表

| 地区 | 2000年 | 2015年 |
| --- | --- | --- |
| 黔东南州 | 6.9714 | 2.2859 |
| 黔南州 | 1.8893 | 0.9831 |
| 贵州省 | 7.9620 | 5.4797 |

资料来源：同表 6。

由表 16 可以看出，2000 年人口经济一致性程度由强到弱依次为贵阳市＞安顺市＞黔南州＞遵义市＞六盘水市＞铜仁市＞毕节市＞黔西南州＞黔东南州，其中，贵阳市 CD 值最小，人口经济一致性程度最强，黔东南州 CD 值最大，人口经济一致性程度最弱，人口经济协调性程度与经济发展水平基本一致。2015 年人口经济一致性程度由强到弱依次为六盘水市＞安顺市＞黔西南州＞黔南州＞铜仁市＞贵阳市＞黔东南州＞遵义市＞毕节市，其中六盘水市人口经济一致性程度最强，毕节地区人口经济一致性程度最弱，人口经济协调性程度仍与经济发展水平正比关系有所弱化。

对比发现，贵州省最强和最弱地区的 CD 指数的差值由 2000 年的 5.5136 减小至 2015 年的 4.6132，反映出各地区间的人口经济一致性差距呈缩小趋势，主要原因可能是经济普遍发展背景下地区经济差距在缩小。相较 2000 年，2015 年贵阳市、遵义市的 CD 值有所上升，而六盘水市、安顺市、毕节市、铜仁市、黔西南州、黔东南州和黔南州的 CD 值有所下降，说明贵阳市、遵义市的人口经济一致性程度 15 年间有所减弱，而六盘水市、安顺市、毕节市、铜仁市、黔西南州、黔东南州和黔南州的人口经济一致性程度有所增强，反映出各地经济在 15 年间陆续发展，形成多个经济中心的特点。贵州省 CD 值由 2000 年的 7.962 降至 2015 年的 5.4797，从中反映出就贵州省总体而言，人口经济一致性程度呈增强趋势即人口与经济的协调性趋于加强。

利用定量与定性相结合的方法对贵州省 2000 年和 2015 年的人口经济空间一致性进行分析研究，得到的结论主要有：2000—2015 年，贵州省县域人口集聚表现出较明显的经济导向性，人口集聚与经济集聚呈现出较明显的不协调性，并以人口集聚高于经济集聚为主要特征，但人口与经济的空间一致性程度有所改善。人口分布与经济发展相对一致的县区在贵阳市、遵义市、铜仁市、安顺市各县区均有零散分布；人口集聚低于经济集聚的县区主要分布在贵阳市和遵义市市区，且 15 年来保持这一格局基本不变；人口集聚高于经济集聚的县区主要集中在黔东南州、黔南州和黔西南州的大部分县区，呈片状分布。各地区间人口与经济一致性差距在缩小。从贵州省范围来看，人口与经济一致性呈减弱趋势，表明贵州省人口与经济的协调性渐趋下降。

## 四、贵州省人口空间分布问题与建议

### （一）人口分布存在的问题

依托 GIS 技术与贵州省 2000—2015 年人口、经济、社会、自然等方面相关数据，对贵州省的人口空间分布与演化机理进行了分析，研究发现贵州人口空间分布存在如下问题。

1. 经济发达县域人口过于集中，挤压生存空间

2000 年以来，随着国家西部大开发工作展开，贵州省资金、能源、产业、劳动力等要素在空间上快速流向经济基础雄厚、发展潜力大的主要市区。经济发展水平高、社会生活水平完善的区域吸引了更为密集的人口，加之这些区域本身拥有较大的历史人口基数，同时吸引经济欠发达区域人口大量流入，致使经济发达区域人口更为密集。贵阳市、安顺市、六盘水市、毕节市、遵义市、铜仁市中北部成为人口分布的热点区域，且呈现连片分布的现象，与黔东南州、黔西南州、黔南州、铜仁市南部较为稀少的人口分布形成鲜明对比。特别是城市中心区人口过度饱和，不仅造成了城区建筑密集、城市空间狭小、社会治安、生态环境破坏和严重的交通堵塞等问题，同时也造成城市中心区功能过度强大，抑制了次级市镇的发展，特别是临近市镇的发展，形成中心与边缘差距相当大的发展格局。因此需重点规划教育、医疗、文化等优质资源适当在贵州省范围内平衡布局，改变其高度集中在经济发达区的局面，缩小地区差异，加快解决人口分布区域失衡问题，分散生存压力。

2. 经济欠发达县域人口集聚能力不足

贵州省除主要市区外的县域数量较多、经济发展相对滞后、产业结构单一且多以农业为主、设施薄弱，因此这些县域经济发展活力不足，产业竞争力较弱，辐射带动能力较差。经济欠发达县域本身经济实力较弱，人均国民生产总值水平偏低，产业结构方面非农产业占比较高，工业增加值更是表现欠佳，如此一来，社会生活水平随之下降，当地居民无法享受较高的收入，消费能力疲软，政府一般公共预算支出偏低，种种连续作用下，人口集聚能力弱化。此外，县级区域本身缺乏高质量的高等院校，人才方面处于弱势地位，又因经济实力较差，本地培养出的高学历人才也不愿意学成回归，人才流失严重。专业人才不断流向经济发达的人口密集区集聚以谋求更好发展，使得县域中心城镇的建设丧失了重要的人才和青壮年劳动力支撑。

## （二）政策建议

通过前文研究，贵州省人口空间分布存在诸多问题。如何在这种正面、积极作用和负面、消极作用之间寻求一个合理的平衡点，促进人口合理分布，就要将人口的适当集中和分散相结合，有利生产，方便生活，全面协调人口、资源、能源、环境的关系，尊重人口发展的基本规律，引导人口的合理布局、有序建设和持续发展[9~11]。针对贵州省存在的人口空间分布问题，提出如下建议。

1. 加强城镇一体化发展战略，实现人口合理分布

经济发展水平和社会生活水平是人们选择居住地的重要因素，优越的经济发展水平和社会生活水平对人口具有强大的吸引力。贵州省 9 大片区的主城区拥有就业、教育、医疗等各种优势资源，吸引周边地区的人口流入中心城市；乡镇地区公共服务水平低下，农业生产方式落后，迫使人们更愿意去大城市寻求发展，导致乡镇人口的大

量外流，出现了城区人口集聚明显的现象，特别是城市中心区人口过度饱和，造成了建筑密集、城市空间狭小和严重的交通堵塞等问题。在此背景下，人口继续向这一区域集聚，导致经济欠发达地区人口进一步减少。因此应当立足省情，围绕加快人口城镇化进程，稳步推进户籍、土地、社会保障制度改革。转变城镇发展方式，走资源节约、环境友好、集约紧凑的城镇化道路，引导人口有序流动和迁移，改变其高度集中在经济发达区的局面，调整经济欠发达区以农业为主的生产方式，大力发展现代农业，建设新型宜居乡村，提高经济欠发达区居住、教育、社保、就业、就医等方面条件，适度分散人口密集区人口集聚压力，为贵州省人口的均衡合理分布创造条件。

2. 改善区域产业结构不合理现象，增强区域的辐射带动能力

目前，贵州省内贵阳市、遵义市、六盘水市和毕节市第三产业的发展远远领先于其他区域。贵阳市作为贵州省的省会城市，既是政治中心又是经济中心，还是技术和文化中心。遵义市、六盘水市和毕节市是贵州省经济发展重点区域，这些区域集中了贵州省绝大多数人口，而黔东南州、黔西南州、黔南州、铜仁地区南部则承担了产业发展末端的工作，这些产业污染较高，收益较少，无法合理保障当地人口基本生活。

因此，将区域发育成熟的产业链向周边的县区进行扩散和转移，更好地发挥辐射带动能力，同时能够吸收劳动力回流，实现工业化和城镇化的均衡发展；从贵州省区域协调发展和城乡统筹规划大背景下考量迁移和流动人口的空间布局，建立合理的收入、消费机制，通过拉动发达城市周边其他城镇的经济增长引导人口的流向，合理调控布局大区域的人口分布空间格局；进一步强化产业布局、旧城改造、交通建设、社会事业发展等规划要与人口分布优化目标同向同步。通过科技创新战略，推动传统产业向高新技术产业转型。

3. 重视人口集聚区，引导人口有序流动

在多年人口活动的影响下，贵州省已形成多个稳定的人口集聚区，也存在多个人口分布分散的地区。人口集聚区凭借其独特的区位优势吸引着省内外人口不断流入，而人口分散区因缺乏人口引力面临人口大量外流的窘境。控制人口总量，引导人口有序流动，是一个长期的、复杂的系统工程。当前应在宏观层面上制定与区域人口发展相应的支持和限制政策，尤其要重视人口分散区的优惠和支持政策，投入更多的公共财政资源资金，加快基础设施建设，提高基本公共服务水平，从而吸引更多人口流向之前的人口分散区。对于人口集聚区，虽已经累积了相当出色的人口管理工作经验，但在过去十几年间人口集聚趋向强烈，在人口容量的限制下滋生了许多民生、治安管理的问题。从未来发展来看，贵州省人口集聚区的狭小空间难以承载日益增长的外来人口和新生人口，为全面落实科学发展观和西部大开发战略，加快推进新型工业化和全面建设小康社会步伐，切实协调好耕地保护和建设用地保障的关系，促进土地资源节约集约高效利用和经济社会又好又快发展，大力开拓人口流动模式管理势在必行。

4. 制定城乡科学合理发展战略，加强规划对人口的合理布局研究

2015 年，贵州省生产总值占全国的比重为 1.55%，增长速度为 10.7%。贵州省主

要经济支柱城市快速发展的各市吸引了周边市县的优质要素资源，在促进自身发展的同时，对周边地区并没有充分发挥辐射和带动作用，使周边地区的经济发展水平与该区域差距越来越大，人口流失现象严重。因此，要进一步加强区域政府间的协调与合作，将人口与经济资源有机、系统地整合起来，在区域内各个市区县之间形成协同竞争发展的良好格局。对由于部分城市的快速发展引起的人口膨胀尤其是外来人口的过度集聚考虑不周之处，建议在生产力布局规划和产业发展规划的同时应着重考虑合理高效的布局人口。对现行开发条件较好但人口较少的县域应以合理的购房和就业等政策为契机引导人口迁入，通过增加投资项目、给予税收优惠等，建立和完善公共服务体系，提升吸纳人口的能力。增加就业机会，鼓励自主创业，切实提高小城镇人民自身利益，推动经济发展方式转变，通过合理规划城镇合理布局，引导区域内人口均衡分布，尽可能减少县域劳动力和专业人才外流，避免人口进一步过度聚集。

5. 提倡生态环境保护与建设“和谐”社会双管齐下

人口与可持续发展的关系极为密切，要实现可持续发展就必须提供一个良好的人口条件和人口环境。也就是说，一定时间内的人口数量、质量和结构的分布应与当地的自然资源、生态环境和经济社会等条件相匹配，从而维持可持续发展系统的良性运作。可以说人口空间分布的数量、质量、结构的生态化，既是实现可持续发展的必要条件，也是可持续发展得以现实操作的有效路径。因此，在各项工作展开时应充分协调人口与生态环境的关系以促进可持续发展的实现，促进人与自然和谐共处良好环境的形成。同时，注重和谐社会建设，秉承“以人为本”的科学发展观概念并切实关注人口密集区外来人口的切身利益，维护和保障外来流动人口的权益。人作为经济活动的主体，不仅是实现可持续发展的主要动力，更是可持续发展的受益者。引导人口流向，调整人口结构，稳定人口发展，提高人口素质，是人口与社会经济协调发展、共同进步的重要保障。为此，要强化流动人口管理，提高人口的健康素质、科学文化素质和思想道德素质，健全社会保障体系，重点培养专业型人才资源，把人口压力转变为人力资源优势，以高素质、高质量、高层次人才推动经济社会的高水平发展。总之，人口问题与国民经济和社会发展全局的战略部署息息相关，需要引起各级政府的高度重视，唯有促进人口、资源、环境和社会经济的全面协调发展，才能构建富强民主、文明和谐的贵州。

## 【参考文献】


[1] 孟向京，贾绍凤．中国省级人口分布影响因素的定量分析［J］．地理研究，1993，9（12）：56–57.

[2] 赵军，符海月．GIS 在人口重心迁移研究中的应用［J］．测绘工程，2001，10（3）：48–51.

[3] 李仪俊．试论我国的人口集中［J］．人口学刊，1984（3）：36–41.

[4] 郑贞，周祝平．京津冀地区人口经济状况评价及空间分布模式分析［J］．人口学刊，2014，36（2）：26–27.

［5］梅林，陈妍．吉林省人口密度空间格局演变及其形成机制［J］．人文地理，2014，29（4）：95-96.
［6］刘贤赵，张安定，李嘉竹．地理学数学方法［M］．北京：科学出版社，2009.
［7］杜培军，张海荣，冷海龙．地理空间分析：原理、技术与软件工具［M］．北京：电子工业出版社，2009.
［8］王世巍．深圳人口均衡发展的对策［J］．特区理论与实践，2011（2）：70-72.
［9］封志明，刘晓娜．中国人口分布与经济发展空间一致性研究［J］．人口与经济，2013（2）：3-11.
［10］《人口研究》编辑部．特大城市如何调控人口规模［J］．人口研究，2011，35（1）：29-43.
［11］张治国，周洪波．改革开放以来的兰州市人口演变的特点［J］．西北人口，2002，7（1）：52-54.

# ● 贵州二孩生育意愿及生育水平研究

张文专[*]

（贵州财经大学，贵州　贵阳　550025）

**摘　要：**“单独二胎”政策实施的2014年贵州省出生人口反而比2013年下跌了0.08万人，出生率下降了0.07个千分点，2015年出生人口比2013年增加了0.02万人，出生率上升了0.02个千分点。贵州省人口发展现状有三个特点：一是性别比失衡仍然存在。2015年出生性别比为107.72，比2010年下降了18.82个百分点。二是出生率和人口增长率下降，成长性人口比重下滑。2010年0~14岁成长性人口数量为904.06万人，2015年该数目为783.17万人，平均每年以24.18万人的速度减少。2010年老年人口总数为303.02万人，2015年增加至360.01万人，平均每年以11.4万人的速度增加。这也导致了没有劳动能力的老年人逐年增加。三是人口素质不断提升，城镇化进度加快。人口素质的提升和城市化发展，将导致低生育率成为常态。

**关键词：**二孩生育意愿；生育水平；贵州

## 一、引言

当前我国妇女生育孩子数明显低于大多数国家，总和生育率已持续数年维持在更替水平之下，进入世界低生育水平国家行列。除了曾实行的计划生育政策，是否还与人们的生育意愿及生育水平有关呢？关于这个问题，我国学术界开展了对不同地区、不同人群和不同影响因素下的生育意愿研究。

根据研究地区不同，分为城市和农村两个板块。风笑天（2009）对12个城市的在职青年进行生育意愿调查，通过数据展示了青年的不同特点与其生育意愿之间的关系，结果发现婚姻状况、经济收入、是否独生子女与其意愿生育数量关系密切。莫丽霞利用2002年国家计生委“农村居民生育意愿调查”数据，从意愿孩子数和意愿孩子性别两个维度对农村不同人群的生育意愿进行分析。根据影响因素不同，对生育意愿研究集中在制度层面、社区层面，以及个人层面三个视角。龚德华（2009）认为，国家的人口政策在约束人口数量上起到了重要作用，决定了人们的生育行为，影响人们的生育意愿，沉重的养老负担也促使人们的生育意愿更倾向生育男孩。李芬认为，社区

---

*　作者简介：张文专（1966—），男，汉族，湖南永州人，贵州财经大学贵州省经济系统仿真重点实验室教授、博士。研究方向：数学与统计学。

生育文化强化了人们的生育意愿和生育行为，要建立两性平等的社区文化，重塑社区生育文化以解决出生性别比失衡问题。李波平等（2010）从个人特征的教育文化程度、职业、户口性质、流动经历和传统文化等方面分析影响人们生育意愿的主要因素。

贵州省是一个全国生育水平较高、经济发展落后的省份，要实现贵州省人口的均衡发展和经济的持续发展，不能忽视对贵州省育龄妇女生育意愿和生育计划的研究。因此，正确认识贵州省育龄妇女生育意愿及生育水平，研究政策调整下贵州省妇女生育水平变动的影响因素，分析城乡妇女生育意愿及生育水平差异及影响因素，探索未来经济社会文化发展对贵州省生育水平的影响，预测“全面二孩”政策下贵州省人口发展趋势，具有重大的现实意义和理论研究价值。

## 二、贵州省人口发展基本情况

1. 调查设计

根据《全国人口普查条例》《国务院办公厅关于开展 2015 年全国 1% 人口抽样调查的通知》和《贵州省人民政府关于开展 2015 年全省 1% 人口抽样调查的通知》，贵州省以 2015 年 11 月 1 日零时为标准时点进行了 1% 人口抽样调查。这次调查以省为总体，以各市、州为子总体，采取分层、二阶段、概率比例、整群抽样方法，贵州省调查样本量为 48 万人，抽样比为 1.35%。

2. 调查结果分析

（1）性别比失衡仍然存在。

2015 年贵州省常住人口为 3529.50 万人，同 2010 年第六次人口普查的 3474.86 万人相比，5 年间共增加 54.64 万人。常住人口中，男性人口占 51.58%，女性人口占 48.42%。同 2010 年第六次人口普查相比，总人口性别比（以女性为 100，男性对女性的比例）由 2010 年第六次人口普查的 106.31 上升为 106.54。

根据 2010 年“六普”数据，当年出生性别比 126.20，其中第一胎出生性别比 109.39，第二胎出生性别比 146.89，第三胎出生性别比 174.33。从这组数据可以看出，第一胎的出生性别比基本正常，越往后就有更多的女性选择堕胎，从而推高了出生性别比。同样的现象在 2015 年调查数据中得以体现，从第一胎到第三胎的出生性别比为 96.21、116.73、141.51。

但是令人欣喜的是，随着生育政策放宽，单独家庭可生育两个孩子政策出台后，2015 年出生人数性别比为 107.72，比限制生育政策下的 2010 年低了 18.48 个百分点。这充分表明了生育政策限制对出生性别比有一定影响。2015 年 1% 人口抽样调查数据显示，15~19 岁青少年性别比为 119.23；10~14 岁青少年性别比为 116.38；5~9 岁儿童性别比为 120.97；0~4 岁幼儿性别比为 121.53。据测算，1996—2015 年 20 年间，共出生了 1128.95 万人，根据平均性别比 119.63 计算，0~19 岁男性比女性大约多出 100 万人。出生性别比失衡的直接后果就是“光棍危机”，原本相对稳定平衡的婚姻市场因为多出数千万男性变得拥挤，使得多出的男性被挤压出去，被迫成为“光棍”。华中科技大学中国乡村治理研究中心研究人员刘燕舞在河南、湖北、贵州等地调研发现，光棍率自 20 世纪 80 年代中后期至今逐渐加剧上升。此外，“光棍”大部分集中在农村，有些贫困山区，甚至出现了“光棍村”。西安交通大学人口与发展研究所所长李树茁 2010 年牵头所做的《中国的性别比失衡与公共安全：百村调查及主要发现》证实，大量失婚青年的存在，客观上的确激发了买婚、骗婚、买卖妇女等犯罪行为。接受调查的 364 个村庄中，有约 30% 曾发生过骗婚。

（2）出生率和人口增长率下降，成长性人口比重下滑。

贵州省全年出生人口为 45.74 万人，出生率为 13.0‰；死亡人口为 25.41 万人，死亡率为 7.2‰；自然增长人口为 20.47 万人，自然增长率为 5.8‰。与 2010 年第六次人口普查相比，出生率下降了 0.96 个千分点，死亡率上升了 0.65 个千分点，自然增长率下降了 1.61 个千分点。

从 2016 年贵州省统计年鉴可以看出，2010—2014 年 5 年间，出生率、人口自然增长率、出生人数一路下跌。出生率分别为 13.96%、13.31%、13.27%、13.05%、12.98%；自然增长率分别为 7.41%、6.38%、6.31%、5.9%、5.8%；出生人数为 48.52 万人、46.24 万人、46.13 万人、45.58 万人、45.50 万人。随着 2013 年 11 月单独二孩正式案提出，2015 年贵州省人口出生迎来了首次增长小高峰，2015 年比上年多出生 0.24 万人，出生率增长了 0.02 个百分点。这也是 2010 年以来贵州省首次出现出生人口比上年增加的情况。

贵州省常住人口中，2015 年 0~14 岁人口为 783.17 万人，占 22.19%；15~64 岁人口为 2386.32 万人，占 67.61%；65 岁及以上人口为 360.01 万人，占 10.20%。同 2010 年第六次人口普查相比，0~14 岁人口比重下降 3.07 个百分点，15~64 岁人口比重上升 1.58 个百分点，65 岁及以上人口比重上升 1.49 个百分点。

作为人口年龄结构的重要指标，人口抚养比反映了总人口中非劳动年龄人数占劳动年龄人口的比重，通常被判定为人口红利的重要指标。目前一般把抚养比小于 50% 作为进入人口红利期的标准。从数据上看，贵州省 2015 年总抚养比达到 46.89，其中少儿抚养比 32.96，老年抚养比 13.92。根据“六普”数据可以计算出，2010 年贵州省少儿抚养比为 38.09，老年抚养比为 12.94，总抚养比 51.03。可以看出，2010—2015 年间，少儿抚养比不断下降，老年抚养比不断上升。

2010 年 0~14 岁成长性人口数量为 904.06 万人，2015 年该数目为 783.17 万人，平均每年以 24.18 万人的速度减少。这部分成长性人口，由于将来要不断地进入劳动年龄，导致了作为劳动力的人口会急剧减少。2010 年老年人口总数为 303.02 万人，2015 年增加至 360.01 万人，平均每年以 11.4 万人的速度增加。这导致了没有劳动能力的老年人逐年增加。劳动力的减少使劳动成本上升，也因养老费用的增加，给经济增长带来巨大的束缚和压力。

（3）城镇化水平提高，人口教育素质得到提升。

贵州省常住人口中，居住在城镇的人口为 1482.74 万人，占 42.01%；居住在乡村的人口为 2046.76 万人，占 57.99%。同 2010 年第六次人口普查相比，城镇人口增加 306.50 万人，乡村人口减少 256.00 万人，城镇人口比重上升 8.20 个百分点。在贵州省常住人口中，具有大学（大专以上）教育程度的人口为 298.24 万人；具有高中（含中专）教育程度的人口为 376.24 万人；具有初中教育程度的人口为 1243.44 万人；具有

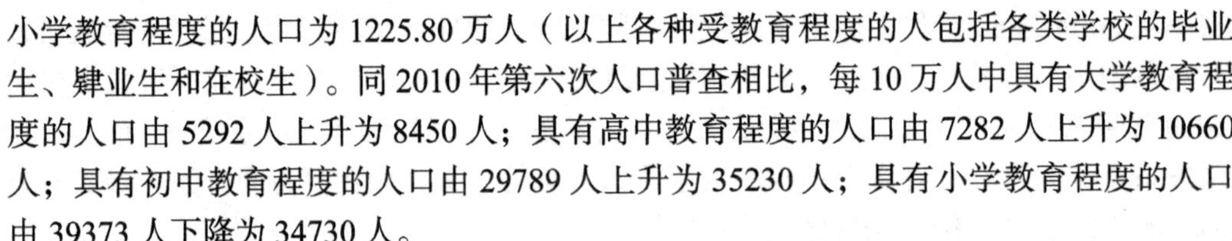

小学教育程度的人口为 1225.80 万人（以上各种受教育程度的人包括各类学校的毕业生、肄业生和在校生）。同 2010 年第六次人口普查相比，每 10 万人中具有大学教育程度的人口由 5292 人上升为 8450 人；具有高中教育程度的人口由 7282 人上升为 10660 人；具有初中教育程度的人口由 29789 人上升为 35230 人；具有小学教育程度的人口由 39373 人下降为 34730 人。

## 三、贵州省二孩生育意愿及生育水平分析

### 1. 育龄人群的二孩生育意愿

根据国家卫计委预计，全面二孩实施后，“十三五”期间每年新增出生人口在 300 万人左右，每年出生人口数量将在 1750 万 ~2100 万人。事实上，对于全面二孩后人口增长的预测有一个重要参考依据，就是单独二孩政策的落地情况。在“单独二孩”政策实施的第二年，本该出现的出生人口增长却没有如约到来。国家统计局公布数据显示，2015 年全国出生人口为 1655 万人，甚至比上年还少 32 万人。而 2014 年也仅比 2013 年多出生 47 万人。

从贵州省数据看，2015 年出生人口为 45.88 万人，比上年增加 0.38 万人，2014 年甚至比 2013 年减少 0.08 万人。这也直接说明了作为二胎生育主力的“70 后”“80 后”生育意愿显著降低。2016 年妇联发布调查报告，指出 53.3% 的一孩家庭没有生育二胎的意愿。

### 2. 育龄人群的二孩生育水平分析

（1）单独二孩后二孩出生比例提高。

2015 年贵州省出生人口比 2014 年出生人口增加 0.38 万人，一般生育率为 37.64‰。其中，一孩生育率为 20.64‰，二孩生育率为 13.29‰，三孩及以上生育率为 3.71‰。二孩及以上生育孩子总数占总出生人数的 45.15%。

2010 年贵州省一般生育率为 45.55‰。其中一孩生育率为 26.05‰，二孩生育率为 13.91%，三孩及以上生育率为 5.58‰。二孩及以上生育孩子总数占总出生人数的 42.80%。2010 年出生孩子总数为 48.52 万人，二孩生产孩子数为 20.77 万人，一孩生产孩子数为 27.75 万人。也就是说，2015 年与 2010 年相比，二孩及以上生育孩子总数占出生人数的比例上升了 2.35 个百分点。

根据 2015 年出生人口为 45.88 万人可以推测，当年二孩及以上生育孩子总数为 45.88×45.15%=20.71（万人），一孩生育孩子数为 25.17 万人。这 5 年间一孩下降了 2.58 万人。

（2）总和生育率继续下跌。

总和生育率也称为总生育率，是指该国家或地区的妇女在育龄期间，每个妇女平均的生育子女数。一般而言，总和生育率小于 2.1，则无法弥补育龄妇女及伴侣数量。我国长期以来将 1.8 作为总和生育率的标准。而事实上，我国 20 年来的总和生育率都低于 1.5，大大低于总和生育率为 2.1 的替代水平。

2010 年贵州省总和生育率为 1.75，而 2015 年这一指标下降到了 1.32。究其原因，这与一孩生育率显著下降有关。2015 年的一孩生育率为 20.64‰，比 2010 年下降了 5.41

个千分点。由于第一个孩子都符合生育政策，不存在漏报现象。笔者通过访谈、阅读资料发现，目前一孩生育率低跟晚婚晚育、生育成本高、生育观念改变导致的整体生育意愿走低，以及不孕不育率升高有关。而这种低生育意愿和低生育率的现实比较短期难以得到逆转。

（3）育龄人群的生育发展趋势。

生育率跟出生人口有关，也跟育龄妇女数量有关。从贵州省育龄妇女的年龄结构看，2020年，45~49岁的育龄妇女将退出育龄人口，10~14岁人口比其减少了5%左右，考虑到此时40~44岁妇女比例偏高，届时育龄人口减少会在5%以上。2015年，40~44岁的育龄妇女退出育龄人口，5~9岁人口比其减少了25%。可以预见，全面二孩放开后，如果没有配套政策和法律完善，生育率的提高将成为空谈。

根据之前的研究，77%的居民认为生育两个孩子比较好。然而生育意愿不等于实际生育率，尤其是城市里的工薪阶层，生二孩意味着换更大的房子，要投入更多的时间、金钱和机会成本来抚养孩子。生活压力大、医疗、住房、教育等问题压得现在的年轻人喘不过气。因此，全国妇联在2016年调查生育意愿时得出结论，城市里超过60%的家庭不想生二胎。

政府应当出台相关配套政策，例如给予生育子女家庭补贴，减少养育家庭的负担，将学前教育纳入义务教育，延长产假时间，为育儿提供午托、日托等便利措施，延后小学放学时间等。

## 四、育龄妇女生育二孩的影响因素分析

### 1. 城镇化水平

城镇化水平提高，会降低生育意愿和生育水平。随着城市化进程的加快，在社会转型的背景下，农村人口开始向城市转移。这些家庭面临着城市生活的种种压力。多生孩子必然会增大生活压力。同时，农村人口在向城市人口转变的过程中，受到城市的影响，开始追求生活品质的提升，从经济的角度考虑多生孩子必然会影响生活品质，从而大大降低生育意愿。

### 2. 住房支出

高房价推高了城市的生活成本，尤其是刚完成城市化的群体。住房基本是按揭贷款，居住一时满足了，但是每个月的房贷无异于租房费用，存在着住房经济压力。多生育一个子女意味着住房面积需要扩大，直接转化为经济压力，经济压力的提升直接影响生活质量。所以住房压力会遏制生育意愿。

### 3. 教育支出

目前，学龄前教育费用和大学教育费用昂贵。调查发现，贵阳市私立幼儿园费用每个月在1000~5000元不等，而贵阳市2015年人均年薪才58537元。有报道称，育儿成本已占中国家庭平均收入近5成，教育支出是最主要的一个负担。托育服务短缺非常严重，0~3岁婴幼儿在中国各类托幼机构入托率仅为4%，远低于一些发达国家50%的比例。额外的教育、培训班费用占据家庭支出的重要比例，这必然导致家庭教育支

出的增加，影响生育意愿。

4. 妇女受教育水平

女性受教育水平会对她们的生育观产生很大的影响，女性的生育观与生育率变化有着直接的联系。首先，受教育水平高的女性不再受传统思想观念的束缚，具有现代的婚姻观、家庭观和生育观，能认识到早生、多生对个人和家庭的不利影响，自觉地少生优生。随着受教育水平的提高，女性的平均初婚年龄也不断地提高，自然而然地出现了大量晚婚晚育的现象。其次，受教育水平高的女性，广泛参与社会经济生活，有了更好的个人发展机会，而她们一旦参加了工作，就必然会与她们从事的家务劳动及生儿育女发生冲突。在这种情况下，她们要么放弃自己的工作，要么少生育。而受教育程度高的妇女往往更喜欢在年轻、精力充沛的时候学习知识以便于在社会生产中承担更多的责任。由此，不可避免地减少了生儿育女的数量。因此，受教育水平高的女性生育率将会稳定在较低的水平上（如表 1 所示）。

**表 1　2010 年按受教育程度划分的 15~64 岁妇女平均存活子女数**

单位：人

| 受教育程度 | 未上过学 | 小学 | 初中 | 高中 | 本科 | 研究生 |
|---|---|---|---|---|---|---|
| 平均存活子女数（个） | 2.99 | 2.42 | 1.21 | 0.61 | 0.45 | 0.41 |

从表 1 可以看出，受教育程度越高，生育孩子个数越少。

5. 个人经济收入

在市场对资源配置起决定作用的大环境下，充足的个人经济收入是抚育孩子的重要前提和物质保障。不同经济收入的居民生育意愿有所不同。调查显示，从愿意和非常愿意生育二孩的情况看，人均月收入在 2000 元以下的城镇居民有 59% 愿意生育二孩，人均月收入在 2000~3999 元的城镇居民有 51.1% 愿意生育二孩，4000~5999 元的城镇居民中愿意生育二孩的占 53.5%，6000~7999 元之间有 53.3%，平均收入在 8000 以上的有 66.7% 愿意生育二孩。综合分析，经济收入较高和较低的居民生育二胎意愿比较强烈，而经济收入处于中等的居民愿意生育二胎的比例反而较低。

6. 性别偏好

一孩性别也是影响生育率的因素。如果一孩是女孩，很多家庭会选择再生一个，一方面是我国传统上仍存在重男轻女的思想，农村地区尤其突出。调查显示，70% 以上的居民对子女没有性别偏好。但调查数据显示，若已经育有一儿，愿意生育二孩的比例占 49.4%。若已经育有一女，愿意生育二孩的占 56.7%。

7. 夫妻身份特征

夫妻身份特征与居民生育二孩意愿有密切关系。即单独夫妻（夫妻双方有一人是独生子女），双独夫妻，双非夫妻（夫妻二人都不是独生子女）。

从表 2 可以看出，双独夫妻愿意生育二孩的比例最高，占双独夫妻总数的 48%，非常愿意占 12%，总计达到 60%，且不愿意生二孩的占比最小，总计占 20%。从生二孩意愿的强烈程度看，单独和双独夫妻都非常愿意生育二孩占比明显高于双非夫妻，其中单独夫妻非常愿意生二孩的比例是双非夫妻的2.4倍，也就是说单独夫妻和双独夫妻生育二孩的意愿比双非夫妻强烈。

**表2　夫妻身份特征与生育二孩意愿**

单位：人

| 夫妻性质 | 计数 | 非常不愿意 | 不愿意 | 无所谓 | 愿意 | 非常愿意 |
|---|---|---|---|---|---|---|
| 单独 | 27 | 2.6 | 26.3 | 21.1 | 34.2 | 15.8 |
| 双独 | 27 | 4.0 | 16.0 | 20.0 | 48.0 | 12.0 |
| 双非 | 61 | 1.6 | 27.8 | 19.7 | 44.3 | 6.6 |

## 五、全面二孩政策下贵州生育水平预测分析

1. 贵州省2016年出生人口预测

本研究采取的是根据2015年1%调查数据计算获得。数据已知育龄妇女年龄、孩次的生育状况（其中，15~50岁平均育龄人数和15~50岁生育率状况已知）。要计算2016年出生人口，则可以采取倒推法。如2016年计算出生人口，只需将15~50岁的每一年龄段的出生人数相加即可得。15岁的育龄妇女人数选取当组人数最大值，16岁的育龄妇女人数只需选取2015年的15岁的育龄人数，同理，17岁的育龄人数只需选取2015年的16岁的育龄妇女人数，50岁的育龄人数只需选取2015年49岁的育龄妇女人数。此时假设不考虑死亡率，2016年各年份的生育率则和上年的保持一致。

通过计算可知，2016年二孩及以上出生人口数占比45.55%，比2015年提高0.4个百分点。2016年出生人口数约为45.99万人，二胎生育人数约为20.95万人。

2. 不同生育水平下人口数量和结构预测

贵州2010年总和生育率为1.75，2015年下降至1.32，低生育率带来了一系列的人口问题，比如少子化、人口老龄化严重、人口结构化矛盾日益突出。单独二胎政策效果已经显现，2015年出生率比2014年提高0.02个千分点。预计全面二胎后，2016—2020年间二胎比率会不断上升，出生人口和出生率进一步提高。

（1）少子化问题。

从年龄比看，2010年以后出生人数比2010年前明显减少。0~14岁总人数占比为22.44%，比2010年减少3.07个百分点。5年来0~14岁人口减少95.62万人。

不考虑死亡率，5年间育龄人口将减少大约0.73%，即减少大约25万育龄妇女。10年间育龄人口减少大约4%，即减少大约140万育龄妇女，推测出育龄人数减少，导致2016—2025年间会比2015年共减少出生人口约3.78万人。

（2）老龄化问题。

贵州省2010年65岁以上老年人比重为8.71%，到2015年这一比例上升至10.20%。这已经远远超过国际规定的7%老龄化标准。因此贵州老龄化问题已经进入

日益严重的地步。2010—2015 年间，贵州省 65 岁以上人数从 303 万人增至 360 万人。

**表 3　2015 年各年龄人口比例**

| 年龄组（岁） | 50~54 | 55~59 | 60~64 | 65~69 | 70~74 | 75~79 | 80~84 | 85~89 | 90~94 | 95~99 |
|---|---|---|---|---|---|---|---|---|---|---|
| 分年龄占总人口比例 | 6.11 | 4.08 | 4.61 | 3.52 | 2.61 | 1.89 | 6.47 | 0.38 | 0.09 | 0.02 |
| 死亡率 | 5.51 | 8.02 | 14.12 | 21.90 | 35.83 | 63.06 | 105.84 | 153.48 | 237.29 | 225.00 |

根据表 3 可以推测，5 年后老年人口比例将比 2015 年增加 23.2%，10 年后老年人口比例将比 2015 年增加 36.6%。人口老龄化将带来一系列诸如医疗需求、保障需求、情感需求等多方面需求，对经济下行也会造成不小的压力。

# ● 贵州省老龄人口死亡水平与人口老龄化进程研究

陆卫群*

（贵州大学　公共管理学院，贵州　贵阳　550025）

**摘　要：**人口老龄化，是我国改革开放以后出现的新情况。“未富先老”成为人民普遍关注的问题，党中央、国务院和各级人民政府对人口老龄化的问题均给予了高度重视。值此贵州省2015年人口抽样调查之机，应贵州省统计局之邀完成了《贵州省老龄人口死亡水平与人口老龄化进程》课题论文（以下简称“本研究”），为贵州省政府制定国民经济和社会发展规划、老龄事业发展规划，提供翔实、可靠的依据。

本研究除运用了贵州省2015年人口抽样调查数据外，还大量采集了2000年和2010年全国、贵州省的老年人口普查数据，并进行了认真的对比分析。通过电子表格计算、相关分析、描述统计等手段研究了老年人死亡率与生存指标之间，以及年龄构成与生存指标之间的关系，提出了根据生命表计算原理推测老年人口年龄队列的方法。本研究在老年人口死亡水平与老龄化进程的研究方法上进行了新的尝试，提出了一些看法和建议。

**关键词：**死亡水平；人口老龄化；贵州

## 一、引言

### （一）“贵州省老龄人口死亡水平与老龄化进程研究”的必要性

根据《中华人民共和国老年人权益保障法》第二条的规定，我国将60岁以上的公民称为“老龄人口”。国际上通常认为60岁以上或65岁以上人口占总人口中的比例超过10%或7%，即可看作达到了人口老龄化。

人口老龄化是历史上近期才出现的社会现象，在国民经济与人口老龄化的关系上，发达国家表现为“先富后老”，人均GDP一般都超过或接近1万美元，现在是3万~10万美元，发达国家在人口老龄化发展进程中，人口从年轻型向老年型的转化过程较长，老龄化发展比较缓慢，社会生活各个方面有较长的准备过程，社会生活对人口老龄化的适应性较强。然而，我国几乎是跑步进入老龄化社会，发展速度快，转化周期短，社会设施和社会心理等方面准备不足，承载能力相对较弱，中国普遍存在“先老

* 作者简介：陆卫群（1960—），女，贵州贵阳人，贵州大学公共管理学院教授、博士。研究方向：人口社会学。

后富”的现象。2000 年中国社会踏入老龄人口的门槛，60 岁以上老年人口占全部人口的比例为 10.46%，65 岁以上老年人为 9.09%；而此时的人均 GDP 仅为 945.6 美元（约合 7900 元人民币），还不到发达国家的 1/10。贵州省在 2010 年跨入老龄化社会，人均 GDP 为 13119 元（1937.8 美元）。

从根本上讲，这种人口转变是医疗进步、受教育水平明显提高和经济发展的直接成就，也是公共卫生事业，例如饮用水卫生、克服营养不良、传染病和寄生虫疾病，以及降低母婴死亡率的结果。从另一个角度看，迈入老龄化的社会，由于生育率低、人口结构老化，会带来劳动力短缺、社会养老成本增大等一系列社会问题。特别是 80 岁以上的高龄老人和失能老人不断增多，对老年人的生活照料、康复护理、医疗保健、精神和文化保障等养老问题将日益严峻。人口老龄化会给社会带来包括政治、经济、文化等诸多领域影响。

从目前来看，老龄人口不断增加给社会、家庭生活带来的问题主要有：①随着人口由年轻型向老年型转化，家庭结构也更多地由复合式向核心式转变，家庭规模日趋小型化，老年人在家庭中已失去独立的地位，社会尊老风气淡化，使老年人的孤独感日益增加，传统的养老模式亟待改变，尤其是在农村更突出；②在养老方式选择上，老年人口意愿与青年人口意愿已存在一定的矛盾，即便有些老人与家人合居，老人与子女、婿媳关系紧张的也占有一定的比例，老少关系不和睦；③老年人口生活困难和缺少照顾的情况时有发生，如老人看病没有人陪同等。

对于老年人口迅速发展及其带来的各种社会问题，中国政府是早有预见和非常重视的。早在 1987 年党的十三大报告就指出，我国在努力控制人口数量和提高人口素质的同时，“还要注意人口迅速老化的趋向，及时采取正确的对策”。此后，党的历次代表大会都把人口老龄化作为重点工作论述。党的十八大报告更提出了具体工作要求：“要多谋民生之利，多解民生之忧，解决好人民最关心最直接最现实的利益问题，在老有所养……上持续取得新进展，努力让人民过上更好生活。”“改革和完善企业和机关事业单位社会保险制度，整合城乡居民基本养老保险和基本医疗保险制度，逐步做实养老保险个人账户，实现基础养老金全国统筹，建立兼顾各类人员的社会保障待遇确定机制和正常调整机制。”要求各地“积极应对人口老龄化，大力发展老龄服务事业和产业。”

1997 年第一部《中华人民共和国老年人权益保障法》颁布实施，2012 年进行修订，2015 进行第二次修正，充分体现中国政府对老年人工作的重视。《中华人民共和国老年人权益保障法（2015 年修订）》规定：“积极应对人口老龄化是国家的一项长期战略任务。国家和社会应当采取措施，健全保障老年人权益的各项制度，逐步改善保障老年人生活、健康、安全以及参与社会发展的条件，实现老有所养、老有所医、老有所为、老有所学、老有所乐。”“国家建立多层次的社会保障体系，逐步提高对老年人的保障水平。国家建立和完善以居家为基础、社区为依托、机构为支撑的社会养老服务体系。倡导全社会优待老年人。”“各级人民政府应当将老龄事业纳入国民经济和社会发展规划，将老龄事业经费列入财政预算，建立稳定的经费保障机制，并鼓励社会各方面投入，使老龄事业与经济、社会协调发展。国务院制定国家老龄事业发展规划。县级以上地方人民政府根据国家老龄事业发展规划，制定本行政区域的老龄事业发展规划和年度计划。”研究老龄人口的死亡水平和老龄化进程，是解决老年群体养老、医疗、社会服务等所必需的手段，同时也是评价老龄人口生存状况的重要、有效方法。

### （二）人口死亡水平与老龄化进程研究回顾

国外对人口死亡的研究从 17 世纪就已经开始，且较多是从国家层面进行宏观研究，或进行国家之间的比较。与国内大部分采用描述性分析不同的是，国外大部分有代表性的研究都是基于抽样调查资料所采用的多元回归方法。其人口死亡水平的研究领域相对广泛，主要集中在死亡率的差别，死亡率影响因素的研究。而国外对于人口老龄化的研究主要是基于人口寿命、发病趋势、残疾趋向，以及死亡率数据等，从各国自身的地理、文化、社会经济和医疗环境等角度来分析人口老龄化。然而，这些内容复杂的交互关系研究未能促进人口老龄化趋势的预测。Jiemin Ma（2012）分析了美国 1993—2007 年的 25~64 岁年龄间的不同受教育水平的人的死亡率，得出男性和女性的相对教育差异死亡率仍在继续扩大。Jinwen Cai（2005）分析了 1998—2002 年期间密苏里州的堪萨斯城的居民胎儿和婴儿死亡率，发现母亲的年龄小于 20 岁，不充分的产前保健是突发性婴儿死亡的重要因素。

人口老龄化日益受到国内相关管理部门和人口学家的高度重视。2000 年全国第五次人口普查以来，有学者从不同的角度对人口死亡水平与人口老年化展开过研究。张菊英，吴涛等（2004）利用第五次人口普查资料对全国及各省（市）的死亡水平进行分析，得出各省（市）死亡水平相差较大，与各地区发展不平衡具有相关关系；李建伟（2014）通过回归分析得出人口死亡率下降等公式，经趋势外推揭示，未来我国城市、镇和乡村不同年龄人口死亡率均持续下降，女性人口死亡率降幅明显大于男性，城市人口死亡率降幅明显大于镇和乡村。还有一些学者从“特殊时期”“婚姻状况”“受教育程度”“突发事件”“职业状况”“城市化水平”等角度，对人口死亡水平的地区差异问题进行深入研究（曹树基，2013；赵欣，2013）。

国内老龄化研究主要集中在以下几方面：第一，辨识老龄化进程和生育政策之间的关系，预测和把握我国未来老龄化发展态势；第二，从定性和定量角度分析老龄化对经济社会发展所产生的诸多影响；第三，探悉我国养老保障体系的完善和养老保险问题；第四，针对农村人口老龄化和农村养老问题进行研究；第五，特殊老年群体（高龄老人、少子老人、贫困老人、残疾老人、女性老人、留守老人）社会经济状况研究；第六，老龄化应对措施研究。邬沧萍等（2016）从理论上对中国人口老龄化进行分析指出，中国应对老龄化也存在后发优势，社会经济的发展、科技的进步、平均寿命的延长使得中国可以克服应对老龄化的悲观思维，更新发展观念，重新认识老年人价值，调动全社会的积极性，有利于制定应对老龄化的战略。张海鹰（2009）在其研究城市人口老龄化面临的形势及对策中揭示：城市老年人口的抚养具有相对较强的社会性，城市人口老龄化面临的社会经济问题会更加突出。王志宝等（2013）通过一系列的数据分析发现：中国各省区的人口老龄化演变阶段差异很大，但基本没有出现

“未富先老”，人口老龄化并没有妨碍经济发展，这既与经济转型、开放经济等有关，也符合全球人口老龄化演化的一般规律。杜鹏，王武林（2009）的研究发现，在人口老龄化过程中，许多国家普遍地表现出农村人口老龄化程度高于城市的特点，即城乡倒置明显；进一步研究表明，人口老龄化城乡倒置只是人口老龄化过程中的一个阶段，它不会长期持续。当社会经济发展达到一定水平，大规模的城乡人口迁移基本完成，城市化水平大幅提高，人口因素发生改变时，人口老龄化程度农村高于城市的城乡倒置状况将发生转变，即城市老年人口比例最终将超过农村。穆光宗等（2011）在其论文《我国人口老龄化的发展趋势及其战略应对》中指出，我国人口老龄化具有三个特点，即未富先老、未备而老和孤独终老，提出应从四个方面构筑应对策略体系，即积极应对、化弊为利，提前应对、有备而老，科学应对、对症下药，全面应对、统筹治理；结合政府、组织、个人和家庭四个视角分别讨论了战略应对的思路。陈明华，郝国彩（2014）研究发现：中国人口老龄化具有非均衡空间分布特征，地区差异明显但短期变化趋势并不稳定，呈现反复波动态势；长期来看，老龄化地区差异呈逐渐扩大趋势。

贵州省统计局人口处（2016）在贵州省统计局官网揭示了我省人口老龄化的最新数据，陆卫群等（2015）在《迈向小康社会的中国人口（贵州卷）》中对第六次人口普查贵州省的人口死亡水平和老龄化现状、发展和特点等进行了较详细的描述与分析。

上述研究成果为我们进一步开展研究提供了宝贵的资源和可供借鉴的经验和资料。但是，绝大多数以往的研究数据都停留在 2010 年第六次人口普查以前，以后的研究数据以局部、小范围单次调查的较多，且多是以描述性研究为主。2015 年 1% 人口抽样调查数据为我们提供了“贵州省老龄人口死亡水平与老龄化进程研究”的最新数据，本研究将利用这一次人口抽样调查的数据，并向前延伸至“六普”“五普”等数据资料，系统分析贵州省老龄人口死亡水平，揭示贵州省人口老龄化的现状和进程。

### （三）本研究采用的方法

本研究将借助于 Excel 进行数据的推演分析，应用社会统计分析软件 SPSS 中的描述统计、相关分析和生命表等统计方法对收集到的定量数据进行统计学分析。同时，采用分类和比较，归纳与演绎，分析和综合的方法进行必要的理论分析。

研究充分利用贵州省 2015 年 1% 人口抽样调查数据、《卫生统计年鉴》《人口统计年鉴》《中国统计年鉴》《中国卫生服务调查研究数据》《全国第三次死因回顾调查》和《全国妇幼卫生监测暨年报资料汇报编》等数据，对老龄人口死亡水平与人口老龄化现状和地区差异进行描述。

同时，本研究还主要从时空角度对贵州省 2015 年 1% 人口抽样调查数据与第六次、第五次普查数据等进行较为详细的分析比较，找出贵州省老龄人口死亡水平与人口老龄化发展的规律和特点。

本研究还借鉴 SPSS 中“描述统计”的方法对老年人口的死亡年龄峰值进行了估计；用“相关分析”研究了老年人死亡率与生存指标之间，以及年龄构成与生存指标之间的关系；提出了根据生命表计算原理推测老年人口年龄队列的方法。在老年人口死亡水平与老龄化进程的研究方法上进行了新的尝试。

最后，本研究还通过较系统的分类和比较、归纳与演绎、分析和综合等理论分析方法，介绍了近年来贵州省老龄人口工作所取得的部分成就和长寿老人的长寿经验，提出一些有针对性的意见和建议。

## 二、贵州省老年人口历史回顾

### （一）老年人口占人口总数的比例

自我国1982年有较完整记录的人口统计数据以来，贵州省的老年人口比例和全国一样，随时间推移逐渐增加。从历史看，贵州省人口老龄化低于全国平均水平，但有逐步接近的趋势。2000年以前，贵州省人口尚未进入老龄化，而此时，全国已进入老龄化。2010年人口普查，贵州省60岁和65岁以上老年人口比例分别达12.84%和8.71%，均已达到老龄化水平。贵州省老年人口增长幅度高于全国，1990—2000年增长幅度比全国平均水平高0.14；2000—2010年增长幅度更高，比全国高出了1.18。贵州省的老年人口比例逐年向全国平均水平靠拢，到2010年已经十分接近（见图1、图2）。

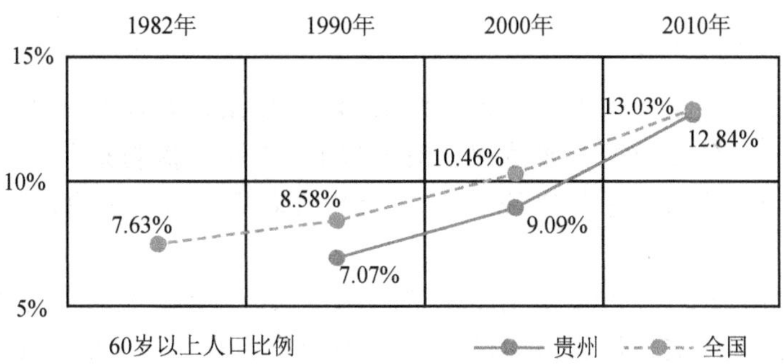


**图1　全国和贵州省60岁以上老年人口比例**

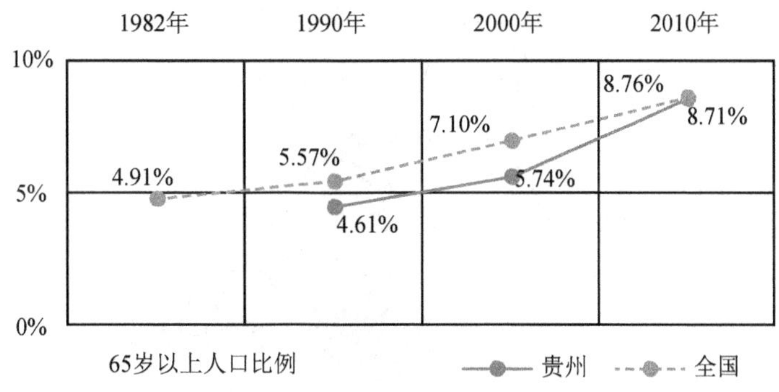


**图2　全国和贵州省65岁以上老年人口比例**

## （二）老年人口数量

和全国一样，贵州省老年人人口数也随时间推移不断增加。2010年，贵州省60岁以上老年人人口数约为446.13万人，为全国的2.57%；65岁以上老年人人口数约为302.62万人，为全国的2.59%（见表1）。随着贵州省人口预期寿命的不断提高，高龄老人数量也不断增多，老年人口比重持续上升，老龄化程度加深。

表1　近30年全国和贵州省60岁及65岁以上人口

单位：万人

| 年份 | 全国 | | 贵州省 | |
|---|---|---|---|---|
| | 60岁以上人口 | 65岁以上人口 | 60岁以上人口 | 65岁以上人口 |
| 1982 | 7663.78 | 4927.56 | — | — |
| 1990 | 9696.97 | 6299.34 | 228.98 | 149.39 |
| 2000 | 12997.79 | 8827.41 | 330.73 | 210.30 |
| 2010 | 17339.16 | 11652.23 | 446.13 | 302.62 |

## （三）老年人口健康状况

2010年人口普查结果显示（如图3、图4）：贵州省老年人口自述健康和基本健康的占80.67%，低于全国平均水平（83.15%）；生活不能自理的占3.40%，比全国平均水平（2.95%）高；总体来说2010年贵州省老年人自述健康水平比全国平均水平低。

不论是全国还是贵州省，都存在着男性老年人口自述“健康”比女性的多，而自述“基本健康”“不健康但生活能自理”“生活不能自理”的女性老年人口多于男性。即老年男性人口自觉健康状况要比女性好。

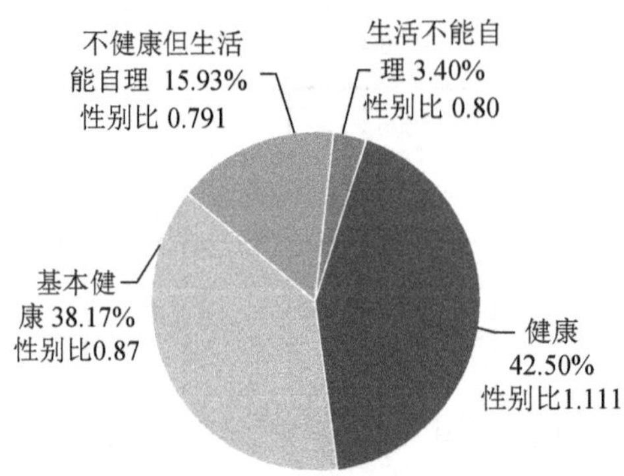


图3　贵州省2010年老年人口自述健康状况

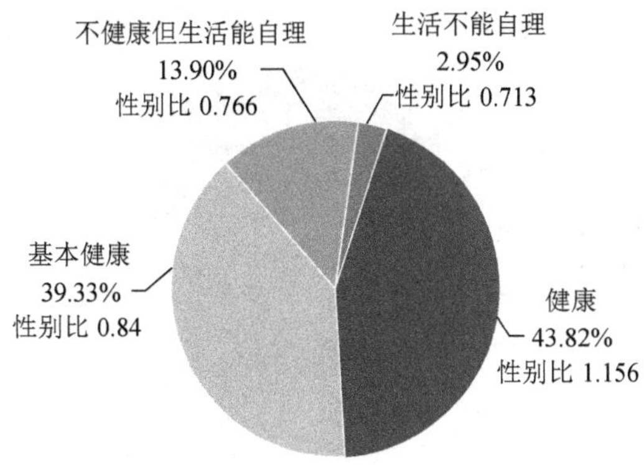


**图 4　全国 2010 年老年人口自述健康状况**

### （四）老年人口文化程度

贵州省 60 岁以上老年人口文化程度相对全国偏低。如图 5，贵州省未上过学的老年人口比全国平均水平高出 15.7%，小学文化程度的比全国水平低 4.29%，初中的低 7.61%，高中的低 2.39%，大学专科的低了近 3 成，大学以上的只有全国的半数。

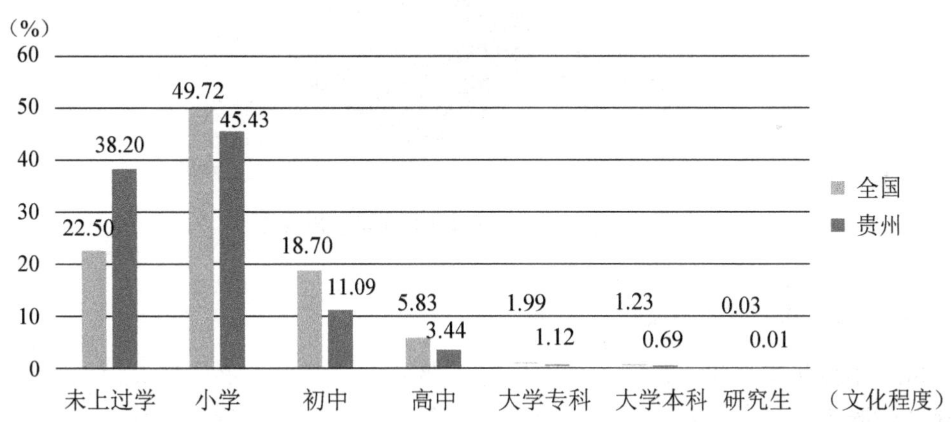


**图 5　全国和贵州省 2010 年老年人口文化程度构成**

### （五）老年人口主要生活来源

2010 年贵州省老年人的主要经济来源依次为靠家庭其他成员供养、劳动收入、离退休养老金、最低生活保障金、财产性收入等。贵州省老年人主要生活来源的顺序与全国一致，但依靠家庭其他成员供养、个人劳动收入和最低生活保障金的比例比全国平均水平高，有离退休养老金的明显比全国平均水平低。60 岁以上的老年人口有离退休养老金和劳动收入的男性较多，靠家庭其他成员供养的女性老年人口明显偏多（如图 6、图 7）。

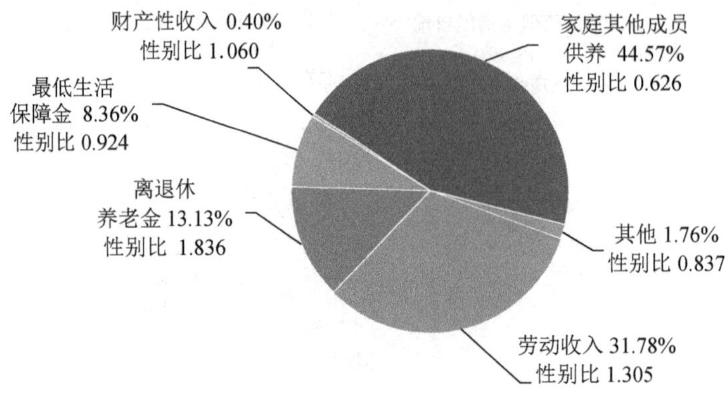


**图 6 贵州省 2010 年老年人口主要生活来源**

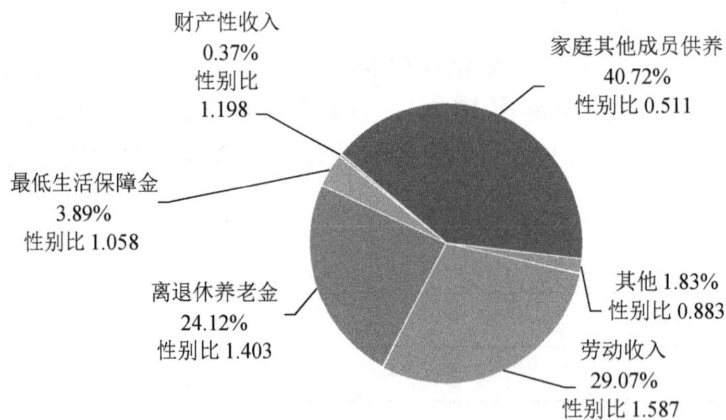


**图 7 全国 2010 年老年人口主要生活来源**

## （六）老年人口婚姻状态

2010 年贵州省老年人口婚姻状态以有配偶为主，占 69.13%；其次为丧偶者，为 29.06%；丧偶者女性老年人口多。未婚人口仅占 0.95%，但性别比超高，以男性人口为主。与全国相比贵州省丧偶老年人口比例偏高，未婚老年人口较低（见图 8、图 9）。

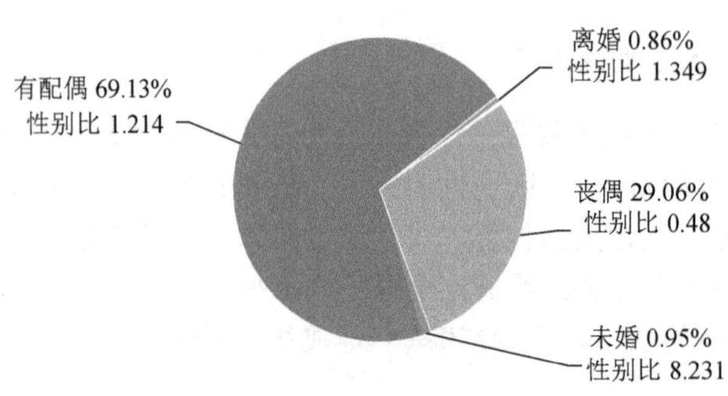


**图 8 贵州省 2010 年老年人口婚姻状态**

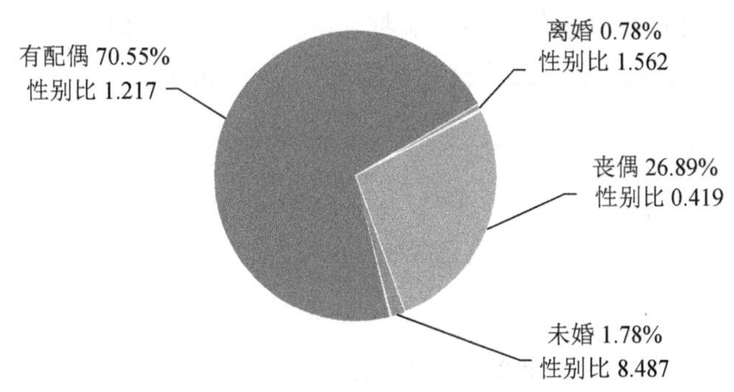


**图 9　全国 2010 年老年人口婚姻状态**

### （七）老年人口家庭户

2000 年贵州省登记户数 9239409 户，占全国的 2.71%；登记的 65 岁以上老年人口户数 3176384 户，占全国的 2.58%；有 1 个 65 岁以上老人的户 1250503 户，占全国的 2.52%；有两个 65 岁以上老人的户 418002 户，占全国的 2.52%。2010 年贵州省登记户数 10558461 户，占全国的 2.63%；登记的 60 岁以上老年人口户数 3176384 户，占全国的 2.58%；有 1 个 60 岁以上老人的户 1949147 户，占全国的 2.69%；有两个 60 岁以上老人的户 1208866 户，占全国的 2.45%。2010 年登记的 65 岁以上老年人口户数 2292084 户，占全国的 2.60%；有 1 个 65 岁以上老人的户 1588428 户，占全国的 2.67%；有两个 65 岁以上老人的户 698692 户，占全国的 2.47%。

2000—2010 年，贵州省家庭户数增长了 1.143 倍（全国 1.18 倍），65 岁以上老年人户数增长了 1.37 倍（全国 1.287 倍）。老年人户数增长幅度明显高于家庭户，且贵州省老年人户数的增长高于全国平均水平。

贵州省有老年人口户占全体人口户的比例与全国大致相当：有 60 岁以上老人的户占比约 30%，有 65 岁以上老人的户占 21.7%~22.9%；60 岁以上老年人户中有 1 个老年人的约占 60%，有两个老人的约占 39%；65 岁以上老年人户中有 1 个老年人的约占 68%，有两个老人的约占 31%。相比 2000 年，2010 年只有 1 个老年人口的户数占比有所下降，两个老人的户数有所上升。2000 年，65 岁以上老年人口与子女等家庭人员同住的（所谓主干家庭或联合家庭）全国占 74.60%，贵州省占 79.50%，2010 年这个比例为：全国占 65.98%，贵州省占 66.47%，贵州省与全国的距离在缩小。2010 年，60 岁以上老年人口与子女等家庭人员同住的全国占 63.82%，贵州省占 63.21%，也反映贵州省的数据接近全国平均水平。

在有 1 个老人的户数中，贵州省单身老人独住的比例比全国平均低大约 10%。老人（含单身和双老）与未成年人组成的户比全国平均水平高 1 倍多。其他大致相当。

### （八）老年人口城乡比例

老年人口多数生活在乡村。贵州省乡村老年人口的比例比全国平均水平要高。

2000—2010 年，全国的乡村老年人口比例都在降低，但贵州省的降幅慢于全国平均水平。贵州省城市老年人口的比例大约只有全国的一半（如图 10）。

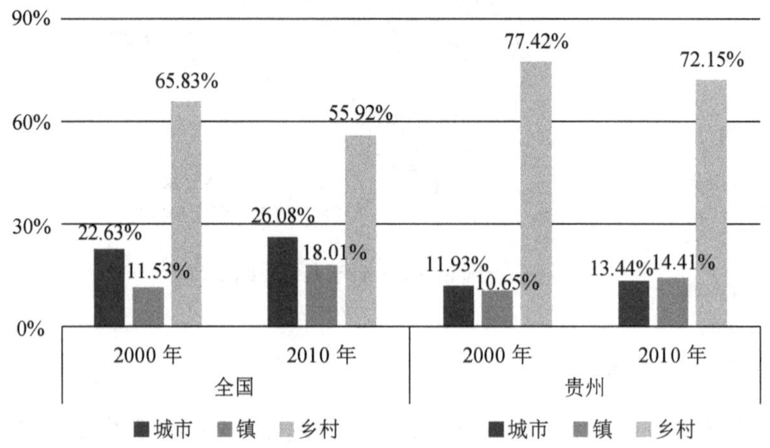


**图 10 全国和贵州省老年人口城乡比例**

## 三、2015 年抽样调查结果

### （一）老年人口所占人口比例

本次 2015 年抽样调查表明：老年人口所占人口比例在 2010 年的基础上继续增加（实际上贵州省各地市、州在 2010 年人口普查时就已经进入老龄化）。2015 年，60 岁以上及 65 岁以上老年人口所占比例比 2010 年分别提高了 1.24% 和 0.73%（如图 11）。就 60 岁以上老年人口比例来看，贵州省 9 个市、州当中已有 5 个市、州的老年人口比例超过了贵州省平均水平，依次为遵义市 16.45%、铜仁市 15.84%、黔东南州 15.70%、黔南州 14.73%、安顺市 14.63%；其余 4 个市、州的老龄化程度低于贵州省平均水平，分别为毕节市 11.34%、六盘水市 12.37%、黔西南州 12.91%、贵阳市 13.49%。就贵州省各市、州 65 岁以上老年人口比例来看，贵州省也有 5 个地区比例超过了平均水平，依次为黔东南州 10.92%、遵义市 10.79%、铜仁市 10.42%、安顺市 10.21%、黔南州 10.03%。60 岁以上老年人口比例排前面的这 5 个地区与 65 岁以上老年人口所占比例

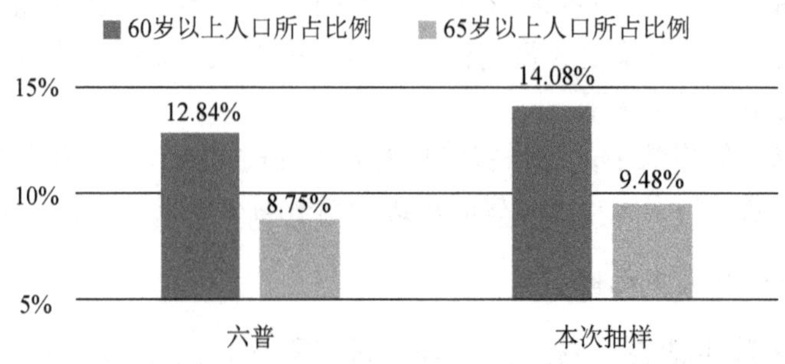


**图 11 2010 年人口普查和 2015 年贵州省 1% 人口抽样调查老年人口比**

排前面的地区相同。60 岁以上老年人口占比较低的 4 个地区依次为毕节市 7.44%、六盘水市 8.41%、黔西南州 8.94%、贵阳市 9.14%。其中毕节市这一指标低于贵州省水平 2.04 个百分点（如图 12、图 13）。

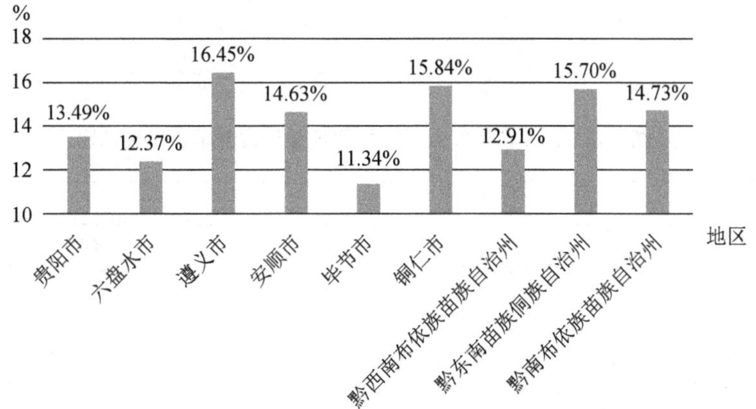


**图 12　2015 年贵州省 1% 人口抽样调查各地（市）老年人口占比（60 岁以上）**

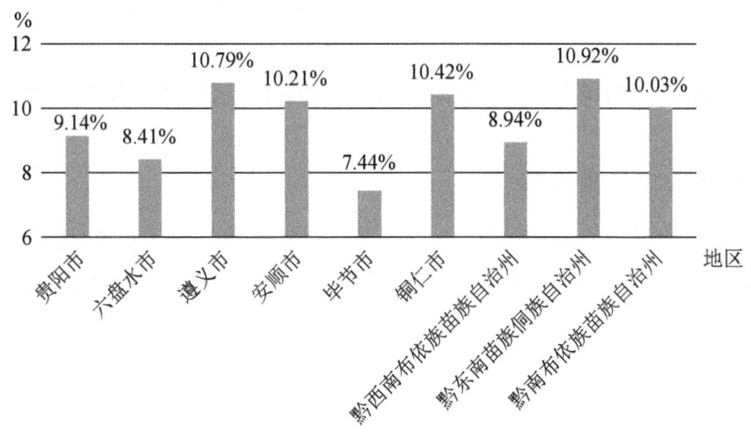


**图 13　2015 年贵州省 1% 人口抽样调查各地（市）老年人口占比（65 岁以上）**

### （二）老年人口性别比

2015 年 1% 抽样调查揭示：与全国相比，贵州省 60 岁以上老年人口性别比持续下降，自 2010 年至今 60 岁以上及 65 岁以上老年人口性别比分别下降了 0.063 与 0.047（如图 14）。在贵州省各市、州中，老龄人口性别比高的为 0.976，低的为 0.848，两地相差 0.128。有 4 个市、州的老年人口性别比高于贵州省平均水平。贵州省性别比从高到低排序依次为遵义市 0.976、毕节市 0.960、铜仁市 0.957、六盘水市 0.951、贵阳市 0.907、黔东南州 0.904、安顺市 0.869、黔南州 0.860、黔西南州 0.848（如图 15）。

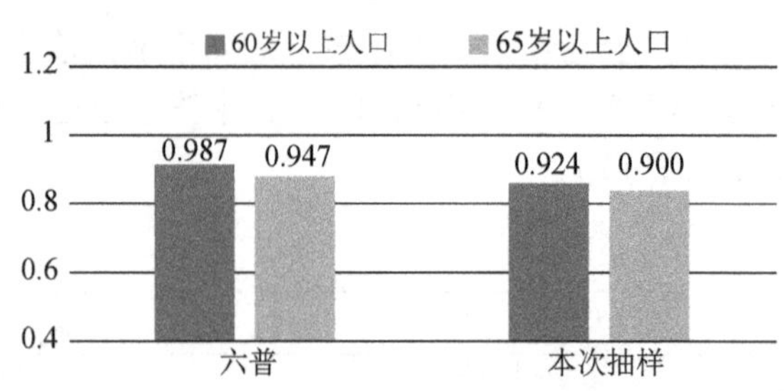


图14　2015年1%人口抽样调查贵州省老年人口性别比

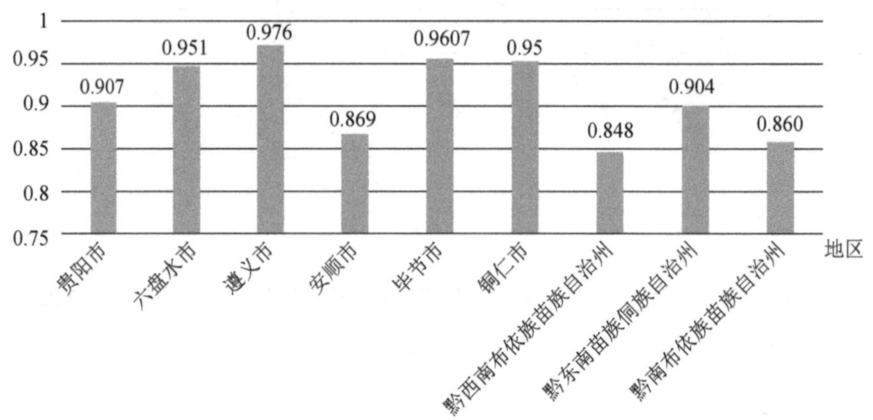


图15　2015年1%人口抽样调查贵州省各地（市）老年人口性别比

## （三）老年人口健康状况

2015年抽样调查贵州省60岁以上老龄人口自诉健康状况（见图16），认为健康和基本健康的占84.17%，认为不健康且生活不能自理的为1.95%，且女性老年人口占比较高。

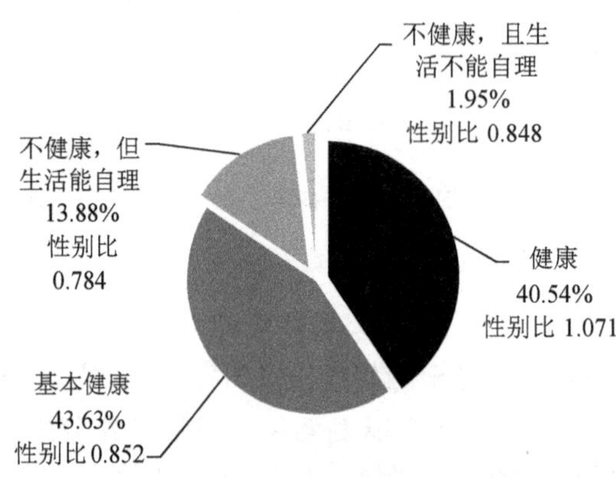


图16　2015年1%人口抽样调查贵州省老年人口健康状况

2015年抽样调查贵州省（市、州）60岁以上老龄人口自诉健康状况（见图17），感觉最好的是贵阳市，认为健康和基本健康的达到91.25%，不健康且不能自理的仅为1.30%；感觉差的为铜仁市，认为健康和基本健康的仅占76.06%；而遵义市反映生活

不健康且不能自理的老年人口达到了3.08%，为贵州省最高。老年人口健康状况随年龄的增长而下降（见图18）。自诉“健康”的老人随着年龄增加所占比例不断减少；自诉“基本健康”的基本持平；自诉“不健康，但生活能自理”和“生活不能自理”的老人随年龄增长所占比例明显增加。

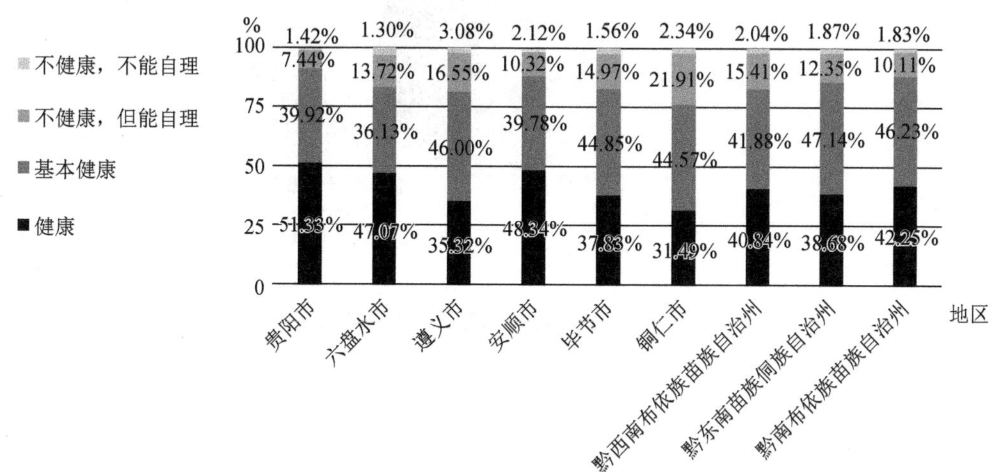


**图17　2015年贵州省1%人口抽样调查各地（市、州）老年人口健康状况**

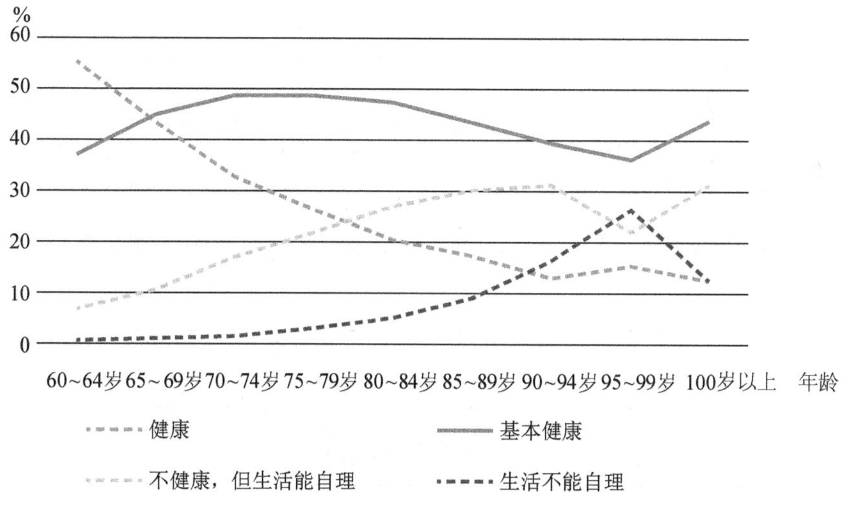


**图18　2015年1%人口抽样调查贵州省老年人口健康随年龄变化情况**

### （四）老年人口主要生活来源

贵州省老年人口靠家庭其他成员供养的较多，近半数，占44.5%；其次是有劳动收入者，占23.12%；有离退休养老金的占16.62%；靠最低生活保障金的占到了8.49%。从性别看，男性的退休福利相对较好，靠其他家庭成员供养的女性较多（如图19）。随着年龄的增长，老年人需要家庭供养的比例明显增加，依靠最低生活保障金的老年人增加；

依靠劳动收入和其他收入的明显下降（如图 20、图 21）。

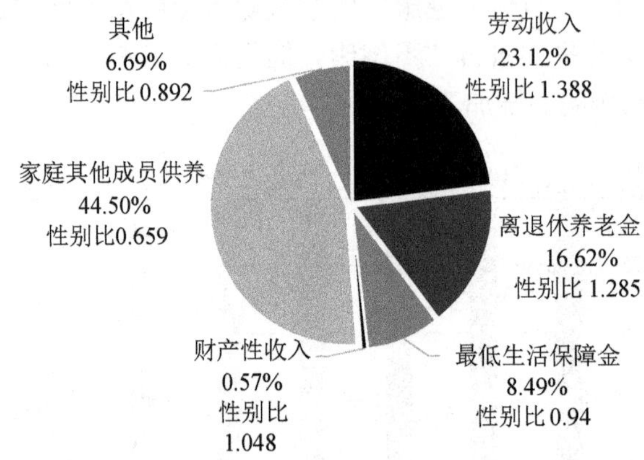


**图 19　2015 年 1% 人口抽样调查贵州省老年人口生活来源**

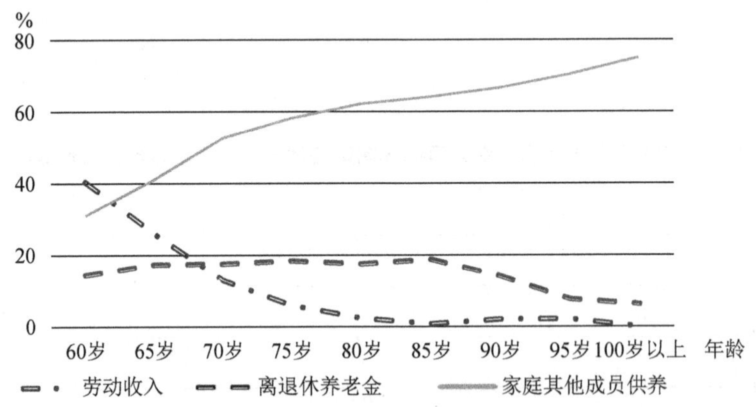


**图 20　2015 年 1% 人口抽样调查全贵州省老年人口生活来源与年龄关系（一）**

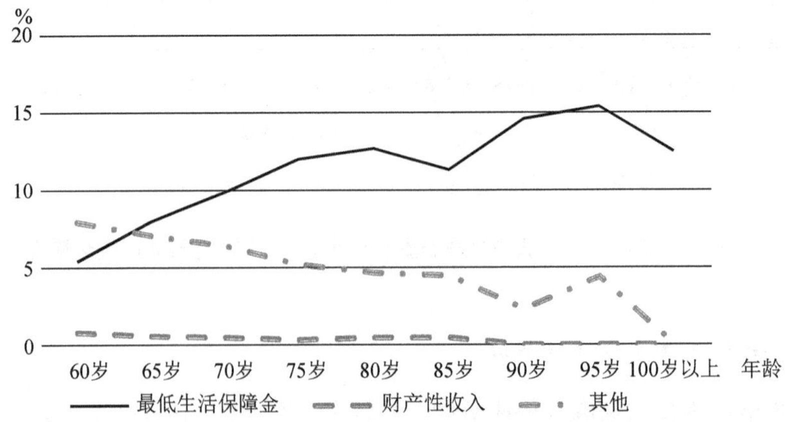


**图 21　2015 年 1% 人口抽样调查贵州省老年人口生活来源与年龄关系（二）**

从各地（市、州）的情况看，贵阳市有离退休养老金老年人口的比例最高，占到了

52.02%，其他依次为安顺市（21.88%）、六盘水市（17.07%）、遵义市（14.19%）、黔南州（12.28%）、黔东南州（9.92%）、黔西南州（7.61%）、铜仁市（6.66%）、毕节市（6.10%）；而黔东南州靠家庭其他成员供养的老人最多，为50.78%，其他依次为毕节市（50.45%）、遵义市（48.95%）、黔南州（48.38%）、黔西南州（46.44%）、铜仁市（44.45%）、安顺市（39.94%）、六盘水市（39.67%）、贵阳市（25.99%）。60岁以上老年人口还有不少有劳动收入的，其中铜仁市的最高，达到32.56%，贵阳市的最低，仅为11.53%。

### （五）老年人口受教育程度

2015年抽样调查贵州省60岁以上老年人口受教育程度比2010年普查的结果偏低：未上过学的占43.62%（普查为38.20%），接近半数；小学以下文化水平的达到了83.34%，为大多数（普查为83.63%，大致相当）；老年人口中有大学本科及以上学历的人口仅为0.61%（普查为0.70%）。而且老年女性人口文化水平低，学历越高性别比越高（如图22）。同时，随着年龄增长，未上过学的老龄人口明显增加，小学以上文化程度的明显下降（如图23、图24）。

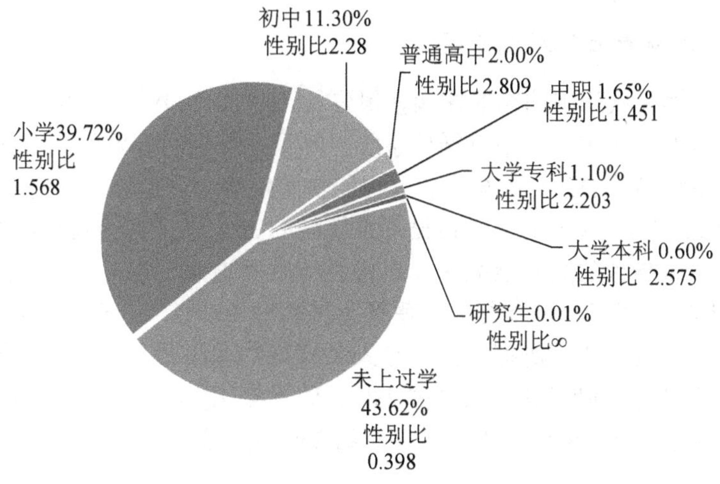


图22　2015年1%人口抽样调查贵州省老年人口受教育程度

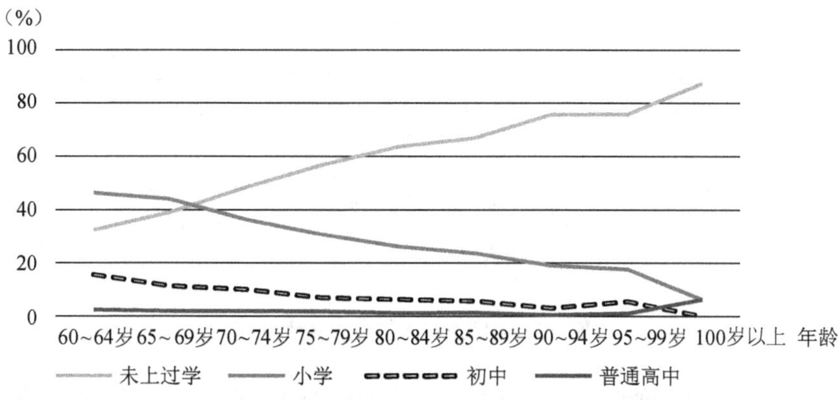


图23　2015年1%人口抽样调查贵州省老年人口受教育程度与年龄（一）

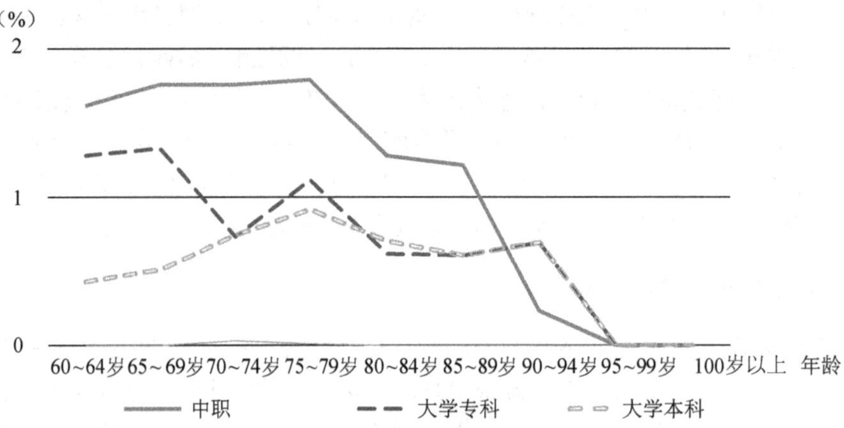


图24　2015年1%人口抽样调查贵州省老年人口受教育程度与年龄（二）

## 四、关于贵州省老年人口死亡水平的讨论

### （一）老年人口死亡和病死原因

根据《全国第三次死因回顾抽样调查报告》（陈竺，2008），中国老年人口前六项（病）死原因如图25所示。其中以循环系统、呼吸系统疾病导致的死亡居高，其次为肿瘤。在循环系统导致的死亡疾病中，又以脑血管疾病（占循环系统病的56.85%，占全死亡病因的23.85%）和心脏病（占循环系统病的36.87%，占全死亡病因的15.47%）居多；在呼吸系统导致的死亡疾病中，以慢性下呼吸道病（占呼吸系统病的85.77%，占全死亡病因的24.38%）和肺炎（占呼吸系统病的10.0%，占全死亡病因的2.84%）居多；肿瘤死亡主要是恶性肿瘤，占老年人肿瘤死亡病因的97.9%（占全病因死亡的12.9%），恶性肿瘤中因肺癌死亡的约占23%，因胃癌死亡的约占22%，因肝癌死亡的约占16%，因食道癌死亡的约占13%，还有约25%是因其他恶性肿瘤死亡。

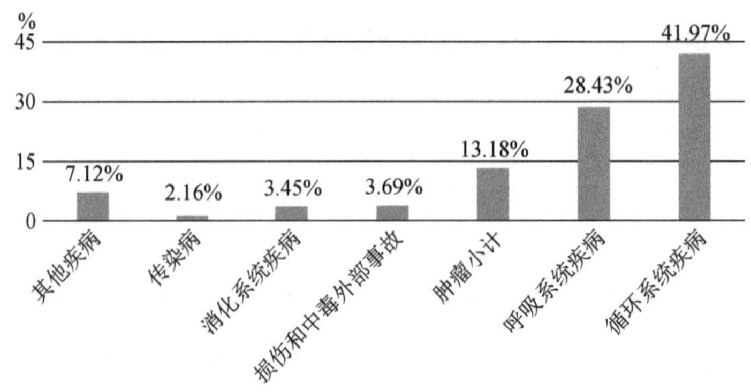


图25　中国老年人口主要死亡原因

呼吸系统疾病是一种常见病、多发病，主要病变在气管、支气管、肺部及胸腔，病变轻者多咳嗽、胸痛、呼吸受影响，重者呼吸困难、缺氧，甚至呼吸衰竭致死。在城市

的死亡率中占第3位，而在农村则占首位。由于老年的机体免疫功能低下，且易引起吸入性肺炎，即使各种新抗生素相继问世，肺部感染仍居老年感染疾病之首位，常为引起死亡的直接因素。循环系统疾病，又称心血管疾病，主要包括心脏、血管（动脉、静脉、微血管）等病，如心脏病、高血压、高血脂、粥状硬化等。老年人血管、脏器老化，易发生循环系统疾病，是老年人致死率极高的疾病。

### （二）老年人口死亡率

死亡率是指某时期内（通常是一年）死亡人数与总人口之比。本研究所指“老年人口死亡率”是指人口普查（或抽查）数据中60岁以上死亡人口与60岁以上存活老年人口之比。死亡率还有年龄别死亡率一说，本研究中所说某年龄段死亡率（如65~69岁死亡率，80岁以上老人死亡率等），是指该年龄段死亡人口对该年龄段存活人口的比。

死亡率是衡量人口健康状况的重要指标，也是老年人口研究十分关注的问题。在生产力水平低下、医药卫生条件差的地方，死亡率较高。19世纪以前，世界各国的死亡率普遍在30‰以上。中国在1949年以前死亡率长期处于较高水平。民国期间死亡率高达28‰~33‰。中华人民共和国成立后，死亡率迅速下降。1949年为20‰，1957年降到10.80‰，1970年降到7.60‰，1977年降到6.87‰，1986年为6.69‰，1990年为6.67‰，2000年为6.45‰，2010年为5.58‰，在全世界处于低死亡率的水平上。

分年龄的人口死亡率一般新出生婴儿较高，随后降低，到青、少年时代最低，而后逐渐升高，到60岁一般都要升到10‰以上。60岁以上老年人口死亡率在25‰以上。从2000年以来人口普查的情况看，贵州老年人口死亡率低于全国平均水平。

### （三）各地州（市）死亡率及其与经济指标、生存指标的关系

贵州省各地（州、市）老年人口死亡率存在差异，从最高的29.06‰到最低的18.73‰相差55%以上。死亡率的差别与经济指标“人均GDP”、老年人口生存指标诸如文化程度、退休保障、婚姻状态等有无关系？本研究采用SPSS中“相关分析”对数据进行了分析，结果整理如表2所示。

**表2 各地（州、市）死亡率差异与相关因素**

| 相关因素 | Pearson相关性 | 显著性（单侧） | 相关因素 | Pearson相关性 | 显著性（单侧） |
|---|---|---|---|---|---|
| 人均GDP | −0.527 | 0.072 | 未上过学 | 0.748* | 0.010 |
| 未婚 | 0.455 | 0.109 | 小学 | 0.015 | 0.485 |
| 有配偶 | −0.351 | 0.177 | 初中 | −0.816** | 0.004 |
| 离婚 | −0.644* | 0.031 | 普通高中 | −0.817** | 0.004 |
| 丧偶 | 0.487 | 0.092 | 中职 | −0.828** | 0.003 |
| 劳动收入 | 0.642* | 0.031 | 大学以上 | −0.876** | 0.001 |
| 离退休养老金 | −0.765** | 0.008 | 健康 | −0.432 | 0.123 |
| 最低生活保障金 | 0.560 | 0.058 | 基本健康 | 0.053 | 0.446 |

续表

| 相关因素 | Pearson相关性 | 显著性（单侧） | 相关因素 | Pearson相关性 | 显著性（单侧） |
|---|---|---|---|---|---|
| 财产性收入 | -0.472 | 0.100 | 不健康 | 0.534 | 0.069 |
| 家庭其他成员供养 | 0.596* | 0.045 | 生活不能自理 | 0.593* | 0.046 |

注：1）人均 GDP 采集自《贵州省统计年鉴 2015》；

2）表中数据带“**”的表示密切相关，带“*”的表示一般相关。

从表 2 可以看出：①死亡率与学历密切相关：死亡率越高，学历越低；②死亡率与收入来源相关：有“离退休养老金”（密切相关）和有“劳动收入”（一般相关）的死亡率低，靠“家庭其他成员供养”（一般相关）和靠“最低生活保障金”（可能相关）的死亡率高；③死亡率与老年人自诉健康状况可能相关：“生活不能自理”的（一般相关）和“不健康”的（可能相关）死亡率高，“健康”的（可能相关）死亡率低；④死亡率与婚姻状况可能相关：“有配偶”和“离婚”者死亡率低，“未婚”和“丧偶”者死亡率高；⑤死亡率与人均 GDP 呈负相关性，死亡率越高的地区人均 GDP 越低。

### （四）关于贵州省死亡水平的讨论

“水平”一词常指（某人或某事）在某一方面所达到的程度、高度，“死亡水平”即指某一群体人口死亡的程度。从表象上看，它是死亡人口和人口死亡率，但实际上它与人口构成及其所处环境都有关系。

从已有的普查、抽样调查数据看，贵州省老年人口的死亡率 2000 年与全国平均水平持平，2010 年略低于全国平均水平（见图 26），从老年人口分年龄的死亡率看，贵州省 90 岁以上老年人口死亡率比全国平均水平低，60~89 岁老年人口死亡率稍高于全国平均水平。60 岁以上老年人口（粗）死亡率贵州省低于全国平均水平，有可能是贵州省 90 岁以上老年人口死亡率低于全国平均水平所致。

老年人循环系统疾病、呼吸系统疾病的预防大多与生活环境、生活习惯、工作压力等有关。“颐养天年”是老年人健康长寿的秘诀。老年人的退休生活保障、医疗保障等是确保低死亡水平的基础条件。贵州省委、省政府高度重视养老服务事业，各地通过直接投资建设、政府补贴等方式，大力发展国办福利机构、民办养老机构等多种类型的养老服务机构，初步形成了以居家养老为基础，社区养老为依托，机构养老为支撑的养老服务格局。到2015年，基本形成制度完善、组织健全、规模适度、运营良好、服务优良、监管到位、可持续发展的社会养老服务体系。贵州省共有各类养老服务机构 804 个，拥有养老床位数 177348 张（含社区服务设施中日间照料和留宿收养床位数 89140 张，未投入使用项目建设床位数 25780 张），比上年增长 38.1%。贵州省每千名老年人拥有养老床位数达到了 35.3 张，已经高出全国平均水平（30.31 张），老龄人口事业发展取得了可喜成绩。

本研究分析表明，死亡率与经济收入、受教育程度等有显著关系，有离退休养老金的老龄人口和学历高的老龄人口与死亡率呈负相关（见表3）。贵州省老龄人口的受教育程度低于全国平均水平，有离退休养老金的老龄人口所占比例也低于全国平均水平。需采取一定的手段，如增加老龄人口生活补助等，来降低老龄人口的死亡水平。到2014年年底贵州省有79个县（市、区，占88个县级行政区的89.8%）在省级补贴的基础上建立100岁高龄补贴制度；66个县（市、区）建立了90~99岁高龄补贴制度；51个县（市、区，占88个县级行政区的57.9%）建立了80岁以上老年人高龄补贴制度。前述贵州省高龄老年人口死亡率低于全国平均水平，可以说高龄补贴措施起到了一定作用。结合贵州省实际情况，建议继续加大老年人口补贴投入，将该措施向60岁以上老年人口延伸。

家庭是社会的细胞，作为社会的基本功能单位，它不仅有繁衍后代的作用，还具有赡养父辈的功能。中国有数千年的家庭自给自足的自然经济社会历史，子承父业、养儿防老成为天经地义的信条，家庭养老是中国各族人民的共同特色。在养老方式上，中国老年人基本上是同子孙后辈一起生活，由子女们赡养、照料。在经济发展相对落后的形势下，"居家养老"是切合实际的养老方式。加强宣传教育，提倡敬老、爱老、养老的传统美德，鼓励家庭成员给予老年人在物质生活上享受约优于家庭人均生活水平的待遇，要求儿孙们在精神上对老人敬重、爱戴，适当建立赡养老人的村规民约，是当前降低贵州省老年人口死亡水平的重要、有效方法。

同时，我们也应该清楚地认识到，经济的发展，现代化的来临，也带来了生活方式的转变。中国传统的"联合家庭""主干家庭"正在越来越多地向"核心家庭"转变。数据表明2000年全国65岁以上单过（含单身老人和双老）的老龄人口户占25.05%，2010年这一指标达到了33.53%；贵州省该指标更是由2000年的20.28%上升到了2010年的32.75%。时代的进步对养老方式提出了更高的要求。此外，中华人民共和国成立后鼓励多生多养，而后又有了长达20年的计划生育政策，对人口结构带来了不小影响。今后20年是老年人口增长喷发期，而且还形成了"一家四老"的尴尬局面。2010年贵州省有老年人口的户仅占全部登记户数的30.08%，2015年贵州省有老年人的户数上升到34.66%。养老方式必将由传统的"居家养老"向现代化的"社会养老"方式转变。35‰左右的养老床位远远不能满足社会养老要求。加大养老事业投入，加快养老院、敬老院等养老设施建设与养老机构建设，是压低今后贵州省老年人口死亡水平的必要手段。

## 五、贵州省老年人口发展趋势

### （一）老年人口年龄构成

老年人口年龄构成的变化会引起老人养老意愿、消费方式等系列变化。进入60岁以后，人的体能开始明显下降，死亡率显著上升。老龄人口随着年龄增长，不同年龄老年人的特点不同、需求不同。大多数老年人在60岁以后相当长的一段时间内仍可以工作；而有一些80岁以上的老年人生活却很难自理，年龄再高则需要有人照顾，随着个体的不同，老年人衰退的过程会有较大的差异。因此，从老年人口的年龄构成看老年人口的趋势，有必要研究各个年龄段老年人口的比例。2015 年人口抽样调查贵州省老年人口各年龄段比例如表 3 所示。

**表 3　2015 年贵州省人口抽查各年龄段老年人口比例**

单位：%

| 人口比例 | 年龄段 | | | |
|---|---|---|---|---|
| | 60岁 | 70岁 | 80岁 | 90岁 |
| 60岁占比 | 100.00 | — | — | — |
| 70岁占比 | 42.32 | 100.00 | — | — |
| 80岁占比 | 10.42 | 24.63 | 100.00 | — |
| 90岁占比 | 0.80 | 1.88 | 7.65 | 100.00 |
| 100岁以上占比 | 0.024 | 0.056 | 0.227 | 2.968 |

从表 3 中可以看出，贵州省：

（1）在 60 岁以上人口中，60~70 岁的人口居多，占到 57.68%；70~80 岁的占到 31.9%；80 岁以上的只有 10.42%。

（2）在 70 岁以上人口中，70~80 岁的人口占到 75.37%；80 岁以上的仅占到 24.63%。

（3）在 80 岁以上人口中，80~90 岁的人口占到 92.35%；90 岁的仅占到 7.65%。

（4）在 90 岁以上人口中，90~100 岁的人口占 97.032%，100 岁以上人口仅占 2.968%。

表 4 是贵州省和全国老年人口构成的比较，从中可见：

（1）60~70 岁人口占比：2000 年全国为 58.84%，贵州省为 64.23%；2010 年全国为 56.12%，贵州省为 57.53%；全国、贵州省老年人口中 60~70 岁人口的比例都在下降，但贵州省下降快，2010 年接近全国平均水平。

（2）70~80 岁人口占比：2000 年全国为 31.93%，贵州省为 27.97%；2010 年全国为 32.35%，贵州省为 32.98%；全国、贵州省老年人口中 70~80 岁人口的比例都在上升，但贵州省上升快，2010 年高于全国平均水平。

（3）80~90 岁人口占比：2000 年全国为 8.48%，贵州省为 7.28%；2010 年全国为 10.47%，贵州省为 8.68%；全国、贵州省老年人口中 80~90 岁人口的比例都在上升，但贵州省还低于全国平均水平。90 岁以上人口所占比例亦是如此。

**表 4　贵州省和全国 2000—2010 年老年人口构成比例**

单位：%

| 年龄阶段 | 2000年 | | 2010年 | |
|---|---|---|---|---|
| | 全国 | 贵州省 | 全国 | 贵州省 |
| 60 岁以上人口占比 | 100 | 100 | | |
| 70 岁以上人口占比 | 41.16 | 35.77 | 43.88 | 42.47 |

续表

| 年龄阶段 | 2000年 | | 2010年 | |
|---|---|---|---|---|
| | 全国 | 贵州省 | 全国 | 贵州省 |
| 80岁以上人口占比 | 9.23 | 7.80 | 11.53 | 9.49 |
| 90岁以上人口占比 | 0.75 | 0.52 | 1.06 | 0.81 |

不难看出，贵州省老龄人口正从年轻老年人口居多的结构转向与全国平均水平接近。

### （二）老年人口平均年龄

平均年龄是衡量一个人群生存状况的重要指标。老年人口平均年龄高，说明该群体老年人的寿命长。老年人口的平均年龄通过老年人年龄别人口（或年龄段人口）计算。以 $x$ 表示年龄，$m$ 表示该年龄组的老年人口数，则平均年龄：

$$x=\Sigma(x\cdot m)/\Sigma m$$

计算得2015年及以前两次人口调查老年人口平均年龄见表3（均同化为年龄段平均年龄计算）。贵州省2010年老年人口平均年龄低，说明老年人口较年轻人口多；2015年老年人口平均年龄高，说明老年人口年长的人口较多。近15年来，贵州省老年人的平均寿命得到了持续提高，增长了大约0.9岁。全国老年人口平均年龄有所提高，但增幅不及贵州省。

全国和贵州省老年人口平均年龄分析结果与年龄构成的分析结果基本一致，即贵州省15年来老年人口的年龄有了显著提高，且提高速度比全国平均水平要快（见表5）。

**表5　2015年以前三次人口调查老年人口平均年龄**

单位：岁

| 指标 | 调查年份 | | |
|---|---|---|---|
| | 2000年（普查） | 2010年（普查） | 2015年（抽样） |
| 贵州省老年人口平均年龄 | 69.017 | 69.798 | 69.916 |
| 全国老年人口平均年龄 | 69.188 | 69.675 | —— |

## 六、贵州省百岁以上老人研究

随着生活水平的不断提高，“百岁老人”越来越多。中国老龄委、老年学学会进行过数次“中国长寿之乡”评选，贵州省的印江县、石阡县、赤水市、罗甸县等在列，其标准要求区域现存活百岁及以上老年人占总人口7/10万以上。

2000年第五次人口普查全国百岁以上老年人口占全国人口比为1.439/10万，2010年第六次人口普查为2.696/10万，得到了大幅度提高。百岁以上老年人口从17877人增长到35934人，增长了约1倍。贵州省百岁以上老年人口2000年535人，占全部人口的1.518/10万；2010年831人，占全部人口的2.391/10万，增长了55%，幅度低于全国平均水平。

2015 年人口抽样调查贵州省百岁以上老年人口占贵州省人口比再次提高，达到 3.333/10 万；100 岁以上老年人口占 60 岁以上老年人口的比例达到 23.66/10 万。2015 年人口抽样调查贵州省各地（市、州）百岁以上老年人口占 60 岁以上老年人口比例由高到低的排名依次是六盘水市、铜仁市、黔东南州、安顺市、黔西南州、黔南州、毕节市、贵阳市、遵义市。参照 2010 年人口普查或者百岁以上老龄人口占全国人口的比例排名顺序会有一些改变，但六盘水市基本上坐稳了第一的位置（见表 6）。

**表 6　贵州省各地（市、州）2015 年百岁以上老年人口比例与排名**

| 地（市、州）名称 | 百岁老人占60岁以上人口比例（1/10万） | | | | 百岁老人占全部人口比例（1/10万） | | | |
|---|---|---|---|---|---|---|---|---|
| | 2010年 | 名次 | 2015年 | 名次 | 2010年 | 名次 | 2015年 | 名次 |
| **总计** | **18.63** | | **23.66** | | **2.391** | | **3.333** | |
| 贵阳市 | 14.97 | 8 | 11.70 | 8 | 1.781 | 7 | 1.579 | 8 |
| 六盘水市 | 35.66 | 1 | 62.27 | 1 | 3.963 | 1 | 7.705 | 2 |
| 遵义市 | 11.45 | 9 | 14.59 | 7 | 1.648 | 9 | 2.399 | 6 |
| 安顺市 | 21.97 | 3 | 21.10 | 4 | 2.829 | 3 | 3.087 | 4 |
| 毕节市 | 15.76 | 7 | 0.000 | 9 | 1.713 | 8 | 0.000 | 9 |
| 铜仁市 | 21.77 | 4 | 59.72 | 2 | 3.201 | 2 | 9.461 | 1 |
| 黔西南布依族苗族自治州 | 22.33 | 2 | 20.53 | 5 | 2.567 | 6 | 2.651 | 5 |
| 黔东南苗族侗族自治州 | 19.38 | 6 | 40.40 | 3 | 2.843 | 5 | 6.344 | 3 |
| 黔南布依族苗族自治州 | 20.50 | 5 | 15.06 | 6 | 2.877 | 4 | 2.218 | 7 |

2010 年人口普查贵州省百岁以上老年人口占 60 岁以上人口达到 40/10 万或占全部人口达到 5/10 万的县（市、区）有 9 个。其中，黔东南 4 个，六盘水 2 个，铜仁 2 个，黔南 1 个（见表 7）。

中国老年学学会的研究认为长寿具有家族特征。同时自然环境（如当地土质的稀有金属含量等）、空气质量、环境污染、日常生活、心理压力等，都可能给长寿带来一定影响。

**表 7　2010 年人口普查贵州省百岁老年人口比例靠前的县（市、区）**

| 县（市、区）名称 | 百岁老人占60岁以上人口比例（1/10万） | 百岁老人占全部人口比例（1/10万） |
|---|---|---|
| 松桃苗族自治县 | 46.80 | 6.78 |
| 钟山区 | 43.81 | 4.06 |
| 印江土家族苗族自治县 | 42.74 | 7.39 |
| 从江县 | 39.67 | 5.50 |
| 罗甸县 | 39.11 | 5.83 |
| 三穗县 | 37.50 | 5.78 |

续表

| 县（市、区）名称 | 百岁老人占60岁以上人口比例（1/10万） | 百岁老人占全部人口比例（1/10万） |
|---|---|---|
| 六枝特区 | 36.64 | 5.05 |
| 黄平县 | 31.91 | 5.32 |
| 天柱县 | 29.94 | 5.31 |

我国对百岁老人的调查开始于20世纪50年代末期。其后长期停顿。全国第三次人口普查（1982年）后，长寿研究的重点转向百岁老人。据1982年统计，我国百岁老人共3851人，人口比例为0.38/10万。到1986年年底，据现有文献，我国已完成1917名百岁老人的调查，其中男613人，女1304人，性别比为47.01。通过对一些长寿老人（90岁以上）的访谈，以及对90岁以上健康长寿老人的身心健康、生活方式、社会关系、地理环境等方面的资料的分析，发现有利于健康长寿的因素包含较强的自身抵抗力、良好的性格、友好的人际关系、健康的饮食结构、良好的睡眠习惯、优越的地理环境等因素。家庭在百岁老人养老中占绝对主导地位，是百岁老人经济供养、病时生活照料和精神慰藉的主要承担者。长寿是生活方式、遗传、环境等多种因素长期综合作用的结果。

人类抗衰老活动的经验揭示：人类大规模的健康老龄化将成为现实。要存活到百岁，必须关注生命的各个阶段，长寿之路在于个人与社会的共同努力。

# ● 贵州省人口老龄化问题研究

杨军昌　欧胜凤*

**摘　要：**本研究在梳理贵州省人口老龄化历程的基础上，基于2015年1%人口普查资料分析可知，贵州省呈现出人口老龄化进程加快、农村老龄化程度高于城市且差距扩大、农村老人独居现象突出、地区及城乡差异突出等态势。通过预测，无论是低方案、中方案，或是高方案，65岁及以上老年人口仍然呈不断上升之势，将从2015年的432.29万人上升到2030年的880万人以上，在总人口中的占比也将从2015年的11.82%上升到20%及以上。老龄化程度的持续加深，不仅会进一步增加社会抚养负担和社会保障的压力，而且会对贵州省的经济、社会与文化发展产生较大的影响，其中之一即是贵州省"长寿文化"的进一步建构和发展。为了应对日益严峻的老龄化挑战，必须采取积极的应对之策，以减轻甚至消减老龄化的负面影响，促进老年事业发展，增进老年人的幸福感与获得感，迈向积极老龄化、健康老龄化与幸福老龄化的新里程。

**关键词：**人口老龄化；发展历程；现状趋势；长寿文化；贵州

人口老龄化是随着社会整体及各个领域的发展及人类社会的文明进步而产生的，在认识到人口老龄化有其社会必然性的同时，我们也注意到逐步加深的老龄化水平也给社会发展、经济增长、文化进步及产业结构调整带来了不同程度的影响。人口老龄化不仅带来了包括收入水平、就业、医疗保障、社会公共服务等有关老年人的需求及满足问题，也带来了诸如生产、消费、投资、储蓄等经济发展及产业结构调节方面的问题。正确和积极应对人口老龄化对实现我国经济转型发展和产业结构调整及实现人人都有出彩机会的中国梦至关重要。

## 一、贵州省人口老龄化的历程

一般而言，人口老龄化是多种因素共同作用的结果。一个国家或地区的人口再生产类型转变初期，生育率下降往往是关键性的推动力量。同时，人口再生产类型在发生转变时通常伴有经济和社会发展水平的大幅提高，因而人口预期寿命增加将成为人

* 作者简介：杨军昌（1963—）男，贵州石阡人，贵州大学人口·社会·法制研究中心教授。研究方向：人口与发展。欧胜凤（1992—）女，贵州荔波人，贵州大学人口学2015级硕士研究生。研究方向：人口与社会、人口与区域发展。

口老龄化继续推进的关键因素。此外，在长期发展中，人口年龄结构的动态累积效应[1]也会直接推动人口老龄化进程。对于我国人口老龄化历史演变，大多数人认为：生育率在短期内大幅下降并长期保持在低位水平是促使我国迅速步入人口老龄化社会的主要动力。而人口预期寿命提高与人口年龄结构的动态累积效应在老龄化后期才会凸显。贵州省人口老龄化产生的主要推动力量除了长期低生育率、不断提高的人口预期寿命和人口年龄结构的动态累积效应以外，贵州省作为人口流出大省，劳动年龄人口流出省外也是推动贵州省提前进入人口老龄化社会的重要原因。根据这些影响因素，并通过对贵州省自中华人民共和国成立以来的几次人口普查数据进行分析，我们认为贵州省人口老龄化可以明显区分为三个主要发展阶段。具体如下。

1950—1990 年为第一阶段：老年人口数量平稳增长，老年人口比重略有上升。

这一时期我国进行了四次人口普查，从这几次人口普查数据来看，贵州省老年人口数量一直在平稳增长，但前期增长幅度较小，后期增长幅度有所增大。1953—1990 年四次人口普查中，贵州省 60 岁及以上老年人口分别为 86.78 万人、90.73 万人、195.81 万人和 228.98 万人。1953—1964 年，老年人口仅增加了 3.95 万人，年均增长 0.41%；而 1982—1990 年的 8 年期间，老年人口增加了 33.17 万人，年均增长 1.98%。老年人口比重出现先降后升的情况，1953 年贵州省 60 岁及以上老年人口比重为 5.98%，1964 年下降到 5.29%。这一时期贵州省人口年龄结构出现年轻化，而不是老龄化。这是因为 20 世纪五六十年代出现两次生育高峰，年轻人口大幅增加（1953—1964 年 0~14 岁人口增加 115.44 万人，而 60 岁以上人口仅增加 3.95 万人），增大了总人口中的年轻人口比重。直到 70 年代末开始实行计划生育政策，贵州省人口出生率开始大幅度下降，[2]老年人口比重才相应升高，到 1982 年老年人口比重已上升到 6.86%，1990 年继续上升到 7.07%。但可以看出这 8 年间老年人口比重上升的幅度仍非常有限。其原因在于 20 世纪五六十年代生育高峰人口陆续进入婚育年龄，尽管计划生育政策在控制人口出生方面已经发挥作用，出生率大幅度下降，但由于进入生育年龄的人口基数较大，因而出生人数仍然较多。从而在 1982 年和 1990 年，0~14 岁人口仍然占较大比重，而老年人口占比较小，老年人口系数虽有上升，但增幅有限。如，1990 年 60 岁以上老年人口比重仅比 1982 年高出 0.21 个百分点。但衡量人口年龄结构类型的各项指标均迈入了成年型（见表 1），实际上在 1982 年已经有三个指标进入了成年型人口类型，分别是 60 岁、65 岁及以上人口和老少比进入了成年型。

**表 1　贵州省 1982 年以来四次人口普查的人口结构变化**

单位：%

| 指标 | 1982年（三普） | 1990年（四普） | 2000年（五普） | 2010年（六普） | 2015年 1%抽样 |
|---|---|---|---|---|---|
| 少年儿童系数（0~4岁人口/总人口） | 40.88 | 32.68 | 30.16 | 25.26 | 22.29 |
| 老年人口系数（国内）（60岁及以上人口/总人口） | 6.86 | 7.07 | 9.38 | 12.84 | 15.10 |

[1] 人口年龄结构的动态累积效应是指拥有大量年轻人口的组群随时间推移逐渐转变为老年组群的过程。

[2] 贵州省人口出生率在 1975 年仍高达 40.11‰，到 1980 年则大幅度下降到 24.70‰。

续表

| 指标 | 1982年（三普） | 1990年（四普） | 2000年（五普） | 2010年（六普） | 2015年 1%抽样 |
|---|---|---|---|---|---|
| 老年人口系数（国际）（65岁及以上人口/总人口） | 4.66 | 4.61 | 5.97 | 8.71 | 10.20 |
| 老少比（60岁及以上人口/0~14岁人口） | 16.77 | 21.63 | 31.1 | 50.82 | 68.18 |

1991—2000 年为第二阶段：老年人口数量加速增长，老年人口比重迅速上升。

这一时期突出的特征是老年人口数量增长非常迅速。1990—2000 年，60 岁及以上老年人口增加 101.75 万人，增长了 44.44%，年均增长率为 3.75%，年均增长率是 1982—1990 年的近 2 倍。与此同时，老年人口比重也迅速上升，60 岁及以上老年人口比重从 1990 年的 7.07% 上升到 2000 年的 9.38%，上升了 2.31 个百分点，是 1982—1990 年的 11 倍。老年人口比例上升如此迅速，一方面是由于贵州省人口预期寿命延长（1990 年为 65.38 岁，2000 年为 67.14 岁），以及进入老龄组的人数增加所致；另一方面则是由于人口出生率一直较为稳定，加上"打工潮""学生潮"开始出现，外流人口大幅度增加，导致分母减少从而提高老龄系数。1991—2000 年，贵州省人口出生率一直稳定在 20.0‰~23.0‰，致使 0~14 岁少年儿童比重从 1990 年的 32.68%，下降到 2000 年的 30.17%，下降了 2.51 个百分点。2000 年贵州省农村净流出人口达 223.89 万人，[1] 人口流出尤其是年轻劳动力流出对贵州省人口老龄化的影响开始显现。上述几方面的原因，使得贵州省在 2000 年人口老少比已经跨入老年型人口类型，而其他衡量指标也已非常接近老年型人口（见表 1）。

2001—2015 年为第三阶段：老年人口数量持续增加，老年人口比重快速攀升。

这一时期老年人口数量仍在持续增加。2010 年 60 岁及以上老年人口比 2000 年增加 115.46 万人，增加的数量比第二阶段（1990—2000 年）多 13.71 万人，说明老年人口仍在持续增加，但其年均增长的幅度有所放缓，年均增长率为 3.04%，比第二阶段降了 0.71 个百分点。老年人口比重继续攀升，2010 年 60 岁及以上老年人口比重达到 12.84%，比 2000 年高 3.46 个百分点。2015 年老年人口数量继续增加，其中，60 岁及以上人口 534.01 万人，占总人口的比例达到 15.10%，65 岁及以上人口 360.01 万人，占总人口的比重为 10.20%，高于 2010 年 1.63 个百分点，高于全国 1.28 个百分点。

## 二、贵州省人口老龄化现状

据 2015 年贵州省 1% 人口抽样调查，推算出贵州省常住人口为 35295000 人，比 2010 年第六次人口普查的 34748556 人增加了 546400 人。其中男性为 18205161 人，女性为 17089839 人。年龄分布上，0~14 岁人口数为 7831700 人，与 2010 年普查相比下降了 3.07 个百分点；15~64 岁人口数为 23863200 人，与 2010 年普查相比上升了 1.58 个百分点；65 岁以上人口数为 3600100 人，占总人口的 10.20%，与 2010 年普查相比

[1] 程邦嘉. 从贵州省农村流动人口现状看贵州省流动人口的发展趋势及管理对策 [M] // 贵州人口发展研究——贵州省 2005 年 1% 人口抽样调查资料开发课题集（第二辑）. 贵阳：贵州人民出版社，2009：175.

上升了 1.49 个百分点，比全国高出 1.28 个百分点。

1. 贵州省人口老龄化的进程在加快

目前，贵州省已进入老年型社会且老龄化进程的速度在加快。一般情况下，老少比低于 15% 的人口为年轻型人口，高于 30% 的人口为年老型人口，介于两者之间的是成年型人口。2000 年第五次人口普查数据显示，贵州省人口老少比为 30.98%；根据国际标准，对一个国家或地区来说，65 岁及以上人口占总人口的 7%，60 岁及以上人口占总人口的 10% 以上就属于老年型国家或地区。据 2003 年贵州省统计局人口变动抽样调查结果显示，贵州省 60 岁及以上人口占总人口数的比重达 11.38%，65 岁及以上老年人口占总人口的比重已达 7.59%，这些数据表明当时贵州省已进入老年型社会。2010 年第六次人口普查时，贵州省人口老少比为 34.47%，与“五普”相比增长了 3.49%；65 岁及以上老年人口占总人口的比重为 8.71%，与“五普”相比增长了 2.92%。

2015 年 1% 人口抽样调查结果显示，贵州省人口老少比为 42.24%；60 岁及以上人口占总人口的比重达 14.08%，比 2003 年贵州省统计局人口变动抽样调查的结果增长了 2.7%；65 岁及以上老年人口占总人口的比重为 9.48%，比 2003 年贵州省统计局人口变动抽样调查的结果增长了 1.89%。由此可见，贵州省人口老龄化进程的速度在不断加快。

2. 人口老龄化进程超前于经济发展水平

人口老龄化是在经济和社会各方面发展到较高水平下人口死亡率的降低和人均寿命的延长下进入的，即我国是在经济社会发展滞后的状态下进入人口老龄化。2003 年我国已经步入人口老龄化社会，2010 年贵州省人均 GPD 为 13119 元，与全国的 30015 元相差甚远。2015 年贵州省 60 岁以上人口占总人口的比重高达 15.01%，与全国水平相当（2015 年全国 60 岁以上人口占总人口比重 15.5%），而贵州省人均 GDP 为 29938 元，与全国人均 GDP 的 52000 元有很大差距。贵州省将长期处于老龄化加速而人均收入水平低的矛盾中。

3. 农村人口老龄化程度高于城市且差距扩大

农村人口老龄化程度高于城镇（2015 年数据中没有分年龄的城乡统计，无法获得最新数据）。2010 年贵州省农村、乡镇及城市 60 岁以上老龄人口分别占贵州省人口总数的 9.26%、1.85% 和 1.71%；65 岁以上老龄人口分别占贵州省人口总数的 6.29%、1.26% 和 1.17%。城镇水平相当，但农村比城镇高出 5.7 个百分点，同时比 2000 年城镇和农村的差距增加约 5 个百分点。由此可见，农村人口老龄化程度高于城镇，且农村人口老龄化和城镇人口老龄化的差距在扩大。

4. 贵州省老龄人口文化素质较全国水平低

我国是文盲半文盲较多的国家，贵州省的情况较全国更为严重。在贵州省 2015 年 1% 的人口抽样调查中，15 岁及以上人口文盲半文盲比例为 13.01%（男为 6.61%，女为 19.64%），其中老年人口文盲半文盲比例要高出这一比例 3 倍，为 42.60%。

5. 农村老人独居现象突出

由于老年群体特殊的生理机制而导致的老年男性较高的死亡率、传统婚姻观念的影响、代际生活习惯不同以及家庭核心化小型化等原因，老年群体独居现象比较突出，"空巢"家庭增多。从贵州省 2015 年 1% 的人口抽样调查资料可以看出，农村 65 岁及以上老人独居（其中含单身老人、老年夫妇两人和 3 个 65 岁及以上老年人的户）占 65 岁及以上老年人口家庭户数的 28.15%。寡居老人增多，尤其是女性寡居老人的增多，将给老年群体的婚姻、养老、医疗、特殊照顾等提出更高更新的要求，加大了家庭和社会的养老负担与压力。

## 三、贵州省人口老龄化的未来发展趋势预测

1. 预测方法和假设

本研究以贵州省2010年第六次人口普查数据为起点，运用分年龄的人口数移算法，以 5 个年龄段为一组，对贵州省 2010—2030 年的人口老龄化发展趋势进行预测，选取 4 种预测方案，分别是 2015 年总和生育率为 1.74785（低方案）、总和生育率为 1.8（1.8 方案）、总和生育率为 2.0（中方案）和总和生育率为 2.2（高方案）（依据我国《国家人口发展战略研究报告》），我国在未来 30 年要保持人口与经济社会协调持续发展，总和生育率应接近 1.8。[1] 因此，尽管 2010 年贵州省总和生育率为 1.75，很接近 1.8 的稳定水平，但是生育率直接影响着预测人口总数，因此本研究认为有必要单独对其进行预测。而根据现行的全面二孩政策，未来育龄夫妇的生育率存在提高的可能，因此本研究选取总和生育率为 2.0 和 2.2 进行预测。本研究主要运用的公式：根据年龄移算的预测公式为 $P(x+1, t+1)=P(x, t)\times P(x)$，可预测出下一年的人口数，不包括 0~4 岁组，再利用 $f_x^t=f_x^0\times\frac{TFR_t}{TFR_0}$ 算出预测年份的各年龄组育龄妇女（15~49 岁）的生育率，根据生育率可得预测年份出生人口数，进而推出 0~4 岁人口数。其中，$P(x+1, t+1)$ 为预测年的人口总数、$P(x, t)$ 为上一年龄组人口总数、$P(x)$ 为上一年龄组人口的存活率、$f_x^t$ 为预测年某年龄组生育率、$f_x^0$ 为起始年该年龄组生育率、$TFR_t$ 为预测年总和生育率、$TFR_0$ 为起始年总和生育率。

2. 贵州省人口老龄化的未来发展趋势预测结果

从表 2 可以看出，2015—2030 年贵州省人口老龄化程度 4 种方案预测结果都大于 12%，且进一步加深。低方案和 1.8 方案老年抚养比的上升趋势和少儿抚养比的下降趋势较为明显，而中方案和高方案老年抚养比的上升趋势和少儿抚养比的下降趋势较缓慢。这说明，全面放开二孩或适度放开生育政策，可减缓老龄化进程。

劳动年龄人口比重在预测期（2015—2030 年）内呈现先上升后下降的趋势。从表 2 预测结果显示，几种方案预测到 2030 年贵州省劳动年龄人口占总人口的比重都超过 60%。这说明 2015—2030 年贵州省劳动力资源的供给仍较丰富。

总抚养比在 2015—2030 年呈现上升趋势。从表 2 的抚养比我们可以直观看出，预测期的总抚养比在日益上升，而少儿抚养比在下降，其下降的幅度较老年抚养比上升的幅度小。由此可得，总抚养比的上升是由老年人口数量不断增长带动的，也可以说，人口老龄化程度的加深在日益加重劳动年龄人口的抚养压力。

表 2 预测期内贵州省人口指标及抚养比变动情况

| 方案 | 年份 | 人口数 | 年龄结构 | | | 年龄结构比 | | | 抚养比 | | |
|---|---|---|---|---|---|---|---|---|---|---|---|
| | | | ≤14岁 | 15~64岁 | ≥65岁 | ≤14岁 | 15~64岁 | ≥65岁 | 总抚养比 | 少儿抚养比 | 老年抚养比 |
| 低方案（1.74785） | 2015 | 36562081.6 | 7197722.599 | 25041427 | 4322932 | 0.196863042 | 0.684901568 | 0.118235391 | 0.315098432 | 0.196863042 | 0.118235391 |
| | 2020 | 38453135.61 | 6639614.058 | 25915505.44 | 5898016.112 | 0.172667689 | 0.673950382 | 0.153381929 | 0.326049618 | 0.172667689 | 0.153381929 |
| | 2025 | 40502430.61 | 6688048.424 | 26702765.29 | 7111616.897 | 0.165127088 | 0.659287971 | 0.175584941 | 0.340712029 | 0.165127088 | 0.175584941 |
| | 2030 | 42296970.45 | 7071635.998 | 26361884.93 | 8863449.528 | 0.16719013 | 0.623257048 | 0.209552822 | 0.376742952 | 0.16719013 | 0.209552822 |
| 1.8方案 | 2015 | 36622491.78 | 7258132.779 | 25041427 | 4322932 | 0.198187847 | 0.683771797 | 0.118040357 | 0.316228203 | 0.198187847 | 0.118040357 |
| | 2020 | 38578813.77 | 6765292.22 | 25915505.44 | 5898016.112 | 0.175362889 | 0.671754855 | 0.152882257 | 0.328245145 | 0.175362889 | 0.152882257 |
| | 2025 | 40701978.83 | 6887596.645 | 26702765.29 | 7111616.897 | 0.169220191 | 0.656055702 | 0.174724107 | 0.343944298 | 0.169220191 | 0.174724107 |
| | 2030 | 42568051.28 | 7282629.608 | 26456121.69 | 8829299.98 | 0.171082053 | 0.621501828 | 0.207416119 | 0.378498172 | 0.171082053 | 0.207416119 |
| 中方案（2.0） | 2015 | 36854172.31 | 7489813.31 | 25041427 | 4322932 | 0.203228368 | 0.679473325 | 0.117298307 | 0.320526675 | 0.203228368 | 0.117298307 |
| | 2020 | 39060802.66 | 7247281.114 | 25915505.44 | 5898016.112 | 0.185538458 | 0.663465768 | 0.150995773 | 0.336534232 | 0.185538458 | 0.150995773 |
| | 2025 | 41467267.35 | 7652885.161 | 26702765.29 | 7111616.897 | 0.184552435 | 0.643948034 | 0.171499531 | 0.356051966 | 0.184552435 | 0.171499531 |
| | 2030 | 43607674.27 | 8091810.676 | 26652414.07 | 8863449.528 | 0.185559327 | 0.611186322 | 0.203254351 | 0.388813678 | 0.185559327 | 0.203254351 |
| 高方案（2.2） | 2015 | 37085852.84 | 7721493.842 | 25041427 | 4322932 | 0.208205913 | 0.67522856 | 0.116565528 | 0.32477144 | 0.208205913 | 0.116565528 |
| | 2020 | 39542791.56 | 7729270.008 | 25915505.44 | 5898016.112 | 0.195465967 | 0.655378753 | 0.149155279 | 0.344621247 | 0.195465967 | 0.149155279 |
| | 2025 | 42232555.87 | 8418173.677 | 26702765.29 | 7111616.897 | 0.199329013 | 0.632279168 | 0.168391819 | 0.367720832 | 0.199329013 | 0.168391819 |
| | 2030 | 44647297.27 | 8900991.743 | 26882856 | 8863449.528 | 0.199362387 | 0.602116089 | 0.198521525 | 0.397883911 | 0.199362387 | 0.12 |

综上所述，贵州省的人口老龄化进程在不断地加快，老龄化程度在不断加重。因此，各级政府需充分认识到老龄化社会的严峻形势，做好对老年人口生活的照料、经济赡养和医疗保健等。

## 四、贵州省老年人口构成及其对经济社会发展的影响

### （一）贵州省老年人口构成及其成因分析

（1）数量构成。据全国第六次人口普查，贵州省 65 岁以上老年人口数为 3026181 人，占总人口的比重为 8.71%。2015 年 1% 人口抽样调查结果显示，60 岁及以上人口占总人口的比重达 14.08%，65 岁及以上老年人口占总人口的比重为 9.48%。

（2）年龄、性别构成及其成因。按照年龄可将老年人口分为年轻老年人、中年老人和高龄老人。据贵州省 2015 年 1% 人口抽样调查数据显示，贵州省老年人口中的年轻老年人、中年老人和高龄老人占老年人口的比例存在显著差异且年龄越高占比越小，分别占老年人口的比例为 57.68%、31.90%、10.42%，其性别比分别为 98.24%、89.67%、72.20%，性别比能看出不同类型老年人口性别构成。男性老年人口和女性老年人口占老年人口的比例分别为 47.81%、52.30%。

（3）受教育程度构成。贵州省老年人口受教育程度偏低，小学及以下文化程度占比高达 83.31%、初中为 11.32%、高中及中职为 3.66%、大学专科及以上占比仅仅为 1.71%。

（4）城乡构成及其成因。2010 年贵州省城镇 60 岁及以上老年人口数量为 1242446 人，占老年人口总数的 27.85%；农村 60 岁及以上老年人口数量为 3218826 人，占老年人口总数的 72.15%，相差 44.3 个百分点。贵州省城镇人口为总数的 33.78%，农村人口为总数的 66.22%，农村人口比城镇人口多 32.44 个百分点。

### （二）贵州省老年人口构成与经济社会发展

#### 1. 日益增长的老年人口数量与经济发展

桑代克在《人的生命与社会秩序》中指出，年龄的增加对劳动生产率的影响，尤其是在 50 岁以后较明显；当一个劳动者进入 50 岁以后，劳动技能逐渐下降，大致平均每年递减 1%~2%，劳动力人口进入 45 岁或 50 岁以后，尽管有丰富的经验、熟练的技术，但随着年龄的增加，体力和记忆力逐渐衰退，出现心有余而力不足的现象，从而影响从事生产劳动的速度和操作动作的敏捷程度和产品的精密度和质量。因此，贵州省的人口老龄化对贵州省区域内经济社会增长所需的技术、文化、产业、产品生产率的提高有着深刻的影响。

从人口经济学的视角来看，劳动力的供给一般取决于劳动年龄人口占总人口的多少，劳动年龄人口对于经济发展较落后的贵州省来说至关重要。劳动力能带动经济社会发展，而人口老龄化的加速导致区域内劳动年龄人口比重相对下降。在一定的生产资料和技术条件下劳动力的供给不足致使社会资源不能有效利用和运转，阻碍生产力

水平的提高和经济的发展。

2. 老龄人口需求多元化促进产业结构转变

老年人不仅是年龄的递增过程，也是自身身体机能逐渐衰退，对疾病的抵抗力减弱、精神寄托空虚化、生活需求多元化和多层次化。对此，老年人在年老时对住宅、医疗护理、生活用品、老年旅游、娱乐教育、卫生保健、服装、资金储蓄等各方面的需求增加。所以继续推动和调整这些行业的发展，不断满足老年人的物质和精神需求，可能带动并促进贵州省剩余劳动力转移，解决劳动力失业问题。贵州省相应的社会管理部门应根据实际需求不断调整产业结构，以应对人口老龄化带来的影响。

3. 增加社会抚养负担

老年人在年老之后劳动能力下降，收入来源减少。根据我国人口老龄化和老龄事业发展报告指出，目前大多老年人的收入来源主要由退休金、劳动收入以及子女提供构成，其中子女提供所占比重为 60%。老年人口的增加，尤其是对于独生子女的家庭来说会面临较重的老人抚养压力。在这种“4–2–1”倒金字塔式的家庭结构中，两个劳动力人口同时抚养四个纯消费人口，况且结婚后又会有新的消费人口的到来，抚养人口数增加而劳动力人口数未增加，这会增加独生子女家庭的养老负担。

4. 人口老龄化增加社会保障的压力

人口老龄化伴随 60 岁或 65 岁以上人口不断增加的过程，以及人口平均预期寿命延长，意味着领取养老保障金的时间变长及人数变多，增加社会养老保障的财政压力，引发一系列的负面社会影响。当前，贵州省的养老保障制度实行的是政府主导下的社会统筹与个人账户相结合的基本养老保险制度。经过几十年的不断改革和发展，贵州省的社会养老保险制度取得诸多成就，但在人口老龄化不断加剧的趋势下，也显现了很多问题。

## 五、贵州省高龄人口与长寿现象

### （一）贵州省高龄人口变动的历史与现状考察

1. 数量变动

贵州省 2015 年 1% 人口抽样调查资料显示，高龄老人总人口为 704900 人，占总人口 48009700 人的比例为 1.47%，比 2010 年第六次人口普查时多 0.25 个百分点（2010 年贵州省高龄人口总计 423584 人，占总人口比例为 1.22%），而学者们认为贵州省未来人口数量变动呈不断上升趋势。由此可见，贵州省高龄老年人口数量在未来一段时间也呈现一个不断上升的趋势。

2. 性别变动

2010 年贵州省高龄人口中，男性为 29031 人，占 43.26%，女性为 240350 人，占 56.74%，性别比为 76.24，远低于正常范围。贵州省 2015 年 1% 人口抽样调查资料显示高龄老年人口中，男性占 41.92%，女性占 57.13%，性别比为 73.37，比 2010 年第六次人口普查时低 2.87 个百分点。

3. 城乡分布变动（2015 年数据中没有分城乡，暂时无法获得最新数据）

2010 年贵州省城镇高龄老年人口数量为 123143 人，占高龄人口总数的 29.07%，比第五次人口普查时占高龄人口总数的 22.53% 上升了 6.54 个百分点；而农村高龄老年人口数量为 300441 人，占 70.93%，比第五次人口普查时占高龄人口总数的 77.47% 下降了 6.54 个百分点。

### （二）百岁老人与"长寿之乡"

从表 3 可见各个地区百岁老人的数量及其占地区总人口数的比重，同时也显现出不同地区百岁老人数量和占比的差异性。其中，铜仁市、六盘水市、黔东南苗族侗族自治州百岁老人占比名列前茅，贵阳市和毕节市为最低。

**表 3　各地区百岁老人总数及占各地区总人口比**

| 地区 | 百岁及以上人口总数（人） | 百岁及以上人口占比（%） |
|---|---|---|
| 贵州省 | 1600 | 0.003333 |
| 贵阳市 | 100 | 0.001579 |
| 六盘水市 | 300 | 0.007705 |
| 遵义市 | 200 | 0.002399 |
| 安顺市 | 100 | 0.003087 |
| 毕节市 | 100 | 0.001115 |
| 铜仁市 | 400 | 0.009461 |
| 黔西南布依族苗族自治州 | 100 | 0.002651 |
| 黔东南苗族侗族自治州 | 300 | 0.006344 |
| 黔南布依族苗族自治州 | 100 | 0.002218 |

资料来源：贵州省 2015 年 1% 人口抽样调查资料。

2010 年 1 月贵州省民政厅等部门经过一年努力共评出贵州省七大"长寿之乡"，均分布于黔东北、黔东南两地州，即黔东地区的少数民族集中居住区域。这些区域不仅百岁老人占比大，同时 80~100 岁的老年人口占比也高于贵州省其他区域。[2] 2015 年黔东南百岁老人共 147 人，在总人口中的比例位居贵州省之首，且该州 80~100 岁老年人口共 105209 人，长寿人口比例高的可持续性明显。

### （三）贵州省长寿文化的内涵、特征及建设

1. 贵州省长寿文化的内涵和特征

贵州省长寿文化集环境与生态、科学与养生、人文与心境于一体，集中体现为长寿之乡优越的自然环境、浓郁的民族文化氛围、乡村田园清新的农耕生活，规律有序

的人生历程，以及经济社会发展变化的共同作用，形成贵州省长寿文化。其特征主要体现在以下几个方面：一是家庭和睦、尊老敬老为长寿的基础环境；二是贵州省长寿地区对老人的尊敬、孝顺和重视，以及在社会生活的方方面面都有体现；三是生态友好、环境优美为延年益寿的客观“硬件”前提；四是生活有制、勤俭朴素为高龄长寿的基本方式；五是乐观淡泊、心地善良为高龄长寿的心境支持；六是丰富的传统文化与浓郁的民族风情是健康长寿的精神支持。贵州省长寿地区每一个节日和活动，每一种习俗，都包含着沉积厚重、源远流长、博大精深的历史文化和民族风情，彰显着“天人合一”的养生理念，体现了贵州省各民族求福求寿求平安的精神生活、心理素质、思维方式等文化特征。

2. 贵州省长寿文化的建设

贵州省长寿文化体现着以人为本和人与自然协调发展的理念和精神，隐含着贵州省各地区各民族经过长期的社会生活实践对生命的延续和生活质量的追求和尊重，与我国当代文化建设的发展方向相一致。

第一，在社会主义初级阶段“文化软实力”建设体系中，吸纳贵州省长寿文化为其组成部分。将贵州省长寿文化作为社会主义“文化软实力”建设的重要组成部分来培养，并在其中汲取现代的科学理念、精神，进而得到发展创新。第二，进一步发掘、整理和保护贵州省民族地区的长寿文化。高龄长寿人口的现象与他们传统饮食结构、膳食方式、居住环境、婚恋生育、养生保健、医疗医药、社会交往、自然崇拜、宗教信仰、文化娱乐、节日庆祝、生产劳动等有着紧密的关系。这需要我们去挖掘和整理。第三，调动一切积极因素，发展经济和制定相关法律法规为老年事业发展和长寿文化建设提供保障，制定能够推进贵州省健康老龄化进程的地方性法规，保护老年人的基本合法权益等内容来推动贵州省长寿文化发展。第四，加快建设和完善城乡多元化的养老和社会医疗保障体系。一是改革和完善城乡养老保障制度，逐渐实现城乡养老的社会公平；二是加大对农村高龄人口社保资金的投入力度。农村高龄老人的家庭多为几代同堂，抚养负担重，在这方面应给予以格外的政策支持和资金协助；三是在合作医疗基础上，对高龄老人实行诸如老年人长期照料护理保险、老年人口社会医疗救助基金等措施；四是对百岁老人要从生活、医疗、护理、精神等方面实行制度化管理和保障。第五，充分发挥政府和社区组织在管理老年工作中的作用，弘扬尊老敬老文化，营造有利于提高老年人生活质量的良好社会氛围。第六，家庭及个人要进一步建构和弘扬中国传统的孝文化理念来解决家庭养老所面对的问题。

## 六、有效应对贵州省人口老龄化的对策

### （一）国内外应对人口老龄化的经验借鉴

1. 国外应对人口老龄化的经验借鉴

（1）政府更加注重建设社会保障体系。贵州省老年服务体系处于初期发展阶段，投资主体单一、社会力量未得到充分利用。现有的城镇居民社会养老保险、新型农村

社会合作医疗及新型农村社会养老保险不能满足有多样化需求的老龄化社会。因此，首要的任务是尽快完善和发展社会保障体系以提高保障水平。其次要注重建设老龄工作的法制化。例如，日本于1986年实施《高龄者雇佣安定法》、新加坡国会制定了《赡养父母法令》等。不仅利用道德习俗的约束力，同时政府也要用法制性的强制力，制定相关法律和规范性文件以维护老年人群体的合法权益。

（2）社会要加强宣传传统孝老敬老尊老的良好社会氛围。积极引导非营利组织协会或志愿者参与到老年服务工作中，满足有多元化需求的老龄化社会。如给老年人提供娱乐服务、教育培训机会和信息咨询服务，以保障他们身心健康、增强整体综合素质和社会适应性和提高社会参与率和再就业比率等。

（3）社区、家庭及个人作为政策和孝老的具体执行主体，要充分发挥他们在养老服务方面的积极效应，这是老年服务体系主体多元化发展趋势和打造一个全方位老年服务体系的必然要求。

2. 国内应对人口老龄化的经验借鉴

国内诸多长寿之乡尽管在不同历史长河的背景下，各自的社会经济文化等各方面发展存在差异，但其长寿文化背后都折射出一个共性，即健康的生活方式、卫生福利的发展以及中国尊老爱幼、和谐家庭关系和邻里邻亲等良好的传统文化建造出长寿文化，也是老年人健康长寿的法则。如中国长寿之乡彭山、和田和如皋等。这对贵州省应对其日益庞大的老年群体具有一定的借鉴作用。2011 年湖北省的鄂州、仙桃、枝江、潜江和钟祥 5 市的 25 个村试点实行农村“互助式”养老模式，2012 年 2 月 20 日，湖北省民政厅下发了《关于开展农村互助养老服务工作试点的指导意见》（鄂民政发〔2012〕11 号），为贵州省农村互助养老模式建设工作提供政策依据。这种新型的农村养老服务模式主要通过实现“五个一”（建设一个老年人互助照料活动中心、成立一个养老服务互助协会、配置一套设施设备、制定一套管理制度、形成一个长效机制）建设目标，进而为农村老年人群提供生活照料、餐食供应、情感沟通，以及精神慰藉等日常需求。[3] 农村互助式养老模式对积极应对贵州省人口老龄化具有一定借鉴作用。

### （二）积极应对贵州省人口老龄化的意义、指导思想与原则

在积极应对贵州省人口老龄化的实践工作中，既因地制宜地解决不同民族地区人口老龄问题，又要与时俱进拓展思路，积极借鉴和引进国内外新理念来指导当前贵州省老龄工作。因而，积极应对贵州省人口老龄化不仅是贵州省面对老龄社会的一种战略选择，更是全面践行科学发展观的内在要求和具体表现。

### （三）贵州省老年人口生活质量保障体系建设

老年人作为一个特殊的群体，其生活质量不仅有一般人口生活质量的共性，即生活条件优劣程度和个人对生活满足程度决定其生活质量高低，还有其特殊性。[4] 这种特殊性在生活内容上表现为人口生活质量以物质生活的提高为中心进行，而老年人口生活质量围绕老年健康进行。不同学科学者对老年人口生活质量含义的理解具有一些

差异，其形式也多种多样，但是都离不开老年人口生活质量的客观和主观方面，客观条件包括自然、社会、经济、文化、健康和卫生、家庭环境，主观的心理感受即精神生活层面。

根据上述贵州省人口老龄化的问题及老年人口生活质量内涵，贵州省老年人口这个群体及其生活质量的保障，是迫切需要解决的问题。在贵州省各地区建立与当地经济发展水平、文化环境相适应的生活质量保障体系已刻不容缓。因此，本研究对老年人口生活质量保障体系建设提出如下思路：首先，在制度安排上打破城乡分割的二元化制度，完善社会保障制度；其次，在经济供养上，探索多种养老方式，多管齐下务求落实；再次，在权利保障与生活照顾上，应突出政策法规的作用和各种照料资源的作用发挥；最后，在精神慰藉上，多方满足老年人的精神需求，强化孝文化作用的发挥。

### （四）贵州省人口老龄化趋势的应对综合战略

首先，持续大力发展贵州省经济。要提高贵州省劳动生产力，加快经济社会发展以满足需求多样化的老年群体。

其次，完善老年社会保障体系。社会保障制度是每个国家和政府不能忽视的问题，包括一个重要的组成部分即老年人养老保障，特别是贵州省人口老龄化与经济社会发展极不平衡和协调，更应该重视老年人口的养老问题。具体来说，一方面，要尽可能快地构建一个多层次、多元化、覆盖面广的养老保障体系。抑或农村抑或城市，只要是老年困难户，都采取强制性手段完成社会养老建构，以减轻家庭和未来的养老负担。另一方面，多地建立老年医疗卫生保健服务体系，注重发展社区卫生保健事业，完善各级医疗机构功能，让老年人就近获得高质量医疗服务。

再次，积极开发老年人力资源。老年人积累了较多的智慧和经验，利用好这个群体能够再为社会的发展创造财富，使老年人口压力转为经济发展的另一个动力。一方面，鼓励老年人自我能力再开发，社区要积极营造老年人力资源开发的氛围，延缓劳动力老化，让老年人群体“老有所为”；另一方面，积极开展和加强老年教育，包括面向社会、家庭和老年人进行健康教育，包括保健常识、护理知识、紧急状况下的应急措施，提高人群对老年身心特点的认识和一般保健护理知识的掌握。同时，应对人口老龄化问题需要动员全社会力量。

最后，应建设、加强和发展贵州省长寿文化。大力弘扬民族传统美德，着实推进文化养老建设。作为多民族组成的省份，各民族有其独特的风俗习惯及信仰，各地区各民族尊老敬老的文化多姿多彩。因此，以家庭孝养老人文化、以家族血缘关系为纽带的家族观念、互帮互助的邻里邻亲及社区“帮扶”文化来共同提高老年人口生活质量。同时，把长寿文化纳入我国“文化软实力”体系的建设中，使老年人在生活的点点滴滴中受益。

人口老龄化不是一个暂时现象，而是一个长期过程；不仅仅是老年人自身的问题，而是与各个年龄群体都有联系；也不仅仅是经济问题，还包括社会、政治、文化问题。虽然人口老龄化是人类向合理的人口结构发展的必然阶段，但比较快的人口老龄化速度或比较高的老龄化程度，有可能超过现有社会经济的承载能力，会与一定的社会生产力水平不相适应，从而给社会经济发展带来一系列影响。从上文的预测中，可以看出贵州省人口老龄化将是一个长期的过程，老年人口经历加速增长后保持相对稳定，老龄系数和老年抚养比总体呈上升趋势，且老龄化对社会经济发展各个方面的影响已经开始显现，我们要高度重视，做出应对，争取主动，减少代价。我们需要制定相应的对策，不断增强应对人口老龄化的能力。

## 【参考文献】

[1] 国家人口发展战略研究课题组．国家人口发展战略研究报告［J］．人口研究，2007（1）．

[2] 杨军昌，罗婧．贵州民族地区高龄人口与长寿文化——基于黔东七个民族县的实证资料分析［J］．中央民族大学学报（哲学社会科学版），2011（2）．

[3] 彭文杰，程良波．湖北：探索农村互助式养老服务新模式——解读《湖北省民政厅关于开展农村互助式养老服务工作试点的指导意见》［J］．社会福利，2012（3）．

[4] 罗萍．国内生活质量指标体系研究现状评析［J］．武汉大学学报，2000（9）：33－36.

# ● 贵州省就业和失业研究

## ——基于 2015 年 1% 人口抽样调查结果的分析

赵子铱 *

（贵州财经大学金融学院　贵州　贵阳　550025）

**摘　要：**本研究利用 2015 年 1% 人口抽样调查数据作为基础对贵州省就业和失业情况开展研究，梳理目前劳动力资源的规模和结构特征，总结劳动力市场运行的问题和变化，分析新因素对劳动力供求关系的影响，提出推动高效就业、缓解失业压力的政策建议。

**关键词：**劳动力；就业；失业；贵州

## 一、导论

1. 研究目的和意义

中国是人口大国，人口问题是经济发展的关键影响因素之一。劳动力资源是人口群体中比重最大、最具活力的一部分。因此，着力于劳动力资源的研究，对于人口问题乃至于经济发展都具有重要的意义。

随着经济增长速度的放缓和经济增长方式转变的加快，我国长期面临结构性和周期性的失业问题。目前，贵州省的总体就业情况并不乐观。一方面，贵州省总人口和劳动力人口不断增加，与较好的经济发展形势相契合；另一方面，贵州省劳动力资源却存在劳动力人口素质整体偏低，农村劳动力人口偏多，以及较多劳动力迁往经济发达地区等问题。就业的状况与近年来贵州省较好的经济发展态势存在错配。目前，在新经济形势下，贵州省的就业和失业情况呈现矛盾多样、二元结构、转型特征明显等诸多特征。未来人口规模、劳动力结构、流动转向等新变化会如何影响贵州省的就业和失业情况？应该重点从哪些方面入手有利于改善贵州省的就业和失业状况？这些都是值得研究和探索的。

就业和失业问题不仅是经济学的重要论题，也是社会学的重要研究对象。本研究利用 2015 年 1% 人口抽样调查数据对贵州省的就业和失业情况开展研究，通过梳理目

---

*　作者简介：赵子铱（1976—），女，贵州三都人，贵州财经大学金融学院教授、博士。研究方向：金融学、统计学。

前劳动力资源的规模和结构特征，总结出劳动力市场运行的问题和变化，分析新因素对劳动力供求关系的影响，最终总结出推动高效就业、缓解失业压力的政策建议，可为相关决策提供参考。

2. 研究方法和研究的主要内容

本研究的研究方法主要是规范分析与实证分析相结合、定量分析和定性分析相结合、比较分析法和历史分析法。在进行就业和失业现状分析时主要采用规范分析法，在进行贵州省劳动力市场的影响因素分析时主要采用描述性分析方法。定量分析方法突出应用于“十三五”时期就业和失业趋势的预测上，与定性分析法相结合则贯穿于研究始终。对就业和失业现状分析时较多地用到了比较分析法和历史分析法。

本研究主要包括以下七部分内容。

第一部分是导论，交代本研究的研究目的和意义、研究的主要内容和研究方法等，对研究中的关键名词，如劳动力资源、就业、失业、劳动适龄人口及劳动力市场等进行界定。

第二部分是贵州省就业情况的总体分析，这一部分从总量和结构两大方面对贵州省就业水平进行梳理。首先从就业人口数量、就业人口婚姻状况、就业人口受教育程度，就业人口行业分布四个方面分析贵州省就业方面特征，剖析其存在的问题和原因。然后又分别从城乡结构、产业结构、城镇就业所有制结构等方面分别对目前贵州省的就业状况进行描述性分析。

第三部分是贵州省特殊群体的就业情况分析。这一部分具体对特殊群体的就业情况进行分析，包括农民工就业问题分析、大学生就业问题分析，以及城镇就业困难群体就业问题分析。

第四部分是贵州省失业问题分析。这一部分分别从受教育程度、贵州省产业结构、贵州省城镇失业率等角度对贵州省失业问题进行解剖，总结出贵州失业的特点。

第五部分是贵州省劳动力市场影响因素分析。这一部分主要从人口因素、产业结构调整、城镇化加速、新技术革命，以及区域经济融合五个方面对“十三五”时期劳动力供求关系产生重大影响的因素进行梳理，分析这些因素对贵州省劳动力市场的影响。

第六部分是贵州省“十三五”时期就业和失业趋势预测。这一部分主要是通过对未来劳动力供给与劳动力需求的预测，来对“十三五”时期的就业和失业趋势进行预测。首先，采用年龄移算法，对贵州省劳动力的供给趋势进行预测；其次，在1978—2015年的国内生产总值与就业量的长期变动关系中找出相关的变动趋势，建立相应的模型，以此预测“十三五”期间的劳动力需求状况。

第七部分是对解决贵州省就业和失业问题的政策建议。这一部分结合前几个部分的结论，根据当前贵州省的实际情况，提出了调整产业结构，改善就业结构；抓好重点人群的就业工作；发挥政府职能，解决少数民族就业问题；重视教育与职业培训，提高劳动力素质；改善城乡结构，消除劳动力流动壁垒；完善劳动力市场，优化劳动力资源合理配置等政策建议供相关部门参考。

3. 关键名词的界定

（1）劳动力资源。劳动力资源是指一个国家或地区，在一定时点或时期内，拥有的劳动力的数量和质量劳动者的生产技术、文化科学水平和健康状况的总和的劳动适龄人口。根据我国劳动就业制度规定，男的年满 18~60 岁，女的年满 18~55 岁，都列为劳动力资源。

（2）就业和失业。就业是指具有劳动能力的公民，依法从事某种有报酬或劳动收入的社会活动。失业有广义和狭义之分。广义的失业指的是生产资料和劳动者分离的一种状态。在这种状态下，劳动者的生产潜能和主观能动性无法发挥，不仅浪费社会资源，还对社会经济发展造成负面影响。狭义的失业指的是有劳动能力的处于法定劳动年龄阶段的并有就业愿望的劳动者失去或没有得到有报酬工作岗位的社会现象。本研究所使用的“失业”一词，一律是其狭义的含义。

（3）劳动适龄人口。劳动适龄人口是指处于劳动年龄、具有劳动能力的人口。劳动年龄的范围，各国规定不尽相同，多数国家只规定其下限，也有规定上限的。中国规定的劳动年龄下限，男性及女性都是 16 岁；上限男性为 60 岁，女性体力劳动者为 50 岁，脑力劳动者为 55 岁。该年龄段内丧失劳动力的人口不属于劳动适龄人口。

（4）劳动力市场。劳动力市场指的是劳动力供求主体双方相互进行的劳动力使用权转让与购买活动的总和。它不仅是指劳动力供求之间的双向选择、进行劳动力交换的场地，同时也是运用市场机制调节劳动力供求平衡关系的组织体系。

## 二、贵州省就业情况的总体分析

2015 年 1% 人口抽样调查数据显示，贵州省的常住人口中汉族人口总数高达 2247.23 万人，占总人口的 63.67%，其余各少数民族总人口为 1282.27 万人，占 36.33%。由此看出，贵州省少数民族人口在总人口所占比例较大，也表明贵州省是一个具有多民族特色的省份。这种特色也将对其就业状况产生一定的影响。接下来将对贵州省的就业情况做一个较为完整的介绍。

通过 2015 年 1% 人口抽样调查结果的相关数据整合后可以看出贵州省当前整体就业情况及影响贵州省就业状况的因素即劳动力基本特征、行业分布、职业分类、产业结构、地域结构、城乡结构及劳动力自身素质。下面一一分析这些因素。

1. 贵州省劳动力人口基本特征

数据显示，2015 年贵州省常住人口总计 3529.50 万人。2015 年 1% 人口抽样调查数据显示，就业人口占总人口的比例约为 43.88%，由此可见贵州省总体就业水平从人口数量上看较为可观。再来分析男女比例在就业人口中的情况，其占总就业人口的比例分别为 57.33%、42.67%，男性就业人口比例明显高于女性，这需要与贵州省当地生育情况结合分析。贵州省女性结婚年龄普遍较低，且家中孩子的数量也超越我国其他省份。数据显示，贵州省仅 2015 年出生人口为 45.88 万人，出生率为 13%，总体生育率高于其他省份，由于孩子在年幼时需要照顾，因此生育率必然对女性的就业造成影响。

单从数量上看就业状况并不能说明问题的实质，必须从多方面对就业情况进行详细分析。关于劳动力人口的年龄结构分布，通过抽样调查相关数据显示，16~24 岁的就业人口占总体就业人口的 11.42%，25~45 岁的就业人口占总体就业人口的 50.95%，45 岁以上的就业人口占总体就业人口的 37.63%。通过这些比例可以明显看出贵州省就业人口结构呈现出中间大、两头小的形态，且 45 岁以上就业人口占比较高，总体就业人口属于青壮年居多的状态，但就业老龄化趋势较突出。

人口接受教育的程度对劳动力质量的影响显得尤为重要。从抽样调查结果给出的数据可知贵州省总体文化程度在接受教育方面，学历在大专及其以上的人口数量为 298.24 万人，具有高中（含中专）教育程度人口为 376.24 万人；具有初中教育程度人口为 1243.44 万人；具有小学教育程度人口为 1225.80 万人。从各个学历层次上的人数对比情况可以很明显地看出贵州省总体教育水平较低，接受高等教育的人数总量少，且学历总体层次偏低，初中以下学历的人群占绝大多数，人口总体的文化素质不高。文化素质的高低必然会影响其职业的选择，这也是影响就业情况的一个关键因素。再来观察就业人口接受教育的水平，学历在大专及其以上的就业人口数量仅占总就业人口比例的 11.03%，初中教育程度以下的就业人口所占比重高达 80.12%，这与贵州省总体接受教育水平是一致的，也反映出贵州省总体就业人口素质较低的现实情况。

2. 贵州省就业的行业与职业分布

调查结果显示，农、林、牧、渔业的就业人口占总体就业人口的比例高达 48.27%，其余大部分集中于建筑业、制造业、批发和零售业，就业人数占比分别为 9.16%、8.78%、8.98%。相对高端一些的技术类行业，如信息传输、软件和信息技术服务业、科学研究和技术服务业的就业人数之和占比不到 1%，这些数据从另一个侧面反映出贵州省与技术水平较为发达地区的差异显著，也反映出由于教育水平及经济发展程度的制约，本地科技型人才较少，同时外地人才流入也很欠缺。

再来分析贵州省就业者的职业类型，通过数据可发现其中受雇工人占绝大多数，专业技术人员人数占比为 6.97%。国家机关、群众团体和社会组织、企事业单位负责人的数量更少，仅占比 1.18%。通过这些数据可以看出，大部分就业者都是以被雇佣工人的职业形式存在，这类职业在整个行业类型中属于较为低端的一类，这与就业者整体的教育水平，以及贵州省经济发展水平密切相关。

3. 贵州省就业的产业结构

我国的三大产业的产值结构随着我国经济体制的变革，以及各项经济政策的颁布实施不断发生着改变。三大产业的产值结构由改革开放之初的“二一三”逐步成为“二三一”，现正朝着“三二一”的产业结构发展。对我国产业结构的基本状况有了一定的了解后，再来关注贵州省 2015 年就业的产业结构分布（见图 1）。

从图 1 中可以看到第一产业的就业人数即农、林、牧、渔业的就业人口占就业人口总体的 48.27%；第二产业占比 20.13%，其中按就业人数由多到少的顺序依次为建筑业、制造业、采矿业和电力、热力、燃气及水生产和供应业；第三产业的就业人口占比为 31.60%，其就业人数较为突出的为批发和零售业，公共管理、社会保障和社会组织，住宿和餐饮业。就业人口呈现出“一三二”产业分布的整体态势，表明贵州省对劳动力起主要吸纳作用的还是第一产业，第一产业仍然是贵州省的主导产业。第三产业中批发和零售业、住宿和餐饮业对就业的拉动较大，其主要原因是这两个行业的科技含量和技术水平较低，进入门槛较低。由于贵州省当地旅游资源较为丰富，可以将当前发展情况与这一特点结合，进一步扩大这两个行业的就业吸纳能力，推动就业发展。与此同时，通过数据可以看出软件和信息技术服务业、科学研究和技术服务业、环境和公共设施管理业、文化、体育和娱乐业的单个行业的就业吸纳能力非常低，这种情况和贵州省整体发展情况是分不开的，当前亟须扩大这些行业的就业比重来推动经济发展。现如今第三产业的发展在国家的产业发展中占有非常重要的战略地位，贵州省可借助大数据在贵州省的发展劲头，大力发展第三产业，为拉动第三产业就业提供助力作用。

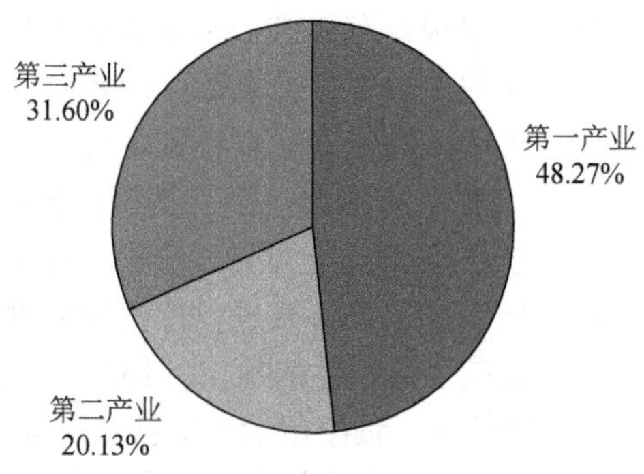


**图 1　2015 年贵州省就业人口产业分布**

4. 贵州省就业的地域及城乡结构

调查数据显示，贵州省吸纳就业人口最多的三个城市分别为毕节市、遵义市、贵阳市。其中毕节市和遵义市第一产业的就业人口数量非常突出，占当地总就业人口的比例为 60.31%、44.20%。对于贵阳市来说，其就业人口在第一、第二产业的人数占比分别为 21.41% 和 23.38%，其余的就业人口都在第三产业，特别是在金融业、房地产业、租赁和商务服务业、科学研究和技术服务业比其他城市要高出许多，这也从侧面表现出贵阳市的第三产业有较大的发展潜力，对就业人口的吸纳能力也会越来越显著。再通过观察贵州省其余城市和自治州的情况，黔西南自治州、黔东南自治州、黔南自治州这三个以少数民族聚居为主的地方务农人数非常多，其就业人口仍集中在第一和第二产业。虽然该地域对就业的吸纳较多，但第三产业发展仍然较为缓慢，可以通过对当地经济发展情况的具体分析后寻找突破口，提高其第三产业的比重。

贵州省 2015 年城镇就业人口为 739.41 万人，占比为 49.87%，从增长方面看就业人数比上年增加 49.13 万人，增长 7.12%。城镇新增就业人口 72.68 万人，同比增长 6.3%。贵州省农村劳动力在外就业人数达到 865.14 万人，同比增长 4.27%，其中贵州省内就业 248.12 万人，从侧面反映了农村劳动力向城镇转移的数量。总体来说，贵州省城镇就业呈上升趋势，但并未达到 50%，说明其城市化进程仍需作为重点，需扩大城镇就业规模，促进农村劳动力向城镇转移。就业的所有制结构也是研究的重点，2015 年贵州省城镇单位就业人员 428.05 万人，同比增长 2.7%。其中，企业就业人员 293.52 万人，同比增长 1.9%；机关和事业单位就业人员分别为 42.34 万人和 90.00 万人，同比增长 7.9% 和 3.4%。参考工商部门统计，2015 年年末贵州省登记注册的私营单位雇工人数 200.17 万人，同比增长 23.86%，个体工商户从业人员 253.54 万人，同比增长 14.82%。从上述数据中明显看出私营单位和个体对就业的拉动作用尤为明显，且未来发展趋势也十分乐观。

5. 贵州省劳动者素质结构

通过对其研究可以更具体地掌握贵州省劳动人口参与就业的情况，从而促进劳动人口整体素质的提高。从调查数据中得知，贵州省男女就业人员的比例还是存在一些差距，但并不是特别突出，可以算得上基本达到了一个协调状态。当然在不同行业、职业，男女就业人口仍存在较大差别，有待进一步地调整优化。从贵州省的总体就业年龄层来看，虽然青壮年是就业的主力军，但老龄化问题对贵州省的就业来说仍然是一个不可回避的问题，需引起关注。同时，受教育程度也反映了就业的劳动者素质的某一方面，贵州省整体的文化教育水平偏低，接受高等教育的就业人群仅占 11.03%，文化层次较低的就业者主要集中在第一产业和第二产业，这也反映了要想提高经济发展速度，贵州省的就业受教育结构必须进行改进，使整体的教育水平更上一层楼。不仅是教育水平，人才引进也被放在了战略性的地位。2015 年贵州省出台了一系列人才队伍建设的措施，成立了人才服务局、贵阳留学人员创业园等 4 家国内人力资源机构，共同成立了贵州省人才大市场，同时成功举办了“百千万人才引进计划”。这些都有助于贵州省劳动者素质的提高，为贵州省的发展注入新的动力。

值得欣喜的是贵州省总体就业的总人数仍然处于上升的状态，根据贵州省年鉴我们可以看到其就业人数的一个总体趋势，如表 1 所示。

**表 1　贵州省 2011—2015 年就业总人口**

单位：万人

| 年份 | 2011 | 2012 | 2013 | 2014 | 2015 |
|---|---|---|---|---|---|
| 就业人数 | 1792.80 | 1825.82 | 1864.21 | 1909.69 | 1946.65 |

根据表 1 我们可以看到就业人口上升的趋势较为明显，以 2015 年总就业人口来看，贵州省城乡就业人员 1946.65 万人，比上年增加 36.96 万人，增长 1.94%。在基数庞大的就业人口中仍能达到这样的增长率，证明贵州省的经济发展对就业的拉动作用较为明显。

6. 结论

总体来看，目前贵州省劳动力状况可以概括为：就业数量上较为可观，且总体就业人数处于上升状态。就业人口中男女比例仍有明显差距，贵州省虽然经济发展水平有待提高，但近几年发展速度较为迅猛，对就业人口的需求量也较大，各种就业原因使得流动性较高。在关注就业数量及其流动性的同时就业人口质量问题也不容忽视。根据上述分析可看出，贵州省就业人口整体素质普遍不高。贵州省地处西部地区，经济发展受限，国家政策的普惠性较低等原因导致教育水平相对较为发达的省份，甚至周围发展较为良好的西部省份来说都显得薄弱，尤其表现在贵州省整体接受高等教育程度较低，规模也较小。由于整体文化素质的限制，贵州省的劳动力也大都集中在农、林、牧、渔业、建筑业、制造业、批发和零售业，相对较为高端的技术行业就业者非常少，职业类型与行业分布基本呈现对应的状态。在以技术为支撑的当前经济发展的大环境下，贵州省明显处于劣势。因此，在提高贵州省的总体教育水平方向上要狠下功夫，同时进行必要的产业结构升级，提升经济发展水平，为未来贵州省的发展注入活力，提高整体就业水平。

## 三、贵州省特殊群体的就业情况分析

国家统计局所公布的调查数据显示，贵州省2015年经济发展增速、增量十分可观。2015年贵州省生产总值相比去年有10.7%的增幅，达10502亿元。2010—2015年这五年间，贵州省主要的经济指标均高于西部各省，甚至在全国也能位居前列。“十二五”是贵州省经济不断发展、基础设施不断完善、综合实力不断提高的五年。随着经济的发展，贵州省各行各业对劳动力的需求也不断增加。2015年，贵州省城乡就业人员1946.65万人，比上年增加36.96万人，增长1.94%。其中，第一产业就业人数约为1161.54万人，占贵州省城乡就业人员的59.67%；第二产业就业人数约为315.38万人，占16.20%；第三产业就业人数约为469.73万人，占24.13%。其中，城镇就业人员为739.41万人，比上年增加49.13万人，增长7.12%。城镇新增就业人口72.68万人，同比增长6.3%。虽然随着以市场为导向的就业机制的建立与不断完善，政府也加大了就业扶持政策的实施力度，但不得否认，由于劳动力供给与需求无论从质、量上都存在着一定的矛盾，高经济发展速度、结构性失业、就业形势严峻将是贵州省当前及今后必须面临的问题。

在贵州省加快解决就业问题，推动经济增长的过程中，特殊群体应被重视并重点对待。他们因人数众多、就业情况不明朗，从而关乎社会的稳定。此部分将从农民工、大学生及城镇就业困难群体就业状况的角度分别进行分析。

### 1. 农民工就业问题分析

农民工指户籍地为农村，且在城市暂居并从事各种行业的劳动者。本节数据是对贵州省2015年1%人口抽样调查结果的分析。2015年，贵州省完成对21.29万的农村劳动力的培训教育。新增外出就业的农村劳动力152.28万人；转移农业劳动力84.63万人，同比增长9.58%。2015年，人力资源和社会保障部门组织劳务输出1.45万人，其中：跨省输出0.77万人。贵州省农村劳动力在外就业人数达到865.14万人，同比增长4.27%，其中，在贵州省外就业617.02万人，同比增长2.26%。从人口迁出地的地区分布来看，贵阳市、遵义市两地为人口的主要迁出地，两地迁出人口约为30.66万人和17.49万人，占总迁出人口的28.3%和19.1%。从人口迁入地的地区分布来看，四川、湖南、浙江为农民工迁入的热门地区，2015年迁入四川的人口总数约为21.51万人，占总迁出人数的20.0%；迁入湖南的人口总数约为13.33万人，占总迁出人数的

12.37%；迁入浙江的人口总数约为 12.22 万人，占总迁出人数的 11.35%。从人口迁出的原因来看，接近 1/3 的人口迁出的目的是工作就业。

虽然目前国家有很多利好政策有利于农民工外出寻找就业机会，但依旧有许多现实的问题成为农民工就业的阻碍。从工作时间和工资收入来看，由于农民工缺乏专业知识，农民工工资较低，其工作时长和劳动强度均普遍高于劳工者的平均水平。从雇主与农民工之间的雇佣关系看出，劳动保障制度依旧存在某些漏洞、雇佣管理还有待规范化操作，劳资纠纷时有发生，农民工与其雇主间关系紧张。故而政府应当加大对农民工就业问题的重视力度，加强对用人单位的监管力度，取消用人单位对农民工就业的限制与歧视，缓解劳工紧张的关系，加强对农民工基本合法权利的保障。同时，加强对职教领域的重视投入力度，通过对农民工进行职业教育，提高农民工的就业技能及用人单位对农民工的工作满意度，推动全国统一的劳动力市场的建立健全。此外，在迁出人口的原因中，随同迁移这一原因不容小视。数据显示，在 2015 年，有约 106.57 万人的随同迁移者，占迁移总人数的 22.7%。所以完善各地的基础设施，帮助随同迁移者落实就业或上学问题，使农民工无后顾之忧，也应是政府亟须考虑解决的问题之一。

2. 大学生就业问题分析

大学生掌握着各行各业的专业知识，因而被看作当今社会建设的支柱，其就业关乎社会发展的持续性和稳定性。基于 2015 年 1% 人口抽样调查结果的分析，受教育程度在大专以上的群体人数约为 172.10 万人，占总人口的 11.0%。通过其从事的不同职业来看，拥有大专以上学历的就业者大多从事党的机关、国家机关、群众团体和社会组织、企事业单位负责人或是专业技术人员、办事人员等工作。而相对来说学历较低的，则从事劳动服务业、农林牧业及制造业。通过其所在的地区来看，贵阳、遵义、毕节三市的教育水平高于贵州省平均水平。总体来说，就业者的学历高低与其从事的职业所需要的专业知识的深度和广度有着正的相关性。

我国大学自 21 世纪初开始，近 10 年基本处于扩招的状态。2001 年毕业生总数为 114 万人，而 2015 年，高校毕业生总人数达 749 万人，增幅达 657%。扩招后的我国大学毕业生供给持续增大，且我国经济与世界经济接轨日益紧密，我国经济风险不断加大，故而毕业生面临的是一个高经济增长、高失业的外部就业环境。同时，我国大学生所学专业主要的就业倾向集中于第三产业，而第三产业的弹性系数近年来不断下降，确实也从客观上降低了对大学生的需求。加之近年来大学生对薪资和职业发展的要求过高。以上种种均导致了大学生就业难现状的产生。

贵州省经济发展主要集中在第一、第二产业。贵州省政府及教育部门可以依据当地的实际情况，从学科设置入手，调整大学生专业的设置情况，并依据不同发展时期对各领域的重视程度及时调整学科比重，毕竟高等教育的设立就是为国家培养建设社会主义的人才。因此，应当依据我国发展的实际情况，加大社会急需专业的人才培养力度。对第一、二产业可加大科技投人，加快推进贵州省内农林牧副渔业及制造业的发展，使其从劳动密集型、资源密集型向资金、技术密集型转变。调整各学科的招生规模，增强学科间的沟通交流，从质、量两方面综合提升毕业生，从供给方面促进大学生就业；同时，以经济发展为重心，促进产业结构优化升级，增强自主创新力，使各行业增加对高技术人才的需求力度，从需求方面促进大学生就业；强化对大学生的就业指导，宣传脚踏实地的就业思想，使大学生摒弃不合实际的就业观。此外，贵州省是一个旅游资源十分丰富的省份，2015 年贵州省共接待游客 3.76 亿人次，比上年增长 17.1%，“十二五”时期年均增长 23.9%；实现旅游总收入 3512.82 亿元。旅游业在拉动经济增长的同时也可以提供大量的就业岗位，拉动大学生就业。

3. 城镇就业困难群体就业问题分析

调查数据显示，贵州省 2015 年失业人员实现再就业 14.55 万人，就业困难人员实现就业 7.28 万人，城镇登记失业率 3.29%。城镇就业困难群体定义为已处于失业状态，领取了《城镇失业人员求职证》，享有失业保险待遇，并自身急切地想找到工作重新就业的群体。他们年龄偏大（女子满 35 岁，男子满 40 岁）、文化程度偏低（高中及以下文化程度），再就业因自身缺乏竞争力，故而很难找到满意的工作。随着经济社会的不断发展，产业结构优化升级，淘汰了很多与当今社会发展不相符的职业，这就会出现结构性失业的状况。此外，一些企业转型升级，寻求现代化的管理技术与管理体制，内部也积累了大量冗员。这些冗员已与企业发展不相适应，处于失业的边缘，称为“隐性失业”。随着大学近 10 年来的不断扩招，大批拥有高学历的更年轻的竞争者的出现，使得城镇就业困难群体的就业压力增大。失业问题是民生工作的重点，因而要特别重视困难群体的就业。

如今，政府高度关注就业问题，已经把困难群体再就业问题纳入社会保障体系，解决就业困难群体的后顾之忧。2015 年，贵州省政府使用就业专项资金 18.29 亿元，其中为 6.35 万人提供社会保险补贴 3.88 亿元，为 0.47 万人提供职业介绍补贴 264.7 万元，为 8.88 万人提供职业培训补贴 2.15 亿元，为 7.63 万人提供岗位补贴 7.77 亿元。这笔资金有助于城镇就业困难群体开展就业指导培训，为其日后就业打下坚实的基础。同时辖区、街道委也应关注城镇就业困难群体的思想变化，积极开导，鼓励其自主创业，达到政府、社会、个人三位一体，从而降低失业率，保障人民的生活。

4. 结论

本研究通过分析数据，阐述了农民工、大学生、城镇就业困难群体的就业现状、就业困难的原因及结合贵州省提出的一些解决办法。总体来看，随着贵州省经济的增长和贵州省政府对特殊群体就业情况的重视，贵州省对外农民工的输出量、毕业生数量、特殊群体的就业率均有提升，同时特殊群体的就业也为贵州省内经济增长做出了贡献。

## 四、贵州省失业问题分析

失业，是指一个人有意愿有能力为了获得一定数量的报酬而去工作，但其现有社会状况却无法实现就业，个人无法施展其能力。当失业成为一种群体性状态时便会演变成社会问题，阻碍经济与社会的发展。当失业到达一定历史阶段就会出现严重的经济问题，在过去自给自足的农业时代是不存在失业问题的，这是因为当时生产率低下，人们自给自足的生活状态，相对于丰富的自然资源而言劳动力属于稀缺资源，所以基本上不存在失业的可能性。而进入商品经济时代后，随着社会分工、机器生产的出现，劳动力出现相对过剩，机器代替手工业，社会效率有了很大提升，社会劳动生产力大大提高，出现劳动力供过于求的状况，进而出现了失业的现象。对于失业的定义尚且没有明确统一的界定，本研究通过描述性统计分析对贵州省失业问题进行解剖，从受教育程度、行业分类、城镇失业率等方面来阐述贵州省的失业状况，总结出贵州省失业的特点。

贵州省地处我国西南贫困地区，交通不便，经济、政治、文化方面在全国均属于落后省份，但从改革开放以来，贵州省在经济发展方面取得的成就却是显著的，贵州省国民生产总值从 1993 年 417.69 亿元增长到 2015 年的 10502.56 亿元，呈现飞跃发展的趋势。经济的高速发展与失业并存的现象是全球性问题，贵州省的高速发展同样存在严重的失业问题。

*1. 从贵州省受教育程度角度分析*

就业是民生之本，是人民改善生活水平的重要方式和根本途径。与此同时，失业对于整个社会而言，是一种资源的浪费。邓小平同志曾提出“百年大计，教育为本”。教育是社会进步、民族兴旺的基础，是提高国民素质与素养、促进人的全面发展的重要途径，是中华民族繁荣富强的根本事业。大力发展教育事业，是全面建设小康社会、加快推进社会主义现代化、实现中华民族伟大复兴的必由之路。当今世界，人才成为国家核心竞争力，国家竞争力的基石是教育。在人类社会文明不断进化过程中，教育起到关键性的作用。教育强，我们国家整体实力就会增强。实现国家的繁荣富强，整个民族的伟大复兴，提高人民幸福指数，归根结底取决于教育。

贵州省作为我国教育薄弱的省份，根据《2015 年贵州省 1% 人口抽样调查主要数据公告》得知，这次调查样本量为 48 万人，抽样比为 1.35%。贵州省常住人口中，具有大学教育程度人口为 298.24 万人；具有高中教育程度人口为 376.24 万人；具有初中教育程度人口为 1243.44 万人；具有小学教育程度人口为 1225.80 万人。同 2010 年第六次人口普查相比，每 10 万人口中大学教育程度由 5292 人上升为 8450 人；高中教育程度人口数由 7282 人上升为 10660 人；初中教育程度人口数由 29789 人上升为 35230 人；小学教育程度人口数由 39373 人下降为 34730 人。

从这份报告的数据可以看出，以第六次人口普查数据为基础，贵州省受过初中以上教育的人数在不断增加，同时小学学历的人数在不断下降，整体来看，贵州省受教育人数与之前相比有了显著的提高。但大学以上学历人数占整体受教育人数比重为 9.4%，而初高中受教育人数占到整体受教育人数的 51.5%，这可以看出，虽然整体受教育水平有所提升，可以缓解一定的失业压力，但从长远来看，由于受中等教育水平人数占到一半以上，整体教育水平偏低仍是导致失业的原因之一。

表 2　1996—2015 年贵州省在校学生人数

单位：万人

| 年份 | 在校学生人数 | | |
|---|---|---|---|
| | 普通高等学校 | 普通中学 | 小学 |
| 1996 | 3.57 | 113.47 | 489.32 |
| 1997 | 3.85 | 121.54 | 503.82 |
| 1998 | 4.26 | 127.1 | 505.36 |
| 1999 | 5.65 | 138.63 | 500.96 |
| 2000 | 7.55 | 157.2 | 500.21 |
| 2001 | 10.82 | 184.60 | 490.17 |
| 2002 | 12.27 | 212.81 | 484.28 |
| 2003 | 14.94 | 235.30 | 476.87 |
| 2004 | 17.99 | 249.34 | 479.41 |
| 2005 | 20.68 | 254.96 | 473.76 |
| 2006 | 22.15 | 256.31 | 474.38 |
| 2007 | 24.17 | 256.00 | 466.31 |
| 2008 | 26.75 | 261.78 | 469.79 |
| 2009 | 29.91 | 269.45 | 456.87 |
| 2010 | 32.33 | 276.75 | 433.50 |
| 2011 | 34.41 | 282.71 | 408.74 |
| 2012 | 38.38 | 287.38 | 380.08 |
| 2013 | 41.90 | 296.01 | 355.53 |
| 2014 | 46.04 | 301.10 | 346.31 |

数据来源：贵州省统计年鉴（1997—2015 年）。

从表 2 中我们可以看出，贵州省 1996—2014 年间普通高等学校和普通中学在校学生人数不断增加，普通高等学校从最初的 3.57 万人增长到 46.04 万人，足足增加了 42.47 万人，虽然增长速度比较缓慢，但稳中有涨。小学在校受教育人数在 1996—2014 年总体上呈下降趋势。从表 2 中的数据可以看出，小学受教育人数从 1996 年的 489.32 万人到 2014 年的 346.31 万人，下降了 143.01 万人。可以预测出小学在校受教育人数在未来几年当中还有可能呈现下降趋势。从这些数据综合来看，贵州人民的受教育水平不是很高，大部分人还集中于中小学阶段受教育水平，受高等教育人数，在一定程度上存在很大的不足，这就不可避免地增加了贵州省的失业率。要想根本解决失业问题，努力提高贵州人民的受教育水平是关键。大力发展教育事业，努力提高人民的知识文化素养，实现贵州省繁荣富强，加快贵州省社会主义现代化建设，能够更好解决当地的失业问题。

2. 从贵州省三大产业结构角度分析

改革开放以来，贵州省经济处于蓬勃发展的新时期。产业结构调整方面取得了显著的成就，三大产业取得了很大的发展。随着产业结构的调整，劳动力也随着流动转移。但是劳动力的流动转移并不是十分通畅，由于信息不对称、劳动力质量等种种原因，产业间都会出现结构性失业的现象（见表 3）。

**表 3 贵州省 1996—2014 年产业结构、就业结构与就业偏离度**

单位：%

| 年份 | 产业结构 | | | 就业结构 | | | 就业偏离度 | | |
|---|---|---|---|---|---|---|---|---|---|
| | 一 | 二 | 三 | 一 | 二 | 三 | 一 | 二 | 三 |
| 1996 | 35.2 | 35.3 | 29.5 | 69.3 | 15.6 | 15.1 | –0.49 | 1.26 | 0.96 |
| 1997 | 33.7 | 35.9 | 30.4 | 69.6 | 14.3 | 16.1 | –0.52 | 1.51 | 0.89 |
| 1998 | 30.9 | 37.2 | 31.9 | 70.4 | 13.0 | 16.6 | –0.56 | 1.86 | 0.93 |
| 1999 | 28.5 | 37.4 | 34.1 | 70.9 | 11.0 | 18.1 | –0.60 | 2.40 | 0.88 |
| 2000 | 26.3 | 38.0 | 35.7 | 70.0 | 11.9 | 18.1 | –0.62 | 2.20 | 0.96 |
| 2001 | 24.2 | 38.2 | 37.5 | 81.8 | 6.5 | 11.7 | –0.70 | 4.91 | 2.21 |
| 2002 | 22.6 | 38.8 | 38.6 | 80.6 | 5.2 | 14.2 | –0.72 | 6.50 | 1.72 |
| 2003 | 20.9 | 40.0 | 39.1 | 77.9 | 5.6 | 16.5 | –0.73 | 6.11 | 1.38 |
| 2004 | 19.9 | 40.6 | 39.4 | 76.5 | 5.7 | 17.8 | –0.74 | 6.13 | 1.22 |
| 2005 | 18.4 | 40.9 | 40.7 | 75.2 | 6.5 | 18.3 | –0.76 | 5.29 | 1.23 |
| 2006 | 16.3 | 41.4 | 42.3 | 73.1 | 8.4 | 18.5 | –0.78 | 3.92 | 1.28 |
| 2007 | 15.5 | 39.0 | 45.5 | 74.1 | 9.2 | 16.7 | –0.79 | 3.24 | 1.73 |
| 2008 | 15.1 | 38.5 | 46.4 | 72.3 | 9.7 | 18.0 | –0.79 | 2.97 | 1.58 |
| 2009 | 14.1 | 37.7 | 48.2 | 70.5 | 10.7 | 18.7 | –0.80 | 2.40 | 1.34 |
| 2010 | 13.6 | 39.1 | 47.3 | 68.3 | 11.5 | 20.2 | –0.80 | 2.40 | 1.34 |
| 2011 | 12.7 | 38.5 | 48.8 | 66.6 | 12.0 | 21.3 | –0.81 | 2.20 | 1.29 |
| 2012 | 13.0 | 39.1 | 47.0 | 65.1 | 13.1 | 21.8 | –0.80 | 2.00 | 1.19 |
| 2013 | 12.3 | 40.5 | 47.2 | 63.3 | 14.2 | 22.5 | –0.81 | 1.85 | 1.10 |
| 2014 | 13.8 | 41.6 | 44.6 | 61.3 | 15.3 | 21.4 | –0.77 | 1.72 | 1.08 |

数据来源：贵州省统计年鉴（1996—2014 年）。

从表 3 我们可以看出，在 1996—2014 年，随着贵州省经济的发展和产业结构的调整，第一产业的比例正逐年下降。1996—2014 年，第一产业的比重从 35.2% 降到了 13.8%，降低了 21.4%。而第二产业的比重缓慢上升，上涨了 6.3%，第三产业的比重涨幅明显，从 1996 年的 29.5% 上升到 2014 年的 44.6%。可见贵州省产业结构调整的效果显著，第二产业和第三产业的比重都有所上升。而劳动力流动方面，第二产业几乎没有变动，相当一部分劳动力从第一产业流向了第三产业。第一产业的劳动力比例从1996年的69.3%降到了2014年的61.3%，而第三产业劳动比重从1996年的15.1%上升到了2014年的21.4%。表中的产业偏离度是通过产业结构和就业结构计算得出，可用来反映劳动力转移流动的滞后程度，同时可以在一定程度上体现贵州省产业结构间的失业状况。从表3可以看出，贵州省第一产业的就业偏离度逐年上升，从49%上升到了77%。第二产业从1996年开始不断上升，到2002年达到了最高，而后得到了一定的控制，逐渐降低，但是仍然处在高位。第三产业的就业偏离度相对较低且稳定。由此可以看出，贵州省存在着严重的结构性失业问题。如果这个问题没有得到足够的重视并采取相关措施来应对，贵州省的失业状况会更加严重。

3. 从贵州省城镇失业率角度分析

当前贵州省城镇劳动力市场主要问题就是严重的失业现象，城镇失业人口、其他失业人员越来越多，城镇失业率不断上升。贵州省城镇失业率虽然处于我国登记失业率水平以下，但我国的失业率仅仅是一种登记失业率，它并没有遵守国际标准。因此，贵州省城镇失业率与实际失业率还存在很大差距。城镇失业率的不足在于，对于失业时间的界定不准确导致失业与就业相互混淆，计算结果存在误差，2013年贵州省登记失业率为3.26%，因而贵州省城镇失业问题仍旧严峻。

表4为2001—2013年贵州省的城镇登记失业率，是指期末城镇登记。失业人数占期末城镇从业人员总数与期末实有城镇登记失业人数之和的比重。从表中可以看出，在2001—2005年，城镇登记失业率稳定在4.0%左右。但是从2006年开始，直至2013年，城镇登记失业率出现了明显的下降趋势，从4.10%降到了3.26%，降幅超过20%。由此可以看出，随着贵州省经济的发展，尽管城镇人口逐年增加，但城镇需求也在不断扩大，就业岗位增多，城镇失业率在不断下降，已经显著低于全国城镇登记失业率。尽管如此，城镇登记失业率却可能与真正的城镇失业率有着一定的偏差，因为存在着种种因素导致失业人口并未去就业服务机构去登记失业，城镇登记失业率也可能因此失真，无法反映真实的失业情况，因此城镇失业问题依然值得我们重视。

**表4　贵州省2001—2013年城镇失业率**

单位：%

| 年份 | 2001 | 2002 | 2003 | 2004 | 2005 | 2006 | 2007 | 2008 | 2009 | 2010 | 2011 | 2012 | 2013 |
|---|---|---|---|---|---|---|---|---|---|---|---|---|---|
| 城镇失业率 | 4.00 | 4.10 | 4.00 | 4.10 | 4.20 | 4.10 | 4.00 | 3.98 | 3.81 | 3.63 | 3.63 | 3.29 | 3.26 |

数据来源：贵州省统计年鉴（1996—2014年）。

4. 结论

经过描述性统计分析和《2015年贵州省1%人口抽样调查主要数据公告》得知，通过对贵州省的受教育程度、行业结构，以及城镇失业率分析，目前贵州省的失业问题仍然很严峻，并具有以下特点：第一，受教育水平与经济脱节。目前，贵州省正处于高速发展的新时期，一大批高新技术企业蓬勃发展，给贵州省带来了新的发展契机，但同时贵州省整体受教育水平低，就业人员的知识文化水平明显低于现有经济发展水平，使就业人员无法满足新型企业招聘需求，因此，呈现出受教育水平与经济脱节现象，要想减少失业人数，提高就业人员的受教育水平至关重要。第二，产业结构性失业。贵州省出现严重的产业结构性失业问题，通过对贵州省三大产业结构和就业偏离度分析出，如果产业结构调整过快，而就业体制没有进行及时的改革，贵州省就会出现产业之间结构性失业的问题。第三，城镇失业率水平仍较高。虽然贵州省城镇失业率水平低于全国的失业率水平，但我国的失业率并不是按照国际的标准，并且我国采用的是登记城镇失业率，这与实际存在一定的误差，因此，贵州省的城镇失业率不是很准确，这对于解决贵州省失业问题带来一定阻碍。贵州省要想根本性解决失业问题必须根据本省实际情况，实事求是，制定相应政策。

## 五、贵州省劳动力市场的影响因素分析

目前贵州省劳动力市场虽然已经有了非常大的发展，不过依然存在着各种各样的缺陷和短板，发展还远未成熟。劳动力供给剩余，剩余劳动力未能很好地转移消化，就业渠道不通畅，导致贵州省适龄就业者找不到合适的工作，劳动力市场的发展速度缓慢，制约着贵州省劳动力市场的健全和发展完善。贵州省劳动力市场是一个相当庞大且复杂的组织系统，在发展运行中受到各方面的影响和制约。本研究主要从人口因素、产业结构调整、城镇化加速、新技术革命，以及区域经济融合五个主要方面进行分析，寻找这些因素对贵州省劳动力市场的影响。

### 1. 人口因素

人口因素从宏观方面来讨论，可以分为很多小部分：人口规模大小、人口质量高低、人口结构特征等。人口因素的影响较容易理解，主要从劳动力供给方面影响劳动力市场。在贵州省劳动力市场，人口规模指劳动力供给的数量，人口质量指的是劳动力受教育程度、技能掌握程度，人口结构特征主要是从年龄结构进行分析，老龄化问题对贵州省劳动力市场的影响等。

当前贵州省的人口和适龄劳动者数量在持续上升，总量不断增加，同时说明了不断增加的劳动力供给数量将会对贵州省劳动力市场发展产生重大影响。假如没有足够的新增岗位且与劳动力相适应匹配的就业岗位出现，就会有许多适龄劳动者失业，加剧目前严峻的失业形势，严重影响贵州省劳动力市场发展平衡。

近几年贵州省经济的迅速发展，使得贵州省人口受教育水平持续提高，劳动力供给的质量也一直在提高。学历高的劳动者的数量增多，本科、硕士学历的就业者比重持续上升。同时也使得企业越来越注重对员工的培训，使劳动者掌握企业所需的技能，使之更好地工作，为企业创造效益。

中国经济的迅速发展，人们的需求也得到解放，抚养一个小孩的成本剧增，越来越多人的生育观念发生了重大的改变，大多数家庭选择生育抚养一个小孩，因此我国的生育率骤降，引起少年和儿童的数量大幅度减少，并且随着科学技术的发展，医疗技术水平快速发展，加上生活条件不断提高和改善，人们的寿命也不断延长，人口平

均寿命逐年上升，导致老年人口数量激增。由于少儿比例的降低，更加突出老年人比例的激增，各种数据表明中国已经逐渐进入老龄化社会，于是人口老龄化的问题凸显，人口老龄化对劳动力市场的影响也引起了越来越多学者和专家的注意。同时，值得注意的是，尽管老龄化问题突出，但由于中国人口基数巨大，人口规模大，因此暂时不会出现严重的劳动力短缺问题，贵州省劳动力市场的劳动力资源依然非常丰富。

2. 产业结构调整

随着近年来尤其是改革开放以来中国经济的发展，贵州省三次产业结构实现了由“一二三”型向“二一三”型再向“二三一”型的转变，贵州省产业结构发生了许多变化，正渐渐往合理的方向转变。

近些年，贵州省电力工业发展迅速，成为一匹“黑马”，优势地位明显。金融保险行业和旅游业是新兴行业，有着较大的发展潜力。而传统的比较优势行业主要是资源开采行业和加工业这些行业。高附加值的行业和制药行业还需快速发展，以取得相应的比较优势地位。

随着产业结构的变化调整，贵州省市场劳动力供给发生了一连串的改变，这使得劳动力的流动性提高，劳动者在第一产业、第二产业和第三产业中流动，并且更多的劳动者从农村流向城市。与此同时，劳动者的素质也有一定的提高。

贵州省家庭中男女分工随着产业结构的调整也发生了较大的变动，许多女性把越来越多的时间和精力投放到劳动力市场中去，同时随着国家计划生育政策的实施，家庭生育子女数量减少，这成为一种因素，可以解释妇女更多地愿意投入到工作中去而不是成为单纯的家庭主妇。改革开放以来，男女平等的观念被大家接受，深入人心，加之国家不断地鼓励妇女就业，为妇女创造就业机会和岗位，从而让女性劳动力剧增，劳动参与率上升，就业热情高涨。

总的来说，由于产业结构的调整，贵州省劳动力市场对高技能、高素质人才的需求不断提高，企业也越来越注重对员工的培养。劳动力市场劳动参与率依旧处于高水平的位置，女性参与率逐年提升，女性参与人数不断增加。贵州省劳动力市场智力型劳动者不断增加，受教育程度显著提高，整体素质和质量提升明显。伴随着国家扶持政策的颁布实施，以及贵州省经济的发展，劳动力流动发生变化，越来越多的劳动者选择留在贵州省等中西部地区。

3. 城镇化加速

城镇化是社会经济发展的必然途径和结果，同时，城镇化建设和劳动力市场的关系十分密切。城镇化会整体提高贵州省的受教育水平，从而提高劳动者的受教育程度和学历，进而为劳动力市场注入新鲜血液，提供高质量、高技能且拥有丰富知识的劳动者。与此同时，城镇化的大量投资会扩大劳动力市场的规模，使得劳动者提高自我投资，以换取更高的工资收入，家庭人力资本投资将逐渐增加。企业能够找到符合企业需求的高质量劳动者，扩大企业人才需求。

近年来中国经济不断发展，贵州省城镇化速度也在不断提升，但总体来说城镇化建设较其他发达城市、地区而言仍然有一定的差距。贵州省的经济发展将会被落后的城镇化建设所束缚，整体结构的调整和劳动力的利用效率也会被制约。城镇化的建设发展也会直接对劳动力市场带来一定的影响。

在贵州省城镇化加速的趋势下，劳动力频繁流动，劳动者的压力由于生活成本的提高而加大，劳动者会面临医疗、失业、教育、养老等诸多问题，这使得他们更加没有安全感，也使得企业不得不提高薪酬或福利水平，让劳动者安心为企业工作。

4. 新技术革命

在经济迅速发展的背景下，贵州省又被席卷于新的科技革命浪潮中。众所周知，科学技术一直是影响人们社会生活的双刃剑，技术革命在给人们带来效率提升、促进社会发展和提高生活水平的同时，也有着一系列副作用。

第一，从生产过程来看，劳动的价值创造呈现不断复杂化的趋势，运营生产模式的改变，科学技术革命不仅可以提高社会和企业工作和生活的效率，降低运营成本，更多的是满足现如今人们日益增长的多样化的需求，生产方式的创新是将来贵州省发展的主流。

第二，从信息传递机制来看，近些年随着互联网的迅速发展，信息传递变得越来越简单容易，使得市场上信息不对称程度不断降低，劳动力市场上供给需求双方匹配程度更高，效率也得到提升。越来越多的企业直接在互联网上进行简历筛选，供求双方信息的获取更为简便，招聘求职也变得更为方便，对传统劳动力市场中介场所的需求大幅度降低。

第三，从就业构成和数量来看，新技术革命使得岗位工作形式多样化和非标准化。互联网等新技术能更好地满足客户的需求，提高劳动参与率，降低许多方面的成本，使得更多的劳动者能抓住机遇，迅速脱贫致富。新技术革命的发展，对许多传统产业产生了较大的冲击，有相当一部分企业倒闭，出现了大量的失业者，而且这些失业者受教育水平较低，知识技能匮乏很难再就业。与此同时，新技术革命也催生了大量新的就业岗位，创造了大量就业机会。

5. 区域经济融合

区域经济融合，顾名思义，指的是区域融合型经济，是一种一体化运作的经济发展模式。实现的有效途径是全力建设贵州省区域内的主体产业，同时关注支柱产业的发展，为打造区域经济的优势而结合区域内各种优势，打破原有的行政隶属关系，加速区域经济的发展。

贵州省作为西部省之一，不但在地域上与其他西部省份相近，而且经济的发展和省内大部分资源环境和优势产业也有着一定的相似性。山青水秀，资源丰富，民族文化别具一格，自然环境魅力迷人，这些使得贵州省的发展潜力巨大。但是贵州省地处高原，较为偏僻，紫外线强烈，山地丘陵覆盖率占 92.5%，导致经济发展相对国内其他省份来讲较为落后，存在着一定的差距。同时，贫困人口相对较多，劳动力市场的发展与其他发达省份相比较为落后。

区域经济融合对贵州省经济的发展起到了“引擎”作用。在加速贵州省经济增长的同时，区域经济融合也会吸纳更多的就业者，促进就业的增长，降低失业率，对劳动力市场产生直接的影响。将区域外部的经济变成内部经济，增加了区域的资源信息共享，降低了交易和竞争成本，实现区域内的产业融合，消除业务单位间的进入壁垒，促进经济发展，与此同时还增加了就业人数和就业岗位，加大了劳动力的需求，促进贵州省劳动力市场的发展与平衡。

区域经济融合与劳动力市场的发展有着相互推动的作用。区域经济融合促进了劳动力市场的发展，同时加大了市场的劳动力需求，增加了就业岗位，进而推动劳动力就业，同时使区域内有效信息得到共享，实现劳动力市场的效率与公平。同时，劳动力市场的发展能推动区域经济的融合，两者互相作用。

6. 结论

总而言之，对于贵州省劳动力市场的研究，需要结合贵州省实际情况，综合各方面因素，进行全方位的分析。贵州省人口数量和年龄结构规模会影响劳动力市场的供需平衡，老年化的问题应当引起重视，劳动力质量的提高关系劳动力市场长期的发展。产业结构的调整和城镇化进程的加速提高了女性就业参与率，同时提高了劳动力质量，使劳动力市场得以健康地发展。新技术革命促进信息共享、提高效率、降低成本、扩大市场需求、促进就业，但同时也带来一定的副作用。区域经济融合与劳动力市场的发展有着互相促进的作用，区域经济融合不仅能为贵州省经济的发展提速，同时推动发挥区域优势，吸纳更多劳动力，促进贵州省劳动力市场的发展与平衡。

## 六、贵州省“十三五”时期就业和失业趋势预测

研究贵州省就业和失业问题，必须对即将面临的就业形势有一个较为清晰的判断。对于人口红利逐步丧失、经济增长持续新常态、科技改变生活模式的今天，贵州省如何抢抓机遇，实现“弯道取直”，劳动力是非常重要的问题。同时，贵州省又是一个经济高增长省份，无疑也将创造大量的就业机会。能否把丰富的劳动力资源转化为经济资源并加以有效开发利用，将在相当长的时期内决定贵州省能否保持资源优势，以及经济增长的可持续性。在预测贵州省“十三五”时期就业和失业趋势前，需要对劳动力供给和需求，以及结构变化趋势，做一个基本的分析预测和判断。

本部分对贵州省劳动力的供给预测主要是对贵州省总体劳动适龄人口的预测，并依据劳动参与率对预测出的供给数量进行修正。本部分采用的方法是年龄移算法，由于现有数据的有限性，主要依据第六次人口普查的数据，即以2010年的数据作为起点，其中预测出的2011—2015年的数据和已经公示的数据有较小的偏差，但为了保持数据的连续性，数据依然采用预测数据。由于只对贵州省“十三五”时期（2016—2020年）劳动力适龄人口进行预测，预测年限只有10年，生育率不会对预测年限内的劳动适龄人口（15~64岁）产生影响，故预测模型中不再考虑生育率的影响。

（1）预测模型的基本原理。人口预测的模型和方法比较多，本研究将运用年龄移算法对贵州省“十三五”时期的劳动力供给状况进行预测。年龄移算法，是指以各个年龄组的实际人口数为基数，按照一定的存活率进行逐年递推来预测人口的方法。这种

计算方法可以较准确地对未来人口做出预测，主要依据人口是时间的函数的原理。该模型的基本表达式为：

$$P_{(x+1)\ (t+1)}=P_{x\,(t)}S_x$$

上面的公式具体可表示为

$$\begin{cases} P_{1\,(t+1)}=P_{0\,(t)}S_0 \\ P_{2\,(t+1)}=P_{1\,(t)}S_1 \\ \vdots \\ P_{(w-1)(t-1)}=P_{(w-2)(t-2)}S_{(w-2)} \end{cases}$$

其中，$P_{(x+1)(t+1)}$ 表示（$x$+1）年度的人口数量，$P_{x\,(t)}$ 为预测基年的 $x$ 岁的人口数量，$S_x$ 为 $x$ 岁人口的存活率。由于数据有限，在此种预测方法下，没有考虑人口迁移的因素。对于预测期间的出生人数，由于不影响预测年间劳动适龄人口的数量，故不再对出生人口进行预测。

（2）贵州省劳动适龄人口数量的预测。由于预测年限定位于“十三五”时期，因而总和生育率的变化，只会对 0~14 岁人口的数量产生影响，对劳动适龄人口和老年人口不会产生影响。因此在本次人口预测方案的设计中，不再对人口的总和生育率进行设置（见表 5）。

**表 5　贵州省劳动适龄人口的预测**

单位：万人

| 年份 | 总人口 | 15~24岁 | 25~44岁 | 45~64岁 |
|---|---|---|---|---|
| 2011 | 2310 | 537 | 1044 | 730 |
| 2012 | 2347 | 562 | 1035 | 750 |
| 2013 | 2388 | 587 | 1027 | 774 |
| 2014 | 2428 | 614 | 1008 | 806 |
| 2015 | 2460 | 632 | 997 | 831 |
| 2016 | 2491 | 651 | 979 | 860 |
| 2017 | 2514 | 663 | 966 | 885 |
| 2018 | 2525 | 664 | 957 | 904 |
| 2019 | 2533 | 658 | 950 | 924 |
| 2020 | 2536 | 643 | 949 | 944 |

数据来源：根据第六次人口普查数据计算求得。

（3）劳动适龄人口内部结构的变化。劳动适龄人口内部结构也随着总人口的结构变化发生了变化。图 2 反映的是 2011—2020 年劳动适龄人口内部变动的情况，通过趋

势图我们发现，15~24 岁的青年组在预测时段内总体呈上升趋势。其中，到 2018 年达到峰值，之后开始下降；25~44 岁的成年组在预测期内呈不断下降的趋势；而 45~64 岁的中年组的劳动适龄人口数在 2011—2020 年呈不断上升的趋势，且其数量也逐渐接近各个年龄段的最高值，随着时间的推移，该年龄组将会成为劳动适龄人口中数量最庞大的年龄组。从而得出，贵州省劳动适龄人口的内部结构有老龄化的趋势。

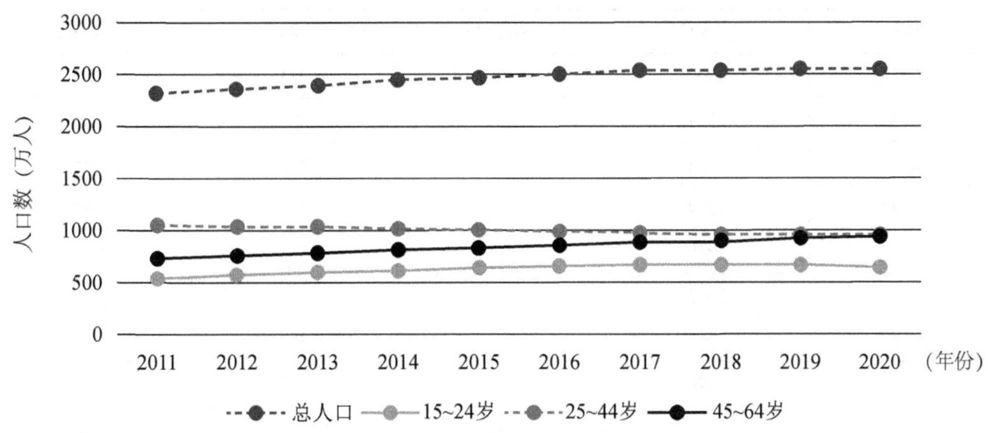


**图 2　劳动年龄人口内部变化趋势**

（4）修正后的劳动力供给量。通过查阅文献，发现很多研究是通过对劳动适龄人口的预测来研究未来劳动力的供给量，用劳动适龄人口来代替和反映真实劳动力的供给趋势，但是以劳动适龄人口来代替劳动力人口，难免会与实际有较大的偏差。因此，本研究通过设置劳动参与率这个参数，使预测的劳动力供给量更加符合实际。劳动参与率，是指就业人口和失业人口之和与总劳动适龄人口的比率。在劳动适龄人口规模和人口年龄结构给定的前提下，劳动力的供给量和劳动参与率是紧密相关的，较高的劳动参与率将会带来更多的劳动力供给。

**表 6　贵州省近三次人口普查劳动参与率**

| 年份 | 劳动参与率 |
| --- | --- |
| 2000年人口普查 | 83% |
| 2005年1%人口抽样检查 | 83% |
| 2010年人口普查 | 79% |

数据来源：贵州省第五次、第六次人口普查、2005 年贵州省 1% 人口抽样调查。

由表 6 可以看出，贵州省 2000 年和 2005 年劳动参与率保持不变，2010 年的劳动参与率为 79%，较 2000 年下降了 4%。由于对 2015 年 1% 人口调查数据掌握不全，无法准确算出 2015 年的劳动参与率，但考虑到近些年贵州省高等教育的大力普及，青年组（15~24 岁）适龄人口会适当延迟就业的年限，故本研究在参考 2000 年、2005 年、2010 年贵州省劳动参与率的基础上，适当降低劳动参与率，以期更符合贵州省“十三五”时期真实水平，故本研究将劳动参与率定为 78%（见表 7）。

**表 7　修正后劳动适龄人口数量**

单位：万人

| 年份 | 总人口 | 15~24岁 | 25~44岁 | 45~64岁 |
|---|---|---|---|---|
| 2011 | 1802 | 419 | 814 | 569 |
| 2012 | 1831 | 439 | 807 | 585 |
| 2013 | 1863 | 458 | 801 | 604 |
| 2014 | 1894 | 479 | 786 | 629 |
| 2015 | 1919 | 493 | 778 | 648 |
| 2016 | 1943 | 508 | 764 | 671 |
| 2017 | 1961 | 517 | 753 | 691 |
| 2018 | 1970 | 518 | 747 | 705 |
| 2019 | 1976 | 513 | 741 | 722 |
| 2020 | 1978 | 502 | 740 | 736 |

数据来源：通过前文计算数据求得。

通过对贵州省“十三五”期间劳动力供给和需求的预测，得出未来五年劳动力就业的岗位缺口和失业率（见表 8）。

**表 8　贵州省“十三五”时期就业和失业趋势预测**

| 年份 | GDP（亿元） | 劳动力需求（万人） | 劳动力供给（万人） | 失业人数（万人） | 失业率（%） |
|---|---|---|---|---|---|
| 2016 | 11286 | 1898 | 1943 | 45 | 2.3 |
| 2017 | 13047 | 1899 | 1961 | 62 | 3.2 |
| 2018 | 15083 | 1900 | 1970 | 70 | 3.6 |
| 2019 | 17437 | 1903 | 1976 | 73 | 3.7 |
| 2020 | 20157 | 1905 | 1978 | 73 | 3.6 |

数据来源：根据以上预测得出。

本研究利用贵州省“2005 年 1% 人口调查”“六普”“2015 年 1% 人口调查”资料，以及《贵州省统计年鉴》的有关数据，对贵州省 2016—2020 年的就业和失业趋势进行了预测。研究发现，“十三五”期间，贵州省的劳动适龄人口会持续增加，但增加幅度较小，并且适龄劳动人口内部老龄化现象逐渐加强，劳动者整体素质不高。劳动力需求量持续增加，但增长速度较低，从业人员结构趋于合理。

由于贵州省的劳动适龄人口迁出大于迁人，而本篇研究由于数据欠缺，没有考虑到人口迁移的因素，可能会与实际情况产生较小误差。因而随着经济的发展，本篇研究认为，“十三五”期间贵州省劳动力供需在总量上大致平衡，这是贵州省经济持续较快发展的一个重要因素。

## 七、关于贵州省劳动力就业问题的对策建议

随着经济的不断增长，贵州省的就业人口也随之不断提高。基于2015年贵州省1%人口抽样调查，到2015年，贵州省的全省常住人口已经达到了37529.50万人，自然增长率维持在5.8‰左右。在人口年龄构成上，15~64岁的劳动年龄人口构成从2010年的66.03%增长为2015年的67.61%，人口净增长约858.529人。并且通过对贵州省“十三五”时期的劳动力供给预测可以看出，贵州省劳动适龄人口会持续增加，但增加幅度较小。到2020年，15岁以上修正后劳动力供给数将达到1978万人，其中有73万人处于失业中。应该看到，在当前和今后相当长的时期内，贵州省的就业形势依然严峻。因此，我们结合贵州省实际，提出劳动力就业问题的几点对策和建议供有关部门参考。

1. 调整产业结构，改善就业结构

近年来，贵州省随着市场化体制改革的深化，产业结构不断优化升级，就业情况明显改善。但总体来讲，产业结构与就业结构不相适应，有待进一步优化调整。通过2015年贵州省1%人口抽样调查结果对三大产业结构的分析：第一产业就业人数仍占有较大比重，一直以来贵州省都是一个以农、林、牧、渔业为主导产业的省份，大部分劳动力仍然滞留在农业中；第二产业就业人数比重虽有增加但幅度较小，这是由于从农村第一产业转移出的剩余劳动力无法适应第二产业所需的技能要求，就业人数与产值增加的比重不相称导致就业结构不合理；第三产业具有极大的发展空间，近年来产业规模迅速扩大，已成为增加劳动力就业的重要部门。但目前贵州省第三产业内部结构层次较低，仍以传统批发零售业、住宿和餐饮业等传统服务业为主。

建议政府部门做到以下三点：第一，巩固第一产业的基础地位，挖掘第一产业内部就业。政府应加大对农村第一产业的投入力度，并根据贵州省资源特色，对农村就业结构进行合理调整，加快发展优势产业，推进产业化经营，促进其经济效益提高，从农村内部解决就业；第二，政府应该积极推动第二产业的升级，注重第二产业内部结构的调整和优化，提高社会服务的水平和层次。加强对从农村第一产业转移出来的大量闲散富余劳动力的知识技能的培训，消除现有剩余劳动力不能满足第二产业发展岗位要求的矛盾，提高农村剩余劳动力的就业能力，促进农业劳动力有效地向其他产业转移；第三，加快城镇化进程，推动第三产业快速发展。第三产业门类众多、劳动密集、就业门槛低、就业容量大。在贵州省的第三产业中，批发和零售业、住宿和餐饮业现存就业岗位多，增加就业的潜力也比较大，因此首先应利用行业聚集效应发展第三产业中的优势行业，进一步扩大这些行业增加就业岗位的能力。其次可以抓住地域特色，大力推进旅游观光业，发展旅游休闲产业，进而带动批发、零售、住宿、餐饮

等行业的发展。最后是贵州省第三产业内部结构层次较低，仍以传统服务业和零售业为主，要积极发展金融业，信息传输、软件和信息技术服务业等新型行业。

2. 抓好特殊人群的就业工作

贵州省农民工、大学生、就业困难人员三类重点就业群体的就业问题依然突出。第一，劳动者普遍缺乏专业技能，就业能力弱，文化素质不高，部分行业技工短缺问题持续扩大，部分产业工人和外出转移就业农民工技能素质短期内无法快速提高；第二，一些素质较高的劳动者对就业岗位和薪酬的期望值过高，不愿意到基层一线和艰苦地区就业；第三，产业发展创造的优质岗位数量与劳动者供给的变化还不协调，低端岗位过剩，典型表现就是失业与空岗并存的结构性矛盾十分突出。一方面有许多工作岗位闲置；另一方面找工作的人由于技术、知识、信息等方面的因素，不能找到合适的岗位。随着经济结构转型升级，技术改进、淘汰落后产能，以及企业兼并重组等造成的结构性失业问题将在一定时期存在，尤其是淘汰落后产能和工厂倒闭带来的规模性岗位流失，将阶段性地给就业形势带来很大压力。

相关部门应认真贯彻和落实国务院办公厅下发的《人力资源和社会保障部关于做好 2015 年全国高校毕业生就业创业工作的通知》（人社部函〔2015〕21 号）的具体要求，加大自主创业支持力度，鼓励大学生以市场为导向，自主创业，有关部门应简化审批登记手续，在贷款和税收等方面给予政策优惠，为大学生提供良好的就业环境。还要进一步加大各项技能培训的力度，建立多层次、多样化、灵活而开放的人才培养体系，尤其要把培养学生的就业能力和实践能力贯穿于高等教育教学改革和人才培养的全过程。另外，随着社会的进步，大学生越来越多，许多专业都出现了供过于求的局面，而目前毕业的大学生由于择业观念的问题不愿意到民营企业、中小企业及基层、偏远地方就业。需要充分利用贵州省各大高校资源继续加强就业指导工作，教育和引导大学生转变就业观念，提高创新意识，树立多元就业的意识，全面提高大学生综合能力和适应社会的能力，以此减小大学生毕业找工作的难度，降低初次就业者的失业率。对于农民工、城镇就业困难户的再就业问题，政府应健全服务、培训、就业三位一体的工作机制，努力改善农民工就业环境，积极引导企业吸纳农民就业，鼓励农民灵活就业，建立健全劳动就业和人才公共服务体系，加强公共就业服务网络建设，解决由于产能过剩造成的农民工、城镇就业困难户的就业问题。

3. 发挥政府职能，解决少数民族就业问题

建议政府相关部门的工作重点主要放在以下三个方面：第一，要根据交通、资源分布状况、个别地区的优势产业等因素，发展以农、林、牧、渔为主体的传统农业，培育民族旅游业、餐饮等有民族特色的产业，做好少数民族地区旅游资源的开发利用和管理宣传，加大旅游地的基础设施建设。通过经济转型，解决现存的就业结构不合理等问题，创造更多就业岗位，实现少数民族充分就业；第二，政府的努力方向应放在加大对少数民族劳动者的教育投入力度，大胆探索开展多种渠道和形式的使用技能培训工作，增强少数民族人力资本的质量，提高少数民族劳动群体的市场竞争力。设立专门的少数民族劳动者培训机构，重点放在岗前培训方面的直接补贴和直接政策扶

持以减轻用人单位的压力；第三，对录用少数民族人员的企业提供一定时期的优惠政策；第四，联合社会媒体进行正确引导，宣传增强中华民族意识，逐步废除一些有碍就业公平的规章。

4. 重视教育与职业培训，提高劳动力素质

从目前总体状况来看，贵州省的劳动力资源的受教育情况越来越好。相比 2010 年第六次人口普查的数据，从 2015 年贵州省 1% 人口抽样调查主要数据中可知，每 10 万人中具有大学教育程度人口由 5292 人上升为 8450 人；具有高中教育程度人口由 7282 人上升为 10660 人。但是贵州省劳动力资源受教育程度主要集中在小学和初中文化水平，两者共占了 78.55%。而大学本科及以上的人数只占到了 9.49%，这说明了贵州省整体受高等教育程度仍然不高。目前贵州省仍然有很多地区的孩子无法得到最基本的教育，政府应加大基础教育投入，增加贫困地区的教育设施以改善教育环境，优化教育资源配置来提高教育质量，使那些贫困地区的孩子能够接受良好的教育。从失业人员的受教育程度上可以看出，主要是一些低技能和低素质的、受教育程度低的劳动力，这些劳动力的文化程度一般集中在初中及以下，这些人自身接受的基础教育和掌握的知识技能有限，难以适应现代社会岗位的不断变迁而时刻面临失业、下岗的挑战，一旦失业，再就业的困难相对较大。因此，要改善就业形势，增强他们的就业竞争力，就要提高劳动力自身素质。从政府的角度出发，大力发展高等教育，为劳动力提供足够的教育机会，为实现就业结构转变创造各种条件。有针对性地扶持职业教育发展，切实加大政府投入，以公办民营等方式，鼓励职业学校扩大办学规模；依托企业，采用税收减免等方式，鼓励企业开展职业技能培训。最终健全城乡多种形式的职业教育，形成人才教育与市场紧密联系的局面，使劳动力能够更好地满足社会的需要。

5. 改善城乡结构，消除劳动力流动壁垒

贵州省的经济发展相对落后，城乡经济的二元结构明显，农村中还存有大量的剩余劳动力，过多的农村剩余劳动力，必然会造成对就业人口的挤压，而现行的一些制度使农村剩余劳动力向城镇转移变得十分困难。主要表现为：第一，城乡间的户籍壁垒还没有完全被打破，在户籍制度的制约下，农民工在城镇工作而不能享受城镇居民所享有的社会保障，导致就业机会不平等，在一定程度上限制了农村劳动力的自由流动；第二，地区间“土政策”、社会保障制度、教育制度对劳动力流动的限制较为明显，如潜在的就业政策性歧视、劳动力市场准入标准不同、行业间的性别歧视，同时城市高昂的生活成本抬高了就业门槛，限制了劳动者在地区间的流动，造成部分劳动者在城市中难以就业。

由此可见，这些制度在一定程度上限制了劳动力在地域、城乡之间的流动。根据贵州省目前的经济社会发展水平，应当有步骤、循序渐进地推进户籍管理制度改革，逐渐消除对劳动力转移的制度性障碍与歧视；在现行户籍制度相关的各种住房、保险、医疗、教育等福利性制度进行改革，使之适应发展的要求，为劳动力的流动提供制度保障。政府应积极推动户籍政策的改革，消除二元城乡经济结构，优化劳动力资源配置，推进农村剩余劳动力的转移和扩大城镇就业规模，缓解就业压力。

6. 完善劳动力市场，优化劳动力资源合理配置

为了使农村劳动力合理流动，除了继续发展经济，扩大就业岗位，吸收更多农村剩余劳动力外，我们还需要一个运转顺畅的劳动力市场，将劳动力配置到合适的岗位上发挥作用。目前，许多人没有工作，并不是没有相应的工作岗位提供，很多情况是由于没有相应的职位信息，或者是空缺的职位没有相应的求职者，这主要是由于信息的不对称造成的。部分求职者找工作大多还是通过传统熟人或者亲戚介绍，依靠地缘人际关系网络等途径。劳动力市场、人才信息发布等中介机构可传达的信息量反而很小，而且提供的单位良莠不齐，人才混杂，信息质量缺乏可靠性、连贯性和稳定性，实质上并没有真正起到为人才服务的功能。

目前，就贵州省劳动力市场状况看，培育和完善劳动力市场，政府首先要解决的是让劳动力市场发挥其配置劳动力资源的基础性作用，正确引导、规范劳动力市场供求双方的行为，在政策指导下让劳动力市场供求双方自由选择，从而达到资源优化配置的效果。其次，建立和完善公共就业服务信息网络系统，加快实现劳动力供求信息计算机联网，打破部门分割，减少因信息不通畅造成的就业困难。再次，劳动力市场只有保证信息的真实有效，才能减少就业者的盲目性，增加就业的可行性。就政府来讲，必须要加大信息搜集、传递和反馈的力度，多渠道搜集信息，以便掌握第一手资料，确保提供给就业者具有真实性和时效性的信息。最后，劳动力市场的完善不能停留在简单的资源配置上，更要完善就业培训、失业保险等市场服务配套设施，为高素质的劳动者提供就业岗位和机会。

# ● 贵州省流动人口现状及其服务管理对策研究

申　鹏*

（贵州大学管理学院　贵州　贵阳　550025）

**摘　要：**本研究通过图、表、模型展示了贵州省流动人口现状及流动人口落户定居城镇意愿情况。结果显示，在流动人口规模上，与第六次人口普查相比增加了42.13万人，增长了3.35%，流动目的地以贵阳市和遵义市为主；从流动人口年龄结构来看，20~44岁的年轻型人口居多，占55.06%；从省外流入情况看，跨省流入较少，相邻省外流入居多；在文化构成上，小学与初中是流动人口主体，占61.57%，与"六普"相比有所下降。从分析来看，贵州省人口流动给社会经济带来了正、负两方面的影响，但总体是正面影响更大。在流动人口落户定居意愿中，流动人口个人特征、流动人口家庭特征、城镇的推力，以及拉力、家乡的推力，以及拉力是影响贵阳市流动人口定居落户的最重要因素。研究认为，流动人口在贵州省经济社会文化发展中的积极作用远远大于消极作用，应该从转变服务理念、加强部门之间协作、创新服务管理工作方式、健全城镇落户公共服务等方面加强流动人口服务管理，以此来减少贵州省流动人口对社会的消极作用。

**关键词：**流动人口；规模；流向；服务管理；贵州

## 一、绪论

### （一）研究背景和意义

1. 研究背景

改革开放40年来，中国经济实现了前所未有的高速发展，取得了举世瞩目的成就，而经济高速发展也造成区域资源要素的自由流动。其中，一个比较重要的经济要素就是人口的区域流动。当前，我国仍经历着人类历史上规模最大的人口流动。1982—2015年，我国流动人口数量由657万上升至2.47亿人，占2015年全国总人口的比例约为17.96%，流动人口占比逐渐上升。而地处西部地区的贵州省同样也经历着规模较大的人口流动。据2015年贵州省1%人口抽样调查数据显示，2015年贵州省流动人口（即人户分离人口中扣除市辖区内人户分离的人口）为1218.91万人，比2010年"六普"

* 作者简介：申鹏（1976—），男，贵州遵义人，贵州大学管理学院教授、博士。研究方向：农业经济管理。

时增长约 3.35%。人口流动不仅推动了人口合理的地区分布，提高了城镇化水平，还促进了区域经济发展和要素集聚，推动了城乡统筹发展。

2014 年 3 月，李克强总理提出，今后一个时期，着重解决好现有“三个 1 亿人”问题，促进约 1 亿农业转移人口落户城镇，改造约 1 亿人居住的城镇棚户区和城中村，引导约 1 亿人在中西部地区就近城镇化。为了进一步促进有能力在城镇稳定就业和生活的常住人口有序实现市民化，稳步推进城镇基本公共服务常住人口全覆盖，2014 年 7 月，国务院公布了关于进一步推进户籍制度改革的意见，明确提出“到 2020 年，基本建立与全面建成小康社会相适应，有效支撑社会管理和公共服务，依法保障公民权利，以人为本、科学高效、规范有序的新型户籍制度，努力实现 1 亿左右农业转移人口和其他常住人口在城镇落户”。2015 年 5 月，贵州省人民政府出台了相应的实施意见，明确了户籍制度改革的目标任务，即到 2020 年，努力促进 300 万农业转移人口和其他常住人口落户城镇，并对大城市——贵阳市主城区落户条件作了较为明确的规定。

党的十八届五中全会提出必须牢固树立并切实贯彻“创新、协调、绿色、开放、共享”的发展理念，明确提出全面建成小康社会新的目标要求之一是“户籍人口城镇化率加快提高”。2016 年 3 月全国两会通过的“十三五”规划明确提出：“城镇化质量明显改善，户籍人口城镇化率加快提高。”贵州省“十三五”规划提出要“扎实抓好我省落实国家城镇化‘三个 1 亿人’行动计划，逐步将进城农民转化为城镇居民，努力提高户籍人口城镇化率”。

因此，本研究以此为研究背景，综合运用人口迁移流动的相关理论（模型）和统计分析方法，通过比较 2015 年 1% 人口抽样调查、2005 年 1% 人口抽样调查、“六普”和“五普”的流动人口相关数据，准确把握贵州省流动人口的规模、结构、流向和变动特征，重点从城市外来人口和户籍外出省外人口两个方面系统研究贵州省流动人口发展问题，探讨贵州省不同类型经济区域迁移流动人口的特征，研究人口迁移流动对城镇化及贵州省区域经济发展的影响，探索引导贵州省人口合理有序迁移流动的总体思路和基本路径，进而提出加强和完善流动人口服务管理的对策和建议，实现人口等要素的合理聚集和优化配置。

2. 研究意义

当前，我国正经历着人类历史上规模最大的人口流动。2015 年，我国流动人口为 2.47 亿人，比 2014 年减少 568 万人；而且，我国 16 周岁以上至 60 周岁以下（不含 60 周岁）的劳动年龄人口自 2012 年开始下降，至 2015 年已是第四年下降，累计减少了 1300 多万。因此，2015 年，我国劳动年龄人口和流动人口同时减少，这是改革开放 40 年来首次发生的人口经济现象。可见，人口迁移流动及其对区域经济发展和城镇化的影响是中国新型城镇化和全面建成小康社会的重要变量。因此，全面认识和掌握贵州省流动人口未来发展态势，提出加强和完善流动人口服务管理的相关对策建议，对于贵州省全面完成“十三五”规划纲要目标和全面建成小康社会、有序推进农业转移人口市民化、促进贵州省人口均衡发展等无疑具有重要的理论意义和现实意义。

（1）理论意义。流动人口问题是经济学、管理学、人口学与政治学等多学科的一个重要热点问题。本研究着力探讨人口迁移流动与城镇化、区域经济发展的关系，重点研究城市外来人口与户籍外出省外人口两大流动人口主体的相关发展问题，为贵州省流动人口发展问题研究提供理论支撑体系，能够丰富与人口流动相关的学科研究内容及其在后发地区的实践；而且，人口迁移流动研究需要提升到理论层面研究其服务管理问题，着力在理论上思考和回答流动人口服务管理的终极目标及其具体适应性，为研究贵州省人口迁移流动问题提供了一定的理论参考价值。因此，本研究能够在理论上进一步拓展和充实经济学、管理学、人口学、政治学等学科的研究领域。

（2）实践意义。认清贵州省流动人口未来发展趋势，了解流动人口就地落户城市意愿，解决流动人口就地落户城镇及其服务管理问题，为政府有关部门提供有关流动人口在城市稳定就业、落户城镇、市民化和社会融合的现实依据和政策参考，有助于切实提升就业质量，从根本上加快农业转移人口市民化的进程，最终有助于推动新型城镇化进程和全面建成小康社会目标的实现，也有利于推动并体现政府职能的转变，这直接关系到我省统筹解决人口均衡发展问题、全面实施“两大”战略行动、全面建成小康社会和提升城镇化发展质量以及更长远的发展，现实意义重大。

### （二）基本概念的界定

#### 1. 流动人口

在国际上，对流动人口与迁移人口不加区分是比较通行的观点。国际上一般只有“人口迁移”“迁移人口”概念，而没有“人口流动”“流动人口”概念。人口流动是我国独特的现象，流动人口也是我国独特的人口群体。流动人口问题由来已久，不同的国家、不同的学科对“流动人口”内涵往往会有不同的理解，它们不但会在认知的角度（地理空间、社会地位和户籍管理）上产生分歧，还会在具体的阐述上留下诸多差异。人口地理学研究的主要是人口在数量、分布、构成、迁移等方面的空间变化和规律特征，主要强调流动人口在地理空间上的位置变化。社会学认为，除了地理空间上的流动之外，更为重要的是人口在发展过程中社会地位的变迁，并称之为社会流动。根据社会学的观点，从一个社会集团转入另一个社会集团、引起自身社会地位变迁和社会结构变动的个体和群体亦应划归流动人口的范畴。显然，社会学领域的定义比之于前者已有明显的拓宽。我国的流动人口则专指那类在一定时期内（通常指一年）不改变自身户籍状况、并且离开常住户口所在地在另一行政区域暂时寄居或临时外出的人口[1]。可见，我国的流动人口主要是由暂住人口和差旅过往人口（如开会、旅游和中转的人口）两部分组成的，而不包括迁移（在地理空间上改变常住户口所在地的长久性移动）人口，这就将地域化的户籍管理特征融入了流动人口的定义之中。

根据2015年全国1%人口抽样调查表显示，对“流动人口”可以理解为“人户分离”的人口，即居住地与户口登记地所在的乡（镇、街道）不一致且离开户口登记

[1] 陈岱孙. 中国经济百科全书（下）[M]. 北京：中国经济出版社，1991.

地半年以上人口，其中可分为市辖区内人户分离的人口和非市辖区内人户分离的人口；市辖区内人户分离的人口是指地级市所辖的区内和区与区之间，居住地和户口登记地不在同一乡镇街道的人口。原则上，人户分离现象是广义上的“流动人口”。

综上所述，本研究的流动人口专指在一定时期内（通常为 6 个月以上）离开户口登记所在地跨县（市、区）居住的人口，而不包括与户籍相伴随的迁移人口和短暂逗留的差旅过往人口；用“1% 人口抽样调查”指标来解释就是流动人口等于人户分离人口减去市辖区内人户分离人口。

2. 社会管理与公共服务

（1）社会管理。在流动人口服务管理的研究中，社会管理是一个核心概念。学者们从不同的角度出发，予以不同的定义。在此，我们把学者们对“社会管理”的理解和界定划分为两个主要方面：一方面是广义的理解，社会管理就是社会系统的自我调控和管理的过程，它包括社会系统的“自发秩序”和“人为秩序”，包括所有的社会过程和对象。另一方面是狭义的社会管理，是指在制定和达到目标过程中，在整顿和完善社会活动结构方面，对社会施加有意识的、系统的、专门组织的影响。在这个意义上，又分为两个方面来理解，“这个议题属公共管理论域，大体可以分解为政府管理和社会管理这两个既相联系又相区别的两个方面”。其一是以政府为主体的社会管理，其二是以社会为主体的社会管理。以政府为主体的社会管理是指政府对有关社会事务进行规范和制约，即政府社会管理。比如有学者指出了政府社会管理的诸如社会控制、社会保障、社会服务、社会协调等基本职能。政府的社会管理通过整合社会资源，动员社会力量，增进公共利益，依法对社会事务实施组织化活动。在更大程度上，以社会为主体的社会管理是指社会管理属于不带有政治性质的社会自主性、自发性、自治性的管理领域，是一种自下而上的社会自主管理，其主要特征是社会自治，即自治体的社会成员都能自觉地、自主地参加社会管理。因此，以社会为主体的社会管理指的是社会（包括社会自治组织、非营利组织和公民个人等）依据一定的规章制度和道德约束，规范和制约自身的行为，进行社会自我管理和社会自治管理。本研究的社会管理主要是从公共管理角度界定的社会管理，包括以政府为主体的社会管理和以社会为主体的社会管理。在对待特定管理对象——流动人口上，从单一的政府管理主体向多元主体转变，从限制性的单一行政手段到寻求与其他社会组织合作与协调、政府积极引导与干预的转变。

（2）公共服务。公共服务的社会实践由来已久，它从最初的民间和宗教组织零星的自发行动，发展和演化为以政府为主的公共组织系统的自觉行动和法定职能，其间经过了漫长的历史过程。在现代经济学中，“公共服务”是一个十分重要的概念，但无论在理论研究中，还是在现实应用中却非常混乱。最为经典的定义就是萨缪尔森的界定——具有非竞争性和非排他性的产品和服务即为公共服务。从我国当前所处阶段看，公共服务的范围清单应包括国防、外交、基础教育、公共卫生、社会保障、基础设施、公共安全、环境保护、基础科技、文化娱体、一般公共服务 11 个方面。

目前，对基本公共服务均等化的内涵，可以从三个方面来理解。第一，全体公民享有基本公共服务的机会均等。尽管每个人的天赋能力不同，所占有的资源也不尽相同，但在享受基本公共服务的机会方面应该是均等的。第二，全体公民享有基本公共服务的成果应该大体相等。大体相等不是搞平均主义，而是大体均等或相对均等。当然，这里讲的不是所有公共服务，而是基本公共服务。第三，在提供大体均等的基本公共服务的过程中，尊重社会成员的自由选择权，即基本公共服务均等化不是回到计划经济时期的“配给制”。因此，可以认为，基本公共服务是指建立在一定社会共识基础上，为实现特定公共利益，根据一国经济社会发展阶段和总体水平，为维持本国经济社会的稳定、基本的社会正义和凝聚力，保护个人最基本的生存权和发展权所必须提供的公共产品和服务的总称，其规定的是一定阶段公共服务应该覆盖的最小范围和边界，是公共服务中最基础和核心的部分。基本公共服务受特定阶段制约和需求层次要求，体现为各类公共服务和公共服务内部各层次服务中，最应该且可以得到优先保证的部分，这是本研究对象最需要的公共服务。随着经济的发展和人民生活水平的提高，一个社会基本公共服务的范围会逐步扩展，水平也会逐步提高。从国际性原则来看，不同的国家对于基本公共服务的内容在不同历史阶段的界定也是不一样的。关于均等化，可以理解为是一种理念与目标追求，它是一个使受益者均质、同等受益的动态过程，也是最终分配的结果。

中国基本公共服务的内容是随着经济社会文化的发展和人民生活水平的日益提高而提出来的。改革开放以来，尤其是进入 21 世纪以来，城乡社会对基本公共服务的需求呈全面增长态势，但由于国内经济发展和社会发展不够协调、区域和城乡发展不平衡，这已经成为全面建设小康社会、促进社会协调发展的制约因素。

按照中国现阶段确定的基本公共服务内容的原则，以及基本公共服务本身的性质，我们认为，中国目前实现基本公共服务的内容主要包括：一是关系到基本生存权的“基本民生性服务”，需要政府及社会为每个人都提供基本就业保障、基本养老保障、基本生活保障等；二是关系到基本能力基础性发展权的“公共事业性服务”，需要政府及社会为每个人都提供义务教育、公共卫生和基本医疗、公共文化等；三是关系到基本能力可持续性的“基础环境性服务”，主要指公益性基础设施和生态环境保护等；四是关系到基本能力保障权的“公共安全性服务”，主要包括生产安全、消费安全、社会安全和国防安全等。

### （三）具体分析方法

（1）文献分析法。本研究尽可能搜集国内外人口迁移流动与产业转型、城镇化、区域经济发展、公共服务均等化的关系等方面的研究文献，并对研究文献进行整理和深入分析，为本课题研究奠定理论基础；同时，通过收集国内外学者研究的文献资料及我国人口迁移流动、户籍改革和劳动就业政策，可为本课题的对策研究提供参考。

（2）统计分析法。根据贵州省 2015 年 1% 人口抽样调查、2005 年 1% 人口抽样调查、“六普”和“五普”等数据，并结合历年贵州省统计年鉴和贵州省流动人口管理部门统计数据，运用历史趋势外推法、主因素法、多因素法等方法对我省流动人口规模、结构和趋势进行预测。

（3）定量分析法。本课题拟利用相关统计软件对所调研的流动人口落户定居城镇意愿原始调查数据进行统计分析和描述分析，运用 SPSS16.0 等统计软件进行回归分析，最后对分析结果进行讨论。

（4）问卷调查法。为了更好地分析城市流动人口现状及落户定居城镇意愿，本课题拟在贵阳市主城区做小样本的流动人口落户定居城镇意愿问卷调查（拟发放问卷 600 份），主要了解贵阳市流动人口经济状况、发展愿景、留城意愿，以便为相关的对策研究提供参考依据。

## 二、贵州省流动人口现状分析

1. 流动人口规模

贵州省常住人口中，居住地与户口登记地所在的乡（镇、街道）不一致且离开户口登记地半年以上人口为 1298.13 万人，其中市辖区内人户分离人口为 79.22 万人，不包括市辖区内人户分离的人口为 1218.91 万人。同 2010 年第六次人口普查相比，居住地与户口登记地所在的乡（镇、街道）不一致且离开户口登记地半年以上人口增加 42.13 万人，增长 3.35%。根据前面对流动人口概念的界定来看，贵州省流动人口规模为 1218.91 万人。从性别来看，男性占 51.7%，女性占比为 48.3%。

从流动人口现住地来看（如图 1 所示），流动目的地以贵阳市和遵义市为主，贵阳市流动人口占贵州省流动人口的 28.35%，遵义市占 19.08%，这两个经济实力相对较强的城市共吸引流动人口 47.43%，是贵州省流动人口的主要常住区域。

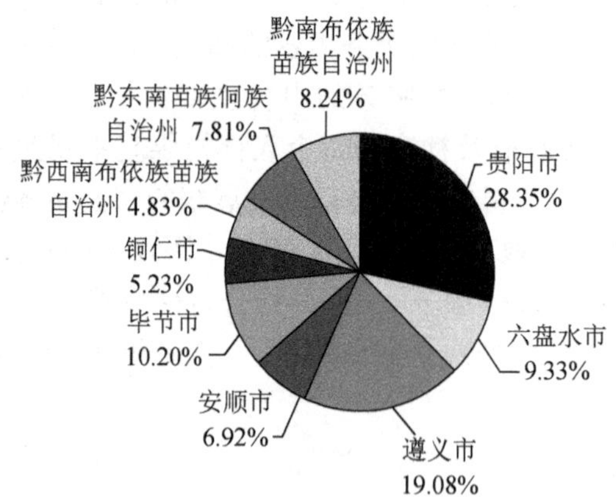


**图 1　2015 年贵州省流动人口地区分布**

2. 流动人口年龄结构

从年龄结构来看，贵州省流动人口主要以劳动年龄人口为主，属于经济型流动人口。2015 年 1% 人口抽样调查数据（如图 2）表明，15~64 岁年龄人口占贵州省总流动人口的 79.81%，比“六普”时（78.83%）增加了近 1 个百分点，其中又以 20~44 岁年轻型人口最多，占 55.06%。

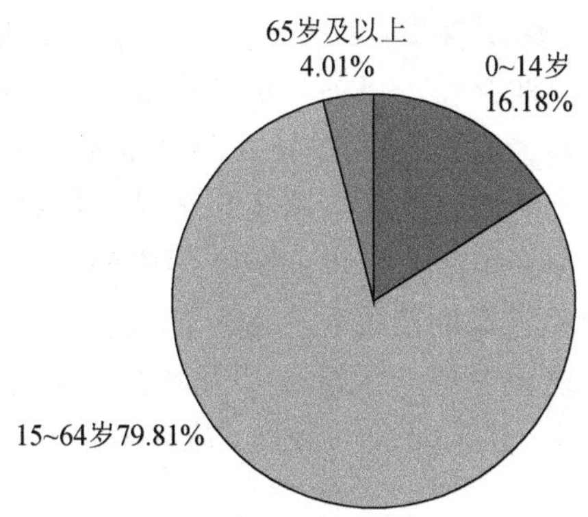


**图 2　2015 年贵州省流动人口年龄分布**

3. 省外流入人口基本情况

2015 年 1% 人口抽样数据显示，全国 30 个省、市、自治区均有人口流入贵州省，但与国内一些经济相对比较发达的省份相比，贵州省跨省流入的人口相对较少，但分布比较集中：省外流入人口以四川、湖南、浙江、重庆、广东等省市居多，占贵州省流入人口的比例分别为 19.98%、12.37%、11.35%、9.52%、8.45%。这主要是由于贵州省与这些省份相邻且资源富集，交通比较便利，对周边相邻省份流动人口的吸引力较大所致。

4. 流入时间

从流入时间看，贵州省流动人口离开户口登记地的时间以“1~2 年”居多，占比为 18.96%；其次是“5~10 年”，占比为 18.54%；再次是“10 年以上”，占比为 18.39%（如图 3），这说明人口流动长期化的趋势明显，对于这部分流动人口来说，提供完善且符合其需求的服务管理是他们的现实需求。与 2010 年“六普”数据相比，“1~2 年”占比有所上升。从省际来看，省内流动人口和省外流入人口的居住时间有差异，都体现了流动性的特点。

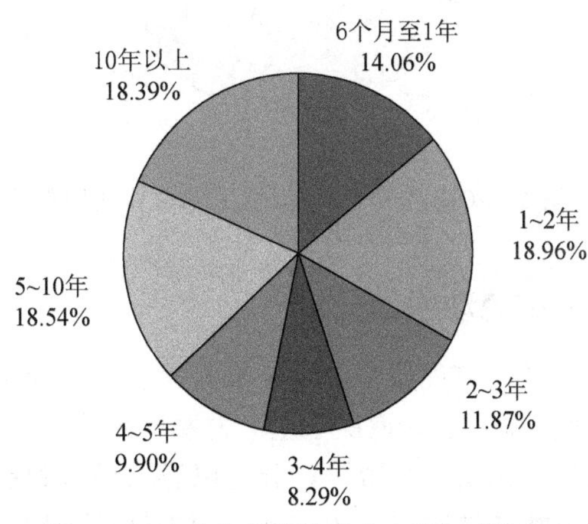


**图 3　2015 年贵州省流动人口流入时间分布**

人口流动的长期化包含两层含义：一是流动人口在流入地居住的长期化趋势明显；二是人口流动这一现象将长期存在。目前，促使流动人口产生的条件依然存在，如农村剩余劳动力的存在、城乡及地区收入差异并没有从根本上改变。在这样的背景下，人口从农村到城市大规模流动的趋势无疑将得以延续。同时，城镇化本身是一个长期性的过程。据中国发展报告（2010）预计，2030 年中国的城市化率将达到 65%，未来 20 年我国需要解决 4 亿流动人口的市民化问题。那么，提高贵州省城镇化水平也首先依赖于流动人口城镇化，这就取决于流动人口基本公共服务均等化和管理同等级化，同样也需要解决百余万长期居住（即 5 年以上）流动人口的基本公共服务与管理问题。

5. 文化构成

总的来说，贵州省流动人口文化构成的基本特征是受教育程度较低的人口远远多于受教育程度高的人口。2015 年 1% 人口抽样调查数据显示，初中（39.05%）和小学（22.52%）文化程度的流动人口是贵州省流动人口的主体，占到了流动人口的 61.57%，比 2010 年“六普”时的同类数据（65.13%）略有下降，接受过大专及以上各类高等专业技能教育的占 18.12%，比 2010 年“六普”时的同类数据（13.11%）上升了约 5 个百分点（如图 4）。可见，贵州省内流动人口受教育程度在逐渐上升，表明随着贵州省经济发展速度加快，吸引较高学历人才的能力在增强，使流入贵州省的人才规模在扩大，人才的流动性也在增大。

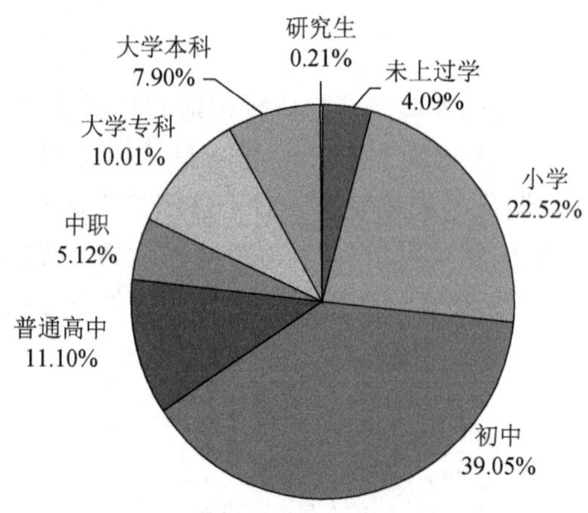


**图 4　2015 年贵州省流动人口文化构成分布**

## 三、贵州省流动人口流动原因分析

人口流动是一种复杂的人口现象，受到一系列社会经济和自然因素的影响，但主要还是受社会经济因素的影响，首先取决于生产力发达水平。

就引起人口流动的原因来讲，大致可以分为以谋取经济利益为目的的经济性原因和以非经济利益为目的的社会性原因。2015 年人口抽样调查把人口流动的原因划分为 8 种因素，其中工作就业、学习培训、房屋拆迁、改善住房可看作引起人口流动的经济性原因，随同迁移、寄挂户口、婚姻嫁娶、为子女就学可视为社会性原因。2015年人口抽样调查数据（见表1）显示，贵州省流动人口中，因工作就业、学习培训、房屋拆迁、改善住房、随同迁移、寄挂户口、婚姻嫁娶、为子女就学等原因而流动的人口占总流动人口的比例分别为37.6%、9.3%、1.6%、7.0%、21.3%、0.3%、10.4%、2.7%，因经济性原因而流动的人口比例占55.5%。其中因工作就业而流动的人口最多，其次是随同迁移和婚姻嫁娶，三者占了总迁移流动人口的69.3%，是贵州省人口流动最主要的原因，这一点与"六普"时的迁移原因基本相似。

分性别来看，男性在"工作就业""学习培训""房屋拆迁""改善住房"等迁移原因的比例高于女性，说明男性迁移的经济性原因高于女性，这与男女性之间的性别分工有关。女性在"随同迁移""婚姻嫁娶""为子女就学"等迁移原因的比例明显高于男性，特别是"婚姻嫁娶"这一迁移原因的比例是男性同一迁移原因的5倍，说明女性迁移的社会性原因高于男性，女性更多是因社会性原因而迁移流动。

**表1　贵州省流动人口迁移原因分析**

单位：%

| 性别 | 工作就业 | 学习培训 | 房屋拆迁 | 改善住房 | 随同迁移 | 寄挂户口 | 婚姻嫁娶 | 为子女就学 | 其他 |
|---|---|---|---|---|---|---|---|---|---|
| 男性 | 46.6 | 10.1 | 1.7 | 7.6 | 18.5 | 0.3 | 3.5 | 2.2 | 9.5 |
| 女性 | 27.8 | 8.6 | 1.5 | 6.5 | 24.3 | 0.3 | 17.8 | 3.2 | 10 |
| 合计 | 37.6 | 9.3 | 1.6 | 7.0 | 21.3 | 0.3 | 10.4 | 2.7 | 9.7 |

数据来源：贵州省2015年1%人口抽样调查数据。

"随同迁移"原因说明流动人口举家迁移流动的比例不断提高，同时也说明加强流动儿童在流入地享受的教育、培训等基本公共服务均等化的重要性。

家庭化趋势，不仅意味着已经进入城市的流动人口将稳定地生活在城市，而且意味着将会有更多的人进城来投靠先期进入城市的人。一般认为，我国流动人口的发展大致有四个阶段：单身闯天下的第一个阶段，夫妇团聚的第二个阶段，未成年子女投靠父母的第三个阶段，年老父母投靠子女的第四个阶段。目前，贵州省流动人口基本处于第二个阶段向第三个阶段过渡的时期。在这样一个时间节点上，完全可以预计到，贵州省流动人口将经历一个较快增长的时期。流动人口核心家庭向城市转移，举家流动和长期定居的趋势明显，对流入地基础设施、资源环境尤其是政府的公共服务和社会管理形成了新的需求。

与2010年相比，2015年贵州省流动人口经济性流动原因增加了约5个百分点，增幅最大的是工作就业。可见，这5年间，由于市场经济体制的完善、人们思想观念的变化及贵州省经济发展水平的提高，贵州省流动人口的经济性动因明显增强。随同迁移所占比重上升是流动人口发展趋势的演变造成的，这一趋势还将持续下去。总体来看，2000年贵州省内流动人口是以社会性迁移流动为主，2010年经济性原因的流动明显增强。2015年这种趋势更加明显，这一变化往往与地区经济发达程度密切相关。

大体上说，一个地区社会性原因迁移占总量的比重与该地区经济社会文化发展程度成正比，而经济性原因流动在总量中所占的比重则与地区经济的发展程度成正比。在经济发展水平相对较高的地区，导致人口流入的重要因素是经济因素，而在经济发展水平相对较低的地区，社会性原因的作用则更为明显。

贵州省人口流动的原因一方面反映了贵州省作为全国经济后发地区，对经济性流动人口的吸引力作用总体上远远低于国内其他先发省市；另一方面也反映出贵州省内不同市、州之间由于经济发展不均衡而导致的流动人口向区域内中心城市聚集的现象。

## 四、贵州省人口流动对经济社会的影响

人口迁移流动是人口自身发展和社会经济发展的必然要求，是市场经济中最活跃的因素之一。它同人口出生率、死亡率一样影响着一个地区人口总体在一定时空范围内各方面的变化，它甚至可以构成支配人口变动的主导因素。人口流动不仅改变了地区人口的数量、结构和分布，导致了生产力布局和市场分布发生变化、人们的社会地位发生了变动，从而改变了社会经济结构，而且会对人口的迁入地和迁出地的社会经济发展产生重大的影响。

### （一）人口流动对人口数量和结构的影响

人口流动改变着各个地区人口的再分布，使人口分布趋于合理，提高人口经济密度，也影响着各个地区人口的数量和分布，使人口与资源环境的矛盾逐渐弱化和缓解。随着人口流动频率和流动时间的不断变化，流动人口对总人口的影响程度越来越大，贵州省常住人口由于流动人口因素出现负增长。具体而言，贵州省人口流动对人口状况和社会经济的影响主要表现为以下几个方面。

#### 1. 贵州省人口流动对各地人口总量的影响

就一个省而言，省内人口的迁移流动不会引起省内人口总量的变化，而省际间人口的迁移流动则会导致各省人口数量发生较大的变化。从省际间的迁移情况来看，贵州省是一个人口净流出地区，从这个角度看，人口流动对于贵州省这样一个后发地区而言，在降低总人口数量方面是有现实意义的。但是，由于贵州省人口主要流向东部沿海经济发达的五个省市，这在一定程度上会导致这些省市常住人口增长速度较快，如广东因人口流入规模巨大而成为我国常住人口唯一突破 1 亿人的“第一人口大省”。与此同时，省外人口流入贵州省主要是以城市特别是大城市为主要迁入地，也会增加贵州省城市人口的密度。

从省内迁移流动来看，由于各市、州的人口迁入迁出各不相同，因而各市、州的人口增长量也不相同。在当前的市场经济条件下，由于市场机制的作用，人口流动的原因主要源于地区间经济发展水平差异及其延伸出的就业机会多少，人口流动的结果往往是少数民族人口多、边远及经济落后地区的增长量为负值，而城市和经济相对较发达的地区多为正值。贵州省内人口的流动主要是农村向城市、“少边穷”地区向经济较发达的地区流动，使贵州省 9 个地市、州常住人口增幅各有不同。

2. 贵州省人口流动对人口结构的影响

在年龄结构方面，由于贵州省人口省际流动主要是经济目的，而且39岁以下人口占了绝对优势，其结果是使东部沿海地区的年轻人口比例增加，使人口年龄结构向着年轻型转变，延长了“人口红利期”，在一定程度上减缓了这些地区的人口老龄化进程；同时这也在一定程度上使贵州省人口年龄结构向成年型和老年型转变。省内人口流动对各个市、州而言亦如此。

在性别结构方面，正如前述，贵州省人口省际流动性别比为128，这必然对两地人口性别结构造成影响。就流出地而言，则主要表现为男性减少，女性人口相对增加，人口性别比下降；就流入地而言，则主要表现为男性增加，女性相对减少，人口性别比上升。从省际人口流动来看，省外人口流入贵州省也是以男性人口为主，这在一定程度上平衡了贵州省因人口省际流动而可能对省内人口性别结构带来的影响。就省内流动而言，总体来说，贵州省内流动人口男女比例相当，总体比较平衡。

人口流动对人口的城乡结构也会产生较大的影响。在人口的城乡流向上，农村人口除了平行流动外，更多的是向城镇作上行流动，这在减少农村人口的同时增加了城镇人口的数量，在一定程度上推动了人口城镇化进程。流动人口也成为贵州省实施城镇化带动战略的一支不可或缺的重要力量，城镇化发展已经成为“工业强省”战略和经济社会又好又快发展的必然选择。

### （二）人口流动对经济社会发展的影响

人口流动使人口居住生活范围不断扩大，有利于各地区间经济文化交流。与此同时，不同人群的相互流动增加了相互的认识和了解，并使流动人口婚配范围扩大，有助于提高人口综合素质，使流动人口的聪明才智在迁入地区得到充分施展，提高劳动生产率，从而促进经济社会的发展。

1. 人口流动对社会经济的影响

首先，流动人口有利于缓解贵州省农村地区人多地少的矛盾，实现劳动力资源的优化配置。从农业现代化过程来看，人口通过跨地区流动来实现劳动就业，既是开发劳动力资源、缓解农村就业压力的有效方式，也是实现农村人口向非农产业转移的重要途径，完全符合经济发展规律。由于贵州省城镇化水平较低，农村劳动力资源相对比较丰富，但受自然条件和生产力水平等多方面因素的约束，农村劳动力配置不合理的现象比较突出。以农村劳动力为主体的人口流动，能够优化人力资源配置，进而对贵州省经济发展起着重要的作用。人口在不同地区之间的迁移流动，不仅可以加快劳动力资源与物质资源的结合，尽可能充分利用劳动力资源，把人口负担转化为人力资源优势，利用“人口红利”促进经济发展，而且还有利于形成人力资本，增加人力资本存量。“六普”数据表明，2010年贵州省跨省外出流动人口为717.81万人，占普查试点总人口的比重为20.33%，10年间增长了14.1个百分点。截至2016年5月底，贵州省农村劳动力期末在外就业864.02万人，其中，跨省外出务工609.38万人。目前，贵州省常年向外流动的劳动力保持在800万左右，这在很大程度上缓解了贵州省农村劳动力供求矛盾，减少了农村劳动力的就业压力，为贵州省县域经济发展和产业现代化创造了有利条件。

其次，人口流动增加了农民的人均收入，带动了流出地第二、第三产业的发展，促进了贫困地区经济发展和社会进步。大力发展劳务输出一直是贵州省解决农村劳动力转移就业、加快农村脱贫增收、促进农村经济发展的一项“投资少、见效快、收获大”的重要措施。外出劳动力创造的劳动收入如今已成为农户工资性收入的主要来源之一，务工收入甚至成为一些贫困地区乡镇农户收入的主要来源。这些务工收入不仅提高了农民的生活水平，改善了农村的住宿条件，而且还增强了劳动力输出地区的消费能力，部分农户开始使用冰箱、太阳能等，其中还有一部分流动人口通过“返乡创业”渠道直接投资兴办实业，对农村经济发展起到了极大的推动作用。目前，返乡流动人口创业已在贵州省呈现出“星星之火”之势。据不完全统计，2015 年贵州省就有 81 万人返乡创业，大量有经验、懂技术、会经营的流动人口选择了回乡创业就业，为贵州省农村经济发展和小城镇建设做出巨大贡献，成为贵州省社会主义新农村建设的主力军。大量流动人口返乡创业就业，成为推动贵州省跨越发展、后发赶超、同步小康的重要力量。为鼓励返乡流动人口参与农村电子商务发展，利用贵州省电子商务云平台、淘宝网、京东商城、苏宁易购等知名第三方平台，与农业产业化基地、农产品营销大户和农副产品批发市场、大型超市、大型餐饮连锁企业对接，开设店铺，推动“贵货出山”；打造农业全产业链、全要素、全覆盖的新型电子商务服务体系，到 2017 年年底，推进 10000 个村级电商综合服务站、1000 个农村电子商务孵化园、100 个县级电子商务运营服务中心建设，这就是“万千百工程”。

最后，人口流动更新了思想意识，全面提高了人口素质。流动人口在流动过程中适应城镇的生活方式，传播现代物质文明和精神文明，使劳动力的市场经济意识、劳动技能、管理水平大大提高。他们的生产生活方式也随之发生变化，更加注重智力投资，这为他们返乡就业创业创造了条件，如贵州省划拨经费鼓励流动人口返乡创业、返乡流动人口改善自身居住条件等就是实例；同时，也间接促进了农民生育观念的更新。2015 年 1% 人口抽样调查数据可见，贵州省外出流动人口中 20~35 岁人口比重较大，他们因外出务工开阔了眼界，在择偶婚恋方面逐渐城市化，要求相应提高，使得他们中的一部分流动人口较晚组织家庭，相应地也会推迟首胎生育期或者延长已婚育龄流动人口的生育间隔。

当然，流动人口在为促进流入地经济发展的同时，也给流出地带来了一些负面效应，如由于农村流出的人口多是文化技能水平较高的青壮年劳动力，造成农村地区人口年龄结构趋于老龄化和农村留守人口总体文化素质下降，从而使农业的劳动力质量相应下降，影响农业产业化水平和农村劳动生产率的提高，进而可能使城乡常住人口的收入差距越来越大。

2. 人口流动对城市发展的影响

由于城市尤其是大城市在社会的、自然的、人文历史，以及其他方面的先天优势，成为区域的经济增长中心，其内在的众多构成要素之间的能量交换，使其产生了一种巨大的市场引力，吸引并促使社会资源包括劳动力资源的聚集。“六普”数据表明，贵州省流动人口半数以上居住在城市，约1/4的流动人口居住在城镇。然后，贵州省作为一个自然资源与地理条件差异较大、地区发展极不均衡的后发地区，城镇化发展水平较低。2015年贵州省人口城镇化率为42.01%，而且省内城市的规模也相当有限，加之交通，以及其他因素的限制，地区间发展水平差距较大，能够为流动人口提供的就业机会相差很大。大量流动人口的涌入，一方面对城市经济和社会发展起着积极的推动作用；另一方面给城市生活和管理带来了一系列的矛盾和难题。

（1）流动人口对城市社会经济的繁荣和发展做出了积极贡献。

第一，流动人口为城市提供了大量城镇产业发展所需的劳动力，为城市经济的发展创造了条件，缓解了部分行业劳动力的供求矛盾。虽然贵州省各地自身劳动力资源丰富，但由于各地经济发展水平不一，以及劳动力本身的个体差异和自我选择，使得有些岗位需求劳动力无法得到满足，而这些岗位往往是劳动强度大，工作条件艰苦而收入偏低，本地人不愿从事但又是城市发展所必需的如环卫、保洁、家政、建筑等行业。流动人口与本地居民在劳动力市场上一般并不构成绝对的竞争关系，而是一种“互补性”的关系。这样，外来流动人口则弥补了这方面的不足，发挥着“拾遗补阙”的作用，干着城市居民不愿意从事的工作。根据我们在贵阳市的调查，贵阳市流动人口在各种性质的单位就业，其中以商业、建筑和服务业为主，说明贵阳市流动人口主要以灵活就业为主，就业稳定性相对较差，这也是造成流动人口职业流动较为频繁的主要原因之一。

第二，流动人口加速了城市第三产业的发展，方便了城市居民的生活。他们主要从事商业、餐饮业和服务业，加速了城市第三产业和劳动密集型产业的发展，降低了生产生活成本，加快了产业结构调整。在城市生活中，散布在城市各个角度的流动人口经营着各类农副产品和生活必需品，丰富了城市居民的副食商品、“菜篮子”“米袋子”，无处不在的“背篼”为城市居民生活提供了便利，他们为城市商业的繁荣，以及市民的生活便利创造了条件。

第三，流动人口为城市物流发展做出了贡献，增加了城市收入。外来流动人口的不断增长，一方面，增加了商品和服务的供给，促进了城市周边的农、牧、渔和副业的流通，他们的经营收入纳税，增加了城市税收和财政收入；另一方面，他们也创造了巨大的需求，尤其是新生代流动人口追求在城市发展的消费，扩大了消费市场。他们为城市创造了消费力，促进了消费产业的发展。尽管他们的人均消费水平可能并不高，但考虑到总体数量，这仍然是一个规模庞大的市场。流动人口需要就地解决衣食住行等基本生活问题，不但对基本生活用品的需求量增加，而且加快了对房屋租赁等新兴行业的需求，为这些行业的发展创造了商机。

第四，人口流动推动了贵州省城镇化发展的水平。对于大多数流入城市的流入人口来说，城市已成为他们的“第二故乡”。有关数据表明，2015年贵州省城镇化率为42.01%，这主要是按常住人口计算的，如果按户口来计算，2015年贵州省非农业户口占总人口的比例约20%，以城镇人口计算的城镇化率明显高于以户籍人口计算的城镇化率，这说明流动人口对城镇化发展的贡献。贵州省流动人口在城市居住时间普遍比较长，流动人口离开户口登记地的时间一年以上的占流动人口总数的 85.94%，这表明他们中的绝大多数都比较稳定，其中居住五年以上的占 36.93%，他们或是因为在城市中已经谋得稳定职业，或是因为随家庭流动而居留。他们正参与到城市生活的各个方面，如果不考虑户口的因素，那么这部分人事实上已经成为城市的本地居民和实际意义上的城市人口，他们生产生活方式的变化推动着贵州省城镇化进程。

（2）流动人口给城市发展带来的负面影响。

由于贵州省城市流动人口过度集中、规模庞大，对城市生活秩序、社会管理，以及基本公共服务供给的负面影响，加重了交通、供水、供电等城镇基础设施的负担，增加了城镇尤其是城市社会公共资源的负担，给学校、医院等公用事业及社会治安造成较大压力，加大了城市管理难度，增大了政府管理成本，社会管理和公共服务体系供给压力增大，影响社会治安稳定及计生等问题。

## 五、贵州省流动人口落户定居城镇影响因素的实证分析——以贵阳市为例

这一部分将根据对贵阳市流动人口的问卷调查，分析贵阳市流动人口落户定居的影响因素。

### （一）调查样本基本情况

2016 年 11 月，贵州大学课题组和贵阳市流管办合作进行了一次较大规模的问卷调查，调查对象是贵阳市主城区及三县一市的流动人口。本次问卷调查共发放问卷 600 份（其中南明区、云岩区各 150 份，观山湖区、花溪区、乌当区各 100 份），回收问卷 549 份，回收率为 91.5%；剔除不合格问卷，有效问卷为 496 份，有效率 82.67%。

数据显示，此次样本在性别结构上，其中男性有 371 人，占到总人数的 74.8%，女性有 125 人，占到总人数的 25.2%；年龄结构上，受访的贵阳市流动人口年龄跨度相对比较大，最大的为 65 岁，最小的为 22 岁，平均年龄为 38 岁；婚姻状况上，已经结婚的流动人口共有 448 人，占到总人数的 90.3%；未婚的有 48 人，占总人数的 9.7%；文化教育构成上，受访的贵阳市流动人口中文化程度主要以初中及以下为主（占比为 60.7%），而受过高等教育（大专、本科及以上）的占 18.4%；在工作时间上，受访者在贵阳工作的时间在 5 年以上的最多，占了 29.2%，工作 2 年以上的累计达到 59.0%。可见，本次调查问卷的样本分布特征与前述的贵阳市流动人口总体情况大致相似，也就是说，运用我们的调查数据分析贵阳市流动人口落户城镇意愿具有较强的代表性和说服力。

### （二）贵阳市流动人口落户定居城镇影响因素的实证分析

本研究认为影响贵阳市流动人口定居落户的因素主要有以下几个：流动人口个人特征、流动人口家庭特征、城镇的推力及拉力、家乡的推力及拉力。因此首先会通过建立相关的交叉列联表，同时采用描述性统计分析的方法来分析贵阳市流动人口落户定居城镇意愿与这四个因素中的各个解释变量之间的关系；然后运用 Logistic 分析方法

研究多个影响因素与定居意愿之间的关系，从而反映变量对定居意愿的综合影响及影响作用大小。也就是说通过将相关性检验的各个解释变量带入 Logistic 二元回归模型中，用整合的视角并尝试基于本研究的理论框架解释流动人口落户定居意愿与影响因素之间的关系。

这部分将对贵阳市流动人口落户定居城镇意愿进行细致的分析，通过对愿意定居贵阳的流动人口，以及不愿意定居贵阳的流动人口之间的比较，进而探讨具有不同落户定居意愿的流动人口在个人特征、家庭特征、城镇的推力及拉力、家乡的推力及拉力这四个不同影响因素方面的特征。

（1）个人特征。

流动人口的个人特征主要包括性别、年龄、婚姻状况、受教育程度、来源地，以及在贵阳市的生活时间 6 个方面。因此分别将这 6 个变量与定居意愿进行交叉列联表分析，从而得到表 2。

**表 2　贵阳市流动人口个人特征与定居落户意愿的交叉列联表**

| 个体特征 | | 愿意定居 | 不愿意定居 | P值 |
|---|---|---|---|---|
| 性别 | 男 | 280（75.5%） | 91（24.5%） | 0.000 |
| | 女 | 69（55.2%） | 56（44.8%） | |
| 年龄 | 25岁及以下 | 26（81.2%） | 6（18.8%） | 0.061 |
| | 26~30岁 | 66（80.5%） | 16（19.5%） | |
| | 31~35岁 | 44（75.9%） | 14（24.1%） | |
| | 36~40岁 | 60（67.4%） | 29（32.6%） | |
| | 41~45岁 | 94（67.1%） | 46（32.9%） | |
| | 46~50岁 | 39（66.1%） | 20（33.9%） | |
| | 51岁及以上 | 20（55.6%） | 16（44.4%） | |
| 婚姻状况 | 未婚 | 38（79.2%） | 10（20.8%） | 0.105 |
| | 已婚 | 311（69.4%） | 137（30.6%） | |
| 受教育程度 | 小学及以下 | 49（67.1%） | 24（32.9%） | 0.803 |
| | 初中 | 220（70.5%） | 92（29.5%） | |
| | 高中或中专 | 71（73.2%） | 26（26.8%） | |
| | 大专及以上 | 9（64.3%） | 5（35.7%） | |
| 来源地 | 贵阳所辖地区 | 65（80.2%） | 16（19.8%） | 0.034 |
| | 贵州省内 | 128（74.9%） | 43（25.1%） | |
| | 四川 | 23（63.9%） | 13（36.1%） | |
| | 重庆 | 28（57.1%） | 21（42.9%） | |
| | 湖南 | 50（68.5%） | 23（31.5%） | |
| | 其他省市 | 55（64.0%） | 31（36.0%） | |

续表

| 个体特征 | | 愿意定居 | 不愿意定居 | P值 |
|---|---|---|---|---|
| 在贵阳市生活时间 | 1年以下 | 30（43.5%） | 39（56.5%） | 0.000 |
| | 1~2年 | 27（65.9%） | 14（34.1%） | |
| | 2~3年 | 68（68.0%） | 32（32.0%） | |
| | 3~4年 | 65（75.6%） | 21（24.4%） | |
| | 4~5年 | 77（76.2%） | 24（23.8%） | |
| | 5年以上 | 82（82.8%） | 17（17.2%） | |

从表 2 可以看出，结果并不十分理想。年龄、婚姻状况、受教育程度的 P 值分别为 0.061、0.105、0.803，都大于 0.05，因此没有通过显著性检验。性别、来源地，以及在贵阳市生活时间的 P 值为 0.000、0.034、0.000，都小于 0.05，因此都通过了显著性检验。在各个变量中，愿意定居落户在贵阳市的比例要远远高于不愿意定居落户的比例，由此可见流动人口的定居意愿比较明显。

在性别方面，男性中有 75.5% 的流动人口愿意定居在贵阳市，有 24.5% 的流动人口不愿意定居在贵阳市；女性中有 55.2% 的流动人口愿意定居在贵阳市，有 44.8% 的流动人口不愿意定居在贵阳市。由此可见，男性比女性更愿意定居在贵阳市。

在年龄方面，25 岁及以下的定居意愿最为强烈，达到 81.2%；51 岁及以上的定居意愿最不强烈，为 55.6%。伴随着年龄的增长，流动人口定居意愿呈现下降趋势。总体来说，年龄对定居意愿影响不是很大。

在婚姻状况方面，未婚的流动人口比已婚的流动人口定居在贵阳的意愿更为强烈。总的来说，婚姻状况对定居意愿的影响不明显。

在受教育程度方面，受过高中或者中专教育的流动人口更倾向于定居在贵阳市，占到 73.2%，这可能是由于他们所学的专业技能水平与贵阳市的产业发展需求相适应，能够找到一份满意的工作；相反，受过大专及以上教育的流动人口相对来说不愿意留在贵阳市，可能是因为贵阳市相对全国其他发达城市来说仍然有所欠缺，他们更愿意去发达城市发展。总的来说，受教育程度对定居意愿的影响不明显。

从流动人口来源地来看，来自重庆的定居意愿比较低，可能是由于重庆相对来说经济比较发达，来贵阳市的推力也就小很多；贵阳市所辖地区，以及贵州省内的流动人口定居意愿比较强烈，这是因为贵阳市是贵州省的省会城市，经济相对比较发达，因此流动人口愿意定居在贵阳市。来自四川、湖南，以及其他省市的流动人口定居意愿也普遍比较高，一是由于家乡离贵阳市比较近，二是因为贵阳市的经济比其家乡经济要发达。

从在贵阳市生活时间来看，流动人口在贵阳市生活时间越长，定居倾向越明显。在贵阳市生活不到 1 年的流动人口定居意愿最不强烈，而生活 5 年以上的流动人口定居意愿最为强烈。可见，流动人口在熟悉了贵阳市之后，他们对于该市越来越依赖，愿意定居在贵阳市。

（2）家庭特征。

对于家庭特征方面的调查，主要分为是否与家人同住及子女在贵阳市上学的期望这两个部分，因此对这两个方面分别进行分析，具体如表3所示。

**表3　贵阳市流动人口家庭特征与定居落户意愿的交叉列联表**

| 家庭特征 | | 愿意定居 | 不愿意定居 | P值 |
|---|---|---|---|---|
| 是否与家人同住 | 不是 | 89（65.4%） | 47（34.6%） | 0.087 |
| | 是 | 260（72.2%） | 100（27.8%） | |
| 子女在贵阳市上学的期望 | 非常不期望 | 1（25.0%） | 3（75.0%） | 0.000 |
| | 不期望 | 12（26.7%） | 33（73.3%） | |
| | 一般 | 88（61.1%） | 56（38.9%） | |
| | 期望 | 160（77.7%） | 46（22.3%） | |
| | 非常期望 | 88（90.7%） | 9（9.3%） | |

从表3可以看出，是否与家人同住的P值为0.087，大于0.05，没有通过显著性检验。子女在贵阳市上学的期望的P值为0.000，小于0.05，因此通过了显著性检验。

从是否与家人同住的分析来看，与家人同住在一起的流动人口中有72.2%的人愿意定居在贵阳市，而只有27.8%的人不愿意定居在贵阳市；与家人不住在一起的流动人口中，有65.4%的人愿意定居在贵阳市，只有34.6%的人不愿意定居在贵阳市。这个因素对流动人口是否定居在贵阳市的影响不明显。

从子女在贵阳市上学期望方面来看，希望子女在贵阳市上学的流动人口有较高的定居意愿，其中非常期望子女在贵阳市上学的流动人口中愿意定居的占90.7%，期望的流动人口中愿意定居的占77.7%，保持中立态度的流动人口中愿意定居的占61.1%，不期望和非常不期望子女在贵阳市上学的流动人口中愿意定居的占26.7%和25.0%。子女的教育问题是流动人口家庭的重要组成部分，流动人口本身没有什么文化，他们将希望都寄托在自己的孩子身上，希望孩子能够在贵阳市接受更好的教育，因此为了孩子能够在贵阳市上学，很多流动人口的定居意愿十分强烈。

（3）城市的推力及拉力。

城市的推力及拉力涉及很多方面：工作就业、居住、社会交往、制度政策，以及个人感受等。下面就对这几个方面与定居落户意愿之间的关系进行系统的分析。

就业与经济方面，这部分主要包括平均日工作时间、是否签订劳动合同，以及目前收入与在家乡的差别3个方面，这几个因素与定居落户意愿之间的关系具体如表4所示。

表 4　贵阳市流动人口就业与经济与定居落户意愿的交叉列联表

| 工作就业 | | 愿意定居 | 不愿意定居 | P值 |
|---|---|---|---|---|
| 平均日工作时间 | 6小时以内 | 5（55.6%） | 4（44.4%） | 0.187 |
| | 6~8小时 | 80（66.7%） | 40（33.3%） | |
| | 8~10小时 | 142（72.4%） | 54（27.6%） | |
| | 10~12小时 | 91（75.2%） | 30（24.8%） | |
| | 12~14小时 | 21（70.0%） | 9（30.0%） | |
| | 14小时以上 | 10（50.0%） | 10（50.0%） | |
| 是否签订劳动合同 | 否 | 153（66.8%） | 76（33.2%） | 0.153 |
| | 是-口头 | 112（70.9%） | 46（29.1%） | |
| | 是-书面 | 84（77.1%） | 25（22.9%） | |
| 目前收入与在家乡的差别 | 没有 | 26（39.4%） | 40（60.6%） | 0.000 |
| | 有 | 213（87.7%） | 30（12.3%） | |
| | 不清楚 | 110（58.8%） | 77（41.2%） | |

从表 4 可以看出，平均日工作时间、是否签订劳动合同的 P 值分别为 0.187、0.153，大于 0.05，因此没有通过显著性检验。目前收入与在家乡的差别的 P 值为 0.000，小于 0.05，因此通过了显著性检验。

首先是平均日工作时间，平均日工作时间 10~12 小时的流动人口更愿意定居在贵阳市，占到了 75.2%，而工作时间超过 14 小时的流动人口最不愿意定居在贵阳市。这个因素没有通过显著性检验，主要是因为流动人口在家乡工作的时间也比较长，并不会因为贵阳市工作时间长而决定是否定居。

其次是是否签订劳动合同。在签订书面劳动合同的流动人口中有 77.1% 的人愿意定居在贵阳市；在只是达成口头协议的流动人口中有 70.9% 的流动人口愿意定居在此；而没有签订任何劳动协议的流动人口中有 66.8% 的人愿意定居在此。是否签订劳动合同对流动人口的定居意愿没有明显的影响。

最后是从目前收入与在家乡的差别来看，认为有差距的流动人口中愿意在贵阳市定居的占到 87.7%，认为不清楚有没有差距的占到 58.8%，认为没有差距的占到 39.4%。也就是说收入差距会影响流动人口在定居落户方面的决策。

居住情况方面，这部分主要有以下几个方面：居住是否安全、居住环境满意度，以及居住配套设施满意度，这几个因素与定居落户意愿之间的关系具体如表 5 所示。

表 5　贵阳市流动人口居住情况与定居落户意愿的交叉列联表

| 居住情况 | | 愿意定居 | 不愿意定居 | P值 |
|---|---|---|---|---|
| 居住是否安全 | 很不安全 | 12（46.2%） | 14（53.8%） | 0.005 |
| | 不安全 | 26（59.1%） | 18（40.9%） | |
| | 一般 | 113（68.5%） | 52（31.5%） | |
| | 安全 | 156（74.6%） | 53（25.4%） | |
| | 很安全 | 42（80.8%） | 10（19.2%） | |
| 居住环境满意度 | 非常不满意 | 1（25.0%） | 3（75.0%） | 0.000 |
| | 不满意 | 19（38.8%） | 30（61.2%） | |
| | 一般 | 101（61.2%） | 64（38.8%） | |
| | 满意 | 179（78.9%） | 48（21.1%） | |
| | 非常满意 | 49（96.1%） | 2（3.9%） | |
| 居住配套设施满意度 | 非常不满意 | 9（47.4%） | 10（52.6%） | 0.032 |
| | 不满意 | 26（60.5%） | 17（39.5%） | |
| | 一般 | 113（68.5%） | 52（31.5%） | |
| | 满意 | 160（73.4%） | 58（26.6%） | |
| | 非常满意 | 41（80.4%） | 10（19.6%） | |

从表 5 可以看出，居住是否安全、居住环境满意度，以及居住配套设施满意度的 P 值分别为 0.005、0.000、0.032，都小于 0.05，都通过了显著性检验。也就是说这三个变量都对贵阳市流动人口定居落户的意愿有影响。

首先是居住是否安全。在认为居住很安全的流动人口中有 80.8% 的人愿意定居在贵阳市；认为居住安全的流动人口中有 74.6% 的人愿意定居在此；认为居住不安全的流动人口有 59.1% 的人愿意定居；认为居住很不安全的流动人口中只有 46.2% 的人愿意定居在贵阳市。由此可见居住是否安全是影响流动人口是否定居在贵阳市的重要因素之一。

其次是居住环境满意度。认为居住环境非常满意、满意的流动人口中，愿意定居在贵阳市的占到了 96.1%、78.9%；而认为居住环境不满意，以及非常不满意的流动人口中愿意定居在贵阳的仅仅占到 38.8%、25.0%。由此可见，居住环境满意度也是影响流动人口是否定居在贵阳市的因素之一。

最后是居住配套设施满意度。对居住配套设施非常满意、满意的流动人口中，愿意定居在贵阳市的人占到了 80.4%、73.4%；对居住配套设施不满意、非常不满意的流动人口中愿意定居在贵阳市的人占到了 60.5%、47.4%。因此这个变量对流动人口是否定居在贵阳市也具有重要的影响。

社会交往方面，这部分包括本地朋友数量、与本地人交往程度以及本地居民态度这 3 个方面，具体分析如表 6 所示。

**表 6　贵阳市流动人口居住情况与定居落户意愿的交叉列联表**

| 社会交往 | | 愿意定居 | 不愿意定居 | P值 |
|---|---|---|---|---|
| 本地朋友数量 | 没有 | 9（52.9%） | 8（47.1%） | 0.120 |
| | 1~5人 | 72（65.5%） | 38（34.5%） | |
| | 6~10人 | 100（68.0%） | 47（32.0%） | |
| | 11~15人 | 103（74.6%） | 35（25.4%） | |
| | 15人以上 | 65（77.4%） | 19（22.6%） | |
| 与本地人交往程度 | 完全不接触 | 0（0%） | 0（0%） | 0.077 |
| | 较少接触 | 34（58.6%） | 24（41.4%） | |
| | 一般 | 128（68.4%） | 59（31.6%） | |
| | 较多接触 | 97（72.4%） | 37（27.6%） | |
| | 经常接触 | 90（76.9%） | 27（23.1%） | |
| 本地居民态度 | 非常不友好 | 3（42.9%） | 4（57.1%） | 0.001 |
| | 不友好 | 10（47.6%） | 11（52.4%） | |
| | 一般 | 86（64.7%） | 47（35.3%） | |
| | 友好 | 167（70.5%） | 70（29.5%） | |
| | 非常友好 | 83（84.7%） | 15（15.3%） | |

从表 6 可以看出，本地朋友数量、与本地人交往程度的 P 值分别为 0.120、0.077，大于 0.05，没有通过显著性检验。本地居民态度的 P 值为 0.001，小于 0.05，通过了显著性检验。

首先是本地朋友数量。在贵阳市没有朋友的流动人口中仍然有一半以上的人愿意定居在贵阳市，占到 52.9%；在拥有本地朋友的流动人口中本地朋友的数量越多，定居意愿就越强烈。本地朋友数量对定居意愿的影响不明显。

其次是与本地人交往程度。在与本地人经常交往的流动人口中有 76.9% 的人愿意定居在贵阳市；与本地人有较多交往的流动人口中有 72.4% 的流动人口愿意定居；与本地人较少交往的流动人口中有 58.6% 的人愿意定居在贵阳市。与本地人交往程度并不是影响流动人口是否定居在贵阳市的重要因素。

最后是本地居民态度。认为本地居民态度友好、非常友好的流动人口中有 70.5% 和 84.7% 的人愿意定居在贵阳市；认为本地居民态度一般的流动人口有 64.7% 的人选择定居在贵阳市；认为本地居民不友好、非常不友好的流动人口中只有 47.6% 和 42.9% 的人愿意定居在贵阳市。本地居民态度是影响流动人口是否定居在贵阳市的重要因素之一。

制度政策方面，这部分主要包括居住证持有情况、参与社保情况，以及对“积极入户”政策支持程度方面，具体如表 7 所示。

表 7 贵阳市流动人口制度政策与定居落户意愿的交叉列联表

| 制度政策 | | 愿意定居 | 不愿意定居 | P值 |
|---|---|---|---|---|
| 居住证持有情况 | 未办理 | 38（57.6%） | 28（42.4%） | 0.002 |
| | 临时的居住证 | 260（70.1%） | 111（29.9%） | |
| | 持有居住证 | 51（86.4%） | 8（13.6%） | |
| 参与社保情况 | 没有 | 57（65.5%） | 30（34.5%） | 0.060 |
| | 在家乡 | 260（69.9%） | 112（30.1%） | |
| | 在贵阳 | 32（86.5%） | 5（13.5%） | |
| 对“积极入户”政策支持程度 | 非常反对 | 9（52.9%） | 8（47.1%） | 0.072 |
| | 反对 | 28（59.6%） | 19（40.4%） | |
| | 中立 | 49（68.1%） | 23（31.9%） | |
| | 支持 | 213（71.5%） | 85（28.5%） | |
| | 非常支持 | 50（80.6%） | 12（19.4%） | |

参与社保情况，以及对“积极入户”政策支持程度的 P 值分别为 0.060、0.072，大于 0.05，没有通过显著性检验。居住证持有情况的 P 值为 0.002，小于 0.05，通过了显著性检验。

首先是居住证持有情况。没有居住证的流动人口中只有 57.6% 的人愿意定居在贵阳市；持有临时居住证的流动人口中有 70.1% 的人愿意定居在贵阳市；持有居住证的流动人口中有 86.4% 的人愿意定居在贵阳市。因此居住证持有情况是影响流动人口是否定居的重要因素。

其次是参与社保情况。没有参加社保的流动人口中有 65.5% 的人愿意定居在贵阳市；在家乡参加社保的流动人口中有 69.9% 的人愿意定居在贵阳市；在贵阳市参加社保的流动人口中有 86.5% 的人愿意定居在贵阳市，由此可见在贵阳市参加社保的流动人口更愿意定居在贵阳市。但是这个变量并不是影响流动人口定居的重要因素之一。

最后是对“积极入户”政策支持程度。对该政策非常支持、支持的流动人口中有 80.6% 和 71.5% 的人愿意定居在贵阳市；持中立态度的流动人口有 68.1% 的人选择定居在贵阳市；反对该政策，以及非常反对该政策的流动人口中有 59.6% 和 52.9% 的人愿意定居在贵阳市。该因素并不是影响流动人口是否定居在贵阳市的重要因素之一。

个人感受方面，个人感受主要包括流动人口社会适应度，以及对贵阳市整体满意度、城市认同感这 3 个方面，具体分析如表 8 所示。

表 8　贵阳市流动人口个人感受与定居落户意愿的交叉列联表

| 制度政策 | | 愿意定居 | 不愿意定居 | P值 |
|---|---|---|---|---|
| 社会适应度 | 非常不适应 | 9（36.0%） | 16（64.0%） | 0.000 |
| | 不适应 | 15（45.5%） | 18（54.5%） | |
| | 一般 | 84（60.9%） | 54（39.1%） | |
| | 适应 | 211（79.6%） | 54（20.4%） | |
| | 非常适应 | 30（85.7%） | 5（14.3%） | |
| 对贵阳市整体满意度 | 非常不满意 | 5（41.7%） | 7（58.3%） | 0.000 |
| | 不满意 | 17（44.7%） | 21（55.3%） | |
| | 一般 | 81（56.6%） | 62（43.4%） | |
| | 满意 | 229（80.6%） | 55（19.4%） | |
| | 非常满意 | 17（89.5%） | 2（10.5%） | |
| 城市认同感 | 非常不认同 | 4（26.7%） | 11（73.3%） | 0.000 |
| | 不认同 | 25（47.2%） | 28（52.8%） | |
| | 一般 | 95（71.4%） | 38（28.6%） | |
| | 认同 | 186（73.5%） | 67（26.5%） | |
| | 非常认同 | 39（92.9%） | 3（7.1%） | |

社会适应度、对贵阳市整体满意度、城市认同感的 P 值分别为 0.000、0.000、0.000，都小于 0.05，因此都通过了显著性检验。

首先是对社会适应度。对贵阳市非常适应、适应的流动人口中有 85.7% 以及 79.6% 的人愿意定居在贵阳市；感觉一般的流动人口有 60.9% 的人选择定居在贵阳市；对贵阳市不适应以及非常不适应的流动人口中有 45.5% 和 36.0% 的人愿意定居在贵阳市。该因素是影响流动人口是否定居在贵阳市的重要因素之一。

其次是对贵阳市整体满意度。对贵阳市非常满意、满意的流动人口中有 89.5% 和 80.6% 的人愿意定居在贵阳市；对贵阳市不满意，以及非常不满意的流动人口中只有 44.7% 和 41.7% 的人愿意定居在贵阳市。因此这个因素也是影响流动人口是否定居在贵阳市的重要因素之一。

最后是城市的认同感。对贵阳市非常认同，以及认同的流动人口中有 92.9% 和 73.5% 的人愿意定居在贵阳市；感觉一般的流动人口有 71.4% 的人选择定居在贵阳市；对贵阳市不认同，以及非常不认同的流动人口中只有 47.2% 和 26.7% 的人愿意定居在贵阳市。因此对城市的认同感是影响流动人口是否定居在贵阳市的重要因素之一。

（4）家乡的推力及拉力。

家乡的推力及拉力主要包括在家乡是否还拥有土地、土地经营情况、家乡房屋情况、在家乡技能无处施展、家乡生活舒适，以及赡养老人和子女方面，这 6 个因素和定居落户意愿之间各自的关系，具体如表 9、表 10 所示。

**表 9　贵阳市流动人口家乡的推力及拉力与定居落户意愿的交叉列联表 1**

| 家乡的推力及拉力 | | 愿意定居 | 不愿意定居 | *P*值 |
|---|---|---|---|---|
| 是否拥有土地 | 否 | 30（78.9%） | 8（21.1%） | 0.153 |
| | 是 | 319（69.7%） | 139（30.3%） | |
| 土地经营情况 | 自己经营 | 122（62.9%） | 72（37.1%） | 0.017 |
| | 转包经营 | 127（77.4%） | 37（22.6%） | |
| | 集体有偿收回 | 61（74.4%） | 21（25.6%） | |
| | 集体无偿收回 | 5（50.0%） | 5（50.0%） | |
| | 其他 | 34（73.9%） | 12（26.1%） | |
| 家乡房屋情况 | 没有 | 12（80.0%） | 3（20.0%） | 0.219 |
| | 有 | 327（69.6%） | 143（30.4%） | |
| | 其他 | 10（90.9%） | 1（9.1%） | |

是否拥有土地、家乡房屋情况的 *P* 值分别为 0.153、0.219，都大于 0.05，因此都没有通过显著性检验。土地经营情况的 *P* 值为 0.017，小于 0.05，通过了显著性检验。

在是否拥有土地中，拥有土地的流动人口中有 69.7% 的人愿意定居在贵阳市，而没有土地的流动人口中有 78.9% 的人愿意定居在贵阳市，这个因素并不能够显著地影响流动人口是否定居在贵阳市；在土地经营情况中，转包及集体有偿经营的流动人口更愿意留在贵阳市发展，集体无偿收回土地的流动人口最不愿意留在贵阳市，这个因素能够显著地影响流动人口定居决策；无论在家乡是否有房屋，愿意定居在贵阳市的流动人口都占到了 50% 以上，这个因素并不是影响其定居决策的因素。

**表 10　贵阳市流动人口家乡的推力及拉力与定居落户意愿的交叉列联表 2**

| 家乡的推力及拉力 | | 愿意定居 | 不愿意定居 | *P*值 |
|---|---|---|---|---|
| 在家乡技能无处施展 | 几乎没有影响 | 29（42.6%） | 39（57.4%） | 0.000 |
| | 影响不大 | 58（53.7%） | 50（46.3%） | |
| | 说不清楚 | 96（77.4%） | 28（22.6%） | |
| | 有影响 | 147（84.5%） | 27（15.5%） | |
| | 影响很大 | 19（86.4%） | 3（13.6%） | |
| 家乡生活舒适 | 几乎没有影响 | 29（82.9%） | 6（17.1%） | 0.003 |
| | 影响不大 | 57（80.3%） | 14（19.7%） | |
| | 说不清楚 | 167（71.1%） | 68（28.9%） | |
| | 有影响 | 81（65.9%） | 42（34.1%） | |
| | 影响很大 | 15（46.9%） | 17（53.1%） | |

续表

| 家乡的推力及拉力 | | 愿意定居 | 不愿意定居 | *P*值 |
|---|---|---|---|---|
| 赡养老人以及子女 | 几乎没有影响 | 41（80.4%） | 10（19.6%） | 0.011 |
| | 影响不大 | 156（74.6%） | 53（25.4%） | |
| | 说不清楚 | 113（68.1%） | 53（31.9%） | |
| | 有影响 | 27（60.0%） | 18（40.0%） | |
| | 影响很大 | 6（48.0%） | 10（52.0%） | |

在家乡技能无处施展、家乡生活舒适以及赡养老人，以及子女的 $P$ 值都为 0.000，都小于 0.05，因此都通过了显著性检验。

在家乡技能无处施展中，认为这个有很大影响，以及有影响的流动人口中有 86.4% 和 84.5% 的人愿意定居在贵阳市，而认为没有很大影响，以及几乎没有影响的流动人口中有 53.7% 和 42.6% 的人愿意定居在贵阳市；在家乡生活舒适中，认为有很大影响，以及有影响的流动人口中有 46.9% 和 65.9% 的人愿意定居在贵阳市，而认为没有很大影响，以及几乎没有影响的流动人口中有 80.3% 和 82.9% 的人愿意定居在贵阳市。也就是说越觉得家乡舒适的流动人口越容易做出不在贵阳市定居的决定；在赡养老人以及子女方面，存在父母，以及子女赡养之忧的流动人口定居意愿较低，随着这些后顾之忧逐渐降低，流动人口愿意定居的比例明显提升，由 48.0% 增加至 80.4%。也就是说有效解决父母，以及子女赡养问题，能够提升流动人口定居贵阳市的意愿。

（5）交叉列联表总结。

个人特征。通过流动人口个人特征与定居意愿的交叉列联表分析，发现贵阳市流动人口总体偏向于在此定居。其中，男性比女性拥有更强烈的定居意愿；来自贵阳所辖地区的流动人口最有可能定居；在贵阳市生活时间越久，定居意愿越强烈。此外年龄、婚姻状况以及受教育程度与定居意愿没有关联。

家庭特征。在家庭特征中，期望自己子女在贵阳市上学的流动人口更愿意定居在贵阳市；是否与家人同住与定居意愿没有关联。

城市的推力及拉力。从贵阳市流动人口的工作就业来看，认为目前收入与在家乡有很大差距的流动人口更愿意定居在贵阳市；平均日工作时间、是否与用人单位签订劳动合同与定居意愿没有关联。

从贵阳市流动人口的居住情况来看，越认为贵阳市居住安全的流动人口在贵阳市定居的意愿就越强烈；越对贵阳市环境满意的流动人口在贵阳市定居的意愿就越强烈；越认为贵阳市配套设施完善的流动人口在贵阳市定居的意愿也就越强烈。

从贵阳市流动人口的社会交往情况来看，本地居民的态度越友好，流动人口的定居意愿也越强烈；本地朋友数量、与本地人的交往程度与定居意愿没有关联。

从贵阳市流动人口的制度政策来看，拥有居住证的流动人口更容易定居在贵阳市；参与社保情况，以及对“积极入户”政策支持程度与定居意愿没有关联。

从贵阳市流动人口的个人感受来看，社会适应度、对贵阳市整体满意度、城市认同感越强烈，流动人口在贵阳市的定居意愿也越强烈。

家乡的推力及拉力。在家乡的推力及拉力中，转包经营土地的流动人口更愿意定居在贵阳市；认为自己技能在家乡无法施展的影响越大，定居意愿就越强烈；与是否拥有土地及家乡房屋情况与定居意愿没有关联。

## 六、提升贵州省流动人口服务管理的对策建议

人口流动对贵州省经济社会文化发展是一把“双刃剑”。对于不同的地区，这把“双刃剑”发挥作用的可能性有所不同。我们认为，流动人口在贵州省经济社会文化发展中的积极作用远远大于其消极影响，对贵州省同步建成全面小康社会具有特别重要的意义。因此，在今后一段时间内应通过加强流动人口服务管理来减少其对社会的消极影响，要逐步消除对流动人口的歧视性政策规定，实现流动人口与城镇居民享受同等权利和义务；既要推进农业转移人口城镇落户，又要加快实现城镇基本公共服务常住人口全覆盖，实现流动人口与城镇户籍人口享受同等权利和义务；在政策制度的完善过程中要充分考虑流动人口公共服务的基本需求，提高政策的针对性；在政策制度的制定过程中要充分考虑流动人口基本需求，提高政策的针对性。就当前流动人口服务管理而言，主要围绕实施两大战略行动、推进“四化”同步发展，加快健全和完善贵州省流动人口服务管理的相关机制及政策。

### （一）贵州省流动人口服务管理的总体思路

通过前面的分析，我们认为，贵州省流动人口服务管理目标是：以科学发展观为指导、按照建构和谐社会和创新社会管理的基本要求，坚持以人为本的发展理念，遵循流动人口变动的趋势和规律，通过政府的管理重心下移和公共资源下沉，积极进行流动人口服务管理的体制机制创新，不断完善惠及城市流动人口均等化的公共服务体系，力争到2020年年初步形成省内人口城乡自由流动的体制机制，真正实现流动人口融入城市。

### （二）加强贵州省流动人口服务管理的对策建议

#### 1. 转变贵州省流动人口服务管理理念

首先，更新流动人口公共服务意识和管理观念。贵州省各市（州）人民政府应定期组织各相关职能部门的领导和干部深入学习中央有关文件精神，深刻领会流动人口服务管理工作的有关精神，进一步提高对流动人口服务管理重要性的认识。

其次，增强流动人口管理的公共服务意识。坚持以“管理为基，服务为先”的原则，把流动人口服务管理工作业绩纳入政府政绩考核指标之中，纳入国民经济和社会发展规划，所需经费纳入本级财政预算，积极探索一条适应时代前进步伐、适合新形势需要的流动人口服务管理新模式和新途径。

#### 2. 加强部门之间的协作配合

流动人口落户城镇任务较重、难度较大、涉及面广、工作量大，是一项综合性的

社会系统工程。因此，需要理顺流动人口落户城镇管理体制，加强政府相关职能部门与流出地政府有关职能部门、包括流动人口在内的人民群众的通力协作和配合，创建一个与贵州省经济社会发展要求相适应的流动人口服务管理体制。

（1）完善流动人口服务管理工作领导机构的综合决策机制。一是健全领导机构和完善职能。以中央有关流动人口服务管理有关精神为指导，进一步明确贵州省流动人口服务工作领导小组的职责范围，实行工作领导小组各部门组成人员分管工作“一票否决制”，切实加强对流动人口服务管理的统筹协调；完善市州级流动人口服务管理工作领导小组办公室的工作职责，加强与户籍管理（居住证管理）、就业创业、教育培训、医疗卫生、社会保险、出租屋管理、保障性住房、计划生育等方面政策的衔接和协调，加快制定和完善相关配套的公共政策，形成部门协同推进流动人口服务管理的工作合力。二是简化程序，设立服务窗口。根据形势发展需要，成立专门的流动人口落户城镇服务中心（可挂靠市各级公安部门），并在各级政务服务中心设立专门窗口，为流动人口落户城镇提供一站式服务，与流管办对接，积极为新落户人口提供住房（出租房）、教育、就业、就医等信息服务。

（2）加强流动人口服务管理工作领导小组相关职能部门之间的协调配合。一是明确划分流动人口服务管理工作领导小组成员单位的工作目标任务。各级各部门必须在省委、省政府的统领下，在省级流动人口服务管理工作领导小组的牵头和领导下，各成员单位专人分管、专人负责、专款保障，认真贯彻落实中央、省、市有关进一步推进流动人口服务管理的文件精神，按照各自的部门职责分工，明确各市州、各职能部门的年度工作目标任务，加强信息沟通和协作配合，扎实开展各项具体工作。公安、发改、财政、教育、民政、流管、人社、地税、卫计、住建等部门要确保完成本单位（本部门）相关工作任务，并做好配套衔接工作。二是加强流动人口服务管理工作领导小组的统筹协调职责和考核机制。要进一步发挥各级流动人口服务管理工作领导小组的组织协调作用，使其真正成为各级党委、政府组织领导流动人口服务管理的重要协调机构，把流动人口服务管理目标任务完成情况列入年度考核目标，及时调整充实考核内容，完善考核机制，增强考核的针对性和实效性，并纳入年度重点工作任务督查范畴，定期督查通报，严防工作阳奉阴违、数据作假。

（3）加强与流出地相关部门的协作配合。流动人口服务管理工作还涉及与其他区域相关职能部门密切配合协作，对流动人口实行双向协调同步管理，探索建立健全贵州省内各地流管办等相关职能部门与流出地流动人口服务管理的协作机制，只有加强流动人口户籍及其他相关信息的共享与合作，不断提高流动人口城镇落户率，才能做好流动人口服务管理工作。

3. 创新服务管理的工作方式

按照“总量控制、公平公正、有序办理、人户一致”的原则，积极稳妥推进新型城镇化建设，加快推进户籍管理制度改革，健全贵州省流动人口城镇落户的保障机制，以棚户区和城中村改造为契机，引导流动人口就近就地落户，着力解决流动人口就业、居住、教育、社保、就医等问题，提升流动人口城镇落户率。

（1）实行分类管理、优先落户。对流动人口落户要实行分类管理，切实提高流动人口落户城镇制度及配套政策的针对性和实效性。第一类是在城市已购买住房（商品房）的流动人口、失地或大部分失地农村人口，要作为第一批次优先转移落户其现居住地（或购买房屋所在地）的城镇户口；同时，全面放开高校毕业生、技术工人、留学归国人员等的落户限制。第二类是在城市有固定工作和稳定经济来源、居住相对稳定且时间较长、落户意愿强烈、比较安分守己的流动人口，作为第二批次转移落户；对于需要积分入户的南明区、云岩区，按照积分入户政策积极办理落户，鼓励其向新城区落户；对于不需要积分入户的，直接按照中央、省、市（州）户籍制度改革相关规定办理落户。第三类是一般务工人员，主要是居无定所、工作不稳定或季节性、临时性打工的、落户意愿一般的流动人口，健全完善居住证制度，要求他们按照相关规定办理居住证，为他们提供基本公共服务，委托房东和用工单位代管。流管办等部门主要提供就业、租房等服务和常规性治安管理。

（2）健全流动人口落地定位管理机制。人口可以自由流动，房屋则是固定不动的。要紧紧抓住出租房屋和务工场所等流动人口的落脚点，以动制动，针对不同情况，采取不同的服务管理模式和方法，全力挤压违法犯罪分子的活动空间。一是认真贯彻执行出租房屋登记管理制度。要组织相关部门在全面清查的基础上，摸清出租房屋底数，对出租房屋统一进行编号，纳入统一登记管理，并制作出租房屋自己的“身份证”信息；出租房屋业主办理租赁合同登记或者备案，应提供出租房屋“身份证”，没有“身份证”的，按规定不予登记或者备案；与房东逐一签订治安责任书，落实房东责任，对不履行治安责任的行为依法予以查处，不断增强房东的“主人”意识、责任意识和法制意识。二是强化用工单位流动人口管理责任。用工单位要按照“谁用工，谁负责”的原则签订管理责任书，全面落实用工单位的治安责任对用工人数多、符合自主管理条件的企事业单位，健全流动人口协管组织，负责流动人口登记办证、计划生育、法制教育、技能培训和安全管理等日常工作，流管办、人社等政府相关职能部门负责指导检查，督促企事业单位自觉抵制非法用工，不得雇用未办理居住证的流动人口。

（3）搭建信息网络平台，全面推行流动人口网络化管理。一是建立健全流动人口落户城镇管理信息系统。要按照“兼容对接、资源共享、数据完整、高效快捷、联合共建、数据共享”的要求，依托市流管办流动人口信息系统，搭建流动人口落户城镇管理信息系统，整合就业、教育、社保、住建、医疗、卫计、民政等部门的信息资源，健全包括信息采集、整理、输入、传递和管理等在内的统一联网的流动人口基础数据库，并按照“谁用人、谁采集、谁输入”的原则，明确流管、公安、就业、住建、社保、民政等部门的信息采集工作职责，不断拓宽信息来源空间，尽可能全面、及时、准确地采集流动人口居住、就业、社保等各类信息，并全面录入流动人口基础数据库；要充分利用公安专网、政务网等多种网络资源，通过公安专网接到基层派出所，通过政务网接到劳动、计生、民政、教育等部门和社区，实现流动人口信息跨地区、跨部门、跨系统共享，使政府相关部门能充分依托网络信息平台，及时、准确、全面地掌握流动人口动态，制定和采取各种有效措施，降低管理成本，提高工作效率。二是完善常住人口城镇化率统计工作。按照科学合理原则完善常住人口城镇化率指标体系，完善流动人口重点监测和常住人口城镇化率统计报表制度，整合关联度高、重复性强的调查内容，减少不必要的报表、调查指标，规范调查频率；加大流动人口统计培训力度，提高基层统计队伍的统计能力和素养；完善流动人口落户城镇数据采集和统计工作流程，严把数据源头关；加强流动人口统计队伍建设，区、社区（乡镇）流动人口服务管理机构设立专门的流动人口统计岗位，纳入事业单位编制管理。以流动人口基础数据库为基础，根据流动人口的服务需求分类实施落户管理，健全流动人口分类服务管理平台，使流动人口能够享受到常住人口基本公共服务，让流动人口有新的获得感。

4. 健全城镇落户的公共服务保障机制

政府相关职能部门要不断优化服务措施和手段，依法维护和保障流动人口的合法权益，着力解决流动人口最关心的现实利益问题，努力在教育培训、合法权益、子女入学、社会保障、社会救助、计划生育、住房保障等方面完善配套基础设施，提供优质服务，保障流动人口落户前的各项基本公共服务均等化，增进新的获得感。

（1）加强教育培训。教育培训是流动人口服务管理工作中的一项中心任务，特别是法制教育和技能培训尤为重要。一是加强法制教育。要及时通过法制教育强化流动人口的自我约束能力和自我保护能力，努力避免他们因不懂法而违法犯罪；要抓住每一个管理环节，利用各种社会资源，对流动人口进行遵纪守法教育，使他们尽快熟悉本地风土人情，适应本地环境，增强法制意识和维权意识，既防止违法犯罪，也提高自身安全防范意识。二是开展职业技能培训。整合民间力量，兴办民间职业培训学校，多渠道、多形式地对流动人员进行就业培训，提高流动人口职业技能水平；定期举办紧缺工种的免费培训班，将低技能人员转化为高质量人力资本，从而不断提高劳动力整体质量。三是树立诚实劳动意识。要通过舆论导向树立“人人平等、劳动光荣”的意识，减弱户籍人口与流动人口的隔阂，努力形成尊重和善待流动人口的社会氛围，增强流动人口对城市的亲近感、归属感，促进流动人口与本地户籍人口和谐相处。

（2）维护合法权益。维护流动人口合法权益，当前最为重要和紧迫的是要保护好流动人口的合法劳动权益，这是流动人口最希望政府做的工作。一是提供就业公共服务。要通过简化就业程序，提供就业信息和劳动保障咨询等服务，建立市场化的就业服务机制，充分发挥市场对劳动力资源配置的决定性作用，不断引导和促进劳动力的合理流动和优化配置；坚决清理对流动人口的各种搭车收费，加大对用工单位劳动保障的监察力度，严格依法使用行政手段和法律手段，保证劳动法律法规以及国家劳动政策得以贯彻实施，重点是确保《劳动合同法》贯彻实施，给予本市流动人口以切实有效的法律支撑；规范本市劳动力市场秩序，加大对职介机构的管理力度，重点打击、取缔非法劳务中介活动，特别是超业务范围、违法介绍流动人口就业、未经批准非法从事职业介绍等不法行为，确保劳动力市场健康有序发展；要认真负责地做好流动人口投诉举报的受理工作，对用工单位违反法律、政策规定的行为，要依法严肃查处；要积极开展企业用工情况检查，加大执法力度，切实解决因户口身份而产生的同工不同酬、拖欠和克扣工资、限制人身自由、劳动条件差、劳动安全和职业病防护没有保障等侵犯流动人口合法权益的问题。二是全面治理拖欠流动人口工资问题。要在严格落实原有欠薪保障金制度、应急周转金制度的基础上，进一步健全企业欠薪保障制度，完善欠薪预防和快速应急处置机制，定期不定期对企业的工资发放是否及时、规范等开展联合督查，进一步落实欠薪维权的各项措施和责任，及时有效地解决企业拖欠流动人口工资问题，真正打造“零欠薪”的省份。同时，要积极引导和鼓励各用工单位善待员工，通过适当提高劳动报酬、降低劳动强度、改善劳动生产条件和生活条件，营造更具凝聚力的用人氛围。三是保障农村土地权益，建立农业转移人口农地退出补偿机制。首先，继续保障农业转移人口在农村的承包地、宅基地、林地“三权”问题，做好农地登记确权工作，明确提出保障农业转移人口原有的农地合法权益。在此基础上，探索建立农业转移人口城镇落户后自愿退出“三权”的补偿机制，并积极开展试点工作。农村集体经济组织可通过承包地（林地）流转获得流转收益对退出承包地的农户进行补偿，退地农民也可以自行流转自己的承包地（林地）以获得相应收益；宅基地退出补偿机制可以落户城镇的公共服务和社会福利供给为前提，对于宅基地上的附着物的价值实现，可通过转让给需要获得宅基地的农户或者通过社区内部宅基地置换方式获得部分补偿。

（3）健全子女教育。加快流动人口子女教育体制改革，把流动儿童就近入学列为“阳光工程”和“民生工程”，让流动儿童与户籍儿童一样享受同等的教育资源和教学质量，保障流动人口子女接受义务教育的权利，切实解决流动人口的后顾之忧。一是合理规划布局教育资源。要合理规划学校布局，认真规划在建或拟建居住区的中小学和幼儿园配套建设和引进教学师资人才，保障流动人口子女就近入学。二是完善资助政策体系。要按照国家现行贫困学生资助政策要求完善资助政策体系，制定贵州省各级各类教育阶段的家庭经济困难学生资助政策，重点落实流动人口子女在流入地就地就收中职免费教育和普惠性学前教育的政策，以及义务教育阶段家庭困难寄宿生生活补助、普通高中和中等职业学校家庭困难学生发放助学金政策。三是积极实施随迁子女就地升学政策。要按照国家有关办理居住证的随迁子女升学的相关政策要求，明确贵州省流动人口子女入学升学政策，完善校舍资源吸纳流动人口随迁子女与本省户籍学生一样接受义务教育，参加“中考”“高考”升学考试。

（4）完善社保服务。人社和卫计委等要完善流动人口社会保障制度，确保流动人口参加社会保障制度的强制性，凡进城稳定就业的流动人口，用工单位和流动人口都必须按规定参加社会保障，并履行缴纳相关社会保险费的义务。一是完善贵州省流动人口参加医疗保险的配套政策。实行强制性的由用工单位缴费的流动人口工伤保险制度，按照城市户籍职工工伤保险制度的有关规定执行，保障遭受工伤或患职业病的流动人口获得与城镇户籍人口一样的医疗救治和经济补偿。重点完善持居住证的和新落户城镇的流动人口住院医疗保险问题，可建立流动人口大病医疗的社会统筹账户；日常医疗费用由流动人口个人或家庭承担，但应参加大病统筹医疗保险，凡是参加大病医疗费用统筹的流动人口可持居住证及相关大病医疗卡到指定的医院就诊，享受与城镇户籍人口同等的医疗保障待遇。二是完善贵州省流动人口参加养老保险的配套政策。要实行城乡统一的养老保险制度，以身份证号码为基础发放社会保障卡，完善社会保障功能，建立完全积累的个人账户，个人账户的所有权和收益权归流动人口所有，流动人口个人账户能够与职工基本养老保险制度、城镇居民社会养老保险制度或新型农村社会养老保险制度实现对接和转续；个人账户缴费由流动人口和用工单位共同缴纳，以流动人口的实际收入为缴费基数，费率由流动人口和用工单位依有关法律协商决定。三是健全贵州省流动人口参加失业保险的配套政策。参照城镇职工失业保险制度制定不同缴费标准的新落户流动人口失业保险制度，使新流动人口失业后能够按规定享受同等失业保险待遇。四是完善贵州省流动人口参加生育保险的配套政策。着力保障流动人口按规定参加生育保险，流动人口晚婚晚育或在贵州省范围内施行计划生育手术的，享受与本市户籍人口同等的休假等待遇，并由人社部门及社区服务管理中心监督用工单位执行。五是有效发挥商业保险的辅助作用。要充分发挥商业保险的辅助作用，鼓励有条件的用工单位和流动人口根据自身条件投保养老、医疗、生育等险种。

（5）健全救助保障。社会救助能够缓解流动人口在城市生活的暂时困难，是一项必要的服务管理制度。一是完善临时救助配套政策。要将流动人口纳入贵州省流动人口社会救助制度的临时救助范围。可将持有居住证的流动人口，在贵州省各城市连续工作生活一年以上，且申请前连续在现居住地缴纳社会保险费超过一年的，因遭受疾病、意外事故、诉讼、失踪、死亡等突发情况，致使基本生活暂时出现较大困难的，可凭居住证向居住证发放地申请临时救助。二是完善医疗救助等社会救助和最低生活保障的配套政策。持居住证并在现居住地连续工作满三年且连续缴纳社会养老保险满三年的本省非户籍居民，家庭月人均收入低于或等于本省当年居民最低生活保障标准1.5 倍的流动人口低收入家庭，可依需求申请教育救助、医疗救助、就业援助、法律援助、殡葬救助。三是大力发展慈善事业，建立社会救助服务管理工作的社会化参与机制。要鼓励和支持民间组织、慈善团体、宗教组织和广大市民，通过义工服务、捐款捐物、告知引导和直接救助等多渠道、多形式参与社会救助工作。要呼吁全社会共同关心、关注、支持、参与社会救助事业，建立有效而稳妥的社会化参与机制。要加强救助管理机构建设，对生活无着落的流浪乞讨人员实施临时救助，做好流浪未成年人口的保护工作。

（6）计生服务均等。认真落实“三个不变”政策，督促指导各地贯彻落实“原适用的生育政策不变，原适用的利益导向政策不变，免费计划生育服务、妇幼基本公共卫生和重大公共卫生服务不变政策”。一是全面推进持有居住证的流动人口计划生育服务保障政策。依托卫生和计划生育服务机构，使流动人口依法获得放环、取环、流产、结扎四项手术免费服务，并提供相关证明材料；保障流动育龄妇女在现居住地按规定免费享有孕情环情等项目检查及服务，做好流动育龄妇女孕期随访，做好档案记载管理工作，落实实名登记报告制度，实现规范化、网络化管理。开展生育关怀救助活动，完善流动育龄妇女住院分娩救助制度，并逐步提高救助标准。加强人口计生和相关政策的衔接，不断完善针对流动人口计划生育工作的优惠政策，让流动人口享受到政策规定应有的优惠待遇。二是实施流动人口医疗、卫生和计生服务体系政策。大力开展优生优育科普知识宣传讲座和普及工作，强化宣传教育的针对性和有效性，联合科技、教育等相关部门积极开展不同类型的以关爱流动人口为主题的宣传服务活动和咨询服务，积极组织开展婴幼儿早期启蒙教育，普及卫生与计划生育政策法规以及优生优育、生殖保健科普知识，引导流动人口强化遵纪守法和维权意识。要加大避孕节育、生殖健康科普宣传力度，为流动人口提供与户籍人口同等的生殖健康咨询指导和随访服务。确保流动育龄妇女在现居住地免费获得优生优育、生殖保健、出生缺陷干预、免费婚检、孕前优生健康检查等咨询服务，使流动育龄妇女免费享受健康教育、优生检查及咨询指导等孕前优生健康检查相关服务。三是合理规划医疗卫生资源布局。根据流动人口落户城镇意愿和指标分配，认真落实医疗方面的人才培养和引进，科学合理布局医疗卫生资源，确保常住人口医疗卫生服务不降量、不降质，有效满足常住人口基本医疗服务需求。

（7）构筑住房保障。城镇住房保障体系是一项系统的民生工程，应将流动人口纳入贵州省廉租房和公租房等城镇住房保障体系，把符合条件的新就业无房职工、稳定就业的流动人口、进城落户农民统一纳入住房保障对象。一是加快保障性安居工程建设。政府相关部门出台相关政策和激励机制鼓励和吸引民间社会资本投资保障性住房建设，为贵州省流动人口住房安居工程提供更多的房源，提高贵州省城镇住房保障覆盖面，更好地满足农业转移人口基本住房需求，切实解决转移进城农业人口“住房难”问题。采取多方融资，建立多元化住房资金投入机制，根据新生代流动人口不同层次、不同阶段的需求，建设流动人口公寓或廉租房，满足他们多样化的租房需求。二是进一步扩大住房保障范围。按照基本公共服务均等化的要求，可先将城镇中等偏下收入常住人口住房困难家庭、持有居住证的流动人口家庭纳入贵州省保障性住房范围。三是探索建立流动人口住房公积金制度。在流动人口就业的各类企业或灵活就业单位建立住房公积金制度，具体的缴费标准可参照城镇事业单位公积金缴费标准适当降低，流动人口只要连续缴存一定年限的公积金就可申请住房公积金贷款。

5. 加大制度建设及经费保障力度

坚持常抓不懈，从规划、立法等方面入手，进一步落实管理费用和相关责任，实现长效规范管理。

（1）建立完善法律制度规范。流动人口服务管理及其落户城镇、保障流动人口各项权益的立法工作，是一项复杂的系统工程。一是完善地方性政策法规。在加快修改和制定有关流动人口服务管理和城镇落户方面的规章制度时，要在科学论证基础上明确规定流动人口应享有哪些合法权益、享受哪些政府服务、承担哪些义务，明确规定政府及其职能部门承担哪些责任、有关单位负有哪些义务等条款，逐步改变目前流动人口义务与责任过多而地位和权益得不到切实保障的局面。二是及时推进流动人口服务管理制度建设。要把实践证明行之有效的流动人口服务管理政策、措施以法律制度的形式予以确认，规范和加强流动人口服务管理工作，切实做到依法管理、依法服务和依法保障。

（2）加快建立经费保障机制。一是建立和完善市级基本公共服务财力保障机制。按照“政府主导、合理立项、以区为主、各负其责”的原则，进一步增加人口流入地财政转移支付，确保流动人口落户城镇专项经费和必需的工作经费，建立和完善流动人口基本公共服务财力保障机制，实现城镇基本公共服务常住人口全覆盖。流动人口基本公共服务财力保障经费主要由市（州）、县（区）两级财政分担并列入财政预算。调整市（州）级财政分配结构，切实加大对流动人口基本公共服务的支持力度，作为市（州）级财政安排流动人口基本公共服务支出。二是积极争取省级财政的转移支付倾斜。为了让流动人口在贵州省城镇稳定就业和落户城镇，获得享受基本公共服务的均等机会，各市（州）财政等部门要充分利用省级财政转移支付制度与户籍制度改革挂钩的政策，积极向省级财政争取更多的支持和转移支付倾斜，健全农业转移人口基本公共服务资金投入机制。三是加强基本公共服务财政资金的监管力度。切实加强财政资金监管，提高转移支付资金的使用效益，市级财政部门和纪检督查部门要加强管理和监督流动人口落户城镇专项资金使用去向，健全专项资金的绩效评价体系，并把绩效评价的结果与下年度专项资金的安排和调整挂钩，提高资金的使用效益。

## 【参考文献】


[1] 贵州省第六次人口普查领导小组办公室．贵州省 2010 年人口普查资料 [M]. 北京：中国统计出版社，2012.

[2] 国家人口与计划生育委员会流动人口服务管理司．中国流动人口发展报告 2011[M]. 北京：中国人口出版社，2011.

[3] 蔡昉．中国流动人口问题 [M]. 北京：社会科学文献出版社，2007.

[4] 任远．城市流动人口的居留模式与社会融合 [M]. 上海：上海三联书店，2012.

[5] 段成荣．中国流动人口研究 [M]. 北京：中国人口出版社，2012.

[6] 杨菊华．中国流动人口经济融入 [M]. 北京：社会科学文献出版社，2013.

[7] 熊光清，等．流动人口权利救济问题研究 [M]. 北京：中央编译出版社，2013.

[8] 陈菊红．“国家—社会”视域下的流动人口自我管理研究 [M]. 杭州：浙江大学出版社，2016.

[9] 盛昕．流动人口医疗保障的社会学研究 [M]. 北京：中国社会科学出版社，2015.

[10] 申鹏．农村劳动力转移的制度创新 [M]. 北京：社会科学文献出版社，2012.

[11] 申鹏．基于禀赋的新生代流动人口就业行为研究 [M]. 北京：社会科学文献出版社，2012.

[12] 郭晨．基于 Logistic 模型的南京市流动人口长期居留意愿研究［J］. 经济研究导刊，2011（25）：144–145.

[13] 钱文荣．初衷达成度、公平感知度对农民工留城意愿的影响及其代际差异［J］. 管理世界，2013（9）：89–101.

[14] 孟兆敏，吴瑞君．城市流动人口居留意愿研究——基于上海、苏州等地的调查分析［J］. 人口与发展，2011（3）：11–18.

[15] 夏怡然．农民工定居地选择意愿及其影响因素分析——基于温州的调查［J］. 中国农村经济，2010（3）：35–44.

[16] 吉亚辉，涂航标．流动人口户籍迁移意愿的调查报告——基于兰州市的问卷调查［J］. 西北民

族大学学报，2014（4）：163–170.

［17］李珍珍，陈琳．农民工留城意愿影响因素的实证分析［J］．南方经济，2010（5）：5–10.

［18］张航空．梯次流动对流动人口居留意愿的影响［J］．人口与发展，2014（3）：18–23.

［19］罗恩立．就业能力对农民工城市居留意愿的影响——以上海市为例［J］．城市问题，2012（7）：96–101.

感谢贵州省高等学校人文社科研究基地——人口·社会·法制研究中心、贵州省2015年1%人口抽样调查办公室对本书的资助

# 人口·社会·法制研究

## 2017年卷（二）

主　编　杨军昌　王文忠

副主编　张忠阳　郑姝霞　申　鹏
　　　　廖　艳　方　印

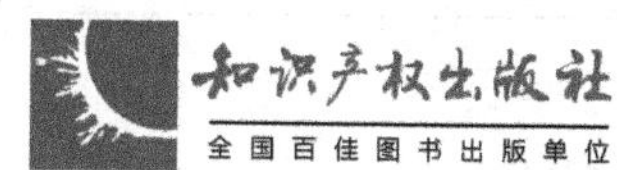

**图书在版编目（CIP）数据**

人口·社会·法制研究.2017年卷.二/杨军昌，王文忠主编.—北京：知识产权出版社，2018.9

ISBN 978-7-5130-5783-7

Ⅰ.①人… Ⅱ.①杨… ②王… Ⅲ.①社会科学—文集 Ⅳ.① C53

中国版本图书馆CIP数据核字（2018）第191483号

**内容提要**

本书为贵州省高校人文社科研究基地——人口·社会·法制研究中心连续性学术辑刊《人口·社会·法制研究》2017年卷（二）（总第13卷）。内容涉及人口问题、社会发展、历史学与民族热点、法学难点等多个方面。既有宏观研究，也有微观分析；既有理论讨论，也有实证剖析。均主题鲜明，中心突出，资料翔实，内容具体，论证有力，针对性强，具有一定的学术与实践参考价值。

**责任编辑**：王　辉　　　　**责任印制**：孙婷婷

**人口·社会·法制研究2017年卷（二）**

杨军昌　王文忠　主　编

张忠阳　郑姝霞　申　鹏　廖　艳　方　印　副主编

| | |
|---|---|
| **出版发行**：知识产权出版社有限责任公司 | **网　　址**：http：//www. ipph. cn |
| | http：//www.laichushu.com |
| **电　　话**：010－82004826 | **邮　　编**：100081 |
| **社　　址**：北京市海淀区气象路50号院 | **责编邮箱**：wanghui@cnipr.com |
| **责编电话**：010-82000860转8381 | **发行传真**：010-82000893 |
| **发行电话**：010-82000860转8101 | **经　　销**：新华书店及相关销售网点 |
| **印　　刷**：北京虎彩文化传播有限公司 | **总 印 张**：27 |
| **开　　本**：720 mm × 1000 mm　1/16 | **印　　次**：2018年9月第1次印刷 |
| **版　　次**：2018年9月第1版 | **定　　价**：136.00元（全两册） |
| **总 字 数**：600千字 | |

ISBN 978-7-5130-5783-7

**出版权所有　侵权必究**

**如有印装质量问题，本社负责调换。**

# 目　录

## 人口研究



## 社会学研究



## 历史学、民族学与经济学研究

## 法学研究



## 其　他

# 人口研究

# ● 贵州的民族识别历程与未识别人们共同体的人口状况分析*

杨军昌　吴青芬**

（贵州大学　历史与民族文化学院、人口·社会·法制研究中心；
贵州大学　公共管理学院　贵州　贵阳　550025）

**摘　要：**民族识别是尊重和保护少数民族权利、落实党的民族政策的一项基础性工作。贵州省是民族识别工作的重点省份，在1979年基诺族被认定为我国第55个少数民族后，全国民族识别基本集中于贵州一省。从中华人民共和国成立初期至20世纪90年代末，贵州省通过对80余个名称的族体的民族成分识别，形成了拥有17个世居少数民族的山地民族大省的格局，但目前贵州省尚有穿青、僅家、蔡家、龙家、俚民人5个待识别人们共同体，其人口占全国待识别人们共同体人口总量的95%以上，并主要分布于滇黔古道上的织金、纳雍等县和湘黔大道上的水城、黄平等县区。贵州省待识别人们共同体及其人口较多是特殊地理环境、历史、经济、社会、文化等多种因素综合作用的结果，也与民族识别工作本身的艰巨性、敏感性和复杂性有关。

**关键词：**民族调查；民族识别；未识别人们共同体；其他未识别民族的人口；贵州

中华人民共和国成立后，为改变旧中国民族族称的混乱状况，落实党的民族平等、团结、共同发展繁荣政策，有利于民主选举的少数民族代表名额确定，推进民族区域自治和民族经济文化实现新发展的进程，同时也因许多地方族体在党的民族平等方针感召下提出"正名"以要求承认其民族身份与地位的背景下，1952年前后，中央人民政府派出大批民族学者和民族工作者以中央访问团的名义组队深入各少数民族地区，在综合调查的基础上进行民族识别，以"能基本上划清哪些要识别的单位是汉族的一部分，哪些是少数民族；如果是少数民族，它们是单一民族还是某一民族的一部

---

* 基金项目：国家社科基金重大招标项目（编号16ZDA156）、国家民委2015年民族研究项目（编号2015－GM－139）、中国喀斯特地区乡村振兴研究院（贵州大学）招标项目（编号2018GDJD-ZKY002）及贵州大学民族学重点学科群建设资助项目阶段性成果之一。

** 作者简介：杨军昌（1963—），侗族，贵州石阡人，贵州大学历史与民族文化学院教授，人口·社会·法制研究中心研究员、博士。研究方向：民族经济与社会、民族人口与发展等。吴青芬（1993—），女，侗族，贵州黎平人，贵州大学2017级人口学专业在读硕士生。研究方向：人口与社会发展。

分。”由于在工作中党的民族理论与政策运用得当，科学研究和“名从主人”的基本原则把握到位，对待识别人们共同体[1]的意愿高度重视和充分尊重，有效地对全国提出的 400 多个族体名称进行了科学调查和识别，并在 1954 年前确认了 38 个单一少数民族。相继经过工作的延续，到 1979 年确认基诺族为单一民族止，便已形成了中国“56 个民族”的基本格局。贵州省不仅民族成分较多，而且交织复杂现象突出，一直是民族识别工作的重点省份。“六普”时贵州的穿青、俫家、蔡家、龙家、俚民人 5 个待识别人们共同体总人口为 71.05 万人，占全国待识别民族总人口的 96.70%。2015 年 1% 人口抽样调查时，样本数据为 87.44 万人。民族识别工作仍在“进行时”。

## 一、中华人民共和国成立后贵州省民族识别的历史回顾

贵州省自古以来便是多民族汇聚区，民族称谓纷繁多样，民族问题也十分突出。历史上各民族之间、一个民族不同支系之间、少数民族与汉族之间在生存空间、资源控制、社会交往、文化交流、经贸往来等方面关系交错、情势复杂，而各少数民族在封建统治阶级的政策歧视、生活压迫、经济剥削的高压统治下，揭竿而起的反抗事件在历史上已是常态性现象，有的轰轰烈烈、辗转对抗达二十多年之久，如侗族吴勉起义、侗族姜应芳起义、苗族张秀眉起义、咸同时期以少数民族为主体的号军起义等。民国时期，由于长时期的战争频仍、社会动荡，特别是杨森主政贵州期间强行在少数民族地区推行“同化”政策而至民族矛盾紧张、各地“民变”此起彼伏的同时，相应的歧视、压迫更为加剧，少数民族的政治、经济、文化等方面的权利被进一步剥夺。在此背景下，很多少数民族为了生存和“种的繁衍”，被迫更改、隐瞒自己的民族成分。此外，由于贵州省属于高原山地，大山阻隔，江河分割，地形破碎，切割强烈，交通落后，很多地区开发较晚，封闭式的乡村与外部较少联系，各自的传统文化与生计方式在狭小的空间土壤上自然延展，以致不少地方在长时期被题上“苗蛮之区”“生苗地带”“化外之地”“苗疆地域”“苦寒之地”等标签。加上贵州高原自春秋战国后便为我国古代氐羌族系、百濮族系、百越族系和苗瑶族系分布的连接点、汇聚地，又是汉族移民由湘而滇、由川而滇而桂的必经地，特别是明代在滇黔古（驿）道、湘黔大道[2]一带的驻军屯田以及之后汉族移民的大量住入和延展，各族系间、各族系与汉族之间在这一特定的山地高原上经过长期的交往、分化、融合，形成一个个以地域、生计方式、文化习俗为差异特征的民族或民族支系，以致贵州省的民族出现种类众多之状，

[1] 待识别人们共同体，亦称“待识别民族”，人口普查时以“其他待识别的民族”为名。在我国的人口统计里，是指所有因人数较少或者是已被汉族或其他族群同化而还未被正式确认的民族或族群，也可能是民族问题未明而未获政府所承认的少数民族，或者是已被政府所承认为少数民族，而在民族成分认定上出现争议的未定族称人们共同体。也称待识别民族，目前，我国待识别人们共同体，主要分布于西南地区，其中以贵州为重点。

[2] 滇黔古（驿）道、湘黔大道为古代秦汉至魏晋南北朝时期四大族系在贵州交汇的集散地及自战国楚将庄蹻自东向西入滇起历代汉族入黔的“移民文化走廊”。元代建制驿站，配置驿丞。郭子章《黔记·驿传》中，将贵阳至沅州的驿道称“下游”，即黔湘驿道；贵阳至昆明的驿道称“上游”，即黔滇驿道。黔滇驿道一般认为有二：一由贵阳、安顺、普安、盘州入云南；二由水东（贵阳东北）、水西、毕节、乌撒（威宁）达乌蒙（昭通）。资料显示，由汉而后的各族系移民和汉族移民在这两条交通孔道沿线各地都找到了生存发展的空间，相互间的“夷化”“汉化”或彼此融合、同化，使这一地带呈现出了民族种类众多、民族称谓复杂的状况。而于该方面的论述较多，在此不一一列举。

在“苗蛮”等统称之外，又名称多样复杂。如记载贵州“苗蛮”之种类名称，清乾隆《贵州通志》有42种，嘉庆陈浩《苗图并说》有82种，光绪邹元吉《黔苗图泳》有100种，民国《贵州通志》有6个族系85种。数量众多之状在国外收录、整理的“百苗图”中也是如此，如意大利地理学会图书馆收藏的《百苗图抄本汇编》有82种、《百苗图》有100种、《黔省苗图全部》有78种。可见，中华人民共和国成立以前，居住在贵州省的民族（包括支系）众多，名称繁杂，足以说明贵州省是地地道道的山地民族大省，民族识别的艰巨性、敏感性和复杂性突出。

### （一）20世纪50年代至70年代末：以民族成分的认定、恢复为主

西南是我国少数民族的主要分布区之一，1950年，中央就派出民族访问团到贵州等省进行访问和实地调查。期间，访问团在贵州省“各地报来的民族名称共有八十多个”中，“接触了其中的三十多个民族单位，对他们的基本情况，作过一些调查、了解”，得到了“有十多个在语言和生活方式上和汉人基本相同，但受到当地汉人歧视，不愿和汉人合为一族，要求以少数民族待遇”的收获。在此基础上，1954年全国人大派出的识别调查组、贵州省民族事务委员会（民族事务委员会以下简称“民委”）、中央民族学院组织的专家组在毕节、六盘水、安顺、遵义等地区，先后对布依、穿青、仡佬等共同体的历史做了艰苦的调查与识别工作。到1956年年底，取得了统一苗族支系名称、确定布依族、仡佬族民族成分与名称的几项代表性成果。

从资料来看，贵州省20世纪50年代的民族识别工作与全国一样，是当时各级党委、政府主抓的一项重要工作，具体操作也主要经由中央、地方各级政府以组织调查队伍、拟定调查提纲、开展具体调查和识别等方式展开，并在实践中呈现出“时间紧、任务重”的非制度化运作状态，“应急性”特征较强。

1965年起，贵州省的民族调查与识别主要由贵州省民委组织，调查、识别的重点区域是黔东南州和安顺地区，同时兼及其他地区，重点是反复论证、核对和对重报、错报的族称进行归并和更正。1979年，经识别上报，国家正式公布了贵州省苗、布依、侗、彝、水、回、仡佬、壮、瑶9个少数民族的民族名称，同时查实认定贵州尚有六甲人、七姓民、卢人、弈人、龙家、南京、穿青、蔡家、喇叭、里民、木佬、俈家、东家、西家、绕家、三撬、下路司、刁族、长袍瑶、油迈人、莫家、辰州人等23种“人们共同体”。自此而后，贵州省成了全国待识别人们共同体数量最多、人数最多的省份。❶

### （二）20世纪80年代至90年代，以民族成分的归属、恢复为主

如果说，20世纪50年代至70年代贵州省的民族识别有着非制度化运作特征的话，那么，进入80年代，即是进入了相对规范性运作的时期。其主要标志：一是国家层面围绕民族识别与认定有相应规范性文件或行政规章出台；二是贵州省有着系列的制度

❶ 第五次人口普查时，全国未识别民族人口734438人，这一群体人口占中国少数民族人口的0.697%。主要分布于西南地区，其中贵州省以710486人为最多，占96.7%；其次云南省有7404人；再是西藏自治区有3817人。

性安排。之于国家层面，主要有 1981 年国务院人口普查领导小组、公安部、国家民委发布的《关于恢复或改正民族成分的处理原则的通知》、1982 年国家民委发布的《关于民族识别工作的几点意见》、1989 年国家民委、公安部发布的《关于暂停更改民族成分工作的通知》以及 1990 年国家民委、国务院第四次人口普查领导小组、公安部联合发布的《关于中国公民确定民族成分的规定》等。而于贵州省，1980 年 10 月中共贵州省委批示“由省人大常委和省民委组织贵州省民族识别工作队（组），尽快投入工作”后，贵州省民委和组建的民族识别工作队制定了《贵州省民族识别工作计划》和《贵州省民族识别调查提纲》。鉴于“全省尚有九十万民族人口，……这些民族人口中有一部分是属于错报和过去害怕民族歧视而隐瞒民族成分要求更正的，但较大的部分是属于未定民族，必须进行民族识别”的背景下，从 1981 年起，以对木佬人的民族成分调查识别为开端在全省开展了识别工作。1985 年前，贵州省先后认定了 15 种待识别民族的民族成分归属（见表 1）。

表 1　1985 年前贵州省 15 个待定民族的认定概况表

| 族称 | 人口数（万人） | 分布 | 归属民族 |
|---|---|---|---|
| 六甲人 | 0.015 | 榕江 | 汉族 |
| 辰州人 | — | 平塘 | 汉族 |
| 南京人 | 6.12 | 毕节地区、安顺地区和六盘水市的部分县、市 | 汉族 |
| 喇叭 | 6.00 | 晴隆、普安、六枝、水城、盘县、龙里等 | 苗族 |
| 西家 | 0.90 | 凯里、都匀、麻江等县市 | 苗族 |
| 莫家 | 1.70 | 独山和荔波两县交界处 | 布依族 |
| 七姓民 | 0.76 | 水城、威宁、赫章等县 | 白族 |
| 长袍瑶、油迈人 | 0.03 | 荔波县、望谟县 | 瑶族 |
| 卢人 | 0.78 | 黔西、金沙、大方三县交界处 | 满族 |
| 弈人 | 0.10 | 毕节 | 仡佬族 |
| 下路司、刁人 | 0.10 | 从江 | 侗族 |
| 三撬人 | 0.24 | 黎平 | 苗族或侗族 |
| 里民人 | 7.00 | 晴隆、关岭、镇宁、水城 | 白族、黎族 |

资料来源：贵州省民族事务委员会 . 贵州民族工作五十年［M］. 贵阳：贵州民族出版社，1999.

1985 年 2 月 28 日—3 月 7 日，鉴于贵州民族识别工作的特殊性和艰巨性，国家民委在北京专门召开了贵州省民族识别工作汇报会，解决贵州民族识别中有关穿青、蔡家、龙家、俫家、东家、绕家、佯僙、木佬 8 个人们共同体的认定问题，得出了贵州省“所带来的 8 个集团，除穿青是汉族以外，其他都是少数民族，但不能定为单一民族，都是归属问题”的结论。之后，贵州省人民政府相继作了相关的认定批准。具体为：1988 年认定龙家 6.46 万人为白族，1990 年认定平塘县 2.95 万、独山县 0.05 万、惠水县 0.2 万佯僙人为毛南族，1991 年 11 月认定麻江县、都匀市绕家 0.65 万人为瑶族，

1993年2月认定2.8万木佬人为仫佬族，1996年认定凯里市0.16万、麻江县3.24万、都匀市0.3万人、福泉市0.46万东家人为畲族。而亻革家对于认同于苗族、蔡家对于认同于彝族或仡佬族的意见和继续认定穿青人为汉族的结论，均因3个待识别民族的认同排斥而未有落实（见表2）。

**表2 20世纪90年代贵州省5个待定民族的认定概况**

| 族称 | 人口数（万人） | 分布 | 归属民族 | 认定时间（年） |
|---|---|---|---|---|
| 龙家 | 6.46 | 毕节、安顺、六盘水 | 白族 | 1988 |
| 佯僙 | 3.20 | 黔南州的平塘、独山、惠水、罗甸 | 毛南族 | 1990 |
| 绕家 | 0.65 | 麻江、都匀 | 瑶族 | 1992 |
| 木佬 | 2.80 | 黔东南的麻江、凯里和黔南的都匀、福泉、瓮安 | 仫佬族 | 1993 |
| 东家 | 4.16 | 麻江、凯里、都匀、福泉 | 畲族 | 1996 |

资料来源：贵州省民族事务委员会. 贵州民族工作五十年［M］. 贵阳：贵州民族出版社，1999.

这一时期，黔东北及其邻近的川、湘、鄂地区“一直隐瞒着自己的民族成分”的汉族，民族意识进一步被唤醒，纷纷表达出了恢复民族成分的强烈愿望。这些区域的县级人民政府也根据《关于恢复或改正民族成分的处理原则的通知》以及1982年4月《湘鄂川黔四省边境邻近地区部分群众恢复土家族成分工作座谈会纪要》等文件精神，组织开展了民族识别与恢复的系列工作。相继，贵州省人民政府批准：1982年玉屏县恢复侗族6.3万人，苗族0.14万人，万山特区恢复侗族0.28万人；1986年前后，在今铜仁市所辖的沿河、德江、思南、石阡、铜仁、江口、松桃等县区市恢复土家族、苗族、侗族、仡佬族、蒙古族、羌族等民族成分99.20万人，在今遵义市所辖的道真、务川两县恢复仡佬族、苗族、土家族等民族成分25.49万人。

对于尚未认定民族成分的待识别民族，注重对其意愿的尊重和权益的保护。1986年的《中共贵州省委常委办公会议纪要》(〔1986〕29号）指示：在穿青、蔡家等人群的民族成分问题“没有明确解决之前，先维持现状。即：凡已经按少数民族对待的仍按少数民族对待，填写民族成分时原来怎么填写仍然怎么填写”。1987年5月6日贵州省公安厅、贵州省民委黔族〔1987〕36号《关于填写居民身份证民族成分等问题的几项规定》文件规定：“……三、对已认定为少数民族，但未明确是单一民族的，其民族成分过去怎么填写，现在仍怎么填写。如‘亻革家’‘木佬’等应填写为‘亻革家人’‘木佬人’。对国家尚未正式认定为少数民族，中华人民共和国成立后一直未填报为汉族，其民族成分过去怎么填写，现在仍怎么填写。如‘穿青’应该填写为‘穿青人’……五、对我省8个未定民族（亻革家、穿青、蔡家、龙家（南京）、东家、木佬、绕家、佯僙），过去享受少数民族待遇的，现在仍享受少数民族待遇”。

上述20世纪八九十年代的贵州省民族识别工作特点，可作如下几个方面的表述：一是识别工作处于较为规范性开展的状态，省州市县同步联动，工作有政策，方向按原则，路径重实效，结果求科学；二是民族成分归属未新增，即按照“名从主人”和不新增单一民族的原则予以归属或并入；三是研究和识别同步进行，认定和恢复民族成分同时并举，成熟认定与争议搁置相行有序；四是注重对待识别民族意愿的尊重和权益的保护。

### （三）2000 年后，总体是稳定现状，但也有个别阶段的工作开展

这一时期，贵州省尚有俓家、穿青、蔡家以及部分不认同为黎族、白族的俚民人、不认同于彝族或仡佬族的龙家人的民族成分未能定论而为“未定族称人们共同体”，即待识别民族。在国家层面，由于 56 个民族的数量处于定格状态，对于待识别民族，基本要求是通过归属、认同路径实现问题的解决。在贵州，由于上述待识别民族单一民族的意识非常强烈，在未有良好解决可能的前提下，自 2000 年以来，对于待识别民族，贵州总体上是稳定现状，暂不识别，创造条件，以待时机的思路。

尽管如此，待识别人们共同体的意愿和权益，却始终受到政府的重视、尊重和保护。除前述有关政策外，2003 年 8 月 28 日中华人民共和国公安部《关于对贵州省俓家人和穿青人居民身份证民族项目内容填写问题的批复》（公治〔2003〕118 号）强调：“一、为维护民族团结和社会稳定的大局，对你省俓家人、穿青人按照‘凡已按照少数民族对待的仍按少数民族对待，填写民族成分时原来怎么填写仍怎么填写’的原则，在办理居民身份证时，采取一种过渡办法，可填写为‘俓家人’‘穿青人’。二、对部分俓家人、穿青人因居民身份证民族项目填写可能引发的不满和上访问题，应予高度重视，……”2010 年 8 月，经国务院人口普查办同意，贵州省第六次人口普查办、贵州省民委下发《关于认真做好我省未定族称人们共同体人口普查登记的通知》（黔人普办字〔2010〕29 号）指出：“为准确掌握我省现有的穿青人、俓家人、蔡家人、俚民人、龙家人（南京人）等 5 个未定族称人们共同体的数量、构成、分布以及其他人口信息情况，……决定在第六次人口普查中对我省上述 5 种未定族称人们共同体进行分类普查登记。”上述文件的实施，不仅维护了贵州待识别民族整体利益及保障了待识别民族聚居区域的稳定与发展，而且保证了贵州待识别民族人口底数的摸清摸实，为制定和落实有关民族政策提供了资政素材。

其间，也有个别待识别民族“就近认同”的工作开展。2014 年，贵州省民宗委先后发布《关于开展未定族称人们共同体的族称认同基础工作的通知》（黔族发电〔2014〕1 号）、《关于贯彻落实省政府专题会议纪要精神有关事项的通知》（黔民宗发〔2014〕11 号）等文件，布置于当年 4 月，按“名从主人”的原则，和“县负总责，以乡为主”及“就近认同”[1]的方法，在穿青、俓家等待识别民族中开展民族认同基础工作。该项工作经过近 1 个月时间的开展，尽管取得了一定的效果，但因大部分穿青人强调“不是汉族”，也不认同于周边的其他民族的“单一少数民族”意识十分强烈，同时，俓家对该项工作也表达出了强烈的排斥，并在其他因素的作用下，启动不久即告结束。

[1] 工作开展期间，穿青人纳雍县发布的公告中对穿青人的民族成分“就近认同”，列有彝族、蒙古族、白族、仡佬族、苗族、布依族、汉族 7 个民族可选，但强调“也可选择维持现状，保留穿青人身份”。见徐其勇．贵州百万穿青人的“民族”难题：保留身份或改成其他民族［N］．东方早报（上海），2014-07-02.

## 二、贵州省待识别人们共同体的人口状况分析

鉴于人口普查资料的局限性，对贵州待识别人们共同体的人口状况分析，在此仅从数量变动、地理分布、人口受教育程度 3 个方面予以展开。

### （一）数量变动状况

民族识别中民族成分的恢复、更改和识别，不仅直接影响少数民族人口的数量及构成，而且还通过相关的人口政策，如长期的生育政策放宽、就学就业等影响区域各民族人口的增长状况及人口控制。其中，又分几种情况，一是通过识别，没有民族成分的更改、恢复之情状，在封闭的人口再生产环境下，民族人口就会沿着一定的惯性而自然发生变动；二是通过识别，有民族成分的变更，即待识别人们共同体、部分汉族认定或变更为少数民族会引起人口数量的增减和结构的变化，甚至是重大的变化；三是民族成分未发生改变，但区域中的部分或某一少数民族被识别为汉族，或人口较少的少数民族识别为人口数量大的少数民族如壮族，在生育政策刚性执行的时期，也会影响人口数量的变动；四是个别时期民族识别政策、特别是过“左”的政策因素和工作导向，也对民族人口数量和总的人口结构产生重大影响。总的来看，民族识别对于民族人口的数量变动影响重大，如贵州省少数民族人口占贵州省总人口的比例从“二普”时的 23.40% 上升到“四普”时的 34.70%，再上升到 2000 年“五普”时的 37.84%。而由于占绝大多数待识别民族人口总数的穿青人一直未有定论的族属的特殊性，因而民族识别对贵州省甚至对全国待识别人口的数量格局未有较大影响。

表 3　历次人口普查全国未识别的民族人口数

| 年份 | 1953 | 1964 | 1982 | 1990 | 2000 | 2010 |
|---|---|---|---|---|---|---|
| 全国（人） | 1017299 | 32411 | 799705 | 752347 | 734438 | 640101 |
| 贵州省（人） | 376386 | 2797 | 748080 | 733400 | 710486 | 612780 |
| 贵州省占全国的比例（%） | 37.0 | 8.6 | 93.5 | 97.5 | 96.7 | 95.73 |

资料来源：根据历次人口普查资料整理。

从历次人口普查数据来看（见表 3），贵州待识别人们共同体人口除个别普查年外，数量均不低于 30 万人，最高为 74.81 万人。而 1964 年“二普”不到 3000 人，究其原因，可归结为上述所列之第四种情形。对之，著名民族学者、曾参与主持贵州 20 世纪 80 年代民族识别、并任贵州省民委副主任的张人位认为是当时“少数民族因长期受阶级压迫和民族歧视的影响，对民族政策了解不够，加之这一时期出现‘左’的错误，‘民族融合论’之风一度出现，不敢公开申报自己的少数民族成分，多将其民族成分申报为汉族。”可见，“左”的理论对待识别民族人们的心理与民族识别工作的影响之大。但总的情况是，“三普”而后，贵州待识别民族人口均在 60 万以上，在全国待识别民族人口总数中的比例均在 93% 以上，最高的 1990 年占到了 97.5%。

### （二）地理分布状况

2010 年第六次人口普查表明，我国未识别的民族人口共有 64.01 万人，而仅贵州省就有 61.28 万人，占贵州省总人口的 1.76%，为全国未识别民族人口的 95.73%。2015 年 1% 人口抽样调查时，贵州省待识别民族人口为 87.44 万人，较“六普”增长了 26 万余人。鉴于 1% 人口普查的资料所囿，这里仍用“六普”资料进行地理分布状况的分析。

在贵州省，未识别民族人口地理分布主要集中于黔滇、黔湘驿（大）道两侧。其中，黔滇线上的织金、纳雍、大方 3 县共计 42.99 万人，占贵州省待识别民族人口总数的 70.15%；黔湘大道线上的钟山、水城、黄平、普定 4 县区共计 10.79 万人，占贵州省待识别民族人口总数的 17.61%。上述 7 县区为贵州省未识别民族人口的主要分布区域，也是全国未识别民族人口的主要分布区域（见表 4）。

表 4　贵州省各地区“六普”未识别的民族人口分布表

单位：人

| 地区 | 人口数 | 男 | 女 | 主要分布县区（市） |
|---|---|---|---|---|
| 毕节 | 440578 | 229271 | 211307 | 织金县200287人、纳雍县193209人、大方县36361人<br>毕节市5083人、赫章县1830人 |
| 六盘水 | 82135 | 43483 | 38652 | 钟山区20912人、水城县57993人、六枝特区2433人 |
| 贵阳 | 42839 | 22524 | 20315 | 南明区6937人 |
| 黔东南 | 28189 | 14771 | 13418 | 黄平县17231人、凯里市9623人、施秉县1037人 |
| 安顺 | 16281 | 8641 | 7640 | 普定县11753人、西秀区2499人、平坝县1234人 |
| 黔南 | 998 | 549 | 449 | 都匀市305人、福泉市157人 |
| 黔西南 | 693 | 381 | 312 | 兴义市497人、兴仁县52人、安龙县40人 |
| 遵义 | 603 | 304 | 299 | 红花岗区186人、汇川区204人 |
| 铜仁 | 464 | 201 | 263 | 铜仁市123人、德江县98人、沿河土家族自治县89人 |
| 总计 | 612780 | 320125 | 192655 | |

资料来源：根据贵州省第六次人口普查资料整理。

再从 2015 年 1% 人口抽样调查的人口分布来看，尽管待识别民族在全省各地均有居住，但其分布极不平衡，几乎完全保持“六普”时的分布排序格局，具体为：毕节市 64.66%、六盘水市 24.58%、贵阳市 4.55%、黔东南州 3.75%、安顺市 1.68%、黔南州 0.47%、遵义市 0.25%。但从毕节市低于 2016 年 71.90% 占比 7.24 个百分点的状况看，显然 2014 年对穿青人的识别认同工作是产生了一定的影响的。

在 5 个待识别民族中，有必要结合地理分布而分别对其状况作一简介，以进一步窥见贵州待识别民族及其人口变化之一斑。

俚民人，史称“里民子”，又称“里民人”，清乾隆《黔南识略》卷二十四“苗有棘儿子、保罗、蔡家……里民子，族类繁多”的记述中，将其当作苗人的一支。主要分布于滇黔古道一线的关岭、镇宁、晴隆、水城等地。“在清百苗图里，里民人服饰是无领大反托肩绣花长衣，系布腰带，盘辫发结于前顶，笼以木梳。”宗教上，前供“五显坛神”，后奉多神崇拜。因“里”与“黎”二者读音相近，解放初期土改工作队将“里民子”定名为“黎族”。由于与海南岛黎族毫无渊源，在1983年前，部分“黎族”被识别为白族。1983年12月贵州省民族识别工作队认定俚民人（“黎族”）为彝族。1986年和1991年，安顺地区和关岭县据之分别两次行文上报，但未获批复。

龙家人，自称“松尼保”，《元史》等30余部文献均有“龙家”之记载，主要分布滇黔古道一线的毕节市、安顺市大部和六盘水市东北部。龙家有自己的语言，经济生活以农耕为主，婚姻“黑白不婚、同宗不婚……先挑花谈爱，后鸡卜媒婚……老丧……每年鸡斋一次，三年后打戛洗骨一次。”明初从南京进入龙家居住地域的“南京人”，自后风俗习惯、心理认同渐趋龙家，对外也称“龙家”，以致后有“龙家—南京人”“何主何宾，已无能分辩”之状。1984年，贵州省民族识别办认定其为单一民族——南龙族，但未获批准。之后，再经识别，认定龙家与白族有渊源关系。1988年贵州省人民政府批复毕节地区6.19万龙家人认同为白族。由于该年6月1日中共贵州省委《办公会议纪要》特别强调“这次龙家认定为白族……仅限于1982年人口普查登记的龙家人和南京人”，这样安顺、六盘水两地的“龙家人”则未被认定为“白族”。

蔡家人，自称“门你”，认为祖先来自蔡国，他称“蔡家子”“蔡家苗”。1983年毕节地区有蔡家1.8万人，六盘水市有0.35万人，安顺地区有数百人。对于蔡家人，典籍多有记载，如清道光《黔南职方纪略》卷九曰“战国时，楚将庄桥灭牂牁时，蔡侯久为楚所灭，遂迁其公族于牂牁，于是苗中有蔡家子也”。蔡家人有自己单一独特的语言——蔡语，有祖传的擀毡、种痘等独特工艺，原初的婚丧礼仪习俗保留完整。20世纪50年代费孝通等在蔡家人居住地考查时认为“该族有自己的共同语言，共同地域，共同文化心理状态”，“仍将他们按少数民族看待，是比较妥当的”。1981年、1983年民族识别均认定其为单一少数民族——蔡族，但未被批准。

穿青人，早期称“土人”“里民子”，后期名“穿青”，以“衣尚青”而得名，邻近的“穿蓝人”（汉族）称之为“杀天苗”“通背猴”，康熙初年木刻唱本《水西传》将“穿青”列为“九种夷蛮”之一。主要分布在今毕节市的织金、纳雍两县。“六普”时人数为67万。穿青先民以山魈为神，以猴为图腾，自称是“山魈人马”，其信仰五显神，有不与外族通婚、“天上不吃雕鸽雁，地上不吃牛马犬”“妇女穿大袖滚花上衣、梳三把头、不裹脚、出嫁不坐轿”等习俗，民族意识与民族感情十分强烈。1955年，由费孝通领头组建的工作组完成的《贵州省穿青人民族成分调查报告》中判断穿青人是汉人[1]。贵州省1981年组建的穿青人识别组于1985年2月提交的《贵州省穿青人民族成分调查报告》中，提出穿青人是以贵州土著民族为主，与迁入人口融合而生的少

---

[1] 从《贵州民族识别资料集·第一集》(1985年4月)资料来看，该报告当时“根本未与穿青人见面，调查结论搞了，省政府也有报告，但当时的中央民委没有批转，直到1980年，我们开展民族识别半年后，才从档案馆查到”，“该报告认为穿青人是汉人集团，但没有同干部、群众见面，讲清道理”等，因而反响很大。见贵州省民委民族识别办公室1985年编《贵州民族识别资料集：第一集》相关文献。

数民族，即“穿青是一个单一的少数民族，不是汉族”的结论，但未获批准。

僅家自称“哥摩”，人口约 5 万，主要聚居地为黔东南州的黄平县和凯里市，其中黄平县僅家人口约占全国僅家人口总数的一半以上。僅家先民为“僚”人，明代《贵州图经新志》《溪蛮丛笑》等文献记载其名为“仡头”“仡兜”“仡僚”“黄平蛮僚”。僅家有自己的语言，属汉藏语系苗瑶语族，生计赖以农耕，文化独特：按阴、阳两系建立的严密家族组织，以铜鼓为特征的祖宗崇拜，以红、白色为标志的民族服饰，长期保持着椎结、锉齿的古习，以归宗为出发点的丧葬仪式，以太阳为中心点的蜡染，以人为首的“十二生肖”等。1951 年费孝通率团到黄平一带访问后明确“仡兜是分布于黔东黄平与炉山的一个民族”“‘僅兜’是贵州的一个‘古老民族’”。1951 年 12 月，中央民委编印的《中国少数民族简表（补充本）》中，把僅家人（写为“仡兜”）列为当时我国已承认的 54 个少数民族之一。1956 年黔东南苗族侗族自治州成立时，未把僅家列为单一民族。20 世纪 80 年代初，黄平、凯里两县再次上报了僅家人为单一民族即僅族的报告，但均未获准。

### （三）人口受教育程度

人口受教育程度，是指按照国家教育体制，被登记人接受教育的最高学历。其反映的是一个地区或一个民族人口接受教育的程度状况及其特征，代表着人力资源的开发状况，是教育发展水平及其人口科学文化素质的集中呈现。这里仍用“六普”数据以示贵州省待识别民族人口受教育状况。

**表 5　“六普”贵州省待识别民族 6 岁及以上人口受教育状况比例表**

单位：%

| 名称 | 6岁及以上人口 | 未上过学 | 小学 | 初中 | 高中 | 大学专科 | 大学本科 | 研究生 |
|---|---|---|---|---|---|---|---|---|
| 贵州省 | 91.62 | 10.41 | 42.55 | 33.00 | 8.22 | 3.57 | 2.17 | 0.09 |
| 汉　族 | 92.54 | 9.44 | 40.30 | 35.08 | 8.97 | 3.75 | 2.34 | 0.11 |
| 贵州待识别民族 | 89.71 | 13.28 | 49.59 | 28.49 | 5.22 | 2.25 | 1.16 | 0.02 |

资料来源：贵州省第六次人口普查领导小组办公室 . 贵州省 2010 年人口普查资料（上册）[M]. 北京：中国统计出版社，2012.

“六普”时，在 6 岁及以上人口受教育程度普查中，分未上过学、小学、初中、高中、大学专科、大学本科、研究生 7 个类别。以占比呈现的表 5 数据显示：其一，从总体来看，待识别民族受教育的覆盖面低于贵州省平均水平，未上过学即文盲率相对较高；其二，从高中及以上受教育程度看，越往上则差距越大，接收大学本科及以上高学历教育的比率均低于汉族 1 倍以上，说明待识别民族地区因多种因素综合作用的影响教育发展滞后于全省水平；其三，小学程度比例较大而初中比例急剧下滑，既是教育发展历史欠账的积累，也是基础教育“小升初”环节薄弱的问题呈现，从占待识别民族人口绝大部分的穿青人居住环境及其经济发展历程来看，还与经济与生计的所迫而停学就地务农或外出打工谋生等有关。总体而言，贵州待识别民族的人口受教育状况低于全省平均水平，更低于汉族，这是不争的事实，应引起政府和全社会的高度关心和思考。

## 三、关于贵州省民族识别与未识别民族人口的几点思考

如前所述，“三普”而后，贵州省成了全国待识别民族和待识别人口最多的省份，既表明了作为四大族系交汇地、“拥抱移民和移民拥抱”的贵州民族交流交往、认同融合问题的错综复杂，也体现出了民族识别工作本身的艰巨性、敏感性和复杂性。无论如何，占全国待识别民族人口总数95%以上的贵州省5个待识别民族无疑是贵州省、全国民族识别工作的当前关注重点和未来工作的重心。由于该问题涉及面宽泛和复杂，在此谨在如下几个方面做粗浅的思考。

其一，关于待识别人们共同体群众诉求与识别工作的行政把控问题。

民族识别的基本出发点是要让处在不同发展阶段的、人口多少不一的民族共同体的民族成分得以确定，并以法律的形式固定下来，以实现政治上的平等。民族识别的原则是理论指导、科学研究、“名从主人”和慎重稳妥，其中特别强调科学研究与“名从主人”的结合。由于民族识别为政府主导行为，因而在两者的结合乃至结论等方面无疑都涉及一个行政把控的问题。杜玉亭所说的民族识别“是20世纪50至70年代完成的一项民族工作方面的政治性学术任务”亦即客观的表达。事实证明，若在民族识别过程上出现“不向群众讲清调查目的”“调查中带着明显的倾向性”“调查结果不同群众见面”“不尊重群众意愿的随意更名”以及识别时搞“背靠背”、偏听个别民族“精英”观点、简单的“靠”“并”“改”以及“民族融合论”“民族联盟”等“左倾”思想的影响等，都可能产生工作的偏差和反复，从资料来看，贵州穿青人、僅家人识别过程都挂上了这些“行政”的印迹。而这一方面，无疑是当前或今后贵州民族识别工作需要反思的。

其二，关于“三不”工作背景下待识别民族的识别走向问题。

“四普”而后，民族工作基本沿着不新增民族成分、不再创制民族文字、不新增民族自治地区的“三不”思路进行。无疑，这与诸如穿青人、僅家人等待识别民族强烈、并始终坚持认定为单一少数民族成分的意愿间自然存在反差。由此，一方面，为争取“身份”，穿青、僅家等均通过不同路径、不同场合不断反应诉求以求得认同；另一方面，政府也在通过政策和行动发展这些共同体区域的经济、社会和文化，保障其平等权益，呈现“胶着”“对峙”而致“和谐”之状态，是乎任何一方的单边“激进”行为、特别是政府主导下的与群众意愿相左或条件不成熟的识别行为，都有可能引发问题的复杂甚至区域社会的稳定。20世纪80年代，公安部、国家民委〔86〕公治字（14）号文件，将僅家人的民族身份改变为“苗族（僅家）”，就引发僅家人的强烈不满，僅家人聚居的黄平等地，出现僅家人抗税、抗公粮、抗当兵、抗计划生育等事态。前述的2014年贵州在全省推行未定族称人们共同体族称的认同基础工作，虽然取得了一定的成效，但更主要的是遭到了绝大部分待识别民族民众的反对，部分穿青人

认为"短频快"[1]的"就近认同登记"具有强烈的行政色彩，是对穿青人的"肢解"，上书政府请予制止。僅家此时也有代表发出了目前"引导僅家人去认同即融合为其他民族，是明显超越阶段、不合时宜的"，"建议在僅家人中停止实施未定族称人们共同体的族称认同工作"等声音。这一情况，国家有关部门高度重视，贵州省民委及有关市、县针对此事也对工作进行了反思，并及时停止了该项工作，要求改填为其他民族的要予以还原。由此，笔者认为，在一定时期，保持穿青人、僅家人等待识别民族名称、维持其身份现状是现阶段及今后一段时期待识别民族走向的路径选择。

其三，关于完善相关政策法规，加强待识别人们共同体的权益保障工作问题。

2014年4月22日的《中国民族报》评论员文章强调"各民族在长期的共同生活中，在相互学习和交往中，共同因素会不断增多，但民族特点、民族差异和各民族在经济文化发展上的差距将长期存在"，因此，"在现阶段，尤其要克服人为消灭民族差别、民族特点的倾向，不能搞超越阶段的民族融合，以防止激化矛盾、破坏民族关系。"而要做到之，完善相关政策法规，加强各少数民族的权益保障工作就显得非常重要。就贵州的待识别民族而言，前述的保护待识别民族权益的各个文件均使穿青、僅家民众更加感受到了祖国大家庭的温暖和社会主义制度的优越性。同时，各级政府在经济发展、社会事业、文化建设等方面，也出台政策、采取措施使待识别人们共同体民众增进了幸福，有了厚重的获得感，更加感到了尊严和文化的自信。如2014年9月9日"黔东南州僅家文化遗产保护协会"的成立、2018 年 6 月 1 日全球首个"穿青部落"文化基地在贵州省贵阳市阿哈湖畔的开业等，都显示出了国家对待识别民族文化遗产保护和传承的重视。但由于待识别的身份，相关的权益保护实际上无论在心理或是在政治、经济生活中不同程度存在着失落感和边缘化的感伤。由此，在全面推进民族工作法制化进程的当下，按照民族平等的宪法原则，建议国家考虑制定《待识别人们共同体权益保障条例》，用于在待识别人们共同体民族成分问题完全解决前规范待识别民族的法律地位、切实保障其依法享有的相同权利和利益。

其四，关于完善待识别人们共同体的人口统计、促进待识别民族地区精准脱贫、实现绿色发展与可持续发展问题。

就贵州而言，"三普""四普"时，待识别民族是作为 56 个民族之外的"其他"类予以人口文化程度、各地区人口数、人口年龄状况、人口职业状况、人口行业状况、不在业人口状况 6 项统计。"五普"时，统称待识别民族的"其他"更名为"其他未识别的民族"，统计项目增加为 9 项。2010 年"六普"不增反减为 5 项。2015 年 1% 人口抽样调查时再减为 3 项。从上不难看出，之于待识别民族人口普查统计有着如下 3 个方面的特征：第一，高度重视了对待识别民族人口的统计，体现了在统计权利上各民族共同体之间的平等；第二，在普查项目上，除人口总数外，历次普查项目参差不

[1] 这里认为的"短频快"可从穿青人纳雍、大方等县制定的该次"认同基础方案"即可见其一斑。《大方县开展未定族称人们共同体族称认同基础工作方案》列出的时间表是 4 月 16 日至 26 日完成从宣传发动到汇总上报，全部时间共 10 天，见 http：//bbs.gzdafang.gov.cn .2014-04-25；《纳雍县开展穿青人认同基础工作实施方案》（纳党办发〔2014〕55 号）列出的是从 6 月 3 日—15 日完成所有工作，实行时间也不到半月。见纳雍县政府网，GZNY5224260000/2014-0052（索引号）2014-06-10。

一，信息差异明显，而且，普查项目呈下降趋势；第三，普查项目“名目”不尽统一，变动较大，关于发展变动的历时性过程研究取值困难；其四，缺乏对待识别民族、特别是人口较多的、国家明确身份证署名的“穿青人”“僅家人”的分类统计。基于以上诸端，实有必要在待识别民族人口占绝大多数的贵州的人口普查及相关统计中，既注重待识别民族人口统计项目的一致性、连续性，又在待识别民族特别是穿青、僅家人中补齐诸如资源环境、家庭、住房、就业、流动迁移、老年等方面的数据统计。同时在经济、产业、文化、教育等各类普查中，分门别类地将待识别民族纳入统计工作范围。这样，不仅能在一个方面上体现民族平等、反映民众诉求，同时也使地方实务部门能在经济社会发展的进程中知悉待识别民族聚居区的动态特征，因地制宜、因时制宜地制定政策、采取措施促进发展，同时也有利于学术研究之于待识别民族地区精准脱贫、绿色发展、可持续发展，以及人的全面发展等方面的进行。

## 四、结语

自20世纪50年代开始的中国民族识别工作是将马克思主义民族理论运用于中国世纪的尝试，取得了卓越的成效，且意义重大。由于民族识别工作的艰巨性、复杂性，我国仍有人口数十万之众的待识别民族，实际上这正是我国民族识别工作尊重民众意愿、“名从主人”、拒绝强迫认同、保障民众权益的正确之体现。作为现阶段事实存在的一个特殊群体的待识别民族，对伟大祖国、对中华民族、对中华文化、对中国特色社会主义道路有着强烈的认同感和使命感，均在维护民族团结、实现全面小康和中华民族伟大复兴的道路上做出了积极的努力和贡献。待识别民族与其他民族一样，也是一个历史范畴，有其产生、发展和消亡的规律，超越阶段的人为干预，其结果往往是适得其反，甚至会引发严重问题，影响民族团结、社会和谐大局。“如何正确、科学认识待识别民族，如何在政治上和法律上保障待识别民族正当合法的权益，如何正确呼应和处理待识别民族正当合理的利益诉求，是当下进一步开展民族工作时需要认真思考和做出解答的问题之一。”还有，如何利用待识别民族的传统文化优势、所处区域的生态环境优势、资源优势，以及民众内生动力优势以实现精准脱贫和绿色发展、人的全面发展和人口资源环境可持续发展、民族文化得到传承创新和保护利用，是当下地方政府和民族事务管理部门担当作为的重点所在，不容忽视。贵州省的待识别民族人口占全国总数的95%以上，说明贵州省无论如何已成了当前和今后一定时期全国民族识别工作的重点省份，总结、反思之前民族识别工作的经验与问题，探析新时期民族识别工作新的特点、原则和方法、路径，高度重视待识别民族的权益保护、切实促进待识别民族居住区经济发展和社会稳定，以及进一步开创民族人口工作新局面等都显得十分重要而又迫切，在一定程度上也是一个深具全局意义的在发展中完善民族政策、解决民族问题的时代挑战。

## 【参考文献】

[1] 费孝通. 关于我国民族的识别问题 [J]. 中国社会科学，1980 (1).

［2］贵州省统计局 .2015 年贵州省 1% 人口抽样调查资料［M］. 北京：中国统计出版社，2017：56.
［3］耿中耀，杨庭硕 . 简论白佐良其文所涉及到的几个关键问题［J］. 贵州大学学报（社会科学版），2017（4）.
［4］张正东 . 关于开展贵州民族识别工作的建议［J］. 贵州民族研究，1979（1）.
［5］吴安毕，柯震豪 . 贵州待识别人口的初步分析［J］. 人口研究，1992（4）.
［6］文海 . 贵州省首次民族识别工作座谈会在贵阳召开［J］. 贵州民族研究，1981（3）.
［7］贵州省地方志编纂委员会 . 贵州省志·民族志（下册）［M］. 贵阳：贵州民族出版社，2002：846-867.
［8］杨军昌 . 贵州少数民族人口与经济社会发展问题研究［M］. 北京：知识产权出版社，2016：44，216-217.
［9］张人位，石开忠 . 贵州民族人口［M］. 贵阳：贵州民族出版社，1992：22.
［10］王献军 . 贵州"里民人"探寻［J］. 中南民族大学学报（人文社会科学版），2011（3）.
［11］杜玉亭 . 基诺族识别 40 年回识——中国民族识别的宏观思考［J］. 云南社会科学，1997（6）.
［12］廖凤林 . 与黔东南州民宗委党组张义兵书记座谈交流革家人族称走向问题［EB/OL］.（2014-12-08）［2016-05-11］. blog.sina.com.cn/s/blog_5ce6739e0102.
［13］《中国民族报》评论员 . 坚持从实际出发，妥善处理民族问题——四论以习近平总书记重要论述推动民族工作创新发展［N/OL］.（2014-04-22）［2015-03-15］. http://www.seac.gov.cn/art/2014/4/22/art_31_203219.html.
［14］印象贵州网讯 . 被称为中国第 57 种民族的"穿青人"文化基地在贵阳揭牌［EB/OL］.（2018-06-15）［2018-07-15］. www.yxguizhou.com/article-4742-1.html.
［15］杨军昌 . 贵州省少数民族人口变动特点、未来趋向与发展路径［J］. 贵州大学学报（社科版），2013（2）.

# ● 试析独生子女和一孩半政策对于性别比的影响

李　尧*

（中山大学　社会学与人类学学院，广东　广州　510275）

**摘　要：** 文章通过分析认为，性别比变化受独生子女及一孩半政策的影响较小，根本上来讲对于性别比起作用的仍是文化因素，放开生育对于改变目前性别比偏多的状况影响甚微，如果想从根本上解决目前性别比偏高问题，必须从文化的角度着力。

**关键词：** 生育政策；性别比；文化因素

## 一、文献回顾

1. 关于生育政策对出生性别比影响的研究回顾

汤兆云认为，生育政策对性别比失衡起了重要作用。由于生育政策对生育子女数量的规定，多生和早生受到了限制。因此，在我国传统生育意愿的作用下，它强化了个体生育者的性别选择意识，这些差异对出生子女性别比的影响通过其地区差异、孩次差异、城乡差异表现出来。在未实行一孩政策的地区性别比相对更正常，如西部地区。❶汤兆云另一篇与郭真真（2011）共同发表的文章中提出，我国出生性别比偏高与政策生育率之间并不是简单的负相关关系，而是表现出较为复杂的三次曲线关系。即：以政策生育率为 1.5~2.0 作为分界线，政策生育率等于该值时，出生性别比出现偏高的态势；高于或者低于该值时，出生性别比逐渐趋于正常值域。❷陈友华（2009）认为，中国出生性别比例失调与现行生育政策有关，并不是说出生性别比例失调是由于生育政策本身直接造成的，而是生育政策压缩了人们的生育空间，在此过程中人们的生育行为选择发生了很大的变化，从而间接地影响到出生性别比。性别偏好是诱发出生育性别比偏高的必要条件，同时借助于胎儿性别鉴定与人工终止妊娠等技术手段才能实现。❸

陈兆钧则根据第五次人口普查数据，对调整生育政策性别比问题就自然解决的观点提出了质疑，他以安徽省自 20 世纪 80 年代以来出生人口状况为例，提出了“减少

---

* 作者简介：李尧（1993—），男，中山大学社会学与人类学人口学在读硕士生，研究方向：人口社会学。

❶ 汤兆云．我国出生人口性别比失衡的生育政策因素［J］．公共管理高层论坛，2006（1）：182-194.

❷ 汤兆云，郭真真．生育政策与经济水平对出生性别比偏高的分析［J］．人口与经济，2011（1）：10-15，21.

❸ 陈友华，徐愫．性别偏好、性别选择与出生性别比［J］．河海大学学报（哲学社会科学版），2009，11（4）.

数量的生育观念超前，偏好男性的生育观念转变滞后”是导致性别比偏高的主观因素的主要观点。[1]石人炳（2009）提出，生育控制政策对出生性别比影响的“选择途径”，是通过抑制男孩偏好的其他实现途径（这里指“反复生育，生男为止”）而导致选择性生育动机得以强化来发挥作用的。在没有选择性生育的情况下，生育控制政策对出生性别比的“选择途径”的影响不存在，但“统计途径”的影响仍然存在，即“一孩半政策”相对于“二孩政策”而言会导致出生性别比升高，但这种作用是非常有限的，且不会导致出生性别比偏离正常值范围。[2]

2. 关于生育性别选择的文献回顾

性别偏好是中国不同地区和人群的生育意愿中普遍存在的现象，也是中国农民生育需求的核心所在，它的变化大大滞后于生育数量和时间选择的变化，强烈的性别偏好已成为影响生育行为的主要因素。性别偏好已经开始从传统的男孩偏好转向“男女平等”“生男生女都一样”甚至是女孩偏好的观念；意愿性别的地区差异仍然很明显，农村地区的男孩偏好倾向仍高于城市地区。例如，2004 年 10 月，以广东省农村地区为主的人口生育意愿调查表明，对于第一个孩子的意愿生育性别，有性别偏好的比例为 54.7%，其中，倾向生育男孩的比例为 41%，远远高于倾向生育女孩的比例 13.7%（梁宏，2007）。

已有研究对男孩偏好的形成原因进行了深入的分析，按照归因的不同可以分为三大类。第一类研究从效用—需求角度分析了男孩偏好的原因。他们认为男孩偏好源于男孩和女孩对家庭具有不同价值，男孩的效用要高于女孩。而男孩和女孩的差异则源于男孩能满足人们更多的需求，比如传宗接代、光耀门楣、扩大家族势力等。[3]第二类研究从社会制度角度分析了男孩偏好的原因。他们认为男孩偏好源于以父权制为核心的制度安排，包括从夫居的婚居制度，基于性别的不平等的财产分配制度和男性继承制度等。[4][5]第三类研究从社会文化角度分析了男孩偏好的原因。这类研究认为，男孩偏好在中国已经成为一种文化现象。这种男孩偏好的文化具有一定的外部性，最典型的表现就是“从众”和“攀比”现象，使人们的意愿和行为趋同、从众。[6]

家庭是男孩偏好的需求主体，是实现社会制度的基本单元，是文化传播的重要载体，分析家庭对妇女的男孩偏好的影响非常重要。[7]父子轴关系重要性的下降和夫妻轴关系地位的上升，夫妻之间权力关系走向平等化，亲属关系和家庭网络逐渐衰落等，都会带来生育意愿的变迁。[8]家庭的小型化、核心化和亲属关系的削弱，通常被作为衡量家庭现代化的标准。有学者用“个人化”概括家庭现代化趋势：自由决定婚育事

[1] 陈兆钧 . 浅谈生育政策调整与性别比问题［J］. 学术界，2004（6）：115-123.

[2] 石人炳 . 生育控制政策对人口出生性别比的影响研究［J］. 中国人口科学，2009（5）.

[3] 解振明 . 中国农民生育需求的变化［J］. 人口研究，1997（2）.

[4] 靳小怡，李树茁，费尔德曼 . 婚姻形式与男孩偏好：对中国三个县的考察［J］. 人口研究，2004（9）.

[5] 李慧英 . 男孩偏好与父权制的制度安排［J］. 妇女研究论丛，2012（3）.

[6] 刘爽 . 对中国生育“男孩偏好”社会动因的再思考［J］. 人口研究，2006（5）.

[7] 杨凡 . 家庭关系现代化对农村妇女男孩偏好的影响研究［J］. 妇女研究论丛，2016（5）.

[8] 陈熙 . 家庭现代化理论与当代中国家庭：一个文献综述［J］. 重庆社会科学，2014（8）.

宜，摆脱亲属的束缚，个人私事不再与大家庭的利益相关。[1] 威廉·J. 古德（Willian J. Goddy）在他的研究中则对家庭现代变迁的特征进行了具体描述，包括代际关系为主的家庭关系转变为以夫妻关系为主、父辈权威的弱化、家族利益的淡化、亲属关系削弱、两性间的平等性增强、个人或核心家庭从家族对其生育的控制中独立出来等。[2][3]

## 二、独生子女和一孩半政策对性别比影响的实证研究

### 1. 研究设计

从文献综述当中可以看出，目前对于出生性别比偏高的解释可以归结为两大类，一类为政策因素，另一类为文化因素。赞同政策因素的一方认为，这一套政策是导致中国性别比偏高的直接因素，而文化因素则是政策因素的辅助因素；赞同文化因素的一方则认为，政策因素对于出生性别比偏高的影响相对较小，甚至微乎其微，文化因素则是从根本上起作用的因素。在中国的计划生育政策中，少数民族被允许可以生育两个或两个以上的孩子，而根据"一孩半"制度，绝大多数地区的汉族群众除非满足农村户籍且第一孩为女孩，否则不可以生育二孩。而民族除了是一个计划生育政策的承载变量以外，同时还是一个文化承载变量，所以民族是一个对政策因素和文化因素作用进行检验的相对较好的比较组。

因此，笔者提出研究假设，认为自从 1980 年实施独生子女政策之后出生的人口性别比与民族有关。本研究的研究假定是我国少数民族人口性别比受到 1980 年实施独生子女政策的影响要显著小于汉族，因此如果少数民族人口性别比受到 1980 年实施独生子女政策的影响与汉族差异不大，甚至显著大于汉族，则原假设不成立，相反假设成立，也就是说 1980 年实施独生子女政策之后出生的人口性别比与政策无关。

最新的 CLDS2016 数据中的家户问卷包含了性别、民族与出生年月的变量，适合于本研究的讨论；另外，CLDS 属于科学抽样的问卷，因此对于总体具有较强的代表性。然而刚出生人口样本极少，无法形成有效的代表性，无法进行出生性别比的推算，加之在独生子女政策实施之前的出生性别比已经无从考证，因此本研究将会采用总人口性别比来代替出生性别比变量进行分析。根据独生子女政策实施的时间，笔者通过对数据进行了分组，所分的两组分别为 1980 年以前出生人群和 1980 年以后出生人群，即独生子女政策实施之前和独生子女实施之后出生的人群。由于独生子女政策的实施与一孩半政策实施的时间差距较短，因此不再划分一孩半政策实施的时间点。

### 2. 研究结果

笔者将家户问卷当中的 18 个个体的性别、民族与出生年信息合并为一个表格，并将性别、民族和出生年信息有缺失的个案剔除，得到 56727 个样本。分独生子女政策

---

[1] Hareven, Tamara K. Modernization and Family History: Perspectives on Social Change [J]. Signs: Journal of Women in Culture and Society, 1976, 2 (1).

[2] 威廉·J. 古德. 家庭 [M]. 魏章玲，译. 北京：社会科学文献出版社，1986.

[3] Goode, W. J. The Theory and Measurement of Family Change [M] // E. B. Sheldon, W. E. Moore. Indicators of Social Change: Concepts and Measurement. New York: Russell Sage Foundation, 1968.

实施前与实施后对年龄和民族进行交互分析，可以得出表 1。

表 1　计划生育实施前与实施后年龄与民族交叉表

| 政策分组 | | | | 民族 | | 总计 |
|---|---|---|---|---|---|---|
| | | | | 汉族 | 少数民族 | |
| 计划生育实施前 | 性别 | 男 | 数量（人） | 14234 | 1483 | 15717 |
| | | | 百分比（%） | 50.4 | 48.7 | 50.2 |
| | | 女 | 数量（人） | 14027 | 1562 | 15589 |
| | | | 百分比（%） | 49.6 | 51.3 | 49.8 |
| | 总计 | | 数量（人） | 28261 | 3045 | 31306 |
| | | | 百分比（%） | 100.0 | 100.0 | 100.0 |
| 计划生育实施后 | 性别 | 男 | 数量（人） | 11325 | 1788 | 13113 |
| | | | 百分比（%） | 51.9 | 49.6 | 51.6 |
| | | 女 | 数量（人） | 10493 | 1815 | 12308 |
| | | | 百分比（%） | 48.1 | 50.4 | 48.4 |
| | 总计 | | 数量（人） | 21818 | 3603 | 25421 |
| | | | 百分比（%） | 100.0 | 100.0 | 100.0 |

从表 1 可以看出，计划生育实施之后，汉族与少数民族的性别比均有所上升，汉族计划生育实施前出生人群和独生子女政策实施后出生人群的男性占比分别为 50.4% 和 51.9%，少数民族生育实施前出生人群和独生子女政策实施后出生人群的男性占比分别为 48.7% 和 49.6%。然而其中有部分原因是因为计划生育实施之后出生的人口年龄相对于计划生育实施之前的人口年龄较低，而从人口规律来看年龄越低性别比越高是比较正常的一个现象。由此可以推算出，汉族计划生育实施前出生人群和独生子女政策实施后出生人群的性别比分别为 101.5 和 107.9，少数民族生育实施前出生人群和独生子女政策实施后出生人群的性别比分别为 94.9 和 98.5。

另外从相对值来看，汉族的性别比无论在计划生育前还是在计划生育后均略高于少数民族。因此汉族性别比偏高的问题不仅仅存在于独生子女政策实施之后，同样也存在于独生子女政策实施之前。汉族计划生育实施后出生人群性别比比独生子女政策实施前出生人群的性别比高 6.3%，少数民族计划生育实施后出生人群性别比比独生子女政策实施前出生人群的性别比高 3.7%。汉族出生人群性别比上涨幅度相对高于少数民族，不过差距不大。

3. 分民族对性别与年龄及政策冲撞因子的 logit 回归

为了对人口性别比受到的政策影响进行更为细致的分析，笔者决定选用 logit 回归的方式对两者进行回归。之所以选用 logit 回归，是因为性别变量是一个虚拟变量，其作为自变量的话，更适合使用 logit 回归。为了对于 1980 年实行的独生子女政策进行操作化，本研究决定在年龄序列当中引入政策冲撞因子进行分析。所谓政策冲撞因子就是，假定在时间序列（也就是与年龄序列方向相反的序列）当中有一条自在波动或随其他时间（或年龄）承载变量波动的性别比序列，然而在政策实施的时间点之后，该序列出现了偏移，将该政策实施之后的政策冲撞因子赋值为 1，实施之前赋值为 0，引入时间（年龄）对于性别的回归当中，就可以得出原序列与政策冲撞发生之后的序列的运行过程。按照这一思路，笔者以年龄和冲撞因子作为自变量，分别对汉族和少数民族的性别变量进行 logit 回归，得出表 2。

**表 2　分民族的年龄及政策冲撞因子对性别变量的 logit 回归分析**

| 汉族 | | |
|---|---|---|
| 变量 | 回归系数 | P值 |
| 年龄 | −0.0051688 | 0.000 |
| 冲撞因子 | −0.1238052 | 0.000 |
| Pseudo $R^2$=0.0009 | | |
| 少数民族 | | |
| 变量 | 回归系数 | P值 |
| 年龄 | −0.0051765 | 0.000 |
| 冲撞因子 | −0.1423506 | 0.000 |
| Pseudo $R^2$=0.0007 | | |

由表 2 可以看出，汉族和少数民族的人口性别状况与年龄及政策冲撞因子的伪 R 方数值就极小，不超过 1%，相关性极小。另外，从汉族与少数民族之间的对比可以看出，少数民族的政策冲撞因子回归系数的绝对值比汉族还要略高一些，说明少数民族比汉族受到政策的影响还略微大一些。因此，我们可以得出结论，少数民族人口性别比受到 1980 年实施独生子女政策的影响略微大于汉族，原假设不成立，相反假设成立，政策因素对于性别比及出生性别比的影响较小。

4. 结论与讨论

综上所述，性别比变化受独生子女及一孩半政策的影响较小，根本上来讲对于性别比起作用的仍是文化因素，放开生育对于改变目前性别比偏高的状况影响甚微。当然 CLDS2016 数据的年龄分布相对不均衡，同时由于问卷调查的局限性导致男性问卷拒答率相对较高，会对性别比研究造成一定影响。汉族在计划生育实施之前的性别比与实施之后的性别比均小幅高于少数民族。

因此，如果想从根本上解决目前性别比偏高的问题，必须从文化的角度着手，仅仅着眼于独生子女政策的调整来优化性别比，可能会治标不治本。在大力进行男女平等和生男生女都一样的舆论宣传同时，要破除农村重男轻女的落后风俗习惯，加速我国农村地区的城市化进程。只有真正做到移风易俗，才能够真正实现出生性别比的正常化，提升人们的幸福指数并促进社会稳定和谐。

# ● 自愿还是无奈

## ——城市老年人选择商业机构养老探因

陈歆悦*

（中山大学　社会学与人类学学院，广东　广州　510275）

**摘　要**：通过对四地的商业养老机构受访的老年人进行分类，按照老年人入住养老机构前后的态度变化分别总结了“上升型”“乐观型”“失落型”和“持续型”四种类型的老年人的特点，并对不同类型老年人对选择机构养老的原因展开解释。不同类型老年人选择机构养老的原因不同，养老机构需要兼顾各类型的老年人需求。养老机构内的提高老年人的生活质量既要把握硬件设施和服务质量的基础性，又需兼顾老年人再社会化和自我价值实现的精神性需求。此外，发展多元养老模式能促进老年人生活质量的提高。

**关键词**：养老模式；理想型；机构养老体验

### 一、问题的提出

2015 年 12 月发布的《2015 中国居民退休准备指数调研报告》指出，中国居民退休准备指数为 6.51，排名与美国并列全球第三，中国正步入“养老 +”时代，一个包括老年护理、老年医疗、老年金融等在内的养老生态圈正在形成。由于计划生育政策的实行、城市化现代化的加快，青年人生活压力加大，子代能为亲代提供的赡养和照顾受到限制，因此不少老年人放弃家庭养老模式而转向机构养老模式。

养老机构分为福利救济型养老机构和商业型养老机构。福利救济型养老机构包括社会福利院和敬老院等，社会福利院主要接收的是生活无来源、无依无靠的孤老，而敬老院更多是面向农村“五保”老年人。商业型养老机构包括民办养老院与由政府和社会力量为主导的老年公寓，商业型养老机构与福利救济型养老机构的最大差别在于它需要老年人自主缴费。福利救济院的性质决定了其所接收的老年人的入住原因多是生活之窘迫，敬老院面向的主体是农村老年人，而选择商业养老机构的城市老年人通常拥有一定的选择养老模式的空间。本研究讨论了在现代城市社会中影响老年人选择以机构养老代替传统家庭养老模式的因素，同时也探讨了机构养老是如何对老年人生

*　作者简介：陈歆悦，女，中山大学社会学与人类学学院人口学硕士研究生。研究方向：人口社会学。

活质量产生影响的。

## 二、文献回顾

国内外关于老年人养老模式选择的文献诸多，其中较多的研究是基于不同养老模式的比较。

### （一）老年人更倾向于选择家庭养老而非机构养老

国内许多学者的研究都明确显示老年人更倾向于选择家庭养老而非机构养老，这主要是基于两个方面的原因。

第一，大多数老年人对机构养老的消极的印象。有学者的研究表明城市养老院的老人更需要家人的帮助和支持，且养老院老人在得到情感的关怀度方面显著低于城市居家老人，因此养老院的老人有比城市居家老人有更强的孤独感（边红艳，2012）。其次，老年人在主观意识中可能会建构起养老院的消极形象，这使其对机构养老模式会采取否定性的态度。一些道听途说的关于养老机构的负面消息也会使其对机构养老采取否定的态度，此外不少老年人通过理性计算认为机构养老提供的服务与其价格不匹配（陈晌，2014）。

第二，老年人的观念与机构养老模式存在冲突。养老院养老并不仅仅是养老地点从家中转移到养老机构，而是涉及多方面生活内容的变化。例如，在养老院养老，可能意味着从此告别熟悉的家庭养老环境。同时，老年人的群体认同感与子女的家庭责任也会影响老年人养老模式选择。“家本位”的思想对老年人的养老模式选择有很大影响（陈皆明，2010）。

### （二）大部分选择机构养老的老年人有不得已的苦衷

许多研究是基于老年人选择机构养老是出于无奈的假设。国内学者对老年人选择机构养老的原因通常归于以下几类。

首先，老年人自身的身体健康情况。有的研究显示，年龄是老年人选择机构养老的重要影响因素，不少养老机构内的老人都身患疾病。在韦樟清（2011）的研究中，养老机构内的老年人患病率高达45%，且其中不乏身患重病者。

其次，老年人的配偶及子女等近亲无法给予其足够的支持。老年人最喜欢由其配偶及子女等近亲来给予照顾，而当这些支持不力时则会导致其选择机构养老。当家庭经济情况不佳且子女无法提供老年人养老支持会迫使老年人选择机构养老；代际冲突或家庭矛盾会降低老年人的“强关系”所给予其的情感支持，这也会导致老年人选择机构养老（王世军，2006）。

最后，老年人出于利他主义的目的选择机构养老。养老院有专门的服务人员照顾老人的日常生活，不需要子女在忙碌的工作之余再为自己操心、担忧（吕新萍，2005）。

## 三、研究方法

本研究主要采用定性研究的访谈法。通过对福利救济型养老机构和商业型养老机构的特点及研究主题的梳理，以商业型养老机构内的老年人为访谈对象。分别对福州市 GS 老年公寓、济源市 XH 老年公寓、榆林市 YYQ 老年公寓和赣州市 HK 老年公寓内的老年人进行了深度访谈。访谈员根据判断性抽样和异质性抽样的方法共抽取了 41 名自愿接受调查的老年人作为访谈对象。在进入调查现场前先根据调查所需和已有研究经验拟定了初步访谈提纲，并通过初步访谈对提纲进行修改。在深度访谈前则由访谈员向受访者申明调查目的与保密性原则，并在受访者同意访谈员记录笔记和进行录音后展开一对一的访谈。访谈后的数据分析由访谈员进行整理，并对笔记和录音内容进行整理和归纳。

访谈资料的分析主要采用了类型学理想型划分的方法。理想型是由韦伯所提出的用以分析和解释社会现象和社会行动的一种方法，广泛应用于比较研究中。尽管选择机构养老的老年人在养老模式的选择是相同的，但发生的原因却存在差别。为了进一步分析影响老年人选择机构养老的因素，笔者将选择机构养老的老年人进行了形态学的类型划分。通过对老年人入住养老机构前的态度和入住后的情绪体验的对比，抽象出选择机构养老的老年人“理想类型”，进而展开了对老年人选择机构养老问题更深层次的分析。

## 四、研究发现

从老年人入住前的态度和入住后的情绪体验两个维度出发，通过将老年人入住前的态度和入住后的情绪体验分别设定为积极和消极两个取向，笔者得出受访老年人的四种类型。

### （一）上升型

上升型老年人在入住前呈消极态度，但入住后的体验转为积极。此类老年人虽然在入住前对机构养老较为排斥符合本研究的原假设，即老年人更倾向于选择家庭养老，选择机构养老是无奈之举。但在实际访谈中上升型老年人入住养老机构大部分并非是被逼无奈的选择，而是基于来自其家庭成员或受其信任朋友的推荐而进行尝试的。

70 岁的 LD 退休前是一名工人，共育有子女三人，均已婚嫁。LD 表示想入住养老机构也是出于尝试的目的：“（和老伴）两个人住也没什么意思，就是换个环境试试。”提及在入住前是通过何种渠道了解到养老机构里的生活时，LD 除了提到了来自“强关系”的作用，还涉及来自“弱关系”的影响。

“（我原先听过）电视台有讲老人家养老院过得怎么样，还有原来有的同事打牌的时候他们也会讲一下过得怎么样。（后来）我家小孩也到处看了到处比较一下（我才住过来的）。”（2016 年，赣州市 HK 老年公寓，受访者 LD）

也有上升型的老年人表示原本是为了回避其原先在居家养老时面临的代际之间交

流的隔阂而尝试机构养老模式的。

71岁的JKZ育有两子三女，她表示她并不喜欢轮流居住在子女家中的养老模式，因此才开始尝试机构养老的：

“刚开始都是说去他们家轮着吃饭轮着住吧，我也不想去，觉得不自由，后来一说来这孩子们就说想去就试试，不好了再回来。”（2016年，济源市XH老年公寓，受访者JKZ）

上升型老年人在入住后对机构养老的态度出现积极的转向。促使老年人入住后对机构养老的态度转向积极的首要原因是养老院专业化护理能满足其生活需要。老年人多有一定的健康问题，需要较为专业的护理。尽管在中国传统伦理下老年父母与子女的关系较为紧密，在“反哺”和“孝敬”的观念作用下子女也乐意为父母提供各方面帮助，但处于工作年龄子女的精力多为工作所束缚，因此子女多倾向提供父母经济资源，而对父母生活细节的护理则是有限的。相反，养老机构的职业护理人员却能够给予老年人更多护理方面的帮助。

原来是教师的AJ入住养老机构前后态度有极大的差别，AJ表示主要是养老机构周到的服务让她改变了对养老机构的评价：

“来之前硬是不想来，不知道这里啥样。谁知道来这里照顾可好，来这一住就不想回去了。一天三顿饭能按时吃，给你端到桌子上，吃完也不让你洗碗，衣服也是人家给洗。服务员态度也好，服务也周到，……（垃圾）也不用你倒，人家都给你倒了。（要是）回去了孩子们都上班，吃饭也不一定及时。”（2016年，济源市XH老年公寓，受访者AJ）

入住养老机构能缓解老年人的孤独感也是使其对机构养老评价回升的重要原因之一。老年人经历了从工作岗位退休和社会联系减弱的过程，导致了其社会支持的减弱和社会关系网络的缩小。根据人格发展八阶段理论，成年后期（65岁以上）这一阶段的人群面临的主要任务是自我完整与绝望期的冲突，因此孤独感常为老年人难以忍受的梦魇。而养老机构是较多老年人群体集聚的场所，根据年龄分层理论入住养老机构能促进老年人的再社会化。与养老机构内的其他老年人和工作人员的互动能够弥补老年人原有社会网络支持的缺失，从而有效缓解孤独感。

育有一子一女的BCB原从事农业工作，她表示养老机构有人照顾、有人陪是使她愿意尝试机构养老并转变原先对养老机构消极态度的重要原因：

“之前觉得这里肯定不好，一来觉得还不错……老伴去世20多年了，以前一个人住，那么大的老房子孩子们也担心我自己一个人住。（后来）住在这，都是老人都能互相交流交流、要要、说说话、打打麻将打打牌什么的。”（2016年，榆林市YYQ老年公寓，受访者BCB）

### （二）乐观型

乐观型老年人的表现是入住前后均给予了积极的反馈。该老年人在入住前对机构养老模式本身态度是较为肯定。而前文述评中已经提到，由于“养儿防老”等观念的作用家庭养老仍然是现今老年人更倾向的养老模式，机构养老显然不是传统老年人的首要选择。在实际访谈中发现，乐观型老年人大多在经济上对子女的依赖较少，加以本身拥有较传统观念更开放的态度，所以在养老模式的选择上其表现得更为积极。

GY 今年 76 岁，丧偶，育有两儿两女（长子早逝），退休前为个体户，颇有积蓄。提及养老机构其表示养老院和老年公寓差别很大，入住老年公寓并不会使其觉得“丢脸”：

“我就最反感别人说我们住的是养老院（敬老院），我们住在这里都是要出钱的，我们这里哪一个不是孙子重孙子一大堆的，哪个不是自己出钱或儿女出钱住来的。我们老年公寓和养老院区别大着呢。”

问及子女对其入住养老院的反应时，GY 则表示因为经济独立因此她更多地顺从自己的意愿：

“我不用他们操心，也不花他们的钱，他们也不用管我……只有小儿子会常来看我，其他孩子因为我给他买了房子心里不舒服呢。但我又不吃喝她们的，我随便怎么样，谁也管不了。”（2016 年，榆林市 YYQ 老年公寓，受访者 GY）

有的乐观型老年人甚至会力排子女的异议而坚持选择机构养老。

今年已经 85 岁的退休妇产科医生 HQ 育有两子，收入宽裕：

“（退休金）我有 3000 多元吧，我爱人有 4000 多元。所以也没管小孩要钱，我们都够花的。机构养老的选择不仅是我自愿的，而且是在说服儿子之后才入住养老机构的，我跟你说我那个儿子有两辆车，一辆请了一个司机，一辆他自己开。他周末一家子来看我的时候从来都是自己开过来的，不敢叫他那个司机来。他不说，但我心里也知道，他肯定是觉得有点不好意思的。”（2016 年，福州市 GS 老年公寓，受访者 HQ）

此外有的乐观型老年人入住养老机构是基于对自身条件的周全考虑后的理性选择。

83 岁的 YXZ 原是退伍军人转业水利部门工作的职工，患有白内障。他表示入住养老机构一方面是因为他的眼疾，另一方面是被养老院的环境所吸引：

“（我来这边）主要是我这个眼睛有白内障嘛，看不清。然后我原来住在温泉公园那边，车子太多了，不安全，我得换个地方。而且这里环境很好的……这里条件都好。我不会（像）你们年轻人现在说什么面子之类的，等你们到我这么老的时候就懂了。”（2016 年，福州市 GS 老年公寓，受访者 YXZ）

### （三）持续型

持续型老年人对机构养老模式在入住前后态度均呈消极评价。该类型老年人本身对机构养老有排斥心理，入住机构可能只是因为不能很好地适应其他养老模式，机构养老是次选择，而入住后也没有什么惊喜。

73 岁的 NFW 原是农民，有 5 个儿子，无固定收入，平时开支花销来源靠 5 个儿子均摊。在问及入住养老机构原因时，NFW 表示此乃无奈之举，且入住后对养老机构的伙食表示不够适应，对机构养老模式的选择他最常以“没有办法”来概括自己的无奈之情。

“我来（养老机构）之前就知道肯定会有点不习惯的，但是能怎么办呢。（儿子）要工作太忙了，没时间照顾我。（他们知道）我来这里虽然没有原来好，但是也没有办法。”

同时NFW也强烈表达了对养老机构的某些设施的不满，在访谈过程中甚至向养老机构的管理人员抱怨：

“我在这里（主要）还是休闲了，想看看电视嘛。但是就是这里的电视不好，现在这里的电视转什么台都是广告。我跟院长说要装有线电视多点频道，她就说要开户太贵了，没有办法。”（2016年，福州市GS老年公寓，受访者NFW）

不同于“老年人入住养老机构是子女不孝顺”的刻板印象，持续型的老年人与子女的关系亦是较为和谐的，且子女仍有较高的“反哺”意愿。

NFW提起自己的5个儿子表现得很欣慰，他认为自己入住养老机构和儿子的“孝顺”并不冲突：

“我那几个孩子经常来的，两三天就来一次，这会不孝顺吗？我老说这里的饭不好吃，他们就常常给我送点吃的来。”（2016年，福州市GS老年公寓，受访者NFW）

### （四）失落型

失落型老年人与上升型老年人是一组相反的对比，其表现为入住前态度积极，但入住后的体验反而转为消极的老年人。失落型老年人入住前对机构养老模式颇有好感的原因或与乐观型老年人相同，而其入住后产生对机构养老的评价消极化多是因为体验并不能达到之前设想，从而更容易产生失落感。

73岁的ZRX退休前是普通的机关干部，丧偶，独子在外地工作。ZRX表示在入住前了解到养老机构的硬件设施较为完备，因此颇具好感，但入住后因觉得在养老机构内的人际交流过于冷淡而倍感不适：

“我是听儿女讲，这里有人照顾，就是顺得他们来的。而且听说环境和吃的都比较好。但真来了生活就是一般吧，客观环境要什么是有什么，照顾我们的人也比较认真，就是没有什么人味，活动比较少，没什么认得的人可以聊天……我们是原来住在单位分的房子里面，上上下下都是原来的同事，不会像这里只能看电视。”（2016年，赣州市HK老年公寓，受访者ZRX）

老年人往往对自我身份有一定的定位，失落型老年人因为切身经历过机构养老和居家养老两种养老模式，经过对比之后认为居家养老模式更符合其生活习惯和自我身份定位喜好，因此会重新选择居家养老。

综上，选择机构养老的老年人可分为上升型、乐观型、持续型、失落型这四种类型（如图1）。

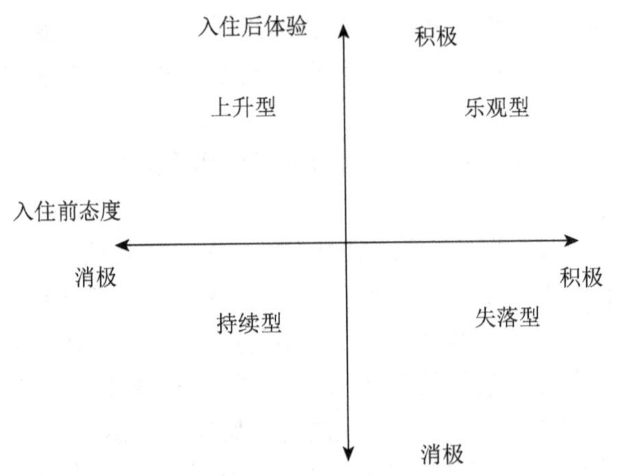


图 1　选择机构养老的老年人类型

## 五、结论

### （一）利他主义因素是老年人选择机构养老的主要原因

受访者均为 70 岁以上的老年人，且都存在一定的健康问题，因此这些老年人是需要人看护的。此外，老年人群体极易产生孤独感，因此对社会支持有强烈的需求。但由于退休后远离工作、单元楼，邻里交往松散等原因，若选择居家养老则城市老年人群体的社会支持就只能来源于以子女为主的亲属。而 70 岁以上的老年人子女通常是处于家庭负担和工作压力最重的中年阶段，因此他们的精力是极为有限的。所以城市老年人选择入住养老机构是对子女的一种体谅，一方面将老年人子女从生活压力和照顾父母的精力困境中解放出来，另一方面机构养老所产生的费用远低于聘请保姆的费用，因此也极大地减轻了子女的经济负担。

### （二）老年人入住养老机构后的评价是一种“理性人”倾向

研究发现，传统的观念在老年人入住养老机构前存在一定影响，但入住养老机构后的老年人是一种“理性人”，更注重实际的生活质量。老年群体往往因为受到“家本位”思想和“养儿防老”的养老观念的影响而对养老院产生排斥。然而当老年人入住养老机构之后其对机构养老模式的评价的主要标准就开始从传统观念的影响转为实在的生活质量。养老机构完善的基础设施和服务质量保障了老年人基本生活需求，因此能够改善养老机构在老年人心中的印象。同时，由于较高质量的服务设施往往和较高的金钱支出相挂钩，这在一定程度上能让老年人产生入住养老机构是子女孝顺的体面感，从而抑制了传统观念所言“子女不孝”的失落感。

### （三）入住养老机构是老年人入住前生活的延续

机构养老和居家养老的差别虽然不只是养老地点的转移，但二者存在一定的延续关系。笔者发现不论选择机构养老的原因是出于自愿还是迫于无奈，上升型和乐观型的老年人对居家养老时的生活评价是较高的。而这两种类型的老年人往往相较于另两种类型尤其是失落型的老年人收入更有保障、社会支持更良好、性格更乐观，这是因为排除老年人对不同养老模式的适应程度的因素之外，其养老生活的幸福感与其收入、社会支持和性格等因素相关的程度更高。因此机构养老既非刻板印象所描述的洪水猛兽，亦非不适应居家养老老年人的救命稻草，机构养老的生活体验更多是基于老年人自身的特定条件。

### （四）机构养老的形象与老年人自我身份定位的契合度影响养老生活体验

自我身份的定位因人而异，通常老年人的自我身份定位可分为“专心休闲者”和“老当益壮者”。前者更乐于接受自己年岁已高的事实，并安心于在养老机构中享受护理照顾和休闲娱乐，对于自我学习发展和养老机构外的事物关切程度较低。而后者则更倾向于在养老的同时能与外界保持紧密的联系，并排斥“老年人无用”的言论。但由于当前养老机构对老年人学习和发展方面的关注较低，因此不少人认为机构养老的老年人剩下的人生阶段只有休闲享乐的刻板印象无疑与“老当益壮者”的自我身份定位是冲突的。因此，“老当益壮者”难以适应养老机构的生活，一部分有能力重返家庭养老的“老当益壮者”选择了离开，而被剩下的老年人则是出于种种无奈而被迫继续机构养老的生活，这部分老年人的心理健康情况需要引起重视。

## 六、建议

### （一）养老机构的发展要兼顾老年人各方面的需求

养老机构硬件设施和护理服务无疑是老年人生活质量的基础保障，不少老年人有尝试机构养老的意愿是基于机构养老的专业护理能解决家庭养老子女精力不足的问题。此外，许多老年人也表示对养老机构的生活体验趋于积极是源于养老机构较好的环境和良好的硬件设施。因此，养老机构想要进一步提升其在老年人心中的形象无疑需要根据老年人之所求改进其硬件设施和专业护理等基本服务。

但机构养老模式若要为更多人所接受则需关注老年人的各方面需求，使入住的老年人的心理、生理需求均得以满足。老年人对机构养老生活的满意度与社会支持紧密相关，社会支持不仅来自其亲属，还涉及与养老机构中的工作人员和其他老年人的关系。这就需要养老机构中的工作人员提升其亲和力和热情度，避免使老年人产生“冷冰冰”的感觉。养老机构还应组织老年人以小组为单位开展娱乐活动。养老机构作为一个老年人群体聚集的场所，同龄群体内部的社会交往是其他社会关系所无法取代的。因此，积极展开老年人群体间的娱乐活动能促进其交流互动，从而促进老年人的再社会化，这显然能有效减轻老年人的孤独感。

此外，养老机构还需兼顾老年人渴望实现自我价值的心理。对于那些希望自己养老生活能有意义甚至还能有所建树的“老当益壮者”，养老机构应适当地开展老年人学习与发展的活动，以此来满足这类型老年人的精神层面的需求。

### （二）提升老年人生活质量应发展多元养老模式

研究发现，机构养老模式尽管存在一定的不足，但仍不失为一种能让老年人安度晚年的养老模式。老年人构建起机构养老消极形象的原因：一是受到了机构养老宣传负面性的影响。老年人群体的年龄特点使得他们的信息来源和决策偏好都较大程度地受到他人影响，因此加强对机构养老的正面宣传就显得尤为重要。同时老年人对有过机构养老经验的同龄人有着较高的信任程度，所以提高养老机构的服务质量以树立良好口碑乃是治本之策。二是对“孝”文化的理解偏差也会导致老年人在心中树立起机构养老的消极形象。传统文化和现代养老理念的整合需要较长的时间，这需要国家和有关部门积极调查，就如何建立关于机构养老积极的认知体系做出努力。

基于现在在老年人群体中普遍存在的“家本位”思想，应当大力发展社区养老机构的模式。社区机构养老模式可视为居家养老和机构养老的过渡，一方面照顾到了老年人渴望“落叶归根”的养老要求，另一方面又能吸取机构养老的专业性长处。社区机构养老模式的建设即将专业化的养老机构引入到稳定和谐的社区环境，因此这不仅需要提高养老机构的服务质量，更需要有关部门出台相应政策健全社区发展体系。

## 【参考文献】

[1] 边红艳．养老院老人与居家老人家庭关怀度的对比分析［J］．求医问药，2012（11）．

[2] 陈晌．城市老年人对机构养老模式的拒斥问题分析——基于建构主义的老龄视角研究［J］．湖北社会科学，2014（7）．

[3] 陈皆明．中国养老模式：传统文化、家庭边界和代际关系［J］．西安交通大学学报（社会科学版），2010（11）．

[4] 高法成．孝与养的失衡：一个贵州侗族村寨的养老秩序［D］．北京：中央民族大学，2011.

[5] 韦樟清．养老院老人医疗保障状况调查分析——以福建省为例［J］．社会保障研究，2011（2）．

[6] 王世军，薛宏．民办养老院老人生活满意度研究［J］．人口与经济，2006（4）．

[7] 吕新萍．院舍照顾还是社区照顾？——中国养老模式的可能取向探讨［J］．人口与经济，2005（3）．

[8] Vern L. Bengtson，K. Warner Schaie. 老龄理论手册［M］．林艳，伍小兰，张岭泉，译．北京：中国人口出版社，2006.

[9] 赵瑞芳，孙颖，林明鲜．不同养老模式下老年人亲属关系的比较研究［J］．兰州大学学报（社会科学版），2015（1）．

[10] Valerie. Simanowitz，Peter. Pear. 人格的发展［M］．唐蕴玉，译．上海：上海社会科学院出版社，2006.

# ● 全面放开“二孩政策”对“90后”生育意愿的影响

## ——以贵州省贵阳市为例

李绍练 *

（贵州大学　公共管理学院，贵州　贵阳　550025）

**摘　要：**自全面放开“二孩政策”实施以来，对我国社会的各个方面均产生了影响。其中，“90后”作为未来生育行为的主力军，他们的生育意愿会在一定程度上影响全面放开二孩政策的实施。本研究采用问卷调查方法加半结构式访谈法从生育最佳年龄、生育数量、生育性别偏好、生育动机等方面了解贵阳市“90后”青年的生育意愿，来了解全面放开二孩政策对“90后”的生育意愿是否有影响，以此提出建议。从结果看，全面放开二孩政策对贵阳市“90后”的生育意愿有一定的影响，而且大部分“90后”有生育二胎的意愿。

**关键词：**二孩政策；生育意愿；“90后”

## 引　言

从1949年以来，在人口变动过程中，我国经历了一个转变、两次高潮、两次低潮，由1949—1952年的高出生、高死亡、低增长到1953—1957年的高出生、低死亡、高增长的转变，1962—1973年两次带有补偿性的生育高潮，但是由于经济的发展阻碍，1958—1974年出现了两次生育低潮。而我国的这种特殊人口转变过程造成了我国人口转变速度更替的问题，人口转变会间接导致人口老龄化的出现。据国家统计局公布数据，2015年60岁以上人口达到2.22亿，0~14岁人口在总人口比例中下降到16.6%，中国人口红利逐渐消失，在20世纪的最后10年开始向老年型过渡，年龄中位数相应升高，标志着跨进老年型年龄结构门槛，即出现老龄化。2015年10月29日，国家提出全面放开二孩政策，但是全面开放二孩政策并没有刺激、鼓励人们的生育意愿，也许是由于现在生活水平的提高，人们更注重孩子综合发展而忽视了孩子数量问题，也有可能是如今社会巨大的经济压力，使得一对夫妇并不想生育第二个孩子。伴随着社

* 作者简介：李绍练（1993—），女，贵州大学公共管理学院人口学专业2016级硕士研究生。研究方向：区域与人口发展。

会的发展，经济因素、人们的价值观、对自我人生的职业规划、对自我的完美追求等都有意无意地影响着人们的生育意愿。

生育意愿是生育观念和生育文化的直接体现，亦是经济增长、社会发展等客观因素与家庭主观认知的综合反映（顾宝昌，2011）。许多研究者主要从年龄、受教育程度、家庭、就业等因素来分析生育意愿的影响因素。此外，生育意愿还包括生育数量、生育时间、生育性别三个方面。生育意愿是一个长期沉淀在自我意识里的一种生育观念，其转变是一个长期的过程。“90后”作为一个庞大的群体，他们的生育意愿或多或少会影响未来计划生育政策。本研究将以贵阳市的“90后”为样本，通过发放问卷及对被调查者进行生育观的调查、生育意愿的探讨，预估全面二孩政策是否对“90后”这一人群的生育意愿造成影响。

## 一、贵阳市人口现状

据市统计局统计，截至2015年年底，贵阳市总人口为462.18万人；2016年贵阳市人口的出生率为11.05%，人口死亡率为5.20%，自然增长率为5.85%，年平均人口为465.93万，年末总人口为469.68万，男性人口为240.57万，占总人口的51.2%，女性人口为229.11万，占总人口的49.0%，说明贵阳的人口性别比进一步拉大；在年龄构成方面，0~14岁人口在总人口中所占比例偏低，而65岁以上的人口在总人口中有逐渐偏高的趋势。也许计划生育在起着正面效用的同时，也会带来负面影响，贵阳市逐渐出现人口性别结构不平衡，人口老龄化趋势，而所谓的人口红利也在逐渐消失，全面放开二孩政策是否会成为一个实效的未来国家计划生育政策，还有待考量。

## 二、研究思路与方法

本研究的“90后”被调查者主要包括在校的“90后”学生，以及拥有本地户口的“90后”青年。本次问卷主要分为两部分：第一部分包括性别、年龄、受教育程度、婚姻状况、期望结婚年龄，以及婚后何时生育孩子；第二部分包括个人认为的最佳生育年龄、婚后何时生育子女的生育时间、生育的性别选择、期望生育的子女数量、生育动机等。本次调查对象选取随机抽样的方法，地点主要在大学城、“90后”青年人活动频繁的各大广场等。本次调查共发放80份问卷，回收72份问卷，回收率为90%。除此之外，本研究还结合相对的半结构式访谈法，按照列好的访谈大纲对被调查者进行访谈，从而对“90后”的生育意愿进行较深入的分析，以此弥补问卷的不足。

## 三、数据调查结果分析

本次被调查的对象中男性占40.3%，女性占59.7%。年龄结构中，18~20岁的占1.4%，21~23岁的占43.1%，24~27岁的占55.6%。其中拥有初中、高中，中专、大专，本科，研究生学历的分别为12.5%，22.2%，44.4%，20.8%。其中已婚的占15.3%，未婚的占84.7%。除此之外，在期望结婚年龄中希望20~25岁结婚的有22.2%，希望

26~30岁结婚的占73.6%，希望31~35岁结婚的占2.8%及期望35岁以上结婚的占1.4%。绝大多数“90后”都希望婚后一年之内生育孩子，这部分人占总人数的70.8%。“90后”作为即将进入婚姻生活的主体，他们的生育意愿势必会间接地影响到国家重要政策的决定，以及包括社会风气、社会环境、社会自然环境、资源分配、经济发展、劳动力更新等社会问题的解决。面对中国人口表现出来的特点，全面放开二孩政策作为国家计划生育的重要决策，是基于人口发展的基本形势判断。

### （一）最佳生育年龄

“90后”认为的最佳生育年龄从某个方面反映他们的生育意愿，即他们认为自己最合适、最应该、最想要的生育年龄是什么时候，这在某些时候会左右他们对于婚姻的看法、选择生育孩子的时段，从研究中，可得知24~26岁、27~29岁是大部分“90后”认为的最佳生育年龄，分别占45.8%和43.1%，而只有极少数人认为21~23岁和29岁以上更适合生育（见表1）。

表1 “90后”认为最佳年龄生育表

| 年龄（岁） | 百分比（%） |
|---|---|
| 21~23 | 5.6 |
| 24~26 | 45.8 |
| 27~29 | 43.1 |
| >29 | 5.5 |

### （二）期望生育子女数

在全面放开二孩政策的时代背景下，贵阳市的“90后”关于婚后期望生育的子女数量为：想要生育一个孩子的占27.8%，生育两个的占69.4%，两个以上的占2.8%。随着各种各样社会因素的出现，以及“90后”所受的教育程度越来越高，以往多生、超生的生育观念在“90后”的生育意愿里逐渐被淡化。

### （三）孩子的性别偏好

西南山区在特殊的山地环境下，由于大山的封闭性，使得传统观念，特别是“传宗接代”重男轻女的思想影响着大多数家庭的生育行为。贵阳市平均海拔1000~1600米，人口密度相对比较集中，人口比例较重，是贵州省人口规模较大的城市。在二孩政策的影响下，贵阳市“90后”作为新兴一代生育主体，他们对生育性别的观念有怎样的变化呢？从表2可以看出，贵阳市“90后”对于生育的性别意愿是：大部分“90后”育龄青年对于第一胎的性别并无太苛刻要求，但是如果第一胎生的是女孩，52.8%的人还是会愿意选择生育第二个孩子；如果计划生育两个孩子的，他们希望两个都是男孩的比例为0.0%，想要一男一女的比例达到86.1%。由此可以看出，“90后”多数人还是希望儿女双全，以此来成就一个美满的幸福家庭。

表 2 “90 后”青年对于生育孩子的性别偏好

| 选项 | 百分比（%） | | | | |
|---|---|---|---|---|---|
| 希望第一胎是 | 男 | 女 | 双胞胎 | 龙凤胎 | 无所谓 |
| | 20.8 | 13.9 | 4.2 | 22.2 | 38.9 |
| 第一个是女孩，是否生第二个 | 愿意 | | 不愿意 | | 无所谓 |
| | 52.8 | | 13.9 | | 33.3 |
| 生两个孩子，希望两个孩子是 | 两个女孩 | | 两个男孩 | 一男一女 | 无所谓 |
| | 1.4 | | 0.0 | 86.1 | 12.5 |

（四）生育孩子的动机

在本次的调查中，了解到贵阳市“90 后”大多数生育孩子的动机是养儿防老、扩大家族势力、增加劳动力，以及其他另外的内在外在原因（见表 3）。贵阳市是拥有多个民族杂居的城市，所以“90 后”的少数民族的生育动机很可能是伴随着传统的养儿防老、扩大家族势力而出现的。

表 3 生育动机

| 选项 | 百分比（%） |
|---|---|
| 传宗接代 | 81.9 |
| 完善人生 | 37.5 |
| 增加夫妻感情 | 50.0 |
| 养儿防老 | 86.1 |
| 扩大家族势力 | 87.5 |
| 体验做父母的乐趣 | 43.1 |
| 增加劳动力 | 97.2 |
| 没考虑过 | 79.2 |
| 其他 | 81.9 |

## 四、访谈“90 后”关于生育二孩的看法

“90 后”大多所受教育程度较高，本次的访谈中，笔者访问了 3 名“90 后”女性，都表示想生二胎养育两个孩子。

**个案 1：**我不是独生子女。结婚后打算生二胎。我希望间隔 1~2 年生育第二个孩子，因为我不想孩子年龄差距太大。我觉得一个孩子太孤独了，而且性格上容易很自我。我无法预测以后的生活环境，我目前是想生育二胎，但是以后不一定。看以后结婚对象是哪种性格和从事什么职业的人，我才会考虑是否更注重家庭或是更注重工作

一点。我希望我的孩子以后能从事自己感兴趣的职业并有所发展。我的家庭环境是兄弟姐妹相处融洽，所以我更希望以后生育两个孩子。不过呢……我现在还没有谈恋爱。我对于国家的计划生育没有太多的看法，但是我觉得全面放开二孩政策对于我来说利大于弊，因为我可以选择是生一个孩子还是两个孩子，更多的选择权在我手上。

**个案2**：条件好就生两个，条件不好就生一个。希望孩子之间年龄差2~3岁吧。我的家庭和将来的结婚对象的意愿是影响我是否生二胎的最主要因素。我以后想从事相对稳定一点的工作，我觉得事业和家庭、孩子同等重要，我觉得以后对于孩子的照顾，谁有空谁就照顾多一点，比如，星期一我有空接孩子放学就我去，星期二孩子的爸爸或者爷爷奶奶有空就他们去。二孩放开政策好啊！我是持肯定态度。

**个案3**：打算生二胎，希望孩子年龄间隔15岁，因为希望孩子年龄差距大一点，以便于大的可以照顾小的，生两个孩子感觉比较好，人多热闹，而且那个时候也有条件了，我肯定会选择生二胎。对于我来说家庭重要程度大于事业，我很注重孩子的家庭教育，等到孩子长大一点了我再出去工作。我比较关注孩子过得开不开心，所以孩子开心是最重要的。我自己是多子女家庭，所以我想生两个。我支持全面放开二孩政策！

从访谈中可知：①被访谈的几个“90后”在生育二胎时间上都想有一定的时间间隔，最短的为一年，最长的可达15年之久。“90后”青年的生育理念、生育动机与以往相比传统色彩意味逐渐褪色，她们的生育动机更多的是想以拥有一个幸福的家庭为出发点，精神上更注重和谐、热闹的家庭氛围。②由于被访谈者婚姻都是未婚状态，她们关于生育二胎的想法可能会随时改变，所以对于她们是否会切实生育二胎还有待考量。③访谈中未来事业发展和经济状况是影响“90后”生育二胎的最主要因素，随着晚婚晚育、优生优育观念的推广，“90后”育龄群体注重孩子数量与质量的平衡，也会关注孩子未来的受教育情况，注重孩子早期的家庭教育，同时她们表示不会为了事业放弃家庭和孩子，也不会为了家庭和孩子放弃事业，在她们看来事业和家庭、孩子并无多大冲突。不过由于被访谈者都是非独生子女，她们的家庭环境都是相对比较融洽的，这也许在一定程度上鼓励了她们生育二胎，而她们也表示自己的成长环境和家庭环境会或多或少地影响自己对于生育二胎的看法。

## 五、总结与思考

通过对贵阳市“90后”生育意愿的调查，在全面放开“二孩政策”后，越来越多的“90后”表示愿意生育两个孩子。在二孩生育意愿方面，传宗接代、养儿防老这样的生育观念不再是“90后”生育二孩目的的主流。相反，越来越多的“90后”注重家庭成员的添加、家族势力的扩大和其他一些内在的精神层次的追求。在协调、可持续发展，人与自然和谐发展的思想文化的背景下，“90后”对于生育二孩的观念更多的是为了促进家庭和谐。

影响贵阳市“90后”青年生育的因素很多，最主要的还是经济因素和社会因素。在与被访谈者的谈话中，访谈者说如果未来和另一半组成的家庭条件好一些才会考虑生育第二个孩子，可见经济因素很有可能会随时左右大多数“90后”青年生育二胎的想法。如今，中国的家庭模式在计划政策的影响下，一对夫妇要赡养四个老人和一个小孩，“90 后”的养老压力剧增，再加上我国的养老机制和养老保障并不完善，这无疑是打消“90 后”生育二胎的又一个重要因素。

在贵阳市“90 后”青年的生育调查中，笔者的问卷还涉及对目前的计划生育政策的满意程度。结果显示，非常满意的占 31.9%，满意占 25.0%，无所谓占 11.1%，不满意占 18.1%，非常不满意占 13.9%，其中有 9.7% 的人非常了解二孩政策，58.3% 的人了解二孩政策，25.0% 的人不了解二孩政策，不想了解二孩政策的占 6.9%，因此对于不了解和不想了解二孩政策的那部分“90 后”青年，他们极有可能在不了解国家计划生育政策的基础上出于自我的猜测和主观臆想表示出对计划生育政策的不满意，这部分人生育二胎的意愿也极有可能不是在了解二孩政策的基础上而是凭借自我生育意愿来表达二孩生育意愿的。因此，笔者提议：①政府必须针对各种可能的育龄人群，进行实时的、切实的、能被大众所接受的讲解方式进行二孩政策的宣传，使得那些文化程度低的也能了解二孩政策；②为了二孩政策的更好实施政府应该尽可能地了解未来育龄主体，特别是“80 后”“90 后”的生育意愿。

## 【参考文献】


[1] 鲁春瑾．全面放开二孩政策对“90 后”生育意愿的影响——以安徽省蚌埠市为例［J］．现代商贸工业，2017（14）．

[2] 仇高擎，等．提升“80 后”“90 后”生育意愿是人口增长关键［J］．企业观察家，2017（4）：68–69.

[3] 李艳霞．“90 后”大学生生育意愿的社会学分析——基于楚雄师范学院的调查数据［J］．赤峰学院学报（汉文哲学社会科学版），2016，37（4）．

[4] 邓金叶．H 市“80”“90 后”群体生育观念转变及影响因素研究［D］．合肥：安徽大学，2016.

[5] 马玥明，安冬梅．在校大学生生育意愿及其影响因素——基于辽宁高校的调查［J］．人口与计划生育，2014（2）．

[6] 陈岱云，胡令安．21 世纪初中国人口的生育观念——基于对山东省一项问卷调查的研究［J］．清华大学学报（哲学社会科学版），2011，26（5）．

# ● 贵州民族人口与经济发展论略

杨应旭*

（贵州大学　明德学院，贵州　贵阳　550025）

**摘　要：**改革开放以来，贵州民族人口与经济发展发生了显著的变化，主要体现在人口增速放缓，结构明显改善，民族自治地方经济发展迅速，在这一背景下，民族人口与民族自治地方经济发展的关系发生了深刻的变化。本研究通过相关研究表明，民族人口与经济发展关系明显改善，生育率下降对经济增长有积极作用，民族自治地方劳动就业的刘易斯转折点已然来临，民族自治地方的人口城市化进程对经济有明显的推动作用，民族人口质量提高加速了经济发展，这些因素相互作用，推动民族人口与民族自治地方经济发展的良性互动。

**关键词：**民族人口；民族自治地方；经济发展

## 一、贵州民族人口与经济变动回顾

1. 贵州民族自治地方经济发展迅速

（1）经济总量迅速提升，产业结构大幅度调整。

1978—2012 年，民族自治地方生产总值从 16.29 亿元猛增到 1982.78 亿元，绝对值增加了 100 余倍，基本上每隔 3 年翻一番，绝大多数年份增长速度保持在 2 位数以上，个别年份高达 27% 以上；随着经济总量的迅速提升，产业结构也发生了显著的变化。1978 年，一、二、三产业构成分别为 61.26%、21.73%、17.00%；到 2012 年，一、二、三产业构成变为 19.95%、33.66%、46.39%，产业结构直接从“一、二、三”传统类型转变为“三、二、一”现代类型，产业结构调整幅度非常大。这表明民族自治地方生产方式发生了根本性的转变，传统农业社会逐渐成为历史，现代工业社会稳步确立。

（2）地方财政收支稳步增加，固定资产投资提速，经济日趋活跃。

1978—2012 年，民族自治地方财政收入、支出、固定资产投资、社会消费品零售总额均有大幅度上升。财政收入从 1.48 亿元增加到 227.66 亿元，增加了 200 多倍，财政支出从 2.62 亿元上升到 830.44 亿元，增加了 300 余倍，财政支出水平远高于其收入，财政收支水平在 21 世纪初加速增长；固定资产投资从 2.35 跃升到 2110.36 亿元，增长了近千倍。经过前期 20 余年的积累，固定资产投资在 2000 年后呈爆发式增长；社会

* 作者简介：杨应旭（1974—），女，贵州大学明德学院副教授。研究方向：人口经济学、公共事业管理。

消费品零售总额从 7.07 亿元上升到 530.63 亿元，增加了 70 余倍。这表明贵州民族自治地方经济活跃度有了较大提高。

（3）基础设施体系日益完善，经济发展基础进一步夯实。

截至 2012 年，全社会固定资产投资达 2110 亿元，公路通车里程达到 83454 千米，邮路总长度达到 18719 千米，铁路、港口、机场等基础设施建设不断加强，立体交通体系逐渐形成；随着退耕还林、还草的推进，植树造林工作得到进一步加强，森林覆盖率逐渐恢复到 50%，随着生态移民工程、石漠化治理工程、水土流失治理工程的逐步展开，局部生态环境恶化趋势得到扭转，生态承载压力得到缓解，节能减排工作稳步推进，环境污染势头得到抑制，生态环境明显改善，为经济发展夯实了基础。

2. 人均收入大幅度提高，人民生活明显改善

随着经济的发展，到 2012 年，贵州民族自治地方人均生产总值达到 14690 元，城乡居民人均储蓄达到 9962 元，人均公共财政收入实现 1687 元，凯里市、兴义市、都匀市的城镇居民人均可支配收入分别达到 18831 元、19472 元、19338 元，黔西南州、黔东南州、黔南州农村居民人均纯收入分别达到 4625 元、4625 元、5445 元，均有大幅度增加；各级各类学校大幅度增长，其中，普通高等学校达到 9 所，高中达 155 所，初中达 897 所，小学 5132 所，在校生数超过 270 万人，专任教师队伍超过 15 万人，教育事业发展迅速；随着城乡社会保障的推进，覆盖范围逐步扩大，保障水平不断提高，看病贵的问题改善明显，老有所养正逐步实现；随着城镇建设和新农村建设不断推进，城乡道路、住房等条件不断改善，城乡面貌发生了翻天覆地的变化，极大地方便居民的生产生活；随着人均收入的提高，洗衣机、冰箱、电脑、摩托车、轿车等产品进入普通居民家庭，人民生活日益向好，脸上的笑容增多，对未来充满了信心和期望。

3. 贵州民族人口与经济发展的简要回顾

人口增长弹性系数趋小，人口与经济发展日益协调。对于人口与经济发展的宏观考察，通常采用人口增长弹性系数来进行，其公式为：

$$ce=k/y$$

式中：$ce$ 为人口增长弹性系数，$k$ 为人口年平均增长率，$y$ 为相关因素的年平均增长率。当 $ce$ 大于 1 时，表示人口增长率过高，人口与经济处于不协调状态，当 $ce$ 介于 0.20~0.99 时，表示人口增长率有不同程度的可行性，人口与经济处于基本协调状态，当 $ce$ 小于 0.2 时，表示人口与经济处于协调发展状态。[1]

据此，我们计算了从 1978—2012 年贵州民族自治地方的人口增长率和生产总值增长率，由此得到各年的人口增长弹性系数（见图 1）。

由图 1 可观察到，民族自治地方人口增长弹性系数呈波动下降趋势，最高年份达到 0.36，但绝大部分年份的人口增长弹性系数都低于 0.2。自 2000 年以来，人口增长弹性系数进一步走低，其间，由于统计口径的变化引起民族自治地方人口负增长，导致人口增长弹性系数为负值。人口增长弹性系数的变化趋势说明民族自治地方人口与

[1] 李竟能 . 人口理论新编［M］. 北京：中国人口出版社，2001.

经济发展自改革开放以来一直处于协调状态，进入21世纪后，随着人口增长率的进一步降低和经济增长率的提高，人口与经济发展更趋协调。

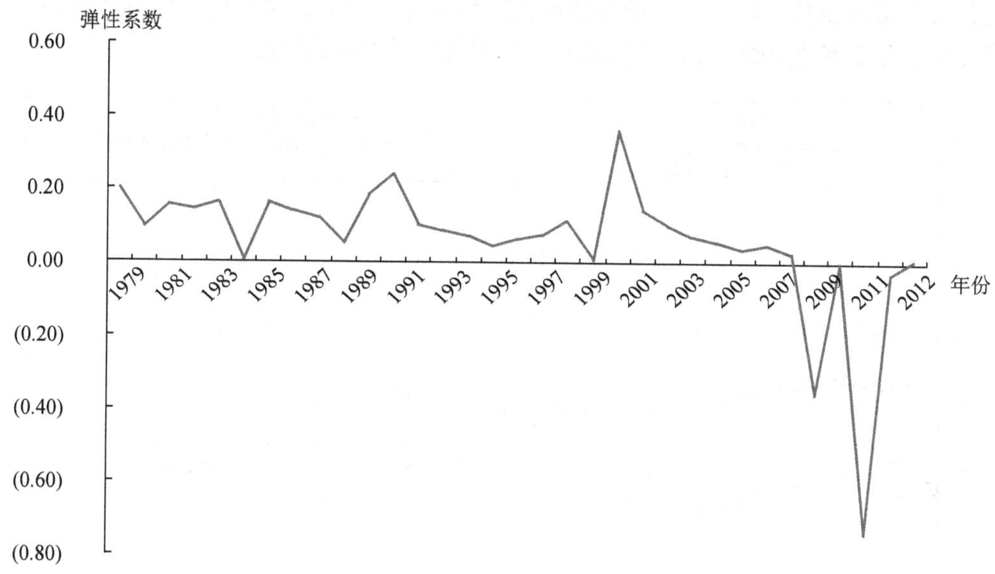


**图1　贵州民族自治地方人口增长弹性系数变化趋势**

资料来源：贵州历年统计年鉴。

贵州民族自治地方经济发展经历了一个缓慢发展阶段后，开始步入快速发展阶段，经济总量加速倍增，经济结构实现了历史性跨越，在人口与经济两种相反力量的推动下，人口与经济从协调状态转向更为协调发展的状态。这一成就是显著而喜人的，在新的基础上，慎思贵州民族人口与经济发展未来走向更显重要。

## 二、贵州民族人口与经济发展的现状分析

### 1. 贵州民族人口与经济发展的宏观考察

虽然民族自治地方人口和经济发展迅速，但与贵州省相比，仍然存在较大的差距。我们采用年末总人口、地区生产总值、全社会固定资产投资、社会消费品零售总额、经济密度（元/千米$^2$）与贵州省相应指标进行对比，根据1978—2012年的统计资料，得到图2。如图2所示，民族自治地方总人口占比一直平稳增长到21世纪初，直到2009年以后才开始下降；地区生产总值占比从38.94%波动下降到2009年的34.82%，基本上处于下降趋势；固定资产投资占比从21.50%波动下降到2009年的19.75，此后逐渐回升到36.91%，总体呈先降后升的趋势；社会消费品零售总额占比从33.30%波动下降到2009年的26.17%，下降趋势非常明显；经济密度占比从62.93%波动下降到2009年的52.11%，降幅也是比较大的。从以上5个指标占比情况看，除了固定资产投资占比近年来有所升高外，其他4项指标占比均呈下降趋势，除了总人口占比下降有积极影响外，剩余3项指标占比的下降趋势表明了民族自治地方经济地位在贵州省经

济地位有进一步弱化的趋势。以上阐述说明，在改革开放以来的 30 余年内，民族自治地方人口与经济发展虽然趋于更加协调，但与贵州省的差距进一步拉大，后发劣势地位并没有得到扭转，反而进一步受到强化。在这种状况下，对如何将后发劣势转为后发优势，全面推动民族自治地方社会经济发展提出了严峻的挑战。

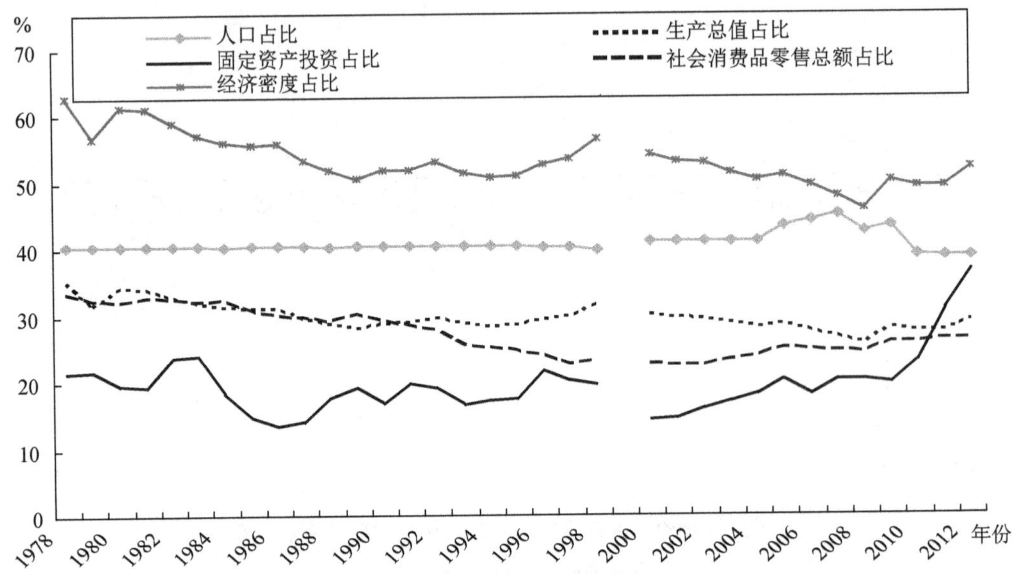


**图 2　民族自治地方主要经济指标在贵州省占比的变化趋势**

资料来源：贵州历年统计年鉴。

2. 民族人口生育率的经济分析

（1）相关文献回顾。

很多学者观察到生育率与个人收入之间关系密切。美国经济学教授 H. 莱宾斯坦基于“成本——效益分析”，指出家庭规模取决于夫妇的生育抉择，而夫妇选择所生育的孩子数量则取决于一个新生孩子所提供的满足和效用（效用有正效用和负效用，正效用有消费效用、劳动—经济效用、潜在保障效用，负效用包括直接成本和间接成本；孩子还具有承担家庭经济成败风险、维持家庭地位和扩大与发展家庭的效用），同为抚养一个新生孩子所需负担的成本的对比关系，如果所获得的效用大于所负担的成本，人们便倾向于多生育，反之，如果所获得的效用小于所负担的成本，则人们倾向于少生育。孩子的成本和效用不是固定不变的，经济发展和收入水平的提高会产生收入效应，孩子的全部成本与人均收入呈正相关关系，直接成本和机会成本都会上升。莱宾斯坦还认为，人口可根据社会地位划分为多种集团，各集团内部存在某些共同的生活标准，各个家庭为维持其社会地位，不得不付出一定的开支。在经济发展过程中，社会地位高的家庭为了维持其地位，就要比地位低的家庭更会反映其地位的支出增加到平均水平以上，而在一定的收入制约下，就要减少对孩子这一拘束产品的支出。正因为如此，往往社会地位高家庭的孩子数要比社会地位低的家庭少。但在同等社会地位的集团内部，经济上相对富裕的家庭因少受收入制约，因此比收入在平均线上的家庭拥有较多的孩子。弗里德曼 1975 年提出了相对收入假说，他指出，决定孩子数量的不是家庭的绝对收入水平，而是与其他人相比较的相对收入。孩子的费用并非因家庭收入而是因家庭所属集团的收入不同发生的差异。因此，其收入比其所属集团的平均水平高的父母，可能想要更多的孩子。

从以上所述可看出，人均收入通过家庭和妇女影响家庭生育抉择，进而影响生育率。

（2）民族自治地方人均收入提高促使人口总和生育率下降。

表 1 显示，民族自治地方随着人均收入的增加，总和生育率随之下降，或反之亦然。到底是总和生育率下降促使人均收入增加，或是人均收入增加促使人口总和生育率下降？目前缺乏翔实的资料做实证分析，但从普遍存在的客观事实可以发现些端倪。其一，通过贵州省“五普”和“六普”资料的对比，可以发现，贵州省常住人口出现了负增长，其间原因不难发现，由于人口流动到外省就业引起的；其二，由于贵州乃至民族自治地方社会经济发展不充分，大量的青壮年劳动力不得不流动到外省就业，而 21 世纪初以来我国沿海经济发达省份相继出现的“民工荒”加速了这一流动趋势；其三，青壮年劳动力的流动会产生两个方面的影响，一是流动需要耗费时间和精力，必然影响婚姻乃至生育，二是流动会促使个人收入提高，相较生育而言，个人机会成本大幅度增加，所以，流动必然影响家庭生育抉择，选择少生少育更符合个人理性预期；其四，孩子抚养费用不断上升，抚养标准也在逐步提高，此外，随着城乡社会保障深入推进，城乡居民社会保障水平大幅度提高，这些都降低了孩子的经济效用；其五，随着收入水平的提高和受教育程度的增加，个人就业圈和社会接触圈的扩大，个人的婚姻观和生育观会发生潜移默化的变化，从传统向现代生育观的转变势必会加快。综合以上 5 个方面的客观事实，我们更倾向于接受人均收入提高导致了民族自治地方总和生育率的下降，而不是相反。

**表 1　人均收入与总和生育率**

| 地区别 | 指标 | 1990年 | 2000年 | 2010年 |
|---|---|---|---|---|
| 全国 | 总和生育率（%） | 2.31 | 1.22 | 1.18 |
| | 人均GDP（元） | 1622 | 7059 | 29920 |
| 贵州省 | 总和生育率（%） | 3.02 | 2.19 | 1.75 |
| | 人均GDP（元） | 810 | 2759 | 13228 |
| 黔西南州 | 总和生育率（%） | | 2.76 | 2.03 |
| | 人均GDP（元） | | 2241 | 10929 |
| 黔东南州 | 总和生育率（%） | | 2.16 | 2.10 |
| | 人均GDP（元） | | 2010 | 8968 |
| 黔南州 | 总和生育率（%） | | 2.03 | 1.94 |
| | 人均GDP（元） | | 2776 | 11025 |

资料来源：根据贵州省和全国第五次、六次人口普查资料和相应年份统计年鉴整理而得。

（3）民族自治地方人均收入对生育率的影响。

莱宾斯坦根据效用和收入假设提出了一个解释模型，如图 3 所示，横轴表示人均收入，纵轴表示效用、负效用，曲线 $D$ 表示负效用，随着人均收入的增加而上升，曲线 $U$ 表示效用，随着人均收入的增加而下降，$y_1$、$y_2$ 表示两个不同水平的收入节点。当人均收入水平低于 $y_1$ 时，效用 $U_n$ 高于负效用 $D_n$，夫妇愿意生育第 $n$ 个孩子，当收入水平超过 $y_1$ 时，第 $n$ 个孩子所产生的负效用高于效用，因而夫妇不愿意生育第 $n$ 个孩子；当收入水平超过 $y_1$ 但未超过 $y_2$ 时，第 $n-1$ 个孩子的效用将高于负效用，因而夫妇愿意要第 $n-1$ 个孩子；当收入超过 $y_2$ 时，则最多再要第 $n-2$ 个孩子。该模型说明，随着人均收入水平的上升，具有代表性的家庭中的高顺序孩子数将随之减少，社会上的平均希望子女数也将逐渐减少，总和生育率将随着人均收入水平突破节点而下降。

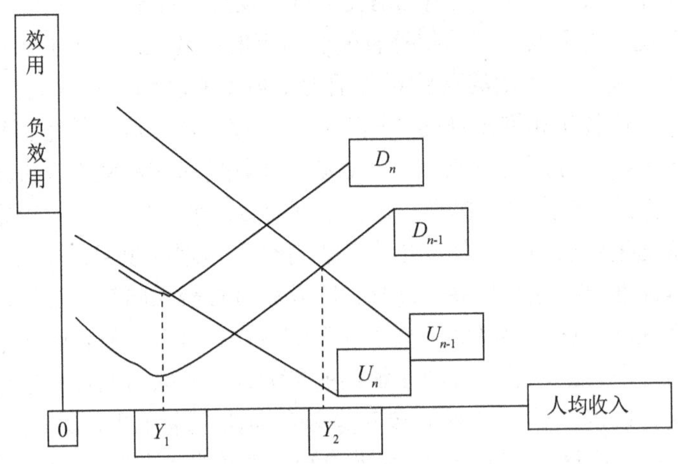


**图 3　人均收入水平和孩子的效用、负效用模型**

根据莱宾斯坦模型和上述论述，孩子的效用在下降、负效用在增加应是没有疑问的，而关键的是对生育率影响的两个收入节点如何确定。表 1 所列资料由于时间不够长，以及计划生育政策的原因，使得寻找两个收入节点较为困难。根据我国的经验，总和生育率在没有执行计划生育的条件下，其明显下降趋势始于 1970 年，之前一直在 3.29~7.50 之间波动，而同期人均 GDP 介于 100~271 元之间波动；1970—1980 年，由于计划生育工作并没有完全严格执行，可以近似看作自然生育状态，整个 20 世纪 70 年代总和生育率从 5.81 稳步下降到 2.24，同期人均 GDP 稳定从 271 元上升到 458 元；1980—1990 年，尽管计划生育政策执行力度得到加强，由于人口再生产惯性的作用，总和生育率从 2.24 波动回升到 2.31，同期人均 GDP 从 458 元上升到 1622 元，增速明显加快；1990—2010 年，总和生育率基本稳步下降到 1.18，同期人均 GDP 上升到 29920 元；2010 年后，迫于人口老龄化的压力，中国的计划生育政策有所松动，放松人口管制的各界呼声也日益涌现。尽管 1980 年后的人均 GDP 与总和生育率的关系已变得不可比较，但也不可否认人均 GDP 的提高对总和生育率的下降是有积极影响的。

从中国人均GDP和总和生育率的变化历程看，大致可以将1980年看作总和生育率的第一个转折点，相应的$y_1$收入点可以确定为450元，考虑到2010年536.1（1978=100）的物价指数，第一个收入节点可以调整为2455元，第二个收入节点可以考虑为2010年，相应的收入为29920元。

参照全国的经验，根据人均GDP与总和生育率与全国水平的对比，三个自治州总和生育率下降缓慢，大概与全国平均水平存在10~20年的差距，人均GDP则存在10年以上的差距，所以三个自治州的第一个收入节点大致可以框定在1990—2000年，收入水平在2500元左右，而第二个收入节点仍未到来。之所以做出这样的判断，主要是基于计划生育执行过程存在民族差异，而贵州民族自治地方是民族人口相对集中的地区，其总和生育率更接近自然生育状态。

综上所述，人均收入对民族自治地方的总和生育率的影响是在逐步加强，第一个关键收入节点已然来临，这也反映了民族人口的收入状况对其生育率的影响。

3. 民族人口劳动力的就业分析

（1）劳动力就业的相关文献回顾。

威廉·阿瑟·刘易斯认为，发展中国家一般存在着二元经济结构，传统自给自足的农业部门和现代工业部门，农业部门由于耕地扩展有限且生产技术简单，而农村人口又持续增长。必然导致劳动力过剩，在其他要素不增加的条件下，部分劳动产值和边际生产率接近于零或负增长，将这些剩余劳动力转移出去，不会减少农业生产；现代工业部门劳动生产率高，生产规模的扩大和生产速度的提高超过人口增长速度，使劳动就业人口的边际效益递增，人均收入不断提高；经济结构和收入的差距，推动农业过剩劳动力源源不断地转向现代工业部门。发展中国家只有把所有农村中的隐蔽性失业的过剩劳动力完全吸收干净为止，才能使收益递减转变为收益递增，国民经济发展方式由停滞转变为稳定增长，这个转移过程引发经济结构的转变。迈克尔·P. 托达罗在《欠发达国家劳动力迁移和城市失业模型》（1969）、《第三世界的经济发展》（1985）、《经济发展》（1999）等著作中指出了刘易斯二元经济结构发展模型有三个关键性的假设前提与大多数发展中国家的经济现实不符。第一，刘易斯模型暗含的假定现代工业部门的劳动转移率和就业创造率与现代部门的资本呈正比例的关系而增加；第二，关于农村存在剩余劳动力，而城市实现了充分就业的假定；第三，现代工业部门存在一个竞争劳动力市场，从而保证在农村的剩余劳动力被完全吸收以前城市的实际工资保持不变的假定。费景汉和古斯塔夫·拉尼斯认为，刘易斯二元经济结构模型忽视了农业部门劳动生产率提高和农业剩余产品的增加使农业劳动力转入现代工业部门的先决条件。戴尔·乔根森认为，农业剩余是农村劳动力流动的充要条件，农业剩余占农业总产出的比重等于工业劳动力占总人口的比重；人口增长由拒绝增长决定，但由于技术进步的力量，当人口增长达到最大时会被经济增长所超过，农业剩余也就会产生并扩大；农村劳动力流向城市的原因在于消费结构的改变，因人们对粮食的需求有限而对工业品的需求无限。这些论述解释了发展中国家或地区劳动力就业客观规律，蔡昉等学者将农村剩余劳动力转移完成，并需要提高工资才能吸引更多劳动力从农村转移出来的点，即为刘易斯转折点。[1]

（2）贵州民族自治地方人口劳动就业形势发生了明显的变化。

从表 2 可观察到，1990—2010 年，黔西南州、黔东南州、黔南州劳动年龄构成不断提高，这与贵州省的趋势一致；年均新增劳动力 1990—2000 年保持正值，而 2000—2010 年由于统计口径的变化，年均新增劳动力变为负值；1990—2000 年，城镇就业人口为正增长，年均新增城镇就业正增长且低于年均新增劳动力人口，2000—2010 年，城镇就业人口增长加快，年均新增城镇就业人口已高于年均新增劳动力人口；与贵州省相比，年均新增劳动力人口全省为正，而三个自治州为负，年均新增城镇就业增长幅度低于全省。根据刘易斯等人的城乡劳动力转移模型，三个自治州城镇就业吸纳能力是非常有限的，远低于全省城镇的就业吸纳能力，这不足以解释年均新增劳动力人口的负增长态势，但放在省域开放社会经济体系下，三个自治州外的城镇吸纳了剩余的劳动力，使其年均新增劳动力为负数。这说明民族自治地方尽管经济较为落后、人口增长相对较快，但整体就业环境趋好，分担了贵州省民族自治地方的劳动就业压力。

**表 2 贵州省及三个自治州劳动与就业人口变化情况**

| 年份 | 指标 | 总人口（万人） | 15~64岁（%） | 15~64岁人数（万人） | 年均新增劳动力（万人） | 城镇就业人口（万人） | 年均新增城镇就业人口（万人） |
|---|---|---|---|---|---|---|---|
| 1990 | 贵州省 | 3239 | 62.70 | 2031 | | 249 | |
| | 黔西南州 | 252 | 58.97 | 149 | | 11 | |
| | 黔东南州 | 367 | 63.00 | 231 | | 21 | |
| | 黔南州 | 329 | 62.80 | 207 | | 22 | |
| 2000 | 贵州省 | 3524 | 63.90 | 2252 | 22.10 | 267 | 1.80 |
| | 黔西南州 | 287 | 61.73 | 177 | 2.86 | 14 | 0.30 |
| | 黔东南州 | 384 | 63.95 | 246 | 1.44 | 33 | 1.20 |
| | 黔南州 | 356 | 64.34 | 229 | 2.24 | 23 | 0.10 |
| 2010 | 贵州省 | 3475 | 66.00 | 2294 | 4.17 | 526 | 25.90 |
| | 黔西南州 | 280.59 | 64.16 | 180 | −0.29 | 22 | 0.80 |
| | 黔东南州 | 348.06 | 65.26 | 227 | −1.84 | 36 | 0.30 |
| | 黔南州 | 323.12 | 67.13 | 217 | −1.21 | 24 | 0.10 |

资料来源：根据贵州省第四次、五次、六次人口普查资料和贵州省 60 年统计资料汇编整理而得。

注：三个自治州 2010 年的城镇就业人口数据为 2008 年数据。

[1] 蔡昉，都阳. 中国人口与劳动问题报告：刘易斯转折点及其政策挑战［M］. 北京：社会科学文献出版社，2007：89.

（3）民族自治地方劳动就业的刘易斯转折点基本来临。

通过上述讨论，是否意味着民族自治地方劳动就业的刘易斯转折点已然来临呢？这显然有些为时过早，上述讨论可以明确的是贵州省城镇就业吸纳能力高于民族自治地方，为缓解贵州民族自治地方劳动就业压力起到了一定的作用，但这还不足以判断刘易斯转折点已然来临，我们需要进一步从贵州省流动人口状况和全国的劳动就业形势方面获取支持。

表 3 显示，2010 年，贵州省 9 个地州市户籍人口明显高于其常住人口，三个自治州外出半年以上人口占比整体上有些偏低，但仍然高于经济较为发达的贵阳市、六盘水市，总体上接近贵州省平均水平，而外出半年以上人口中超过 70% 的人口在劳动年龄段内。这表明三个自治州属于劳动力输出地，这也解释了为什么三个自治州劳动年龄段内人口在 2000—2010 年呈负增长，而其本身新增城镇就业有限。这说明，外出劳动力与新增城镇就业人口合计超过了新增劳动年龄人口。

**表 3　贵州省及 9 个地州市 2010 年人口流动情况**

| 地区 | 户籍人口（万人） | 外出半年以上人口（万人） | 外出人口占户籍人口比重（%） |
|---|---|---|---|
| 贵州省 | 4160.04 | 1162.97 | 27.96 |
| 贵阳市 | 373.54 | 91.53 | 24.5 |
| 六盘水市 | 314.83 | 70.97 | 22.54 |
| 遵义市 | 765.91 | 246.81 | 32.22 |
| 安顺市 | 276.87 | 74.56 | 26.93 |
| 铜仁地区 | 418.94 | 132.45 | 31.62 |
| 黔西南州 | 332.43 | 78.91 | 23.74 |
| 毕节地区 | 833.74 | 228.2 | 27.37 |
| 黔东南州 | 445.79 | 134.83 | 30.24 |
| 黔南州 | 398.01 | 104.71 | 26.31 |

资料来源：贵州人口普查办 . 迈向小康社会的中国人口（贵州卷）[M]. 北京：中国统计出版社，2015：251.

图 4 显示，全国劳动年龄人口高于就业人口，新增就业人数在 2011 年高于新增劳动年龄人口，新增城镇就业人数在 21 世纪初就有高于新增劳动年龄人口的趋势，这表明全国整体就业形势趋好，城镇逐渐成为吸纳劳动力就业的主要场所。主导就业压力稳步得到缓解，这也为贵州及其民族自治地方劳动力跨地区和乡城转移提供了可能。结合 21 世纪初中国沿海经济发达省份相继出现的民工荒，蔡昉等学者判断中国劳动就业的刘易斯转折点已于 21 世纪初悄然来临。

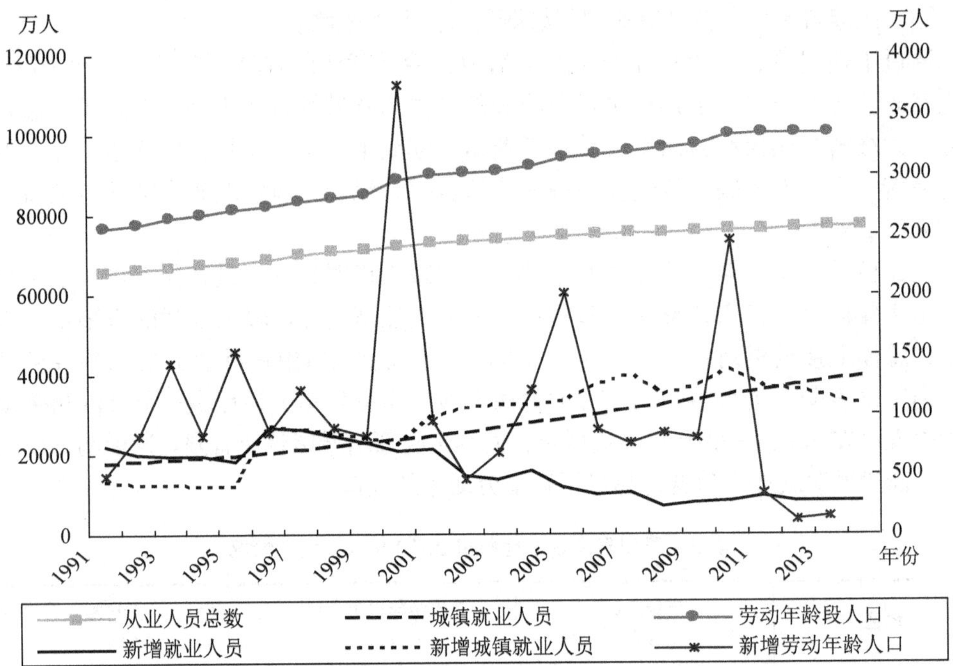


**图 4　中国就业人口、劳动年龄人口、新增就业人口等指标的变化**

资料来源：国家统计局网站

基于上述讨论，本研究认为由于贵州民族自治地方人口增长放缓、地区经济差距扩大、城镇和发达地区新增就业人员超过新增劳动年龄人口、跨省和城乡人口流动加剧等因素的影响，贵州省民族自治地方劳动力就业的刘易斯转折点基本来临，只是这种转折点是基于外生力量的转折点。

4. 民族自治地方人口城市化与经济发展

（1）人口城市化理论回顾。

许多学者从推动力角度阐述了发展中国家城市化历程。威廉·阿瑟·刘易斯在《无限劳动供给下的经济发展》中提出二元经济结构发展模型，他认为，发展中国家一般存在着二元经济结构，传统自给自足的农业部门和现代工业部门，农业部门由于耕地扩展有限且生产技术简单，而农村人口又持续增长。必然导致劳动力过剩，在其他要素不增加的条件下，部分劳动产值和边际生产率接近于零或负增长，将这些剩余劳动力转移出去，不会减少农业生产；现代工业部门劳动生产率高，生产规模的扩大和生产速度的提高超过人口增长速度，使劳动就业人口的边际效益递增，人均收入不断提高；经济结构和收入的差距，推动农业过剩劳动力源源不断地转向现代工业部门。发展中国家只有把所有农村中的隐蔽性失业的过剩劳动力完全吸收干净为止，才能使收益递减转变为收益递增，国民经济发展方式由停滞转变为稳定增长，这个转移过程引发经济结构的转变。

迈克尔·P. 托达罗在《欠发达国家劳动力迁移和城市失业模型》（1969）、《第三世界的经济发展》(1985)、《经济发展》(1999)等著作中指出了刘易斯二元经济结构发展模型有三个关键性的假设前提与大多数发展中国家的经济现实不符。第一，刘易斯模型暗含的假定现代工业部门的劳动转移率和就业创造率与现代部门的资本呈正比例的关系而增加；第二，关于农村存在剩余劳动力，而城市实现了充分就业的假定；第三，现代工业部门存在一个竞争劳动力市场，从而保证在农村的剩余劳动力被完全吸收以前城市的实际工资保持不变的假定。

费景汉和古斯塔夫·拉尼斯认为，刘易斯二元经济结构模型忽视了农业部门劳动生产率提高和农业剩余产品的增加是农业劳动力转入现代工业部门的先决条件。人口城市化具有明显的阶段性：第一阶段，传统农业部门存在大量显性失业人口时，农业部门的劳动边际生产率为零，此时劳动力供给弹性是无限大的，农业剩余劳动力的流出不影响农业产出量，流出造成的农业剩余量可以提供给流入工业部门的劳动力；第二阶段，农业劳动力持续减少，农业部门劳动边际生产率提高大于零但低于制度工资，隐性失业流入城市工业部门，这会引起农业总产量的减少，粮食短缺引起农产品价格相对上涨，工业部门不得不提高工资；第三阶段，农业部门已不存在剩余劳动力，农业部门劳动边际生产率逐渐高于制度工资，这说明农业部门劳动力收入不再取决于制度工资，而是由其边际产值决定。

戴尔·乔根森认为，农业剩余是农村劳动力流动的充要条件，农业剩余占农业总产出的比重等于工业劳动力占总人口的比重；人口增长由经济增长决定，但由于技术进步的力量，当人口增长达到最大时会被经济增长所超过，农业剩余也就会产生并扩大；农村劳动力流向城市的原因在于消费结构的改变，因人们对粮食的需求有限而对工业品的需求无限。刘易斯等人提出的二元结构模型有力解释了发展中国家人口城市化进城的阶段性规律，也为理解贵州民族自治地方人口城市化提供了线索。

舒尔茨等人从人口迁移的角度对人口城市化进行了阐释。舒尔茨把直接用于教育保健以及为了取得良好机会而用于迁移的费用都看作人力资本的直接投资。迁移的发生与否，取决于迁移成本与效益的比较；斯达科将舒尔茨的成本—效益模型用于解释迁移的动因，并进行量化，人口迁移的花费是人口迁移的投资资本，迁移后的所得是效益利润，因此人口迁移行为取决于迁入地的平均收入是否超过迁出地的平均收入加上用于迁移的过程的花费，即净收益。西蒙·库兹涅茨认为，以寻找就业机会为背景的迁移人口会具有更高的生产效率，更能促进经济发展，短期内，人口迁移的成本可能会影响经济的发展，就长期发展而言，人口迁移有助于调整经济结构，从而促进经济的持续发展；约翰·里斯·哈里斯和托达罗的人口城乡迁移模型指出，农民根据城市部门的预期工资与农村收入相比较而决定迁移倾向。

诚然，城市经济和农村经济的发展推动了人口城市化进程，但人口城市化对经济发展积极作用也受到众多学者的关注，并做了有益的探讨。概括起来讲，人口城市化使人口、资本等要素在城市聚集，引致集聚效应，从而刺激城市经济规模的扩大和结构的深化，然后通过扩散效应带动周边地区的发展，进而引起社会经济全方位的变化。在人口城市化的不同阶段，其对经济的刺激作用是有差异的。人口城市化与经济的这种良性互动促进了社会经济的全面发展。

（2）民族自治地方人口城市化与经济互动。

2000—2010 年，贵州省地区生产总值从 1029.92 亿元跃升到 4602.16 亿元，年增长速度保持两位数以上，经济总量成倍增加。随着贵州省经济的快速发展，贵州省各民族人口城市化水平有了大幅度的提高，但增加幅度差异较大，壮族最低增加了 1.11 个百分点，羌族、仡佬族、仫佬族、白族、侗族、蒙古族等增加幅度都在 10 个百分点以上，上升幅度较小的多属于自然条件较差而社会经济发展不足的地区，这种差异反映了各民族在社会经济发展方面存在的客观差距（见表 4）。

**表 4　贵州省部分民族城市人口与城市化率**

| 民族 | 总人口（人） | | 城市人口（人） | | 城市化率（%） | |
|---|---|---|---|---|---|---|
| | 2000年 | 2010年 | 2000年 | 2010年 | 2000年 | 2010年 |
| 贵州省 | 3524.77 | 3474.65 | 844.52 | 1173.76 | 23.96 | 33.78 |
| 汉族 | 2191.17 | 2219.85 | 638.50 | 887.91 | 29.14 | 40.00 |
| 少数民族 | 1333.60 | 1254.80 | 206.02 | 285.85 | 15.45 | 22.78 |
| 蒙古族 | 4.75 | 4.16 | 1.10 | 1.66 | 23.16 | 39.90 |
| 回族 | 16.87 | 18.48 | 3.95 | 5.89 | 23.41 | 31.87 |
| 苗族 | 430.00 | 396.84 | 61.18 | 84.30 | 14.23 | 21.24 |
| 彝族 | 84.36 | 83.45 | 9.72 | 16.28 | 11.52 | 19.51 |
| 壮族 | 5.21 | 5.26 | 2.28 | 2.36 | 43.76 | 44.87 |
| 布依族 | 279.82 | 251.06 | 44.59 | 53.67 | 15.94 | 21.38 |
| 满族 | 2.19 | 2.31 | 1.25 | 1.49 | 57.08 | 64.50 |
| 侗族 | 162.86 | 143.19 | 29.37 | 40.24 | 18.03 | 28.10 |
| 瑶族 | 4.44 | 4.09 | 0.59 | 0.77 | 13.29 | 18.83 |
| 白族 | 18.74 | 17.95 | 3.02 | 5.59 | 16.12 | 31.14 |
| 土家族 | 143.03 | 143.70 | 25.18 | 41.32 | 17.60 | 28.75 |
| 畲族 | 4.49 | 3.66 | 0.70 | 0.63 | 15.59 | 17.21 |
| 水族 | 36.97 | 34.88 | 3.79 | 4.90 | 10.25 | 14.05 |
| 仫佬族 | 2.84 | 2.50 | 0.43 | 0.63 | 15.14 | 25.20 |
| 羌族 | 0.14 | 0.16 | 0.06 | 0.10 | 42.86 | 62.50 |
| 毛南族 | 3.12 | 2.73 | 0.29 | 0.34 | 9.29 | 12.45 |
| 仡佬族 | 55.90 | 49.52 | 9.10 | 15.83 | 16.28 | 31.97 |

资料来源：根据贵州省第五次、六次人口普查资料整理而得。

从贵州民族自治地方来看，1990—2010年，民族自治地方地区生产总值从74.78亿元跃升到1261.89亿元，20年间增加了10余倍，与此相伴，各自治地方的城市化率也取得了较快的发展，由于受经济等因素的影响，各地城市化速度差异较大。表5显示，三都县20年间城镇化率上升幅度最低，仅仅增加了5.49个百分点，而玉屏县上升幅度最快，增加了26.34个百分点，大部分自治州、县上升幅度均在10个百分点以上，与经济增长保持基本同步，反映了两者之间的密切互动关系。

**表5 全国及贵州省民族自治地方城市化率**

单位：%

| 地区 | 1990年 | 2010年 |
| --- | --- | --- |
| 全国 | 26.41 | 49.95 |
| 贵州省 | 19.10 | 33.78 |
| 黔西南 | 9.50 | 28.13 |
| 黔东南 | 12.00 | 26.39 |
| 黔南 | 10.00 | 28.78 |
| 威宁 | 6.80 | 18.93 |
| 松桃 | 7.60 | 17.45 |
| 镇宁 | 5.90 | 24.53 |
| 紫云 | 4.20 | 14.78 |
| 关岭 | 8.70 | 18.41 |
| 玉屏 | 13.20 | 39.54 |
| 印江 | 2.00 | 23.34 |
| 沿河 | 4.30 | 17.22 |
| 务川 | 3.60 | 26.56 |
| 道真 | 3.60 | 25.52 |
| 三都 | 7.30 | 12.79 |

资料来源：根据贵州及全国第四次、五次人口普查资料整理而得。

5. 民族人口增长的经济分析

安斯利·J. 科尔和埃德加·M. 胡佛指出，储蓄$S$依存于国民收入和人口$P$，并决定投资$I$，三者关系为：$I=S=aY-\beta P$。式中参数$\beta$的符号为正号，所以人口增长时储蓄会减少。假定投资$I$是由劳动资料$I_c$和福利支出$I_w$构成的，只有劳动资料带来产品的增产，福利支出由现有人口所需要的福利支出$I_{wc}$和新增加人口所需要的福利支出$I_{wi}$构成，即：$I=I_c+I_w=I_c+$（$I_{wc}+I_{wi}$）。该式表明，福利支出的两个因素与人口因素有关，为了保证其他社会资本，$I_{wi}$必然要超过$I_{wc}$，结果表现为人口增长率越高，福利支出的增加越趋向不平衡的状态，导致增产的资本比例下降，从而抑制了经济发展的速度。科尔和胡佛运用柯布—道格拉斯生产函数分析低收入国家人口增长与经济发展状况，他们认为低收入国家生育率较高，人口增长率较快，从而使抚养负担和消费需求不断增加，结果储蓄率和投资率都有所降低，经济发展缓慢。H. 贝尔肖通过对亚洲发展中国家的研究，得出类似结论。

英国经济学家罗伊·福布斯·哈罗德在《动态经济学》中论证了长期动态理论，研究在人口、生产技术和资本设备能够变动的条件下如何实现稳定的均衡增长。雷格纳·纳克斯在《论发展中国家的资本形成》中，把资本形成作为经济发展的主要变量，由于资本不足，发展中国家面临贫困的恶性循环，贫困—低人均国民收入—储蓄不足—资本不足—投资减少—低国民收入，如要摆脱这个恶性循环的锁链就要开拓销路，扩大市场，扩大资本，提高劳动生产率。这种恶性循环状况是同人口增长过快所形成的人口压力有关，这种压力表现为大量隐蔽性失业人口的存在。A. 来宾斯坦在《经济落后和经济增长》中指出，人口是经济发展的内在因素，经济发展的过程是财富与人口增长之间相互抗争的过程，经济发展只有超过人口最低生活水平的程度时才能真正实现经济增长。而发展中国家给经济发展带来的阻力超过财富的增加，所以用微小的经济变化是不能实现经济发展的。要使一个国家经济起飞，需要有足够克服发展抑制因素的努力。这种努力为临界最小努力，是为了摆脱贫困恶性循环所必须付出的最小努力。C. 西蒙·库兹涅茨在 1952 年撰写的《人口增长及有关经济变量的长期波动》一文中，通过对美国经济增长波动和人口变动长期趋势的分析，断定美国经济增长波动的节律是由人口变动中国外移民迁入引起的。1966 年，在《现代经济增长、速度、结构及其扩散》一书中，指出人口增长对经济发展有积极的影响，后来的经济学家在其基础上进一步指出，人口增长可以刺激需求，降低劳动力投资风险的能力，通过提供受教育较好的劳动者提高了劳动力的素质；人口压力还可以促进技术进步。理查德·伊斯特林依据库兹涅茨的经济增长长波理论研究美国的人口经济增长，他认为人口和经济增长的长期波动以 30 年左右为一个波动周期，在人口变量和经济变量演变的过程中，充满着各种变量之间相互影响的复杂过程。人口长波和经济长波本身表现为各自独立演变的时间序列趋势，人口变量变动受收入、劳动参与率、劳动需求和劳动供给等经济条件的制约，对人口规模和劳动力规模起着制约作用，反之，人口变量的变动引起经济变量的变动，起着拉平作用，减缓经济变量波动的波峰。并通过分析人口总量和经济总量变动的长期趋势，寻找人口波动的经济根源。

埃德温·坎南在《初级政治经济学》中指出，在任何一定时期，或者说人的知识和各种条件保持不变的情况下，当人口增加到某点时，就可以获得最大的收益，如超过这个点，就会减少其收益。乌尔里希·塔依其曼在《人口增长和经济增长》中，把经济增长的过程分为退步型和进步型经济，前者随着人口增长使消费增大，其结果阻碍资本形成，并且进入了所谓生产率的下落、低工资、高物价、高利率的一系列的循环过程；后者伴随着人口增长引起资本形成，导致生产率上升，导致进一步的工业化，其结果促进了所得和福利的增大、就业水准的上升、失业的解除、低价格和低利率的一系列循环过程。20 世纪 50 年代西方经济学家从马尔萨斯人口经济理论中概括出来该理论，人口增长、人均收入和国民收入之间存在相互依存的关系，当一国人均收入提高时，由于生活条件改善，人口增长率也随之上升，随着人均收入的上升，人口开始迅速增长，但这种增长有一个自然限度，超过这一限度，人口增长会随人均收入的增加而呈现逐渐下降趋势，在发达国家得到了验证。约瑟夫·约翰·斯彭格勒在《面对人口零增长》（1978）和丹尼斯·梅多斯等人在《增长的极限》中提出零增长理论，认为一个国家的人口稳定状态与经济稳定状态之间存在着相互依存、相互制约的关系，如果 $y'$ 表示国民收入增长率，$p'$ 表示人口增长率，并假定劳动力人口 $L$ 在总人口中的比重 $f$ 不变，$d'$ 表示人均产量增长率，则有：$y'=p'+d'$。

人口增长可以产生两种经济效应，一是可以形成规模经济，促进劳动分工和技术进步，在经济资源相对充裕的条件下，人口增长有利于经济增长；其二是可能形成对经济资源的压力，减少投资，降低劳动生产率，在经济资源短缺的条件下，人口增长不利于经济增长。

## 三、关于贵州民族人口与经济发展的几点思考

综上几个方面的分析，我们可以得出以下几点结论以供进一步探讨。其一，尽管贵州民族人口与经济发展较为迅速，但在贵州省的弱势地位仍然没有得到根本性扭转反而进一步强化，而且这一弱势地位自 1949 年以来保持了近 70 年，后发劣势转变为后发优势有什么可靠的路径可以遵循？其二，随着经济的发展，经济对人口增长的影响正在显现，民族人口总和生育率和人口增长率保持了下降态势，但要与全省乃至全国看齐仍然需要较长的时间，加速经济发展无疑能够缩短这一进程；其三，民族人口劳动就业的刘易斯转折点基本来临，加快经济发展和促进劳动力流动更有助于控制民族人口的增长，即工业化和城镇化成为控制民族人口增长的有力推手；其四，民族人口质量的提高在民族自治地方经济发展中有着非常重要的影响，在我国社会经济发展进入新常态的前提下，单纯依靠投资推动的民族自治地方经济发展是难以为继的，民族自治地方在重视投资的基础上，也需要从提高人口质量入手转变经济发展方式，优化经济结构来综合推进人口与经济的协调发展；其五，自 21 世纪初始，民族人口进入低增长阶段，人口增长对经济发展的影响由消极转化为积极，经济发展的人口压力大为缓解，保持适度的人口增长既可繁荣民族自治地方社会经济，也可为经济发达地区提供必要的劳动力支持。

## 【参考文献】


[1] 马寅初 . 新人口论［M］. 长春：吉林人民出版社，1997.

[2] 严天华，等 . 贵州少数民族人口发展与问题研究［M］. 北京：中国人口出版社，1996.

[3] 贵州省第五次人口普查办公室 . 贵州人口发展研究［M］. 贵阳：贵州人民出版社，2003.

[4] 贵州省人口普查办公室 . 世纪之交的中国人口（贵州卷）［M］. 北京：中国统计出版社，2005.

[5] 贵州省第六次人口普查办公室 . 迈向小康社会的中国人口（贵州卷）[M]. 北京：中国统计出版社，2015.

[6] 杨坚白，胡伟略 . 人口经济论［M］. 北京：社会科学文献出版社，2007.

［7］李通屏，等.人口经济学［M］.北京：清华大学出版社，2008.
［8］蔡昉，都阳.中国人口与劳动问题报告：刘易斯转折点及其政策挑战［M］.北京：社会科学文献出版社，2007.
［9］李仲生.人口经济学［M］.北京：清华大学出版社，2013.
［10］李竞能.人口理论新编［M］.北京：中国人口出版社，2001.
［11］蔡昉.人口转变、人口红利与刘易斯转折点［J］.经济研究，2010（4）.

# ● 人口较少民族教育问题与教育扶贫

## ——以贵州省毛南族为例

黄璐琳 *

（贵州大学　公共管理学院，贵州　贵阳　550025）

**摘　要：** 据2016年数据统计，贵州省毛南族共计37745人，主要居住在黔南布依族苗族自治州的平塘县、独山县、惠水县等地。平塘县的毛南族主要居住在卡蒲、者密和大塘3个乡（镇）28个行政村。其中，卡蒲毛南族乡是贵州省唯一的毛南族乡。2016年年末贵州省黔南州总人口4172795人，其中少数民族人口共有2464145人，毛南族占37745人。了解贵州毛南族教育发展问题，对搞好贵州毛南族地区学校教育扶贫的下一步发展具有重要参考价值。

**关键词：** 毛南族；教育问题；教育扶贫

### 一、贵州省毛南族人口教育问题

中华人民共和国成立前，贵州省毛南族没有正规教育机构和专职教育人员，受教育机会较少，受教育人口较少，社会上仍然存有对毛南族歧视的现象。中华人民共和国成立之后，党和政府为扶持民族文化教育，毛南族接受各种层次的教育机会增多，受教育程度和人口素质都得到了提升。改革开放后，随着经济社会发展，毛南族地区教育发展取得了一定的成绩，但也存在很多问题。

#### （一）基础教育问题

2012—2016年统计数据显示，贵州省平塘县卡蒲毛南族乡全部实现普及九年义务教育，但小学受教育人数与初中受教育人数逐年递减，具体情况如表1所示。

* 作者简介：黄璐琳（1992—），女，贵州大学公共管理学院硕士研究生。研究方向：人口与教育。

表 1 2012—2016 年贵州省平塘县卡蒲毛南族乡小学受教育人数与初中受教育人数

单位：人

| 年份 | 小学受教育情况 | | | 初中受教育情况 | | |
|---|---|---|---|---|---|---|
| | 小学受教育人数 | 女生人数 | 少数民族人数 | 初中受教育人数 | 女生人数 | 少数民族人数 |
| 2012 | 822 | 408 | 821 | 438 | 213 | 437 |
| 2013 | 755 | 381 | 752 | 436 | 206 | 434 |
| 2014 | 679 | 334 | 677 | 383 | 189 | 382 |
| 2015 | 576 | 299 | 572 | 332 | 167 | 331 |
| 2016 | 546 | 279 | — | 263 | 125 | — |

2012—2016 年，贵州省平塘县的适龄儿童入学率、小学升学率较高，但是初中升学率较低，在基本完成初等教育的同时，中等教育的受教育人数相较于初等教育受教育人数少很多（见表 2）。

表 2 2012—2016 年贵州省平塘县的适龄儿童入学率、小学升学率、初中升学率

单位：%

| 年 份 | 适龄儿童入学率 | 小学升学率 | 初中升学率 |
|---|---|---|---|
| 2012 | 99.57 | 99.53 | 56.88 |
| 2013 | 97.56 | 99.29 | 59.05 |
| 2014 | 85.07 | 99.80 | 88.49 |
| 2015 | 87.52 | 97.60 | 64.68 |
| 2016 | 89.95 | 90.69 | 88.53 |

初中升学率五年之内人数持续递减，这主要是因为实行计划生育，贵州省毛南族地区人口结构发生变化导致学龄人口逐步减少。但是基础教育在后续发展中存在的问题，严重阻碍了贵州省毛南族地区教学质量的提升。

一是教育投入不足。平塘县大塘镇目前 13 所小学校舍总面积约 8467 平方米，每校平均面积约 651 平方米，显然校舍不足。部分学校没有电脑，图书资料很少，教育经费投入不足，经费多数依靠县、乡、镇、村，来源单一，如平塘县大塘镇与者密镇均有村办学校 11 所，村级教育经费投资显然无法保障当地教育发展的需要。另外，政府资助贫困学生政策补助标准较低，不足以解决基本生活学习的开销，贫困家庭的学生越到高年级辍学率越高。

二是师资力量不足。据 2016 年的数据统计资料显示，幼儿园共有 20 所；小学学校共有 96 所，教学点 44 个；中学共有 20 所。学前教育共有 225 个班；小学教育共开设班级 919 个，其中复试 6 个；初中班级共有 300 个，高中则有 111 个，一共开设 1555 个班。学前教育招收学生 10205 人，其中新招生 4119 人；小学阶段招收学生 23278 人（女生 10610 人）；初中阶段招收学生 13554 人（女生 6186 人）；高中阶段招收学生 8677 人（女生 4155 人）；特殊教育 62 人（女生 30 人）；目前平塘县受九年义务教育和高中教育的学生共计 43776 人，而公办教职工人数 3414 人，在册教职工 3243

人，其中行政人员125人、专任教师2847人、教辅保育235人、工勤保健36人，另外，特岗教师有171人。从专任教师和受教育学生的数量对比上看教师是供不应求的，面对4万多学生，仅2000多名教师无法全面满足学生在良好的学习氛围中接受教育并能得到德智体美劳全面发展。与此同时，还应考虑教师个人学历合格率、专任教师是否包含有代课老师，授课教师有无教师职称与教师资格等。

贵州省毛南族地区基础教育滞后，究其原因，主要是认识上有待深化、发展思路定位不准、教育与经济相联系不紧密、师资水平低、教育投入不足等问题直接或间接导致的。基础教育发展滞后已成为贵州毛南族地区经济社会落后的深层次原因。

### （二）职业教育问题

职业教育一直被贵州省作为提升经济水平的战略之一来抓，2006年，省政府组织召开全省职业教育工作会议，同期印发《贵州省人民政府关于大力推进职业教育改革发展的意见》，对“十一五”期间全省职业教育的发展规划、目标任务、政策措施和资金、组织保障作了明确规定。近年来，省委书记石宗源等省领导相继做出重要批示和指示，对进一步加快发展职业教育、大力培养高素质技能型人才提出明确要求。当前，贵州省毛南族的职业教育主要存在以下问题。

第一，职业教育院校规模较小。目前，据2016年数据统计分析，平塘县职业院校在册教职工57人，其中行政人员3人，专职任教教师51人，教辅人员3人。虽然近十多年来素质教育的实施对当地教育质量提升起了积极作用，但由于诸多主客观因素的制约，农村教育尤其是毛南族地区的农村教育质量尚在低水准徘徊，导致当地职业学校的规模发展不大。

第二，当地经济发展以农业为主。平塘县的经济发展以农业为主，家庭贫困的学生大学选择接受“普九”教育之后，回家务农，这也是导致当地职业院校规模不大的原因之一。为提高平塘县的就业率，提高当地经济发展，应积极发展自己的职业学校，而且随着各地因地制宜积极探索职教发展，职教发展规模可逐步扩大、同时大力改善办学条件，提升当地就业人数。

第三，毕业生缺乏竞争力，职业教育价值遭怀疑。职业教育教师质量、教学水平不够高，在就业、创业方面，不能显著提高毛南族学生的竞争力，毕业生就业矛盾突出，对职业教育价值的怀疑使得职业教育在毛南族地区既不受重视也不受欢迎。

### （三）高等教育问题

2014年12月16—17日，教育部公布了四个关于高考改革的配套性文件，其中五部门发布的《关于进一步减少和规范高考加分项目和分值的意见》针对近年高考存在的因“加分”导致的造假、舞弊，以及全民奥数热等乱象，在保留部分加分项目的同时，取消一些饱受诟病的加分项。规定保留“烈士子女”“边疆、山区、牧区、少数民族聚居地区少数民族考生”“归侨、华侨子女、归侨子女和台湾省籍考生”“自主就业退役士兵”“在服役期间荣立二等功（含）以上或被大军区（含）以上单位授予荣誉称号的退役军人”等加分项目。其中，少数民族加分多为地方性加分项，贵州省贵阳市（三县一市除外）、遵义市红花岗区、遵义市汇川区、安顺市西秀区的少数民族考生，总分加10分，其他县（市、区、特区）的少数民族考生，总分加20分。这提高了贵州省毛南族地区接受高等教育的机会。但贵州省毛南族在高等教育方面仍存在以下问题。

第一，升学考试成为大部分毛南族学生进入高等院校接受高等教育的门槛。虽然政策对贵州省少数民族有倾斜，但由于贵州省平塘县毛南族整体文化和教育水平落后，能通过统一的升学考试，接受高等教育人数很少。2016年，贵州省平塘县接受高等教育总人数为5391人（女生2950人）。而高中受教育人数高达11222人（女生5205人）。接受高等教育的人数还不到高中受教育人数的1/2。

第二，贵州省地州民族高等院校师资较弱，导致高等教育成效不明显。主要是这些地区培养的高校教师质量难以满足本地教育质量需求，较发达地区人才不愿到这些区域长期任教，地州高等院校师资力量整体比较薄弱。

第三，少数民族学生接受高等教育的，大多选择就业率高的专业，学校对于民族文学、舞蹈、宗教、历史的挖掘力度和本民族人才培养还远远达不到振兴民族文化、以文化促进人口较少民族地区经济发展的要求。

## 二、贵州省毛南族人口教育落后成因

贵州省毛南族地区基础教育滞后，究其原因，主要是认识上有待深化、发展思路定位不准、教育与经济联系不紧密、师资水平低、教育投入不足等问题直接或间接导致的。基础教育发展滞后已成为贵州毛南族地区经济社会落后的深层次原因。因此，加快基础教育改革与发展的步伐，具有重要战略意义，是认真贯彻落实中共中央国务院，以及省委、省人民政府有关民族工作决定的必要举措，是贵州省毛南族地区脱贫致富的有效选择。

### （一）影响教育发展的经济因素

邓小平同志告诉我们："认识先进以赶超先进，认识落后以克服落后。"要改变人们守旧的意识，提高人们的觉悟，教育成为必然的选择。摆脱贫穷，走出"贫困—人口增长—资源环境破坏—加剧贫困"的怪圈，行之有效的选择也是教育，这已是有识之士的共识，即治贫先治愚、治愚靠教育。

从经济方面来看，影响人口较少民族教育发展的因素主要是传统生计方式。生计方式是民族传统文化的一部分，与生态环境密不可分。这种生计方式的产生和延续，是与小规模人口和一定的环境资源承载力密不可分的。稳定的封闭式生活方式和自给自足的小农经济使得传统的民族教育仅限于学习生存、生活技能等方面，而且简单的生产技能通过家庭成员即可传递，不需要学校的参与，因此他们对体力和生存经验尤为重视，轻视智力和科学技术。

### （二）影响教育发展的文化因素

从文化来看，制约贵州省毛南族文化发展的因素主要是其传统观念。贵州省毛南族作为人口较少民族，其文化具有特色，是中华文化宝库的重要组成部分。尤其在教育方面，传统观念往往与现代教育的理念相悖。

贵州省毛南族大多聚居在山区农村，交通不便，所处地域相对封闭，人们受传统思想和自给自足的自然经济影响较大。这种较封闭的社会经济、文化形态对教育客观上存在着一定程度的排斥性。人们接受教育不是为本民族社区的生产活动服务，而是通过升学脱离本民族社区的经济生活，把受教育视为光宗耀祖、个人社会地位升迁、摆脱社会基层工作的途径。加之教育的长周期性、迟效性等特点，人们对基础教育的需求不足，甚至有的家长还有读书无用的思想，认为读书是浪费时间，不如外出打工或在家干农活划算。

### （三）影响教育发展的社会因素

从社会发展来看，影响贵州省毛南族发展的因素主要是该民族社会发展程度比较落后。毛南族所处地理环境比较封闭，生产方式落后，社会组织和群体规模小，专业化、社会化程度低。面对全球化和现代化，原本以农业为主的毛南族经济结构和社会结构都比较简单，群体规模小，知识化、专业化、工业化、组织化程度都比较低。在这种情况下，落后的教育水平制约社会经济的发展。

从上述分析来看，贵州省人口较少民族地区教育发展受经济、文化、社会发展特殊性影响：一是传统的低层次的经济方式对现代教育需求较低，二是传统文化观念与现代教育理念相悖，三是社会发育程度低。

## 三、贵州省毛南族人口教育对策

当前，我国已进入全面建成小康社会的决胜阶段，正处于新型城镇化深入发展的关键时期，这对整体提升义务教育办学条件和教育质量提出了新要求。为落实全面建成小康社会要求，促进义务教育事业持续健康发展，现就统筹推进县域内城乡义务教育一体化改革发展，对于贵州省毛南族的教育改革发展提出如下意见。

### （一）积极建设学校基础设施

要按照城镇化规划和常住人口规模编制城镇义务教育学校布局规划，根据学龄人口变化趋势、中小学建设标准，预留足够的义务教育学校用地，纳入城市、城镇规划并严格实施，不得随意变更，确保城镇学校建设用地。保证学校的基础设施能跟上当前的基础教育。提升毛南族地区学校信息化水平，全面提高乡村教师运用信息技术能力，促进优质教育资源共享。落实义务教育学校管理标准，提高学校管理标准化水平。

### （二）提高教师教育质量的发展

贵州省毛南族地区教师整体素质不高，学历合格率偏低，年龄、职称等结构不合理，这些是贵州省毛南族地区教育质量偏低的直接原因。质量就是生命，没有质量，就没有竞争力，就没有发展。

建设高质量的教师队伍，是贵州省毛南族地区全面推进素质教育的基本保证。因此，增强教师素质和专业化水平是提高教育质量的前提，此外，还应改善教师待遇，稳定教师队伍。物质待遇偏低是导致贵州省毛南族地区教师队伍不稳定的主要因素。因此，改善生活条件，提高物质待遇，是稳定贵州省毛南族地区教师的关键措施。

### （三）加大贵州省人口较少民族教育发展的教育经费投入

贵州省毛南族学校教育的发展需要各级政府的政策支持和科学决策，为毛南族教育的健康发展营造良好的氛围；要充分尊重毛南族的历史、文化、习俗，从当地实际出发办教育，教育要与民族文化有效契合并成为传承民族文化的重要阵地，才能获得当地群众、学生的认可；需要加大毛南族地区教育经费投入，建立健全民族教育经费投入机制；民族教育下一步的发展任务是注重质量和内涵的提升。

## 【参考文献】

［1］黄育云，等.民族教育与民族经济社会发展关系研究［M］.北京：人民教育出版社，2005.

［2］教育部师范教育司.教师专业化的理论与实践［M］.北京：人民教育出版社，2003.

［3］蒙秋明.论贵州毛南族地区基础教育改革与发展的思路［J］.贵州民族研究，2006（4）.

［4］黄胜.我国教育私人经济收益率偏低的原因及对策研究［J］.教育科学，2004（6）.

# 社会学研究

# ● 贵州省赤水市基层社会救助现状与工作机制构建调查

刘 郁 李双飞 姚 远*

（贵州大学 公共管理学院，贵州 贵阳 550025）

**摘 要**：社会救助作为一项国家兜底的保障政策，调整社会资源配置，对保障困难群众的基本生活需求具有重要作用。社会救助政策的效果对我国社会发展起着至关重要的作用。良好的社会救助政策效果依赖于基层社会救助工作人员对救助政策的执行程度。赤水市作为贵州省首个退出贫困县的城市，在社会救助工作中具有其独特的、值得借鉴的成功的经验，本研究通过访谈法、文献法等研究方法对赤水市的社会救助工作现状进行调查，了解赤水市在社会救助工作中的具体办法，通过对赤水市基层社会救助的现状的调查及分析研究，构建科学、合理的基层社会救助的工作机制。

**关键词**：社会救助；基层；工作机制；赤水市

## 一、引言

根据《中共中央办公厅、国务院办公厅印发〈关于建立贫困退出机制的意见〉的通知》（厅字〔2016〕16 号）精神，经赤水市申请、遵义市初审、省扶贫开发领导小组核查及国务院扶贫开发领导小组组织第三方专项评估等程序，赤水市符合贫困县退出条件，经研究，同意赤水市退出贫困县，赤水市成为贵州省首个退出贫困县的城市。社会救助是国家和其他社会主体对于遭受自然灾害、失去劳动能力或者其他低收入公民给予物质帮助或精神救助，以维持其基本生活需求，保障其最低生活水平的各种措施。它对于调整资源配置，保障困难群体的最低生活需求，实现社会公平，达到共同富裕的目标，维护社会稳定发挥了基础性的作用。良好的救助效果不仅需要科学的社会救助政策作为基础，同时也需要具有高素养的工作人员去执行。由此可见，了解基层社会救助工作人员的经办能力，提高其工作人员的经办能力对于保障社会救助政策的有效执行就显得尤为重要。改革开放以来，中国最低生活保障制度等社会救助制度的建立，一定程度上保障了贫困人口的基本生活，但在实践中也不同程度地出现了问题。

---

* 作者简介：刘郁（1970—），女，贵州大学公共管理学院社会心理学教授，硕士生导师，二级心理咨询师。李双飞（1990—），女，公共管理学院 2015 级社会学专业硕士，助理社会工作师。姚远（1993—），女，公共管理学院 2016 级社会学专业硕士。

本调查则着眼于对基层社会救助工作人员的经办能力进行研究，以贵州省赤水市民政局为依托，以太平社区、大同古镇为主要的调查区域，采用文献法、观察法、深入访谈法等研究方法对赤水市基层社会救助工作现状进行调查，通过对社会救助工作人员的经办能力进行调查，可以了解基层在社会救助经办机构、服务手段、信息传递、经办人员的专业素质、经办人员的工作环境及对社会救助的重视程度等方面出现的问题，对我国社会救助建设、构建我国科学的基层社会救助工作机制方面有积极的意义。

## 二、赤水市社会救助工作概况

2015 年 1 月 27 日，贵州省人民政府印发了《贵州省社会救助实施办法（暂行）》，对贵州省社会救助各方面都进行了具体的规定，赤水市严格按照《贵州省社会救助实施办法（暂行）》执行。赤水市所有社区的社会救助工作统一由市中街道办事处管理，其工作人员 5 人，对各社区的社会救助工作进行指导。在低保、教育救助、医疗救助、特困人员救助、就业救助等方面都严格根据当地的社会发展水平和物价水平调整各项保障标准。

### （一）赤水市社会救助工作具体执行办法

通过赤水市民政局相关人员的介绍，我们了解了赤水市社会救助政策的具体执行办法。赤水市严格按照《贵州省社会救助实施办法（暂行）》执行。社会救助的申请分为两种方式。一种方式为居民向所在社区提出申请，社区工作人员通过了解居民拥有的家禽并折算为人民币、种地收入、其他收入等方式了解居民的家庭人均收入情况，同时也通过对邻里进行走访、群众评议来核实收入情况，以对提出申请的居民的家庭经济状况进行核查，社区组织召开村级民主评议会，在社区公开栏公示评议结果。公示完并上报社事办，社事办再对申请对象进行审核，并对审核结果在社事办的政务公开栏、社区公开栏公示审核结果。市民政局再对社区上报拟保对象进行抽查并审批，同时委托社区进行公示。另一种方式为社区工作人员的排查。社区工作人员会不定时地进行入户调查，了解每一户居民的家庭情况，不落下任何一个贫困户，做到应保尽保。救助资金主要是政府的财政预算，以及少量的民间捐赠。

赤水市社会救助工作在各个方面都有具体明确的执行措施，并以相关文件的形式规定并执行。在最低生活保障方面，城市低保金以 545 元 / 人 / 月为标准，减去家庭收入后对不足部分进行补差；农村低保金以 3132 元 / 人 / 年为标准，减去家庭收入后对不足部分进行补差。通过信用社按月进行社会化发放，实行动态管理。市民政局采用抽查和年审的方式，对低保对象的家庭情况进行了解，根据各低保对象家庭收入的变化，对其享受的保障金进行调增调减，不再符合保障条件时停发低保待遇，一年至少审核一次《最低生活保障证》。在教育救助方面，没有一个统一的机构专门进行教育救助，团委和工会都在进行教育救助。补助金额为 1000~5000 元不等，让困难学生减轻负担。在医疗救助方面，医疗救助对象为农村五保供养对象；无生活来源、无劳动能力、无法定赡养人的城市“三无”人员；20 世纪 60 年代初精简退职老职工；城乡低保对象；在乡重点优抚对象；民政部门认定的低收入家庭大病患者；艾滋病机会性感染病人。在特困人员供养方面，生活费用上，参照人均消费支出、人均可支配收入来对其进行保障，其保障标准不低于最低生活保障标准的1.3倍，每人月生活费为780元。在照料费用上，则参照日常生活照料费用、当地养老机构护理费用和当地最低工资的一定比例来确定其照料费用。目前共有64个特困人员，其中民办机构集中供养的有25个，政府集中供养的有十几个。其余的为分散供养，社区工作人员不定期地去看望并为其送上生活用品。赤水市人民政府负责指导建立特困供养档案，对于终止供养后的人员符合其他条件的纳入其他保障范围；在就业救助方面，赤水市设有市中人事中心，提供招聘就业的信息。待就业人员可在社区登记，有社区向其推荐就业信息。

### （二）赤水市太平社区完善的工作制度

太平社区成立于2003年10月26日，坐落在永安桥，面积413平方米。位于赤水市政治、经济、文化和商业繁华的市中心，面积约0.4平方千米，下辖6个居民小组，社区居民共有4082户，人口有8639人，实际管理人数有10174人。社区内有机关企事业单位54家，农贸市场1个，大型超市、酒店、休闲娱乐场所等人员密集场所42家，个体私营企业1416户。社区党支部共有党员108名，社区支居两委委员有6人（非在职人员2人），其他社区身份工作人员有9名。太平社区根据《中华人民共和国城市居民委员会组织法》《贵州省实施〈中华人民共和国城市居民委员会组织法〉办法》及其他有关法律、法规和政策，联系本社区实际，制定了《太平社区自治章程》，该章程对社区居民、社区居民代表会议、社区居民委员会社区居民小组、社区居务监督委员会，以及实行“四议两公开”的社区事务决策程序的有关事项都做了明确的规定。太平社区群众工作室制度包括群众工作室工作制度、日常管理制度、工作例会制度、调查研究制度、信息反馈制度五个方面。

#### 1. 积极向群众宣传相关的社会救助政策

赤水市太平社区群众工作室秉持关心群众生产生活，从群众需要出发，积极协助街道办事处办实事，广泛开展便民利民服务，为群众提供政策咨询、权益维护等方面的服务，帮助群众解决生产、生活中的难题，将群众工作室打造成为服务群众的窗口。同时，工作人员积极向群众宣传社会救助政策，保障群众对社会救助政策的知晓率。

赤水市社会救助政策的宣传在社区的宣传栏设立了专门的板块进行宣传；社区还制作了一系列社会救助政策的小卡片，放置于社区大厅内供群众随意取阅；同时，社区工作人员在开展定期深入群众、了解群众的利益诉求和日常排查、专项排查和重点时期集中排查等工作时也针对特定人员对其进行社会救助政策的特定宣传、讲解。

#### 2. 为社区群众建立以户为单位的群众档案

太平社区群众工作室为社区内的群众建立了以户为单位的群众档案。档案内容包括每一户的人数，相互之间的关系，每一户中每一个人的具体情况（是否工作、在哪里工作、若残疾为几级残疾等具体内容）。社区建立的群众工作档案保证了社区工作人员对社区内群众的绝对了解，完全掌握本社区每一户的情况，为本社区的管理及政策宣传等相关工作都奠定了坚实的工作基础。最重要的是保障了本社区社会救助政策的准确落实，做到了社会救助政策保障困难群众的最低生活水平，实现社会公平，促进社会共同富裕的目的。

3. 坚持每周深入群众，深入了解掌握群众的利益诉求

群众工作室人员坚持每周 1~2 次深入群众，了解、掌握群众的利益诉求。社区工作人员定期深入群众进行排查，工作人员能够随时了解群众的生活情况，了解群众基本生活情况及利益诉求，及时为群众排忧解难。同时，大力开展群众意见建议征集工作，及时汇集群众意见并建立本社区的舆情档案，每月至少向街道办事处汇报一次重要情况和热点问题，重点问题随时报，并将街道办事处办理意见及时向群众反馈。坚持日常排查、专项排查和重点时期集中排查相结合，了解群众反映强烈的突出问题。发现重大问题，在做好思想政治工作基础上，及时提请街道办事处妥善处理，尽早化解，避免引起群体性事件。健全接待处理群众反映问题工作程序，统一登记，分类处理，能够解决的问题及时解决，自身解决不了的问题拿出解决方案，积极协调有关部门共同解决。

4. 切实为群众解决困难牵线搭桥

社会救助政策的实施不能仅仅停留在宣传和单独的执行社会救助政策单一的层面上，有时需要其他的辅助条件才能更好地实施社会救助政策，达到救助的目的。但社区每一户的具体情况都不同，所需要的辅助条件更是迥然不同，只有进入群众中才能了解每一户家庭的具体困难，才能有针对性地提供帮助。而赤水市的太平社区工作人员便是通过深入群众中了解每一户的具体困难，为解决群众的困难牵线搭桥。社区工作人员深入群众进行排查，了解群众基本生活情况，为达到更好的救助目的牵线搭桥，及时为群众排忧解难。

5. 建立了以服务群众为宗旨的例会制度和信息反馈制度

社区对例会和信息反馈也制定了严格的制度，以更好地服务群众、执行社会救助制度。社区工作例会制度：群众工作室每周组织召开工作例会，对工作开展情况进行总结分析，查找不足，汇总信息，有针对地制定下一步工作计划和措施，同时加强日常指导，推动工作扎实开展。调查研究制度：群众工作室工作人员要认真开展调查研究活动，工作中要围绕依靠群众、团结群众、组织群众、宣传群众、服务群众等方面开展工作，切实做到问需、问计、问政于民，促进社会和谐稳定，每名工作人员都要写出有价值的群众工作调研报告。信息反馈制度：群众工作室要建立多层次信息收集报送网络，设立专职信息员，认真收集 、梳理、汇总各类群众工作信息，对反馈的信息进行梳理分类，同时将工作中好的做法、存在问题、解决问题的对策措施、有关工作建议等及时上报群众工作站。

在调研的过程中我们了解到，虽然2016年赤水市公安、交通、地税、住建、工商、车辆等建立了联合平台，但还是面临家庭经济核查的困难，因为涉及被核查人的隐私，无法通过金融来核实家庭的收入情况，目前的家庭收入核查还不完全准确、不详细，希望能更好地完善制度，制定更科学的社会救助制度，为社会救助工作提供良好的制度条件，使工作人员更好地做好为人民服务的工作。

### （三）精准扶贫，做人民公仆

工作人员要真正做到事事为群众着想，全心全意服务人民，为群众办实事。有这样一个案例，丈夫骑摩托车带着妻儿，但不幸遭遇车祸，儿子当场死亡，夫妻二人进入重症监护室。致使家庭突然陷入困境，缺乏资金，也无人照看。政府对这一车祸造成的家庭陷入困境的人员先垫付了三万余元的医疗费用。在这种“救急难”面前，政府首先考虑的是怎样尽快为群众解决实际困难，挽回夫妻俩的性命，帮助群众过渡目前的难关，全心全意为人民服务。一个刚刚参加工作的“90后”基层工作人员对我们说：“现在每天我们都希望天气好，因为在一旦下雨的情况下就会开始担心村民们会出现安全事故或者出现自然灾害等，但是天气太好，又同样开始焦虑，又开始害怕会不会出现火灾等状况，有时候，晚上到了十一二点都睡不着，不敢睡，就害怕出点什么状况，睡得太死，让村民们的安全不能得到更好的保障。”不得不说，一个刚刚工作一年的人员都有如此强烈的责任心，对于群众来说是一件莫大的幸事。同时，也能够看出，随着大学生数量的增多，基层工作人员的素质在不断地得到了提高。虽然基层工作人员的素质在提高，工作人员也尽力地做好为人民服务的工作，帮助群众解决困难，保障群众的合法利益，这对基层社会救助的建设具有积极的作用。但据工作人员介绍，在实际的工作当中他们面临极大的工作困境，其一是农村群众的知识文化水平有限，素质不高，工作人员跟群众做工作比较困难；其二是工作人员比较缺乏，一人负责一块工作，事情比较繁杂，会出现忙不过来的状况；其三是工作环境较差，从外面都明显地看得出办公楼比较破旧；其四是执行力比较弱，影响工作进度，增加了工作量。

### （四）“阳光”之下的工作机制

大同古镇民族村位于赤水市大同镇西南部，距赤水市城区13千米，距镇政府所在地大同古镇2.2千米，属典型的高山和半高山地区，全村辖区面积14.5平方千米，辖15个村民组1008户3437人。现有田地3321.9亩，土地3178.8亩，林地面积14380.2亩，林地果园250.5亩。主要产业以竹采伐、外出务工、旅游服务和传统农业为主。人均家庭纯收入为11420元。通过建档立卡精准识别，民族村目前建档立卡户为136户358人。民族村脱贫攻坚工作主要按照“支部+龙头企业+贫困户”的发展模式，紧紧围绕基层设施扶贫、易地扶贫搬迁，特殊产业发展扶贫等开支扶贫工作。

赤水市建立了社会救助宣传工作机制和明确的监督管理制度。首先，在社会救助服务窗口，宣传栏上展示了社会救助服务窗口的工作职责以及关于社会救助的相关问题，包括救助对象、申请条件、救助类别、申请所需的资料、办理程序等。明确地向市民公示、宣传社会救助政策的相关程序及要求，保障了群众对社会救助政策的知晓率。其次，赤水市还建立了强有力的监督管理机制，即建立了赤水市民生监督工作网络化管理机构图，明确了每一位监督责任人的监督范围，对其监督工作及其具体岗位都有非常具体的公布，上到市纪委常委，下到村中片区，每一层级都有主要负责人并公示了联系电话。可见赤水市对于民生工作的重视程度，让群众对工作人员进行监督，使工作人员的民生工作在阳光之下进行，保障人民群众的合法利益。最后，在政府办事处大厅，可以见到一张党政领导去向告知牌，让来政府办事处的群众明确地知道领导当天此时的工作情况。

## 三、贵州省赤水市基层社会救助存在的问题

### （一）机构建设有待健全，分工不明确，工作人员缺乏

社会救助工作是一项惠民政策，作为服务型组织的办事处有自己明确的目标，即为民众办实事，帮助群众解决困难，不丢下任何一个贫困户，其未来的状态达到共同富裕的目标。

机构不够完善，机构人员缺乏。赤水市办事处的职责主要是社会救助的工作，管理所有社区的社会救助工作，但不仅办事处在做社会救助的工作，每一个部门都在积极地做社会救助的工作。比如在教育救助方面，据付主任介绍说，他们自己的单位今年救助了 7 个，教育救助的工作也还有其他部门在做，不知道其救助人数。由此可见，虽然有专门的救助机构，但却无法对社会救助工作进行统一的管理，还没有形成比较成熟的“一门受理，多门协同”的工作理念。同时，办事处的工作人员只有 5 个，却要管理赤水市所有的社会救助工作，包括最低生活保障、特困人员救助、受灾救助、教育救助、医疗救助、就业救助、临时救助、住房救助等各方面的救助工作，同时还有派驻工作人员对申请对象的家庭收入情况进行核查，工作任务比较繁杂、工作压力大。这种情况不仅出现在城市的组织机构里，在农村的机构里更是常见。其机构工作人员更加缺乏，一个驻组干部负责整个组的所有情况，并经常要进组进行调查，了解情况。

### （二）赤水市老年人口基数大，老年救助范围广

赤水市是长寿之乡，我们在赤水市太平社区调研时就发现，该社区老年人非常多，在所调查的十多户中就有六七户 80 岁以上高龄老人，其中 90 岁以上高龄老人就有 4 户。且大多数高龄老人都是独居，这对当地社会救助基层经办单位是一个很大的挑战，急需要对老年人进行资金补贴，同时也需要不定期看望高龄老人。在我国，虽然目前有许多的养老机构如敬老院、养老院、老年公寓、老年护理所等，但老年养老主要的方式还是以家庭养老为主，但又由于许多家庭因为各种原因，导致家庭养老部分缺失，急切地并长期地需要政府对家庭养老的老人给予社会救助。老年救助的基数大、范围广，老年救助压力大，任务重，特别是在农村，这一问题始终无法得到很好解决。

### （三）基层社会救助任务重，压力大，基层经办人员福利较差

在基层社会救助经办单位，由于人员配备相对较少，而社会救助范围比较广、受助人员比较多，所以对基层救助单位而言这是一份挑战。一个乡或者社区负责社会救助事项的部门一般只有 3~5 人，而所负责范围比较广，受助人员比较多，社会救助的范围又比较宽，如教育、医疗、失业等，这导致基层工作人员任务重、压力大。而基层工作人员的薪酬待遇、工作福利相较于其他国有企业或者事业单位也会有一定的差

距，虽然是有双休等福利，但是一般基层工作人员享受不到，或者说没时间来享受。

## 四、构建基层社会救助工作机制

### （一）建立完善、科学的工作机制是前提

我国的社会救助事务被分割在多个部门，如民政部门、住房和建设部门、卫生部门，也没有专业的社会救助经办机构。出现申请社会救助的程序复杂，需要民众到交通、地税、住建、工商等多个部门进行审核盖章。这对民众来说是一件极为麻烦、复杂的事情。赤水市自从建立了交通、地税、住建、工商、车辆等部分部门的联合平台以后，消除了民众的烦恼，不必到各个部门排队等候审核。制度的完善简化了民众的申请程序，切实地方便了民众，为群众的申请节省了时间。但赤水市社会救助机构还有待完善，机构人员缺乏难以应付和管理大量的社会救助工作。此外，社会救助制度分部门管理，此引发了两个明显问题：一是涉及的救助部门过多，救助形式多样，由此造成救助资源缺乏整合，不能发挥其最大功效；二是由于没有明确的责任主体，救助工作交叉重叠，造成了救助资源浪费“一门受理，多门协同”的工作模式还有待完善，以保障社会救助工作有序地开展。

### （二）踏实准确的入户调查是关键

社会救助中所有的救助类型的评定标准都是建立在对申请对象的家庭人均收入是否低于当地人均收入水平的评定基础上的。由此可见，家庭人均收入的核查对社会救助工作至关重要。在目前没有建立完善的包括所有部门核查家庭收入的联合平台的情况下，赤水市发挥了人力的作用，利用中国乡土社会熟人关系的特点建立每周1~2次深入群众中进行入户调查，了解群众的具体相关情况的工作机制，或是直接采取一人一组的干部工作制度，让工作人员与群众建立友好、熟悉的人际关系，对每一户群众的家庭情况了如指掌，以此来相对准确地对每一户群众的家庭情况进行了解，为社会救助工作的家庭收入经济情况做准备，保障社会救助工作的公平、公正。

### （三）加强基层经办队伍的建设，适当提高经办人员薪酬待遇

基层经办人员的队伍建设直接影响本地区社会救助能否有效完成，当地政府应该针对实际情况对一些经办人员需求量大的地区适当增加工作人员数量，对一些需求量较少的地区适当减少。基层社会救助工作繁杂，工作人员常常面临加班。应当适当地提高基层社会救助经办人员的福利待遇，在加班或者任务量大的时期给予一定的奖励，以提高经办人员的办事积极性。同时，根据具体情况在基层工人员长期加班后给他们适当放年假、月假或者季假，让基层工作人员也能享受到自己工作的“福利”。

赤水市社会救助中，无论是在医疗、教育、失业，还是在临时救助等方面都有一个完整的体系，每个社区、乡镇都有关于扶贫方面的具体实施方案，并都能贯彻实施。这得益于高素质的基层工作人员细致的工作。工作人员对每村每户都尽力做到了走访了解详细的情况，准确地了解群众的家庭经济情况，在走访过程中遇到对相关政策不

了解的群众，工作人员耐心为其讲解，保障所有群众都对社会救助政策能清楚明确地了解。走访过程不仅考验基层工作人员工作的熟练程度，同时对工作人员的体力也是一种考验。

## 【参考文献】

[1] 曹海涛．完善农村社会救助体制研究——基于城乡统筹的视角［J］．现代交际，2013（9）．

[2] 张茜，杨凡，耿晓．质量管理在优化社会救助工作中的作用研究［J］．现代经济信息，2013（18）．

[3] 杨思斌．城镇化背景下基层社会救助的发展与完善——以安徽省 S 镇为例［J］．河南科技学院学报，2016，36（3）．

[4] 李少民．构建新型农村社会救助体系问题研究——基于三门峡市运行实践［J］．地方财政研究，2016（3）．

[5] 闫晓英，周京．构建社会救助大平台的基层探索——宁波居民家庭经济状况核对机制建设经验［J］．中国民政，2015（2）．

[6] 王贤斌．我国农村社会救助的现实困境及其化解之道［J］．青海社会科学，2016（1）．

# ● 论《尚书》"天命观"的政治向度*

张亚娟　黄　诚**

（贵州大学　历史与民族文化学院，贵州　贵阳　550025）

**摘要：**"天命观"是中国哲学思想的重要范畴，是古代神性理念与人文精神相互融摄涵化的产物。《尚书》"天命观"倡导以"天德"为政治伦理基础来约束国家和社会秩序，反映了天道与天命之内在规律性要求，展示了天人关系、人神关系、人人关系及其价值意义，体现了"天命不易"的史鉴精神，映射了"天人合一"的思想意境，彰显了"以德配天"的德性原则，蕴涵了天道、天命和天德三重政治向度，构成了中国古代社会治国理政的理论原则与思想基石。《尚书》"天命观"显示了由"天"及"人"、由"命"及"理"的内在思想逻辑，凸显了天命、德性思想在中国古代国家社会和政治生活中的重要作用与功能，尤其是在历史"革命"合理性、舆论导向和史鉴德治方面具有正向的指导性意义，可为新时代中国特色社会主义的建设和国家治理实践提供有益的历史经验与思想智慧。

**关键词：**《尚书》；天命观；德治

中国文化重天理、地理、人理，义理无穷，庞朴先生曾言："广义地说，一切学问都是天人之学。"❶天人学问，是构成华夏文化的重要内容之一，古代先民，从自我认知体认中推展天人关系，寻根溯源，不仅关注社会现实的人生状态，而且重视探索自我栖居地以外的社会空间，在对生命源头与天、祖崇拜探寻中形成了独具中华特质的原始宗教，如天神（上帝）崇拜、山川河流（自然）崇拜及各类宗教性的图腾崇拜，尤其是对天神、上帝崇拜的热衷而逐渐形成了具有丰富内涵的"天命"思想。

关于"天命"，朱熹曾云："天命，即天道之流行而附于物者。"❷意即"天命"是源自于"天道"的，是"天道"的发用与流行，是"天道"的具体展开。古代先民对"天命"的认知乃是一个不断发展的过程，在不同的历史时代和不同的社会条件下，其

---

* 《尚书》因秦火之害而多有佚散，由此而导致了《今文尚书》与《古文尚书》之争与《尚书》版本考伪之辨。笔者基于研究主题的需要，非就今古文《尚书》版本进行真伪考探，而是对《尚书》文本（今古文本）进行整体思想合论，显示《尚书》文本（今古文本）内蕴的治国之道及其政治思想意趣。

** 作者简介：张亚娟（1990—），女，内蒙古二连浩特人，系贵州大学历史与民族文化学院2016级硕士研究生。研究方向：中国文化思想史。黄诚（1973—），男，贵州铜仁人，哲学博士、历史学博士后，系贵州大学中国文化书院教授、中华传统文化与贵州地域文化研究中心研究员。研究方向：传统思想文化。

❶ 庞朴．庞朴文集：卷1（六家浅说）［M］．济南：山东大学出版社，2005：181.

❷ 梦华．图解国学知识全新图解版畅销升级版［M］．北京：中国华侨出版社，2016：279.

认知的深度与广度也是不完全一致的，这在《尚书》的不同篇目中有所反映。金景芳先生在《〈尚书·虞夏书〉新解·序》中将《尚书》定位为“中国自有史以来的第一部信史”[1]，并认为它是现存最早的文献汇编，保存着中国最古老的政治智慧。现今所见的《尚书》文本，其记述年代始于尧、舜、禹时期并终于东周秦穆公时代，记录了距今二千三百年至三千年间王室的诰命、誓言和其他大事，从它的文本结构与思想内容来看，涵盖了历史、宗教、哲学、伦理、政治、管理等多方面的内容，蕴含着丰富的治国思想。尤其在“天命”认知上，“天意”与“民情”逐渐涵化耦合，并朝“天人合一”的方向发展，显示了天、地、人三才贯通的思想意境，由此而形成了中国古代社会以天道、民本与人伦互为表里、体用一源的国家治理之道，形象展示了中国思想文化独特的人文精神与思想意蕴。

## 一、《尚书》论“天”与“命”

“天命”思想，以“天”及“命”，交织往复，经过漫长的渐变过程，逐渐趋于经典化，最终以文本的形式呈现于世，而《尚书》即是其中的传世经典之一。《尚书》文典是中国古代思想文化的重要源头之一，与先秦时代精神相契合，较为形象地揭示了中国先秦历史文化思想内容。从文本可观，《尚书》“天命”思想已相当完善成熟，它是基于先民原始宗教的基础上生发而成的，但又因其流传十分“传奇”，故其又折射后世时代印记。但总的来说，《尚书》“天命观”，集中体现了上天意志对下民社会和民众生活的思想指导及行为约束，较为真实地反映了虞、夏、商、周不同时期的思想风貌，同时又对后世及当代国家治理和社会发展提供哲学之思。

《尚书》“天命”思想是由显性及隐形的“天”“命”词汇构成，既有“天命”单一词组类的显性直观呈现，又有“天之命”“天之明命”等异序组合的合成词类隐形交叉其中。笔者认为《尚书》文本中的“天命”思想有以下两种构成方式。

### （一）显性的“天命观”

“天”，《说文解字校订本》释为“颠也，至高无上。”[2]《尚书》中的关于“天”的表述，主要有两种：一为“天”，二为“上帝”，其中“天”具有两重性质，即体现自然物象，如风、雨、雷等；又表示具有人格意志的“天”，如“天命”“天德”等[3]。依《尧典》可知在尧舜禹传说时期，先民已对天象与物象两者的关系做出初步认知，农业文明已相当发达，而且部落首领已任用专职人员定四时以“敬授人时”，来指导民众发展生产。而“命”，《说文解字校订本》亦释为：“使也。”[4]在《尚书》中分为动词和名词两种用法，如《尧典》中“乃命羲和，钦若昊天。”即为动词；而《甘誓》“有扈氏威侮五行，怠弃三正，天用剿绝其命……”[5]，很显然就释解为名词。“天命”一词的最早

---

[1] 金景芳．金景芳全集［M］．上海：上海古籍出版社，1998：1283.

[2] 许慎著，班吉庆，王剑，王华实点校．说文解字校订本［M］．（第二版）．南京：凤凰出版社，2015：1.

[3] 笔者以为，具有人格意义的“天”主要体现在“上帝”“天命”“天性”“天德”“天时”“天之休”等词汇上。

[4] 许慎著，班吉庆，王剑，王华实点校．说文解字校订本［M］．（第二版）．南京：凤凰出版社，2015：35.

[5] 本文所引《尚书》文本的内容，均采蔡沉著，钱宗武，钱忠弼整理．书集传［M］．南京：凤凰出版社，2010.

组合是两个单一词，即天命令，这在《尚书》中也有体现，如《皋陶谟》"天命有德，五服五章哉！"《书集传》释为："言天命有德之人，则五等五服以彰显之。"[1]另，"有夏多罪，天命殛之"（《汤誓》），"商罪贯盈，天命诛之"（《泰誓上》），同释为上天命令之意。此类的用法在今古《尚书》中都极为丰富，故不一一赘述。

《尚书》"天命观"同先秦历史变化相一致，都是动态的演变过程。夏商周三代时期，"天"被人格化、意识化，更被赋予神权，"天命"一词逐渐成为固定名词，即天定立的秩序，用天上的神权为地上的封建王权进行论证。此类用法在《尚书》"天命"思想中占据"大半江山"，十分突出。如：

先王有服，恪谨天命，兹犹不常宁。（《盘庚上》）

弗造哲，迪民康，矧曰其有能格知天命？（《大诰》）

惟大艰人诞邻胥伐于厥室，尔亦不知天命不易？（《大诰》）

天命不僭，卜陈惟若兹！（《大诰》）

汝惟小子，乃服惟弘王应保殷民，亦惟助王宅天命，作新民。（《康诰》）

公称丕显德，以予小子扬文武烈，奉答天命，和恒四方民，居师。（《洛诰》）

肆予敢求尔于天邑商，予惟率肆矜尔。非予罪，时惟天命。（《多士》）

我闻曰：昔在殷王中宗，严恭寅畏，天命自度。治民祇惧，不敢荒宁。（《无逸》）

在我后嗣子孙，大弗克恭上下，遏佚前人光在家，不知天命不易，天难谌，乃其坠命，弗克经历。（《君奭》）

惟受罪浮于桀，剥丧元良，贼虐谏辅。谓已有天命，谓敬不足行，谓祭无益，谓暴无伤。（《泰誓中》）

尔尚敬逆天命，以奉我一人！（《吕刑》）

有夏昏德，民坠涂炭，天乃锡王勇智，表正万邦，缵禹旧服。兹率厥典，奉若天命！（《仲虺之诰》）

钦崇大道，永保天命。（《仲虺之诰》）

肆台小子将天命明威，不敢赦。（《汤诰》）

天命弗僭，贲若草木，兆民允殖。（《汤诰》）

……

上述引文都将"天命"作为政治统治的说辞工具，以"天命"为假借，将"天"与"君"之间虚拟式的权责关系明确化，一方面增加君王施行政策的合法化和权威化，如："时惟天命""天命明威，不敢赦""敬逆天命""谓已有天命"等，以"天命"增加其辞令的威严力；另一方面又以"天命"作为指向标，启迪君王等执政者敬权顺天，如："恪谨天命""格知天命""天命不易""永保天命""奉若天命"等，由"天命"致敬天而慎行，内以修身外以扬德，以达安邦济民之政。

总之，"天命"一词在生成的过程中具有两种形态，即名词同动词组合的原生形态和另作特定名词的次生形态，原生形态的"天命"之说，体现的是一种天与君之间权责合一式关系，而次生形态的"天命"之说，体现的是一种社会归美的至善精神。

---

[1] 蔡沉著，钱宗武，钱忠弼整理．书集传［M］．南京：凤凰出版社，2010.

### (二)隐形的“天命观”

从上述引文可知,以“天命”一词直抒思想要旨的例证着实充裕可观,但《尚书》中隐形的“天命观”也有着非常重要的思想价值。比如:

予迓续乃命于天,予岂汝威,用奉畜汝众。(《盘庚中》)

已!予惟小子,不敢替上帝命。(《大诰》)

爽邦由哲,亦惟十人迪知上帝命,越天棐忱,尔时罔敢易法,矧今天降戾于周邦?(《大诰》)

我西土惟时怙冒,闻于上帝,帝休,天乃大命文王,殪戎殷,诞受厥命。(《康诰》)

惟天降命,肇我民,惟元祀。(《酒诰》)

“时我。”我亦不敢宁于上帝命,弗永远念天威。越我民罔尤违,惟人。(《君奭》)

洪惟图天之命,弗永寅念于祀。(《多方》)

今至于尔辟,弗克以尔多方享天之命。(《多方》)

惟克天德,自作元命,配享在下。(《吕刑》)

惟时羲和,颠覆厥德,沉乱于酒,畔官离次,俶扰天纪,遐弃厥司。(《胤征》)

嗣王不惠于阿衡,伊尹作书曰:“先王顾諟天之明命,以承上下神祇、社稷宗庙罔不祗肃。天监厥德,用集大命,抚绥万方。”(《太甲上》)

恭天成命,肆予东征,绥厥士女。(《武成》)

……

在《尚书》中隐形的“天命”思想用法极多,文本表现形式活泼多样,以“天永命”“天基命”“上帝命”“天之命”“天之明命”“天成命”等形式演绎呈现,同以“天命”归“人政”,以此来推德施政,即打破了的文本“天命观”局限,又体现“天命”思想对先秦政治、文化、哲学等方面有着更深入的渗透作用。其中需要认识的是《尚书》中“天命”思想虽呈显性与隐形之态势,但两者是相互交叉其中,即一体两面之用,如《召诰》“上下勤恤,其曰我受天命,丕若有夏历年,式勿替有殷历年。欲王以小民受天永命”等,不可穷究偏驳。

综上所述,《尚书》“天命观”具有多样的表现形式,意蕴精深,以“天命”及“人政”,又由“人政”反归“天命”,具体以天之“命”言人之“德”“法”等施政之道,初步架构了天人相应的虚拟国家契约模式[1],为当时君、臣实施治国安民的政策提供哲学依据,是研究先秦国家政权及社会治理无可替代的精妙哲思。

## 二、《尚书》“天命观”的思想内容及其特质

《尚书》“天命”思想是随着先秦社会生产力发展的一种认知思想,是当时先民基于“天”及“人”关系的一种思维认知积累。《尚书》中“天命”思想的发展是在相对“大一统”的时代背景下展开的,其思想内容及特质主要体现在“天命不易”“天人

[1] 笔者认为,在《尚书》文本中,神权理念往往同政治相勾连,君王与“天命”之间乃是一种相互印证的关系,而由占卜、祭祀等形式建立起一种由君王主导的虚拟国家契约模式,将在下文阐述。

合一”及“以德配天”三个层面。以“天命不易”之思，鉴“人政”之得失，慎已之言行推天下之政；又以“天人合一”之道，由“天”论“人”，由神及道，由道亦达治世之志；且以“以德配天”之准绳，延“天德”至“人德”行德配天，但又并举德法之制。《尚书》的“天命观”以“天命”为母体，此三层内容有机共融，施政者敬天畏权，鉴史修德且德法兼施，在不同的历史时代开展具体的治国行动，以此为基而不断累积的治国智慧，对历代国家管理产生了重要而又深远的影响。

### （一）“天命不易”

《尚书》中“天命不易”思想因子十分丰富，明确提及此思想的有两处。如:《大诰》明确提及“惟大艰人诞邻胥伐于厥室，尔亦不知天命不易?”《君奭》也指出“在我后嗣子孙，大弗克恭上下，遏佚前人光，在家不知。天命不易，天难谌，乃其坠命，弗克经历。”《大诰》作于周公东征平管、蔡之乱，周公一面分析现今周王室面对的困难，另一方面又以“天命”对反叛者开展说服教育。《君奭》一文是周公对召公奭的诰辞，周公论史为鉴以“天命不易”之辞令回忆和诉说守业之艰难，劝勉君王敬天承德，保祖先之基业。二文均以“天命不易”的具体言辞来说服教育国民及反叛者，以此来稳定周王室的统治。当然在《尚书》中隐含此思想元素的也不乏，如：

今至于尔辟，弗克以尔多方享天之命。(《多方》)

我闻曰：昔在殷王中宗，严恭寅畏，天命自度。治民祗惧，不敢荒宁。(《无逸》)

先王有服，恪谨天命，兹犹不常宁。(《盘庚上》)

“时我。”我亦不敢宁于上帝命，弗永远念天威。越我民罔尤违，惟人。(《君奭》)

钦崇大道，永保天命。(《仲虺之诰》)

兹率厥典，奉若天命。(《仲虺之诰》)

……

《多方》云:“今至于尔辟，弗克以尔多方享天之命。”周公明确告及四方诸侯商纣王无法带领他们承天享命，暗蕴“天命不易”。其他篇目以“天命自度”“奉若天命”“永保天命”“不敢替上帝命”等词组，谨“天命”以为法度，实表“天命不易”之思想，此类例证仍有许多，故此不一一论及。在《尚书》中“天命”与王权两者互通互涵，既有渲染作用又有限定作用。“天命”代表自然法度，具有神圣的宣传能力，在劝诫民众、动员战事等施政手段上起到渲染作用；而“天命”又具有不可动摇的权威性，对君王等权利者的行为进行制约，具有限定性的作用，可见“天命”对当时国家治理具有重要的意义。

要之，“天命不易”即彰显“天命靡常”的权威神圣力，同时又对国家治理提供动力渲染因素，以此基本，“王”确立对“天”之权利敬畏性，初步起到对王权制度的限定作用，有效防治滥权渎职和有利于推施德治，且这一思想对后世个人修身及国家治理亦具有深远的影响。如:《李觏集·安民策第一》总结指出:“立君者，天也；养民者，君也。非天命之私一人，为亿万人也。民之所归，天之所右也。天命不易哉！民心可畏哉。”❶“包恢述近世名公有言曰：‘人心惟危，天命不易。’”❷《张孟阳剑阁铭》云：“自古迄今，天命不易。”❸等。

## （二）“天人合一”

“‘天人合一’是关于天与人的关系的思想学说，是中国传统文化的基本特征，也是其最为核心的思想。”❹它也是《尚书》“天命观”的一大思想内容，其形成与农业部族社会生产力水平相适应，且二者之间是通过祭祀、占卜等形式进行沟通。

首先，君王同“天命”的沟通是通过祭祀取得的，如《酒诰》：“惟天降命。肇我民，惟元祀。”以及《多方》：“洪惟图天之命，弗永寅念于祀。”《召诰》：“我非敢勤，惟恭奉币，用供王能祈天永命。”等，都显现祭祀具有“天人合一”性，执政者通过祭祀彰显政权的合理性和神圣性。其次，天人沟通的另一形式是占卜，如《西伯戡黎》云：“天子！天既讫我殷命。格人元龟，罔敢知吉。”格人，商代的贞卜者，能知天地凶吉的神职人员。祖伊对天子说：“上帝恐怕要终绝我们殷国的命。占卜的贞人和神龟，都不知道有吉兆。”可见在当时占卜是除祭祀外最日常的“天人”沟通的方式。周人继承殷人的占卜法，《大诰》言：“天命不僭，卜陈惟若兹”，以此领悟上帝旨意，等等。综上所述，祭祀和占卜都是将“王权”与“天命”相应合一沟通的行为体现，是君王对其权利基础进行夯实和巩固的一种策略手段。

《尚书》中“天人合一”式的“天命观”，一方面以“天命”来佐证君王施政策略的合理性，另一方面对民众行为开展舆论引导，以此来实现安邦治民的政治目的。如《多士》：“肆予敢求尔于天邑商，予惟率肆矜尔。非予罪，时惟天命。”明确指出西迁殷民是天命之令，现在以仁德怜悯来宽恕殷民，是应天命所为，并非是周王室的罪过。周公以“天命”来增加其辞令的权威性、合法性，而对殷民西迁行为进行引导，这对于巩固新立的周政权能够起到重要的作用。当然这样的思想例证在《尚书》中十分丰富。如：

爽邦由哲，亦惟十人迪知上帝命，越天棐忱，尔时罔敢易法，矧今天降戾于周邦？（《大诰》）

汝惟小子，乃服惟弘王应保殷民，亦惟助王宅天命，作新民。（《康诰》）

尔尚敬逆天命，以奉我一人！（《吕刑》）

钦崇大道，永保天命。（《仲虺之诰》）

肆台小子将天命明威，不敢赦。（《汤诰》）

恭天成命，肆予东征，绥厥士女。（《武成》）

……

《尚书》中“天人合一”是“天命观”的另一内容特质，表现出“人”与“天命”的关联性与有机统一性，既体现了先民对未知空间及事物的敬畏感和神圣感，又体现

❶ 徐朝旭．德治论［M］．厦门：厦门大学出版社，2003：134.

❷ 罗根泽．中国文学批评史（下）［M］．上海：上海人民出版社，2015：779.

❸ 姚鼐纂集，胡士明，李祚唐标校．古文辞类纂［M］．上海：上海古籍出版社，2016：673.

❹ 向怀林．中国传统文化要述［M］．重庆：重庆大学出版社，2016：178.

了原始宗教对政治制度发展的导向作用，是当时维护政权统治的重要手段。

### （三）“以德配天”

“以德配天”是《尚书》“天命观”的另一思想特质。“天命”是由君王代替执行的一种自然法度，其中德治精神是顺天保命的彰显形式，成为君王治国理政的准则之一。“以德配天”是先秦神权理念同人文精神结合的产物，即宣扬王权制度的合法化，又以“德”对君王实行约束，是先秦“天命观”长期发展的政治产物。

“以德配天”思想极为重要，是《尚书》“天命”思想同人政相应相合的具体表现，以“德”来衡量君王实行的具体治国策略，是“天命”向人政下行发展的思想体现，是君王施政的行动指南。其例证十分丰富，如：

公称丕显德，以予小子扬文武烈，奉答天命，和恒四方民，居师。(《洛诰》)

王曰：“猷！告尔多士，予惟时其迁居西尔。非我一人，奉德不康宁，时惟天命。无违，朕不敢有后，无我怨。”(《多士》)

惟克天德，自作元命，配享在下。(《吕刑》)

惟尹躬暨汤，咸有一德，克享天心，受天明命，以有九有之师，爰革夏正。非天私我有商，惟天佑于一德。(《咸有一德》)

惟嗣王不惠于阿衡。伊尹作书曰：“先王顾諟天之明命，以承上下神祇。社稷宗庙，罔不祗肃。天监厥德，用集大命，抚绥四方。”(《太甲上》)

（反）惟受罪浮于桀。剥丧元良，贼虐谏辅，谓已有天命，谓敬不足行，谓祭无益，谓暴无伤。(《泰誓中》)

（反）有夏昏德，民坠涂炭，天乃锡王勇智，表正万邦，缵禹旧服，兹率厥典，奉若天命。(《仲虺之诰》)

（反）惟时羲和，颠覆厥德，沉乱于酒，畔官离次，俶扰天纪，遐弃厥司。(《胤征》)

……

在《洛诰》中王以显德来“奉答天命”，以此“和恒四方民”;《多士》中周公又声明“予惟时其迁居西尔，非我一人，奉德不康宁，时惟天命。无违，朕不敢有后，无我怨”，即迁殷民是奉天承德之事，不是周王室个体意愿，而是上天的命令;《吕刑》中以“天德”明“元命”;《咸有一德》指出汤“咸有一德”，配享天命等。反例，在《泰誓中》《仲虺之诰》《胤征》等中则指出桀、羲和等逆天毁德之人，至“有夏昏德，民坠涂炭”，失德而失天命。可见在《尚书》天命思想中“以德配天”是“天命”同“人政”勾连的重要桥梁，是“天命”思想的一大重要思想特质。

然通观《尚书》全文，其“德治”思想十分丰富，且表现形式多样，“以德配天”则是涵具其中的一部分，但却是与其他“德”之思想因子相互补充，相通相涵，故笔者下文拟作分析。

一为祖先之德，即以先王德行来为当时国家治理提供哲思。比如：

肆上帝将复我高祖之德，乱越我家。(《盘庚下》)

我祖底遂陈于上，我用沈酗于酒，用乱败厥德于下。(《微子》)

公称丕显德，以予小子扬文武烈，奉答天命，和恒四方民，居师；(《洛诰》)

在昔上帝割，申劝宁王之德，其集大命于厥躬。(《君奭》)

惟我周王灵承于旅，克堪用德，惟典神天。(《多方》)

父义和！丕显文、武，克慎明德，昭升于上，敷闻在下，惟时上帝集厥命于文王。(《文侯之命》)

……

以上引文，一再例证祖先在德行上对“天命”思想的继承和发展，以“德”顺“命”，以“德”达治，此虽渗透着为祖先之德，但实是以祖德配“天命”的具体论述，是“以德配天”的一种表象。

二为天德，即“天”“德”相合之意，是“以德配天”思想的具体体现。如

天监厥德，用集大命，抚绥四方。(《太甲上》)

民有不若德，不听罪。天既孚命正厥德，乃曰：“其台如？”(《高宗肜日》)

今冲子嗣，则无遗寿耇，曰其稽我古人之德，矧曰其有能稽谋自天？(《召诰》)

惟天不畀不明厥德，凡四方小大邦丧，罔非有辞于罚。(《多士》)

皇天无亲，惟德是辅。民心无常，惟惠之怀。(《蔡仲之命》)

惟克天德，自作元命，配享在下。(《吕刑》)

(反)有夏昏德，民坠涂炭，天乃锡王勇智，表正万邦，缵禹旧服，兹率厥典，奉若天命。(《仲虺之诰》)

……

可见，“天德”即受命正德。正德者，敬民且以修常祀，实对“德”予以规范，否则将酿成“昏德”，永失“天命”。

三为人德，是“以德配天”对人世指导的具体呈现形式，人“与天地合其德”[1]构筑人德，人亦是具体行德扬善的意识主体。如：

惟吉凶不僭在人，惟天降灾祥在德。(《咸有一德》)

有罪无罪，予曷敢有越厥志？同力度德，同德度义。(《泰誓上》)

弘于天，若德裕乃身，不废在王命！(《康诰》)

又曰：“天不可信。”我道惟宁王德延，天不庸释于文王受命。(《君奭》)

……

由此可见，《尚书》的“德治”思想也是不断发展的，从对祖先德、天德的奉扬外，“人德管理思想”[2]也可管窥，将人德精神逐渐分离，与“以德配天”相互补充，君王等管理者承“天”行“德”，以己修身扬德，辐射社会乃至国家。

“天命观”在《尚书》中的思想内容是多样的，既有“天命不易”的权威约束能力，又有“天人合一”的神权色彩，且涵具“以德配天”的人文哲思。“德”不仅是“天”对君王、臣、民等个人行为准则的约束，还特别对君王、诸侯等管理者的施政理

---

[1] 杨天才，张善文译注．周易［M］．北京：中华书局，2016：24.

[2] 苏东水先生认为：“中国管理哲学的第二个层次是人德管理哲学，即强调道德伦理的作用，管理者通过‘修己’树道德之威，在无形中影响被管理者的行为，被管理者也要通过‘修已’实施自我管理，以求更好地胜任本职工作。”引自苏东水，等．中国管理学［M］．上海：复旦大学出版社，2006：60.

念提出要求，顺"天"承"德"，"以德配天"才能"天德相合"，直至"永享天命"，这也成为后世贤臣明君施政的政治示范。

## 三、《尚书》"天命观"的政治向度

《尚书》是先秦的治国之典，是中国古代政治文本的典范，是"史官制度的产物"[1]，其内蕴着丰富的"天命"思想。《尚书》"天命"思想的传播是在漫长的时间和辽阔的空间中进行的，具有传承性和累积性，这种连续性对民族的思想精神与国家政治体系产生了重要的作用。

### （一）天道：历史"革命"的合法性

《尚书》元典不仅保存了虞夏商周2000年左右的政事材料，也记录了两代王朝更迭的史实。从三皇五帝传说时期始，先民随着生产力的不断提高，私有经济逐渐发展，部落联盟逐渐向国家政治过渡，"禅让制"也被"革命"武力所取代。"革命"一词多在指暴力改朝换代的行为，如"殷革夏命""周革商命"等都涉及"革命"。"革命"往往带来政权的合法性和历史变动合理性的争议，而"天命"则成为后继王朝宣传政权正统性和合法性的重要哲学依据。

《尚书》中君主在对臣子或民众训示时，常常用"天命"来维护自己"革命"的合法性，以此来增加言论的感染力，动员更多的民众支持君王的政治策略。《多方》是周公代成王向诸侯国君劝诫的诰命材料，"天命"色彩极为浓厚，以"天命"对周朝以"革命"得政进行铺设。如"洪惟图天之命，弗永寅念于祀"和"今至于尔辟，弗克以尔多方享天之命"，周公先以夏商失命发声，陈述夏桀偏重"天命"，不能长久地恭敬祭祀，而商纣则不顺天德游虐于民，故自绝"天命"，以商夏亡国之例来佐证周代商的历史合理性。继之进一步发问四方诸侯云："尔曷不夹乂我周王享天之命？今尔尚宅尔宅，畋尔田，尔曷不惠王熙天之命。"周公责问诸侯们为什么违背"天命"，既不劝民从周也不辅助周朝共享"天命"，还屡生异心反动叛乱。之后又以"天命"训斥："尔乃不大宅天命，尔乃屑播天命，尔乃自不典，图忱于正。"斥责诸侯们抛弃"天命"，不遵守法度，还企图取信周朝。最后劝诫四方诸侯："尔乃自时洛邑，尚永力畋尔田，天惟畀矜尔，我有周惟其大介赉尔，迪简在王庭。"即希望诸侯们在洛邑努力经营土地，归附周朝。以此以"天命"为主线缓缓对诸侯推行周朝的政治制度。这样的例子很多，如：《汤诰》："肆台小子，将天命明威，不敢赦。"《书集传》释为："故我小子，奉将天命明威，不敢赦桀之罪也。"[2]《泰誓中》："惟受罪浮于桀。剥丧元良，贼虐谏辅。谓已有天命，谓敬不足行，谓祭无益，谓暴无伤。"《泰誓上》："商罪贯盈，天命诛之。"等。

在《尚书》中以"天命"佐证"革命"的史例极多，大多以不可违背的"天命"发言，一是说明夏商两朝被"革命"的合理性，二是对自己政治策略进行佐证，不仅

---

[1] 王灿．《尚书》历史思想研究［M］．北京：中国社会科学出版社，2013：22.

[2] 蔡沉著，钱宗武，钱忠弼整理．书集传［M］．南京：凤凰出版社，2010：81.

对夏商两朝君王的政治行为予以回顾反思，还对后世哲学政治产生了深远影响。

### （二）天命：舆论导向性

“舆论是先秦社会重要的精神文化现象”❶，在《尚书》中以“天命”为舆论导向的应用屡见不鲜。先贤及君王经常以“天命”作为思想引导，无论是战事的动员、人民的管理还是对社会的治理，常常以“天命”为舆论引导，或以“天威”来约束民众的行为，以此化解政事矛盾与治理危机。

《尚书》中的文体类型主要可划分为典、谟、诰、训、誓、命六种，其中“诰”是“君王对下臣的诰谕”，君王的诰语充分利用“天命”思想来动员诸侯和人民，以此形成一种积极且正向的舆论导向，以期君候能够协同治理直至统一民心。《康诰》是周公告诫康叔的训词，宣告“洪大诰治”的事件，这是一篇关于如何治殷民的代表作。“汝惟小子，乃服惟弘王应保殷民，亦惟助王宅天命，作新民”，即是以“天命”来宣扬封对殷民治理的合法性，用不可抗拒的舆论压力来规范殷民，引导殷民服从管理，成为周朝的新民，最后共达“民迪吉康”。《大诰》：“惟大艰人诞邻胥伐于厥室，尔亦不知天命不易。”周公先以“天命不易”来申明对外战争的必要性，后“肆朕诞以尔东征。天命不僭，卜陈惟若兹”，《尚书易解》曰：“故我大用尔等东征，天命无有差错，卜之所陈，惟顺从哉。”❷即以占卜的内容或征兆来勾连东征同“天命”的关系，以此验证东征的合理性，对战事作思想动员与组织宣传，起到舆论渲染的引导作用。《仲虺之诰》“钦崇大道，永保天命”，《书集传》释为：“‘钦崇’者，敬畏尊奉之意。钦崇乎天道，则永保其天命矣。”❸《汤诰》：“天命弗僭，贲若草木，兆民允殖。”向往顺“天命”万事归善的美好社会。以上诰词表明先秦周王室借用“天命”作为政府正面舆论宣传的手段，以此来达到强化统治之目的。

当然在《尚书》中除“诰”词外，仍有许多关于“天命”舆论导向的例证。《盘庚上》中商王盘庚为了证明自己迁都的正确性提出“先王有服，恪谨天命。兹犹不常宁”，以“天命”和“先王”来说明时代的变迁，即“不常厥邑”（不可常待在一个地方）的不可逆转，接着提出迁都是顺应“天命”的历史选择，并训诫臣民“无傲从康”。同样《多士》中也以“天命”发言，关于《多士》，“《史记·周本纪》：‘成王即迁殷顽民，周公以王告，作《多士》。’”❹周公提出“非我一人奉德不康宁，时惟天命。无违，朕不敢有后，无我怨”，“非予罪，时惟天命”，均以“天命”作舆论指导，增加迁殷洛邑的合理性。《吕刑》是周穆王训诫执法者重德治的文章，其内蕴丰富的法律思想，“是我国历史上现存最早的较为系统的刑法专著”❺，但即使是这样一篇理性色彩较为鲜明的文典，仍可窥见“天命”思想的因子，如“尔尚敬逆天命，以奉我一人”，即周穆王对臣民提出要恭敬对待“天命”，拥护君主的政治决策。同样也是以“天命不

---

❶ 夏保国．先秦舆论思想探源［D］．长春：吉林大学，2009：1.

❷ 周秉钧．尚书易解［M］．上海：华东师范大学出版社，2010：156.

❸ 蔡沉著，钱宗武，钱忠弼整理．书集传［M］．南京：凤凰出版社，2010.

❹ 李民，王健．尚书译注［M］．上海：上海古籍出版社，2016：240.

❺ 李民，王健．尚书译注［M］．上海：上海古籍出版社，2016：313.

可违”的舆论导向来宣扬国家治理的合理性。《多方》中“今至于尔辟，弗克以尔多方享天之命”，以商纣失德自绝“天命”为舆论导向，又反衬周王朝的建立是不可违也，以此告诫各诸侯要顺天行事，同周共享“天命”。

以“天命”来佐证政事合理的例子在《尚书》中相当丰富，在此不一一列举，但由此可见“天命”不可违的舆论导向成为君王屡见不鲜的政治说辞，天命思想的叙述不仅显示了诰令或训词的隆重，又增加了君王统治的合理性，还促使诸侯或民众行为的自觉化，对研究当时社会矛盾、国家管理和政治斗争具有重要的参考价值。

### （三）天德：史鉴与德治思想

《尚书》“天命观”不仅促进了“史鉴”意识的萌芽，而且又强化了“德治”的政治理念，二者是互为关联的意识群体，都属于道德范畴的方法论。《尚书》中的“史鉴”思想多以“天命”为导向，其表征主要集中在两方面：一为前朝兴衰的历史价值；二为先王兴邦的实践经验。再者以“史鉴”而衍发的“德治”思想成为历朝君王及辅臣治国的基本范式。“德治”思想在《尚书》中的表现是多样的，如《尧典》“以德配天”的治世准则，《舜典》“慎徽五典”的行为规范，以及《大禹谟》的“善政养民”的“民本观”等都以“德”为外在形式，以此劝谏当政者顺乎天道同时感召殷民的归顺。下文将以“天命”为导向，从“史鉴”和“德治”两个角度深入阐发。

《尚书》中的以“天命”为“史鉴”的思想极为丰富，主要是以“天命”为指向对历史经验和教训加以总结，即思前朝之得失，鉴政事之归美，为现今的治国实践提供指导。《召诰》一文，“叙述营建洛邑的重要性，总结了夏、商两代的灭亡教训”，[1]提出“我不可不监于有夏，亦不可不监于有殷”(《召诰》)，即鉴戒夏商两朝的历史经验，总结了“上下勤恤，其曰我受天命，丕若有夏历年，式勿替有殷历年。欲王以小民受天永命”(《召诰》)，只有君臣上下勤劳忧虑，才能永受天命。同样在《无逸》一篇中“相小人，厥父母勤劳稼穑”而其“厥子乃不知稼穑之艰难，乃逸，乃谚，即诞”(《无逸》)，首先以农民豢养娇子之例引入中宗勤政的史，例如：“昔在殷王中宗，严恭寅畏，天命自度。治民祗惧，不敢荒宁”(《无逸》)，即“中宗严恭寅畏，以天理而自检律其身。至于治民之际，亦祗敬恐惧，而不敢怠荒安宁”[2]。周公以小民和中宗的例子教导成王“则其无淫于观、于逸、于游、于田”(《无逸》)，即君王不要过度游玩、享乐、田猎；训诫大臣之间要“胥训告，胥保惠，胥教诲”(《无逸》)，大臣间相互训诫、呵护、教诲，充分体现了周公对成王的顺天成命的殷切希望，其目的在于巩固周朝的稳定。《大诰》一文，周公以武王伐商为鉴，发出“肆予曷敢不越卬敉宁王大命”的感慨，即要完成东征事业，完成文王从上帝那里接受的“天命”。《武成》一文也有相同的思想，如：“我文考文王，克成厥勋，诞膺天命，以抚方夏。”从上文可知以“天命”观而衍发的“史鉴”思想，鉴前朝兴衰之训，以承先王之天命，亦达安邦兴国之伟业；而另一方面君王对天命的反复言述，则表明了他顺从天命效仿先王，恪守法度尽忠治国的态

[1] 李民，王健．尚书译注［M］．上海：上海古籍出版社，2016：224.

[2] 蔡沉著，钱宗武，钱忠弼整理．书集传［M］．南京：凤凰出版社，2010：198.

度和决心，同时也是祈求天神祖先赐福后代的美好愿望。

然而《尚书》中以“天命”衍生出的“德”思想，最初较为保守，如《皋陶谟》“天命有德，五服五章哉”，释为“尊卑采章各异，所以命有德”❶，对天子、诸侯、卿、大夫、士的服饰进行区别，主要是对社会等级的划分，但《皋陶谟》全文是皋陶同禹的对话，影射出“民本”“德治”等思想因子，对后期“周政德治”的发展具有重要的价值。之后天命观和德治逐渐有机统一，“以德配天”因子开始显现，如《洛诰》“公称丕显德，以予小子扬文武烈，奉答天命，和恒四方民，居师”，《尚书易解》释为“此言公发扬显德，使予小子继承文武之业，奉答天命，和悦四方之民，住居京祀”❷，成王强调奉天承德的历史使命。同样在《太甲下》也有相类似的言辞如：“天位艰哉！德惟治，否德乱。”以“天命”的哲学高度对君王“德治”提出要求，从顺天言德生发，具体以祖先德、天德、人德等形式呈现发展，“《尚书》这种‘德治’主张影响深远，它成为中国古代政治思想的一个根深蒂固的历史观念。”❸

对圣君贤才大力推崇的“史鉴”精神一定意义上可以说始自《尚书》，它推动了历史君臣定位的系统化，其建构起一个圣人传心的道统理论架构和儒学思想体系。此“体系化”在历朝的传播中，被逐步趋同。“趋同”的出现原因，一则是年代久远人物的个性被淡化，二则是后世以此体系宣扬政见来加固自己的统治。但就其“德治”思想而言，不仅成为后世君主的治国准则，同时这一思想也成为后世史学评价的尺标，可见从《尚书》衍发出的“以德治世”的文化思想的驱动力和辐射力，深深地影响着中国古代治国思想的发展。

## 四、《尚书》“天命观”的价值意义

《尚书》是最为古老的治国要典之一，被后世儒家尊奉为“五经”之首，其所内蕴的思想，是先秦社会治国治世的“大经大法”，它不是某一时代单一的治国策略，而是有理论和实践体系的传承经典，是夏商周三代具体治国实践的经验总结和思想沉淀，是研究中国古代治国理论与社会实践的重要经典之作。其内蕴的“天命观”思想非常丰富且有着鲜活的生命力，既反映了古代先秦时期的历史面相，又折射了其在被整理、编纂过程中学者所代表的学术立场与思想倾向，不仅形象地展示了中国古代社会国家治理的政治面貌，而且也深刻影响着中国社会历史发展的思想轨迹。

### （一）历史价值

“天命”思想是先秦天人观的重要构成之一，随着生产力水平和认知能力的发展而发展，对当时社会管理和国家治理起到重要的作用。君主以“天命”为舆论对国家管理众“人”的心理联想引导，逐渐产生一种天人相应的内在规律——敬权崇德，不仅对稳定政权起到推波助澜的作用，而且也对君王的行为进行规范和限定。

第一，它形塑了中国古代国家天人相应治理体系的基本面貌。以“天命”为依

❶ 顾颉刚，刘起釪．尚书校释译论［M］．北京：中华书局，2016：424.

❷ 周秉钧．尚书易解［M］．上海：华东师范大学出版社，2010：205.

❸ 姜广辉，程晓峰．先秦尚书学的再认识［J］．中国哲学史，2016（2）.

托，架构了“天”同“君王”的契约关系结构，形成一份权利和义务相统一的虚拟契约关系，这个关系是君王通过祭祀、占卜、神龟等形式行进，以此完成契约协定仪式。“天”首先表明对君王统治合理性的认同，即“天命”授予君权，对其政治统治的合理性和合法性提供哲学依据；其次“君王”又必须谨格自然法度，以“天命”法则来治理人民，对君王提出要求，不得滥权渎职，否则永失“天命”。尤其是在国家新立时，表现极为突出。王朝新立是国家政权形式改变的一种体现，在统治初期，新建立的政国家权管理极不稳定，常常伴随内外忧患的动荡因子，所以新政权的执政者或臣子，为了增加君王对国家统治的合法性，故经常用神权色彩的“天命”为说辞，一方面增加其政权统治的合理性，另一方面又对其政治辞令起到渲染作用，以天人相应的模式来稳定和治理国家社会。

第二，它累积了敬天崇德的管理智慧。周初东征平叛后，周王室慎重“史鉴”，既总结前朝的治国经验，又积极地探索“德治”的治理理念，建立了具有一定规模的中央集权新型国家，而这一国家政治管理的实现很大程度是通过“天命”所建立的，以天威的神圣性维护和巩固了周王朝的统治根基。“天命观”同时把宇宙本体“天”“上帝”同“王”和“民”密切相关联，“王”依“天命”来统治社会“民”；反之“天”知民情，故“王”的德行又受“天命”的约束，以此又从哲学的高度对社会法度进行影响，构筑了天人相应的社会框架，贯穿于夏商周三代治国思想的整个过程，以德来彰显王政，以此来达到安邦济民的政治目的。

### （二）当代价值

历史周而复始，当今世界政治、经济、文化已经走向多元趋势，中华文化元典智慧在全球化大时代中越来越被重视。且中华文明绵延至今具有历史连续性，这种连续性使民族的思想精神与价值体系得以传承和发展，并铸就了独具特色的民族精神和思想智慧。而今，新时代发展要求我们重塑文化自信，对古代文典智慧和历史经验重新定位，从而发掘其对当下社会新的价值。《尚书》作为先秦文典之一，是中华文化发展的始源，其“天命”思想是研究先民心理状况及宗教信仰的重要材料，也是分析当时国家治理和社会管理的重要史实资源，对古代国家管理具有重要的价值，所以现今我们需要对《尚书》“天命观”重新评价与借鉴。

第一，以史为鉴对当今社会管理者的新启示。《尚书》记载了夏商周三代政事，内蕴的“天命观”中渗透着史鉴精神，同时对“圣王贤臣”精神极为推崇。中国历史以“史鉴”为基础建构了华夏特质的圣贤体系，其核心即为“以德配天”。这个体统的架构值得现今管理者借鉴，“君正而天下正”[1]将以己至极为标准从而推广发展，以“个体修身”为核心稳定小团体（个体家庭或家族），从而辐射大社会乃至国家，以此形成一个良性循环的管理体系（以善推德、以德推政、以政治民），能够为现今人文精神缺席的管理机制提供历史智慧。

第二，“德法并举”的治国哲思。《尚书》中的“天命”思想即体现奉“天”行

[1] 陈良中．朱子《尚书》学研究［M］．北京：人民出版社，2013：245.

“德”的德治思想，又体现在遵循自然法度（天命）基础上发展的法治精神，二者相互促进相互依存。“德法并举”思想在先秦诸子的各家发展中被不断地丰富和完善，其自汉董仲舒推崇“独尊儒术”后被放置于中国文化的历史中心，此后发展出的“法其道而已出治”[1]以及“治而归之于仁”[2]的顺民心、承天意的内化“德治”与外化“法治”的思想，渗透在中国历代王朝的治理实践中。新时代，“德法并举”思想在治国理政中越来越备受重视，习近平总书记指出，“要既讲法治又讲德治，重视发挥道德教化作用，把法律和道德力量、法治和德治功能结合起来”[3]，正如习书记所讲，“德法”是国家管理一体两用的具体表征，是相互促进依存的有机体，因此，探寻传统思想治理智慧，开掘《尚书》“天命观”内蕴的“德法”精神，能够为国家治理及国际交流提供丰富的文化资源、思想理念、理论依据和实践经验。

## 五、结语

充满着时代思想之音的先秦社会在历史发展过程中创造了无数的文化与思想辉煌，同时也为现今世界发展提供了丰富而又宝贵的实践经验和治国哲思。《尚书》文本较为真实地揭示了中国先秦历史文化思想面貌，其“天命观”是神权理念同人文精神逐渐融摄与涵化的思想体系之一。“天命”在《尚书》文本表现的形式多样，内涵精深，由“天”及“人”，由“命”及“理”，以“天命不易”“天人合一”及“以德配天”等具体形式呈现其思想特质，又从天道、天命和天德三重向度纵横交错立体展示天人关系、人神关系、人人关系，并在历史“革命”合理性、舆论导向和史鉴德治的治国理念上，“天命观”都发挥着重要的指导性作用，并为当时国家管理提供了契合历史实际且符合时代要求的管理模式，不仅使国家治理体系更为系统化、有序化和合理化，也使民众无意识的行为逐渐自觉化、规范化和人文化，更推动了当时及后世国家管理的制度性、全面性和系统性建设。

历史不断发展，思想跨越时空。而今，《尚书》“天命”思想仍旧充满着无限生机，它是一个较为开放的思想体系。尽管“天命观”经过后世儒学知识分子的不断丰富完善而在国家治理中发挥了重要作用，但是“天命观”也有着不可否认的历史局限性，然总上它是华夏政治文化遗产，蕴藏着丰富的历史智慧。因此，我们应当以史为鉴，对其取其精华而去其糟粕，有选择性汲取其优秀文化因子和继续发挥它在当今社会治理中的作用与价值，即要在当代治国理政实践中，要敬法度和顺民心，以“德性”彰显政治伦理和法治精神，从而使古代的“天命观”超越时空的限制而在今天焕发出思想的生机，并在新时代多元一体的思想文化融汇格局中绽放出时代精神，而成为建构富有中国特色气质的治国理政体系的重要思想资源。

---

[1] 冯友兰．中国哲学史（下）［M］．重庆：重庆出版社，2009：27.

[2] 冯友兰．中国哲学史（下）［M］．重庆：重庆出版社，2009.

[3] 2018年3月，习近平总书记在参加十三届全国人大一次会议重庆代表团审议政府会议工作报告时的讲话中特别强调德治和法治在国家治理体系中的密切关系与重要作用。

## 【参考文献】


[1] 何晏等注．论语注疏［M］．北京：北京大学出版社，1999.

[2] 许慎著．班吉庆，王剑，王华实点校．说文解字校订本［M］．（第二版）．南京：凤凰出版社，2015.

[3] 蔡沉著．钱宗武，钱忠弼整理．书集传［M］．南京：凤凰出版社，2010.

[4] 刘沅著．谭继和，祁和晖笺解．十三经恒解笺解本卷之三诗经恒解［M］．成都：巴蜀书社，2016.

[5] 姚鼐纂集．胡士明，李祚唐标校．古文辞类纂［M］．上海：上海古籍出版社，2016.

[6] 顾颉刚，刘起釪．尚书校释译论［M］．北京：中华书局，2016.

[7] 金景芳．金景芳全集［M］．上海：上海古籍出版社，2015.

[8] 周秉钧．尚书易解［M］．上海：华东师范大学出版社，2010.

[9] 冯友兰．中国哲学史（下）［M］．重庆：重庆出版社，2009.

[10] 庞朴．庞朴文集：卷一（六家浅说）［M］．济南：山东大学出版社，2005.

[11] 梦华．图解国学知识全新图解版畅销升级版［M］．北京：中国华侨出版社，2016.

[12] 曹音．诗经释疑［M］．（第 2 版）．上海：上海三联书店，2016.

[13] 罗根泽．中国文学批评史（下）［M］．上海：上海人民出版社，2015.

[14] 向怀林．中国传统文化要述［M］．重庆：重庆大学出版社，2016.

[15] 王灿．《尚书》历史思想研究［M］．北京：中国社会科学出版社，2013.

[16] 李民，王健撰．尚书译注［M］．上海：上海古籍出版社，2012.

[17] 陈良中．朱子《尚书》学研究［M］．北京：人民出版社，2013.

[18] 徐朝旭．德治论［M］．厦门：厦门大学出版社，2003.

[19] 苏东水，等．中国管理学［M］．上海：复旦大学出版社，2006.

[20] 夏保国．先秦舆论思想探源［D］．长春：吉林大学，2009.

[21] 姜广辉，程晓峰．先秦尚书学的再认识［J］．中国哲学史，2016（2）.

# ● 社会建构论视角下抑郁症患者自杀问题研究

金　诚[*]

（贵州大学　公共管理学院，贵州　贵阳　550025）

**摘　要：** 社会建构论对抑郁症患者自杀问题的研究认为该问题是被建构的。本文采用弱建构的立场分析了抑郁症患者自杀问题被建构的推动因素即建构主体、建构内容、建构途径，以及建构的策略性，并通过相关案例及模型分析了该问题被建构的动力机制。最后还提出了社会建构论在分析抑郁症患者自杀问题方面的不足之处。

**关键词：** 社会建构论；抑郁症；自杀问题

## 一、社会建构论探讨抑郁症患者自杀问题的分析立场

社会建构论对抑郁症患者自杀问题进行分析具有一定的颠覆性的视角，并对传统有关自杀问题的经验研究进行反思。传统抑郁症患者自杀问题研究强调自杀的客观实在性及建立在此基础上的认知和评价，即从社会结构性因素、自杀的类型等方面着手去分析和解决自杀问题，也就是说传统社会科学看待抑郁症自杀问题时一般是通过调查问卷或访谈等方法收集相关经验材料，从而有针对性地解决该问题。社会建构论对抑郁症患者自杀问题分析不同于实证主义的研究立场，该视角更多的是强调一个反向的过程，认为抑郁症患者自杀行为是生活世界中的社会主体对该问题赋予了一定意义，再把这个意义化的动态过程运用话语规则及某种策略性语言表达，建构抑郁症患者自杀问题的社会性事实。也就是说，社会建构论的社会学研究在看待抑郁症患者自杀问题时，强调社会主体并不是单纯且被动地接受该问题的刺激而做出反应，更多的是经历了从认知到自杀的这一模式，所以该问题是被社会性主体赋予了主观意义的动态性存在。这也正是社会建构论和实证主义探讨抑郁症自杀问题时在本体论上的关键性差异。所以，该理论认为抑郁症患者自杀问题是通过社会主体的主观意义的赋予后，经由社会人群通过各种手段和规则推动而缔造的结果。因此，某种意义上，社会建构论探讨抑郁症患者自杀问题具有一定的颠覆性。

社会建构论具有唯心主义之嫌，所以本研究采用弱建构主义的立场对抑郁症患者自杀行为进行解读，以防分析范式过于强调社会主体在看待该问题时的意识能动性，忽略客观实际中具有决定意识的作用。弱建构的研究视野不同于“强建构”的视角，

---

* 作者简介：金诚（1992—），男，贵州贵阳人，贵州大学公共管理学院硕士研究生。研究方向：应用社会学。

后者的立场把抑郁症患者自杀弃置一旁，不加以考量，而前者注重该问题的实在性，毕竟有问题才是科学研究和社会进步的动力。只不过强调上升到社会层面的问题是意义化了的问题，且说明该问题在社会层面的影响是某种建构性的过程和结果。

因此，本研究并不否定抑郁症患者自杀行为的事实性存在，但是，弱建构主义认为，抑郁症患者自杀问题是社会个体在社会化过程中通过主观意识观察客观现象而感到的事实性存在，这种立场已经超出传统实证主义立场看待抑郁症患者自杀行为的预设前提，即不把抑郁症患者自杀看作是有问题的或者是病态的，而是经由探索、界定和解决的过程，是由社会主体在互动的过程中意义化了的抑郁症患者自杀问题的建构过程或暂时性存在。社会建构论对抑郁症患者自杀分析某些方面上，具有和现象学、常人方法学等理论的相似之处。例如，通过社会主体对某种“手头库知识”的运用，启动类型化和关联机制对生活世界中的有关抑郁症患者自杀问题进行建构；站在常人的角度对生活世界中的自杀问题进行语言转向和反思建构。正如布鲁默认为的从客观存在的理论预设中分析社会问题，从存在性质处理社会问题就是一种本质性的错误。

## 二、抑郁症患者自杀问题建构相关因素分析

社会建构论视角下，抑郁症患者自杀现象被称为社会问题，并进入公共层面的领域，必然是一系列的相关因素共同参与的过程性结果。建构因素大致主要包括建构者、建构内容、建构途径，以及建构的策略性等。

### 1. 建构主体

抑郁症患者自杀作为一种消极情绪下的极端选择行为，关于其行为主体的思维和发生场景等一直被一些建构主体推向社会公众层面。大致有关联者、普通民众、专家学者、传媒从业者、相关权威者及政策执行者。关联者是指抑郁症患者自杀者（包括自杀未遂者）及关系人群，他们直接构成了抑郁症患者自杀问题推动的基础性力量，例如抑郁症自杀未遂者抒写其痛苦经历，表达其煎熬和痛苦过程；家庭人员向家人或他人表达家庭功能的缺失和难以磨灭的心理伤害；普通民众运用相关话语在社交媒体表达对生命已逝的惋惜，以及向相关权威性机构呼吁对抑郁症患者自杀问题的重视；专家学者的科研活动对该现象进行着二级建构，用归纳或者演绎科研技术手段直接或间接地对抑郁症患者自杀行为进行文本和话语分析，成为抑郁症患者自杀问题重要的推动引擎；传媒从业者凭借其新闻敏感性，对现场该问题的解读和报道，直接推动着抑郁症患者自杀问题在社会层面进行讨论；抑郁症患者自杀问题的社会影响，最终在于能否进入体制化渠道并得到相关权威性官员的认可，得到合法化的界定，所以权威性力量是抑郁症患者自杀问题的建构者也是最终平息者。

### 2. 建构内容

抑郁症是全球性的普遍精神障碍疾病，其伴随的自杀现象的广泛性不容小觑。全球有 3.4 亿人患有抑郁症，而严重的抑郁症是导致自杀死亡的直接原因。由此可见，抑郁症患者自杀事件已成为全球宣称的重要基础事实。抑郁症患者选择自杀的案例，是国内外建构主体进行渲染的建构基础，国内外很多明星和权威人物，还有无数波及面

比较窄的普通民众的因抑郁而自杀的问题便是这一真实写照。国内外权威媒体和学术引证也都证明了抑郁症患者自杀问题的严重性和对社会或公共卫生问题的影响。抑郁症患者自杀行为的严重危害事实，已成为相关建构主体进行报道和议题的主要来源。

3. 建构媒介

文本、话语和图像便是社会问题宣称的主要途径。随着互联网科技的发展，相比过去印刷时代，网络新闻传播远比我们想象的迅速和广泛。抑郁症患者自杀问题的建构途径也自然扩展到了文本和影视资料中，在全球范围广泛传播。德国的《海伦》，日本的《丈夫得了抑郁症》等经典影片中患病者及家人对抑郁症这一“无形的杀手”的抗争经历，都向观众展示了这一问题的危害性。抑郁症患者自杀问题被建构的途径还有很多，从传统的面对面的互动中进行语言互动，到报刊、书籍和社交软件的书本载体，再到通信网络时代的不在场网络交流，抑郁症患者自杀的建构途径相互交织，共同宣称着抑郁症患者自杀问题，使其快速进入社会公众领域。

4. 建构策略性

建构策略性是指建构主体在一定的建构动机性下，自觉或不自觉地使个人和群体的情感、职责使命及相关利益追求通过一定的渠道，利用言语的逻辑，策略性地对抑郁症患者自杀问题进行表达。建构的主体的多元化导致建构的策略的多元化，社会情景和文化差异也会致使建构策略多元化。

## 【参考文献】


[1] Blumer H. Social Problems as Collective Behavior [J]. Social Problems，1971，18（3）：298-306.

[2] 唐魁玉，刘东．社会建构中的“同妻”问题研究 [J]．学术交流，2015（4）．

[3] 闫志刚．社会建构论：社会问题理论研究的一种新视角 [J]．社会，2006，26（1）．

# ● 南昌市东湖区拆迁户补偿款使用现状及对策分析

周惠群*

（贵州大学　公共管理学院，贵州　贵阳　550025）

**摘　要：**了解南昌市东湖区部分拆迁户的补偿款使用现状，分析影响居民做出补偿款支配决定的因素，为政府采取的干预措施提供参考依据。研究选取该地区近三年住房遇到拆迁的居民，通过填写自制问卷和进行实地访谈等方式采集调查数据。采用SPSS分析方法发现受访者的年龄和文化程度对其补偿款理财计划制定的影响程度存在显著性差异；其中涉及的问题包括管理意识薄弱与知识匮乏，非理性消费频发，财富价值观被颠覆，投资创业选择不当，政府工作不到位及拆赔方式受限。由此提出政府应采取适当干预措施，与拆迁户共同应对返贫危机。

**关键词：**征地拆迁；拆迁补偿；资金管理；返贫危机

## 一、南昌市东湖区发展及征迁工作概况

东湖区隶属江西省南昌市，辖区面积56.95平方千米，常住人口50.3万，流动人口3.3万，下辖扬子洲镇、公园街道、滕王阁街道、百花洲街道、八一桥街道、墩子塘街道、豫章街道、大院街道、董家窑街道、彭家桥街道9个街道办事处和贤士湖管理处、扬农管理处，110个社区，17个家委会，21个行政村。作为南昌市的中心城区，东湖区不仅是中共南昌市委、市政府的所在地，也是江西省委、省政府、人民代表大会、党政、军机关的所在地，更是江西省政治、经济、商业、交通、文化、教育、科技、信息、医疗卫生的中心。

据相关统计数据显示，东湖区2016年年末人口总数为527473人，其中男性270438人，女性257035人；城镇人口524888人，乡村人口2585人；城镇化率达到99.51%，在全市排位第三，城镇化水平和质量稳步提升。据初步核算，全区地区生产总值达417.69亿元，按可比价计算，同比增长8.1%；全年实现财政总收入62.90亿元，同比增长9.8%。❶

---

* 作者简介：周惠群（1994—），女，江西南昌人，贵州大学人口学硕士研究生。研究方向：区域人口学。

❶ 数据来源：南昌市统计局2016年东湖区国民经济和社会发展统计公报。

2016 年 3 月，东湖区启动了该年度首轮旧城改造房屋征收工作，共涉及 6 个区域 18 个地块，总征迁面积约 53.14 万平方米，总户数约 4067 户。此次旧改于 2016 年 6 月底全部完工；2016 年 11 月，该区启动了第二轮旧城改造工作，共涉及 9 个国有土地的房屋征迁，总征迁面积约为 6.87 万平方米，总户数约 1009 户。综上所述，东湖区 2016 年全年共启动 35 个地块的房屋征收工作，总面积约 96.71 万平方米，总户数约 8057 户，其中国有土地房屋的征收面积约 78.84 万平方米，户数约 7504 户；集体土地房屋的征收面积约 17.87 万平方米，约 553 栋。

## 二、南昌市东湖区拆迁家庭补偿款支配现状调查

### （一）数据来源

2017 年 1—2 月，在南昌市东湖区进行“拆迁家庭补偿款支配现状”问卷调查，针对该区中近三年住房遇到拆迁的居民发放问卷。

调查抽样采取简单随机抽样与多阶段抽样相结合的方式，根据东湖区每个涉及旧改的地块中拆迁家庭的总户数，按照三个阶段不等概率的抽样方法，选取 5 个地块作为初级抽样单元，在各初级抽样单元内选取一定数量的街道作为二级抽样单元，再用随机抽样的方法对被选取街道中的拆迁户进行问卷调查。

### （二）问卷设计

（1）基本信息：调查内容包括性别、年龄、职业、文化程度、政治面貌、户口类型、居住时间、婚姻状况、家庭人口数量等。

（2）补偿款使用现状：选择的拆赔方式、对房屋拆迁的态度、拆迁补偿的满意度、补偿款的使用计划、影响补偿款使用的因素等。

（3）补偿款管理现状：是否有补偿款理财计划、理财计划的投资渠道、不制订理财计划的原因、影响补偿款管理意识的因素、获取理财知识的途径、政府引导补偿款管理行为时发挥作用的程度及其应给予拆迁户的支持行为等。

（4）“返贫”现象：是否了解返贫现象、造成返贫的原因等。

### （三）样本分布

调查样本的基本信息见表 1。

表 1　东湖区符合调查要求的拆迁户样本基本信息

| 变量 | 值 | 比例（%） | 变量 | 值 | 比例（%） |
|---|---|---|---|---|---|
| 性别 | 男 | 45.79 | 政治面貌 | 共产党员 | 16.82 |
| | 女 | 54.21 | | 共青团员 | 28.97 |
| 年龄（岁） | <18 | 11.21 | | 群众 | 54.21 |
| | 18~25 | 38.32 | 文化程度 | 中学及以下 | 19.63 |
| | 26~35 | 15.89 | | 大专 | 23.36 |
| | 36~45 | 8.41 | | 本科 | 47.66 |
| | >45 | 26.17 | | 研究生及以上 | 9.35 |
| 职业 | 企业职工 | 39.25 | 居住时间（年） | <2 | 1.87 |
| | 个体劳动者 | 11.21 | | 2~5 | 7.48 |
| | 公务员 | 7.48 | | 6~10 | 16.82 |
| | 教师 | 4.67 | | >10 | 73.83 |
| | 学生 | 17.76 | 婚姻状况 | 未婚 | 55.14 |
| | 公安 | 3.74 | | 已婚 | 41.12 |
| | 下岗、退休 | 7.48 | | 离异或丧偶 | 3.74 |
| | 务农人员 | 1.87 | 家庭人数（人） | <3 | 1.87 |
| | 其他 | 6.54 | | 3~4 | 73.83 |
| 户口类型 | 农业 | 10.28 | | 5~7 | 16.82 |
| | 非农业 | 89.72 | | >7 | 7.48 |

### （四）结果分析

（1）近半数拆迁户较为支持房屋拆迁工作，不到 1/4 拆迁户满意所获得的拆迁补偿。关于拆迁户对房屋拆迁态度的调查结果显示，49.53% 的受访者支持或非常支持政府的拆迁工作，28.97% 的受访者持无所谓的态度，剩余 21.5% 的受访者表示不支持或非常不支持；而在拆迁户对拆迁补偿满意度的调查中，仅有 23.37% 的受访者满意或非常满意所获得的拆迁补偿，58.88% 的受访者对拆迁补偿持中立态度，17.75% 的受访者则表示不满意或非常不满意。

（2）拆迁户对补偿款的使用计划主要是买房、买车、购物旅游、子女教育经费、储蓄养老、投资理财等。其中计划以买房为主的受访者居多，所占比例为 43.92%，其次是计划用于投资理财、子女教育经费和储蓄养老，所占比例分别为 15.89%、12.15% 和 9.35%。

在影响补偿款使用计划的因素方面，46.73% 的受访者表示会与父母或子女进行商议，26.17% 的受访者表示接受了亲友的建议，16.82% 的受访者表示受到了身边其他拆迁户行为的影响，仅有 10.28% 的受访者表示受到了媒体或政府的引导。由此看来，拆迁户补偿款使用行为受到的影响主要来自其家人、亲友及身边的其他拆迁户，而媒体或政府在此阶段并未发挥较大作用。

（3）多数受访者并未针对补偿款制订理财计划，并且多数人认为不制订计划的原因在于其补偿款管理意识薄弱。

关于他人不制订补偿款理财计划原因的调查表明，53.27% 的受访者认为拆迁户的补偿款管理意识薄弱是首要问题，28.04% 的人认为他们缺乏投资理财所必需的知识或技能，剩余 18.69% 的人认为投资理财的风险未知、收益无法得到保障才是最主要的原因。

（4）认为个人经历和家庭观念最能对拆迁户补偿款管理意识产生影响的受访者最多，获取理财知识的途径以电视或网络媒介为主，大多数受访者认为政府在引导拆迁户的方面能发挥较大作用，其中尤其应当为拆迁户提供教育扶持。

关于补偿款管理意识影响因素的调查结果显示，38.32% 和 34.58% 的受访者分别认为个人的生活、学习、工作经历和家庭的背景、传统观念的作用最明显，还有 18.69% 的人认为媒体或政府的引导对其造成的影响不容忽视。

## 三、南昌市东湖区拆迁家庭补偿款使用存在的问题

### （一）补偿款管理意识薄弱与理财知识匮乏

#### 1. 补偿款管理意识

在对补偿款主要使用计划的调查中，仅有 15.89% 的受访者选择“投资理财”作为主要的使用计划；当被问到“您是否有补偿款的理财计划”时，56.07% 的人表示并未制订理财计划。由此看来，拆迁户缺乏补偿款管理意识的现象在该地发生较为普遍，人们对于突如其来的巨额财富很容易手足无措，从而大大增加其返贫的可能性。

#### 2. 投资理财知识匮乏

从理财知识的层面上看，42.99% 的受访者的文化程度为大专及以下，缺少文化教育将直接导致其知识、技能与眼界的发展受到局限。获得补偿款后，由于理财知识欠缺和思想过于保守，对当今许多新型的理财方式不甚了解，促使他们依赖于较为传统地将钱放进银行储蓄存款的方式，造成选择投资渠道的单一性，不利于引导资金的合理流动。

### （二）非理性消费行为频繁发生

#### 1. 冲动性消费行为

此次调查的受访者中，22.68% 的人认为返贫的拆迁户缺乏节俭意识和消费理性，而实际在调查过程中，人们普遍将“冲动性消费”看作拆迁户返贫的重要原因之一。不少拆迁户表示，在获得补偿款后最先想到的是如何进行消费，如买什么车、去哪里购物旅游等，使消费者发生冲动性消费行为的概率大大提高，其中潜伏一定程度的返贫风险。

#### 2. 从众性消费行为

调查显示近 90% 的受访者表示补偿款使用方式会受到家人、亲友及身边其他拆迁户消费行为的影响。许多拆迁户自身并没有确定的购买意向，往往是看到别人买什么

他们就买什么，甚至盲目跟风某些极端的消费行为，从而忽视了自我与他人生活需求的差异性，造成补偿款资金不必要的浪费，长此以往还将降低其生活水平。事实上，多数人了解自身的消费行为缺乏理性，却无法实现自我约束。帕森斯的意志论行动理论认为，社会“行动取向的根据可以是①惯例；②利益；③合法的秩序”。因此，单元行动有一定的行动规范取向，受外在的各种因素（如其他拆迁户的消费行为）影响，部分拆迁户受外在因素影响较大，从而产生过度消费。

3. 炫富性消费行为

不少拆迁户在获得巨额补偿款后认为自身已步入富人行列，而带有炫富目的的消费行为自然成为被用于证明该主张的重要手段。为了维持生存及提高生活质量，人们在衣食住行等方面产生的消费本无可厚非，但对某些试图通过消费彰显身份的人而言，消费不仅是人们按部就班的日常行为，而是“由一种工具价值上升为人的本质，成为人的本体论中不可或缺的一个环节”。一旦形成此种消费心理，人们在购买时将更多崇尚的是商品的符号价值，而不再看重其交换价值与使用价值，他们为了满足自身的虚荣心一味地追求奢侈、相互攀比，逐渐受制于炫富性消费心理的支配，这也终将为今后返贫危机的出现埋下隐患。

### （三）价值观念被颠覆与物质追求

1. 传统价值观念

在获得巨额补偿后，拆迁户的个人经济地位发生巨大转变，不少人表示其传统价值观念也随之受到颠覆。曾几何时，人们信仰的是勤劳致富的价值观念，认为个人凭借掌握的知识和技能就能实现自我价值并创造财富；然而如今他们从拆迁经历中却认识到，勤劳不是致富的唯一路径，只要房屋被征迁一样能快速致富，远远背离人们的传统价值观念。

2. 追求物质享受

由于拥有着大量财富，不少拆迁户放弃了长期从事的工作。其中存在部分文化程度较高的人，将资金投入市场或进行创业以期获取利益的最大化；但也有不少人只顾追求眼前的物质享受，待在家中坐享其成，终日游手好闲、无所事事；还有一些人沾染上了恶习，整天沉迷于赌博，更有甚者染上了毒瘾，最终很容易将补偿款挥霍一空。

### （四）投资或创业方式选择不当

此次调查结果显示近半数的受访者选择了购买股票或基金等有价证券作为理财计划的投资渠道，而在该地区造成拆迁户返贫的主要原因恰恰是其进行投资的操作不当。与上文所提及的问题不同，他们的出发点是利用现有资金进行投资或创业，希望实现个人收益的最大化，但却存在不少人由于投资或创业方式的选择不当，造成资金亏损甚至血本无归的后果。

其中的原因较为复杂，部分人对投资或创业行为并没有清晰的概念，将鸡蛋放在一个篮子里，投资渠道的单一性势必引发风险；部分人只贪图表面的高收益，却忽视了如何规避暗藏的高风险；还有部分人无法针对投资方式的特点对个人资产进行合理配置，增加不必要的投资风险。这些缺乏投资经验或商业经验的拆迁户一旦投资或创业失败，很难做到重新开始，由此看来，投资或创业方式的选择与缓解返贫现象的出现也存在着密不可分的联系。

### （五）政府及监管部门工作不到位

此次调查中，该地区居民普遍表示在关于合理使用补偿款方面，政府并未提供适当的指导和建议；82.24% 的拆迁户认为政府在引导拆迁户补偿款管理行为时能发挥的作用较大或非常大；而就政府应向拆迁户提供的支持方面，需要政府提供教育扶持的受访者占比 56.07%，需要制定政策导向的人占 20.56%。

政府部门往往以为只要将补偿款按标准发放至拆迁户手中就是完全地履行了他们的义务，此后便无权插手他们的支配行为；而有关监管部门的工作一味集中在拆迁行为是否合法、拆迁补偿是否合理、是否存在暴力拆迁，以及调解和裁决拆迁纠纷等问题上，但对于拆迁户的未来经济动向、补偿款资金的保值增值却置身事外。由此看来，拆迁户返贫悲剧现象的出现还应当归咎于政府及监管部门的不作为，作为房屋拆迁的主体，政府及相关监管部门理应积极主动应对拆迁工作后为拆迁户带来的“后遗症”，提供有力的制度保障并进一步完善长效机制。

### （六）补偿方式的局限性

由于东湖区地处南昌市中心城区，拆迁房屋所处地段不仅生活便利，还存在较大的升值潜力，当地居民通常倾向于选择房屋产权置换的补偿方式。但由于其回迁时间受到房屋重建时间（据相关工作人员说明耗时或将超过 3 年）的限制，对于只拥有 1 套被拆迁住房的居民而言，很容易被迫选择货币补偿的方式。因此，此种不完善的补偿制度某种程度上剥夺了拆迁户的房屋增值收益。

## 四、针对补偿款使用现状存在问题提出的对策

### （一）培养投资理财意识、普及相关知识

从前文可知，拆迁户投资理财的意识薄弱与知识匮乏是造成返贫的主要原因之一，为弥补这一缺陷，政府及相关部门有必要承担对拆迁户进行相关意识培养与知识普及的义务。

首先，政府在向拆迁户发放补偿款之后，有必要及时培养他们的资金管理意识，以免在短期内款项就被挥霍一空；其次，政府应采取措施向拆迁户普及必要的投资理财知识。例如，与理财培训机构合作为人们提供培训服务，联合金融机构开展关于现代金融知识的专题讲座，以及邀请金融界的成功人士传授其投资的实战经验，以此提升他们投资理财的能力；而对于文化程度较低的拆迁户，需在风险可控的前提下，向他们推荐合适的理财产品，并引导他们制订合理稳健的投资理财计划，从而打消其对投资理财的顾虑，最终实现拆迁户资产的保值增值。

### （二）规范与指导消费行为

拆迁户的非理性消费行为也是现阶段政府及相关部门需重点关注的问题。就此现象，政府应通过思想教育、政策引导等形式加大宣传力度，警示他们冲动性消费、从众性消费与炫富性消费等行为可能导致的后果；规范前期出现的不良消费行为，科学指导将来正确的消费行为，尤其是要让他们意识到只有合理消费才能过上真正高品质的生活。

### （三）树立正确财富价值观

拆迁户正确财富价值观的树立同样需要得到政府的重视，并通过采取适当的宣传和引导措施，提升他们对于补偿款管理行为的思想觉悟；社区或其他相关部门也应在辖区内积极开展走访调研工作，或邀请心理专家对他们进行演讲或举办讲座，通过提供心理咨询及疏导平台，实现其正确财富价值观的树立，促进家庭的和谐和维护社区的稳定，从心理层面上缓解返贫现象的发生。

### （四）鼓励扶持自主创业行为

此次调查显示，部分拆迁户对补偿款的去向并未做出计划安排，对此现象，政府可以出台相关的优惠奖励政策和配套措施，例如免费为拆迁户提供一次关于创业知识的培训，为创办企业的员工提供一次培训、测评服务，适当减免拆迁户参加人才市场或人才劳务交流活动的收费，政府人事行政部门所属的人才中介服务机构为自主创业的拆迁户提供免费查询人才、劳动力供求信息、免费发布招聘广告等服务，拆迁户所成立的企业只需到所在区县街道进行登记即可免税 3 年，以及自主创业成功的拆迁户可以得到政府给予的一笔奖励基金等。

### （五）委托政府代管补偿款

虽然调查结果显示仅有不到 8% 的受访者表示最希望获得的支持方式是政府提供代管补偿款的服务，但不失为一种能从某种程度上解决问题的手段。首先，交予政府代管的补偿款应当能够获得比银行同期存款利息更高或持平的收益利率，将补偿款交给政府代管的行为也应予以适当奖励；其次，该方案需基于双方自愿的前提下，即拆迁户需要出于自愿将补偿款委托政府代管，政府受其委托后也必须自觉履行妥善保管款项并按规支付利息的义务；最后，政府的代管行为还应受到其他相关部门对代管流程的监督和规范。

### （六）完善拆迁补偿方式

在房屋征收过程中，由于区域间经济水平差距较大，单一的货币补偿方式无法满足多数人的需求，政府可以因地制宜向拆迁户提供多样化的补偿方式。根据上文所述，东湖区的居民较为倾向于房屋产权置换的补偿方式。因此，为了让拆迁户们无所顾忌地选择产权置换的补偿方式，政府一方面应当压缩被拆迁房屋重建的时间，以尽快实现他们回迁安置的需求；另一方面还有可能在重建期间为他们统一安排临时住所，向其提供更为可靠的社会保障。

## 五、总结

综上所述，政府进行征地拆迁的出发点是改善民众的居住环境，使社会更加适应经济发展的需要，然而“返贫”现象的出现不仅脱离了政府的目标，甚至降低了部分拆迁户的生活质量。展望未来中国社会发展的趋势，拆迁户的补偿及安置工作或将成为学界下一阶段的研究重点。

## 【参考文献】


［1］王郅强，王昊．征地拆迁户返贫现象的调查与反思——以 C 市为例［J］．天津行政学院学报，2014（1）：76-84.

［2］吴月蓉．廊坊市拆迁农民持续致富问题研究［J］．职业时空，2011（10）：31-32.

［3］吴婧，冀钰．基于政府对农民拆迁补偿资产保值增值效能的探讨［J］．现代经济探讨，2016（2）：50-54.

［4］邢伟，朱雷，郭晓彤．浙东地区拆迁户财富支配观调查报告［J］．统计科学与实践，2013（11）：10-12.

# ● 公共危机管理视角下的社会公众媒介素养研究

吴 浪*

（贵州大学 公共管理学院，贵州 贵阳 550025）

**摘 要**：随着互联网技术的进步，以及大数据时代的到来，我国社会公共危机的特点与以往相比已有所改变，呈现出突发性、复杂性等特点。在我国进入转型阶段的攻坚时期，由于我国人口数量庞大，舆论传播范围广阔，社会中潜在的危机因素也越发增多。一件事情通过互联网快速的传播，如果社会公众的整体媒介素养不高，对其缺乏理性的判断与思考，很大程度上就会为其演化为公共危机事件制造条件，构成社会发展的不稳定性因素。分析我国社会公众媒介素养的整体现状，结合现实案例进行总结反思，从政府、媒体、社会公众三个主体出发，提出如加强媒介素养教育、严格对媒介进行规制以及提高社会公众对媒介素养的认知程度等思考与建议。

**关键词**：公共危机管理；社会公众；媒介素养

## 一、公共危机管理视角下社会公众媒介素养的现状分析

### （一）社会公众的参与意识分析

通过小规模的访谈，以及综合各网站相关文献所反映出的问题，我们发现多数公众对公共危机事件了解较少，并且参与到媒介传播中的意愿较低。

公众对媒介传播的参与热情更偏向于娱乐性而非公共突发事件。在关于“假如遇到公共危机事件您会怎么做”的访谈中，仅仅有不到两成的参与者表示会冷静下来，主动向有关部门或者机构传播真相并且求得帮助，大部分的人表示会因为其他人所言产生恐慌。在问及“遇到突发事件，您知道的求助途径有哪些”时，大多数人回答“向政府机构求助”或“向新闻媒体求助”。由此可见，公众关于公共危机事件的解决方案不了解，传播渠道不清晰，依赖性比较强，且自身的传播参与意识较差。

### （二）社会公众参与方式的特性分析

当前，我国社会公众的媒介素养尚有待提高。公众很容易被部分媒体的报道误导

---

* 作者简介：吴浪（1993—），女，苗族，贵州道真人，贵州大学公共管理学院社会学硕士研究生。研究方向：应用社会学。

和吸引，只盲目跟从而不究其背后的原因，不易形成自己的观点，其媒介参与度具有很强烈的盲目性。

### （三）媒介传播速度分析

媒介的及时传播在公共危机处理中扮演着至关重要的角色。媒介传播滞后不但影响突发公共事件的时效性，还有可能影响到公众的生存安全。

在公共危机事件发生之后，确保在最短时间内把最全面的信息发送给决策者，使得决策者能够在最短时间内完成决策并解决问题，这直接体现了媒介在处理公共危机事件中的重要性。

### （四）政府参与机制分析

政府参与具有导向性作用，可规范媒介行为，促成相关法律法规的完善和制度机制的健全，但随着自媒体的不断发展，政府的参与，以及政策制度的束缚，在一定程度上限制了传媒业的发展。

第一，我国政府对媒体参与有所限制。我国现行传媒业的相关法律法规是计划经济时期制定的，虽然有效地控制了传媒业的不良信息传播，但是已不适应我国当前的国情。当前社会是一个网络发达，公众参与度比较高的时代，传媒业也不仅仅局限于新闻和报刊等传统行业，自媒体时代已然来临。在这个“全民当记者”的时代，人人都可以把自己所见所闻所感传播到网络当中，虽然真假难辨，但是充分表达了民意和时代特征。政府对于媒体的政策限制极其不利于传媒业的发展，也不利于公众对于媒介传播热情的维持。

第二，政府应对媒介传播的相关制度情况进行分析。目前，我国很多媒介传播的相关制度尚未上升到法律层面，这将导致一些人投机取巧，利用制度缺陷传播虚假、不良等信息，再加上公众缺乏危机意识，应对危机能力较差，容易造成公众的盲从和恐慌，从而加重公共危机，不利于公共危机管理工作的顺利进行。完善相关法律制度不仅能够使社会公众避免由于危机事件的处理不当而带来的伤害，还能够减少政府管理公共危机事件的压力，有利于公共危机管理工作的进展。由此可见，完善相关法律对提升社会公众媒介素养是极其关键和重要的方面。

## 二、公共危机管理视角下提高社会公众媒介素养的思考

随着社会经济的发展，媒介传播的方式和传播速度都发生了巨大的变化，这对我国社会公众的媒介素养提出了新的要求。加之我国公共危机管理视角下的公众媒介素养目前还存在着许多问题，因此，针对当前现状就如何提高社会公众媒介素养提供以下思考。

### （一）加强媒体信息播报的审核管理

对于信息的播报，媒体是正确舆论的传播者，尤其在公共危机事件发生后，对真实可靠信息的传递更为重要。对于危机事件信息的播报，要严格审核真伪，信息的来

龙去脉要实时掌握，绝不让其中一个环节出错，更不能因为一条信息的转载率就不加以求证地播报出去，一定要杜绝不负责任的行为，在紧急情况下，媒体部门应成立信息播报小组、审核小组、调查求证小组和虚假信息、流言辟谣小组，信息播报小组就负责播报信息，把公众需求的相关信息传递出去。审核小组就负责对要播报的信息进行严格的审核查实，一经发现不准确的信息，就要撤出播报安排，经查实纠正后再进行播报。各小组的工作是相互交叉的，做到一环紧扣一环的无缝对接，把真实可靠的信息传递出去，以稳定公众情绪，不因利益而失去理性的判断，要客观公正地对危机事件进行报道，为公共危机事件的管理处置提供舆论导向，从而缩小事件范围，降低风险，营造和谐的社会氛围。

### （二）在媒介传递信息的过程中严格遵循法律规范

新鲜事物的出现，以及生活方式的创新，虽然给现代生活带来了方便，也顺应了时代潮流，但由于法律不健全、体制不规范，以及国民素质不高等，往往导致网络媒介传输的是低俗的信息。因此，在初级教育阶段需要把提高国民的网络媒介素养提上工作日程，在注重国民素质教育的同时，在模式与体制上与时俱进，适时创新，把网络规范与个人行为相结合，融入当前的教育体制；从初级教育阶段开始培养国民的网络素质，增强法律意识，定期举行健康上网活动与宣传教育，相关部门要注重国民社会道德和社会责任感的培养，积极引导国民不断强化自身素养，以正确的方式和规范的行为参与网络生活，做到坚决抵制不良行为和不良信息，以更高的素质行为体，监督媒介健康和保障公众利益，从而抑制公共危机事件的发生。

### （三）增加对媒介部门的管控，强化其责任意识

随着市场经济的不断发展，公众媒介的发展也进入新常态，原有的管理体制必然适应不了新时期媒介管理和应对公共危机事件的需求，这在客观上就要求政府和各媒介必须改革创新管理体制，减少政府干预，积极支持媒介公平公正、准确真实、客观科学、及时有效地发布相关信息。政府应该出台相关严控措施，严格审核媒介参与报道的权利，严厉打击媒介违法违规行为，同时，也要切实保障好合法媒介的权益，媒体出错并不能全盘否定，对于公信力强、社会责任感强和真正为民说事的媒体，政府应该在错误发生时及时地出面纠正错误，在严厉查处失职者的同时，在公众面前表明政府态度；而媒体本身，也要在错误发生时严格按程序办事，以为民主持公道的态度，建立起媒介内部的社会责任感和公德观，实行严格的考核制度和信息审批机制，做到信息播报前必核实。同时，政府和媒介还要注重媒体人素养的培养，在引进人才方面做到严格审查和考核，保证媒体人素质和培养媒体人责任感的工作常态化，以便在公共危机来临时能从容应对，减少危机的破坏性。

### （四）大数据背景下提高社会公众对媒介素养的认知

在大数据成为主流的当下，素质教育应创新教育模式，查缺补漏，增加因社会经济快速发展而不断涌现出的新事物的教育，尤其是牵动公共危机事件处置管理的媒介

素养认知程度，建立起宣传教育和公众主动学习的机制体制，让媒介素养在公众中得到普及，以应对公共危机事件发生时公众的反应取向。对于媒介素养概念及相关理论和实践的宣传教育，除了常规的课堂传授课和宣传活动外，可借助大数据发展的机遇，在社区覆盖网上办事大厅的同时，开发相关媒介素养知识的学习软件，以考核并奖励的形式让公众参与学习。这不仅丰富了公众的理论知识和专业技能，在很大程度上也从源头遏止了不良信息的传递，减少了社会骚动，降低了危机预警，也推动了危机事件管理处置的进程。

## 三、结论

大数据时代的到来，方便了我们的工作和生活，拓宽了我们接收消息的渠道。但需要认清的是，媒介同时也给我们的社会管理工作带来了困扰，特别是我国目前处于转型期，社会矛盾凸显，各类公共危机事件频繁发生，给政府、媒体和全社会公众公共危机的管理能力带来了挑战。媒介素养对公共危机管理有着不可忽视的作用，因此，无论是政府，还是媒体部门、社会公众，都应该为制造和谐有序的网络环境做出努力。我们要培养社会公众的媒介素养，提高公众的意识，使公众可以积极主动地参与到公共危机的管理工作中，使大数据网络时代的积极作用发挥最大化，形成和谐有序的社会网络环境。

## 【参考文献】

［1］张成福，唐钧，谢一帆．公共危机管理理论与实务［M］．北京：中国人民大学出版社，2009：104–105.

［2］周传虎．微博时代公民媒介素养刍议［J］．中国传媒科技，2011（8）：62–63.

［3］冯仕妍．从番禺垃圾焚烧厂事件看公民媒介素养构建［J］．新闻爱好者，2010（9）：56–57.

［4］姬金凤．自媒体时代的媒介素养再认识［J］．贵阳学院学报（社会科学版），2013（5）：65–67.

［5］耿丹青，刘慧婵．自媒体视域下我国青少年媒介素养教育探析［J］．广东教育，2014（1）：48–50.

［6］陈晓慧，刘铁珊，赵鹏．公民教育与媒介素养教育的相关性研究［J］．中国电化教育，2013（4）：12–13.

［7］戴永明，蒋宏．媒介“封杀”与公民媒介素养［J］．新闻记者，2004（5）：23–24.

# ● 贵州省青少年社会工作人才队伍建设研究

杨　晶　成雪捃*

（贵州大学　公共管理学院，贵州　贵阳　550025）

**摘　要：** 贵州省青少年事务社会工作和社会工作专业人才队伍建设尚处于起步阶段，本研究访谈了贵州省青少年社会工作者及青少年社工机构负责人，运用定量与定性研究方法，主要采用问卷调查、焦点小组和深度访谈收集研究资料。研究系统梳理了贵州省青少年社会工作人才队伍发展的基本情况，分别从社会工作者个人、社会工作服务机构，以及社会环境三个层面分析了专业人才队伍建设的现实困境，并在此基础上提出推进青少年社会工作人才队伍建设的发展路径。

**关键词：** 贵州省；青少年；社会工作；人才队伍建设

## 一、研究背景

2014 年 1 月 10 日，《共青团中央、中央综治办、民政部等 6 部委关于加强青少年事务社会工作专业人才队伍建设的意见》指出，必须大力加强青少年社会工作专业人才队伍建设，广泛在青少年工作中引入专业社会工作，有效满足青少年的个性化社会服务需求。青少年社会工作作为社会工作的重要领域之一，产生于近代西方资本主义社会，主要应对伴随工业化、城市化而来的一系列青少年问题，于 20 世纪初在西方开始进入专业化发展时期。时至今日，随着青少年社会工作的专业化与职业化的发展，在欧美国家的社会福利运行系统中，形成了“法律保障、政府主管、社会参与”的较为完备的社会工作管理体制，有关青少年社会工作服务也更为体系化、科学化。但与欧美国家相比，我国青少年社会工作起步较晚，发展呈现出显著的差异性和本土特征。20 世纪 80 年代末，团中央提出团组织要“积极承担政府委托的青少年事务”，探索专业化的青少年社会工作就此拉开了帷幕。[1] 20 世纪 90 年代上海、深圳等地区率先进行青少年事务管理模式的探索和研究，我国的青少年社会工作在实践中形成了独特的发展路径，形成了青少年社会工作实践发展较为典型的上海模式、深圳模式和北京模式。

贵州省青少年社会工作目前尚处于起步阶段，本研究通过调研系统梳理贵州省青少年社会工作的发展现况，力求分析现阶段青少年社会工作存在的问题和困难，探索

---

* 作者简介：杨晶，女，贵州大学公共管理学院副教授，香港理工大学博士。研究方向：社会工作；成雪捃，贵州大学公共管理学院 2016 级社会工作专业硕士研究生。

❶ 张佳华 . 青少年社会工作：学科、实务与制度建设［J］. 青年学报，2015（4）：47-50.

符合贵州省实际情况的青少年社会工作人才队伍建设模式，由此推动青少年社会工作的全面开展，满足青少年的全面发展需求。

## 二、研究方法

本研究的对象包括：①贵州省从事青少年社会工作服务的专职社会工作者，包括已经取得社会工作师资格证书和未取得社会工作相关资格证书、但事实上从事青少年社会工作服务的专职工作人员；②贵州省从事青少年社会工作服务的专业社会工作机构负责人。

结合实际情况，对涉及青少年服务的社会工作机构负责人及专职社会工作者进行问卷调查，共计发放 65 份问卷，有效回收 62 份，有效回收率为 95%。开展焦点小组 2 个，共 19 人参与，持续时间为 3 小时。对于无法出席焦点小组访谈的 6 名青少年社会工作者和机构负责人，安排了每人约 2 小时的半结构式深度面对面访谈或电话访谈。

研究收集到的访谈录音和文字等资料，统一采用编码—分析—建立概念间关系的质性研究方法进行分析和处理；对问卷收集到的量化数据，统一采用 SPSS 20.0 统计软件进行分析。研究伦理方面，此次调研经调研对象同意后进行现场录音，为了保护调研对象隐私权，访谈对象的真实姓名及其机构均用数字代替。

## 三、贵州省青少年社会工作人才队伍发展现状

### （一）贵州省青少年社会工作人才队伍基本情况

研究发现，贵州省青少年社会工作人才队伍有四个特点。第一，性别比例失衡，从业者年龄呈年轻化趋势。本次调查的青少年社会工作者中，女性社会工作者占总人数的 71%，男性社会工作者仅占总人数的 29%，青少年社会工作从业者男女比例不平衡；这一现象与整个社会工作行业的性别分布情况是一致的，即社会工作者的性别比例失衡，出现女多男少的情况。在从业者年龄方面则呈现出年轻化的趋势，大多数的青少年社会工作者年龄在 35 岁以下，占样本总量的 67.7%，36~40 岁的占 12.9%，41 岁以上的青少年社会工作者占 19.4%。第二，社会工作人才流失严重，中高级人才断层。贵州省青少年社会工作人才队伍的流失率较高、缺乏中高级督导及管理人才。青少年社会工作人才队伍中从业者工作年限在 1~2 年所占比率最高，为 35.5%，就业年限从 2 年以上人数比例开始逐年递减，拥有 3~4 年工作经验的青少年社会工作者仅为 3.2%。由此可见，贵州省社会工作人才队伍中不乏新生力量的注入，但往往在工作 3 年以后出现了严重的人才流失现象，导致中高级人才断层，不利于青少年社会工作人才队伍建设和长效发展。第三，受教育程度较高，专业背景多元化。贵州省青少年社会工作人才队伍中的受教育程度为本科及以上的高达 74.2%；就专业背景来看，贵州省社会工作人才队伍中接受过专业社会工作教育的比例占总数的 45.2%，其他与社会工作密切相关的来自社会学、法学和心理学专业的青少年社会工作者所占比例为 12.9%。整体而言，接受专业社会工作教育的从业人员所占比例接近贵州省青少年社会工作人才队伍的一半，且有其他不同专业背景的人士参与到青少年社会工作的服务中，为贵

州省在青少年社会工作领域构建一支跨团队的专业人才队伍奠定了良好的基础。第四，社会工作者专业资质良好，人力资源知识结构比较合理。从专业资格情况来看，研究发现贵州省青少年人才队伍中获得助理社会工作师和中级社会工作师资格证书的人数较多，占总数的 46.7%，获得心理咨询师二级和三级相关资质的为 16.7%；其余 36.6% 的为获得其他专业的资质。

### （二）青少年社会工作人才队伍的福利待遇现状

研究发现，目前贵州省青少年社会工作人才队伍福利待遇的现状不容乐观，有待提高。具体表现在：①实际工资收入与预期工资差距较大。从贵州省来看，青少年社会工作者的实际工资收入集中在 2000~4000 元 / 月，其中月薪是 2000~3000 元和 3001~4000 元的各占总数的 29%，4001~5000 元的占总数的 20%，从业者的工资收入普遍较低；而受访者期望月薪值主要集中在 4001~6000 元，社会工作者所期望工资和实际工资间存在较大差距。目前的薪酬待遇无法满足青少年社会工作者的基本需求，薪资过低导致人才流失情况严重；②福利待遇参差不齐，保障水平有待提高。研究发现，贵州省青少年社会工作者的机构福利待遇在养老保险、医疗保险、失业保险和工伤保险等“五险”方面能够得到较好的保障，但不同机构社会工作者享受的福利待遇参差不齐。有养老保险和医疗保险的分别占 87%；有工伤保险的占 80.6%；有失业保险的占 77.4%。不过，调研发现仍有近 30% 的从业者未获得生育保障；此外，高达 80% 的社会工作者缺乏住房公积金保障，这也是导致青少年社会工作者队伍不稳定，人才流失的原因之一。

### （三）青少年社会工作者相关满意度调查现状

整体而言，贵州省青少年社会工作者当前对工作满意指数较高，尤其在工作岗位，“非常满意”的占 25.8%，“满意”的占 61.3%；对同事关系“非常满意”的占 58.1%，“满意”的占 38.7%；对获得的支持和理解持“非常满意”和“满意”态度占 64.6%；对工作成就感表示“非常满意”和“满意”的占 67.8%。这一调研数据说明青少年社会工作者工作热情较高，工作团队成员间互相理解和支持，在工作中也能获得一定的工作成就感，这是目前一些机构青少年社会工作团队人才相对稳定的主要原因。在福利待遇方面的满意度仅为 9.7%，社会认可度的满意率仅有 22.6%，而这两项表示“不满意”的比例较高，分别为 35.5% 和 29.0%，较低的福利待遇和社会认可度不利于留住社工人才；此外，贵州省的青少年社会工作者对于培训与能力提升不满意的为 22.6%。这一比例也呈现出贵州省青少年社会工作发展的瓶颈，一线社工缺乏继续培训机构，难以提炼实务经验。值得注意的是，在督导支持方面，“非常满意”和“满意”的比例分别为 19.4% 和 25.8%，“一般”和“不满意”的比例共计高达 54.8%。社会工作的督导对于专业服务质量的保障、给予一线社工专业、行政及情感层面的支持至关重要。但目前贵州省大部分社工机构处于缺乏固定督导、不定期督导，甚至没有督导的状态，影响一线社会工作者的专业服务能力。

## 四、贵州省青少年社会工作人才队伍发展困境分析

### （一）个人层面的发展困境

1. 生存压力

在贵州省社会工作建设起步晚、社会认可程度低的大环境下，社会工作者的职业意志是对抗社会工作专业人才流失的内在品质。但过低的薪资收入使得社会工作者的职业意志遭遇到生存压力的挑战，不利于留住社会工作专业人才。

2. 社会工作者的专业能力和实践经验不足

青少年社会工作者需要回应青少年群体在学习、生活和实践中面临的困难和需求，社会工作者不但需要运用既有的社会工作专业知识、理论和方法，更需要吸收借鉴其他领域的科学知识，并在实务中理论结合实践，不断反思，不断学习，以改进服务，提升专业服务的质量。但在现实中，青少年社会工作专业人才队伍呈现出年轻化、专业背景多元化的趋势，热情有余而能力不足，造成被动的有心无力的服务局面。

3. 一线社会工作者缺乏督导支持

社工机构本身培训和督导体制的不健全，以及整个贵州省社会工作相关再教育资源的缺乏再度加剧了年轻社会工作者上述的“先天不足”，社会工作者的专业成长需求无法满足。

由于外聘督导价格昂贵且外来的督导不熟悉机构、甚至是贵州省的整体情况，督导效果并不明显。因此有机构在努力尝试建立其内部督导体系，不过也因为资源的匮乏而困难重重，督导效果并不理想。

### （二）机构层面的发展困境

1. 社会工作机构的自我造血能力弱

近年来，尽管围绕国家相关文件精神，提出了贵州省青少年社会工作专业人才队伍建设规划，但在体制机制上仍然存在界定范围不一致、缺乏统一明确的评价机制和制度约束等问题。就资金方面来说，政府购买服务资金虽然纳入财政预算统筹，但占预算支出比重较低，资金安排比较紧，导致许多社会工作机构只能以生存为第一要义，无暇顾及其他因素。另外，由于贵州省社会工作建设起步晚，目前社会力量发育不足，可链接的社会资源较少，特别是初创期的社工机构自我造血困难，在客观上确实不可能离开政府的扶持和培育，加剧了社工机构发展的依赖性。

与此同时，也有机构尝试向基金会及其他利益相关方寻求支持，但新建的社工机构往往陷入两难困境：一方面，因为是新生的机构，急需资源成长；另一方面，这些机构却又因缺乏公信力和专业资质而被拒之门外。

2. 政府购买服务行政色彩仍较为浓厚

近几年贵州省各级政府开始推动购买社会组织服务的工作，但整体而言，政府对

社会组织的空间让渡仍然不足。具体来说，一是政府作为社会服务的购买方，对各个社会组织有较大的话语权，青少年社工机构在这种“不对等”的政社关系下缺乏专业的自主发展空间，如烦琐僵化的评估和频繁的检查不仅没有协助社会工作者有效反思、达到“以评促建”的目的，反而阻碍了社会工作者的专业自主性，加剧了其工作负担和心理压力，甚至渐渐屈从于数字指标而背离专业服务理念，导致社会工作服务出现过度行政化的风险。二是一些政府购买服务往往对项目的执行周期、服务对象、服务人次、服务开展类型等有硬性的量化指标要求，其遵循以任务为导向的行政逻辑，而非以公众需求为导向的由下而上的项目设计逻辑，具有浓厚的行政色彩，而这种缺乏弹性的指标设置不仅导致了社会工作者在服务中的局限性，使其在服务中陷入被动局面，制约了其创造性，更在无形当中打击了社会工作者的工作热情和积极性，也增加了一线社会工作者面临的专业价值观和伦理层面的冲突。

### （三）社会环境层面的困境

1. 政府购买社会组织服务机制有待优化

尽管贵州省近年来购买社会组织服务在资金拨付比例、程序、使用规范，以及对社会工作类社会组织的奖励政策等方面都取得了一定的突破，但研究发现，社会组织在项目落地时，会遇到很多困难，如缺乏社会工作者的工资和督导费用的预算问题。

2. 社会工作专业的公众认可度仍不高

目前青少年社会工作多聚焦于青少年社会发展、社会交往和参与、社区教育、权益维护、文化娱乐等“软性服务”，相比青少年学校教育、就业与择业、犯罪预防等“硬性”的显著指标，这些“软性服务”是潜移默化的，其服务效果及影响力也是隐性的，而此类服务往往没有获得家庭乃至全社会的充分重视。与此同时，由于目前贵州省青少年社会工作的职业化、专业化程度不高，青少年社会工作者所提供的服务暂时还不能有效地满足社会和家庭的需要，以致社会和家庭对这些服务还存有疑虑。同时，社会宣传方面缺乏对青少年社会工作的推广，青少年社会工作的开展很难获得应有的支持和认可。

## 五、推动贵州省青少年社会工作人才队伍建设的发展路径

综上，本研究提出推动贵州省青少年社会工作人才队伍建设的几点建议。

第一，应持续发挥贵州省共青团组织在青少年事务工作中的枢纽与核心作用，可从以下方面着手：①发挥其直接服务职能，不断丰富创新青少年社会工作的服务内容和服务模式；②发挥其间接管理职能，健全共青团参与青少年事务管理的工作机制；③发挥其中介职能，发挥共青团在全省青少年社会工作发展中的整合与链接作用。

第二，完善青少年社会工作人才保障和职业发展机制。包括：①根据工作岗位、专业资质和资历、学历及工作绩效等指标，按照“以岗定薪、以绩定奖、按劳取酬”的原则，完善青少年社会工作人才薪酬保障机制；②综合衡量不同的服务对象、岗位要求、工作难易程度等因素，加强青少年社会工作专业岗位开发；③根据能力素质、

考核评价、工作业绩等，对青少年事务社工人才动态进行综合评定，鼓励社会工作专业人才通过考取职业资格和积累工作经验，畅通青少年社会工作人才职业晋升机制。

第三，构建青少年社会工作专业人才培养体系，提升青少年社会工作人才总量和质量。包括：①立足贵州省社会工作专业人才储备量少，专业化和职业化水平不高的实际情况，逐步建立以贵州省社会工作协会平台为支撑，多层次、立体化的青少年社会工作者继续教育体系；②培养本土人才，构建全方位社会工作督导体系，以确保青少年社会工作服务获得稳定有效的专业支持，满足广大社会工作者专业成长需求、提升专业服务质量。

第四，加大扶持力度，加快发展青少年社会工作服务机构。可从以下方面入手：①进一步加大财政投入力度，细化政府转移社会管理服务职能目录和购买社会组织服务项目清单，拓宽购买服务领域，扩大购买服务项目，加大政府购买社会组织服务力度；②在税收法律法规允许的范围内，对于初创期或具有相关资质且发展良好的社工服务机构，积极落实税收减免优惠政策，给予相应的税收优惠，最大限度地减轻社会组织税收负担；③加大对社会组织的购买性、委托性、补贴性和奖励性投入，进一步拓宽筹资融资渠道，不断壮大社会组织发展专项基金规模。

第五，要广泛宣传引导、提升全社会对青少年社会工作的认知度和认同度。要在全省范围内开发青少年社会工作品牌，开展青少年社工团队文化建设，增强其战斗力和凝聚力，打造并展示青少年社会工作者良好的职业形象。在此基础上，充分运用传统媒体与新兴媒体的力量，宣传青少年社会工作先进人物及其典型事迹，提升青少年事务社工的形象与社会影响力，进而提升全社会对青少年社会工作的认知度和认同度。

# ● 银川市城市社会空间分异调查研究

张梦尧 *

**摘　要**：通过对银川市的实地调查和走访，基于社会空间理论，对银川市城市社会空间基本格局有了基本认识，发现银川市居住空间的分异结构和格局属于传统的舒伯格理论模式。以社会分层理论为视角，分析解读银川市社会空间分异现象，特别是居住空间分异现象对于城市化进程、居于城市空间中的个体和群体的影响。最后提出建议，认为要从扩大分层合理性、促进城市社会空间内部公平公正、推动居住空间由封闭式向开放式转变这三点出发促进银川市城市社会空间和谐发展。

**关键词**：银川市；城市社会空间；地理空间分异

## 一、相关理论综述

社会分层理论囊括马克思主义阶级理论和西方以韦伯和帕累托为代表的社会分层理论、精英理论。就社会分层的实质来说，无论是马克思主义阶层理论，还是韦伯的三位一体理论，都表明社会分层是这样的一种现象：社会成员（或者说社会群体）围绕着自身所占有社会资源的不同，建立在法律法规基础上的社会地位有相应差异，由此，整个社会形成一种社会差异体系。帕累托认为，社会分层是普遍和永恒存在的。❶这种分层只是由于先天的自然差异所造成，并非不能通过后天的努力去改变。其中，社会成员在社会空间分布上具有的强相关和弱相关社会地位的刚性和弹性结构又是社会分层的两种状态。

不同于上述社会分层理论的静态分层研究，社会流动是社会分层研究的另一个方面。它从动态的角度阐述社会地位的空间变化。郑杭生指出："社会流动是指人们在社会关系空间中从一个地位向另一个地位的移动。"❷他认为，社会空间与地理空间有密切关系，因而，社会流动包含了地理空间上的流动。这种流动与静态分层差异有共同之处：都是围绕社会地位的差异性及其变化的研究。

此外，关于分层标准，我国学者过去对于社会分层理论的研究主要采取以马克思阶级理论为代表的方法标准，认为个体的经济能力是一个人社会地位最重要的判断标

---

* 作者简介：张梦尧（1993—），男，湖北十堰市人，北方民族大学文史学院民族学专业硕士生。主要研究方向：民族社会学研究。

❶ 邓晓臻．社会分层论［D］．北京：中国人民大学，2006.

❷ 郑杭生．社会学概论新修精编版［M］．北京：中国人民大学出版社，2009.

准。而马克斯·韦伯的观点与之不同，他认为社会分层的标准应该包括以下三个方面：社会经济能力、个体声誉及权力。从这三个方面综合考察一个社会的经济、文化和政治三大领域内的不平等。帕累托则以先天的自然差异为基础，将此作为分层标准。当前，随着社会学科学的发展，对于社会分层的标准开始采取多元化的标准，诸如收入、职业、教育、声望、种族、性别等多元分层标准。[1]虽然分层标准不一，但是可以看出，这些标准都沿用了马克斯·韦伯的分层特点。

列斐伏尔和哈维的传统社会空间理论阐述了社会空间的要义，即空间的社会性和社会的空间性。[2]从空间与社会辩证统一的角度辨析二者关系，认为空间是社会关系的产物和社会的力量源泉；社会及其社会实践——社会的生产，其存在方式具有空间性，社会实践要将其存在方式映射在空间中方能实现。正如人是社会关系的总和，而空间则是社会关系的产物[3]。社会关系存在并且依赖于社会空间，但社会空间又不仅仅是一种社会关系。如果单纯把社会空间看作是一种社会关系，则属于机械地摒弃了地理概念和物质形式概念上的社会空间。清华大学李强教授认为，社会空间以物质空间和地理空间为载体，承载着社会关系、社会要素、社会含义等[4]。社会学上则认为社会空间是人们活动的内容范围及活动在其中的社会组织，区别于社区空间。

城市规划中的社会空间通常与公共空间通用，这也是为什么许多学者致力于研究社会空间与公共空间的原因。在进行城市社会学方面的社会空间的研究时，通常采用的是物质空间、地理空间和社会关系等方面的概念。本研究主要采用以居住空间为主题的地理空间分异及其分异现象的社会关系研究。

从理论上讲，社会空间分异是指那种在限定范围的空间内，其组成要素具有显著差异性的现象。空间内的个体服从于这种差异，表现在文化、价值观、经济和政治等诸多方面。芝加哥学派提出的同心圆模式、多核心模式、扇形模式等城市功能分区理论正是社会空间分异的基础和体现。如某城市社区，其功能分区的差异：可能某处被专门规划设计为政治行政区域，在该空间内的人群，大部分都是从事相关政治事业的，其社会交往方式区别于其他个体具有显著差异性，而该空间内部系统的个体，其社会交往方式则具有相似性；某处可能被规划设计为 CBD 中心区域，在该空间系统内的人，其经济收入普遍较高，而且该空间内商业文化气息更为突出；又如某处可能被规划为工业区，其空间范围内的经济活动都是围绕着工业生产来开展的，人群基本上都是提供工业生产和服务的群体。

居住隔离是最典型的社会空间分异现象。不同于社会空间分异的是，它侧重于居住空间方面，不涉及城市其他功能分区。居住空间的分异是指这样的一种现象，不同的居住空间（区域），不同特性的居民聚居在不同的空间。在不同的空间范围，其居民的文化价值观念、经济地位、社会风俗等不同。而在同一个空间范围内的人群，遵循相同的文化价值观念、社会习俗，或者说拥有相似的属于该空间范围的文化。由此造

---

❶ 李强．试析社会分层的十种标准［J］．学海，2006（4）：40-46.

❷ 王晓磊．社会空间论［D］．武汉：华中科技大学，2010.

❸ Henry·Lefebvre，H. The Production of Space［M］. Blackwell：Oxford，1991.

❹ 李强．社会分层与社会空间领域的公平、公正［J］．中国人民大学学报，2012（1）：2-9.

成了整个城市范围内的隔离甚至分化。

## 二、银川市城市社会空间分异基本格局

银川市城市社会空间布局基本符合芝加哥学派的多核心模式。在三大区（西夏区、金凤区、兴庆区）中各有其区位中心，并围绕各区位中心，每区都形成较为完整的空间布局。银川市居住空间的整体布局，同中国绝大多数城市一样，属于舒伯格传统社会空间居住模式，即中心城市具有区位优势，以中心城市为核心向郊区扩散的居住空间，其居民的社会经济地位不断下降。郊区的发展具有迟缓效应，农村地区被不断纳入城市用地之中，由此形成了一些城中村。

### （一）银川市城市社会空间基本格局

银川市城市功能分区从总体上主要分为住宅区、商业区、工业区三大类。这三种类型的功能区在银川市并非完全按照芝加哥学派的城市功能分区理论模式排列，而是错综复杂地排列开来。基本模式可以参照多核心的模式。并且同一种功能区（社会空间）内部也存在分异现象。如住宅区的分布，明显将不同档次（参照房产公布和政府公示住宅层级：高档住宅、中档住宅、低档住宅）分布差异化，即居住空间的分异；商业区及其周围社会空间的分布，则在一定程度上可以参照同心圆模式，即最中心位置属于中心商业区，往外围则是较小的商业区，再往外围是住宅区、工业区；银川市工业区的分布大多处于非中心城市地带，即城市外围及郊区。

1. 住宅区

位于金凤区的森林公园住宅区（K 岛、翠柳岛、首府等）为高档住宅区，地处满城南街、黄河路、北京路、清水街范围内。位于兴庆区的领秀一居，地处凤凰北街；建发城市花园：中房集团（牡丹园、高尔夫、天鹅湖小镇）等住宅区。西夏区住宅多围绕在高校、医院、万达商业广场等标志区附近。如北方民族大学附近的怡安小区和西夏小区，地处文昌北街、朔方路和同心北街的玫瑰园，北京西路的景翠花园等，都属于中低档住宅区。在三大区中，各地穿插存在诸多城中村。在老城（兴庆区）内，在友爱路沿线、上前城、塔桥等地集中分布；在金凤区，则在长城中路附近、平伏桥、盈南、正源街以西地方集中存在。2013 年以来，银川市政府开始开展“清理棚户区”的工作，并取得明显的改善。迄今，银川市内几乎很少可以见到城中村。

2. 工业区

西夏区：文昌南街的共享化工集团，朔方路的神华宁煤集团，宝葫西路的西夏区工业园广利气体公司，北京西路丽子圆附近的宁夏葡萄酒产业培训基地等，主要集中在以西夏区工业园为核心的 5000 米范围内。金凤区：位于良田渠街的金凤区工业集中区休闲清真食品加工厂，金凤区宝葫路的金凤区工业园区，亲水南街的银川南山科技孵化公司，宁安大街的软件动漫园和大学生创业孵化园等。其中，金凤区工业区集中连片地存在大量工业基地。兴庆区：兴庆区被称为老城，主要以商业圈为主，工业基地存在较少，且大部分在银川市郊区，如滨河工业园和红墩子工业园就在 S203（省道

203）附近。

3. 商业区

西夏区商业圈，集中在同心北街，以怀远路市场、新华百货、温州商城、同心路市场和近年建设开放的万达商业广场构成。主要面向附近的大中专院校师生和各种职工。金凤区商业圈，集中在人民路森林公园附近。拉普斯置业在此打造了一个综合性商业项目，以嘉禾影城、世纪金花、北京物美三大商业项目构成，主要面向附近森林公园高档住宅区的居民。解放街商业圈，主要由百货商场和电子商城组成。新华街商业圈，主要位于新华街，由新华百货、国芳百盛、新百购物中心、新百东方红店等几个百货商场和银川商场、东方商城、温州商场三个小商品批发市场为主，附带多个小型综合商场构成的一个集中商业圈。其他还有诸如宝葫芦商业圈、南景街商业圈等。

4. 公共服务和行政区

银川市的公共服务和行政机构大量集中于北京路东西向沿线，主要集中在以金凤区北京路中路为核心的银川市政府附近和北京东路，该区域附近有大量的公共服务设施，如宁夏博物馆、科技馆、体育馆、银川文化城、生态科普园等政府机构。其他诸如西夏区政府、金凤区政府、兴庆区政府都是基于该沿线分布的。

## （二）居住空间分异格局

1. 中心区位优势

城市功能分区理论的三种模式（多核心、同心圆和扇形模式）都存在城市中心商业区的区位，围绕这种区位的住宅区，是居民选择自己住宅的首选之地。在这种区位里，城市的各种资源向其倾斜。其公共基础设施条件、医疗卫生条件、交通条件和教育等诸多条件都更为优异。居民在选择住宅时，无论自身拥有怎样的经济条件和社会资源，在情感上都倾向于选择位于这种区位的住宅。

银川市中心城区的居住空间，就是属于这种具有中心区位优势的社会空间。如金凤区森林公园附近的 K 岛、首府，兴庆区的天鹅湖小镇等，都属于高档住宅区。以这些住宅为中心，附近有较好的基础设施条件，如医院、休闲场所、学校、购物场所等。再以中心城区向外扩散，从房价和政策来看，明显居住空间的层次不断下降。

居住空间和个体所拥有社会资源的有限性，无疑限制了个体对于住宅区区位的选择。随着我国社会主义市场经济的发展，住房供应体系相应得到发展。我国住房供应体系分为三大体系：一是以高收入者为对象的商品房供应；二是以中等收入和中等偏下收入为对象的经济适用房供应；三是以收入较之更少的群体为对象的廉租房供应，政府会给予一定程度的补助。除此之外，企业、事业和行政单位的住房公积金补助也在住房体系内。银川市的住房体系正是采用这样一种模式。即商业房、经济适用房、廉租房三种类型的居住空间并存。从上一部分对于银川市的社会空间基本格局的论述可以看出，银川中心城市区位大多属于商品房布局形式。当然，商品房也分不同层次，其价位不同，商品房的内部条件和外部条件差异也较大。银川市经济适用房多面向中低收入阶层。一般其布局不在中心城区，而是离中心城区较远的某一路某条街，如廉租房。这种居住空间大量分布于离中心城区10~20千米之外的西夏区、兴庆区边缘地带。如文昌街的怡安小区、217小区、朔方路附近的玫瑰园小区及兴庆区汽车站附近的廉租房等。这些廉租房大多地处某一区离中心区位较远的边缘区域。由此，居住空间的差异更加明确化，三种不同的住房条件将居住空间的分异具体表象化。

2. 郊区区位迟缓效应

伴随着城市进程的加快，城市用地向周边的农村扩展。许多农村被纳入到城市的体系中去，农村原有的土地被规划为经济建设用地或者住宅用地（高档、低档住宅用地）。该地农村居民开始融入城市，但仍然保留农村户籍，形成“城中村”。高档住宅区成为高端收入群体的选择对象，城中村则居住着大量低端收入群体和没有城市户籍的农村人。这两种居住空间分异明显。近几年来，银川市政府下大力整治和改造银川市区的城中村和棚户区，市区范围内基本上已经不存在城中村，只在郊区范围内还零散分布着一些村落。

## 三、促进银川市城市社会和谐的对策建议

从城市社会学角度来看社会空间分异特别是居住空间的分异，毫无疑问，它是一系列城市社会病的源泉和社会矛盾的源头。这种分异将城市不同阶层分离，极有可能造成城市断裂带，并引发强力的社会冲突。如“城中村”问题一直以来都是我国大中小城市摆脱不了的疾病，它将城市明确地划分为城中城市和城中农村两种形式，而处于同一地区的同种群体社会地位结果差异极其明显，城中村各项问题也极其突出。住宅区层次差异性问题，城市居民的居所差异性极为显著，其所享受权利差别也是迥然不同的。城市社会的良性运行和协调发展，需要城市社会空间的融合而非分异。因而，针对这种分异现象，为促进城市社会的和谐与融合，笔者提出以下几点对策与建议。

第一，扩大分层合理性的影响。刚性结构对于社会来说，是一种极其脆弱的冲突性结构，各层次之间整合度极低，易使整个分层结构处于不稳定的运行状态，还易形成社会断裂带，引发社会冲突。对于这样分层下的居住空间来说，空间内部的社会关系极其不稳定。个人地位的上升和下降，使非先赋条件对于个人的影响发挥最大作用。在此引入静态研究中的弹性结构——在弹性结构中，缺少某种资源的个体或者群体可以通过获取其他资源而得到补充。因而，公平得到的最大程度的、个体可以接受的转嫁，社会空间的矛盾因此得以缓解，有效避免了社会矛盾。因而，要想使银川市城市社会空间和谐融合发展，甚至扩大的我国城市社会空间分异的层次上，有必要在认清楚这种分层的合理性与不合理性的基础上，从总体层次上加以把握，扩大分层合理性的影响，缩小不合理性的影响。

第二，促进城市社会空间内部公平公正。李强教授认为，必须针对不同分层结构

内部的群体或者个体，从三个方面（即机会公正、结果公正、程序公正），两个层次（公正和均等方面），消除社会地位对于人们的影响，使其在社会空间领域保持“不均等但公正”。[1]由此看来，“不均等但公正”是社会空间领域公平公正的前提条件，是社会空间领域的真正的公平公正。居住空间领域的占有、居住空间资源的差异及个体本身社会地位的差异，是居住空间领域的公平公正问题。对于个体来说，本身占有资源的不均等是当前无法有效杜绝的问题，那么，从他处获取资源或者获取其他形式的社会资源，就可以有效弥补之前的不均等，做到公平的转嫁，从而实现公正。

[1] 李强．社会分层与社会空间领域的公平、公正［J］．中国人民大学学报，2012，26（1）：2-9.

# ● 黑死病与意大利文艺复兴的关系

真　龙*
（贵州省湄潭县委党校　贵州　湄潭　564199）

**摘　要：** 14 世纪中期爆发的黑死病第一波疫情在欧洲肆虐数年，震撼了整个西方社会，也对几乎同时期兴起的意大利文艺复兴运动产生了明显的影响。以往，学界着重探讨黑死病对欧洲经济、政治和人口产生的影响，忽略了对整个欧洲影响深远的两大历史事件之间的内部联系。本研究以瘟疫为切入点，探讨二者之间的关系，将会有利于我们更加深刻地理解文艺复兴运动的精神内涵。

**关键词：** 黑死病；文艺复兴；意大利

作为人类历史上破坏性最强的疾病，黑死病给人类留下了不可磨灭的印象，成为人类心灵最深处最悲痛的记忆之一。1348 年春，佛罗伦萨、比萨、热那亚、威尼斯等地暴发疫情，疾病迅速开始在整个意大利半岛肆虐，进而越过阿尔卑斯山，在整个西欧广泛传播。据佛罗伦萨编年史家乔万尼·维拉尼的人口统计，佛罗伦萨城在 1338 年约有 9 万人，郊区约 32 万人，但在 1350 年时，城区只剩下不到 4 万人，总人口约减少了 2/3。

如此恐怖的疾病造成了广泛的恐慌，整个社会完全沉浸在一片恐惧、混乱和极度悲观失望中。薄伽丘在《十日谈》序言中描绘了佛罗伦萨第一次疫情中人们的各种反应。有的人为躲避疾病而逃亡，有人忏悔、祈祷并尽可能帮助别人，也有人再无顾忌，以寻欢作乐和纵欲来掩饰恐惧。突如其来的死亡，在短时间内既强化了人们对基督教信仰的虔诚，但从长远的角度来看，反倒动摇了人们对教会的信心，促使了汹涌澎湃的反教权反封建起义的发生。

## 一、 虔诚与叛逆

由于基督教有着很深的原罪意识，所以，恐怖的瘟疫使得人们自然地认为这是上帝对人类的罪恶的惩罚，为了求得上帝的宽恕，缓解上帝的愤怒，弥补在人世间犯下的罪孽，期望死后能升入天堂。整个黑死病期间，人们虔诚祈祷、建造教堂、撰写诗文、绘制圣像和崇拜圣物，希望圣母玛利亚，以及塞巴斯蒂安和罗赫这样的圣人能用他们的美德和祈祷减轻上帝的惩罚并结束灾难。为此，神父每天都在教堂举行弥撒，

* 作者简介：真龙（1960—），男，贵州湄潭人，贵州省湄潭县委党校，高级政工师。

而主教则组织虔诚的祈祷者参加游行，希望表达对上帝的虔诚和爱。教皇克雷芒六世亲自撰写弥撒文：所有参加这场弥撒的悔罪者都是真心的，他们（在炼狱中）会得到260天的宽赦。所有参加者必须手持点燃的蜡烛，在接下来5天的弥撒中一直拿着它并双膝跪地，瘟疫将不会伤害他们，这在阿维尼翁以及周边的确已经得到证实。

由于有罪文化和通过悔罪来缓解疫情的需要，许多新的鞭笞团在各地应运而生，采取鞭打肉体的方式来表现对罪的悔恨，并让人感受到耶稣受难时的痛苦。这些人到处受到弥赛亚般的热捧，他们流的血被认为能拯救世界，就像耶稣的一样。历史学家理查德·基克赫法认为“对那些正恐惧地等待瘟疫到来的地区，他们的效果是最强烈的，而对已经遭受过瘟疫的地区就差多了。”由于鞭笞赎罪运动规模比较庞大，而且遍及各地，对教会的统治秩序造成了严重的威胁。从1349年开始，很多人视他们为乌合之众和异端，地方的教俗统治者开始谴责他们，并禁止他们进入自己的管区。1349年10月20日，教皇克雷芒六世突然颁下敕令谴责该运动，宣称他们“在虔诚的外衣下残忍地干着不虔诚的事，肆无忌惮地迫害被虔诚的基督教徒接受和保护的犹太人。”教皇还宣布1350年为大赦年，凡虔诚到罗马朝觐者，都可以免除罪恶。在各地教俗统治者的打压下，鞭笞赎罪运动迅速式微。

黑死病动摇了人们的基督教信仰。一方面，尽管第一次大爆发后，人们普遍通过祈祷，做弥撒，忏悔等宗教活动以减轻上帝的愤怒。但接下来的几百年间，瘟疫还是不断爆发，并且造成了大量的死亡，使得人们时常生活在恐惧中。这自然使得人们对“虔诚赎罪以获得上帝的谅解”的信仰产生了动摇。另一方面，黑死病本身也对教会的各级组织造成了严重打击。大批神职人员死亡或者逃亡，活着的神职人员也因为害怕被传染，而拒绝聆听病人的临终忏悔，新补充进来的神职人员良莠不齐，有的甚至趁机敛财，中饱私囊，这自然也导致人们对教职人员的仇恨，使得掌握着通往天堂钥匙的教会威信大跌。同时，瘟疫爆发期间及之后造成的混乱形势，也使得欧洲普遍出现了带有“反教权主义”性质的人民起义，沉重打击了教会和旧贵族的封建统治，有利于文艺复兴在深度和广度上的拓展。

14世纪六七十年代，意大利中部普遍发生人民起义。包括抗税起义，比如博洛尼亚和拉文那1357年的起义，卢卡、佩鲁贾、锡耶纳手工业者和工人的起义，以及1368年改变锡耶纳城市国家政治统治的诸多尝试。但是，到目前为止，数量最多的起义产生于对贵族行为和统治的暴力、傲慢和不公的愤怒。

仅仅在1375年，意大利的马尔什、托斯卡纳、温布里亚、艾米利亚等6个城市，以及教皇国都发生起义，使得“他们免于教会统治的奴役”。里米尼的编年史记载了更多：到1376年3月为止，从米兰到那不勒斯，1577个有城墙的城镇和村庄推翻了教区，这还不包括小的和有塔楼的村庄。据历史学家基恩·布鲁克所言，这场反对教皇的战争是“佛罗伦萨史上最根本的革命之一……一场内部政治革命，是新旧秩序转变的关键阶段。”伊涅斯托·斯克兰庞蒂进一步将其看作是意大利中部反对旧贵族阶级和教皇的阶级斗争，一场反对新生资本主义和衰落的中世纪秩序的斗争。频繁、大规模的人民起义，反映出的是人们对于自由的追求。在瘟疫后的叛乱口号中，自由被越来越多地强调。例如，在1375—1376年的100多次反抗教廷的叛乱中，人们正是以“自由”

为口号，将各个城市国家的叛乱者联系在一起。在自由的旗帜之下的叛乱者“宣称他们将会拯救任何一个渴望自由，消灭暴政和教会邪恶牧师的人”。

## 二、悲观与乐观

瘟疫的第一次大爆发后，极高的死亡率使得整个西方社会处于悲观、焦虑、难过，以及恐惧之中，这可以在当时一些编年史家的记载中反映出来，佛罗伦萨编年史家马泰奥·维拉尼认为“对于这种大瘟疫，各地的医生，不管有自然哲学或物理学的知识，还是占星学，都不能给出有效的治疗办法。医生看望病人只为挣钱，他们的药物毫无作用，只会导致病人死得更快”。薄伽丘也认为“医生的建议也好，药物也好，都没有任何作用。”

此外，1348 年的黑死病也影响到了艺术创作。马萨乔出生之前的几十年被认为是佛罗伦萨艺术史上的衰落时期，其中绘画的衰落尤其明显，绘画的水准和品位降低。黑死病之前，以乔托和锡耶纳的洛伦采蒂为典型，自然主义在传统上被认为是佛罗伦萨艺术的典型特征。但 1348 年黑死病大爆发以后，佛罗伦萨和锡耶纳绘画的形式和风格都发生了巨大的变化。艺术史家米拉德·迈斯认为瘟疫之后，绘画的主题风格回到了 13 世纪晚期，更具传统的宗教意义，“放大了神的国度并缩减了人的世界”，奇迹和神秘代替了自然的、熟悉的和人性的东西。绘画构图在空间上不协调（反线性透视），人物形象单一，色彩互相矛盾。之所以会出现这种转变，一方面在于一种不同的、集体的恐惧心理和负罪感，另一方面也由于艺术的赞助人出现了变化——粗俗的、在审美情趣上面保守的新贵乡下移民替代了原来高品位的人。另一位艺术史家汉克·凡·奥斯认为许多关键艺术家和赞助人的死亡才是真正的原因。在受灾严重的锡耶纳，由于像洛伦采蒂这样的艺术大师突然病死，从事艺术培训的许多大型工作室纷纷破产关闭。此外，锡耶纳政府，这一重要的艺术赞助人在 1355 年垮台，艺术家们的收入来源大大减少，由此造成了艺术作品的水准下降。同时，我们也可以看到，这一时期出现了许多以瘟疫为题材的绘画作品。有的作品记载了受瘟疫影响的日常生活，如埋葬死者或宗教游行，有的画作展现了人类的不安和恐惧，如上帝审判或死神杀戮的场景。在 14 世纪晚期，卢卡的乔万尼·西康比（1348—1424 年）所写的编年史中的一副插图便表现了恶魔将毒箭射向人类、毒药从小瓶中倒出的场景。人们被毒箭射中，横七竖八地躺着，没人可以幸免。现保存于佛罗伦萨教堂艺术博物馆的一幅三联画，表现圣·塞巴斯蒂安身上插满箭支，代替人类受难，并向耶稣祈祷。这些绘画作品，都反映出了人们在疾病面前的无能为力和极大的恐惧，以及一种悲观的情绪。

但是，从第二次瘟疫爆发开始，我们已经能够在意大利医生们的医学须知和编年史中感受到一种乐观的情绪，并且能够发现这种乐观与日俱增。这种乐观主义是基于对意大利人的自信，他们坚信自己能够战胜疾病，这也使得他们与中世纪人判然有别。历史学家雅各布·布克哈特如此描绘典型的中世纪人：“在中世纪，人类意识的两个方面——内心自省和外界观察都一样——一直是在一层共同的纱幕之下，处于睡眠或者半醒状态。这层纱幕是由信仰、幻想和幼稚的偏见织成的，透过它向外看，世界和历史都罩上了一层奇怪的色彩。在意大利，这层纱幕最早烟消云散；对于国家和这个世界上的一切事物做客观的处理和考虑成为可能的了。”瘟疫的反复爆发，人们对于它的认识也逐渐深入，也逐渐克服了对瘟疫的恐惧和对于古代权威的盲信。第二次瘟疫爆发后，佛罗伦萨的托马索·德·阿尔伯建议他的病人在瘟疫期间只想着愉快的事情，最重要的是不要想到死亡。相反，他们应该讲有趣的故事、预言，做出友爱的举动以使他人高兴。此外，他还建议他的佛罗伦萨同胞周围要放着漂亮的东西（黄金、白银、珍贵的宝石等），并且要穿上昂贵的衣服，尽管他也意识到并非所有的东西都会有效。同样，从 14 世纪后期开始，医生们写作“瘟疫须知”的时候，依靠的是他们的经验和实验，而不是盲从古代抽象的理论。帕多瓦的斯蒂法努斯医生也摆脱了古代医学权威的束缚，认为他们缺乏对这场瘟疫的足够知识，他转而依靠自己的经验，他宣称成功地治好了自己和妻子的瘟疫，并将这些治疗方法写成医学须知以使帕多瓦的同胞受益。编年史家莫莱里在 1415 年写道，“正如我们所说，在 1348 年，没有任何的治疗办法，瘟疫是如此的猛烈，以至于没有任何东西能够起到作用，人们很快死去。但是今天，因为当前的瘟疫和其他我们已经经历过的瘟疫，我们已经有新的治疗办法。即使再难仍然发生，我也依然相信那些治疗办法起到了作用。医嘱和其他的预防建议给人们提供了对抗瘟疫的武器。并非装备好的人不会死于瘟疫，而是被给予长矛或者弓箭的人有更大的机会活下去。”黑死病在 1348 年的第一次大爆发，使当时的意大利乃至欧洲都处于一种极度恐慌、焦虑，以及失望之中，这从当时的艺术、文学，以及编年著作当中随处可见，但从第二次爆发开始，人们已经逐渐开始从蒙昧当中醒来，逐渐从古代医学权威的桎梏中醒来，大胆地观察和思考乃至改造外部的世界（比如为了了解病因，教皇克雷芒六世下令进行尸体解剖），从消极悲观逐渐走向乐观，这种由外到内散发出的乐观和自信，自然能够使得“意大利人成为近代欧洲的儿子中的长子”。

## 三、结语

作为时刻会触动人类尘封已久的悲痛记忆的黑死病，以及对西方文明史进程产生重要影响的意大利文艺复兴，笔者认为，二者之间确实存在着一定的关联。从短时段的视野来分析，黑死病给人类留下的悲痛的记忆，增进了当时意大利人的宗教虔诚，从这点来看，黑死病自然是不利于文艺复兴运动开展的。首先，它造成了大量优秀艺术家、文学家，以及艺术赞助人的死亡，对佛罗伦萨 1348 年以后艺术创作上的衰落产生了比较明显的影响，尽管可能不是唯一甚至不是最重要的原因。其次，这种宗教虔诚也与人文主义精神背道而驰。第一次爆发后声势浩大的鞭笞赎罪运动即是这种宗教虔诚最鲜明的例证之一，也使得原罪观念在意大利人头脑中得到暂时的强化。但是从长时段的角度看，反复爆发的瘟疫，也使得这些观念逐渐破产。因为，不管虔诚与否，也不管是穷人还是富人，在瘟疫面前，大家都无法幸免。从客观上来讲，黑死病这一人类历史上最大的传染病之一，为文艺复兴营造了有利的文化氛围，也推动了文艺复兴的深入开展。

## 【参考文献】

[1] 王旭东，孟庆龙．世界瘟疫史：疾病流行、应对措施及其对人类社会的影响［M］．北京：中国社会科学出版社，2005.
[2] 李化成．试论黑死病爆发的偶然性［J］．东北师大学报，2006（1）．
[3] 薛国中．黑死病前后的欧洲［J］．武汉大学学报，1999（1）．
[4] 李化成．黑死病期间的英国社会初揭［J］．中国社会科学，2007（3）．
[5] 李化成．黑死病期间西欧的鞭笞者运动［J］．历史研究，2013（1）．
[6] 赵立行．西方学者视野中的黑死病［J］．历史研究，2005（6）．
[7] 李荷．灾难中的转变：黑死病对欧洲文化的影响［J］．中国人民大学学报，2004（1）．
[8] 龙秀清，李锦荣．论黑死病对英格兰修道院的影响［J］．贵州社会科学，2012（8）．

# 历史学、民族学与经济学研究

# ●《大清一统志》文献价值述略

## ——以“贵州统部”为中心 *

马国君　肖秀娟 **

（贵州大学中国文化书院　贵州大学历史与民族文化学院，贵州贵阳　550025）

**摘　要：**《大清一统志》包括（康熙）《大清一统志》、（乾隆）《大清一统志》《嘉庆重修一统志》等，“一统志”中“贵州统部”乃黔省专志。有清以降，西南战略地位甚为重要，贵州行政建制在明代基础上多有变化，而有涉黔省各府州县的建置沿革、山川地理、民俗风情、物产诸内容，在“贵州统部”中有详载。加强其整理、比对和研究，对深化贵州史地、人文，以及清王朝对黔省的经营有着积极意义。

**关键词：**大清一统志；贵州统部；文献价值

## 一、“大清一统志”及“贵州统部”概略

（康熙）《大清一统志》启修于康熙二十五年❶，成书于乾隆八年。成书背景为清太祖努尔哈赤统一长城以北；顺治平定大顺、大西政权；康熙推翻南明朝廷，平定“三藩之乱”，击败沙俄之时，使得清朝内部出现了暂时稳定之局面。此时之清朝，同明朝相较，无论是政区、边界，还是职官、户口、田赋、物产诸方面，都有不同程度变化。为全面掌握情况，推进治国理政，康熙二十五年三月，圣祖下令编纂“大清一统志”。康熙帝云：“朕惟古帝王宅中图治，总览万方。因天文以纪星野，因地利以兆疆域。因人官物曲、以修政教。故禹贡五服，职方九州，纪于典书，千载可睹。朕缵绍丕基，抚兹方夏，恢我土宇，达于遐方。惟是疆域错纷，幅员辽阔，万里之远，念切

* 基金项目：国家社科重大招标课题“西南少数民族传统生态文化的文献采辑、研究与利用（16ZDA156）”阶段性成果之一。

** 作者简介：马国君（1977—），男（苗族），湖南麻阳人，博士，教授，贵州省高校哲学社会科学学术带头人，研究方向：边疆民族史、边政史、环境史。肖秀娟（1994—），湖南邵阳人，贵州大学历史与民族文化学院中国古代史硕士研究生，研究方向：西南民族史

❶（康熙）《大清一统志》纂修时间，目前学界有两种说法，一是始于康熙十一年，二是始于康熙二十五年，原因是康熙十一年后，因“三藩之乱”等政治军事原因暂被搁置。康熙二十六年，康善述在新修《阳春县志序》中称：“康熙十一年奉檄修志，仓促未有成书，兵燹之后，副本无存。”事件平息后，康熙二十五年再次组建纂修馆，正式开始纂修，故本研究采取第二种说法。

堂阶。其间风气群分，民情类别，不有缀录，何以周知？顾由汉以来，方舆地理，作者颇多，详略既殊，今昔互异。爰敕所司，肇开馆局，网罗文献，质订图经，将荟萃成书，以著一代之钜典，名曰《大清一统志》。”康熙朝“一统志”总裁官徐乾学亦说，编纂《一统志》还在于能“灼知天下厄塞形势、封域户口、兵民财赋之要，以彰明纲纪损益利病”等。

（康熙）《大清一统志》[1]凡356卷，编纂体例，基本仿照《大明一统志》[2]，编目排次为京师、直隶，然后为诸省。“直隶及每省皆先立统部，冠以图表，首分野、次建置沿革、次形势、次职官、次户口、次田赋、次名宦等，皆统括一省。（统部下）以其诸府及直隶州，又各立一表，所属诸县系焉，皆首分野、次建置沿革、次形势、次风俗、次城池、次学校、次户口、次田赋、次山川、次古迹、次关隘、次津梁、次堤堰、次陵墓、次寺观、次名宦、次人物、次流寓、次列女、次仙释、次土产”等[3]。这一《凡例》，在其后的（乾隆）《大清一统志》《嘉庆重修一统志》等编纂中，基本沿用。值得注意的是，康熙朝内外事务纷繁，“一统志”工程浩大，诸多因素，如地图绘制，资料收集，需要花费很长时间，故在清立国之初，该志编写断断续续，以至于康熙去世时，这部总志尚未完成。世宗继位以后，重加编纂，但据于内政边务烦忧，仍未完成。乾隆八年，才最后成此书。

其中（康熙）《大清一统志》卷 229—242 属“贵州统部”，凡 14 卷，首贵州统部，次贵阳府、安顺府、平越府、都匀府、镇远府、思南府、石阡府、思州府、铜仁府、黎平府、大定府、南笼府、遵义府等。这一时期，由于清承明制，贵州省辖境与明代相当，只不过将明代时乌撒、水西二宣慰司改流后，就其地设置了大定府，以统辖其黔西北等广大区域。需要提醒读者的是，（康熙）《大清一统志》叙事虽以康熙朝为主，但仍记康熙以后国内外事宜，如（康熙）《大清一统志》卷 242“遵义府”。“遵义府”，系明万历年间对播州土司改土归流后，就其领地所置府之一，隶四川省。雍正五年改隶贵州省。（乾隆）《黔南识略》卷三十《遵义府》载，“雍正五年，（四川遵义府）改隶贵州布政使司”等。再如，原属湖南的天柱县、广西的荔波县，均于雍正年间划拨贵州省等。

（乾隆）《大清一统志》凡 424 卷，编修始于乾隆二十九年，成于乾隆四十九年，历时二十年，因该志俱在乾隆朝完成，学界称之为（乾隆）《大清一统志》，乾隆续修《大清一统志》[4]成书背景为，雍正元年至乾隆时期，国内还在续编（康熙）《大清一统志》。康熙朝后，清代历史又有了新发展，如雍正二年，朝廷平定了青海蒙古罗卜藏丹津叛乱。三年，设西宁办事大臣。五年，朝廷平定西藏阿尔布巴之乱。九年，晋封颇罗鼐为多罗贝勒，任其办理西藏事务。乾隆十五年，清政府设驻藏办事大臣和帮办大

---

❶ （康熙）《大清一统志》因编修内容以康熙时为主，故世人称之为（康熙）《大清一统志》。又因该志成书于乾隆九年，故与（乾隆）《大清一统志》相区别，学界又称其为乾隆旧志。

❷ 明永乐十年，朝廷颁布《纂修志书凡例》16则，明确规定志书的内容应包括建置沿革、分野、疆域、城池、里至、山川、坊郭、军卫、廨舍、寺观、祠庙、桥梁、宦绩、人物、仙释、杂志、诗文等 24 类。《大明一统志》的体例基本上是按此凡例规定设置的，以南北两京、十三布政使司分区，每府、州分建置、郡名、形胜、风俗、古迹、人物诸目编次，后两卷为民族地区和四邻各国。清“一统志”总裁官徐乾学手定《大清一统志·凡例》，有星野、部辖等门类，基本是沿袭《大明一统志》体例，类目比明朝《一统志》有所增加，更加细化。

❸ （康熙）《贵州通志》“目录”，清道光九年木活字本。

❹ 王大文．乾隆续修《大清一统志》研究三题［J］．中国地方志，2015（6）．

臣，分驻前藏和后藏，统领西藏事务。二十年，朝廷平定准噶尔。二十二年，朝廷再平阿睦尔撒纳叛乱。二十四年，又平大、小和卓，定南疆，设总统伊犁等处将军及参赞大臣等，管理新疆。与此同时，内地和东北、内外蒙古地区的政区、赋税、人口等，也有大小程度不同的变化等。故乾隆二十九年，军机大臣议奏曰："查（康熙）《一统志》于乾隆八年告竣，书成三百五十余卷，自直隶各省而外，外藩属国五十有七，朝贡之国三十有一。凡版图所隶，声教所讫，无不载入。仰帷我皇上德威远播，戡定西域，收准夷之疆索，辑回部之版章，特命将军大臣分部驻守，一切制度章程已与内地省份无异。该御史所奏，查照体例将西域新疆一体增入《一统志》，以昭圣朝一统无外之盛，其事自属可行……如《一统志》内所应载之分野、疆域、风俗、山川等类，无不备具。请即于《西域图志》一书内，将《一统志》所应载者，按类择取，比照《一统志》体例稍为辑改，增入《一统志》之末，以成全书。再查《一统志》，甘肃统部内所载之安西、靖逆二厅，即今《西域图志》之安西府。朝贡诸国内所载之叶尔钦，即今《西域图志》内之叶尔羌。他如哈密、吐鲁番二处，两书亦俱互见，将来增纂时，应于各该处各为发明申说。其《一统志》内，从前已经载入之数处，俱请无庸删裁，以致更换全书。但《西域图志》须俟现在所纂之《同文志》告竣后，再行增改。而《方略》一书，将来幕至续编，如善后事宜各条，《一统志》内亦有应行采用者，统俟将来《方略全编》告成时，再行办理"。[1]文渊阁本《四库全书》史部《钦定大清一统志》书前《上谕》亦云，"（康熙）《一统志》自纂修竣事以来，迄今又二十余载。不独郡邑增汰，沿革随时，理宜一一汇订，且其中记载体例、征引详略亦多未协。其尤甚者，《顺天》'人物门'内竟，将国朝诸王载入，于事理更属纰缪。诸王事绩自载《八旗通志》，原不得与隶籍京圻者同日而道，况八旗大臣等功纪太常者，则应见昭忠贤良诸祠，其在直省宣猷著绩者，又有各省名宦可入。……谅均在所不免，亟应重加纂辑，以成全书。但前此修志之书，必待移取各省通志而后从事，以致旷日持久，艰于集事。此时特就已成之书，酌加厘核，即新接幅员辽阔，而一切事实又有《西城图志》及《同文志》诸书为之蓝本，馆臣采撮排撰，实为事半功倍，可即令方略馆按照各条厘订纂辑，一并纂出稿本，悉照《续文献通考》例，随缮随进，候朕裁定。所有一切应行规条，著军机大臣详议具奏"等。足见，（康熙）《大清一统志》已不能适应当时的需要了，加之纰缪甚多诸原因。故乾隆二十九年，高宗下令续修《大清一统志》，以反映变化情况，满足当时之需要。

需要注意的是，续编《大清一统志》，首先要测绘，制作青海、西藏、新疆地区的精确地图，编写《西域图志》等图书，并需动员各省官员收集、整理、上交有关《大清一统志》所需的资料等，工程量甚大。[2]加之编修时间跨度20余年，乾隆帝匆忙督催，致使该书纰漏、错讹之处颇多。（清）龚自珍《上国史馆总裁、提调、总纂书》一文言："该志主要问题有十八处之多，枝节问题更是不胜枚举。"魏源纂《圣武记》时，也发现了乾隆《一统志》存在诸多问题，魏源云："官书之弊，莫患于两不收。盖分门

❶ 中国第一历史档案馆．乾隆朝上谕档（第四册）［M］．北京：档案出版社，1991：526-527.

❷ 牛润珍，等．《大清一统志》纂修考述［J］．清史研究，2008（1）.

各幕，互不相应。如雍正中，北路大军始驻科布多，继移察罕瘦尔，乾隆中又移乌里雅苏台，是三地为屡朝筑城、屯兵控制西北重地。《一统志》成于乾隆平定新疆之后，乃于此三地一字不及。盖图伊犁者，既以科布多之东属喀部，非伊犁将军所辖。及图喀部，又以此三地驻官军，非蒙古汗王所辖，故两不收。”又言，《一统志》于“外藩疆域”末附云：“盛京东北濒海，有赫哲、费雅喀、库伦、郑伦春、绰奇楞、库野、恰喀拉诸部落，各沿海岛居住，每岁进貂皮，设姓长、乡长子弟以统之，鄂伦春并设佐领供调遣，旨隶于宁古塔、黑龙江将军，发虽极边，人则内属，故不列于外藩”云云。“夫既不列于外藩，则东三省边城中谅必及矣，乃又一字不及……此又两不收之一失也。至于索伦、达呼尔、巴尔虎、锡伯、卦勒察、毕勒尔等兵，均为东三省驻防劲旅，其人既非满洲，自当详其部落，乃《盛京通志》《八旗通志》与夫《一统志》《会典》皆不及之相沿，但呼为‘索伦兵’，无知何种落者。何况天命间削平诸部概归满洲者，更谁问其今为某地乎？”[1]等。

其中（乾隆）《大清一统志》卷 390—403 属“贵州统部”，凡 14 卷，首贵州统部，次贵阳府、安顺府、平越府、都匀府、镇远府、思南府、石阡府、思州府、铜仁府、黎平府、大定府、南笼府、遵义府等。值得一提的是，该部内容没有涉及雍正后开辟黔东南苗疆，置“新疆六厅”诸多事宜。

《嘉庆重修一统志》编纂于嘉庆十七年，至道光二十二年年底，方才完成，所辑资料以嘉庆二十五年为断，故称之为《嘉庆重修一统志》。成书背景为乾隆年以来，中国国内情况又有了新变化，如田地日辟、田赋日增、户口日盛、人口日多、物产渐丰、政区变迁、边疆事务等。嘉庆十六年正月，方略馆奏请补修（乾隆）《钦定大清一统志》曰：“恭查乾隆二十九年奉命续纂《大清一统志》，全书当经遴派翰林、中书等在方略馆纂办，计成 424 卷，移交武英殿刊刻，次第竣工，其间鲁鱼亥豕，间有不免，亦节经雠校多次……从前续纂之时，系断以乾隆四十九年为止，至五十年以后，有一切必应载入之处……至如各直省添设文武官职，以及郡县厅营裁置归并，城池、学校增设游移，或地名与今不符，或事实与前互异，若不添补改葺完善，碍难请旨颁行。现在国史馆办理《地理志》一门，即需是书参考，似此编辑未全，殊难移交作为根据。臣等公同酌商，拟请勒交武英殿就现在所刻，先刷印一二部，同方略馆所存正副各本交国史馆派员查明，自乾隆五十年以后，至嘉庆十五年以前，凡应行补载者，一并依类敬谨列入，并将全书通行详校，以免疏漏脱误。其国史馆现纂《地理志》一书，即可就近参考成编，更为周妥，敬俟命下之日，立限赶办，交武英殿修补齐全，届时刷印，请旨颁行，庶全书愈昭美备，足以光册府而垂永久矣。”

为了补充乾隆四十九年至嘉庆年间的这些变化，嘉庆十七年四月，仁宗下令重修《大清一统志》。《嘉庆重修一统志》凡 560 卷，另加凡例、目录二卷。排次是“首京师，次直隶，次盛京，次江苏、安徽、山西、山东、河南、陕西、甘肃、浙江、江西、湖北、湖南、四川、福建、广东、广西、云南、贵州，次新疆，次蒙古、各藩部，次朝贡各国”。“自京师以下，每省有统部，总叙一省大要。各府、厅、直隶州自有分卷，

[1]（清）魏源：《圣武记》卷十二《武事记余》“掌故考证”。

凡所属之县入焉。蒙古各藩统部，分卷悉照各省体例”。

从上可见，此次重修《一统志》收集的图书较前两志多，特别是有关边疆地区。如采用的群书中，自国史之外，新增加的有《日下旧闻考》《热河志》《盛京通志》《平定准噶尔方略》《西域同文志》《西域图志》《平定金川方略》《天下舆地全图》等。这些新图书和（乾隆）《大清一统志》以后至嘉庆二十五年的新资料一起，“并照体例登入”，因而内容较前两志丰富准确。凡是新增补者，《嘉庆重修一统志》都一一加以说明。如“府、厅、州、县有升降分含者，府与直隶州、厅自立专部，即于‘建置沿革’门叙清源流及升降分含年分，其各州、县，除于所辖府、州下详载外，仍于本条兼注”。又如“直隶、省修葺及新建之城池、学校并海岳江、河神庙与诸寺、观等，凡在嘉庆二十五年以前奉旨修建及赐名者，均据各省来册备载，其各书院及津梁、堤堰等，有经某官、某人增建增修者亦载入”，并注明。“职官有增设、裁汰者，于本条下注明”。“四川、广西、贵州等省向设土司，历年有裁汰、停袭，《续志》悉仍前志”。“河工海塘事宜，谨遵嘉庆二十五年以前所奉谕旨及督抚河臣奏疏所陈节，载于各省河、海条下。”陵墓、名宦、人物，凡自乾隆元年以后至嘉庆二十五年新增者，一律补入。“外藩各部，自内扎萨克、察哈尔至喀尔喀、青海、西藏诸境，俱详核其山水、形势之迹，及封爵、旗分添设移改，并世袭传次之数，照理藩院册籍登记”。“乌里雅苏台设有将军一，参赞二，统辖唐努乌梁海、科布多、喀尔喀四部官兵，会办库伦以西事务，并设办事司员，旧志未经晰载，今详考晷度、山川、卡伦、台站，自为二卷，附于《新疆志》之末”。

值得一提的是，《嘉庆重修一统志》的内容是在“康熙志”和“乾隆志”的基础上进行的，增加了“乾隆志”以后至嘉庆二十五年间诸方面变化，同时对前志内容进行了一些补充。如在直隶承德府增加了“行宫”项，在各省统部“田赋”后，增加了“税课”项等。但与前二志最大区别是对有关边疆国界的内容更加充实详细了，故《嘉庆重修一统志》不仅是嘉庆二十五年以前清代地理总志，而且也包含了以往各代的地理志内容，因此，成了每一个研究中国历史、地理工作者的必读物，受到官方、学者的重视。同时，它也为我们研究清史提供了许多宝贵资料。

## 二、“贵州统部”文献价值述评

总体言之，康熙、乾隆、嘉庆“一统志”内容丰富，考订精审，颇获好评。道光年间，黄统在《兴义府志·序》中言：“我朝土宇版章，增其式郭，萃天下郡国以成《一统志》，典至巨也。”[1]清徐乾学亦言：“《一统志》备载天下山川、郡邑、政事、风俗、用昭我皇上车书一统之盛，贯穿古今，有裨治理。”[2]徐乾学系（康熙）《大清一统志》编纂者，其言足见“大清一统志”价值极高。其中“一统志”中“贵州统部”，是学界研究清朝涉及贵州史地、人文、民族诸方面的重要史料，文献价值弥足珍贵，下即次为序，展开讨论。

---

[1] 张鍈，修．兴义府志·序［M］．铅印本．贵阳：贵州文通书局，1909（清宣统元年）．

[2] 徐乾学．备陈修书事宜疏［M］// 清人文集地理类汇编（第1册）．杭州：浙江人民出版社，1986.

## （一）贵州史地研究

“一统志”有涉“贵州统部”史地研究内容，主要体现在贵州全图、贵州统部表、分野、建置沿革，以及各府图、表、建置沿革、城池诸条目上，归纳起来主要为行政沿革、生态环境诸方面。

（1）行政沿革：贵州自永乐年间置省至雍正年间，经一系列行政区划调整，才奠定了今贵州省辖境规模，故贵州行政沿革变化当为贵州史地研究的重要内容。此在贵州统部表以及各府州县沿革表、图中均有说明。如明代前贵州省辖境是来源两汉时期的益州牂牁郡及荆州武陵郡地，其后经过三国、两晋、五代至元朝的经营，于明代才建立了贵州省，其间的行政区划变化情况见表 1。

**表 1　清代前贵州省行政沿革**

<table>
<tr><th>贵州行政区划沿革</th><th>朝代</th><td rowspan="12">贵州统部表</td></tr>
<tr><td>益州牂牁郡及荆州武陵郡地</td><td>两汉</td></tr>
<tr><td>蜀汉牂牁、兴古二郡及吴武陵郡地</td><td>三国</td></tr>
<tr><td>益州牂牁、荆州武陵、宁州兴古三郡地，太安初改牂牁郡属宁州</td><td>晋</td></tr>
<tr><td>牂牁、武陵、兴古三郡地，分属宁邓二州</td><td>宋</td></tr>
<tr><td>改牂牁郡为南牂牁郡</td><td>齐</td></tr>
<tr><td>南牂牁郡与兴古郡并没于蛮</td><td>梁</td></tr>
<tr><td>牂牁、黔安、巴东、明阳诸郡地</td><td>隋</td></tr>
<tr><td>唐武德初，置义、牂、充、矩、婺、夷诸州。天宝初，改诸州为郡。乾元初，仍为州。五代时，没于蛮</td><td>唐五代</td></tr>
<tr><td>初为羁縻蛮地。熙宁后，置睿、珍，承、播、思诸州</td><td>宋</td></tr>
<tr><td>置八番顺元等司，属湖广行省。普安、普定等路属云南行省。乌撒、都匀、定云等司属四川行省</td><td>元</td></tr>
<tr><td>洪武初，分属湖广、四川、云南，永乐十一年置贵州布政司</td><td>明</td></tr>
</table>

值得一提的是，贵州置省初，面积约 6 万平方千米，辖有思南府、铜仁府、石阡府、思州府、镇远府、黎平府等，其后经过行政调整才有了都匀府、贵阳军民府、安顺军民府等地，逐渐使贵州省成了连接湖、广、云等省的重要省份，其变化情况见表 2。

**表 2　明代贵州置府州情形**

| 府州卫名 | 设置/隶属时间 | 统辖范围 |
| --- | --- | --- |
| 程番府（后贵阳军民府） | 成化十二年置程番司，万历二十九年升军民府 | 辖开州、广顺州、定番州、新贵县、贵定县，方番、韦番、卧龙番、洪番、小程番、卢番、罗番、金石番、卢山、木瓜、大华、麻响等长官司，范围涉及今贵阳市、贵定、惠水、开阳、长顺等地 |

续表

| 府州卫名 | 设置/隶属时间 | 统辖范围 |
|---|---|---|
| 安顺军民府 | 原属四川普定卫，正统三年隶贵州布政司，万历三十九年升军民府 | 辖镇宁州、永宁州、普安州，宁谷、西堡、十二营、慕役、顶赢、康佐等长官司。范围东起今猫跳河和格必河，西抵云南边境，北起乌江南部分水岭，南达广西边境，面积约2万平方千米 |
| 都匀府 | 洪武十九年置，永乐十七年隶贵州 | 辖麻哈州、独山州、清平县，都匀、邦水、平浪、合江洲陈蒙烂土、平洲六洞、九名九姓、丰宁、乐平、平定等长官司。范围仅限于今黔南州中心部分，面积约7000平方千米 |
| 平越军民府 | 万历二十九年 | 辖清平卫、兴隆卫、黄平州、余庆县、瓮安县、湄潭县，凯里、杨义等长官司，范围相当于今凯里、福泉、黄平、湄潭、余庆、瓮安六市／县总和 |
| 黎平府 | 永乐十一年 | 辖永从县、潭溪、八舟、洪州泊里、曹滴洞、古州、西山阳洞、新化、湖耳、亮寨、欧阳、中林验洞、赤溪湳洞等长官司。范围涉及今天锦屏、黎平、榕江、从江四县，面积约4000平方千米 |
| 思南府 | 永乐十一年 | 辖安化县、务川县、印江县，蛮夷、沿河佑溪、郎溪蛮夷等长官司，范围涉及今天思南、印江、德江、务川、沿河等县 |
| 思州府 | 永乐十一年 | 辖都坪莪异、都素、施溪、黄道溪等长官司，范围涉及今岑巩、玉屏、三穗，以及天柱县一部分，面积约3000平方千米 |
| 镇远府 | 永乐十一年 | 辖镇远县、施秉县，偏桥、邛水十五洞、臻剖六洞横坡等长官司，范围涉及今天镇远、施秉等县，面积约3000平方千米 |
| 铜仁府 | 永乐十一年 | 辖铜仁县，省溪、提溪、大万山、乌罗、平头著可等长官司，范围涉及今铜仁、松桃、江口、印江等县市，面积约8000平方千米 |
| 石阡府 | 永乐十一年 | 辖龙泉县，石阡、苗民、葛彰葛蛮等长官司，范围涉及今石阡县、凤冈县等，约2000平方千米 |
| 龙里卫、新添卫、安南卫、威清卫、平坝卫、毕节卫、赤水卫、敷勇卫、镇西卫 | 洪武二十三年；洪武四年；洪武十五年、洪武二十三年、洪武二十三年、洪武二十三年、洪武十七年、洪武二十一年、洪武五年、崇祯三年 | 范围涉及今龙里县、平坝县、清镇市、毕节市等地 |

资料来源：（清）张廷玉，等：《明史》卷四十六《贵州地理志》等。

从表2可见，贵州建省初仅为今贵州黔东南、铜仁等部分地，其后才有了今贵阳、黔南州、安顺等地，再加之今龙里县、毕节市、福泉市等。值得一提的是，此时贵州省辖有10府18卫，贵州宣慰司等，其间还有众多土司和“生界”。如思南府领有水德江、蛮夷、沿河佑溪、郎溪、都坪峨异溪、都素、施溪、黄道溪等长官司；镇远府领有偏桥、邛水十五洞、金容金达、杨溪公俄、施秉等长官司；黎平府领有潭溪、八舟、洪舟泊里、曹滴洞、古州、西山阳洞、湖耳、亮寨、欧阳、新化、中林验洞、赤溪湳洞、龙里等长官司；贵阳府领有金筑安抚司，贵竹、麻响等长官司。其贵州宣慰司领水东、中曹等长官司等[1]，为典型的“实土流官府州”。“生界区”有以今武陵山区为中心的黔东北生苗区、黔东南苗疆腹地生苗区、贵州城东南部苗岭山脊地段，以及黔中南麻山诸生苗区地[2]。故（嘉靖）《贵州通志》卷三《户口》载，“贵州四面皆夷，所可知者各府若卫军民之数，甚寥落也。”（明）《广志绎》载“贵州开设初，只有卫所，后虽渐渐改流，置立郡邑，皆建于卫所之中，卫所为主，郡邑为客，缙绅拜表祝圣皆在卫所。卫所治军，郡邑治民。军即尺籍来役戍者，故卫所所治皆中国人。民即苗也，土无他民，止苗夷”等[3]。

清承明制，基本沿袭了明代在贵州的行政建制，此在康熙、乾隆、嘉庆“一统志”统部图表所涉内容窥见一斑。但与明代有一定的差异，其在府州厅图表有直接的体现，如康熙初年，吴三桂对水西、乌撒诸土司改土归流，就其地置大定府统辖，雍正五年遵义府划归贵州统辖，另镇远府增加了天柱县[4]，都匀府增加了荔波县、都匀县[5]等。尤值得注意的是康熙、雍正年间对明代贵州一系列卫所省并为县，具体见表 3。

**表 3　清代贵州裁卫所置／并县概略**

| 卫／所名 | 卫／所并县 | 卫／所旧址所在地 |
|---|---|---|
| 贵州卫 | 康熙二十六年六月戊辰裁卫置入贵州县 | 贵州省贵阳市 |
| 贵州前卫 | 康熙二十六年六月戊辰裁卫置入贵州县 | 贵州省贵阳市 |
| 普安卫 | 康熙二十六年六月戊辰裁卫置入普安县 | 贵州省盘县 |
| 五开卫 | 原属湖广都司。雍正三年四月庚辰裁卫改置开泰县，属贵州省黎平府 | 贵州省黎平县 |
| 铜鼓卫 | 原属湖广都司。雍正三年四月庚辰来属贵州省黎平府。五年润三月丙戌裁卫改置锦屏县 | 贵州省锦屏县东南铜鼓乡 |
| 都匀卫 | 康熙十年十二月戊寅改置都匀县 | 贵州省都匀市 |
| 清平卫 | 康熙十年十二月戊寅改置清平县 | 贵州省凯里市西北清平镇 |
| 镇远卫 | 原属湖广都司。康熙二十二年四月乙亥来属贵州都司。二十六年六月戊辰裁入镇远府 | 贵州省镇远县 |
| 偏桥卫 | 原属湖广都司。康熙二十二年四月乙亥来属贵州都司。二十六年六月戊辰裁入施秉县 | 贵州省施秉县 |
| 平溪卫 | 原属湖广都司。雍正四年四月戊寅来属贵州思南府。五年润三月丙戌裁卫改置玉屏县 | 贵州省玉屏县 |
| 清浪卫 | 原属湖广都司。雍正四年四月戊寅来属贵州思南府。五年润三月丙戌裁卫改置青溪县 | 贵州省镇远县东北清溪区 |
| 兴隆卫 | 康熙二十六年六月戊辰裁入黄平州 | 贵州省黄平县 |
| 平越卫 | 康熙十年十二月戊寅改置平越县 | 贵州省福泉市 |

[1] 张廷玉，等．明史（卷三百一十六）［M］．北京：中华书局，1974.
[2] 罗康智，等．明史·贵州地理志考释［M］．贵阳：贵州人民出版社，2008.
[3] 王士性．广志绎［M］．北京：中华书局，1981：133.
[4] 穆彰阿，等纂修．大清一统志（卷三百三十四）［M］．上海：上海古籍出版社，2008.
[5] 穆彰阿，等纂修．大清一统志（卷三百三十三）［M］．上海：上海古籍出版社，2008.

续表

| 卫 / 所名 | 卫 / 所并县 | 卫 / 所旧址所在地 |
|---|---|---|
| 威清卫 | 康熙二十六年六月戊辰改置清镇县 | 贵州省清镇县 |
| 镇西卫 | 康熙二十六年六月戊辰改置清镇县 | 贵州省清镇县西北卫城镇 |
| 平坝卫 | 康熙二十六年六月戊辰改置安平县 | 贵州省平坝县 |
| 普定卫 | 康熙十年十二月戊寅改置普定县 | 贵州省安顺市 |
| 安庄卫 | 康熙十年十二月戊寅改置镇宁州 | 贵州省镇宁布依族苗族自治县 |
| 安南卫 | 康熙二十六年六月戊辰改置安南县 | 贵州省晴隆县 |
| 毕节卫 | 康熙二十六年六月戊辰改置毕节县 | 贵州省毕节县 |
| 赤水卫 | 康熙二十六年六月戊辰裁入毕节县 | 四川省古蔺县西南赤水乡 |
| 乌撒卫 | 康熙二十六年六月戊辰裁入威宁府 | 贵州省威宁彝族回族苗族自治县 |
| 永宁卫 | 原属四川都司。康熙四年五月壬子来属贵州省威宁府。康熙二十六年六月戊辰改置永宁县 | 四川叙永县河西部分 |
| 龙里卫 | 康熙十年十二月戊寅改置龙里县 | 贵州省龙里县 |
| 敷勇卫 | 康熙二十六年六月戊辰改置修文县 | 贵州省修文县 |
| 古州右卫 | 乾隆二年置。宣统三年裁 | 贵州省榕江县东北王岭村 |
| 古州左卫 | 乾隆二年置。宣统三年裁 | 贵州省榕江县东北寨蒿镇 |
| 八寨卫 | 乾隆二年置。宣统三年裁 | 贵州省丹寨县 |
| 丹江卫 | 乾隆二年置。宣统三年裁 | 贵州省雷山县西北老丹江 |
| 凯里卫 | 乾隆三年置。宣统三年裁 | 贵州省凯里市 |
| 台拱卫 | 乾隆二年置。宣统三年裁 | 贵州省台江县 |
| 黄施卫 | 乾隆三年置。宣统三年裁 | 贵州省台江县施洞镇 |
| 清江左卫 | 乾隆二年置。宣统三年裁 | 贵州省剑河县北柳受村 |
| 清江右卫 | 乾隆三年置。宣统三年裁 | 贵州省剑河县北柳堡村 |
| 石岘卫 | 嘉庆六年置。宣统三年裁 | 贵州省松桃苗族自治县西南石岘乡 |
| 乐民卫 | 康熙元年裁 | 贵州省盘县特区西南乐民区 |
| 平彝所 | 康熙元年裁 | 贵州省盘县特区西南平关乡 |
| 安南所 | 康熙二十六年六月戊辰裁 | 贵州省普定县 |
| 安笼所 | 康熙二十六年六月戊辰裁入安笼厅 | 贵州省安龙布依族苗族自治县 |
| 黄平所 | 康熙十年十二月因裁入黄平州 | 贵州省黄平县 |
| 黎平所 | 康熙五年裁入五开卫 | 贵州省黎平县西南黎明乡 |
| 中潮所 | 康熙五年裁入五开卫 | 贵州省黎平县东南中朝区 |
| 新化亮寨所 | 康熙元年裁入五开卫 | 贵州省锦屏县新化寨 |
| 龙里所 | 康熙五年裁入五开卫 | 贵州省锦屏县东南隆里乡 |
| 新化屯所 | 康熙五年裁入五开卫 | 贵州省黎平县西北新寨屯 |

续表

| 卫／所名 | 卫／所并县 | 卫／所旧址所在地 |
| --- | --- | --- |
| 平茶所 | 康熙五年裁入五开卫 | 湖南省靖县西南平察 |
| 平茶屯所 | 康熙五年裁入五开卫 | 湖南省靖县西南平察东北十里 |
| 赫声所 | 康熙二十六年六月戊辰裁入清镇县 | 贵州省清镇县西北新店乡茶店村 |
| 威武所 | 康熙二十六年六月戊辰裁入清镇县 | 贵州省清镇县西北甘沟乡甘沟村 |
| 关索岭所 | 康熙二十一年裁 | 贵州省关岭县 |
| 白撒所 | 康熙元年裁 | 贵州省毕节市东北白水河 |
| 赤水前所 | 康熙元年裁 | 贵州省毕节市东北层台乡 |
| 摩尼所 | 康熙元年裁 | 四川省古蔺县西南摩尼乡 |
| 阿罗密所 | 康熙元年裁 | 贵州省毕节市东北阿市乡 |
| 普市所 | 康熙二十六年六月戊辰裁入永宁县 | 四川省叙永县东南普市 |
| 修文所 | 康熙二十六年六月戊辰裁入修文县 | 贵州省修文县东扎左镇东北 |
| 濯灵所 | 康熙二十六年六月戊辰裁入修文县 | 贵州省修文县西北六广乡六广老城 |
| 息烽所 | 康熙二十六年六月戊辰裁入修文县 | 贵州省息烽县 |
| 于襄所 | 康熙二十六年六月戊寅裁入修文县 | 贵州省息烽县西北九庄镇 |
| 新城所 | 康熙十年十二月戊寅裁入普安县 | 贵州省兴仁县 |
| 新兴所 | 康熙二十二年己未裁入普安县 | 贵州省普安县 |
| 查城站所 | 康熙元年裁 | 贵州省关岭县西南永宁区 |
| 柔远所 | 康熙二十六年六月戊辰裁 | 贵州省平坝县西北齐伯乡 |
| 周泥站所 | 康熙元年裁 | 贵州省毕节市西南七星乡 |

资料来源：牛平汉．清代政区沿革综表［M］．北京：中国地图出版社，1990：379-382.

雍正开辟黔东南苗疆，设置了“新疆六厅”，红水河北部诸地均划拨贵州境内，与南笼府部分地区合并，置兴义府。《世宗实录》卷六十载，雍正五年八月二十日，云贵总督鄂尔泰疏言：“安顺一府原辖三州、五县，南笼一厅，地方辽阔。再辖新设州（永丰州）地数百里势难兼顾。请将南笼厅改为府治，添设知府一员，经历一员。将安顺府所属之普安一州，安南、普安二县，并新设一州，俱归南笼府管辖。”《仁宗实录》卷十九载，嘉庆二年闰六月初十日，谕内阁：“贵州南笼系由厅改郡，本年狆苗滋事以来，该郡绅士民人等深明大义，众志成城，被困日久，固守无虞。允宜特锡嘉名，用昭劝励，南笼府著改兴义府”等。故查《嘉庆重修一统志》与康熙、乾隆“一统志”发现，差异在前二志的基础上增加了兴义府、三直隶厅，改平越府为直隶州。但均无“新疆六厅”记载，对此敬请读者仔细比堪，细细体味其间的差异。

（2）生态环境：历史地理学研究，除了重行政沿革诸内容外，对生态环境也甚为重视。历史上，贵州生态环境良好，是长江、珠江等流域重要生态屏障。清代以前，中央王朝对贵州的经济开发，主张“因俗而治”，因而与官办主导的开发模式不同，对自然环境的破坏也不大，全省山清水秀，生态环境良好。唐朝时期，今遵义地区盛产“犀角”[1]，“犀角”为犀牛头上的角，遵义犀牛属今爪哇犀牛类，生存环境以茂密的东南亚热带雨林为家，足见唐时黔北地区的生态环境之好。蓝勇教授认为贵州高原在“唐宋时期森林覆盖率应在50%左右。在黔北、黔东北和黔东南地区森林覆盖率可能会更高一些。即使在岩溶山区，唐宋时期水土流失现象也不甚严重，表土层较今多而深厚，林木可能会比今多，灌丛覆盖可能也较今广阔”。[2]在贵州驿路沿线，如贵阳往云南段，这一区段就是到了明朝末期，沿途许多地段，“树（木）蒙密”“密树深箐”“乔木环翳”[3]。而至清代前期，贵阳府山广箐深，附近的翠屏山、木阁箐山等都苍翠如屏[4]。《嘉庆重修一统志》载：“翠屏山在府城内布政司署后。山不甚高，而青翠如屏。”“木阁箐山在府城西四十里，延袤百余丈。”沅江上游黎平府清水江因沿江林深茂密，水甚清，盛产对江水水质要求很高的九肋鳖[5]。乌江中下游河段有重达百斛以上的大鱼。黔西北产麂鹿[6]、锦鸡、虎等[7]。镇远府境盛产优质“楠木、杉木、黄杨木”等。

有清以降，西南边防战略地位凸显，清廷在此进行了裁卫并县、“改土归流”等措施，积极鼓励移民垦殖，这一生产方式的急转，加之又不能与黔省的山地环境相适应，导致贵州局部地区生态环境的退变。其以驿路沿线，高原溶蚀湖环境变化最为明显。（乾隆）《贵州通志》卷七载，镇远府“近则承平日久，田土开辟，深林密箐，砍伐无余，镇远以西，偏桥以北，绝无瘴患矣”。《嘉庆重修一统志》卷五〇九《大定府》载，“南海子在威宁州南”，“广袤百里”，“北海子在威宁州北二里”。经过长期开发后，特别是大规模的矿业开发和山地垦殖，到了今天只留下了草海，但其他较小的溶蚀湖，大多退变为“干海子”“干沟”，一滴水也不能储存，只留下了干裂的黄土。随着围湖造田范围的扩大，在一些不适宜稻作农业的地方，力推稻田耕作，严重导致部分地区农业无收。（康熙）《大清一统志》卷三百四十《大定府》载，“乌撒地，气旱寒，不宜稻”。乾隆二年六月十七日，张广泗亦奏：“威宁州地土不宜稻米，向只种莜麦”，当地“高田，民间原不专藉（借）以耕种水田，今俱改种旱稻、粟米、红稗、黄豆等物”[8]等。对于这一现象，《嘉庆重修一统志》卷五〇九《大定府》“土产”项亦载，苦荞“出乌撒，（该）地气旱寒，不宜稻，土人悉种以为食”等[9]。此则材料反映了上层统治集团开始关注农作物种植与环境的兼容关系了。但是他们对这些作物与环境的认识还存在严重不足。如材料所言的“威宁州”，即今威宁、赫章两县地，就自然生态系统言，大部分属于高原疏树草坡生态系统，这样的生态系统区坡度大、土层较薄、海拔

---

[1] 嘉庆敕撰．嘉庆重修一统志（卷五一一）［M］．上海：上海书店，1984.

[2] 蓝勇．历史时期西南经济开发与生态变迁［M］．昆明：云南教育出版社，1992：42，46.

[3] 徐宏祖．徐霞客游记校注（下）［M］．朱惠荣，校注．昆明：云南人民出版社，1999：680.

[4] 穆彰阿，等纂修．大清一统志（卷三三〇）［M］．上海：上海古籍出版社，2008.

[5] 《嘉庆重修一统志》卷五〇八《黎平府》“土产”。

[6] 穆彰阿，等纂修．大清一统志（卷三百三十四）［M］．上海：上海古籍出版社，2008.

[7] 符太浩．溪蛮丛笑研究［M］．贵阳：贵州民族出版社，2003：154.

[8] 中国第一历史档案馆，等．清代奏折汇编——农业·环境［M］．北京：商务印书馆，2005：31.

[9] 《嘉庆一统志》卷五〇九《大定府》“土产”。

偏高、年积温较低，致使冬季有较长的霜期和凛冻期，因此植物的生长季偏短，无法发育成连片的丛林，只能形成疏树高山草地。这样的生态系统十分脆弱，主要体现在如下三个方面：其一是这一地区由于海拔高、土层薄、气温低、气候多变等因素，林木的年积材量极低，一旦生态破坏，要实现封林至少也需数十年以上的时间；其二是这里大部分地区为石灰岩山区，土层薄、土壤基质颗粒极其细小，透水、透气性能较差，很容易被冲刷而导致大面积石漠化；其三是这一地带河谷深切，坡度大，基岩与土壤接合不牢，表土极容易流失，加之土壤过湿，又容易诱发大面积滑坡。因此，对待这样的地带关键是同时兼容护林与护草，以此有效控制水土流失，才能维护地表植被的长期稳定[1]。此外，上述资料中所言的“旱稻、粟米、红稗、莜麦、黄豆”或为丛生状植物，或为藤蔓类植物，可以尽力覆盖地表，防止地面水分的无效蒸发，进而可以维持当地水源的稳定。如一概围湖造田，不但会导致庄稼颗粒无收，进而还会诱发自然环境的恶化。故加强康熙、乾隆、嘉庆三部“一统志”此类资料的比勘研究，对探讨今天贵州省不同区域生态变迁、地区经济的发展具有重要的参考价值。

又贵州南部的喀斯特藤乔山区，当地喀斯特地貌发育典型，生态系统脆弱，一旦开发不当，就会诱发水土流失造成石漠化灾变。然生息其间的克孟牯羊苗，对待这样的地区，不实施规模种植，而采取点播，不拔草的粗放性免耕模式。《嘉庆重修一统志》“贵阳府”项载，“克孟牯羊苗在广顺州金筑司”。“耕不挽犁，以钱镈发土，耰而不耘”。文献的含义是克孟牯羊苗生息地为多雨的喀斯特山区，土层薄，地下暗河甚多，一旦开垦不当，就会导致水土流失。故他们不用牛挽犁耕地，而是用钱镈一类的农具翻松土地，点播下种。同时在下种的种子出土后，也不用拔草，执行的是粗放型的免耕模式。据研究这一耕作模式高度适应喀斯特生态环境，不拔草则最大限度地维护了地表植被稳定，有利于防范石漠化面积的扩大，此类经验在今天我们发展贵州山地高效农业中应该引起我们的重视。

### （二）贵州人文研究

人文是指人类社会的各种文化现象，内容涉及民族服饰、饮食、建筑、交通、文学教育等。就康熙、乾隆、嘉庆三部“一统志”中“贵州统部”所涉人文资料言，主要为风俗、学校等。

#### 1. 风俗

风俗是特定区域、特定人群沿革下来的风气、礼节、习惯等总和。中国自古就有重视风俗的传统，认为“为政必先究风俗”“观风俗，知得失”等，是历代统治者恪守的祖训。最高统治者不仅要亲自过问风俗民情，还要委派官吏考察民风民俗，在制定国策时以它作为重要参照，并由史官载入史册，为后世的治国理政留下经验，故在王朝典籍中皆有一定体现。清代三部一统志皆置“风俗”专栏对此加以介绍，下以《嘉庆重修一统志》“风俗”项所载内容，列表 4 如下。

[1] 马国君，等. 论经济开发与生态环境的再适应——以黔西北畜牧业的衰落为例 [J]. 古今农业，2012(3).

表 4　清代贵州府州风俗概况

| 府州名 | 文献记载 |
|---|---|
| 贵阳府 | 境内“士秀而文，民知务本。崇儒术，重气节，处者耻于下之事，仕者多廉洁之称。风气和平，土壤确瘠，冬不祁寒，夏无盛暑。” |
| 安顺府 | 境内“土俗尚存桴鼓，流寓渐有华风。尚文重信，甲第云仍。诗书礼乐，不减中华。” |
| 都匀府 | 境内“人重廉耻，勇于战斗。士知读书，民皆兴行。土瘠民贫，饶有古风。” |
| 镇远府 | 境内“习俗质野，服用俭约。风气渐开，人文丕振，男务耕桑，女勤织纴。” |
| 思南府 | 境内“蛮僚杂居，言语各异。信巫屏医，击鼓迎客。渐被德化，务本力穑，唱歌耕种。” |
| 石阡府 | 境内“刻木为记，不事文墨。淳庞朴茂不離古习。” |
| 思州府 | 境内“民性刚悍，刻木为契，声教渐染，夷风丕变，俗近醇庞，人知畏法，士类彬彬有文，埒于近地。” |
| 铜仁府 | 境内“舟楫往来，商贾互集，力本右文，士多向学。苗僚种类不一，习俗各殊，声教渐敷，为之丕变。” |
| 黎平府 | 境内“苗蛮杂处，人性朴茂，尚义重信，不事纷华。” |
| 大定府 | 境内“人性强悍，风气刚劲，俗尚勤俭，牧羊为业。气习朴野，俗类吐蕃，刀耕火种，不事蚕桑。其地多雨，常披毡。声教渐讫，文风武略渐有可观。” |
| 兴义府 | 境内“事商贾，喜佛老。士业诗书，夷性倔强，男耕女织，俗尚勤俭。” |
| 遵义府 | 府境“敦宠淳固，以耕殖为业，天资忠顺，悉慕华风，椎髻披毡，射猎为业，信巫鬼，好诅盟，土辟民聚，悦诗书，崇俭朴素。” |
| 平越直隶州 | 州境“俗尚威武，渐知礼仪。男女有别，士夷异俗。力于稼穑，民少争讼，人士秀稚，无嚣陵之习。” |

贵州为古蛮夷之地，置省初，由于为周边省份拼凑而成，民族文化异彩纷呈，差异甚大。（乾隆）《黔南识略》卷一载，贵州“介楚之区，其民夸。介蜀之区，其民果。介汉之区，其民鲁。介粤之区，其民蒙”。有明以降，由于外来移民的增加以及官员对教育的重视，本地文化与内地文化交流频繁，各府州民族风俗开始畏王法、守内地礼仪、好诗书了。需要注意的是，由于贵州特殊的地理环境，局部地区依然保存其独特的风俗特点。如黔西北位处高寒，不宜桑稻，然畜牧业甚为发达，居民故多披毡。贵州西部地接云南，该区域居民多“喜佛老”。贵州东部的铜仁府，位处沅江支流锦江上源，水陆交通便利，故“舟楫往来，商贾互集”等。因此研究这样的习俗对于探讨朝廷与地方民族之间的关系、民风特点有着积极意义。

2. 教育

清代教育类型如按其实施场所，大致可以分为府学、县学、州学、书院，以及义学等。有清一代，贵州内地学校传统教育得到了迅速发展，其具体情况见表 5。

表 5 清代贵州各府州教育类型数量概略

| 府州名 | 府州厅学 | 县学 | 州学 | 书院 | 义学 | 合计 |
| --- | --- | --- | --- | --- | --- | --- |
| 贵阳府 | 1 | 4 | 3 | 5 | 2 | 15 |
| 安顺府 | 1 | 3 | 2 | 1 | | 7 |
| 镇远府 | 1 | 2 | 1 | 6 | | 10 |
| 思南府 | 1 | 3 | | 6 | | 10 |
| 石阡府 | 1 | 1 | | 3 | | 5 |
| 思州府 | 1 | 2 | | | | 3 |
| 铜仁府 | 1 | 1 | | 1 | | 3 |
| 黎平府 | 1 | 3 | | | | 4 |
| 大定府 | 1 | 1 | 3 | 5 | | 10 |
| 兴义府 | 1 | 3 | 1 | 1 | | 6 |
| 遵义府 | 1 | 4 | 1 | 3 | | 9 |
| 平越直隶州 | 1 | 3 | | 4 | | 8 |
| 松桃直隶厅 | 1 | | | | | 1 |
| 普安直隶厅 | 1 | | | 1 | | 2 |
| 仁怀直隶厅 | 1 | | | | | 1 |

资料来源：（康熙）《大清一统志》《嘉庆重修一统志》诸书府州“教育”项。

从表 5 可见，清代贵州各地学校教育类型主要集中在各府州县城内。就思南府言，“思南府学在府治东北”“安化县学在府治北”“务川县学在县治东”“为仁书院在府城内”“凤冈书院在府城内”“古务书院在务川县城内”“登文书院在印江县城内”等。

值得一提的是，“大清一统志”涉及人文史料的内容甚多，如城池、古迹、陵墓、祠庙、寺观、贞洁烈妇等。《嘉庆重修一统志》载“思州故城在府城北。本隋婺川县地。唐武德四年，于县置婺州，后改为思州。《元和志》：思州以思邛水为名。《方舆胜览》：思州旧城，去今婺川城一百八十里。《黔记》：思州故城，在今武陵彭水之境。《府志》：即沿河司，所谓城子头是也。务川故城即今婺川县治。隋置县，属庸州，后属巴东郡。唐属思州。宋宣和中废为城。《元和志》：婺川县，隋开皇十九年置，因川为名。《方舆胜览》：大观元年，蕃部长田佑恭愿为王民，始建思州，寻省为婺川城。高宗中兴，复以婺川城为思州，以田佑恭为守令。《黔记》：元至正末，移思州治水德江，而务川为属县”等。这些内容可以为今天贵州历史文化研究提供厚重的历史感，敬请学界同仁关注。

### （三）贵州民族史学研究

总体而言，康熙、乾隆、嘉庆三部“一统志”有涉民族内容者当属“苗蛮”项。

（康熙）《大清一统志》“贵州统部”，涉及的民族群体有“土人、宋家苗、龙家苗、仡佬、蛮人、八番、白苗、仲家苗、花苗、东苗、西苗、克孟牯羊苗、谷（蔺）苗、马镫龙家、白罗罗、青苗、狗儿龙家、僰人、九股黑苗、仡佬苗、夭苗、木老苗、峒人、冉家蛮、佯黄、杨保、红苗、阳洞罗汉苗、黑罗罗、打牙仡佬、木佬、蔡家苗”等。以上诸民族记载，为（乾隆）《大清一统志》《嘉庆重修一统志》“贵州统部”中“苗蛮”项沿用，不同的是，随着认识的深入，用词更为精准。如（康熙）《大清一统志》称“谷蔺苗”为“谷苗”，将“木老”或称为“木老”，或“木老苗”等。

“一统志”“贵州统部”“苗蛮”项，所载民族族群内容涉及族群沿革、民俗、服饰、劳作诸多内容，对民族史、民族关系史研究价值极高。如《嘉庆重修一统志》载，“木老在贵定县。性狡悍，善制刀。初娶分寝，既生子，然后同处。祀鬼用五色旗。遇节则鼓歌以迎姻娅。有长幼之节。”此则材料记载了木老的分布、性格、生计、婚姻以及宗教信仰诸多内容。就“祀鬼用五色旗”言，描绘的是“扫火星”宗教节日活动。祭祀礼仪过程如下：通过占卜确定仪式时间后，整个村寨都得停止一切生产、生活用火，连食品也得仰仗几天前准备的干粮充饥，然后由鬼师手提公鸡，另有一人端一盘水，挨家挨户检查火是否熄灭，并在火塘中泼上一瓢水，表示火星已经熄灭，并捡起熄灭后的灰烬装入草扎的龙船中，然后送到村外的河边杀鸡祭祀，放火将龙船烧毁，灰烬倒入水中。据说，举行这一仪式后，村寨中就不会失火了。“一统志”有涉贵州民族的记载，对于今天我们认识贵州历史上的民族、建构今天和谐的民族关系有着积极意义。

## 三、结论与探讨

从上可见，清代三部“一统志”中“贵州统部”是研究黔省史地、民族关系史不可或缺的地理总志，文献价值弥足珍贵。要研究《嘉庆重修一统志》，就得对（康熙）《大清一统志》（乾隆）《大清一统志》《大明一统志》《大元一统志》等有涉贵州的内容加以系统查阅、认真比对，揭示其间的关联性，才能为贵州的今天、明天的文化建设、经济发展诸方面服务。要做到这一点，以下三点还得引起学界关注。

（1）扩大史料的搜集范围：历史上直接以贵州命名的资料甚多，但有些资料都分散在贵州周边省份典籍文献中，及国家编订的大型典籍丛书内。本研究探讨的《嘉庆重修一统志》中的“贵州统部”就是一例。为深入研究贵州历史，就需要将大型典籍有涉贵州的内容抽离出来，进而将与之有关的同时代典籍，放在当时编修《一统志》这样的大历史背景下考察，通过诸类资料的比勘、互查，不仅能够为同时代的文献提供宽广的历史背景，更有助于丰富和完善黔学研究。

（2）加强资料间的勘比、分类等系统工作：元明清时期，以及在此以前有涉今贵州区域内的典籍甚多，对具体问题的研究，就需要将这些众多典籍有关同类事宜内容进行综合排比，分析其间的差异，有利于推进历史纵深研究，进而修正典籍记载之不足。如《嘉庆重修一统志》卷五〇一《安顺府》“苗蛮”载，“僰人详见兴义府”。遍查《嘉庆重修一统志》诸府厅志有关苗蛮的记载，兴义府无“僰人”项记载，故《安顺府》“苗蛮”项言“僰人详见兴义府”误。而仅《嘉庆重修一统志》卷五一四《普安直隶厅》“苗蛮”载，“僰人居深山中，男女皆冠毡片，垢不沐浴，与滇之倮倮同”。故当为“僰人详见普安直隶厅”。再查《嘉庆重修一统志》“蛮僚”项对“僰人”的记载，无民族信仰、与周边民族关系等。而《皇清职贡图》“百苗图”诸民族图志载，“僰人在普安各营司。男女皆披毡衣，垢不沐浴。性惟佞佛，每置经于岩洞中，礼拜以申诚敬。凡倮罗、仲家、仡佬等诸苗，言语不相谙者，常以僰人通之。常诵梵咒”等。诸如此类，敬请学界关注。

（3）加强田野调查，丰富和完善志书内容：地理环境、文化等是年鉴学派所言的长时段事项，这样的事项在历史上有体现，在今天依然不会发生很大改变。《嘉庆重修一统志》之《大定府》“风俗”项云，府境“人性强悍”“牧羊为业”“不事蚕桑，其地多雨，常披毡”等。大定府原为水西、乌撒等土司地，畜牧业甚为发达，这一地区地处高寒，易凌冻。当地的彝族多用羊毛擀制毡衬。制作方法是，将剪下的羊毛均匀地平铺在地上的竹帘上，喷上少量的水，用石头等重物将羊毛压紧压实，使之成为一均匀的薄层，然后将竹帘连同羊毛卷起来，并在地上反复滚动，最后用绳索把竹帘和羊毛紧紧捆绑在一起，形成不会松散的羊毛片，即毡衫。这样的毡衫具有多重功能，毡衫披在身上既可以防雨，又可以御寒，甚至还可以搭建帐篷，故有“常披毡”习俗。今天的黔西北彝族还依然保持这一习俗。

# ● 黔东南非物质文化遗产的特征、价值及传承保护*

吴青芬　杨军昌**

（贵州大学　人口·社会·法制研究中心，贵州大学　历史与民族文化学院；贵州大学　公共管理学院；贵州　贵阳　550025）

**摘　要：**黔东南是我国非物质文化遗产的富集地，多民族地区创造了多民族的文化，黔东南境内的各族人民在长期的生产生活中创造了多姿多彩的民族民间文化。综观黔东南非物质文化遗产，具有种类齐全，体系完备；总体数量多、国家级名录分量重；原生性突出，多元性凸显等特征。而这些特征的成因又与黔东南区域之自然地理环境、民族自身和社会变革等方面极其相关。而在当下，全球化、信息化及区域工业化、城镇化等的时代因素无疑给黔东南非物质文化遗产带来了生态环境上的变迁，迫切要求人们对非遗的传承、保护及其创新路径做进一步的深入而又积极的思考。

**关键词：**非物质文化遗产；黔东南州；文化保护

"非物质文化遗产"简称"非遗"，又称为口头或无形遗产，是相对于有形遗产即物质遗产而言的。联合国教科文组织《保护非物质文化遗产公约》（以下简称《公约》）的解释为：指"来自某一文化社区的全部创作，这些创作以传统为根据，由某一群体或一些个体所表达，并被认为是符合社区期望的作为其文化和社会特性的表达形式，其准则和价值通过模仿或其他方式口头相传"。非物质文化遗产是人类文明的基石，是文化多样性的体现，是国家和民族赖以存在的基础和象征，是人们进行创造的源泉，是人类社会可持续发展的保障，具有历史、精神、文化、科学、审美、教育及经济等价值，是一种多维度、多层次的价值体系。

文化是一个国家软实力的综合体现，一个国家的话语权不仅与它的经济实力挂钩，

*　基金项目：国家社科基金重大招标项目（编号 16ZDA156）、国家民委 2015 年民族研究项目（编号 2015—GM—139）、中国喀斯特地区乡村振兴研究院（贵州大学）招标项目（编号 2018GDJD-ZKY002）及贵州大学民族学重点学科群建设资助项目阶段性成果之一。

**　作者简介：杨军昌（1963—），侗族，贵州石阡人，贵州大学历史与民族文化学院教授，人口·社会·法制研究中心研究员、博士。研究方向：民族经济与社会、民族人口与发展等。吴青芬（1993—），女，侗族，贵州黎平人，贵州大学 2017 级人口学专业在读硕士生。研究方向：区域人口与民族文化。

更与它的文化影响力密不可分。金钱和枪炮也许能使人屈服，却无法征服人心，而优秀的文化则具有强大的向心力和凝聚力，在春风化雨般的潜移默化中归服于无形，其以柔性的强势，增进了解，加深友谊，促进和谐。随着经济全球化和世界一体化进程的加快，民族文化丰富性和多样性的保持对提升国家和区域的“软实力”有着愈发重要的战略意义，非物质文化遗产保护工作的难度也越来越大，保护工作任务也越来越繁重，是一项重大、艰巨而又长期的工作，需要我们不断地探索和努力。黔东南作为多民族地区，作为民族文化高地和非物质文化遗产富集地以及非物质文化遗产在全国乃至世界都有重要地位的民族自治州，如何站在推动社会主义文化大发展大繁荣、提高国家文化软实力、实现民族文化崛起的高度，如何更好地了解、保护和开发利用非物质文化遗产资源，以利于今后将非物质文化遗产保护工作更深入、更健康地向前推进，切切实实把非物质文化遗产保护和合理利用工作推向一个新的水平，确保非物质文化遗产的生命力，守护好人类的精神家园，是我们必须思考的问题。

## 一、黔东南是我国非物质文化遗产的富集地

黔东南苗族侗族自治州是贵州省九个地州市之一，位于贵州省东南部，东与湖南省怀化地区毗邻，南和广西柳州、河池地区接壤，西连黔西南，北抵遵义、铜仁地区。东南苗族侗族自治州总面积 30337.1 平方千米，辖 1 市 15 县，州府所在地是凯里。东南苗族侗族自治州以苗族和侗族为主体民族，东南苗族侗族自治州内居住有苗、侗、汉、布依、壮、水、瑶、土家、西家等 33 个民族，总人口 441.7 万，是全国 30 个少数民族自治州中人口最多的自治州。东南苗族侗族自治州内少数民族人口占总人口的 81.9%，其中苗族人口 159 万，占全国苗族人口的 18%，侗族人口 121 万，占全国侗族人口的 41%，也是全国 30 个自治州中少数民族人口最多的自治州，还是全国苗族、侗族人口最集中的地区。

多民族地区创造了多民族的文化，黔东南州境内的各族人民在长期的生产生活中创造了多姿多彩的民族民间文化：以苗族古歌为纲领，包括苗族的情歌、酒歌、祭祀歌、叙事歌、说唱歌（嘎白福）、儿歌等口头文学浩如烟海；不同地域和支系的苗族服饰文化、舞蹈文化、节日文化、习俗文化丰富多彩；与侗族闻名遐迩的多声部复调音乐侗族大歌、琵琶歌，鼓楼、花桥为代表的建筑艺术，苗侗民族服饰、风情等互为辉耀，组成黔东南苗侗传统文化的主体特色。自 2005 年开展非物质文化遗产普查及申报工作以来，黔东南州共收集普查到非物质文化遗产线索 4392 项。2003 年起，由黎平县人民政府发起的侗族大歌申报人类非物质文化遗产代表作名录，经过多年的不懈努力，终于在 2009 年被联合国教科文组织批准，侗族大歌也因此成为贵州省唯一一项世界级非物质文化遗产代表作名录。在国务院公布的第一、二批国家级非物质文化遗产名录中，全国 31 个省市区共有 1028 项，黔东南州就占了 39 项 53 个保护点，为全国名录总数的 1/27，在全国地州级名列第一，相当于一个省的入选量，使黔东南州成了举世公认的非物质文化遗产大州。此外，黔东南州境内现有各级文物保护单位共 666 处，其中国家级重点文物保护单位 15 处，省级文物保护单位 53 处，并有国家级民间文化艺术之乡 29 个，国家级历史文化名城 1 个，国家级历史文化名镇 2 个，国家级历史文

化名村 2 个。此外，黔东南州苗岭山区雷公山麓的苗族村寨和六洞九洞地区的侗族村寨被文化部列为世界文化遗产预备名录。

目前，黔东南入列国家非物质文化遗产名录共 41 项，入列贵州省非物质文化遗产名录共 175 项。其中国家级非遗占全省国家级非遗总数的 48.24%，省级非遗占省级总数的 39.77%。

## 二、黔东南州非物质文化遗产的基本特征

综观黔东南州非物质文化遗产，其具有如下显著特征。

一是种类齐全，体系完备。在黔东南州的非物质文化遗产中，民间文学、民间音乐、民间舞蹈、传统戏剧、曲艺、传统体育、游艺与杂技、民间美术、传统手工技艺、传统医学、民俗 10 大门类齐备在案。国家级项目也仅有曲艺一类缺如。在市（州）、省、国家、世界 4 级非物质文化遗产中，是贵州省唯一层级完备的市州，非物质文化遗产体系之全为贵州所仅有，在全国市州一级也是不可多见。

二是总体数量多、国家级名录分量重。当前，国家、贵州省均分别评选、公布了四批非遗名录。黔东南州国家、省级非物质文化遗产共计 260 项，贵州省其他 8 个市州无一能与其伯仲。在非物质文化遗产 10 个类别中，国家级有 9 类均有项目在册。其中，以“民俗”类 14 项位列前位，传统手工技艺类 8 项位居次席，民间美术 4 项（7 个保护点）居于第三。贵州省唯一的世界级非物质文化遗产、有着“清泉般闪光的音乐，掠过古梦边缘的旋律”美誉的黔东南侗族大歌更是声播海外，名响全球。

三是原生性突出，多元性凸显。从非物质文化遗产内容来看，黔东南州是中国当今仍能较好、较完善地保留着原生的节庆文化、饮食文化、服饰文化、民俗文化、建筑文化、歌舞文化、医学文化、农耕文化、体育文化等于一体的区域之一，被认为是当今少数民族地区极其可贵的“人类农耕文化保留最完整的文化基因库”。而且，黔东南州非遗的存在形态多元性特征突出，一些非物质文化遗产项目，在不同的地域其存在形态不完全相同，因而一个项目往往有多个保护点，如侗族大歌有黎平、从江、榕江 3 个保护点，苗族服饰有剑河、台江、榕江、丹寨 4 个保护点，苗绣即有雷山、凯里、剑河 3 个保护点，而且黔东南非遗与怀祖思亲、农耕生计、宗教崇拜、生境变迁等密切相关，这又无疑使其形态的多样性和原生性有着深厚的土壤。

四是社会基础深厚，传承活态性强。黔东南州非物质文化遗产是黔东南州各族人民在这块土地上数千年来的劳动与智慧的结晶，在没有文字的漫长岁月里，口传心授是苗、侗等族故事传说、生存智慧、民族史事、社会习俗代代相传的主要形式，具有广泛群众参与性的节庆习俗是其传承的主要载体和场域，而今黔东南州每年近 200 个千人以上、近 100 个万人以上的民间节日鲜活地呈现着非物质文化遗产传承的社会根基和土壤。节日的举办和不同场域的非物质文化遗产展演，无不使人们感到惊奇或沉醉于非物质文化遗产的内涵和多姿多彩的外部形态以及随着时代变迁而显现出的、不改变其内涵特质的变异和创新。

五是相互吸收，自然融汇；和而不同，美美共享。黔东南州是全国苗、侗文化的中心区域，是包括汉族在内的多民族共同居住的大花园。各民族在生产生活的相互交

往中，彼此吸收着不同文化的合理、科学的成分来创新、发展自己的文化，如在民族婚葬习俗、民间音乐、传统戏剧、民间美术、手工技艺的不少非物质文化遗产中都体现着汉族与少数民族之间、各少数民族之间相互采借、涵化的成分和印迹，呈现出你中有我、我中有你的自然融会状况。而各民族和睦相处，相互学习，相得益彰地发展自己文化的同时，又延续着自己的文化个性与特色，表现在非遗上，即为和而不同、美美与共的存在格局。如在民族服饰上，非物质文化遗产项目即有苗族服饰、侗族服饰、瑶族服饰、畲族凤凰装，而在苗族服饰中，就有剑河、台江、榕江、丹寨等县的个性显现。苗族服饰大家族，是文化上典型的各显其美，美美与共。

六是内涵深厚，价值深远。黔东南州非物质文化遗产是黔东南各族人民智慧的结晶和宝贵的共同财富，是区域民族社会得以延续的文化命脉，是黔东南各族人民共同建构的文化宝库，内含有丰富的历史资源、文化资源、审美资源、科学资源、伦理资源、教育资源、经济资源，蕴藏着黔东南各民族传统文化的根源，保留着黔东南州各民族文化的原生态及特有的思维方式，包括了黔东南州各族人民无限的情感，具有历史传承、审美艺术、科学认知、文化教育，以及经济、政治等多方面的价值。正是因为如此，黔东南有了“百节之乡”“歌舞海洋”“绿色王国”之誉，成了海内外人们最为向往的文化旅游、科学考察、民俗采风、心灵洗涤的理想选地，被誉为“人类疲惫心灵栖息的最后家园”。

## 三、黔东南州非物质文化遗产丰富多彩的成因

时至今日，就全国而言，黔东南州由于历史及地域等原因，长期以来处于相对封闭状态，加之政府加大保护非物质文化遗产的措施，当前民族人文生态系统保存较为完整。在黔东南州非物质文化遗产家族中，至今可依旧领略到厚重悠远的历史文化、奇异纷呈的歌舞文化、原汁原味的节日文化、斑斓叠彩的服饰文化、独具特色的饮食文化、内涵丰富的婚俗文化……究其主要原因，既有自然地理环境的原因，也有民族自身和社会等方面的因素。

### （一）自然地理环境要素

自然地理环境不仅是文化形成的基础，也是文化的加工对象。黔东南州众多非物质文化遗产的存世与黔东南自然地理环境紧密相关。黔东南州东西相距 220 千米，南北跨度 240 千米。地势西高东低，自西部向北、东、南三面倾斜，海拔最高 2178 米，最低 137 米，历有“九山半水半分田”之说。境内沟壑纵横，山峦延绵，重崖叠峰，境内有雷公山、云台山、佛顶山、弄相山等原始森林，原始植被保护区与自然保护区 27 个，其中雷公山自然保护区为国家自然保护区，原始生态保存完好；境内有三条主要河流，即清水江、舞阳河和都柳江，平行贯穿中、北、南部。黔东南州耕地面积较小，人均占有耕地低于全国平均水平，但东部、东南部多为山地，土层肥厚，保水条件好，宜于树木生长。而黔东南的气候属亚热带湿润气候。冬无严寒，夏无酷暑，年均气温在 14~19℃，雨季明显，降水较多，年降雨量在 1000~1600 毫米，日照年均约 1200 小时，无霜期长，为 220~260 天，南部地区无霜期平均为 310 天。此类低山山地、

丘陵和平原，地势低、气候湿热生态环境适宜于百越稻作文化的延伸和发展。在这样的地理环境中，操持着相同农耕生计的民族，在岁月的演绎中形成了与山地环境密切相关的文学、音乐、祭礼、舞蹈、服饰、民俗等有别于周边地域的、种类齐备的非物质文化遗产，并随着农耕生活的延续而传承至今。

与农耕生活相适应，在生活方面，黔东南州的民居形式主要是山地干栏式。在气候湿润，雨量充足，河汉纵横，暖湿共节的地区，干栏式民居具有防潮、防水、通风、防止毒蛇猛兽侵扰的功能，此外，房屋下层还能饲养家畜。山地干栏式木楼建筑分为高脚楼、吊脚楼、矮脚楼、平地楼等类型。高脚楼和吊脚楼是最为典型的干栏式木楼建筑，高脚楼一般立在坡脚或缓坡辟出的平地上，四面的立柱都立在同一个平面上，吊脚楼则建在斜坡面上，后半部直接架在坡地上，前半部则用木柱架空像是吊着的一根根柱子，形成前虚后实的楼房。矮脚楼和平地楼多分布在黔东南北部或者靠近城镇的南部侗族地区。矮脚楼是相对高脚楼而言，楼距地面一般为二尺左右。平地楼是直接立在平缓地上的楼房，一般以一层为主。种种适宜于山地环境的各类民居是黔东南苗侗等族人民与自然和谐、协调的智慧性产物，各种祭祀性、技艺性、唱说性的非遗便在这样的环境中代代传承着。

由于居住地的地理条件多为山地，劳动强度大，为舒筋活血，消除疲劳，在生产生活中，黔东南州各少数民族养成嗜酒、嗜酸、食糯的习惯，而且家家户户都能自制酒曲，自酿米酒，制作酸菜、腌鱼，客宾来到之时或家有婚嫁喜庆，均以这些美食待客为最高礼节。酒酣深处，主客往往对唱酒歌、弹琵琶、跳芦笙助兴。糯米饭香甜可口、耐饿，在苗、侗、水等民族的日常生活中占有重要地位，逢年过节要吃糯米饭或糯米粑，走亲访友要以糯米饭作进见礼物；女婿初拜岳父岳母，新媳妇始见公婆，须以糯米饭作为引荐礼物，甚至男女青年的自由恋爱，糯米饭是其天然的“媒人”。这些民族食俗，是酸汤鱼制作、姊妹节、稻鱼并作、吃新节以及各种节庆习俗非遗产生的基础，是非遗根植于农耕生活的生动体现。

### （二）民族因素

前已有述，黔东南州是一个少数民族人口占81.9%的民族人口大州，有33个民族居住于州内，世居着苗、侗、水、瑶、壮、布衣、畲、土家等民族，以及待识别人们共同体——僅家。各民族的迁徙、定居、农耕及其交流、抗争与认同，形塑了各具民族特色的物质文化与非物质文化，并以之维系着民族的生存、繁衍和发展。这里仅以苗族、侗族为例作简要叙述。

苗族历史悠久，也是黔东南州人口最多的民族。在千百年的历史发展长河中，苗族劳动人民创造了具有鲜明的地域特色和民族特色的以稻作文化为核心的物质文化、以《苗族古歌》为核心的精神文化和以“议榔”为核心的制度文化，由物质文化、精神文化、制度文化构成了其丰富多彩的文化体系。苗族又是一个集自然崇拜、祖先崇拜、多神崇拜于一体的民族，相信万物有灵，崇拜神灵并把这种朴素的自然宗教的观念毫不隐讳地表现在他们的服饰上。苗族服饰是苗族历史、文化、美学等特征的集中表现，最能表现民族的特色和民族的风格，是苗族历史记忆的载体和民族文化具象的符号，是苗族亚族群和次亚族群的重要标志。苗族还是一个迁徙民族，素有“东方吉普赛人”之称。在苗族五千多年的历史长河中，由于长时间的、大跨度的和频繁的迁徙，迫使苗族只有将自己创造的财富制作成代表自己族徽标志的、可以随时带走的银首饰。苗族银饰种类繁多，有男饰和女饰两大类。其中男饰有银锁、手箍、手镯、戒指、烟盒、项链、项圈等单件饰品；女饰以成套为主，种类较多，有头饰、耳饰、项饰、胸饰和衣饰等几大类。银饰工艺有锻打、压模、錾刻、浮雕、镂刻、扭结、焊接等，以对称、均衡、放射为主要结构。在苗族银饰的图案上，多以蝴蝶、牛角、锦鸡、花草为主要内容，蝴蝶是苗族的徽章，银角是苗族图腾的标志，锦鸡是“嘎闹”的族徽，花草是不同支系生活环境的印记。苗族银饰造型以蝶形、鱼形为主，在苗族观念中，蝴蝶是“蝴蝶妈妈”的象征，鱼是企盼民族人丁兴旺的向往。

侗族是生息在黔东南州这片古老而又神奇的土地上的另一主体民族，为古代越人的后裔，至今已有2500多年的历史。在与大自然的斗争中，依靠集体的智慧和聪明才智创造了丰富多彩的物质文化和精神文化，形成了以鼓楼、风雨桥为代表的建筑文化，以无伴奏、无指挥、多声部支声复调演唱的侗族大歌为代表的精品音乐文化，以琵琶谈唱、侗戏表演为代表的曲艺文化，以“侗款”典籍制度为核心的制度文化，以“祭萨”活动为主的祭祀文化，以“蛋浆亮布”为标识的服饰文化，以腌鱼、腌肉、羊瘪、油茶等为嗜食风味的饮食文化，以“芦笙会”“赶歌场”“过侗年”等内容丰富的节日集会文化和以“吃相思”“行歌坐夜”等形式多样的社交习俗文化等文化形态。侗族喜欢聚族而居，居住村寨大者近千户，小者数十家，大多依山傍水，风光秀美、民风淳朴。在侗族的文化体系中，鼓楼、大歌和花桥是侗族的三样宝。鼓楼是建筑于侗族村寨中的一种集楼、阁、亭于一体，形状与一株站立的杉树相似的攒尖顶、宝塔型、密檐式木结构建筑，是侗族村寨或族姓的标志，是休息娱乐、接待宾客、举行文化活动的中心，是讲授民族历史、传唱民族歌谣的课堂，是侗族文化的象征。侗乡逢河便有“风雨桥”。桥上建有长廊式、可遮蔽风雨的桥屋，通道两侧有栏杆，形如游廊。其构造不用一根铁钉而又十分坚固，营造技艺令人叹为观止。侗族大歌是用耳朵和心去捕捉与欣赏的民间音乐，俗称“嘎老”，是一种“众低独高”的音乐，多声部、无指挥、无伴奏，模拟鸟叫虫鸣、高山流水等大自然之音，是大歌编创的一大特色。其内容是歌唱自然、劳动、爱情以及人间友谊，体现着人与自然、人与人之间的一种和谐，凡有大歌流行的侗族村寨，多为“夜不闭户，路不拾遗”的“桃花源”。

从黔东南州非物质文化遗产目录可以看出，苗、侗非物质文化遗产数量在非遗总量中占绝对多数，是黔东南州非物质文化遗产的主要构成，也在中国民族非物质文化遗产中占有重要的地位，有着较大的影响。苗族、侗族非物质文化遗产不仅数量大，而且类别齐全，内涵丰富，或者说苗族、侗族非物质文化遗产是苗族、侗族人民历史的折射、生活的反映、智慧的凝集和精神的展示，它们与其他民族的非遗一道共同组成了黔东南州非物质文化遗产的灿烂星河，并始终迸发出耀眼的光芒。

### （三）社会要素

近年来，为保护和弘扬民族文化，我国全面启动民族民间文化保护工程，黔东南州人民政府对民族文化生态保护也给予很大重视，除认真执行《中国民族民间文化保护工程实施方案》《贵州省民族民间文化保护条例》和《贵州民间文化遗产抢救工程实施方案》等有关法规、条例外，还出台颁布了一些黔东南及各县的保护法规、实施条例、管理办法等规范性文件，如《民族文化村寨保护办法》《雷山县民族文化传承与保护的实施意见》《西江千户苗寨保护与管理的意见》《雷山县民族民间文化进课堂的实施意见》《民族村寨环境卫生治理意见》《民族民间文化进课堂实施方案》《关于加强隆里古镇保护管理的暂行规定》《黔东南州100名民族民间文化传承选拔管理办法》《黔东南民族文化村寨保护条例》等，为黔东南非物质文化遗产的保护奠定了良好的基础，极大地提高黔东南非物质文化遗产保护的力度。

与此同时，黔东南州按照“保护为主、抢救第一”的原则，积极组织文化工作者深入基层、深入苗乡侗寨挖掘民族文化资源，认真做好非物质文化遗产普查、整理和申报工作；组织人员深入苗乡侗寨挖掘、整理、编辑出版《黔东南非物质文化遗产集锦》《神奇的节俗》《黔东南苗族村落文化景观》《黔东南侗族村落文化景观》《侗族大歌》等书籍；通过挖掘、整理，黔东南州组织创作了《醉苗乡》《苗乡侗寨》等一批富有浓厚民族特色的原生态歌曲，拍摄《旭日》《勇者无惧》《云上太阳》等影视剧；着力实施“四个一百”工程，即实施100名民族民间文化传承拔尖人才扶助工程、实施100名原生态民族文化高级人才培养工程、实施100个重点民族文化村寨保护工程、实施100个原生态民族文化典型建筑保护工程；黔东南州坚持“适度”“合理”原则，积极挖掘丰富的民族文化资源，大力发展文化旅游，打造雷山西江、黎平肇兴、从江岜沙、从江小黄、雷山郎德、凯里南花、锦屏隆里、天柱三门塘、丹寨石桥等一大批民族文化村寨，做到在保护中开发、在开发中保护，确保民族文化得到合理利用、科学发展。

此外，黔东南州还积极推进民族文化进校园工作，让民族舞蹈、民族音乐、民族工艺品制作等民族文化走进课堂。被文化部命名为“铜鼓之乡”的雷山县大塘乡掌坳村，积极主动将铜鼓舞作为课间操引入校园，寓教于乐，让孩子从小接受民族文化的熏陶；榕江、从江、黎平等县将国家级非物质文化遗产之一的侗族大歌进入课堂，加大民族文化遗产的传承力度；台江等县多所中小学都利用本地文化资源，开设了刺绣课……唱民族歌、穿民族服、跳民族舞，在黔东南苗乡侗寨得到了较好的传承和发展。

## 四、工业化、城镇化时代给黔东南非物质文化遗产带来的生境变迁

改革开放40多年来，由于工业化和城镇化建设步伐的加快，生产、生活方式的迅疾改变，影视的普及与流行艺术的影响，加上生活的挤压和外来文化的冲击等原因，黔东南从农耕社会向农耕社会与现代社会并存转变，广大民族群众生活日益改善，但民族文化已遭受或正在遭到前所未有的冲击，非物质文化遗产生境面临着剧烈的变迁，主要表现为：

其一，农耕人居环境的变化。二三十年前，黔东南州的广大苗村侗寨，其人居环境一直十分具有特色，通常都具依山傍水或坐山临水的村庄，郁郁葱葱的保寨树，村前花桥流水、寨中鼓楼高耸，密集的吊脚木楼，寨前村后的寨门林林总总，夜不关门、

道不拾遗，自种、自织、自染、自缝的苗裙侗衣，神秘古朴的原始宗教信仰，集体性的文化娱乐生活等。简言之，山地、丛林、河流、稻田、木楼、花桥、鼓楼、土布、侗衣、鱼塘、禾晾、祭萨堂、歌声、苗话侗语等文化事象和要素，构成了苗、侗族原生的人居环境。但是，经过最近二三十年的变迁，许多苗村侗寨已人是物非，人居环境已今非昔比，游人至此，不同程度均有难寻古韵的惋惜之感。

其二，民族语言的变化。语言是一个民族的标志之一。近年来尤其是改革开放以来，随着普通话的推行，现代学校教学的要求，特点是为就业生存发展，如同全国一道，民族语言在市场经济面前越显缺乏自信，黔东南的民族语言在不断地淡化，说民族语言的人数不断下降，很多语言只有老年人在相互交流时才会使用。在丹寨县，1990 年苗族人口中会讲苗语的占 85%，到 2001 年下降到 80%，现在只有 65%。在天柱县，2012 年该县的 213 个侗族行政村中，仍操侗语的只有 145 个，仅占 48%；112 个苗族行政村，仍操苗语的只有 32 个，仅占 28%。总的来说，黔东南州的少数民族，30 岁以下者多数已不会讲本民族母语了。

其三，民族服饰的变化。民族服饰是民族文化最有特色的内容之一。黔东南州的民族服饰富丽而具有独特个性，不仅不同民族特色迥异，就是同一民族不同支系也不尽相同，文化底蕴和艺术价值都极高。比较有代表性的有苗族、侗族、土家族、水族和僅家等，尤以苗族、侗族服饰最为引人注目。总的来看，黔东南州各民族服饰的变化以 1978 年改革开放为标志，凸显出一个明显的分界线。这之后，一般来说，除了 50 岁以上老人尚还保留穿戴民族衣服的习俗之外，50 岁以下，尤其是 30 岁以下的青年则已基本改穿了汉装。如号称“天下第一侗寨”的黎平肇兴，平常穿着侗装的人已不到一半。“苗疆腹地”台江县男子现平常仍保留有民族服装的只有方召、施洞等乡镇。大部分地区，民族服装只是在逢年过节或参加重大庆典时才会派上用场。

其四，民族建筑的变化。黔东南州是著名的“杉木之乡”，早些时候的苗村侗寨，其民居全是纯杉木结构，木皮盖顶、木柱立架、木枋作梁、木板为壁，不用一瓦一砖。远远望去，山村木楼林立，鳞次栉比，铺排壮观，气势恢宏。这些木楼民居，古朴典雅，造型独特，风格别致，美观大方，宽敞明亮，东暖夏凉，很适宜人居。其做工也非常考究，门、窗、廊、栏等雕刻精美至极，充分显示了黔东南州各族人民的聪明才智和创造精神，成为直观地展现一地原生态文化特色的一道亮丽风景。可近年来，黔东南境内许多少数民族村寨的民居改成了砖木结构或砖混结构，而且这种“土洋结合”的民居还在迅速膨胀，原来整个村寨一色的风格独特，魅力无穷的民族民居现已难以看到。

其五，生活习俗的变化。随着现代化进程和外来文化的不断进入，黔东南州各民族的传统生活社交习俗也发生了巨大的改变。如鼓社节原本是台江苗族的一个重大节日，可是近几年台拱镇的合拱村、南笋村、五寨村、展福村、交空村，施洞镇的芳寨村、偏寨村，台盘乡的坪水村，南宫乡的交下村等 10 余村寨都已先后退出这一大型的民族社区节庆活动。在很多民族村寨，青壮年人几乎都外出务工经商，小孩到村外学校上学，村里留下的多是老人，有时间、精力和兴趣去学唱民族歌曲的年轻人寥寥无几，如今女子出嫁时一些地方不再请歌手，也不再有唱歌的习俗。此外，民族文学、民族器乐、民族体育、民族医药等方面的传承也是程度不同地惨淡、衰微。

## 五、黔东南州非物质文化遗产的传承、保护的意义与路径

民族传统文化是自然经济时代的产物，是在农耕经济基础上产生和发展起来的，随着全球化趋势的增强，经济和社会的急剧变迁，其生存发展土壤已发生变化。上述非物质文化遗产生境的变迁，既显示着非物质文化遗产的生存正面临着严峻考验，也昭示着对非物质文化遗产传承、保护不仅十分重要，而且非常迫切。在全球“政治多极化、经济一体化、文化多元化”的快速推进中，如何保护传承文化，又能让广大群众发展致富？如何保护非物质文化遗产、守护精神家园，又能让各族人民共同实现现代化、同步实现小康？这是令人困惑但又是我们必须面对的现实问题，正期待着世人更多关注和思考。

2005 年 3 月 26 日《国务院办公厅关于加强我国非物质文化遗产保护工作的意见》指出：“我国各族人民在长期生产生活实践中创造的丰富多彩的非物质文化遗产，是中华民族智慧与文明的结晶，是联结民族情感的纽带和维系国家统一的基础。”“非物质文化遗产与物质文化遗产共同承载着人类社会的文明，是世界文化多样性的体现。我国非物质文化遗产所蕴含的中华民族特有的精神价值、思维方式、想象力和文化意识，是维护我国文化身份和文化主权的基本依据。加强非物质文化遗产保护，不仅是国家和民族发展的需要，也是国际社会文明对话和人类社会可持续发展的必然要求。”该意见明确提出了保护、传承和发扬非遗的工作指导方针为“保护为主，抢救第一，合理利用，传承发展”；工作原则为“政府主导、社会参与，明确职责、形成合力；长远规划、分步实施，点面结合、讲求实效”。

上述方针、原则，是新时期黔东南州非物质文化遗产传承、保护所应遵循的工作指南，具体可在实践中结合地情实际创造性地实践“施予性保护”“生产性保护”“发展性保护”等模式。但不管哪种模式的单一运用或集中模式的综合运用，都应强调规划的整体性和保护的系统性、政府的主导性和民间的参与性、大众的参与性和利益的兼顾性。应该针对不同类型的非物质文化遗产采取相应的保护模式，以促进其价值内涵与外在形式的保护与传承。其中，在采用市场性性质的生产性保护模式时，应避免简单追求非物质文化遗产数量及经济效益的过度产业化，而要在保护的前提下，深挖非物质文化遗产项目的文化内涵，整合地区民族特色，赋予文化产品独特的价值内涵，并在此基础上得到创新发展。还有，不同地区的非物质文化遗产项目各自具有鲜明的地域特征、民族特色，政府层面应该因时因地制宜，在政策上进行合理引导、扶持和保护。一个由政府统一组织和领导，学界全力指导和帮助，民众积极参与和配合的传承、保护、弘扬非物质文化遗产的局面的形成是包括黔东南州在内的贵州省各市州非物质文化遗产保护目标实现的关键。

## 【参考文献】

［1］庄孔韶．人类学概论［M］．北京：中国人民大学出版社，2006.

［2］广州图书馆．吊脚楼：民俗风情［EM/OL］．［2007-12-13］．http：//www.gzlib.gov.cn/zuanti/mzfq/mzfq_detail.do?id=273026.

# ● 贵州瑶族盘瑶支系传统社区自然生态及文化述略 *

宋荣凯　盘寿寅　赵富定 **

（黔南民族师范学院　教育科学学院　贵州　都匀　558000；

政协黔东南州委；黔东南州纪委　贵州　凯里　557400）

**摘　要：**贵州瑶族盘瑶支系是指自称“优勉”的这一支系。该支系主要分布在榕江、从江、罗甸、三都等地高山峡谷中，其传统社区自然生态环境良好但经济文化非常落后、交通不便，民族文化特色鲜明但急需保护和传承。对其传统社区自然生态和文化进行梳理，有利于为党和政府对该支系民族村寨实施精准扶贫战略提供重要的参考价值。

**关键词：**盘瑶；民族文化；传统社区

## 一、贵州瑶族盘瑶支系地理分布和历史渊源

瑶族分盘瑶、布努瑶、平地瑶和茶山瑶四大支系。国内瑶族集中分布在广西、湖南、广东、云南、贵州和江西 6 个省区的 134 个市县内，其中广西 147.2 万人，湖南 70.5 万人，广东 20.3 万人，云南 19 万人，贵州 4.4 万人，江西 0.11 万人；国外的瑶族大约 60 万人，主要分布在越南、老挝、泰国、缅甸、美国、加拿大和法国等地，国外瑶族是明清时期从广西和云南迁入东南亚并于 20 世纪 70 年代再迁往欧美。贵州省瑶族在中华人民共和国成立后进行过几次人口普查：1953 年有 13697 人，1964 年有 10915 人，1982 年有 19398 人，1990 年有 31254 人，2000 年有 44392 人。2010 年第六次人口普查有 40897 人，其中男性 21428 人，女性 19451 人；居住在城市有 3049 人，居住在乡村有 37730 人[1]；分布在铜仁石阡，黔南都匀、三都、罗甸、荔波，黔东南黎平、从江、榕江、雷山、丹寨、麻江和剑河，黔西南望谟，安顺紫云和镇宁；从学术

* 基金项目：2013 年度国家社会科学基金西部项目课题“贵州瑶族传统社区文化环境的保护与发展研究”（13XMZ043）

** 作者简介：宋荣凯（1965—），男，布依族，贵州都匀人，黔南民族师范学院历史学副教授。研究方向：明清贵州教育和民族关系，贵州少数民族地区社区文化环境保护。盘寿寅（1954—），男，贵州榕江县塔石乡人，瑶族，大学学历，政协黔东南州委退休干部。研究方向：瑶族历史文化。赵富定（1978—），男，贵州从江县翠里乡人，硕士研究生，黔东南州纪委干部。研究方向：瑶族传统文化传承保护。

[1] 贵州省 2010 年第六次人口普查。

上可将贵州瑶族划分为盘瑶、红瑶、白裤瑶、青瑶、长衫瑶、绕家、油迈瑶和石阡支系等。

贵州瑶族盘瑶支系是指操勉语的这一支（以下简称“盘瑶”），它是贵州各支瑶族中人口较多、分布最广、聚居村寨最多、同其他民族杂居且生态环境多样的一个支系。该支系主要居住在黔东南榕江、从江、雷山、剑河和丹寨，黔南三都和罗甸，安顺紫云和镇宁。在村落分布上，2014 年年底榕江塔石乡塔石、怎东、宰勇、党调、桥秧、党细、同溜、怎贝和党相等村有盘瑶 919 户 3413 人[1]；该县平永、三江、平江和平阳等也有该支系瑶族。以榕江塔石为中心的这一小支还包括周边雷山、剑河、丹寨和三都的盘瑶，雷山达地龙塘沟、排松、平寨、老寨、背略、庞家、皆力、高略、同乌、也辽、小巫、白米、河边等村寨，柳乌、下高枧、南屏也有零星分布，人口约 613 人；丹寨盘瑶聚居于排路、杨武和加配；剑河县太拥展迪也有盘瑶。上述以榕江塔石为中心的这一小支盘瑶主要姓氏是盘姓、赵姓、潘姓、刘姓等，这是盘瑶支系在贵州分布最广、人口最多的地区。

贵州盘瑶支系分布较广、人口较多、面积较广的另一个区域是从江。该县盘瑶集中分布在黔桂边境的翠里、西山、斗里、秀塘和刚边。翠里盘瑶主要集中在高华和摆翁，2014 年有 245 户 1377 人[2]；西山盘瑶主要分布在秋卡和高脚，人口约 1019 人；斗里盘瑶散居在登面、卡岛、俾痛、汪乃、高留和加宁，人口 492 人；秀塘盘瑶散居在打格、十二盘、雨沙、雨秀，约 101 户 514 人；另外，刚边黄泥井，宰便怎迫，下江黄郎，雍里大山和老寨也有部分盘瑶居住。上述各村寨盘瑶主要姓氏是赵姓、盘姓、邓姓、杨姓、李姓和刘姓，他们之间关系较近，可以理解为同一个小支系。

除上述这两片较大的聚居区外，在安顺紫云茅坪有盘瑶 296 人，镇宁板阳有 61 人，罗甸县安抗和纳考有盘瑶 110 户 506 人，主要是赵姓、盘姓、邓姓、郑姓和李姓[3]。

贵州盘瑶崇拜始祖盘瓠，自称其子孙，主要姓氏有盘、沈、黄、李、邓、周、郑、赵、冯、胡、雷、蒋十二姓氏。根据调查，从江盘瑶据说分别由湖南、广东、广西等地迁来，时间大约在明末清初距今 300 多年。榕江塔石盘瑶认为其祖先从湖南大石坪桐油湾迁到广西，再从广西迁入贵州榕江；也有传说迁自广东乐昌再经贵州三都进入榕江，时间距今三四百年；而罗甸安抗盘瑶则认为迁自广西。上述无论何种说法，贵州盘瑶迁徙线路应从湖南至广东再到广西最后进入贵州，至于从广西何处进入从江、榕江、三都、雷山乃至罗甸、紫云和镇宁则有待考证。

盘瑶在语言分布上划分为 3 个次方言，即勉荆方言、交际方言和藻敏方言。勉荆方言主要分布在广西三江和融水等 34 个县市；在湖南省分布在江华和城步等 21 个县市；在云南分布在金平和河口等 9 个县；在广东分布在乳源和连南等 12 个市县；在贵州分布在榕江、从江、三都、罗甸、雷山、剑河和丹寨等市县；在江西则分布在全南县。贵州盘瑶支系就是属于汉藏语系苗瑶语族瑶语支的勉荆次方言优勉土语瑶族。

在称谓上，从江盘瑶自称“优勉”或“勉”，汉族称之为“盘瑶”“板瑶”或“过

---

[1] 2015 年 7 月 28 日课题组赴榕江县塔石瑶族水族乡进行田野调查，根据该乡政府提供资料整理。

[2] 2014 年 7 月 16 日课题组赴从江县翠里瑶族壮族乡进行田野调查，根据该乡提供的计生户口名册整理。

[3] 2014 年 7 月 30 日课题组赴罗甸县罗妥乡牙村安抗寨和罗甸县民宗委进行调查，根据有关资料整理。

山瑶”，苗族称之为“丢尤”或“丢累”，侗族称之为“卡优”，壮族称之为“右汪”，水族称之为“卡棒”；当地瑶族另一支系红瑶称盘瑶为“潘优”，而盘瑶称红瑶为“捡补弄”。在榕江、雷山和三都等地盘瑶自称“育棉”“优勉”或“勉”，因崇拜盘瓠故称之为“盘古瑶”或“盘瑶”，因其以前居无定所常在山间流动谋生又称“过山瑶”，又因其妇女有板状头饰而称之为“板瑶”。本研究采用由柏果成、史继忠和石海波所著《贵州瑶族》“盘瑶”作为学术称谓，以区别于贵州瑶族其他支系。

## 二、贵州瑶族盘瑶支系传统社区自然生态

贵州盘瑶传统社区自然生态和民族文化存续状态良好，是典型农村山地民族传统村落。目前，榕江塔石怎东村（2013 年）和从江翠里高华村（2013 年）已被住建部、文化部和财政部认定为“中国传统村落”，其他具备条件的盘瑶村落也在有关部门组织下申报。

贵州盘瑶基本呈点状分布，除榕江塔石和从江翠里及西山有两个及以上瑶族村寨组成一个行政村外，其余地方都是由个别瑶族村寨连同其他民族村寨组成一个行政村，聚居区周边有许多不同支系的民族，在从江有侗、壮、苗、水和汉族；榕江、雷山、三都有苗、水、侗、布依和汉族；在罗甸有布依和苗族；而紫云、镇宁是布依、苗和汉族。由于盘瑶自己本身具有鲜明的村寨文化特色，而周边民族的文化亦非常鲜明，各民族间关系非常和谐，多民族的自然环境和文化生态凸显了盘瑶支系所在区位的生态特色。

贵州盘瑶支系聚居区大多聚居在黔桂边境地区崇山峻岭中，“入林惟（唯）恐不密，入山惟（唯）恐不深”，所居深山“在穷谷中”，因据山而居，山高坡陡、气候寒冷、山峰林立、沟壑纵横，生活条件艰苦，只能“随山散处”，多择傍水之处生活。就盘瑶支系具体聚居区传统社区村寨而言，榕江和从江最具代表性。

### 1. 榕江塔石瑶族水族乡及怎东村

榕江塔石乡位于县城西北，乡驻地塔石距县城 3 千米。东界平永，南接三江，西与雷山达地和永乐相连，北与平阳毗连，总面积 89.64 平方千米，有 1987 户 9111 人，其中瑶 3075 人、水 2057 人、苗 2414 人、汉 1247 人、侗 318 人。塔石属高寒山区，是雷公山脉西端延伸带，主山峰有奔龙坡、印香坳、青械岭和排住山等，最高峰排住山海拔 1630 米，最低处香鹏溪口海拔仅 500 米；年均气温 16.3℃，1 月平均气温 5.8℃，极低气温 -7.5℃；7 月平均气温 25.1℃，极高气温 37.7℃；年积温 5759℃；年降雨量 140 毫米，无霜期 280 天。全乡有耕地 5506 亩，其中水田 5025 亩；林地 10.6 万亩，以松树、杉树和杂木树为主，活立木蓄积量 17.12 立方米，森林覆盖率 66.89%。主产水稻、小麦、玉米、洋芋，林特产有香樟和榉木。在境内有宰勇溪自西北向东南直贯全境，两岸山高坡陡、溪流乱石重叠落差大不通舟楫。在交通上有炉榕公路通过。

塔石怎东村是全部由盘瑶构成的特色村寨。该村包括怎东寨、乌荣、干弄、元家

等7个自然寨，尤以怎东寨最为独特。该寨与河沟相距而建、依山错落而居。村寨散居在海拔1000米以上的高山密林中，少部分建在石山或半石山或丘陵、河谷间。因山势陡窄，故民居自下而上层叠，增添了山寨的威严和错落感。山脚有南吉河与村组距离适中，村民利用缓坡分层修筑梯田种植，梯田上边民居建成干栏式吊脚楼式，楼内建有连廊木楼和回廊楼，木楼前低后高、坐北朝南，大部分为两层。保存完好木楼42幢，多为四排三间上下二层，悬山小青瓦屋面，其特点为二楼多建三面或四面回廊；正面回廊为宽廊，中段设有“美人靠”舒适雅致。木楼底层关禽畜、置厕所、放农具；二楼明间为堂屋，设神龛、迎客人，两次间前房住年轻人，后房住老人，拖厦为厨；三楼也可住人或存放粮食。怎东大寨传统村落保存了相对完整的历史文化信息，有较高的研究价值。

2. 从江翠里瑶族壮族乡及高华村

从江翠里乡地处该县东南部，乡驻地距县城37.5千米。东与斗里接壤，西面、南面分别与雍里和广西融水杆洞、洞头为邻，北靠西山。1992年建瑶族壮族乡，辖17个行政村49个自然寨107个村民组。2008年年末有2832户13089人，有瑶、壮、苗、侗和汉5个民族。全乡面积165.33平方千米，耕地9585亩，其中水田8136亩，人均耕地0.70亩。该乡森林覆盖率68.8%，最高峰高忙大山海拔1500米，最低点高告寨海拔275米；年均温16~18℃，年降雨量110毫米，无霜期300天，属亚热带温暖湿润气候。林业资源丰富，翠里原始森林、高武大山、联合罗家山等绵延几十千米自然林和几万亩人工林，是从江自然保护区和都柳江重要的水源涵养区之一，主要树种有杉树、松树、麻栗树、青杠树、香樟树和红椿树等。该乡高华和摆翁是典型的盘瑶村寨。

高华村坐落在该乡乌鸦山和摆亨岭之间的山谷中，寨名叫乌俄，海拔780米，距乡政府驻地4千米，全村面积4.55平方千米，有耕地159亩，其中水田132亩，主产水稻、玉米、小麦、薯类，饲养有鸡、鸭、猪和羊等，全村有93户490人均为盘瑶。高华森林覆盖率达75%，它以“瑶族药浴”列为国家级非物质文化遗产而闻名，其天然植被主要以亚热带常绿阔叶林和楠竹为主，瑶族药浴所采集的药用资源采自这些天然林，而当地良好的自然生态则为“瑶族洗浴”提供取之不尽用之不竭的生态资源，民间认识和用来治病的中草药有100多种，用于洗浴药物有近30种。木本类药物资源分布在海拔500米以上半高山区，而藤本类药物资源则分布在海拔800米以上高山地区，该村现有250亩专用于瑶族药浴的生态药物园。

## 三、贵州瑶族盘瑶支系传统社区文化

传统社区文化是指世居于传统村落的人们世代创造和积淀下来的物质文化、语言文化、民族心理和风俗习惯等，贵州盘瑶在其传统社区与自然环境互动中创造了丰富多彩的民族文化。

### （一）语言文化

榕江盘瑶只有语言没有文字，由于居住环境和婚姻等诸多因素影响，榕江塔石及三都、雷山等地盘瑶语言基本消失，现在 60 岁以上的老人少部分还会瑶语，中青年都以汉语作为交流工具。从江县盘瑶语言有声母 77 个、韵母 43 个，语音系统完整。由于文化发展，盘瑶语言越来越丰富，新名词出现都通过借词表达，如电灯、电视、手机、乡政府等都只能借汉语才能表达清楚。盘瑶不但本民族语言保护良好，在学习其他民族语言方面也表现出聪明才智，对居住地周围的民族语言和歌谣都全部掌握。罗甸罗妥安抗和凤亭纳考盘瑶至今亦保存该支系语言，寨内交流用瑶语，跟其他民族交流使用布依语和汉语。

### （二）物质文化

1. 民居文化

贵州盘瑶民居以木质住房为主、砖混平房为辅。在榕江塔石怎东瑶寨，当地民居多为木质瓦房，也有极少草房。瓦房分为四排三间或三排二间不等，一楼一底，楼上住人（也有楼下住人的）。堂屋正壁安放神龛供奉祖先地神，两侧分作卧室和客房，多数人家另建灶房，也有在堂屋后建灶房的，猪、牛、羊圈一般另建于房前屋后或左右；三都巫不尧排和雷山达地背略等村寨盘瑶民居同怎东基本一样，唯有塔石街上因地处交通要道和经济社会发展，部分盘瑶民居已翻新修建钢筋混凝土二层、三层乃至四五层楼平顶房。从江翠里高华、摆翁和西山秋卡和高脚等村寨盘瑶住房同榕江塔石怎东村瑶寨住房相同之处在于均为木质瓦房，不同之处在于房屋的功能上。高华村民居多为一楼一底两层或三层楼房，底层用于喂养牲畜、堆放杂物，二楼用来住人，堂屋大厅宽敞，设有神龛、灶房、药浴浴池和卧室，客厅安排在二楼，三楼用作客房或堆放粮食衣物。罗甸牙村盘瑶现在基本改造为砖混平顶房。

2. 服饰

榕江怎东村、宰勇村、塔石村等地盘瑶服饰基本汉化，传统上妇女多留长发挽发髻、包头巾，着裹腿、戴耳环、手镯、别针筒灯，现已基本消失。从江高华、摆翁、秋卡、高脚等地服饰除男性有汉化趋向外，妇女服饰基本保留原有风格。女性服饰盛装以自染的黑色土布为底料，无领无扣长袖对襟，对襟用刺绣花边镶压，整齐排列，两袖口镶有五色丝绸皱纹布，五彩缤纷别具一格。穿着时两襟交叉于正面胸前，再用专门制作的衣带系于对襟交叉部位，固定在腰背中部打结。胸围以黑色土布为底料，正面整齐排列订有银质白色圆形扣子装饰，上端两个角各有布带系于脖子成为固定物，胸围是女子上装的重要组成部分，是上衣穿着后遮住胸部裸露的部分，胸围置于上身外衣的里层，紧贴身子。裙子有两种，一种是黑色布料，经过专门的折叠、挤压、细线连接缝制而成，裙脚用丝线或花边镶贴；另一种用多色布为料，经精制而成的花裙。裤子有长、短两种，都是黑色布料。长裤盖到脚板，短裤系于裙子内，长只盖到膝盖上端。绑腿是为穿黑色短裙的搭配物，专门为穿短裤时露出小腿部分的裹布块。鞋子为自制布底花邦。

### （三）习俗

#### 1. 节庆

盘瑶节庆有春节、元宵节、春社、清明、四月八、五月五、六月六、七月十四、八月十五、九月九、九月二十七、盘王节等大小十多个节日，其中春节、盘王节是大节，其余算小节，但有一部分村寨“七月十四”算大节，过大节要杀猪宰牛，过小节有杀鸡鸭的，也有不杀的，只是随便过过而已。

#### 2. 婚俗

逃婚：盘瑶男女青年自由恋爱时，如果父母不同意便自作主张，男方把女方带到家中成亲，即为“逃婚”。进屋后拜堂第二天，才派人到女方家去报信，如女方家没有什么意见，就开始商量办喜酒的日期和请客的人数。

接亲：婚礼规模大小视家庭经济情况而定。接亲前由双方父母选定吉日商定女方到男方家做客人数。接亲时如所嫁村寨很远，新娘就得提前一天由所有要到男方家吃酒的人陪同来到男方寨上亲戚家停留。次日凌晨鸡叫三四遍时，男方家才敲锣打鼓吹唢呐去接新娘进家。新娘进屋后先到伙房或新房内落座，待准备好了才由人伴着去与新郎拜堂。拜堂过后三天新娘新郎才开始同宿，满月后由新郎的父母送媳妇回门，直到生小孩后新郎才开始去外家。接亲那天吃完喜酒后，男方要给女方所有客人每人一块 4 斤猪肉作“回礼菜”；砍 8~10 斤重一腿猪肉送外婆和舅爷。

#### 3. 葬俗

盘瑶已经“度界”的人死了须隆重举行葬礼。过程如下：人死后从屋内抬出堂屋在神龛下停放，屋外插一根不剔枝叶大楠竹作旗杆，从杆顶用纸剪接架一纸桥，一直架到堂前，意为架天桥让死者升天成仙。死者入棺后所有亲属要把糯饭和鸡肉捡到为死者准备的坛子内，边捡边告诉死者饭菜已放在坛子里，坛子随棺一起安葬。棺材抬到墓地后重新开棺，让其子女拢来检查，尸体如不摆正就要整好。尸体太往上怕今后老大好太往下怕老幺好，太靠左怕姐好太靠右怕妹好，摆正后盖棺盖垒坟。没有“度界”的人死亡无论老幼葬礼都简单。如是非正常死亡还要请鬼师把死者的魂从家中赶出去，还在大门上插上合树叶禁止“伤鬼”进家，送鬼出门后立即把大门关上，所有进出的人一律走后门，满一月“伤鬼”找不到家了才许开大门。

#### 4. 信仰

自然崇拜和祖先崇拜：盘瑶久居深山，对虎、龙、蛇等物及日月星辰、风雨雷电等自然现象极为崇拜，建房动土前要祭奠土地神，开山狩猎要敬山神，买来牲口要敬圈神，小孩体弱多病要拜古树、巨石或水井为保爷。盘瑶对祖先崇拜非常笃厚，每家每户神龛上都供奉有盘王始祖及列祖列宗牌位。

### （四）民歌

盘瑶有自己的歌曲，多以自然环境、山川、河流、花草、竹木等为题材，见什么就唱什么，用瑶语唱的歌有盘王歌、情歌、酒令歌等，其中以情歌最为普遍。如盘瑶情歌“琉璃瓦屋登天顶，瓦屋里面点油灯。慢慢加油慢慢点，话语细缠才甜心”。

### （五）传统工艺

造纸是盘瑶特有的传统工艺。纸有以构树皮为原料制成的构皮纸和以嫩竹为主要原料加工而成的竹纸或草纸。盘瑶制构皮纸时，只需一块 1 平方米左右的土白布或纱布镶成纱框，农历三四月从山上采回构树皮用刀将其表皮除掉晾干，放于锅内用碱水煮烂，取出先放在石板上或碓窝里舂成纸浆，再放置脸盆内加入清水，将纸浆调至稀稠适度，然后用小勺舀起往纱框上摊匀，再置于烈日下曝晒，待干透后从纱框上轻轻撕下就成了一张张构皮纸。竹纸制作要有纸槽、纸榨、纸塘、纸帘等专门作坊，当楠竹笋长成嫩竹开始分 1~3 个枝丫时，就砍来截为 4~5 市尺短节，再破成 1 寸左右的小块堆于纸塘中，一尺左右为一层，每层上面都洒上石灰，竹子堆满塘后灌水浸泡 1 个月左右，又把水放干将竹片取出，将石灰渣及污垢冲洗干净再置于塘内发酵，上面用稻草盖严压紧不准表层露光。塘内的竹料发酵腐烂呈金黄色后取出竹料剔去硬皮，用碓舂烂成浆，再放进纸槽内，兑上水便成纸浆。技师把槽里的纸浆舀上纸帘，摊匀后即从纸帘架上取下帘心覆放于纸榨的木板上，用手轻轻在帘背面拍压，纸离帘后拿开帘心。一次一张，直到纸张堆高一尺才在上面压厚木板，装上榨杆和滚筒，榨干纸中水分后将纸取下，用手一张张撕开，每五张一叠，置于通风处晾干即可。

## 四、结论

总之，贵州盘瑶自然环境良好但生活条件艰苦，传统社区文化保存完整、具有鲜明特色，但有些文化正在消失。其良好的生态环境和独特的民族文化凸显贵州盘瑶传统社区具有的经济社会、历史文化旅游和环境保护等方面的重要价值。更重要的是，贵州盘瑶传统社区同苗族、侗族、布依族、水族、壮族等民族传统社区所在区域是珠江水系都柳江流域和红水河流域自然生态最为重要的水源涵养区和空气质量的重要保障区，如何保护民族特色村寨民族文化的原生性、多样性和独特性，又要在全面建成小康社会进程中如期实现既定目标，对包括盘瑶在内的民族村寨来说任重道远。蒋正才的《对民族地区经济社会发展的思考和建议》提出“五个进一步”，即“改善农村生存环境加快推进新农村建设、加大结构调整和产业发展拓宽农民收入渠道、加大教育投入和培养人才增强经济发展后劲、强化法制宣传教育努力提高群众依法维权意识、落实好国家扶贫攻坚政策加快民族地区群众脱贫步伐”值得借鉴。

## 【参考文献】

［1］奉恒高 . 瑶族通史（上卷）［M］. 北京：民族出版社，2007.

[2] 韩荣培，敖惠，李永皇．瑶族文化名片研究［M］// 韩荣培，覃东平．贵州瑶壮文化研究．贵阳：贵州人民出版社，2012.

[3] 贵州省地方志编纂委员会．贵州省志·民族志（上下册）［M］．贵阳：贵州民族出版社，2002.

[4] 从江县人民政府．从江县地名志［G］．凯里：凯里市第一印刷厂，1985.

[5] 柏果成，史继忠，石海波．贵州瑶族［M］．贵阳：贵州民族出版社，1990.

[6] 榕江县史志编纂委员会．榕江县志［M］．贵阳：贵州民族出版社，1999.

[7] 从江县史志编纂委员会．从江县志（1991—2008）［M］．北京：方志出版社，2010.

[8] 韩荣培．瑶族药浴与瑶族生态文化［M］// 韩荣培，覃东平．贵州瑶壮文化研究．贵阳：贵州人民出版社，2012.

[9] 蒋正才．对民族地区经济社会发展的思考和建议［M］// 韩荣培，覃东平．贵州瑶壮文化研究．贵阳：贵州人民出版社，2012.

# ● 苗族姊妹节的形成、发展、变迁及当代价值

曾祥慧　顾小莲*

（凯里学院，贵州凯里　556011）

**摘要：**苗族姊妹节是在苗族的历史与社会发展的大文化背景之下形成和发展起来的，节日受到民族内部文化需求的影响和民族外来文化之渗入，在节日的时空、节日的组织者与参与者、节日的内容等方面发生了明显的变迁，在与现代文化的整合中，苗族姊妹节依然显现出强大的节日功能，体现对促进民族团结进步事业发展，助推少数民族和民族地区经济社会又好又快发展的当代价值。

**关键词：**苗族姊妹节；文化变迁；当代价值

苗族是一个历史悠久的民族，也是一个迁徙频繁的民族。在绚丽多姿的苗族文化体系中，“节日文化”是苗族非物质文化遗产的重要载体。流行于清水江流域中游的“苗族姊妹节”是苗族节日文化体系中的一颗璀璨的明珠，节日以男女青年为活动主体，围绕婚姻主题展开的两个通婚氏族间的集体性的联谊交往活动，是典型的社交性节日。2006 年 5 月 20 日，经国务院批准列入第一批国家级非物质文化遗产名录，成为第一批 518 个国家级非物质文化遗产之一。在苗族传统社会发展过程中，“苗族姊妹节”发挥了苗族婚姻桥梁的重要作用，同时也起到了传承苗族传统文化、模塑民族共同心理和增强民族凝聚力的作用，反映了苗族传统的婚姻制度、婚姻习俗。

## 一、苗族姊妹节的形成

数千年来，苗族从北到南，从东到西经历了长时间、远距离、大规模的迁徙，成为我国分布区域广、支系繁杂、文化厚重、人口众多的一支少数民族。苗族在长达几千年的历史迁徙中，“人的再生产”问题始终贯穿社会的发展，成为苗族厚重文化之核心，决定了苗族对本民族人口繁衍的高度祈盼和重视，对实现本民族人口繁衍的方式方法表现出极大关心和努力。为便于苗族婚姻缔结、便于苗族人口发展，苗族社会在历史发展过程中创造出许多的节日集会和民风民俗，苗族姊妹节的形成就源于这样的初衷。

---

*　作者简介：曾祥慧（1969—）女，苗族，贵州凯里人，凯里学院副研究员，贵州原生态民族文化研究中心研究员。研究方向：民族学、文化学。顾小莲（1964—）女，贵州凯里人，凯里学院图书馆副研究馆员。研究方向：图书情报。

1. 节日兴起的文化背景

苗族姊妹节主要流行于清水江流域中游地区的苗族村寨，成为当地重要的传统节日，也是黔东南一个有影响的民族民间节日集会。节日的兴起与苗族历史与社会发展密切关联，有着深厚的文化背景。

苗族的族属渊源和远古时代的“九黎”“三苗”“南蛮”有着密切的关系。历史上曾居于黄河流域及长江流域，上古时期为蚩尤领导下的“九黎”部落联盟，时值“九黎”强大，几乎占据了整个黄河中下游地区。范文澜老先生曾说：“蛮族中九黎最强，大概是联合九个部落，每个部落，各包括九个兄弟族，共八十一个兄弟族。蚩尤作为大酋长。”历史长河里总是会演绎各种分分合合，“黄帝与蚩尤战于涿鹿之野”[1]，一场涿鹿大战，便将苗族所在的“九黎”部落联盟摧垮，从此开始了苗族从北向南、从东向西的迁徙生活，苗族先民经过了长期的迁徙、分化和融合，东汉以后，被称为“武陵蛮”的一部分苗族南下进入广西融水，后沿都柳江而上进入黔东南，形成今天黔东南苗族的主体。苗族是一个农耕民族，很早就懂得了稻作，这样的农业习惯使他们在选择居住和生产环境时，会尽量靠近土肥水丰之地。苗族人在黔东南这块宜于人居的土地上生息繁衍，发展较快，不断出现分支迁居的情况。《苗族古歌》对这种情况作了具体的描述：“雀多窝窝住不下，人多寨子容不了，难容火塘煮饭吃，难容簸箕簸小米，难容脚板舂碓杆，没有地方去开亲。”在无数次的分支后，一部分苗族聚居于清水江中游。这里水源丰富，四季分明，雨热同季，土壤肥沃，适宜农耕。稳定的定居生活，便于苗族人创造灿烂的民族文化，创造极具地域特色和民族特色的物质文化、精神文化和制度文化，成为至今保留完好的稳定的苗族文化圈。

苗族从远古走来，在战争中迁徙，人口的繁衍是这个民族壮大的必然要求，长期的不稳定生活使得他们对人的再生产十分重视，不断搭建实现人的再生产平台。苗族有自己的社会管理体系，以其特有的制度文化来调节苗族社会内部人与人之间关系，规范人们的社会行为，明确社会生活方式等。在这个传统管理体系里对婚姻生活有自己民族独特的制度，他们认为，兄弟和姊妹各为一个婚姻集团，婚姻缔结不能在同一婚姻集团内产生。“父亲兄弟的子女也是父亲的子女，他们同属于一个集团，相互之间是不能结婚的；母亲姐妹的子女也是母亲的子女，他们也同属于一个集团，因而也是不能结婚的，而父亲的兄弟的子女与父亲的姐姐、妹妹的子女属于两个不同的集团，是可以通婚的。”事实上，在苗族社区，传统婚姻生活必须坚持四大原则：一是族内婚，就是不与其他民族联姻，尽量不与不同服饰装束的苗族氏族联姻；二是同宗不婚，一般以父系血缘为同宗，即兄弟婚姻集团内不能开亲，同时强调“姨表不婚”。“姨表不婚”源于原始母系社会的氏族外婚制，姊妹集团中连襟关系等同于兄弟的关系，禁止同胞姊妹的子女间通婚；三是同辈婚，不同辈分的男女不能结婚；四是“姑舅表婚”，舅儿娶姑女优先权。“姑舅表婚”是“人类自血缘家庭建立以来，一直普遍存在的一种特殊的婚姻形式”。苗族“姑舅表婚”也称为“还娘头”，指兄弟集团对姐妹集团有优先婚配权利的婚姻形式，其间舅权起到了驱动作用，即姊妹集团中的女子

[1] 《太平御览》卷十五引《志林》。

婚姻对象首选兄弟集团中的平辈男子，也就是说，姑女必为舅媳。因别的条件不能实现“姑舅表婚”，那姑家须向舅家补偿，苗语称为“你姜”（Nix Diangb），也就是礼钱。在苗族传统婚姻制度的要求下，产生了与之相适应的婚俗。比如“不落夫家”习俗，也就是女子婚后不居夫家，而是待三年左右有了身孕后才能长期入住夫家。再比如“游方规则”，“游方”是苗族男女青年进行社交、娱乐、选择伴侣的活动，每一个苗寨或每一个房族都有自己的游方场，游方规则是女子在本寨游方场活动，男子却到外寨外游场游方。

“苗族姊妹节”是黔东方言区苗族的一个重要节日集会，当地人称为“吃姊妹饭”，在苗族的语境里称为“弄嘎良”（Nongx Gad Liangl），是动宾结构，直意为“吃了却心愿的饭”，意思是请男青年吃了这次饭后，心愿就已了却，从此再不去为这个事情而牵挂。当然，这种形式的节日在清水江中游苗族社区较多，只是名称不一而已。比如流传于台江县台盘乡到革一乡的“哈杠哈乃”（Hak Gangb Hak Nail，捞虾捞鱼），南宫乡交包寨的“弄多大”（Niangx Dod Dak，吃姑妈饭）等。20 世纪 90 年代末，政府发展民族文化旅游，在民族之外通称“苗族姊妹节”。苗族重视人的再生产意识深深地渗入到社会生活中，特别是苗族的节日集会更是离不开婚恋这个内容，不管是什么性质的节日，都会为男女青年的婚恋搭个桥。在这种意识之下往往会产生许多以男女青年为中心，并围绕着婚姻主题进行的集体性的联谊交往活动，久而久之便形成习俗，在固定时间、地点开展这种习俗活动就成了节日。“苗族姊妹节”便是在这种文化背景之下形成，可以说是为婚姻准备的纯社交娱乐性的节日集会。节日涵盖了清水江流域的大部分地区，以女性为实施主体，由同一宗支或村寨的已婚和未婚的女青年与没有父系血统关系的另一宗支或村寨的已婚和未婚男青年的大聚会。

2. 节日起源与流布

民族节日多出于民间传说故事，一般为纪念故事中的人和事而形成民族节日。苗族没有本民族的文字典籍，民族的历史与文化完全是以口口相传的方式传承下来。明清以后，苗族的民族斗争不断兴起，官府对黔东南苗族镇压与统治成为常态，汉文献中逐渐有了苗族历史与文化的记录，官书《明实录》《清实录》中记录了对黔东南苗族实施管理的情况，个人编撰的方志书籍如《苗防备览》《苗疆闻见录》《黔南识略》《黔南职方纪略》等也记录了黔东南苗族地区的生活习俗，但对苗族姊妹节没有具体的记载。苗族姊妹节具体形成于什么时候？现已无法考证。从口传资料和节日活动中得知，传统的苗族“姊妹节”活动是历时较长的一系列连贯性活动，主要在春季举行，一般从农历的正月到 3 月这个时段，也有延续到农历六月的。春天是万物复苏的季节，苗族人认为春天也是恋爱的最好季节。苗族许多地方的坡会都会选择在春天。苗族有首歌词优美、曲调悠扬的情歌叫《春之歌》，描述春天万物复苏的情境，并借春机盎然的万物引喻人也要在这个季节恋爱。藏在花蕊里的“苗族姊妹节”就是在春天里盛开的。节日核心是婚姻，外在形式是联姻式的交际活动，活动场所须在女性所属村寨。为了扩大交际面，让青年女性获得更多的选择机会，男性对象就不能局限在某一宗支或某一村寨，姊妹节就自然形成了变更节日时间和节日场所的活动方式。因而，苗族“弄嘎良”（Nongx Gad Liangl）的节日时间就不是一个固定的节点，而是一整个春天，只是这个春天的具体时间在清水江边的各个村寨不同，交际对象的不固定，场所的不断变化，交际活动时间在各地也不一。当然这也与各地流传的节日起源传说有关。节日起源传说多以民间故事或民间歌谣的形式流传，在民间有很多版本，内容有差异，但都以婚恋为主线。如“阿姣和金丹的传说”“月九和英九的传说”“金党与窝久的传说”“仰和妮的传说”“务格要过姊妹节”等。

这些起源传说流传在不同地域不同村寨，形成各地吃姊妹饭的时间差异，比如“月九和英九的故事”流传于台江县施洞良田一带，主要讲施洞良田村九寨的月九和英九两姊妹不忍出嫁后的分离，借口帮助村寨的年轻人寻找婚姻伴侣，提出每年农历二月十五在娘家村寨相聚，形成了吃姊妹饭活动。“金党与窝久的故事”取自叙事长诗《姊妹节来历歌》，讲述了金党与窝久的爱情故事，细致描述金党与窝久情深意长的相爱过程，细致描述了二人反抗苗族“还娘头”习俗的成功。这个故事成为以施洞为中心的年轻人的爱情样本，确定农历三月十五日“嘎良”（gad liangl）。“仰和妮的传说”也是一首叙事长诗，以仰和妮两姊妹的爱情为主线，用较长的篇幅叙述了花米饭传递爱情信物的过程，以及两姊妹在父母的帮助下，每年三月十五日在老屯姐姐仰的寨上相聚，三月十六日到偏寨妹妹妮的寨子相聚，三月十七日在各自寨中与乡亲同吃姊妹饭的故事。现在施洞、老屯一带过姊妹节基本按这些时间进行。“阿姣和金丹的传说”流传较广，来自苗族的《姊妹节歌》，此歌洋洋洒洒近千行，叙述了阿姣和金丹为爱情奋斗的故事，阐明了苗族“嘎良”（Gad Liangl）是由坡会演变而来。阿姣和金丹从小青梅竹马，长大后彼此相爱，却遭到父母及族人的反对，父母逼她嫁回舅家“还娘头”，阿姣内心十分不愿意。于是，阿姣借口上坡干活，实与金丹相约“游方”。用她装针线的竹篮偷偷地藏糯米饭带给金丹吃，白色糯米饭惹人眼，阿娇用植物渍汁将糯米饭染成黑色或黄色带到坡上，两人为忠贞不渝的爱情冲破了舅权制婚姻，最终有情人终成眷属。苗族青年十分羡慕阿姣和金丹自由择偶的方式，仰慕他们对爱情的执着和追求，于是，年轻人都仿效他们上坡游方恋爱。出于对社会管理的需求，也担心年轻人没有规矩的恋爱会影响社会文明发展，于是苗族社区的管理组织商议，明确吃姊妹饭的时间，从此便有了姊妹节。“务格要过姊妹节”是流传于剑河革东、五河一带的姊妹节传说。聪明热心的务格嫁到山高水急的五河村后，发现寨上的后生找媳妇困难。经过多方了解，得知老屯、施洞等地年轻人是通过吃姊妹饭交友游方找到媳妇的。她决心要帮寨子的年轻人解决找媳妇的问题，于是就跑到施洞的报摩山上包了一撮泥土到五河，再三向“理老”们说明过姊妹节的意义，提出在五河地区也过姊妹节，最终得到“理老”们支持。为不与施洞出现节日时间冲突，五河片区苗族村寨提前到二月十五日过姊妹节。

传说归传说，苗族姊妹节的核心是婚姻，一切活动方式都要方便于实现这个核心。目前，苗族姊妹节活动主要流行于贵州省黔东南苗族侗族自治州境内的清水江流域中游的苗族村寨，为苗族地域性传统节日，覆盖范围以清水江中游沿岸各苗族村寨为主，辐射到上游和下游的部分村寨，以及与清水江上游相连接的重安江两岸的苗族村寨。有的地区还有做姊妹饭吃的习惯，但已经没有具体的程式和内容。苗族姊妹节是以同一族群集体内联姻交往为目的的民族性节日，在节日活动的核心区域有 4 个苗族支系，有 70 多个村寨过苗族姊妹节。一是以台江县施洞镇为中心的“方南”（Fangb Nangl）支系，二是以剑河县革东镇为中心的“方翁”（fFangb Ongb）支系，三是以台江县城为中心的“方你”（Fangb Nix）支系，四是以台江县革一乡为中心的“方黎”（Fangb Dlib）苗族支系。其“方南”支系规模最大，也最具特色，已然成为苗族姊妹节的核心区，有两个重要的节日时间，一个是农历二月十五至十七日，另一个是农历三月十五至十七日。无论哪天为节日的具体时间，节日的具体活动一般历时 3 天，即第 1 天迎客，第 2 天联欢，第 3 天送客。20 世纪 90 年代末，台江县为繁荣地方经济，在尊重当地苗族民间习俗的前提下，尝试开发苗族姊妹节作为民族文化旅游的项目。出于方便游客出行，便于体验苗族节日文化的考虑，将开发的姊妹节项目时间选在晚春季节的农历三月十五日。20 年时间过去了，这里的苗族群众认同了这个节日时间，每年都努力为节日作准备，积极参与，使得农历三月十五日的苗族姊妹节越来越盛大，也越来越隆重。

## 二、苗族姊妹节传统程式

### 1. 节日的组织管理

传统的苗族社会有完整的自我管理社会的体系，这个体系是建立在父系血缘基础上，包括了“议榔制”“理老制”“寨老制”和“神判制”等，通过这些方式管理和调节社会各方面关系，同时也掌握了对苗族社会内部活动的组织和实施权力。在这个充斥着父系血缘的管理体系下，女性往往没有话语权。然而，苗族姊妹节却是个例外，在组织与实施中突破了这个严格的管理体系，整个节日活动的主动权掌握在女性手中，从节日活动的发起、组织，以及活动形式开展都是由女性来完成。只不过，苗族姊妹节是处在苗族社会管理体制之下的，必须遵守共同的社会规约，遵守共同的社会道德标准，也要得到苗族社会内部管理组织的认可才能实施。

苗族姊妹节是民族性节日也是地域性节日，往往是以苗族宗支或村寨为节日活动单位，活动的组织者和参与者都是这个单位里的苗族妇女，在她们内部自然形成或由民主推选方式完成活动组织集体的组建，并在这个组织集体的指挥下，按照固定的程序开展各项活动。节日组织集体的成员往往由宗族或村寨里的两三个有影响力和号召力的中年妇女通过民间自然推选组成，其中 1~2 人为核心，并担起主要组织者的重任。她们多为当地认可的歌师，不仅会唱传统的姊妹节歌，还要会新编姊妹节的歌，会教唱姊妹节的歌，对节日活动程序了如指掌，在整个节日活动中起到精神中心的作用。能担当上这角色的人需要满足三个条件：一为人正直，受人尊敬；二能唱会说，亲和力强；三有儿有女，家庭条件较好。这种认可、尊重和拥戴在苗族社区就是一种无上荣耀，与之相伴的还有“权利”和“义务”。“权利”就是要求并监督参与节日活动的所有妇女按照传统节日活动的固定程式进行，可以依据活动内容安排这个组织下的妇女们在节日中的具体工作。“义务”是乐于为族人或村寨组织节日活动，为创造一个和谐美好的节日氛围而做好服务，更重要的是要做节日文化传承者，要向可以参加节日的女人们传授节日中的各项规约、各种文化事项，包括节日服饰的制作、歌和舞的演艺。比如节日的歌需要针对不同的年龄段的女孩传授不同内容的姊妹节歌，传给未婚女孩“游方歌”的同时还要教她们游方的规矩和技巧；教“不落夫家”的妇女一些有事理的歌，用于“了却”曾经“游方”的未了情愫；还要给同龄妇女传授历史与文化的古歌。

婚姻是男女双方共同努力的结果，为婚姻交际而产生的节日不可能排除男性参与者。苗族姊妹节由姐妹集团主动邀约兄弟集团聚会，两个婚姻集团在节日舞台上只有主次之分，非排除关系。姐妹集团推选领导集体来组织和维护节日的活动，作为被邀约兄弟集团也要选取能歌、能舞、能说、能干的凝聚力人物作为“自然领袖”，对兄弟集体里的成员进行组织和规约，文化传承教育。事实上，节日的组织是由两大婚姻集团共同完成。

2. 节日的内容

苗族姊妹节是一个系列性、时段性的民族传统节日活动，过程复杂有序，内容丰富多彩。传统苗族姊妹节的目的是为青年交际创造条件，在一定时间段内开展系列活动，内容从“抬粑粑”活动的相识开始，经历“捞鱼”“游方”“踩鼓”“讨姊妹饭”“讨腊肉”“打平伙”等一系列过程，才恋恋不舍地“送别”，意犹未尽后又以“退篮子”为借口再次相聚。苗族人过节几乎都称为“Nongx ”，即“吃”。鼓藏节叫“吃鼓”、吃新节叫“吃卯”，姊妹节叫“吃良”等。可以说，“吃”是苗族节日的第一表征，食物是节日活动必不可少的媒介。苗族姊妹节需要准备的食物很多，有节日待客的鱼、肉、米酒、渣辣子等食物，有祭祀所用的鸭子、鸭蛋和鱼等具特殊意义的食物，还有姊妹节特定的“五彩糯米饭”。苗族人崇拜祖先，任何活动都需要求得祖先保佑，鸭、蛋和鱼是祭祀祖先的必备祭品。《苗族古歌》里有绿头公鸭帮助苗族先民传送信息，解除困难的传说。绿头公鸭为祭祀上品，水陆两行，通祖的交通工具。蛋和鱼在苗族世界里具有生殖意义，是婚姻与生育的象征，正是“吃姊妹饭”要达到的最终目的。“五彩糯米饭”亦称“姊妹饭”或“花米饭”，由母亲或女儿制作，是特定的“节日道具”。糯米通过植物色汁浸染而成黑、黄、红、绿，再加米的本色形成五色花米饭，通过男子的“讨要”和女子的“赠送”来强化节日气氛，加强情感联系，起着情感媒介作用。“吃姊妹饭”的节日程序为迎客—欢聚—送别，其间内容丰富，最耀眼的是“踩鼓”，最浪漫的就是“讨姊妹饭”。

苗族文化要求任何节日活动的成功都必须得到祖先的认可和庇护，“祭祀”是姊妹节必须的内容，也是迎客当天必行的仪式。迎客为两种情形，一是可以游方的青年，姑娘们聚集在寨子的宽敞处迎接远来的小伙子们，大家集体聚餐，唱山歌、情歌，之后就到游方场游方，晚饭分散到姑娘们的家中，饭后继续游方；二是不参加游方的已婚者，比如姑妈来舅家或因子女联姻而来等情况，多由男方迎接女方，设拦门酒、装扮节日场地、聚餐等。“欢聚”是节日最重要的一天，大众参与性最强，内容包括踩鼓、捞鱼捞虾、讨腊肉、斗鸟、斗牛、赛马、篮球赛、苗歌赛等，以节日踩鼓最为精彩。踩鼓是一项集体舞形式的群众性娱乐活动，也是展示苗族女性才智的大舞台，是苗族姊妹节中一道靓丽的风景线。盛装的姑娘们在踩鼓场围成一个一个的圆圈，银铃叮当，翩翩起舞。精致的苗族绣花衣标志着姑娘们的心灵与手巧，满身的银饰代表了家庭的殷实和富足，舞步的轻盈突出了姑娘的灵活和协调，吸引着场外小伙子们追逐的眼光。踩鼓场就是姑娘们才智大比拼的比赛场，也为人们提供了对未来的媳妇进行才智、容貌、人品、德行以及家庭经济状况进行全方位考察的机会。第三天的送别是整个活动中最神秘、最浪漫的，包括讨姊妹饭、讨腊肉、踩鼓送客、打平伙（大家各自准备食品后一起聚餐）等活动内容。苗族是一个含蓄而浪漫的民族，歌与舞是苗族姊妹节最外显的内容。以青年为主的“讨姊妹饭”，唱姊妹歌进行交友恋爱、诉情达意，然后小伙向姑娘讨要“姊妹饭”。苗族姑娘们借象形、谐音、借喻、拟人等修饰手法将代表自己心思的枝叶、花草、蔬菜等藏在用竹篮打包的“姊妹饭”里，赠送给讨要的小伙子。小伙子接过“姊妹饭”随即将早已准备好的礼物回赠姑娘，相互高唱飞歌，依依惜别。此后，小伙子再悄悄打开姊妹饭，通过里面的信物来判断姑娘的情谊，有可以交往，有应答成双，有拒之门外，姊妹饭实质上就是一封姑娘给小伙的“特别情书”。只有心心相印的人才能懂得这封“无字情书”的真正内涵，才能明了这封“无字情书”的情感表达。

## 三、苗族姊妹节发展与变迁

人类社会是在变化、发展和创新的过程中不断前进的，苗族传统节日就在苗族社会发展中逐渐形成和完善。古老的苗族姊妹节发展到今天，在注重传统的同时与时代、与社会相适应，不断融入新的文化元素，从节日的时间到空间、从节日活动形式到活动内容、从节日组织者到节日参与者、从节日的意义到节日的功能都或多或少地发生了变化，增加了新的内容，进行了新的诠释，原本单一、传统的发展模式改变为多元的、复合的、包容的民族节庆文化旅游产品，涵盖了娱乐、展演、商贸、竞技等类别，节日知名度不断提高。

1. 时空的变化

作为节日，需要满足时间和空间条件。民族节日是在特定的时空维度用特定的仪式或程序来集中展示民族的传统生活，体现了民族的世界观、价值观。苗族姊妹节经过漫长的历史积淀，经过社会现代化的洗礼，在时空上都出现了顺时顺势变化，时间从时段性向具体性渐变，空间从民族性向地域性转变。

最初的苗族姊妹节不是确定在一个时间点上，而是把情感磨合的一段时间作为节日的时间。也就是说，由一系列连贯性活动组成的姊妹节，活动场所不断变化，参与者流动性强，活动发生时间当然就不会是一个点而是一条线，即是一个时段，一般从农历正月到三月的农闲时段较集中，有的地方过了农忙以后又延续到农历五六月。可见，节日的时间不是固定的具体时间点，只有相对固定的时段。出于节日联谊的需要，各个氏族或村寨在这个时段内又有自己相对固定的节日点，较为集中在农历的二月十五和农历的三月十五。这个阶段的苗族姊妹节活动由时间线和时间点共同构成。民族节日文化旅游的兴起和发展要求苗族姊妹节有一个固定的对外宣传和集中展示的时间，于是，节日时间渐渐从原来的时段性向具体性发展。春暖花开的农历三月十五适宜旅游、便于出行，在政府的推动下，三月十五的苗族姊妹节成为台江县重要的旅游文化平台，节日越来越盛大，越来越隆重，逐渐也被苗族社区认可。

承载厚重苗族文化的姊妹节起到了增强民族凝聚力的作用。在节日形成的初期，仅仅是为青年人恋爱社交服务，功能单一，空间局限在氏族内部，相对狭小。苗族的历史与环境造就了与自然和谐相处、与其他民族和谐相处的民族性格，海纳与包容伴随着苗族走入新时代，社会日益开放，文化繁荣多元。族内婚与族外婚在苗族社区逐渐并行，苗族与异族拜亲认友日益增多，以至苗族以外的其他民族以各种身份参与到节日活动中来，比如异族异宗的“老庚”，通婚联姻的姻亲，相互邀约的友人，旅游观光的游客，文化考察的学者，获取商业收入的小贩等，来的都是客，苗族人敞开大门、敞开心扉欢迎！可见，姊妹节空间变化较大，活动范畴从氏族内部向氏族外部转变，从民族内部向民族外部转变，传播地域不再局限在某个或某几个氏族或村寨内。民族文化旅游拨动了节日文化的经济杠杆，苗族姊妹节渐渐露出了强大的经济功能。消费与收入在节日中体现得淋漓尽致，节日的参与者、组织者从中各取所需，此时的姊妹节就不仅仅只是民族内部的事情，成为这个地区惯性的社会经济活动。这样，苗族姊妹节的空间维度就从民族性的节日集会转变成了地域性的节日集会。

2. 节日主体的变化

节日主体的变化在苗族姊妹节的流变中十分突出。苗族姊妹节最初的目的性很强，只是单纯为民族生存繁衍搭建的恋爱社交平台，活动主体由两个可以通婚的婚姻集团构成，参与者明确。到了近现代，活动主体范围逐渐扩大，从以氏族为单位的通婚集团演变到地域性的苗族社区，变成了以一个村寨的所有女青年和本村以外的所有可以通婚的男青年交际联谊。随后，中年妇女开始大量进入这个文化交流圈，目的是回娘家与曾经的玩伴叙旧，同时借参与姊妹节活动为儿女考察未来的配偶。随着经济社会的迅猛发展，节日逐步覆盖整个社区，增加了许多老少皆宜的节日内容，节日主体又变化为苗族姊妹节社区所有苗族成员。当姊妹节作为旅游文化品牌大力推广时，节日影响力增大，节日覆盖的地域扩大，节日内容更加丰富，节日参与者远远超出了宗支、姻亲乃至民族的范畴。每到节日期间，不仅台江县各大苗族支系都来参与姊妹节的开幕式，参与民族服饰游演、民族文艺会演，参与民族民间旅游商品展销等，全国各地乃至世界各地游客也纷至沓来，也有各类明星、大家不时来助阵。2015 年的苗族姊妹节正值“五一”小长假，外来游客爆棚，三天时间，一个仅有十五六万人口的小县城却“吸引了海内外的游客和摄影爱好者 16 万人次”，欢乐的苗族姊妹节已不再是特定人群的节日，完全演变成了全民参与的活动。

节日参与者发生了变化，从宗支到民族再到全民，规模越来越大，内容越来越丰富，节日的组织者也必须随之而变，从民间“自然领袖”向“民族领袖”和民族民间组织，再向行政机构、社会组织发展变化。在民间，以女性为主体自发的组织和自然的“领袖”一直主导姊妹节组织管理，随着联谊范围的扩大，民族内的组织和“领袖”逐渐走上前台，打破了女性领导的体例，比如寨佬组织，比如有号召力的民族“自然领袖”纷纷出来协助妇女完成姊妹节活动的组织，扮演节日组织者。中华人民共和国成立后，村级行政体制得到完善，并发挥了巨大作用，得到村民的支持和拥戴，有了相当的地位，姊妹节的组织管理就自然而然地有了村级行政组织的身影，后来还扮演了主要组织者角色。到 20 世纪末，出现官办形式姊妹节，地方的行政机构加入组织者行列，并成为主要的“操盘手”。从 1998 年到现在的 20 年间，台江县每年的苗族姊妹节都由县委和政府主导，成立由多方参与的姊妹节组委会。这之后，节日的组织者变成了梯级管理的模式，由政府与民间共同举办的姊妹节，组织者就有行政人员、村干部、寨佬、歌师等；由村寨自行举办的，组织者有村干部、寨佬、歌师等，一些村寨里还有民间自办的形式，组织者依然是以民间歌师为主。

3. 内容的变化

苗族姊妹节活动内容在不断丰富和发展，出现从单一性向多样性转变。历史上的苗族姊妹节是为苗族男女青年提供恋爱社交的平台，提供一个社交联谊的机会，其目的单一，活动内容也仅仅是围绕这个终极目的开展，内容也单一。随着全民加入姊妹节活动的深入，节日内容越来越多样，越来越丰富，目的就是为满足各种社会角色对节日活动的不同需求。姊妹节在民族内部的全民化时期，适宜全民参与的其他节日内容被逐渐移植到了姊妹节中来，有了斗牛、斗鸟、斗鸡、赛马、篮球、拔河等项目的参与，成了姊妹节的节日内容。当姊妹节的空间维度扩展到不分民族内外时，行政机构深度参与，节日外延更加扩展。先是为促进地方经济的发展，加强农村的商品流通和文化交流，打着“文化搭台，经济唱戏”的招牌借苗族姊妹节举办各种“物资交流会”“民族传统商品展销会”等活动，在强化地方经济发展的同时丰富了苗族姊妹节的内容。随后，随着民族文化的大繁荣大振兴，民族文化旅游进入发展的快车道，“旅游”作为地方经济社会发展的战略目标跃然于纸，“文化搭台，经济唱戏”又迅速翻了个身，变成“经济搭台，文化唱戏”了，围绕民族文化旅游做足做好文章，投入大量资金扩建公路、修建节日活动场所、加大新农村的改造建设，使姊妹节活动区域面貌焕然一新，接着又投入资金加强民族文化旅游的宣传和推介，为增加吸引力，不仅新增了“苗族姊妹花大赛”“绣娘大赛”“山地自行车赛”“攀岩大赛”等新时代的文体活动，还把一些其他的苗族节日活动也移到姊妹节期间举行，比如龙舟比赛等，其间还增加一些经贸洽谈内容。而在民间，姊妹节中自娱项目除了传统的项目依然存在外，又创新发展了许多新的项目，比如民族广场舞大赛，服饰走秀、村寨之间的走亲联谊等。到此，苗族姊妹节内容已相当丰富，无论官方还是民间组织的节日活动，客观上使苗族姊妹节活动内容实现了由单一性向多样性的转变。

## 四、苗族姊妹节的当代价值

民族传统节日是一个民族共同的精神家园，是一个民族的民族性格、伦理道德、宗教信仰、价值观念、文化心理等的展示、教育和传承的载体，具有强化文化认同、促进人们交往交流等社会文化功能，是研究少数民族文化的重要资料。民族传统节日在当代社会发展中，对促进民族团结进步事业发展，助推少数民族和民族地区经济社会又好又快发展起到了重要作用。苗族姊妹节有着传承苗族传统文化、模塑民族共同心理和增强民族凝聚力的强大社会功能，努力挖掘和研究节日的文化内涵，正确引导节日文化消费，增强民族文化认同，对苗族的社会进步和经济发展有着特殊的意义。

1. 传承和彰显厚重的苗族文化，具有科学研究价值

苗族姊妹节集中传承和传播了苗族传统文化，是苗族传统节日文化重要组成部分。按照节日的要求，参与者需要懂得和掌握节日所需要的基本才智，这些才智的获得又需要长者的传授，于是苗族社会长者承载着传承和传播民族文化的义务，幼者有通过向长者学习而获知民族的传统文化责任。在节日里，苗族的制度文化、信仰文化、服饰文化、歌舞文化、饮食文化等演绎得淋漓尽致，集中展示苗族文化的精华，传承与习得民族传统文化的机会无处不在，充分地体现苗族传统节日文化的底蕴和文化价值，彰显厚重的苗族传统文化，是研究苗族传统知识传承发展的最好时机。

围绕着“人的再生产”问题，苗族姊妹节发展成为典型的社交娱乐性节日，有着苗族深厚的传统文化基因，遵循苗族的社会管理，展示苗族传统的社会生活，节日中传承苗族婚恋、服饰、歌舞、工艺等多层面文化，充分体现了苗族的文化观、宗教观、婚姻观、价值观，是研究苗族文化的重要案例。

苗族追求人口的增长与其苦难的历史不能分割。历史上，苗族经历了长期的战争与迁徙生活，生存环境恶劣。为了保民族之脉，强民族之气，苗族人寄希望于人口的增长，想方设法打通沟通交往、情感交流的通道，可以说“人的再生产”是苗族人民精神追求的一个重要目标。苗族姊妹节应运而生，在苗族两个婚姻集团之间架起了桥梁，缓解人口再生产问题，为实现壮种强族的民族愿望提供了现实的可能性。在周而复始的苗族姊妹节活动中，婚姻文化得到有效的传递和继承，反映了苗族的婚姻制度和习俗。节日在父权之下着重强调女性的中心地位，这是苗族从“从妻居”婚制向“从夫居”婚制发展中的一个过渡和妥协。在苗族《姊妹歌》里叙述了苗族婚制从“嫁男”到“嫁女”的转变过程，实际就是“从妻居”与“从夫居”婚制在冲突和斗争中的一种让步。可以说，苗族姊妹节就是人类婚姻发展史的“活化石”，在当今时代，具有研究人类婚姻发展的科学价值。

2. 增强民族凝聚力，振兴民族乡村文化

节日是人类社会发展到一定阶段的产物，维系社会人际关系的重要感情纽带，有着浓浓的人情味。苗族姊妹节是苗族众多民族传统节日的代表，有广泛性和群众性，是一个充满民族之情、恋爱之情、友谊之情的节日。周期性的节日展示、传承和发展，使苗族人在这一文化活动中产生巨大的文化认同，具有实实在在的民族凝聚力和向心力。年轻人希望通过参与姊妹节而获得与异性交往的机会，便自觉学习民族文化，遵守节日规矩，形成一个共同的民族心理。节日参与者从特定性向着广泛性的发展使每一个参与节日活动的苗族社区成员从节日中感知到自己民族文化的血脉，产生巨大的亲和力和民族情感的认同感，产生共同的民族心理，这种强大的心理力量把苗族社区内的人们紧紧地联系在一起、团结在一起，从而增强民族的凝聚力。在当代社会，这

股强大的民族凝聚力可以汇集成振兴民族乡村文化的动力和创造力。习近平总书记在党的“十九大”报告中提出实施乡村振兴战略，要坚持乡村全面振兴，坚持城乡融合发展，坚持人与自然和谐共生，坚持因地制宜、循序渐进。丰富多彩的苗族姊妹节源起于乡村，发展在乡村，是实现乡村振兴的宝贵资源，姊妹节所蕴含的民族精神文化、民族历史文化是苗族文化认同的坚实基础和情感归属，有助于提高苗族群众的文化自信，有助于苗族社会恢复和重建乡愁记忆，有助于人们对乡村文化资源再认识再发展，激发和培育民族内生动力，从而实现乡村振兴。

3. 加强文化交流，助推苗族的社会进步

近20年来，苗族姊妹节越来越热闹，越来越受到各方关注，各地宾客竞相到来。现已“成为全国乃至全世界苗族社区中民俗活动最集中、文化内涵最丰富、规模和影响最大的苗族代表性节日。如今，苗族姊妹节被冠名为‘贵州苗族姊妹节’，注册国家商标，列入国家旅游局推介的中国华夏城乡游23个重大少数民族节日之一，入选了第一批国家非物质文化遗产代表作名录，每年都有成千上万的国内外专家学者、旅游摄影爱好者前来考察研究、旅游观光，成为大西南现代旅游经济圈的一道亮丽的风景线”。尽管苗族姊妹节的外延不断扩大，节日内容多样化，节日文化多元化，但是姊妹节核心文化的价值依然存在，对美好的生活、人类智慧与社会伦理道德的追求和向往依然存在，在弘扬本民族优秀传统文化和传统美德的同时，吸纳各方优秀文化，助推了苗族社会的发展和进步。节日的文化特性要求苗族的青年人必须加强自身才智的修养，才能适应苗族社会，才能在节日中征服心仪的对象。这是一种无形的文化压力，也是一种无穷的前进动力，激励着苗族社区的年轻人，从而有效地激发苗族青年个体学习本民族文化和学习现代文化的热情与信心。

开放的苗族姊妹节在向世人公开自己的文化观、价值观的同时，也为世人提供了一个相互沟通理解和交流的平台，在民族文化、地域文化与外来文化的相互传播、整合中融入了全球化的世界进程。在文化双向影响的作用下，一方面提高了民族的自信心，增强了民族的自豪感，另一方面也给苗族社会带来了各色各样的发展新理念，苗族人除了将本民族的德育、才智作为标杆外，主流社会的素质标准也成为标准，从这个角度讲，苗族姊妹节不仅提高了民众的民族文化素质，同时也提高了苗族社会成员在新时代的整体素质，对促进苗族社会的发展和进步起到了不可估量的作用。党的“十九大”报告提出：“深化民族团结进步教育，铸牢中华民族共同体意识，加强各民族交往交流交融，促进各民族像石榴籽一样紧紧抱在一起，共同团结奋斗、共同繁荣发展。”苗族姊妹节日加强了与其他民族友好交往，强化了中华民族一家亲理念，营造民族团结进步的良好氛围，是构建良好人际关系、促进社会和谐、深化民族团结进步的绝佳时机。年复一年的姊妹节活动，你来我往，加深了各民族群众的感情联络，推进了中华民族认同心理的成熟和民族观念、国家意识的统一，对民族团结事业也起到了推动作用。

4. 保护和发展节日文化，促进民族文化旅游经济发展

当今社会，有人的地方就会产生消费，特别是旅游经济的大发展使得民族传统节

日的经济价值越来越凸显。苗族姊妹节在贵州少数民族节日文化中知名度高，有极强的知识性、观赏性和参与性，不仅蕴含着深刻的精神价值，还具有重要的经济价值，是进入民族乡村文化旅游市场的无形资产。“乡村文化旅游有着观光、休闲、体验、娱乐、度假、考察、采风、修学、购物等多种形式和功能”，而苗族姊妹节无疑以其深厚的文化内涵和多彩的外在形式吸引着大量的游客，使其在节日中得以休闲娱乐、情绪调节、情操陶冶和知识获取等作用，而其中为节日准备的饮食文化、歌舞文化、服饰文化都成了重要的文化产业资源，逐渐转化成当地苗族群众的“生计”实践，特别是服饰文化中的刺绣与银饰传统技艺，造就了许许多多的苗族工艺大师，建成了苗族刺绣产业和银饰加工产业基地。近年来，台江县已把办好苗族姊妹节作为推动文化旅游产业发展的重要举措，2017 年台江县接待游客 184.2 万人次，旅游总收入达 12.2 亿元，其中以银饰、刺绣为主的文化产业收入达 1.38 亿元[1]，苗族姊妹节游客人数达 37.11 万人次，实现旅游总收入 1.16 亿元，突破历届游客人次最高，比 2015 年游客人数翻了一番。台江县施洞镇已成为国内外苗族刺绣与银饰行业内著名生产批发交易市场。在姊妹节的带动之下，黔东南苗族侗族自治州以银饰、刺绣为主的工艺品产业逐渐发展壮大，涌现了一批专业生产企业，年销售收入近 18 亿元，2015—2017 年，黔东南苗族侗族自治州民族民间工艺品产业产值每年递增 20% 以上，带动就业人员 8 万余人，银饰、刺绣产品远销东南亚、美国、意大利、日本、法国等国家和地区及国内 20 多个省市，民族民间工艺品成为黔东南苗族侗族自治州旅游商品产业的主力军。苗族姊妹节这项文化资源具有不可再生性，要尊重苗族民众的文化意愿，要保护节日的核心文化，防止出现“伪民俗”，杜绝“媚俗”和“恶俗”，在保护中发展，在发展中保护，才能持续利用，才能发挥苗族姊妹节文化的最大效益，促进民族文化旅游产业的大发展。

## 【参考文献】


[1]《苗族简史》编写组．苗族简史［M］．贵阳：贵州民族出版社，1985：10.

[2]范文澜．中国通史［M］．北京：人民出版社，2015：6.

[3]黔东南苗族侗族自治州地方志编纂委员会．黔东南州志・民族志［M］．贵阳：贵州人民出版社，2000：10-11.

[4]燕宝．苗族古歌［M］．贵阳：贵州民族出版社，1993.

[5]雷秀武．从黔东南苗族具有普识意义的文化遗存看人类学意义上的“原生态文化”——黔东南苗族“姨表不婚”婚制个案研究［J］．原生态民族文化学刊，2012（1）：110-116.

[6]薛平．论“姑舅表婚制”的历史存在［J］．西南师范大学学报（哲学社会科学版），1999（1）：123-127.

[7]多彩贵州网 - 贵州日报．台江姊妹节吸引游客 16 万人次［EB/OL］．（2015-05-07）［2015-11-07］．http：//qdn.gog.cn/system/2015/05/07/014287248.shtml.

[8]贵州民族事务委员会．贵州省民族传统节日进入旅游市场的文化条件分析［M］．贵阳：贵州教


[1] 2017 年台江县政府工作报告．

育出版社，2009：51.
[9] 今旦．苗族姊妹节：最古老的情人节［J］．中国西部，2015（10）：52–59.
[10] 杨军昌，杨蕴希．清水江流域民族教育文化遗产与乡村旅游融合发展问题研究［J］．西南民族大学学报（人文社会科学版），2018（5）.
[11] 多彩贵州网．中国·台江 2017 苗族姊妹节实现旅游总收入 1.16 亿元［EB/OL］．(2017–04–17)［2017–11–12］.http：//qdn.gog.cn/system/2017/04/17/015602029.shtml.
[12] 张永泽．用好用活民族资源 发展壮大苗族银饰刺绣产业［N］．贵州政协报，2017–09–14–B2.

# ● 集中连片特困地区促进乡村振兴战略研究

邓博文*

（北京大学　经济学院，北京　100871）

**摘　要**：习近平总书记在党的“十九大”报告明确指出，要拓宽扶贫渠道、采取各种有效手段精准扶贫，坚决打赢这场万众瞩目的脱贫攻坚战，带领贫困人口和贫困地区共同创造美好生活，朝着实现全体人民共同富裕的目标不断迈进。而14片集中连片特困地区作为我国现阶段脱贫攻坚的主战场，由于其致贫成因复杂、贫困现状集中、贫困程度深等特征，存在自我内生发展能力偏弱、外在推动力不足、经济社会发展水平低等问题，严重阻碍了全面建设小康社会总体目标的实现。基于此，本研究在乡村振兴战略的指引下，对集中连片特困地区再认识，探讨片区乡村振兴的内外联动机制，为片区乡村振兴战略的实施和经济发展提供更多的实践依据。

**关键词**：集中连片特困地区；乡村振兴；战略研究

## 一、引言

2018年10月17日习近平总书记在第五个国家扶贫日到来之际对脱贫攻坚工作作出重要指示，总书记指出：“只要各地区各部门切实担起责任、真抓实干，只要贫困地区广大干部群众继续奋发进取、埋头苦干，只要全党全国各族人民万众一心、咬定目标加油干，就一定能如期打赢脱贫攻坚这场硬仗。”事实确实如此，自党的“十八大”以来，全党在习近平同志为核心的党中央正确引领下把脱贫攻坚纳入“五位一体”总体布局和“四个全面”战略布局的突出位置，党中央国务院不断加强投入力度，采取因地制宜发展特色产业脱贫、引导劳务输出脱贫、实施异地搬迁脱贫等措施，脱贫攻坚取得了阶段性的胜利。一方面，我国贫困人口规模得到有效控制，在我国现行标准下，2010—2017年贫困人口数由16567万人减少到3046万人，累计减少13521万人，平均每年减少1690万人；贫困发生率从2010年年末的17.20%下降至3.10%，累计下降14.1%个百分点，年均下降1.76个百分点。另一方面，贫困地区经济社会得到全面发展，脱贫能力显著提升，人民生活水平也正在不断改善。2016年贫困地区农村居民人均可支配收入达到8452元，其持续增收能力不断增强；贫困地区农村居民收入连续保持两位数增长（见图1），2013—2016年人均可支配收入名义增速分别为16.6%、12.7%、11.7%、

* 作者简介：邓博文（1994—），男，贵州盘州人，北京大学经济学院在读硕士研究生。研究方向：经济学。

10.4%（见图 2），脱贫攻坚形成了良好态势，坚定了打赢脱贫攻坚这场战役的信念。但是，我们不能被当前的胜利冲昏了头脑，必须清晰地意识到，我国脱贫攻坚还将面临新一轮的挑战，六盘山区等 14 个集中连片特殊困难地区（以下简称“连片特困地区”或“片区”）作为今后 10 年我国扶贫攻坚的主战场，贫困问题依旧不容忽视，是扶贫工作“啃硬骨头、攻坚拔寨”冲刺期的重中之重。目前这 14 个连片特困地区社会发展状况依旧堪忧，由于这些地区大部分集中分布在山区、丘陵地区、限制开发区，生态环境恶劣、基础设施条件长期落后、公共服务存在较大缺口，贫困发生率普遍在 20% 左右。而且经济收入大幅落后，农民人均纯收入 2676 元，仅仅相当于全国平均水平的一半，在全国综合排名最低的 600 个县中，有 521 个在片区内，占到了 86.8% 的比重，连片特困地区脱贫形势十分严峻。为了打赢这场脱贫攻坚战，确保实现 2020 年全面建成小康社会的奋斗目标，促进集中连片特困地区的经济发展已刻不容缓（袁彪，2018）。

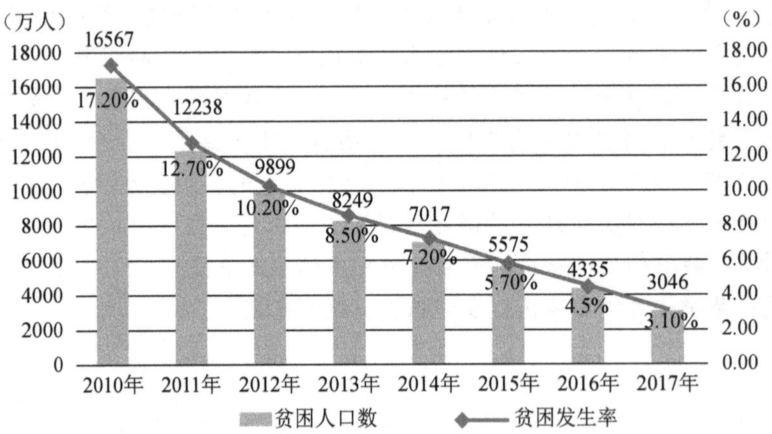


**图 1　我国 2011—2017 年贫困人口统计数据**

数据来源：国家统计局国民经济和社会发展统计公报。

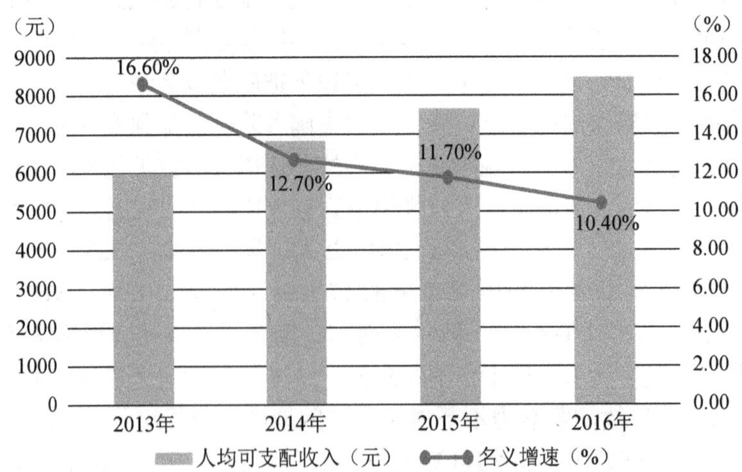


**图 2　2013—2016 年贫困地区农村居民收入增长情况**

数据来源：国家统计局国民经济和社会发展统计公报。

为了从根本上解决城乡差别、乡村发展不平衡、不充分的问题，实现社会和谐统筹发展，如期全面建成小康社会，党的“十九大”报告明确提出要求从产业兴旺、生态宜居、乡风文明、治理有效、生活富裕五个维度推动乡村振兴战略的实施，促进乡村全方面发展。目前我国农村基础设施仍然落后、农村经济发展生产经营发展模式滞后、政策制度不健全、人口素质低下等问题仍然比较突出。乡村振兴战略的提出，能最大限度地激发乡村发展的自身潜力和内在活力，构建现代化乡村可持续发展机制。而现阶段连片贫困特区具有扶贫对象最多、贫困发生率最高、扶贫投入成本高、扶贫工作难度最大、脱贫结果见效慢等特征，已成为实现区域发展与扶贫攻坚的短板和瓶颈，严重制约着社会主义现代化和全面建设小康社会战略目标的实现。因此如何在片区实施乡村振兴战略，促进片区经济社会发展，使全国贫困地区脱贫“摘帽”已是迫在眉睫的问题。基于此，本研究结合已有文献研究在乡村振兴战略的指引下，对集中连片特困地区进行再认识，探讨片区乡村振兴的内外联动机制，为片区乡村振兴战略的实施和经济发展提供更多的实践依据，对于如期打赢脱贫攻坚这场硬仗，全面建成小康社会和实现中华民族伟大复兴中国梦具有举足轻重的意义。

## 二、集中连片特困地区乡村振兴战略再认识

### （一）“片区”概念的提出

中国扶贫最早可追溯到1986年，国家先后三次确定和调整扶贫开发县级扶持单位。1986年确定331个国家级贫困县，并根据贫困地区的各项指标和具体情况将其划分为14个片区。1988年，根据国务院“国家在‘七五’期间每年另外拨出5000万元扶贫专项贴息贷款，集中用于牧区的贫困地区”的决定，国开发〔1988〕2号文件在确定牧区专项贴息贷款扶持县的同时对贫困区域进行重新规划和调整，最终又分为了18个地区（见表1）。

表1　20世纪80—90年代中国农村18个集中连片贫困地区

| 经济地带 | 片区数量（个） | 片区名称 | 涉及的省、市、区 | 贫困县数（个） |
|---|---|---|---|---|
| 东部 | 2 | 沂蒙山区 | 鲁 | 9 |
| | | 闽西南、闽东北地区 | 闽、浙、粤 | 23 |
| 中部 | 7 | 努鲁儿虎山地区 | 辽、蒙、冀 | 18 |
| | | 太行山区 | 晋、冀 | 23 |
| | | 吕梁山区 | 晋 | 21 |
| | | 秦岭大巴山区 | 川、陕、鄂、豫 | 68 |
| | | 武陵山区 | 渝、陕、鄂、豫 | 40 |
| | | 大别山区 | 鄂、豫、皖 | 27 |
| | | 井冈山和赣南地区 | 赣、湘 | 34 |

续表

| 经济地带 | 片区数量（个） | 片区名称 | 涉及的省、市、区 | 贫困县数（个） |
|---|---|---|---|---|
| 西部 | 9 | 定西干旱地区 | 甘 | 27 |
| | | 西海固地区 | 宁 | 8 |
| | | 陕北地区 | 陕、甘 | 27 |
| | | 西藏地区 | 藏 | 77 |
| | | 滇东南地区 | 滇 | 19 |
| | | 横断山区 | 滇 | 13 |
| | | 九万大山区 | 桂、黔 | 17 |
| | | 乌蒙山区 | 川、滇、黔 | 32 |
| | | 桂西北地区 | 桂 | 29 |
| 全国 | 18 | | | 512 |

资料来源：国务院扶贫开发领导小组办公室、农业部农业经济研究中心《贫困地区经济开发十粹》，中国科学技术出版社。

2010 年 2 月 4 日，温家宝总理发表重要讲话，强调“要把扶贫开发的重点放在贫困程度较深的集中连片贫困地区和特殊类型贫困地区”，同年 3 月 26 日，国务院西部地区开发领导小组召开重要会议，提出“开展集中连片特殊困难地区开发攻坚的前期研究”。从此后，“集中连片特殊困难地区”便成了中央文件、会议、政策的一个专有名词。2011 年 12 月 6 日，在《中国农村扶贫开发纲要（2011—2020 年）》（以下简称《纲要》）新闻发布会上正式将集中连片特殊困难地区作为扶贫攻坚主战场是新阶段扶贫开发工作的重大战略举措。《纲要》第十条明确指出：国家将六盘山区、秦巴山区、武陵山区、乌蒙山区、滇桂黔石漠化区、滇西边境山区、大兴安岭南麓山区、燕山太行山区、吕梁山区、大别山区、罗霄山区等区域的连片特困地区和已明确实施特殊政策的西藏、四省藏区、新疆南疆三地州，作为扶贫攻坚主战场。

### （二）乡村振兴战略回顾

习近平总书记在党的“十九大”报告中明确提出乡村振兴战略。2018 年 1 月 2 日国务院将乡村振兴纳入 2018 年中央一号文件，即《中共中央国务院关于实施乡村振兴战略的意见》。同年 3 月 5 日，国务院总理李克强在做政府工作报告时强调：“实施乡村振兴战略，是立足于我国现阶段社会主义初级阶段的基本国情，着眼于确保如期全面建成小康社会和基本实现现代化、实现国家长治久安而做出的重大决策部署。”乡村振兴战略的目标任务是，到 2020 年乡村振兴应取得初步成效，其制度框架和政策体系基本形成；到 2035 年乡村振兴应取得决定性进展，农业农村现代化建设基本实现；到 2050 年，乡村全面振兴，农业强、农村美、农民富全面实现。振兴乡村，振兴的是人民的人均收入，振兴的是社会生活水平，振兴的更是人们的观念，对于打赢脱贫攻坚战，加速城乡一体化进程，提高我国民族凝聚力，实现中华民族伟大复兴的中国梦有着重要的意义。为此必须制订科学、合理的规划，从农村、农业和农民等问题着手，在产业兴旺、生态宜居、乡风文明、治理有效、生活富裕宏伟蓝图下推动农业农村现代化、推动绿色乡村发展、打造乡村文明新面貌、建设现代乡村治理体系、提高农民群众富裕生活。

### （三）片区乡村振兴相关文献综述

集中连片特困地区，是指因自然、历史、民族、宗教、政治、社会等原因，经济发展受限、扶贫措施难以奏效、扶贫开发周期性较长的特殊困难地区，现阶段片区的发展能力是区域经济研究中的热点与难点。已有大量文献对片区扶贫难点和致贫因素进行了深入研究，张立群（2012）认为片区的贫困问题可划分为资源性、生产性、主体性以及政策性四种类型，部分学者也指出了片区的严峻形势；李晓龙和徐鲲（2014）则指出片区存在生存环境恶劣、基础设施薄弱、公共服务滞后、人口素质低下、生态意识落后以及社会形态特殊等问题，严重阻碍了片区的经济社会发展；刘牧和韩广富（2014）对片区扶贫攻坚形势进行分析，指出片区是全国扶贫对象最多、贫困发生率最高、扶贫工作难度最大、资源开发与环境保护矛盾最为突出的地区，其脱贫问题复杂、任务繁重、常规手段难以奏效，是国家区域发展战略与扶贫开发战略的发展的重要瓶颈。关于促进片区经济发展和乡村振兴的文献都有各自的侧重点，李民和贾先文（2016）强调连片特困地区应利用农业协同发展思维，加强区域合作，协同完善片区农业基础设施建设和农业公共服务体系，建立跨区域的片区农业组织和特色农业产业，高效利用片区资源，进而打破片区基础设施、市场与农业组织“碎片化”，农业规模不经济、产业结构趋同的困境，实现片区的乡村振兴战略。产业扶贫是实现片区脱贫致富的根本途径，片区要利用其自身优势促进一二三产业协同发展，拓展农业功能，形成全方位、多格局的开发模式（胡伟斌等，2018），产业链嵌入式扶贫作为片区产业扶贫的突破性项目，主要是通过将贫困人口转移到扶贫企业主导的产业链条之中，积极促成片区自身产业要素有机结合和产业价值的大幅增长，综合考虑贫苦户、企业以及相关利益群体的需求，能够有效解决贫困户产业参与和利益分享的问题（万俊毅和欧晓明，2010；郭晓鸣，2018）。其他学者也提出了相应的策略，例如：应建立片区科技下乡服务的长效机制，提高片区经济发展活力（张平淡和艾凤义，2007）；建乡村振兴下的人才发展战略，突破传统用人观念、育人观念的束缚，进行大胆甚至非常规的人才引进和管理制度创新（赵秀玲，2018）；郑瑞强（2018）则强调要进一步优化新型城乡关系益贫机理与连片特困区精准扶贫机制，提高扶贫开发治理水平。已有研究大多是基于单个扶贫策略对集中连片特困地区经济发展和乡村振兴进行研究，但是对片区乡村振兴机制研究尚不充分，没有根据片区内外部条件形成完善的扶贫机制。基于此，本研究结合已有文献和理论基础，构建了促进片区乡村振兴的内外联动机制，包括内涵发展和外部“输血”两个维度。其中内涵发展主要是从发展壮大村级集体经济、完善乡村基础设施建设和基本公共服务体系、改善教育和文化水平、加强乡村干部队伍建设四个角度提高连片特困地区的内生发展能力。外部“输血”是指政策精准引领财政扶贫和产业扶贫、科技下乡服务、人才引进与管理等外部手段助推片区乡村振兴（参见图 3）。

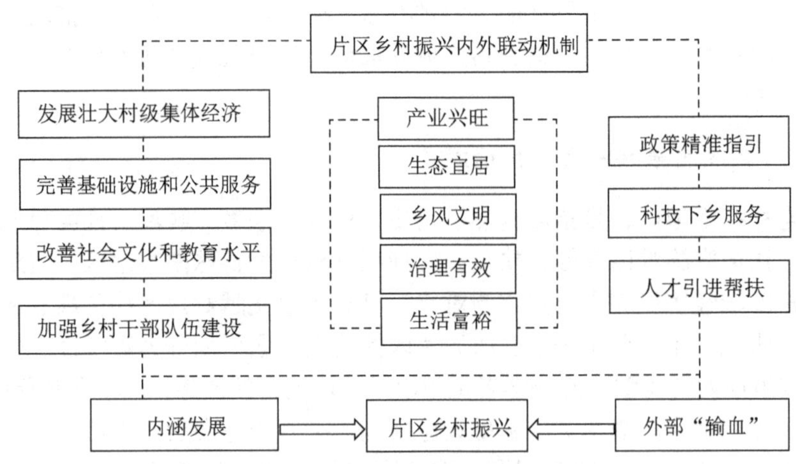


**图 3 连片特困地区乡村振兴内外联动机制**

数据来源：作者绘制。

## 三、“内涵”发展

### （一）积极探索发展壮大村级集体经济的新途径

片区经济的发展离不开农村集体经济的壮大，必须克服小农经济的思维束缚，用科学发展观武装头脑，拓宽片区村级集体经济的新渠道，从而激活片区内生发展动力。一是大力开发农村集体资源。通过与当地村级负责人协商对资源丰富的村进行优化整合，对其资源统一规划、开发、利用，提高资源的利用效率。为此还应做好“以地生财，筑巢引凤”工作，村级积极开展招商引资，利用已有资源建立工业园区，提高片区对外开放程度，与市场建立紧密的联系。还能利用片区闲置的房屋、地皮、集体所有的山林、水体、河滩等资源通过对外租赁、合理改造等手段，实行业主自行经营和自负盈亏、村级集体分红等形式，盘活片区资产，提高资源利用率，增加农村集体收入。二是积极开展农业服务创收。片区村级组织结合当地生产实际情况增加相应的服务产业，比如增加农产品的工业附加值，加快农业科技服务实体的流通，提高农产品科技含量等，这样既能为片区农业生产提供系列服务，又能促进片区集体经济的发展。三是打破瓶颈广开思路，摸索片区集体经济多元化发展模式。一方面继续扩展农村合作经济的发展路径，努力创办片区农民专业合作社，积极评选片区农业产业化龙头企业，采取“合作社＋龙头企业＋市场”等形式，对片区产业发展提供技术指导、原料供应、信息共享、市场营销等服务，提高农村集体经济收入。另一方面要推动片区旅游行业的发展。充分利用政府宣传，提高片区乡村旅游知名度，从休闲农业、生态农业、观光农业等形式入手，开展乡村旅游，大力发展旅游观光、采摘园、“农家乐”等项目，增加片区农村集体经济收入。

### （二）完善乡村基础设施建设和基本公共服务体系

从乡村振兴五大要求的实现路径来看，农业农村基础设施和公共服务是乡村振兴总体任务的强力支撑，是实现农业强、农村美、农民富的重要“抓手”，将贯穿农业农村现代化的全过程。农业农村基础设施建设和公共服务对农村经济社会发展会产生巨大的直接效应和间接效应，是推动片区乡村振兴的动力引擎。目前片区乡村基础设施建设和基本公共服务体系在不断完善，近年来也取得了明显的效果。在基础设施方面，2016 年连片特困地区道路通达情况继续改善，所在自然村通公路、所在自然村进村主干道路硬化、所在自然村能便利乘坐公共汽车的农户比重分别为 99.8%、95.6%、61.2%，比 2015 年分别提高 0.1、1.9、2.9 个百分点。通信设施状况进一步改善，所在自然村通电话、自然村通宽带、自然村能接收有线电视信号的农户比重分别为 99.9%、77.4% 和 93.4%，比 2015 年分别提高 0.2、7.4、3.0 个百分点；特困地区基本公共服务体系也正在不断完善，2016 年未参加医保人口比重、有病不能及时就医人口比重以及报销医疗费占医疗总支出比重都比 2015 年有所下降，所在自然村垃圾能集中处理的农户比重和有卫生站的农户比重较往年也有较大幅度的提升，片区居民受教育情况也正在不断改善（见表 2，表 3）。

**表 2　2015—2016 年连片特困地区农村居民医疗卫生情况**

单位：%

| 指标 | 2015年 | 2016年 | 变动 |
|---|---|---|---|
| 所在自然村垃圾能集中处理的农户比重 | 43.1 | 49.5 | 6.4 |
| 所在自然村有卫生站的农户比重 | 89.2 | 90.5 | 1.4 |
| 未参加医保人口比重 | 0.9 | 0.8 | −0.1 |
| 有病不能及时就医人口比重 | 5.6 | 4.4 | −1.2 |
| 报销医疗费占医疗总支出比重 | 21.5 | 21.4 | −0.1 |

数据来源：国家统计局农村贫困监测调查。

**表 3　2015—2016 年连片特困地区农村居民教育情况**

单位：%

| 指标 | 2015年 | 2016年 | 变动 |
|---|---|---|---|
| 所在自然村上幼儿园便利的农户比重 | 75.3 | 79.6 | 4.3 |
| 所在自然村上小学便利的农户比重 | 81.2 | 85.2 | 4.0 |
| 7~15岁非在校儿童比重 | 2.4 | 2.0 | −0.4 |
| 16岁以上成员均为完成初中教育农户比重 | 18.1 | 17.0 | −1.1 |
| 劳动力平均受教育年限 | 7.3 | 7.4 | 0.1 |

数据来源：国家统计局农村贫困监测调查。

但是现阶段，片区农村基础设施和公共服务数量、质量远低于城镇，农村地区的基础设施和公共服务既有总量不足的问题，也有质量不高的问题。因此加强片区农业农村基础设施建设，既是乡村振兴战略各项事业发展的基础，也是现代化农业建设的重要组成部分，应该与农村经济的发展相互协调。片区的基础设施建设不仅要以“三农”问题为着手点，更应注重从“三农”之外即各自对立面采取对策，加大对农业、农村、农民等问题的投入力度；以片区农业主要作物产出为重点，提高片区农业综合生产能力；以农田水利工程为重点，加强农业基础设施建设；以育种培育为重点，提高农业科技创新和推广能力。把社会保障工作放在突出地位，加快完善与片区经济发展水平相适应的社会保障体系，提供就业、医疗、互助、保险、救济等服务平台，进一步完善片区的公共服务体系。今后，片区基础设施建设和公共服务体系的完善应充分考虑片区居民现代化需求、片区乡村产业建设的需求，提升片区基础设施和公共服务体系的层次，为片区乡村振兴打下坚实的基础。

### （三）改善教育和社会文化水平，加大片区内生动力培育

“扶贫必扶智”，加大对连片特困地区内生动力的培育就必须提高片区的社会文化和教育水平。2016年，教育部深入贯彻落实党中央、国务院决策部署和习近平总书记扶贫开发战略思想，聚焦贫困地区和贫困人口，实施了一系列教育惠民、教育富民的政策措施。随着教育扶贫工作的扎实推进，教育在脱贫攻坚中的基础性、先导性和持续性作用日益突出，教育扶贫贫困个体、家庭和地区摆脱贫苦的效果逐步显现。然而目前片区农村经济发展的落后导致农村教育设施普遍较低，整个硬件方面已经严重落后于城市，而软件也同样如此，农村的低福利和落后的基础设施建设，难以吸引优秀师资，甚而大量外流。基础设施和师资这两个核心条件的落后严重制约了农村教育水平。集中连片特困地区要摆脱贫困、实现乡村振兴，最为关键的途径是提高片区的教育水平，打破片区物质困穷与知识缺乏的恶性循环。因此要继续加大对片区基层中小学的教育教学经费投入，彻底根除当前校舍破、旧、险的办学条件，改变现代化设备落后的现状，真正为素质教育提供可靠的物质基础；教育离不开教师，片区要拴住心、留住人，就必须加快实施乡村教师培育工程，充实乡村教师队伍资源。最为关键的是要激励引进的人才在片区各项建设中充分发挥其聪明才智、大显身手、充分挖掘其潜能，打造一支强大的乡村振兴人才队伍；同时还应提高乡村文化建设的重视程度，加大财政资金投入力度、完善农村娱乐活动场所和设施，抓好教育培训、提高农民的科学文化素质和农村实用技术，进而激发片区群众发展的内生动力。

### （四）加强乡村干部队伍建设，提高治理水平

干部队伍是党和国家各项事业的组织者和实施者，干部队伍工作质量的好坏决定了各项事业组织实施的成败。片区乡村的干部队伍，更是做好群众工作，密切党群关系、打赢脱贫攻坚战强有力的组织保证，他们工作的好坏直接关系到片区乡村能否繁荣稳定，人民能否安居乐业，社会能否和谐发展。因此，做好片区乡村干部队伍建设工作，激发乡村干部工作积极性，对提高乡村治理水平、提高片区内生发展动力意义

深远而重大。

农村乡村干部长期处于一线，接受学习教育的机会相对较少。因此，首先必须建立健全定期培训制度，为提高其思想政治、文化素质创造条件。将片区乡村干部列入市、区干部教育培训规划，努力扩大基层干部培训覆盖面，充分发挥各级党校的阵地作用，对片区乡村干部进行有针对性的教育，加强其思想政治理论和党的传统教育，增强宗旨意识和群众观念。同时，加强新形势任务、法律法规教育，提高其落实党的政策、维护农村稳定、带领农民致富的综合素质，使之不断适应新形势、新观念，保持与时俱进的精神状态。其次，要进一步提高乡村干部队伍的整体素质。一方面，竞争机制是加强乡村干部队伍建设和提高队伍素质的治本机制，营造一个公开、平等、竞争、择优的选人用人环境，吸引更多的优秀人才充实到队伍中来，促使片区乡村干部在思想上有一种紧迫感和危机感；另一方面，激励机制是激活乡村干部工作热情，始终保持良好精神状态的机制保障。完善科学、合理、全面的考核体系，并将考核结果作为奖惩培养和使用的重要依据，真正体现"能者上、平者让、庸者下"，从而提高干部素质，优化队伍结构。最后，促进片区乡村干部队伍的作风转变。一是乡村干部要思想上自省、纪律上自警。通过严格自律，加强自我修养，强化宗旨观念，始终把自己的行为置于广大人民群众监督之下，工作以高标准为目标，生活以下限为尺度，克己自律，善于抵御外来的诱惑和侵蚀。二是完善内外监督体系。在加强内部监督的同时定期组织社会各界共同监督，通过评议会议、个别交换意见等形式，把监督工作落到实处，用严格的纪律和督查，坚决克服和杜绝监督流于形式的现象，促进乡村干部提高工作效率、工作质量和为群众服务的工作水平。

## 四、外部"输血"

### （一）政策精准引领财政扶贫和产业扶贫

目前，政府对贫困地区的乡村振兴投入资金和政策投入力度非常大。我国的财政扶贫政策最早开始于 20 世纪 80 年代，政策扶贫力度逐年加大。2016 年，财政部预算中央财政扶贫专项资金 627.6 亿元，同比增长 42.5%（见表 4）。

表 4　2016 年县级扶贫资金增长情况

| 扶贫资金来源 | 2015年（亿元） | 2016年（亿元） | 增长（%） |
|---|---|---|---|
| 1.中央扶贫贴息贷款累计发放额 | 290.1 | 556.7 | 91.9 |
| 2.中央财政专项扶贫资金 | 440.4 | 627.6 | 42.5 |
| 3.中央拨付的低保资金 | 343.9 | 378.0 | 9.9 |
| 4.省级财政安排的扶贫资金 | 171.3 | 259.7 | 51.6 |
| 5.国际扶贫资金 | 2.1 | 3.2 | 52.9 |
| 6.其他资金 | 551.5 | 1025.4 | 85.9 |

数据来源：国家统计局农村贫困监测调查。

但是长期以来连片特困地区居民底数不清、情况不明、针对性不强、扶贫资金和项目指向不准的问题较为突出，致使经济增长不能带动、常规扶贫手段难以奏效，解决这些难题，就必须有一系列政策结合达到精准扶贫的目的，整合片区各类资源，利用精准的政策指引和资金投入将区域发展、乡村振兴以及扶贫开发有机结合起来（李小珍，2016）。

1. 精准定位乡村振兴财政政策的重点投向

现阶段我国的农业财政支出采取的是分块管理，并不是统一指挥，是由多个部分共同决策，这种管理办法很容易造成职能的冗余与冲突，进而导致乡村振兴的农业扶贫资金协调不到位或者交叉投入，甚至在资金投入使用过程中滋生腐败，影响片区乡村振兴战略的实施效果。因此要继续完善片区乡村振兴财政扶贫投入体系建设，通过对片区的实地调研将扶贫对象进行分类管理，快速构建片区乡村振兴发展的专项发展资金，将资金用在“刀刃”上，精准定位乡村振兴扶贫资金的重点投向（刘小鹏，2014）。要集中财政专项扶贫资金重点投向整村推进贫困村，通过扶贫贷款项目贴息、扶贫小额信贷贴息、村级互助资金、雨露计划、扶贫搬迁等载体实施精准扶贫，财政专项扶贫资金主要用于贫困村的产业发展和扶贫对象能力建设。片区乡村振兴财政投入以下项目建设重点：①加快农村集体经济的发展，提高片区资源的使用效率；②完善片区基础设施和公共服务体系建设；③完善金融服务机制，规范发展贫困村资金互助组织；④推进农村产业结构优化升级，促进农村产业融合发展。

2. 建立和完善产业支持政策，优先片区特色产业项目

连片特困地区的乡村振兴，离不开自身特色产业的崛起，产业扶贫是促进片区乡村振兴的内生发展机制，目的在于促进贫困个体、家庭以及区域的协同发展，从而激活经济发展活力，从源头根治片区的贫困问题。为此要根据片区乡村的实际情况不断优化产业支持方案，充分发挥和利用当地的资源优势，在发展乡村特色产业的基础上，推动片区产业结构优化升级，其实质也就是将当地自身发展与扶贫项目有机结合起来，形成高效的产业扶贫机制。同时也要继续推进连片特困地区多元化产业扶贫事业的发展，将劳动力由资源密集型向技术密集型转移，提升片区乡村的核心竞争力。

### （二）加大科技扶贫力度，提高片区经济活力

针对当前连片地区中存在的薄弱环节和突出短板，坚持以科技创新支撑引领乡村振兴是坚持连片特困地区经济发展的必然选择。据科技部测算，2017年，农业科技进步贡献率达到了57.5%，比2012年的53.5%的贡献率提高了4个百分点，科技进步贡献率按照每年接近1个百分点的速度增长。农业科技进步贡献率超过50%，标志着我国农业发展由过去的依靠资源投入，逐渐向科技推动转变。由于我国人均农业基础性资源禀赋相对不足、农业机械化水平较低以及劳动力型基础竞争力不强等因素，我国与农业发达国家相比还存在许多差距。现阶段，我国农业科技仍然存在着创新体系不完善、学科发展不平衡、重大标志性成果不多等问题，而且从实施创新驱动发展战略、推进农业现代化发展的全局来看，从推进农业供给侧结构性改革、促进绿色发展、提

高质量效益和竞争力的新任务来看，还存在明显差距。片区乡村振兴战略目标的实现离不开科技扶贫，必须深入贯彻落实科技扶贫，引导片区农民依靠科技进步促进当地经济发展，加快农民脱贫致富的步伐。

1. 构建科技下乡服务长效机制，助推科技扶贫

科技扶贫在连片特困地区扶贫开发过程中扮演着重要的角色，有助于实现了片区现代农业技术推广，促进农业科技创新与农业产业发展的结合，推动了农业快速发展。片区的乡村振兴须以科技扶贫作为引领，而科技扶贫首先要构建科技下乡服务长效机制，努力提高片区农民科技知识储备和参与市场竞争的能力（张平淡和艾凤义，2007）。如图4所示，本研究认为应构建内外结合的科技下乡服务长效机制，作用机理如下，政府首先结合片区的具体情况建立各种信息渠道，然后充分调动社会的农技人员等利用技术与知识资源来满足农民科技信息的个性化需求。具体操作是由政府搭建科技下线服务平台，科技协会在社会资源的协助下将农业科技信息传达到片区居民手中，然后科技信使通过走访、电话、网络等形式收集农民的科技需求，科技专家将片区的科技需求进行专业分析，提出建设性意见，或者实地指导，进而形成科技信息双向反馈机制，为片区的发展提供满足市场和农民真正需要的技术、科研成果，让科技带动片区产业兴旺。

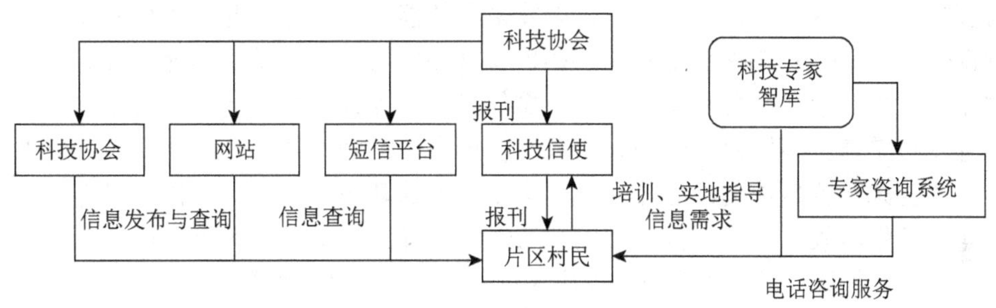


**图4　片区科技下乡服务结构**

数据来源：作者绘制

2. 引进先进技术，加速农业科技发展

由于连片特区经济基础薄弱、资源利用率低，仅仅依靠自身技术很难实现乡村振兴，因此连片特困地区的科技扶贫要充分结合自身实际情况引进先进的、成熟的、实用的科学技术，促进特色产业的发展。加强片区农业科研单位和企业的产学研合作是非常重要的渠道，通过企业市场竞争作用的发挥，与当地科研单位紧密结合，能够有效地促进片区产业与市场接轨，打通农业技术封闭的状态，促进片区科技成果的高效转化。与此同时要充分发挥农业科技园区、新农村发展研究院以及农民合作组织等新型推广组织技术引进的带头作用和载体功能，利用其资源优势和研发能力率先推广新型技术，再通过技术改造促使片区科技成果尽快转化成现实生产力，让科技成为片区乡村振兴的强劲引擎。

### （三）健全人才引进机制，规范用人管理

人才是贯彻落实乡村振兴战略的关键因素，是驱动乡村发展的重要动力，谁拥有了人才，谁就拥有了发展潜力和竞争优势。目前我国农村劳动力教育水平严重滞后，大专及以上文化程度仅占 1.2%，初中及以下文化程度却占到了 89%，农村人口平均受教育程度 6.5 年，农民文化水平远远落后发达国家，文化素质的滞后和人才的紧缺也严重阻碍了片区的经济社会发展（周小辉和马艳青，2016）。而连片特困地区，在吸引和留住人才的硬环境方面存在先天不足，这些地区生态环境脆弱、经济基础滞后、发展空间不大致使青年人才不满足于现状而大量外出就业，丧失了很多宝贵的劳动力。因此片区乡村振兴战略的实施更离不开人才的引进，亟须通过各种人才平台建设和产业支撑构建人才活力激发新格局，打破连片特困地区人才短缺瓶颈（蒋卓晔，2018）。首先，最重要的就是要健全人才引进机制，完善优惠政策。由于受经济和自然生态条件的限制，连片地区面临留才难、引才更难的窘境，若只通过片区自身培育力量单薄，亟需加大对片区的人才投入力度，健全人才引进机制，以及完善人才培养、使用、激励等多种配套措施，实行特岗特薪、特岗特位等人才安排办法，这样才能海纳百川，为特困地区的经济发展积聚人才；人才引进后，当地党委、政府要加大对人才相关优惠政策的投入力度，用人单位须对引进人才进行“跟踪”服务，做好其子女与家属的妥善安排工作，有效激发人才活力，人才来了便能安心工作，起到人尽其才、才尽其用的良好积极作用（游静和魏祥健，2018）。其次，要完善信息，规范人才管理。当地应建立人才需求信息平台和紧缺人才供需信息库，加强紧缺人才的供需预测，畅通需求信息发布渠道，为用人单位和人才双向选择搭建良好沟通平台，实现人才引进现代化，人才资源配置最优化；与此同时要建立人才的动态管理制度，根据引进人才的特点，建立工作时效、业绩、智力输出、工作成果等因素组成的评价指标体系，对引进的人才激励与监督并举，才能切实为片区乡村振兴计划助力添彩。

## 五、结语

2016 年各地区各部门深入贯彻落实习近平总书记扶贫开发战略思想，将连片特困地区作为脱贫攻坚的主战场，加大对连片特困地区投入和倾斜力度，连片特困地区脱贫攻坚成效显著。但是片区的扶贫任务依然十分艰巨，面临诸多的难题和挑战，必须进一步加大力度，强化各项扶贫手段，通过内外联动机制从产业兴旺、生态宜居、乡风文明、治理有效、生活富裕五个维度促进片区乡村振兴战略的实施，帮助片区激发乡村发展活力，建立更加可持续的内生增长机制，提高外部帮扶的精确度，为如期实现全面建成小康社会的奋斗目标提供坚实的保障。

## 【参考文献】

［1］袁彪．基于精准扶贫视角下的乡村振兴发展路径探索［J］．农业经济，2018（7）：47–48.
［2］张立群．连片特困地区贫困的类型及对策［J］．红旗文稿，2012（22）：18–20.

［3］李晓龙，徐鲲．连片特困地区扶贫攻坚的战略选择［J］．南京林业大学学报（人文社会科学版），2014（2）：61–68.

［4］刘牧，韩广富．集中连片特殊困难地区扶贫攻坚面临的问题及对策［J］．理论月刊，2014（12）：165–168.

［5］李民，贾先文．扶贫攻坚背景下连片特困地区农业协同发展路径——以武陵山片区为例［J］．科技和产业，2016（12）：136–141.

［6］胡伟斌，黄祖辉，朋文欢．产业精准扶贫的作用机理、现实困境及破解路径［J］．江淮论坛，2018（5）：44–48.

［7］郭晓鸣，廖祖君，张耀文．产业链嵌入式扶贫：企业参与扶贫的一个选择——来自铁骑力士集团“1+8”扶贫实践的例证［J］．农村经济，2018（7）：1–8.

［8］万俊毅，欧晓明．产业链整合、专用性投资与合作剩余分配：来自温氏模式的例证［J］．中国农村经济，2010，（5）：28–42.

［9］张平淡，艾凤义．科技下乡服务的长效机制［J］．科技管理研究，2007（12）：77–80.

［10］赵秀玲．乡村振兴下的人才发展战略构想［J］．江汉论坛，2018（4）：10–14.

［11］郑瑞强．新型城乡关系益贫机理与连片特困区精准扶贫机制优化研究［J］．现代经济探讨，2018（5）：100–109.

［12］蒋卓晔．乡村振兴，人才是关键［J］．人民论坛，2018（19）：62–63.

［13］游静，魏祥健．基于 ERG 理论的农村创新人才吸引措施研究［J］．科技和产业，2018（8）：75–81.

［14］张平淡，艾凤义．科技下乡服务的长效机制［J］．科技管理研究，2007（12）：77–78.

［15］周小辉，马艳青．科技下乡扶贫战略探析［J］．科技和产业，2016（6）：102–106.

［16］王朝明，王彦西．精准扶贫瞄准机制和政策思考［J］．经济研究参考，2018（6）：23–24.

［17］李小珍．区域性整体脱贫的财税政策缺憾及完善方略［J］．中州学刊，2016（8）：23–27.

［18］刘小鹏，等．集中连片特殊困难地区村域空间贫困测度指标体系研究［J］．经济地理，2014（4）.

# ● "乡土贵州"的"土味"历程与现状解读

## ——基于历史人类学的视角

杨宇浩*

（贵州财经大学　文法学院　贵州　贵阳　550025）

**摘　要：**：贵州省自古以来便是以农耕经济为主的农业社会，世世代代的人们在这方土地上更替繁衍，生生不息。然在如今这样一个文化大交融时期，文化涵化的力度太过强烈，人们由于视野的开阔，也由于生计所迫，渐已冷淡身边曾经的热土，许多年轻人更是选择了弃耕而去城市打拼。当下农村常住的"386199"部队难以继续维持农耕生计，以致农村土地大范围荒弃的现象突出，假若长此以往，必定会给农业经济带来巨大的打击。本研究从历史纵向性展开，讲述贵州特有的"土味"为其文化带来的影响，然后再从共时性横向描述贵州的弃耕现象产生的原因、影响以及解决的办法，希望能为解决这一现象有所裨益。

**关键词：** 贵州省；土味；弃耕；产业扶贫

贵州省现在虽然成了当今中国发展速度最为迅速的省份之一，但历史上曾一直发展较为缓慢，也正因为发展的缓慢，使贵州省较好地保存了多姿多彩的民族文化，成了中国著名的文化旅游胜地而有"文化千岛"之誉。但是现在有些许学者认为贵州省是"文化孤岛"，这是让人感到十分不可思议的。为此，本研究特就贵州省地区历来为什么文化变迁发展缓慢以及贵州在现代社会一个高度交融的大环境之下其传统文化处于怎样的境地进行粗浅的探讨。

### 一、"乡土贵州"——"土味"的传承

在当今社会，常常会听到"土"这样一个形容词，这放在现在属于一种不礼貌、略带嘲讽意思的词。可是放在以前，"土"却是一个中性词汇，甚至略带褒义。现在人们习惯于把乡下的人看作是"愚蠢"的，比如说：城里孩子和乡下孩子都在一个学校上学，在课程上城里孩子样样都比乡下孩子学得快、成绩好。教师也都喜欢这些成绩好的孩子，夸他们聪明。这等于说城里孩子的智商高。但是有一天放学后，我们看见

---

* 作者简介：杨宇浩（1995—），贵州石阡人，侗族，贵州财经大学 2017 级中国少数民族经济专业硕士生。研究方向：民族文化与经济。

孩子们在田野里抓蚂蚱，那些"聪明且有种"的孩子，扑来扑去，屡屡失败，而那些乡下孩子却反应灵敏，一扑即得，好不开心。但是一回到家，刚刚得来的一点小骄傲似乎又随着成绩而烟消云散了。乡下孩子在教室里学习成绩不如城里孩子，城里孩子捉蚂蚱比不过乡下孩子，在意义上，两者的内在意义是相通的。因为他们不擅长的原因，正是他们日常所不熟悉的环境，所以那些所说的乡下孩子"愚蠢"，显然不是指智商上的不及人，而是说他们因环境而知识面不及人。退一步说，在乡下生活所需要的知识，与城市生活所需的是不同的。曾经，费孝通说道："我要辨明的是乡土社会的本质，并非出于乡下人的'愚'，而是由于乡土社会的本质。"

贵州省的"土味"一方面使得贵州省的文化变迁进程相对缓慢，但另一方面也正是因为其特有的"土味"，使得其文化得以良好传承与存世。贵州省是一个多民族的省份，除汉族外，还有 17 个世居少数民族（苗族、侗族、布依族、彝族、土家族、仡佬族、水族、回族、白族、瑶族、壮族、毛南族、满族、蒙古族、羌族、仫佬族、畲族）和 32 个其他少数民族及 70 万左右的待识别民族人口，民族文化多元性、复杂性特点突出，构成了一个个绚丽多彩的文化长廊。而这即是贵州享有"文化千岛"的旅游胜地的原因。

## 二、贵州省"文化千岛"形成的原因

贵州省"文化千岛"形成的原因很大程度上是因为贵州省独特的山地封闭性。贵州省位处云贵高原，其典型的喀斯特地貌造就了地势的崎岖，大山重峦叠嶂，大河环环相接。历史上贵州省世居少数民族之间由于环境、语言等原因，交流困难，沟通较少，保守性强。正是保守性的顽强存在，使得山地各民族缺乏一种冒险精神，始终都是中规中矩。

### （一）民族语言的多样性

贵州省作为一个少数民族大省，民族语言十分丰富。在较长的历史时空里，且不提不同民族之间的对话难以进行，哪怕是同一民族，也有可能无法听明白相互之间的语言。就拿苗族、侗族举例，单单以苗族服饰款式分类就分为短裙苗、中裙苗、长裙苗，而以服饰颜色分类又分为红苗、花苗、青苗、白苗等，以及其他多样分类，每一个支系的语言都有其特殊性，彼此之间相似，却又不完全相同。贵州的侗族，明显分为南部方言区与北部方言区，相比而言，南部方言区保留着较为传统的特色文化，北部方言区已因与汉族的文化涵化，其文化发生了较大程度的变化，保留着部分传统侗族文化的同时，也吸收了许多汉文化。而北部侗族的侗话相比南部侗族就显得十分简单，且与汉语较为接近了。

### （二）地理环境的特殊性

贵州省有着丰富的自然资源，即使到今天，贵州省也肩负着为广州、深圳等地提供自然资源的重任。但是因为国家政策的原因，都是成本价格销售，所以导致贵州自然资源优势其实并没有为贵州省带来对等的经济收益。实际上，贵州省丰富的大山大河文化，就今天而言无疑是一种公认的无可替代的财富，但是放在以前却是阻止文化交流的重大因由。与北方的平原，百里无阻碍的地势不同，贵州省还是典型的喀斯特地貌区，地形破碎，切割强烈。大山大河，重峦叠嶂，使得在历史的长河中，肉眼望去村子之间是彼此相邻的，但是若想到达，还得翻山越岭，渡过大河溪流，这就增加了村子之间文化交流的难度，从而导致贵州省文化普遍处于一个“自言自语”的尴尬地位。

### （三）性格特点的保守性

贵州省人民的性格特点十分突出的就是其保守性。俗话说，不想当将军的士兵不是好士兵，不想做老板的员工不是好员工。但是，据调查统计，当询问贵州省的工人愿意替人打工还是自己做包工头时，70% 的工人会选择仅仅是打工，他们认为包工头的风险太大，要是出了责任还得自己承担，因而多数选择只是为别人打工。调查显示，贵州省的老板 80% 来自外省，其中 30% 来自湖南，比如说有名的肇兴侗寨，在里面的商家大部分都是湖南人，他们来这里租着当地人的房子、门面进行经商，而当地人则大多选择了每年收取固定的租金即感到心满意足。所以贵州省人民这种独特的保守性，不敢于冒险的性格特征使得贵州很少出现创业者，而大都是打工者。

### （四）贵州省的“土味”

贵州省是古代苗瑶、百越、氐羌和百僕四大族系交汇的地方，又是汉族移民较多的省，历史上长期实行“土流并治”，各民族文化在这里形成多元的复杂体系，构成一个绚丽多彩的文化长廊。各民族在文化变迁的过程中，逐渐形成“大杂居、小聚居，既杂居、又聚居”的独特风貌。即是说，不同经济文化类型的民族在贵州都找到了他们的生存与发展空间，这使得他们长期保持着各自的文化类型，而使如今的贵州省被誉为“文化千岛”。当然，其中大部分少数民族世代都以农耕经济作为它们的主要生活方式。

农耕生产方式是中国自古以来都一直传承下来的重要文化之一，在中国上下 5000 年的历史长河中，农耕经济一直保持着主体性作用。即使在游牧民族带来巨大的文化冲击下，农业民族依旧保持了其文化的稳定性。然而在工业现代化的大潮之中，无论是农耕方式抑或是游牧方式，都受到了前所未有的巨大打击，纷纷面临着破产或者融入工业化的选择。虽然工业化在短短 100 年间，使得人类文化超越了过去 5000 年的发展，但是工业化的成长之路，同时也是人类对大自然犯下原罪的历史之旅。在工业化 300 年的历史中，消耗了地球几千年沉积产生的化学能源的 2/3，全球变暖的问题日益明显，地震、海啸的发生越来越频繁，国内各地空气质量危机越来越严重。

## 三、农耕文明受到的冲击

随着城镇化的发展，大量的农民选择进城务农，这在促进城市发展的同时，还解决了农村的剩余劳动力问题。但是长此以往，民族山区会因此造成劳动力的缺失，最后不得不选择弃耕。但是自古以来，耕地是农民的命根子，为农民提供粮食需求，并且是国民经济的基础。所以如果弃耕的范围越来越广，规模越来越大，无疑会影响我国的经济发展和粮食安全。因此，对于调查研究贵州省的弃耕状况，就有了很重要的理论与实践意义。

根据第一次全国土地资源的数据显示，2009 年全国耕地 13538.5 万平方千米，人均耕地 0.101 平方千米，较 1996 年第一次土地资源详查时的人均耕地 0.106 平方千米有所下降。除了这个数据的统计之外，有不少学者对我国某些农村地区进行了研究，都普遍地认识到我国耕地面积逐年减少，耕地弃耕现象存在。雷锟、阎建忠、何威风（2016）认为耕地撂荒现象存在的原因主要有经济原因、耕地地块破碎、耕地区位条件差等。

目前贵州省农村地区八九成家庭都有外出务工的现象，而且都是中、青年，留下来从事农业生产的都是"386199"部队，也就是老弱妇孺，这支"部队"中真正能从事农业生产的大部分也就是妇女了，而农业生产是劳动密集型的产业，打工潮的冲击使农村劳动力不足，而妇女的劳动生产率又显然有别于男性，大量的弃耕也就实难避免。而现在更令人担忧的是，外出打工者赚了钱的不想种田，而赚不到钱的也不想种田，这种现象及其对农业的态度必然又会加剧弃耕。

于此，谨作如下几个方面的思考。

第一，完善流转机制。打工潮的冲击、劳动力缺乏、土地收益低、生产要素成本高等是导致土地弃耕最主要的因素，但是土地流转机制的不完善是导致土地撂荒最根本的原因。村委组织具有监督承包方合理开发利用和保护土地的权利。对连续弃耕两年及两年以上的耕地，具有收回土地承包经营权并重新发包土地的权利。但是在实际中，并不是所有的村委组织都履行好他们的义务，有的土地即使荒废了五六年，依旧没有采取什么行动，而是让它继续荒着。农民同样也是，他们作为承包方同样没有履行好自己的义务，对于无力耕种的土地没有主动上交，这种农民离农却没有离地，农民进城却没有弃地，土地弃耕却没有有效地土地流转。所以想减少土地弃耕的面积，最行之有效的就是完善土地流转，从农民和村委两方面来落实好流转机制。

第二，进一步完善和落实惠农政策。虽然说惠农政策的激励没有以前的效果明显，但是如果落实好惠农政策，把最基本的种粮补贴发放到种粮的农民手上而不是农田所有者，这也是一个实实在在的真的为农民着想的，农民也能够感受得到的措施。如果在有了很好的惠农政策的前提下，他们到底将会选择在家务农还是外出打工？据调查"惠农政策"和"务农与打工"之间呈正相关。也就是说如果把惠农政策落实到实处，那也会有不少的农民愿意继续务农。只有调动了农民的积极性，弃耕的问题才可以得到解决。

第三，提高农业生产技术。在大部分的劳动力外流的时候，人们选择非劳动密集型作物来维持土地用途，如以前 99% 种植水稻的人们现在有的选择种花生、棉花，还有的选择种烟叶、玉米等，但是这些属于人们的不得已而为之，玉米、花生、棉花这些收成并不好，但劳动力慢慢缺失而不得不做出这样的选择。水稻是一直种植的，人们对水稻很了解，什么时间播种才最佳、什么时间放水才最好。但是有些其他的作物，农民并不了解，对耕种的条件都不太清楚，如何防灾害也不知道，所以一年下来一点收成都没有的也存在。所以在技术这一块，政府和村组织应该采取相应的措施，努力提高农业生产技术，真正能使农业增收，能使农村产业绿色发展。

第四，发展适合当地的民族副业。可能有很多人会说在少数民族地区可以发展有特色的山地旅游业，但并不是所有的少数民族地区都能像西江千户苗寨、肇兴侗寨那样发展其民族特色旅游的。所以可以开辟另一条路，如苗族和侗族的刺绣传统依然存在，而且当地人民做出来的民族服饰十分精美，现在不少的人还靠这样的方式来赚起额外的收入，这是传承民族文化和增加收入的双赢。我们可以打破个体的方式，如建立民族服装刺绣坊，把村里面的妇女聚集起来，一起劳作，形成一个团体，发展自己民族的副业，最大可能地增加人们的收入。

## 四、结语

贵州省各族人民自古以来都与土地相伴而生，但其传统的农耕文化在工业化的冲击下，使土地的束缚性渐渐变弱，大量农村劳动力外流，而留下的“386199”部队却无力承担起耕种土地的重任，从而导致越来越多的弃耕现象。弃耕在我国大部分民族地区的广泛存在，已引起了政府和社会的高度关注。每个地区弃耕的现状和原因虽有所不同，但总体来说并没有太大的区别，即大多是受打工潮的影响、种田收益低、制度不完善、管理主体缺位和生产要素成本高等所导致。这些带来了一系列的转变，耕地使用规模的减少、就业方式向民族性质半传统方式转变、经济作物的转变和民族农耕文明传承的中断等。

我们都知道，耕地是农民的命根子，农业是我国国民经济的基础，因此大面积的弃耕无论是对国家还是农民，都会带来重大的影响，必须采取相应的措施，如加快完善土地流转机制、落实惠农政策、提高农业比较效益等来从根本上解决弃耕问题。而在弃耕行为带来的转变中，民族地区有它的独特性，因此可以利用这些独特性，因势利导来发展民族副业以增加农民收入，减少农民经济压力。农村未来的发展趋势离不开城镇化的拉力，但更重要的还是应该坚持以农为本，发展可持续的绿色农业和相关的产业，只有这样才是农民、农村和农业发展的长久之计。

## 【参考文献】

［1］费孝通．乡土中国［M］．北京：中华书局，2013.
［2］刘永佶．民族经济学［M］．北京：中国经济出版社，2008.

# ● 民族村寨传统丧葬文化之变迁研究

## ——以久安乡苗族村寨为个案[*]

王　斌[**]

（贵州大学　历史与民族文化学院，贵州　贵阳　550025）

**摘　要：**随着社会经济、文化的发展，久安乡苗族主要的丧葬类型与传统正发生着相应的变化，本研究对久安乡苗族丧葬习俗作了纵向的对比，着重通过对其丧葬形制及传统仪式的演变的比较来探讨久安乡丧葬文化的变迁内容和过程。丧葬仪礼与行为过程的变化，是社会变革与发展的浓缩和反映。传统的丧葬活动过程中包含了十分丰富的文化内涵，通过对久安乡苗族传统与变革中的丧葬习俗研究，能够使其文化变迁的脉络清晰起来，让我们更好地学会如何保护和传承其优秀的部分，有利于将久安乡打造成为集旅游、少数民族文化等多元一体，和谐健康发展的新农村。

**关键词：**文化变迁；文化调适；丧葬习俗；久安乡苗族

## 一、导言

贵阳市花溪区下辖的久安乡是一个典型的多民族聚居区，少数民族人口 2639 人，占全乡人口的 18.55%，在这里生活着汉族、苗族、布依族等多个民族，其中汉族人口最多，苗族人口次之，布依族人口较少，久安乡各民族共同生活在这个社区中，创造了丰富多彩的民族文化，形成了你中有我、我中有你的文化格局。随着社会经济文化的发展，其主要的丧葬类型与传统正发生着相应的变化，当地苗族丧葬礼仪经历着内容及形式简化、演变等，这些变迁过程是其社会历史进程的一个缩影。民族文化发生变迁的因素有很多种，族际间的交流与融合、自然环境的影响是当地传统丧葬文化发生变迁的一个主要因素，但更重要的原因，是久安苗族内部自发产生的对外界影响的调适，促使其文化发生演进。文化并非一成不变，它无时无刻不在发生着某种细微的变化。

---

* 基金项目：贵州省研究生科研基金立项课题："精准扶贫视野下乡村治理与乡村社会关系研究"（KYJJ2017018）。

** 作者简介：王斌（1994—），男，贵州织金人，贵州大学历史与民族文化学院硕士研究生。研究方向：民族经济。

## 二、久安乡苗族村寨的主要的丧葬类型与传统

久安乡是一个多民族聚居区，在当地，苗族的很多丧葬文化里已经融入了汉族和其他世居民族的丧葬文化。当地的主要丧葬类型可以分为以下几种。

### （一）岩洞葬

贵州省属于典型的喀斯特地貌，天然的岩洞遍及境内，贵州省的许多民族利用这一天然的条件，在其寨子的附近选择一些合适的岩洞作为人死后的“居所”，久而久之就形成了“岩洞葬”这一墓葬形式，这种葬法在贵州省的苗、瑶民族中较为流行。由于这种墓葬地址与山崖有关，因此也被称为“崖葬”“崖洞葬”等，史籍上称其为“炕骨”。据当地老人说，在久安敖凡冲的悬崖上，仍有这种岩洞葬遗存，不过从改革开放以后，岩洞葬习俗在当地几近绝迹了。

### （二）土葬

土葬是久安地区传统的最普遍的丧葬形式，据调查的资料来看，当地的苗族多持一种说法，即他们都承认自己是从江西迁徙过来，其祖籍为江西三道坎朱氏巷，部分为其他地方，但相距不远。据说，他们在迁徙过来之前，多实行岩洞葬或火葬，自从迁徙到贵州以后，深受当地民族的影响，逐渐形成了多种形式的墓葬形式，其中土葬是最为普遍和流行的。席克定先生在其著作中也有类似说法：“贵州各民族的土葬墓，大致可分为七个类型，分别是土坑墓、石板墓、石棺墓、石室墓、瓮棺葬、洞室墓、火葬。”

### （三）火葬

火葬也是久安当地传统的丧葬形式之一。火葬的历史较为悠长，正如清代学者刘韫良在其《牂牁苗族杂咏》中载：“啾啾冷雨鬼声闻，七尺桐棺一炬焚。底事劫灰烧不尽，灰扬风里劫纷纷。”这体现了少数民族“人死不葬，敛而焚之”的火葬习俗。实际上，在久安当地苗族传统的观念中，只有“死得不干净”的非正常死亡者才实行火葬，但从改革开放以来，特别是近几年政府做出强制规定以后，久安地区多实行火葬，以节约土地。

## 三、久安乡苗族传统丧葬过程

### （一）丧前的筹备

#### 1. 棺木的置办

笔者进行田野调查的三个苗族寨子，分别是丫坡、大坡，以及巩固。在这几个寨子中，通常老人在上了一定的年纪之后，其子女或是老人自己都会为自己准备好棺木，并且准备的棺材必须是由自己亲自督促做成。用的木料看个人经济情况来定，一般是杉木或梓木，因杉木少有虫蛀，切面光滑，被当地人广泛用作棺木材料，这两种树木

在当地被广泛种植，有钱人家也用红木。棺材的长度一般是2米长，由三大块整木做成。需要指出的是，据当地老人说，在民国之前他们这个地方有钱的富人为自己置办的棺木有两层，外面是椁，里面是棺，使用的木料更是讲究，需要树龄达到50年以上的大树。一般情况下，在物色好木材之后，须由当事人去和树木的所有人协商，去时至少要带上两瓶苞谷酒以表诚意。

2. 老衣的准备

老衣，在人们心中，和我们在生前穿的衣服一样，是一个人体面与否的标志。故而对于老衣的制作当地人是很尽心尽力的。在老人未去世时，老衣就须置备齐全，通常老衣是由老人的儿媳妇亲手制作，是纯手工的制品，做老衣的布都是用自家种的老麻织的。在老衣的制作方面，久安乡的每个村寨的做法多多少少都有一些不一样，比如在衣服的样式和花纹方面就有很大的区别。如有些村寨的苗族会在衣服上都绣有图案，而一些村寨的就没有图案。在巩固村他们绣在衣服上斑纹的类型有饕餮纹、流云纹、铜钱纹、万字纹、凤纹等，但没有龙纹。在巩固村，男性老衣的下身是裤子，而女性的则是裙子。另外在吴山村老照山这个寨子里，做老衣的布都是用自家种的老麻织的布并用火蜂蜡在布上画上图案再用蓝靛做的染料中染成色，布的颜色一般是青色和黑色，老衣上的图案是由画的那个人自由发挥画上去的，并没有固定或者规定的样式。女性的老衣是裙子，男性的则是长衫。还有一些寨子里的苗族在老人去世后穿的是自己本民族的服装，但一些苗族的老衣与本民族的服装又有些差异，如打通村长鲊组，这个寨子里的苗族，他们的老衣是他们本民族的服装，但不一样的是他们的老衣不同于平时穿的衣服，在衣服上没有花纹，而且他们结婚的时候同样也会穿本民族的服装。

### （二）丧葬的仪程

1. 报丧、选期辰

老人咽气的时候，最亲的亲人齐聚在老人床前，接受老人临终前的嘱托，其内容多为对子孙的关心和不舍，以及对遗产分配的嘱咐。交代完这些后事，老人咽下最后一口气，由年纪最小的儿子轻抚老人的眼皮，看看是否完全闭上，检查完毕后在老人床前烧上三斤六两的“倒头纸”。等到确认老人已经去世，老人的女儿和媳妇会趴在老人的身边一边哭泣一边细数老人生前的各种好。其儿子则需要从老人咽气后就开始张罗为老人操办丧事，实际上在老人弥留之际，前期的准备工作已经做得很多了。这个时候需要由死者的儿子在门外靠左边的地方燃放三柄地炮（一柄有三个爆竹），以此来通知周边的邻居老人去世的消息。当地的丧葬仪式一般为3~5天，期辰（家祭、外祭，以及下葬的时间）由当地的风水先生来决定，同时也要看主人家的经济情况而定，像有的人家比较有钱也会做上7天以上的法事。在选日期上要不亏父、不亏母。当地苗民流行的选期辰规矩是“月小从母起初一逆行，月大从父起初一顺行”。

其实在老人落气时，他的儿子为他燃放地炮开始，已经在向外界宣布老人去世的消息了。周围的邻居听到地炮的响声，自然知道这家人有人去世，大家会不约而同地到这户人家去帮忙。老人去世之后，就要派寨子里的年轻人首先去死者的舅家或姑家报丧，如果去世的是男性就先去姑家，如果去世的是女性，就先去舅家。报丧的人必须要在手臂上绑上白布条或者是白纸条，这样人家一看自然就知道别家有人去世了。去舅家报丧的人必须是死者亲近的人，去的人要带上一两瓶酒和两包糖去请舅家的人，然后再逐渐通知其他亲戚朋友。同时还要派人去请鬼师，鬼师在当地寨子里都是上了一定年纪的而且比较有威望的人才能胜任。每个家族都有自己的鬼师，一般情况下不会去外寨请人。鬼师的主要任务是给死者相地、做超度法事，以及下葬日期的确定等工作。

2. 沐浴穿衣

通常一个人去世之后死者的亲人要为死者清洁身体，如果去世的是女性就由她的儿媳妇给他清洗，如果去世的是男性就由他的儿子给他清洗。如果死者没有儿女就由其同姓的直系亲属代为死者清洗身体。为死者清洗身体要用温热的艾水洗（艾水即用艾草煮的水），也有的不用艾水，而是用皂角。同时还要为死者理发（这在丫坡寨这个寨子里比较典型），也有的村寨直接用烧沸后冷却的温水为死者洗身体（这在吴山村老照山比较典型）。为死者洗身体时要从上往下洗而不能从下往上洗，反之则视为不吉利。给死者洗身体也有一些说法，当地人的说法是："让死者走时能干干净净，死者才能进入西方极乐世界。"

寿衣是在死者未去世前就已经准备好的，等到给死者沐浴净身之后，就要给死者穿上寿衣，穿戴的衣服要穿单不穿双（一般为 3 件、5 件、7 件）。在民国以前，有钱的人家会用丝绸来包裹住尸体，还要用烧红的香在死者穿的老衣上烙洞，当地人的说法是："在死者的寿衣上烙洞是在给死者的衣服做标记，让死者可以在阴间证明那件衣服是他的，别人拿不走。"同时，人在死后，金属类的东西不能带进棺材，当地人说如果将金属带进棺材和死者放一起会影响下一代，死者身体的哪个部位有金属那么他的子孙后代的那个部位就会化脓长疮，永远也医治不好。如果死者生前有佩戴金银牙在入棺时也要给他取下来，但玉质的东西除外，死者可以佩戴玉质的东西下葬。

3. 装棺、设灵堂

给死者沐浴净身穿上老衣，派人去请的鬼师也到了，在鬼师的指导下，由死者的亲属（最好是其男性的直系亲属）将死者慢慢地放入棺木之中，入棺的过程同样要遵循一些规矩。要将死者的嘴眼合拢，手不能弯曲，手臂要放在身体的两侧，在将尸体放入棺木时要用白布盖上再放进棺木中，白布要用单数，并且白布要足够盖住死者全身，尸体不能露在外面，而且不能见光。在把尸体放入棺木之前也要用白布铺在棺内底部，要保证尸体的鼻子和腿在同一条水平线上。死者一旦入棺后就不能再触碰，尤其是亲人的眼泪不能掉落在死者的身体上，当地人的说法是这样的做法对后代子孙不好，影响子孙的命运，生来命不好。入棺后就要把棺盖盖上，棺盖一旦盖上就不能再打开。装好棺之后将棺材放在堂屋的正中央，脚要朝向正大门的一方，头朝向里面。但有一种例外，那就是没能在家中咽气的死者在死后其尸体是不能进入家门的，装好棺以后都是放在堂屋的门前，如果是在寨子外面死去的绝对不能进入寨内，其丧事就在寨子外面操办。装棺完毕就将棺材放在堂屋中间，一般情况下棺盖不是完全密闭的，而是要用纸钱夹在缝隙当中，目的是怕死者还阳，不会让假死的人窒息。

开设灵堂也必须按鬼师的指导来做，具体到用什么材料、怎么搭建以及建好灵堂后的工作。鬼师在接下来的几天法事中，多是围绕灵堂来进行，同时，外面的人来吊唁死者也是在灵堂进行。灵堂的布置由鬼师完成，在寿枋前需摆张大黑漆木桌，上面摆放祭品和油灯，灯油用桐油或者菜油，须得安排一个专门管灯的人来照管，称之为掌灯师，其任务是不让油灯熄灭。在寿枋的下面也要点一盏油灯，称为“引路灯”，这盏灯也是由前面安排的管灯人照管，不让其熄灭，意在为死者照亮通往阴间的路。灵堂的布置所用的材料大部分是竹子，选材的时候尽量选择较为笔直的。死者的亲人及寨上的人在人去世后每晚都要为死者守灵，避免发生火灾，也为了陪伴死者。

4. 法事

通常情况下，当地在给死者做法事大都包含几个仪程，即开路、过殿、绕棺、破五方、辞灵、装粮等。古代中国人相信人有两个灵魂，人在死后其魄会停留在墓中，而魂则会去到天上。法师在主持这些仪式的时候，必须围绕这个中心来进行，即护送死者的亡魂升天。过去当地如果有人去世一般都会做 5~7 天的法事。开路和开坛念经都要做法。法师使用的法器有鼓、钹、二钹、大锣、铃铛、木鱼等法器。

开路时鬼师要戴斗篷，腰上要插一把尖刀，手里要抱一只鸡，若去世的是男性就用公鸡，女性就用母鸡。鬼师要穿上自己民族的服装，现在都是穿自己平常的衣服，鬼师配的尖刀是为了辟邪。开路结束之后，要用糯米蒸熟做成糯米团来祭拜死者，然后将糯米团分给前来吊唁的亲戚朋友吃，糯米的量一般是一升六角。死者的儿子媳妇和亲戚朋友要给死者送上活人用的钱，要先交给鬼师，鬼师会给死者交代是谁给死者的，让死者带到阴间去买猪、买羊，做完法，会用这些真钱买纸钱再烧给死者。

过殿，过殿时法师要念过殿经。过殿时要封红包，在红包上要写明红包是给哪个殿的，是谁烧的，什么时候烧都要写清楚，是因为什么要烧给你，意思是死者到了下面，请这些殿的阎王放他一马，也就是我们所说的贿赂，请他们高抬贵手。绕棺，是在外祭的那天进行。由法师主持仪式，法师在前，死者的亲人跟随法师其后作揖，第一个姻亲举文帆，第二个姻亲端文书，孝子排第三,一个孝子在旁边烧纸。绕棺时孝子的手里要拿救苦棒。破五方是指破五方地域，是在绕棺当天的晚上进行。五方是指东西南北中五个方向。在破五方时，要分别在这五个方位摆灵位，放在棺材的两边和中间，东方为轰雷地狱，西方为金锤地域，北方为寒冰地狱，南方为火山地狱，中方为阿鼻地狱，破五方就是法师做法让死者脱离这五个地狱得以上天堂，不受苦难。在这些仪式过程中，参与的人除了法师外，大部分人都需要戴孝帕，戴孝帕一般是在家祭那天，孝子的孝帕一般是六尺长，孙辈的孝帕要短一些。破五方之后，仪式就接近尾声了，然后就是辞灵，死者的亲人辞别死者，这一过程也要做一坛法事。辞灵之后就要装粮，即用粮阴罐装上粮食，目的是让死者在阴间也有衣禄。但在当地流行着这样的俗语，“吴家不开路，朱家不装粮”。意思是吴姓家在办丧事的时候没有开路这个环节，朱姓家在办丧事的时候没有装粮这个环节。据久安的老人家说，是因为他们吴家的祖先来到贵州的时间早，找得到回去的路，所以也就不需要开路。

5. 家祭、外祭

开堂又称家祭，家祭时主家会杀一只五六十斤的小猪，如果去世的是男性就杀公猪，如果去世的是女性就杀母猪，这只猪家祭完后可以做来吃，但是孝子是不能吃的，一般其他人也不会吃，主要是因为这种小猪的肉不好吃。

外祭是主人家的亲戚朋友来吊唁死者，一般情况下来的人都会送礼。主人家会派人去请舅家和姑家的人过来，舅家的人通常要带香、蜡、烛、纸钱和一把自家做的纸伞，这种纸伞一般是红色，也有白色和黄色，纸伞是在下葬之后放在坟墓上的。其他的客人一般是送棉被、糖、肉和一把自做的纸伞。在整个丧葬仪程里面，要属外祭最为隆重，这一天，不管是死者的亲戚朋友或是邻居同事，只要是与死者生前有联系的大多都要到来，主人家会根据自己的经济情况来选择招待客人的酒席规模，通常要有八个菜以上，俗称“八大碗”。在以前的话，主人家办丧事的时候往往有打牛的习俗。这个过程由鬼师主持，杀的牛是自己提供，并且要挑选长得比较好的牛，不论去世的男性还是女性都是杀公牛，杀牛的方法是用木槌用力敲打牛头三下，杀牛时法师也会做法，要打卦，卦是对卦，卦是用苦竹做的，大概20厘米长，同时还要摆上10个碗。事后杀死的牛用来办酒席，而且要用牛角来喝牛角酒。这个习俗从光绪、民国年间就已经开始了。传说打牛就是为了用牛来冲破天门，好让死者顺利地到达极乐世界。

6. 出殡、下葬

装完粮就看时间准备出殡，时间都是鬼师提前算好的，几点破土，几点发丧都是早就算好的，出殡前也还要做一坛法事，这一坛法事也是比较重要的。做这坛法事的目的是把死者的魂魄叫出去，这时需要准备两只公鸡，一只用来杀，一只用来压杀，杀的鸡要用来绕棺材两三圈，然后将鸡丢出去，看鸡头的朝向，如果鬼师的功力足够深厚，就可以根据鸡头的朝向看出村里的哪户人家还有人将会去世，然后想办法化解。

出殡前，要敬神，敬的是天地神，敬神是要在堂屋做，要用刀头肉和酒来敬，做法的鬼师还要念经，这坛法事做完了之后才可以发丧，同时还要用一只鸡绑在龙冠上，这只鸡要用公鸡，被称作“站龙鸡”，起驱邪的作用。出殡时，一般是由16人抬棺材，上山时要撒买路钱，孝子走在最前面磕头，抬棺的走中间，送丧的人走在后面，鬼师要念咒辟邪避险。在发丧上山的路上，走到三岔路口时，送丧的队伍要停下来，这时法师要做法招灵，这里的灵指的是亡灵，这个时候也应该杀一只鸡，并且孝子要跪着烧纸，为死者扎的纸扎也是在这个时候烧给死者，这些纸扎一般有纸房子、纸马、纸牛等，寓意让死者在阴间有房子住，有牛有马。在这过程中棺材要一直抬着，不能放下，待法师做完法之后再上山。

## 四、丧葬习俗的变迁与调适

从久安苗汉民族传统丧葬活动来看，我们可以看到整个过程都充满了对亲人的无限哀思和对未来生活的美好期盼，贯穿着浓浓的人文关怀。同时丧事仪程的各项活动，也在提醒着人们遵循中国传统的孝道，将人与人之间的联系进一步拉近。但是随着经济的发展，城镇化的加快，久安地区传统的丧葬文化受到了一定的冲击。特别是在改革开放以后，城乡之间人口自由流动加快，而且久安又靠近省会城市贵阳，相比其他农村地区，其传统文化变迁更为剧烈和迅速。相应地，当地人长久以来为了应对外界社会的压力，自身内部也做出了某些改变以适应社会发展的需要。农村地区越来越多的人离开家里去外地务工，再也不用终身守着自家的几亩地过日子，人口的外流，直接导致的就是传统文化受到极大的冲击。苗族丧葬文化的变迁直接体现在多个方面，譬如丧葬仪式的极大简化，很多传统的仪程已不再现。还有服饰上的变化也很明显，不管是形式或是内容上都跟过去有很大的不同，除开最主体的部分仍在延续外，当地苗族丧葬文化的很多内容都随着经济社会的发展而改变着。而这些变化正是其自我调适的结果，当地苗族对于外来文化的调适方式，或为接受，或为排斥，如当地选择的鬼师通常都是寨子内部的人，对于外来的和尚和道士则持排斥的态度，但他们鬼师所主持的丧葬仪式，很多东西又借鉴了外部的元素，这其中体现出来的不仅仅是被动的接受，更多的是主动的适应和选择。

### （一）棺木和寿衣的置备

在久安苗汉民族的传统观念里，死去并不是真正的消亡，而是一种另类的新生。所谓“事死如事生”，人们相信人死后会去到另一个世界继续生活，故数千年来，人们厚葬隆丧的传统几乎没有中断过。在当地传统的观念里，若是一个人到了一定的年纪，大多会提前作准备，比如置办棺木、寿衣等事物在50~60岁的时候已经准备好了。棺木的置备一般由主人家亲自选择树木砍下之后请工匠进行制作，依个人的经济情况来进行制作，式样大多固定，只是大小有一点差异。老衣也是如此，都是由老人的女儿或儿媳亲自制作。

现在提前准备棺木和寿衣的已经不多见了，以前主人家制作棺木的过程很严谨，有的还要请鬼师来做法事才能开工，制作完成还要采取一些手段来防腐，最常见的是在外面刷上土漆。但现在这样做的已经很少了，人们宁愿花钱买现成的棺木也不愿自己来制作，因为那样太过烦琐。至于寿衣，现在人们图个方便，商店里有现成的就买现成的，从商店买来的寿衣样式花纹都是固定的。

### （二）“打牛”习俗的消失

“打牛”习俗的来源有众多说法，据任防《述异记》卷上载，苗族先民著名的部落首领蚩尤被古代民间描述成牛的模样，“俗云（蚩尤）人身牛蹄……秦汉间说：蚩尤耳鬓如剑戟，头上有角”。这证明牛和苗族先民有特殊关系。还有的说法是因为古代苗族先民在不断迁徙的过程中，吹芦笙、敲鼓、吹牛角，通过这些方式来悼念蚩尤，后来渐渐形成了“打牛”的习俗。无论“打牛”习俗的说法有多少种，其内涵依然有共通之处，族人通过这种方式聚集起来，增强了民族的凝聚力，激发人们生活的信念。故而，“打牛”习俗在传统的久安苗族社会中也是比较重要的。据当地的一位老人家描述，在民国以前，“打牛”的风俗还十分盛行，那时每当有老人去世，人们就会自觉地聚集起来，若是主人家经济不足以支撑“打牛”，本寨的人就会共同出钱买一头黄牛来祭祀。“打牛”仪式十分热闹和隆重，可以说是整个丧葬仪式的高潮部分，然而从民国以后，这种风俗逐渐地淡化，发展到现在，除非是本寨的鬼师去世，一般都不会进行“打牛”仪式，一方面是因为现在年轻力壮的人多在外谋生，另一方面还因为“打牛”比较耗费钱财，在追求利益化的趋势影响下，人们也就不愿去举行“打牛”了。

### （三）传统丧祭活动中“情义”的丢失

近年来，不只是久安这个地方，在更多的乡村社区中，许多传统的丧葬文化习俗正面临着消失的危险。以往，当老人快要咽气的时候，通常都会由他的儿女“抱头送终”，而现在，由于年轻的劳动力多外出务工，独留老人小孩在家，有的甚至只有一个老人在家，一旦发生意外，很少有人知晓。

过去当老人去世之后，至亲的人会燃放鞭炮和地炮通知邻里，现在除了燃放炮仗之外，有的还会燃放烟花爆竹，对于较远的舅家或者姑家，必须要亲自前去通知，去的时候还要带上礼物，但是发展到现在，由于通信的便利，大都是一个电话了事，没有联系方式的也是请别人代为转达。而舅家或者姑家的人会因为各种原因未参加葬礼，所谓的礼到情不到，这在以前是对死者的不尊敬，而现在已经是见怪不怪了。

传统的丧葬仪程似乎是烦琐了些，因为以前当地的人们没想那么多，只想一心尽其孝道，把丧事办得越隆重越好，所以以往的丧事大多要办 5~6 天，现在最多 3 天，许多程序也相应地简化了，前来参加的人员也大大缩减。临终前的关怀已慢慢变弱。

正如有学者指出：“丧葬礼仪是家庭甚至是整个家族、亲戚组成的血缘群体的一次加强联系的盛大集会。血缘的亲和性通过丧葬礼仪使几十甚至数百个同出一祖的亲属和姻亲亲属聚到一起，显示出一种强大的生命力量和精神力量，有助于战胜因死亡而造成的创伤、悲伤、恐惧和失望。丧家、近亲通过共同承担各种礼仪事物，共同供奉、祭拜死者灵柩，极大地强化了家庭意识，强调了对血缘伦常群体的认同，确证了家庭亲戚关系，增强了亲和力和凝聚力，使家庭（家族）关系更加亲密。”而现在，一些不良风气渐渐影响到我们的乡村社区，人们对于筹办丧祭活动的心理已经渐渐发生了变化，丧葬活动俨然变成了一种赚钱的方式，人们看的不再是哪个亲属哭得好，哪个孝子办得好，而是注重丧葬活动有多大的受益。以往，在久安地区，人们在为死者筹办丧事时不会去想要花多少钱，而是首先想到怎样尽其孝道，但是现在的话，为死者筹办丧事，人们不会去看哪个孝子哭得好，更多是将其作为一种谋取利益的手段，在乎的是收了多少人情，又花出去多少，这反映出人们传统孝道理念在逐渐丧失，利益化的观念越来越重。

## 五、结语

丧葬仪礼与行为过程的变化，是社会变革与发展的浓缩和反映。传统的丧葬活动过程中包含了十分丰富的文化内涵，在这个过程中，人们对死者的悼念，体现了浓浓的亲情关怀，特别是死者的亲人给死者筹备丧事的过程，是一个家庭乃至家族重要的大事，人们都通过这样的活动纷纷聚集起来，联络感情，分享喜悦与悲伤，可以说，通过进行丧祭活动，极大地增强了家庭乃至家族的凝聚力，使得社会的传统文化得以再生和延续。而经过几十年的改革发展，传统的丧祭文化已经受到了极大的挑战，许多我们记忆中的东西正慢慢被淡忘。

导致这种变迁发生的原因不外乎内因与外因两种。从内在原因看，即当地苗族在长期和其他民族进行交流的过程中，不自觉地吸收了其他民族的文化因子，结合自己本民族的传统文化，适当做出了调整，创造出既有自己民族某些特点又有其他民族因素的文化。从外在因素来看，当地苗族丧葬文化的变迁，最主要的外在因素是现代社会经济模式对传统丧葬文化的冲击，特别是改革开放以来，随着社会经济的快速发展，人们的生活方式也在发生着翻天覆地的变化，随之而生的是人们心理上的变化。除此之外，我们亦不能只看见当地丧葬文化的变迁导致的负面影响，因为文化的存在本来就是一个开放的、流动的和与时俱进的，这也是文化交流中的一种常态。世界上各个民族的文化一直都在发展和变迁之中，只是由于处境不同，发展和变迁的速度和方向有所不同而已。

## 【参考文献】


[1] 熊水富．贵州境内的岩洞葬与岩墓［J］．贵州省博物馆馆刊，1988（1）．

[2] 席克定．灵魂安息的地方——贵州民族墓葬文化［M］．贵阳：贵州人民出版社，1990.

[3] 潘光华．中国苗族风情［M］．贵阳：贵州民族出版社，1990：12.

[4] 杰西卡·罗森．祖先与永恒［M］．邓菲，黄洋，吴晓筠，译．北京：生活·读书·新知三联书店，2011：12.

[5] 郭于华．生命的续存与过渡：传统丧葬仪礼的意识结构分析［M］//王铭铭，潘忠党．象征与社会：中国民间文化的探讨．天津：天津人民出版社，1997：12.

[6] 李左人．死亡与超越——树立科学的丧葬观实行殡葬改革［J］．绵阳师范学院学报，1998（3）．

[7] 詹秦川，等．浅析中国节日民俗中的禁忌民俗［J］．美与时代，2009（2）．

[8] 梅军．濒危的家园——鄂西南百福司土家族社区的处境与命运［M］．北京：中央民族大学出版社，2012：10.

# ● 生态视阈下少数民族地区文化产业发展路径研究

## ——以贵州省黔东南州锦屏县为例 *

赵　娜 **

（贵州大学　历史与民族文化学院，贵州　贵阳　550025）

**摘　要：**近年来民族地区文化产业发展遇到了诸多瓶颈问题，从生态观视角出发审视民族地区生态保护和文化产业发展的关系显得尤为重要。把民族地区的独特资源禀赋、生态环境条件等优势转化为经济效益和社会效益是在生态视角下发展文化产业的主要目的。贵州省黔东南州锦屏县具有得天独厚的民族文化和自然文化资源禀赋，更重要的是其良好的生态文化传统在文化产业发展中有较大优势，需要尽快明确一条因地制宜的文化产业发展道路。本研究以此为出发点，归纳总结锦屏县的传统文化生态观和文化产业发展过程中的生态缺失，以期探讨适应锦屏地方性知识的、传承锦屏少数民族良好生态智慧的文化产业发展路径。

**关键词：**生态观；民族地区；文化产业；发展

近年来，在大力发展文化产业进程中，民族地区文化产业发展虽然取得了一定成效，但缺乏生态意识的粗放型发展导致的资源瓶颈问题日趋显著。在发展文化产业的过程中要遵循生态经济规律才能使少数民族文化产业发展生态化，才能实现经济发展与资源环境相协调的可持续发展。与发达地区的文化产业发展相比，民族地区经济依托薄弱无法形成较强的城市效应。但其文化资源和自然资源丰富，文化多样性特点显著，具有极大的文化产业发展潜力。并且，少数民族地区的传统文化中蕴含着丰富的生态意识，这种对人与自然生态关系的调控意识值得在当今解决文化产业可持续发展问题中借鉴。因此，从生态观视角审视民族地区生态保护和文化产业发展的关系，在发展文化产业的同时保护生态环境，将二者结合起来实现良性互动是至关重要的。

2012 年，国家颁布了《少数民族事业“十二五”规划》，强调“少数民族和民族地

---

*　基金项目：贵州省研究生科研基金立项课题：“精准扶贫视野下乡村治理与乡村社会关系研究”（KYJJ 2017018）。

**　作者简介：赵娜（1993—），女，甘肃张掖人，贵州大学历史与民族文化学院民族学硕士研究生。研究方向：中国少数民族经济。

区要大力发展特色农牧业、民族文化旅游业等特色优势产业”；2014 年，国务院要求“继续编制并实施国家扶持人口较少民族发展规划，大力发展现代农牧业、民族手工业、旅游业等特色产业”。但是面对有限的环境承载能力，必须在立足和强化民族地区生态优势的前提下坚持绿色、循环、低碳发展，以此制定合理的发展模式和路径，突破生态环境制约的瓶颈，避免急功近利的短视性开发，处理好资源开发与环境保护的关系，实现经济效益和生态保护的共同发展。笔者通过田野调查发现，贵州省黔东南州锦屏县具有得天独厚的民族文化和自然文化资源禀赋，更重要的是其良好的生态文化传统在发展文化产业方面有较大优势，需要尽快明确一条利于其文化产业发展的道路。本研究以此为出发点，归纳总结锦屏县的传统文化生态观体现和文化产业发展过程中的生态缺失，以期探讨适应锦屏地方性知识的、传承锦屏少数民族良好生态智慧的文化产业发展路径。

## 一、锦屏县文化产业发展中的生态意识体现

生态意识是一种反映人与自然环境和谐发展的价值观。基鲁索夫认为，生态意识是根据社会与自然的具体的可能性，最优解决社会与自然关系问题所反映的观点、理论和情感的总和。

锦屏，位于黔东南州东南边隅，依黔面楚，东界湖南省靖州县，南临黎平县，西毗剑河县，北抵天柱县。下辖 7 镇 8 乡 205 个行政村，总人口 22 万人。锦屏县境内清水江干流河长 57.45 千米，流域面积 1596.9 平方千米。森林覆盖率达到 71.16%，有“杉木之乡”的美称。境内侗族、苗族、汉族为主要民族，多种少数民族杂居，长期以来创造了独特的文化生长机制，积淀了良好的生态观念。

### 1. 锦屏县文化产业资源梳理

（1）旅游景点。隆里古城始建于明洪武年间（公元 1385 年），是明代中央政权强化对边远地区统治和中原文化对少数民族地区文化渗透的产物。是中国西南地区古军事城镇中保存最完好的军事城池，更是一座充满汉文化色彩的生态古城。被列为国家 3A 级旅游景区和省级风景名胜区。

春蕾林场，省级森林公园，锦屏乃至贵州最大的乡村集体林场。

三板溪湖景区，大型水利工程造就的旅游景区，三板溪电站大坝是国内第二、世界第三大坝，是集生态旅游、观光旅游、探险旅游、文化旅游的综合性度假旅游区。

龙池农业园区，农业示范园区，具有步道、观亭台、水果采摘园、蓝莓山庄等旅游设施的生态休闲观光旅游区。

（2）非物质文化遗产。传统音乐和戏曲类：河边腔苗歌、十二诗腔苗歌、平秋侗族歌、启蒙侗歌、平略三揪歌、偶里姊妹歌、偶里伴嫁歌、隆里汉戏、隆里迎故事、亮司阳戏、韶霭花灯。

民间礼俗信仰类：平秋北侗婚恋习俗、隆里婚俗、亮司婚俗、隆里丧葬习俗、茅坪宗祠祭祖仪式、黄门造屋仪式。

民间竞技类：打格螺、骑木马、斗木牛和侗棋类的螺螺棋、三棋、挑棋、五行棋、

裤棋、牛角棋和月亮棋等棋艺。

民族节日类：锦屏龙舟节、瑶白摆古节、大同堂皇歌节、平秋重阳“鞍瓦”节、青山界四十八苗寨歌会、娄江土王日歌节、铜鼓炸龙、高坝赛歌节、彦洞“七二零”歌节、彦洞侗年、控俄苗族芦笙节、隆里龙灯节（花脸龙）、新化舞狮、启蒙林王节、瑶光倒插枫树粑节。

民间手工艺类：隆里早茶（米花麻叶）、裕河腌鱼、婆洞酸菜、固本油茶侗布纺织手工制作工艺、九寨。

生产商贸及民间知识类：锦屏人工造林习俗、锦屏民间骨科医疗术。

民间故事传说类：隆里八月十五月送崽传说、黄哨山姊妹岩传说。

（3）历史价值丰厚的木商文化。锦屏县是我国南方著名的人工林区，其木商文化有 500 多年历史，在中国乃至世界堪称罕见。发现的大量关于山林管理和山林木材产权转让买卖的契约文书产生于锦屏少数民族先民的林木生产管理过程中。丰厚的木商文化遗产，反映林业生产关系的锦屏文书，以碑刻为载体的官府文告和民间规约，林业生产工具，农林生产习俗等反映文化的民风民俗。

（4）民族文化村寨。锦屏县有 10 个村寨列入省、州级保护民族文化村寨，其中隆里是中国历史文化名村，茅坪被列为省级历史文化名城，文斗、偶里、瑶白、韶霭、亮寨等 8 个村被列入黔东南州的 100 个重点保护民族文化村寨中。

2. 锦屏县传统文化中生态意识的体现

文斗苗寨被称为“民族环保第一村”，是锦屏苗族生态环保智慧的典型体现，早在明万历年间，就已经有了山田互补、林粮间作的农林结合的生产方式，在 300 年前就有意识地实施生态保护措施。现遗存 600 多株古树、3 万份古代文书和 100 多块古代碑刻。有一块“六禁碑”刻于乾隆三十八年，被学者们认为是“民族环保第一碑”，碑文主要内容是禁止乱砍滥伐树木、保护山林、保护环境，起到了规范林业市场秩序的作用。在文斗，各家各户多多少少都保存了一些林业契约文书，正是这些契约文书很好地维系了村民之间的互动关系和交易往来秩序，更有利于保护生态环境，使得该地人与自然和谐发展。由于长期以来的生态保护观念深入人心，才有了现今吸引众多游客的文斗生态村。在侗族村寨中同样有保护环境的禁令碑，彦洞村有一立于光绪三十年的石碑，碑文中写到“自示之后，如有该地方栽蓄杉、桐油、腊（蜡）等树，无得任意妄行盗砍及放火焚烧、牧放牛马践踏情事。倘敢不遵，仍蹈故辙，准该乡团等指名具禀，定即提案重惩，决不姑息宽容，各宜禀遵毋违。”足以见得从民间舆论规约到地方政府都很重视对人居环境和自然生态资源的保护。

在其他地区的文化传入锦屏之前，侗族、苗族人民把对自然的强烈依赖感和敬畏感演化成了原生宗教信仰。他们信仰万物有灵，认为植物、动物甚至五谷杂粮都有其灵魂。在重要的节日仪式中，都要事先祭拜神灵来祈求平安顺利。在锦屏九寨社区及清水江两岸的侗苗村寨都有这样的习俗：每当侗家婴儿出生，家人要为其孩子种植几十或者上百棵杉苗，也有全寨人为一个新降生的孩子种一棵杉树苗的情况，等孩子长大可以成家时树也已经长成栋梁，可当作男婚女嫁费用，还可成为姑娘出嫁带走的家产。杉苗十八年成材，这就是侗家的“女儿杉”。与祭树崇拜相关的还有一个传说，有年春天，疫病使平洞寨仅剩两户人家的孩子幸存，但也奄奄一息。一天孩子父亲梦到有位白胡子老者说若要孩子转危为安，必须给孩子栽树，树多成林，枝繁叶茂，才得荫庇。第二天，这两户人家立即上山为孩子们栽了上百棵杉苗，经过精心养护杉长成材，孩子们也长大婚配生儿育女。在侗乡，姑娘们选意中人也要挑选造林能手，“玩山”谈情时，姑娘们唱的栽杉歌充分体现了这一项择偶条件。

侗家代代爱种杉，阿哥种杉妹嫁他。
要想成家杉林配，不种杉树莫成家。

在锦屏九寨侗族地区，崇山峻岭、峰峦绵延。在山岭之间，通常有一片浅浅的谷底，有溪流潺潺流过，当地人叫作坝子。九寨大部分村寨，就这样“依山傍水而居”，九寨人称为“坐龙嘴”。依山傍水作为一种生态存在，已经融入侗家人的生命意识和生存实践中，既是侗族生态经验的折射，更是侗族文化的一种选择和表达形式。山、水、树、桥、亭、路，是侗族村寨的重要配置，是侗族村寨重要的文化符号，共同构成了侗族村寨的地理空间和文化空间。每个村寨但凡有溪必有村民集资修建的风雨桥，功德碑随处可见。和谐美观的文化生态景观，有利于提升民族村寨的旅游吸引力。

## 二、锦屏县文化产业发展中生态意识的缺失

几十年来，受政治和现代化等因素的影响，锦屏地区的生态环境发生了改变，人们对生态环境的改变也表现出一定的文化调适。但是，当生态文化调适变成一味迎合经济发展时，生态环境的破坏就不可避免了。文化产业的健康可持续发展离不开对传统文化和自然生态的保护。而现在片面追求经济利益、忽视对民族文化个性特质保护的行为比比皆是。

### 1. 片面追求经济效益，忽视民族文化传统信仰和生态道德

当前锦屏民族文化的产业开发对推动民族地区经济发展起到了一定的作用，但存在明显的不理性开发行为。所谓不理性开发就是指为了经济利益或政府政绩的需要而不进行科学有效规划的盲目开发。在锦屏传统文化中，人对自然的关系是尊重和敬畏的关系。人们把自己与自然中的山川河流、动物植物视为共生的一体，各民族都有善待自然才能生存和发展的观念。在传统习俗上形成了一系列崇拜动植物的生态道德伦理观和习惯法，规范着人们对自然界和社会的行为。对神林、神树、神山和神湖崇拜使得滥砍滥伐和污染成为禁忌，因此周围的生态环境都得到了较好保护。然而，在当前对锦屏的文化开发与利用过程中，人们淡化了对传统信仰和传统生态道德观的认同和敬畏，出现了严重破坏自然生态的行为。比如，为了建筑施工，砍伐古树，贩卖珍贵树木，滥采河底和山洞中奇石等，使得生态环境和社会环境一定程度上恶化。

### 2. 未进行民族文化产业生态链式发展规划

首先，在理论政策指导层面，缺乏对生态文化产业载体的明确定位，对于自然人文景观是否能够建设成为生态文化载体的判定和载体所应具有的标准衡量还不够成熟，生态文化知识教育基地、生态科普教育基地、生态文化展览馆、生态民族风情园等有

待于进一步增建和扩建。

其次，在旅游规划方面，大部分地方有一哄而起、盲目发展的现象。例如，有些地方的旅游资源规模不大、资源不够集中，交通等旅游基础设施较差，但在未经过规划和资源整合的情况下盲目搞“旅游开发区”和“旅游节”，投入了人力物力财力却收效甚微，消耗了一部分不可再生的自然资源却没有带来实际收入。有些地方旅游文化开发的资源优势明显，但因为急功近利而缺乏长远规划，在开发中没有完善基础设施建设和对自然资源的保护措施，不考虑环境承载力盲目接待游客，造成旅游资源的破坏。比如，锦屏的森林公园和一些度假型旅游景区的基础设施不够完善，休闲、娱乐、餐饮、住宿配套设施没有跟上，导致旅游垃圾不能及时处理影响了生态环境。这种短视行为，影响了旅游业的生态化可持续发展。如果在旅游产业发展中让民族传统文化不断流失或不理性开发，将对不可再生的旅游资源造成破坏。

最后，在品牌宣传和旅游营销方面，锦屏的优质生态指标如各地的负氧离子数、紫外线强度等无系统的权威数据，不利于旅游宣传推广。

### 3. 文化产品开发中的文化内涵缺失

文化产品并非简单意义上的商品或者消费品，两者最大的区别是文化产品的核心是精神劳动，文化产品影响着消费者的文化素养和精神追求。但在当前的文化产品开发中，往往忽视了对文化产品内涵的挖掘和利用。在锦屏一些郊区可以看到一些餐饮经营如火如荼的农家乐、民族村等，但仔细观察却并没有发现有民族文化内涵的元素。如果只靠餐饮经营民俗村和农家乐，就缺少文化内涵和文化体验的吸引力，文化产业建设很难持续性发展，也很难形成产业链效应。这样会失去乡土情怀的文化价值，导致乡村旅游概念的滥用和品牌效应的丢失。“农村餐饮”形式的旅游是一种低层次的大众旅游，而真正高品位的乡村旅游完全不同于传统意义的“餐饮”或农村观光旅游，它是一种能够给游客提供深度文化体验的高端旅游产品，是传统的文化内涵与村里风光完美结合的产物。另外，在利益驱使下对传统文化进行加工，扭曲的商业化运作出现了不尊重少数民族感情，不按民族习俗办事，歪曲、丑化、亵渎某些民族文化的行为，甚至出现了制造一些不存在的虚假文化的现象。这导致民族文化的肤浅化和庸俗化，忽视了民族文化发展的社会导向性。

### 4. 农村空壳化问题造成的生态变化

随着现代化的发展，农村地区劳动人民的职业结构也逐渐呈现多元化趋势，锦屏的少数民族村寨外出打工人员增多，农村人口下降，农村空壳化趋势日趋加重。几十年中锦屏地区以稻作和采集为主的生计方式发生了变化。农村空壳化使得一定程度上耕地荒废，农具机械化和化学农药的使用又导致了农业资源污染这一生态问题。在传统生计方式和政策环境的变化中，必然会出现原有的社会组织和观念发生改变的问题，增加了保护和传承传统民族文化要素的难度。少数民族先民在漫长的历史长河中建构起来的自然适应性成果和生态智慧的传承面临着断代危机。从长远来讲，这必然不利于文化主题村寨氛围的营造和文化产业的发展。

## 三、生态视阈下锦屏县文化产业发展路径

总体来说，要将生态文化的产业开发置于锦屏文化产业发展规划中，以丰富的生态文化资源为依托，以生态观为开发原则，以市场需求为导向，选择条件较好的若干地区，大力发展文化主导产品，做长产业链，并向其他产业渗透，提升相关产业竞争力，促进农民增收，为农村文化建设服务，从而在加快社会主义新农村建设进程的同时增强锦屏文化产业的实力，促进产业结构优化升级。

### 1. 尊重地方性知识，将锦屏传统生态观渗透到文化产业发展规划中

生态文化观的核心是建立一种与环境相和谐的价值观、道德观与伦理观，以实现经济社会系统与生态系统的和谐统一。生态文化观追求的是人与生态系统和谐共处、协同进化，这里的生态系统，不仅指自然生态系统，还指文化生态系统，每一个人生活在一定的自然环境中的同时也生活在一定的文化环境中。每一个个体都是在自时代的文化环境中自觉或不自觉地受着文化的熏陶而成长起来，兼具自然环境和文化环境的烙印。因此，一个地区的人们有着共同的地方性生态智慧，这是在生态文明背景下发展文化产业的宝贵财富。杨庭硕教授指出，“地方性知识规约下的社会行动，同样会具有至关重要的自主运行和综合作用禀赋。这就使得有利于生态维护的社会行动一经正确启动，即使没有外力支持，也能自行运作，综合发挥多种作用，不断地收到生态维护效益。”地方性生态智慧的收集和采纳不仅会节约生态环境修复的成本，而且这套因地制宜的方式还会提高生态维护的效果。地方性生态知识是结合该地人民的宗教信仰和其先民实践的成果，对于当地百姓来说具有更高的认可度。锦屏人的生态理念一直广泛存在于先民创造并流传至今的习惯法、信仰崇拜和日常生活中，可以预判的生态观唤起度会更高。因此，文化产业的发展中要尊重民族传统信仰和生态道德，注重民族文化的独特性，保护民族个性特征突出的文化，不能因为创新性而盲目对民族传统文化进行改造，不以现代流行文化视角对其进行加工扭曲。在创新性开发民族文化资源的同时，不违背其民族信仰、民风民俗、审美情趣、宗教禁忌等，要在尊重民族感情的前提下进行文化创意。

### 2. 要深挖侗族、苗族等少数民族村寨的文化内容，建设主题文化产业旅游区

依托文化资源，以契合的文化营销带动文化产业市场品牌。每个民族村寨都有包括人物、历史、自然、传说、民俗、节庆、饮食、建筑、祭祀、礼仪等方面的文化内容，在众多文化事项中选取最有代表性和村民最认同的文化作为该村文化品牌。已经在建成并取得较好效果的有用“木商文化”元素美化锦屏县城，打造了清水江风雨桥长廊，锦屏文书特藏馆，将历史中的“木头经济”转化为迎合现代经济发展的“生态经济”。依托古代军屯文化、清水江“木商文化”和苗、侗民族文化及革命老区红色文化旅游资源，正在建设完善中的有隆里古城历史文化名镇、清水江民族文化博览园等。还有以文化内容为主题举办的文化艺术节，举办规模较大的有 2015 年锦屏举办了首届“锦屏文书文化节”，2016 年在隆里举办了首届中国（隆里）国际新媒体艺术节，2017 年锦屏启蒙镇举办了“嘎溜”文化艺术节。发展民族传统节日庆典经济和博览会经济，

有利于锦屏文化知名度的提升和提高文化产业经济效益。对于有独特文化资源的民族村寨，也应该以挖掘文化内容为主题，建设民族文化旅游村寨，发展新农村建设，促进文化主题链旅游产业的发展。

3. 处理好文化保护与经济发展的关系

在文化产业项目开发的过程中，不能一味地追求经济利益而破坏传统文化，要形成文化与经济协同发展的良好互动关系，通过挖掘和利用传统文化促进文化产业发展并获得经济效益，由此形成良性循环助推和支撑文化的传承保护。形成这样的良性循环是发展生态文化产业的最终目标。值得注意的是，若想真正改善当地生态环境和保护传统文化，最重要的是因地制宜地采取相应措施，而不是千篇一律地追求高投资、新技术。

4. 明确锦屏生态文化产业的区域开发模式

区域开发模式有平衡发展模式、增长极模式、点轴开发模式、网络开发模式。由于锦屏县的经济发展和资源分布都不平衡，受到投资资金的限制，采用平衡发展模式不太现实。在当前发展的起步阶段，应选择增长极模式。也就是先选择条件较好的部分区域，把这些地区培养成锦屏生态文化产业的增长极的一方面，其他地区以这些地区的发展案例和经验作为参考借鉴，通过增长极的极化效应形成扩散效应，影响和带动其他地区的发展。增长极的极化效应主要表现为资金、人才、技术等生产要素向极点聚集，扩散效应主要表现为生产要素向外围转移。例如，先选择经济基础较好的锦屏县城附近、清水江沿岸或已经有一定文化产业发展基础的区域重点发展，如茅坪至县城至平略清水江带、亮江农业观光休闲养生旅游带等，重点打造锦屏县城滨江园林城市和隆里古城，开发清水江峡谷风光延揽区、三板溪湖湿地养生度假区等。

5. 注重农村文化事业建设，提高公共文化服务水平

发展生态文化产业的同时，还要注重农村文化事业建设，文化产业和文化事业是文化建设的两个方面，既相互联系，又互有区别。文化事业发展水平的提高，能够为文化产业提供良好的发展基础，文化产业的发展，又可以促进文化事业的发展。提高公共文化服务水平，增强农民文化素养，不仅能满足当地人民公共文化需求，还能营造良好的文化氛围吸引游客，提高游客来此旅游的满足感。值得一提的是，利用文化资源发展文化产业中，锦屏县要高度重视探索境内龙标书局、状元遗址、明清书院、宗祠学馆、乡绅兴校遗址等教育文化资源与旅游文化产业的融合发展之路。因之，既可使境内“教育文化遗产资源得到开发，价值得到发挥，内涵得到丰富，”又可使文化产业获得生机，实现可持续发展。

6. 培养文化产业表演艺术人才和运营人才

把传统民族文化引进校园、课堂和教材中。本地学生对于家乡传统文化有一种天然的心理认同感，对他们进行传统民族技艺的传授和民间表演艺术的培训，能够节省人才引进成本的同时为文化产业市场培育劳动力主体，也能够将一部分不得已才外出打工的年青劳动力留在家乡。现在平秋中学已成立了九寨侗族文化艺术学校，开设民

族舞蹈等课程，把传统的苗侗民歌引入学校，传承民族文化的同时培养民族艺术人才。

7. 充分利用现代化数字信息技术将生态文化数字化

在传统技术条件下，仅仅整理收集和保存珍贵的文化资源就已经是较大的工作量了，更无法通过情景再现让大众身临其境地体验原生态的民族风情。而现代化的文化内容数字化能够将传统文化的方方面面、细枝末节通过数字技术的加工，进行最大程度的还原并保存为影像资料，形成照片、音频、视频等，方便调取查看和存档。3D 技术和 VR 技术也逐渐发展成熟，可以制作真实立体还原度高的文化内容数字化多媒体内容库和展览馆。这样能够不消耗不可再生的旅游资源通过体验馆亲临其境地了解所需要的文字、动态和静态信息。例如，通过展示性和创新性结合的 3D 展示厅，以“博物馆—旅游—文化体验”为链条将锦屏特色的“林粮间作”生态文化情景再现，能够科普性地充分展示这一项生态智慧成果。还可将锦屏的木商文化进行纪录片或电视剧拍摄，将此元素融入影视宣传中，再现“皇木”贸易时期的文化。

总之，民族地区文化产业的发展不能一味追求高投资和新技术，要依托文化资源禀赋和自然生态优势，因地制宜充分尊重和利用地方性知识，把保护生态环境和文化生态的理念贯彻落实到文化产业发展建设中。在此基础上挖掘和创新民族文化内容，选择符合经济水平和现实情况的文化产业区域开发模式，培养文化产业运营人才，加强营销宣传形成文化产业品牌效应，利用现代化数字信息技术全方位发展。经济结构的转型和产业发展并不能一蹴而就，只有在正确的理论政策和发展理念指导下，兼顾社会效益和经济效益，才能一步步实现文化产业的生态性、创新性、效益性发展目标。

## 【参考文献】


[1] 郭景福，解柠羽 . 生态视角下民族地区特色产业发展路径研究［J］. 云南民族大学学报（哲学社会科学版），2016，33（1）：151–154.

[2] Э. В. 基鲁索夫，余谋昌 . 生态意识是社会和自然最优相互作用的条件[J]. 哲学译丛，1986(4).

[3] 余达忠 . 侗族村落环境的文化认同——生态人类学视角的考察［J］. 北京林业大学学报（社会科学版），2010，9（3）：48–53.

[4] 王永富 . 广西生态文化产业发展研究［J］. 广西社会科学，2013（3）：33–35.

[5] 郑喜淑 . 少数民族生态文化资源保护与文化产业研究［D］. 北京：中央民族大学，2010.

[6] 吴声怡，许慧宏 . 论民俗文化的产业开发——福建省农村文化产业发展的模式选择［J］. 农业经济问题，2007（1）：56–61.

[7] 杨庭硕 . 论地方性知识的生态价值［J］. 吉首大学学报（社会科学版），2004（3）：23–29.

[8] 杨军昌，杨蕴希 . 清水江流域民族教育文化遗产与乡村旅游融合发展研究［J］. 西南民族大学学报（人文社会科学版），2018（5）.

# ● 从清代贵州书院的分布看清水江流域木材贸易与教育的关系 *

李维嘉 **

（贵州大学 历史与民族文化学院，贵州 贵阳 550025）

**摘 要：** 清代是贵州书院蓬勃发展的时期，书院的整体分布呈现东多西少，北多南少的特点，尤其是清水江流域教育最为发达。除了国家政策，该流域繁荣的木材贸易对教育事业的推动功不可没，是教育得以长足发展的物质保障，同时，教育反作用于木材贸易，汉文化逐步渗透，规范买卖行为，自然经济向商品经济转型。二者相互促进，清水江流域从王朝的化外之地，逐渐纳入清王朝的统治体系之中，加速了该区域的精神文明进程。通过总结研究清水江流域木材贸易与教育发展的关系，对当下贵州民族社会的健康有序发展和全面小康建设，对人口综合素质的提高，对优良传统的继承等都具有积极的借鉴意义。

**关键词：** 教育；木材贸易；清水江

书院是中国古代一种独特的教育机构，肇始于唐中叶，勃兴于宋元，变革于明清，在推广教育、培养人才及促进社会进步方面起了重要的作用。

南宋经济重心南移，人口大量南迁，书院开始出现。史载贵州最早的书院是绍庆府治彭水县（今贵州沿河县）的銮塘书院。“銮塘书院，在思南府沿河司，宋绍兴时建，今废，石碑尚存”。❶元代为加强统治，大力倡导儒学，贵州学院得以继续发展，何成禄创办了文明书院。明代为巩固西南边陲，加强对贵州地区的开发，大批创办府州县学，亦默许民间创办书院，当时共建 40 余所书院。清代是贵州书院繁荣发展的黄金时期。据不完全统计，清代贵州共有 192 所书院，基本覆盖贵州所辖的 16 个府、州、厅，遍布城乡。清末新政时期，在自上而下的“废书院、兴学堂”的教育改革中，贵州与全国一样，书院逐渐走向消亡。

---

* 基金项目：国家民委民族研究项目“清水江流域少数民族教育文化研究”（2015-GM-139）。

** 作者简介：李维嘉（1994—），女，甘肃徽县人，贵州大学历史与民族文化学院 2017 级历史与民族文化学院在读硕士生。研究方向：民族经济学。

❶ 何仁仲．贵州通史［M］．北京：当代中国出版社，2002：484.

## 一、清代贵州书院的区域分布

清代贵州书院的发展规模和分布范围都远远超过明代。地域上，明代书院主要集中在贵阳、都匀、思南等黔东北和黔中地区。有清一代，贵州书院遍布广大少数民族地区，其中以黎平府为最。随着清政府推行的书院官学化运动，随着书院数量的增加及分布范围的扩大，书院在贵州教育市场中占据着越来越重要的地位，进而取代地方官学成为传统教育体系的核心，担负起为国家和社会培养人才，推动地方发展的重要任务。

清代贵州的192所书院，分布在全省16个府州厅。通过统计清代贵州书院的地区分布情况，可以看出当时的贵州书院的分布特点（见表1）。

表1 清代贵州书院数量统计表❶

| 贵阳府 | 19 | 铜仁府 | 3 | 安顺府 | 12 | 兴义府 | 10 |
|---|---|---|---|---|---|---|---|
| 思南府 | 23 | 石阡府 | 5 | 大定府 | 19 | 松桃厅 | 3 |
| 思州府 | 4 | 黎平府 | 31 | 都匀府 | 15 | 仁怀厅 | 0 |
| 遵义府 | 20 | 镇远府 | 20 | 平越州 | 8 | 普安厅 | 0 |

### （一）主要分布在少数民族聚居区

明清时期贵州书院分布的显著特点就是多处于少数民族聚居区。明代贵州书院数量最多的为贵阳府，至清代，黎平府后来居上，成为贵州书院教育最发达的地区。

造成这一现象的原因有二：一是清政府进行改土归流，政府加强了对少数民族地区的统治，由此带来了贵州的教育进步。雍正年间，黎平、镇远等少数民族聚居区是贵州改土归流的重点，这大大加快了对苗疆地区的开发，为书院的发展提供契机。二是清廷推行书院官学化运动。清代初期，贵州人口少数民族多，汉族少。改土归流后，黔南、黔东南、黔西南等少数民族地区，由土司统治变为流官统治。这些流官大多是科举出身，热衷于传播儒学文化，发展地方教育。府州县学的规模、布点及学额等受到严格的控制，创办书院就成了流官发展教育的首选。在少数民族聚居的黎平府、都匀府、丹江厅、古州厅、八寨厅、郎岱厅等，都相继建立了大批书院，如郎岱厅有岱山、爱莲、悬鱼三书院，古州厅有榕城、龙岗、文峰三书院，丹江厅有鸡窗、丹阳等书院，八寨厅有龙泉书院。

### （二）地域分布不平衡

与明代相比，清代贵州书院的分布地域更加广泛。但由于各地经济发展速度不同，地域分布出现明显的不平衡，这是清代贵州书院在地域分布上的另一特征。

清代贵州的192所书院，分布在全省16个府州厅，平均发展水平为12所。黎平、思南、遵义、镇远、大定五府高于平均值，为当时贵州书院教育的发达地区。贵阳、

❶ 张羽琼.清代贵州书院分布特点探析［J］.孔学堂，2016（2）.

都匀、安顺、兴义等府，书院数量在平均值左右，为当时书院教育的一般地区。平越、石阡、思州、铜仁、松桃等府厅州，书院数量低于平均值，为当时书院教育的落后地区。整体分布呈现出东多西少，北多南少的特点。

在中央王朝相同的政策之下，各地教育成效不一，清水江流域成了清代贵州教育最为发达的地区，与贵州其他府厅相比，在教育上呈现出不同的景象。

## 二、清代清水江流域教育的发展

### （一）清水江流域的官学

随着贵州行省的建立，明政府加强了对边疆少数民族的教育。明太祖朱元璋对贵州少数民族实行“羁縻”政策，加强政治、军事统治的同时，强调“教化”，提出“移风善俗，礼为之本；敷训导民，教化为先”[1]，把在少数民族地区兴办教育作为安边之道。官府兴办“官学”，在设府、州、县学的同时，创办若干宣慰司学、宣抚司学、安抚司学和长官司学，通称“司学”。

清代在贵州不断进行“改土归流”。康熙年间，废贵州宣慰司改设大定府。在这种政策下，司学被取消，义学取而代之。清代把义学推广到少数民族地区，目的在于“期化其犷野，渐知礼义，以昭圣朝声教之盛”[2]。张广泗在《设两游新疆义学疏》中，提出在“苗疆”推广义学，“抚绥之余，必当诱植彼之秀异者，教以服习礼义，庶可渐臻一道同风之效。”[3]

雍正七年，张广泗开辟黔东南中部苗疆五厅后，奏明朝廷：“下游黎平府之古州已安重镇，周围苗户繁多，应设立义学二所，附近清平县之大小丹江，附近都匀府之八寨，附近镇远府之清水江的施秉（老县）……选择老成生儒前去所需设立义学馆舍。”[4]由朝廷出资，清水江流域开始出现义学。据统计，康熙二年至清末学制改革前，贵州地方政府及民间创办的义学有 500 余所，其分布情况如表 2 所示。

表 2 清代贵州义学统计表[5]

| 贵阳府 | 63 | 遵义府 | 56 | 镇远府 | 37 | 思州府 | 4 |
|---|---|---|---|---|---|---|---|
| 安顺府 | 86 | 黎平府 | 60 | 平越州 | 18 | 松桃厅 | 3 |
| 兴义府 | 31 | 都匀府 | 77 | 思南府 | 31 | 普安厅 | 3 |
| 大定府 | 73 | 石阡府 | 5 | 铜仁府 | 15 | 仁怀厅 | 6 |

从表 2 可以看出，位于清水江流域的黎平府在清代贵州，属于较早设立义学且数量较多的地区。义学在清水江流域的设置，为更多的苗侗木商子弟提供了学习汉文化的机

[1] 贵州省地方志编纂委员会 . 贵州省志・教育志［M］. 贵阳：贵州人民出版社，1990：88.

[2] 贵州省地方志编纂委员会 . 贵州省志・教育志［M］. 贵阳：贵州人民出版社，1990：246.

[3] 贵州省地方志编纂委员会 . 贵州省志・教育志［M］. 贵阳：贵州人民出版社，1990：88.

[4] 黔东南苗族侗族自治州地方志编纂委员会 . 黔东南苗族侗族自治州志・教育志［M］. 贵阳：贵州人民出版社，1994：17.

[5] 资料来源：根据明清以来贵州地方志书整理。

会，加快儒家思想在少数民族地区的传播，使其更快融入国家统治的范围。教育的发展，能够推动清水江流域经济文化等多方面的发展，走出过去语言不通、封闭落后的困境。

为弥补官学的不足，清政府又在贵州各地设置了书院。由于政府财力有限，清水江流域的书院得到了广大苗侗木商的资金支持，大量书院得以恢复和扩建，因此清水江流域书院数量冠绝全省，教育最为发达。书院以儒家经典作为教学的主要内容，讲读《四书》《五经》、八股文等，注重师传，培养生员的实际应用能力。清水江流域书院的发展，培养了数量众多的封建统治人才。

清水江流域官学的发展，从整体上营造了苗侗地区崇尚教育的良好氛围，同时也带动了一大批广大苗侗木商出资办学，推动了清水江流域的社会文明进步，清政府进一步加强了对边疆的统治。

### （二）清水江流域的私塾教育

清水江流域出现私塾始于汉代。历两晋、南北朝、隋、唐，至明永乐年间，私塾教育在清水江流域已十分普及。仅天柱城乡设私馆就达 200 多所，学生达 4000 余人，在锦屏县拥有私塾 111 所，分别设置于三江、铜鼓、卦治、茅坪、敦寨、新化、瑶光等全县各地，学生达 2000 余人。

然而，清水江流域塾师人数相对紧缺，因此教学能力出色的塾师，成为各地争抢的对象。如嘉庆五年，平等村人拦路抢来了当地有名的塾师杨正铭，村民的诚意最终打动了杨正铭，杨家世代定居于此，开馆教学，人才辈出。学生杨秀林授赐“文林郎”，石志超授赐“九品登仕郎”。

私塾的学生是 15 岁以下的蒙童，教学内容主要是儒家传统伦理，如《三字经》《百家姓》《千字文》等。私塾经费由蒙童家庭承担，启蒙生年交 5000 文铜钱，读至《四书》时，每年交 8000~10000 文，读《五经》交 1 万 ~1.5 万文，学费可折稻谷。家长除交钱、谷等外，每逢佳节还轮流请塾师到家，以上宾之礼款待。

政府的政策推动了贵州教育的整体进步，但清水江流域的教育事业领先其他府厅，除了政策导向，繁盛的木材贸易也是其发展教育的一大助力，二者互相作用，影响深远。

## 三、清水江流域木材贸易与教育的相互作用

### （一）清水江流域的木材贸易

清水处沅水上游，流经都匀市、麻江县、凯里市、台江县、剑河县、锦屏县，在天柱县流出省境，水质纯净，风光旖旎，盛产鱼类。清水江流域属中亚热带季风湿润气候，日照少，湿度大，自然条件非常适宜杉、松、楠、樟等树木生长。

明清以前，西南闭塞，交通不便，清水江流域丰富的木材资源没有得到开发。明朝政府为治理西南，加强中央统治，镇压了一次苗民起义，“兵至沅州（芷江），伐木开道二百里，抵天柱，遂涉苗营小坪”[1]。从此，这片原始林地进入中原王朝的视线。交通不便

[1] 贵州省文史研究馆．贵州通志·前事志［M］．贵阳：贵州人民出版社，1987：58-59.

阻碍了木材贸易，但由于清水江与中原大地相连，利用航运，极大改善了清水江地区的交通条件，木材市场逐渐形成，借助天然的水上交通条件，清水江流域从封闭走向开放。

明政府因修建宫殿，派遣官员到湖广、四川、贵州等地采购木材，清水江所产杉木，秆直、径大、不易腐烂、质量上乘，史称“苗江木，天下无”。自嘉靖年间，朝廷开始在清水江流域采购木材，称“皇木”。后由于万历年间皇宫多次失火，为修复宫殿，朝廷征用苗木的数量日益增加，木商在木材经营中获利颇丰。此外，外省贵州建屋及沿海各地造船也首选清水江所产木材，商人纷至沓来，木商群体日益扩大。

清代改土归流，王朝势力逐渐深入清水江流域。为了加强对新辟苗疆的统治，康熙、雍正年间，通过调整行政区划，镇远、偏桥、平溪、清浪等卫划归贵州，铜鼓卫（后改为锦屏县）、天柱县划归黎平府管辖，从此清水江流域盛产木材的锦屏、天柱两县正式划归贵州版图。

木材作为清水江流域的主要商品，该地区经济的发展紧紧围绕木材贸易展开。随着市场的扩大，杉木需求量日益增加，为满足市场的需要，清水江流域的人民，在长期的林业生产实践中，摸索出了一套行之有效的人工育林方法，即林粮兼种，这种办法不仅缓解了市场对木材需求的压力，也使清水江流域的林业能够可持续发展。

### （二）木材贸易对教育的促进

#### 1. 清水江流域的经济发展为教育发展提供了物质保障

从清代书院分布情况来看，黎平府位居全省之冠，其次是思南府与遵义府。而这些地区书院的发展都离不开经济的推动。遵义府以蚕桑经济而闻名省内，黎平府则以林木经济富甲一方。

黎平府的经济发展为清水江流域的文化进步提供了物质保障。黎平府有千里林海，素称“杉木之乡”。通过木材贸易，该地区十分富庶，据光绪《黎平府志》载:“在数十年间，每岁可卖二三百金，黎平大利在此。”黎平是全省最大的木材出口地，林业的发展使黎平经济发达，同时推动了黎平府文化教育事业的发展。

#### 2. 木商对教育事业的投入

清朝建立之初，贵州书院以官办为主，民办次之。然而，贵州由于地瘠民贫，经济基础薄弱，中央和地方经济实力不济，办学资金往往难以筹措，加上人口的增加，尽管政府创办了大批官学，仍不能满足社会需求，这严重影响了教育事业的发展，因此民间办学逐渐成了地方教育发展的重要支撑力量。在地方政府无余力设置官学的情况下，清水江流域的木商作为当地最重要的民间力量，他们对教育事业的扶持和资金投入，对于促进当地教育发挥了积极的作用，如黎平府的印台书院、西岩精舍、太平书社、小段书舍、小蓬书馆、养正书院等都是郡中举人、进士、乡贡个人创办。这在贵州其他地区并不多见。

据统计，黎平府31所书院中民办书院11所，占本地区书院总数的35%，有官商所办，也有民间木商所办。清水江流域木材运销发达，造就了一批官商。嘉靖年间，清平卫（今凯里）人孙应鳌考中进士，官至礼部充经筵讲官兼国子监祭酒，名噪一时，他捐资兴建了学孔书院。黎平知府陈熙在嘉庆二十五年（1820年）创办了龙溪、双江、双樟、上林和清泉五所书院。

官商办学的热情带动了地方绅民。天柱县的兴文社学、宝带桥社学、钟鼓洞社学和聚溪社学，社学师生的日常开销，均由当地木商捐资。康熙年间，天柱士绅吴万年捐田产六十亩，逐年收租，作为教学经费，创办延陵书院；乾隆二十七年（1762 年），天柱绅民捐 1000 余金重修凤城书院，落成后吴克昌、吴克玉、吴嗣周等捐田 31.4 亩，以补师生费用之不足；在锦屏县，雍正三年（1725 年），张应沼捐白金 300 两，重修龙标书院，次年又捐田 12 亩，献书 2370 册；道光十一年（1831 年），吴师贤捐田 310 亩，资助府学，捐田 110 丘，资助县学，捐田 40 余担以助乡学。

除文献记载以外，清水江流域还发现了记载兴学办学的碑刻 20 余通。如清乾隆二十一年（1756 年）天柱坌处抱塘村的凤鸣馆碑记、乾隆五十七年（1792 年）的文昌会碑、嘉庆九年（1804 年）铜鼓江口向家寨的青云馆碑记、道光十八年（1838 年）的剑河柳霁蔚文书院碑、咸丰三年（1853 年）的培元书馆碑、民国四年（1915 年）天柱民中的人文蔚起碑、民国六年（1917 年）邦洞小学亘古于兹碑等。[1]碑刻内容为办学缘由、建校过程、学生就学、捐资、师资及管理等，大多载录了当地兴学办学的历程和艰辛。如乾隆四十七年（1782 年）天柱竹林《启秀斋碑记》载：从雍正十年当地头人倡导“捐田建学”“众倡捐金”起，乡民“不惜锱铢”“同堡之人咸乐相助”“遂成社学一区”。到乾隆十七年，又“筹资建造学馆两进”，二十八年，再“得银二百余两，陆续购买田坵（学田）二百余稨”而规模有制，“乡民子弟有志学文者俱入学肄业”，以致“穷乡僻壤咸知向学之意”[2]。

通过这些历史记载可以看出，清水江流域木商对民间办学投入力量之大，这大大推动了该地区的教育发展，培养了众多地方人才。也在一定程度上，成就了清水江流域内涵广泛、形式多样，“至今仍遍存于流域大地的教育文化遗产”，并发挥着“教育历史寻根、经验作证、传承求据的价值。”[3]

### （三）教育对木材贸易的促进

#### 1. 清水江流域的传统教育对木商的影响

清水江流域历来有重教传统，苗侗民族虽然没有文字，但却十分重视对子孙的教育。通过口耳相传的形式，跟长辈学习本民族语言、各种生产生活知识和劳动技能。清水江地区流传着这样一首歌：“里屋的娘，中堂的爹，母教闺女，父教儿郎，哥教弟弟，姐教妹妹。教才明事理，导才开心窍。相教共做吃，互导共做穿。姑娘要手巧，男儿要勤劳。”可见，清水江流域苗侗民族传统教育对木商的成长至关重要。

当清水江流域的苗侗子弟参与到木材经营活动中时，本民族传统教育的影响便显现出来。《贵州近代经济史资料选辑》中描述了清水江木商的诚信经营：“卖方为山客，

---

[1] 姚敦屏 . 天柱碑刻集［M］. 内部印刷，2013：169-173.

[2] 姚敦屏 . 天柱碑刻集［M］. 内部印刷，2013：169-173. 。

[3] 杨军昌，杨蕴希 . 清水江流域民族教育文化遗产与乡村旅游融合发展研究［J］. 西南民族大学学报（人文社会科学版），2018（5）.

买方为水客，盖以卖客多来自山间，而买客多来自下江各地，山客放运木植之行户以待价而沽，水客则携款至行户选购木植，水客选定木植后，则由行户约同买卖双方根据当时行情及木材品质议定基价，经双方同意后，水客即应先付木价的二分之一，其余半数俟所购木植全部放抵水客木坞内，即应扫数付清。行户除扣取其所应交之各项税捐代为缴纳及其所应得之佣金外，其余即扫数交付山客。”❶受苗侗民族传统伦理教育培养的木商与人为善，诚信经营，受传统的习惯法的约束，自觉维护经营的良好秩序。

苗侗人民恪守“有子不教子孙愚”的古训，使该地区向学之风盛行，对当地木商产生了重要的影响。

2. 国家政策对木商的影响

清雍正、乾隆年间，为鼓励清水江流域的苗侗子弟，政府多次在科举考试中“加额”照顾苗生。

发达的教育，培养出了更多优秀的人才，如黎平府考中进士 33 人，麻哈州（今麻江县）人夏同龢考中状元。为方便考生考试，清政府在经济比较发达，教育有良好基础的清水江流域首先设置考棚。“雍正年间，黎平府属应考生童就达到二三千人之多。”❷巡抚张广泗上《分棚考试疏》中称：“今黎平已添开泰、锦屏、天柱三县，合计有五学，生童众多，若仍令赴别府就试，诚属未便。”❸考棚的设置极大地鼓励了苗侗子弟科考的积极性，同时又激发了木商捐资教育的热情，形成良性循环。

朝廷政策的倾斜加速了该地区接受汉文化的速度，学校教育与科举取士，进一步强化了中原文化对清水江流域经济文化的影响和渗透，加快了当地经济的发展与进步，同时打破了该地区长期以来的封闭与落后，营造了良好的教育环境，木商所受的传统教育与汉文化逐渐接轨，整体素质得到提升，对参与木材贸易产生了有利的影响。

3. 汉文化对木材贸易的影响

随着明清以来，汉文化的广泛传播，汉字被广大苗侗人民所接受。从“清水江文书”可以发现，大量林契、地契书写格式规范，文辞严谨。普及的私塾教育，使木商具备了书写各类文书的基本条件，使自身的经营有据可依。“清水江文书”能够大量存在，与明清以来该地区发达的教育不无关系。

过去，清水江流域“田地辗转买卖，并无册籍可考，买者不知田从何来，卖者不知田向何去”，随着汉文化的渗透，苗侗木商树立起产权意识，通过签订契约进行山林买卖等。而在木材贸易中，清水江的木商不可避免要与汉族商人打交道，学习汉语的重要性不言自明。从木材贸易的需要出发，木商认识到学习汉文化的必要性，这也使他们乐意将资金投入教育。

清水江流域木材贸易的发展，加速了汉文化的渗透及政府在该区域的拓殖过程，清水江流域逐渐成为王朝的化内之地。在先进汉文化的影响下，苗侗木商与汉族商人

❶《中国少数民族社会历史调查资料丛刊》修订编辑委员会贵州省编辑组．侗族社会历史调查［M］．北京：民族出版社，2009：30.

❷ 张羽琼．贵州古代史［M］．贵阳：贵州教育出版社，2003：266.

❸ 任可澄．贵州通志·学校志一［M］．贵阳：贵阳文通书局铅印本，1948.

在经济领域交往频繁，木材贸易良好有序地发展，清水江流域从自然经济状态向商品经济迈进。

## 四、结语

综上所述，清代清水江流域的木材贸易与教育事业相互促进，影响深远。木材贸易推动教育发展，教育培养更多优质木商，木商反哺教育。这一模式加强了中央与地方的联系，为封建国家培育了大量人才，维系了区域民族社会的和谐与发展，促进了清水江流域的木材经济和少数民族地区教育的发展，推动了教育平民化，提升了人口素质等。

目前，建设教育强国是中华民族伟大复兴的基础工程，必须把教育事业放在优先位置，加快教育现代化，办人民满意的教育。在地方政府着力发展教育、大力开发人力资源的今天，通过总结研究清水江流域木材贸易与教育发展的关系，可以进一步认清省情，对推动贵州实现历史跨越、对贵州民族社会的健康有序发展和全面小康建设、对其人口综合素质的提高及优良传统的继承等都具有积极的意义。

## 【参考文献】


[1] 陈谷嘉，邓洪波．中国书院史资料［M］．浙江：浙江教育出版社，1998.

[2] 鄂尔泰，等．乾隆贵州通志・学校志［M］．江苏：江苏广陵古籍刻印社，1987.

[3] 何仁仲．贵州通史［M］．北京：当代中国出版社，2002.

[4] 张羽琼．清代贵州书院分布特点探析［J］．孔学堂，2016（2）.

[5] 贵州省地方志编纂委员会．贵州省志・教育志［M］．贵州：贵州人民出版社，1990.

[6] 黔东南苗族侗族自治州志・教育志［M］．贵州：贵州人民出版社，1994.

[7] 贵州省文史研究馆．贵州通志・前事志［M］．贵州：贵州人民出版社，1987.

[8] 姚敦屏．天柱碑刻集［Z］．内部印刷，2013.

[9] 中国少数民族社会历史调查资料丛刊修订编辑委员会贵州省编辑组．侗族社会历史调查［M］．北京：民族出版社，2009.

[10] 张羽琼．贵州古代史［M］．贵州：贵州教育出版社，2003.

[11] 任可澄．贵州通志・学校志一［Z］．贵州：贵阳文通书局铅印本，1948.

[12] 杨军昌，杨蕴希．清水江流域民族教育文化遗产与乡村旅游融合发展研究［J］．西南民族大学学报（人文社会科学版），2018（5）.

[13] 申满秀．木商与明清清水江流域苗侗民族地区教育史［J］．中国山地民族研究集刊，2016.

[14] 杨军昌．规制与教化——清水江文书的社会教育内容探析［J］．贵州大学学报，2017（4）.

[15] 贵州省锦屏县志编纂委员会编．锦屏县志［M］．贵阳：贵州人民出版社，1995.

[16] 张应强．木材之流动——清代清水江下游地区的市场、权力与社会［M］．北京：生活・读书・新知三联书店，2006.

[17] 徐晓光．教化、“归化”与文化——清代清水江流域苗族侗族地区与法律有关的教育文化事象［J］．教育文化论坛，2012（2）.

[18] 张羽琼．贵州古代教育史［M］．贵州：贵州人民出版社，2003.

# ● 影视人类学之影视与文本：一个两难的话语

严进进[*]

（贵州大学　历史与民族文化学院，贵州　贵阳，550025）

**摘　要：** 影视人类学出现以来，为人类学界的专家学者们的研究提供非常多的便利，但是随着影视人类学的不断发展，与这一术语相关的话题也不断涌出。如影视人类学与人类学的关系、影视人类学的真实性与客观性、影视人类学与文本之间的关系等问题。通过对影视人类学的学习和认识，本研究试图分析人类学影视与其文本之间的关系。

**关键词：** 影视；文本；架构

## 一、无文本影视与文本影视之直观印象

《轮回》这个片子开始到结尾没有出现一个文字，也没有语言，可以说除了所配的背景音乐外就是一部无声无文本的影片，在影片中所涉及的对象很多，并没有锁定到一个固定的地点或是人物或者是实物上。但是其表达的目的正如它的片名一样是轮回，自然轮回、生命轮回、人类活动的周期轮回，但如若这部片子没有将轮回作为其片名即没有任何可以回应这部片子的一个名字，不知道观众们会有什么样的体会和感悟。另一部让笔者印象非常深刻的片子就是《北方的那努克》，这部片子与《轮回》不同，它有文本，它的文本并不像其他的影视作品一样是被拍摄者说话的字幕，而是拍摄者对这部片子，以及对其内容、人物、事件的介绍和解释。除此之外，这本片子和《轮回》一样基本属于一部无声影视作品，我们听不到主人公的声音，甚至主人公根本没有说话。所以我们只能通过这些被蒙太奇过的画面和拍摄者的文本来解读这部片子。《赛德克巴莱》这部片子则和我们今天所看到的大部分影视作品一样，是有剧情、有旁白、有台词、有声音的一部影片，它不仅仅是一部纪录 / 纪实片，更多是一部电影，它的拍摄手法和制作不是客观的存在，更多的靠后期的制作。从三部影片来看，有文本与否会使影视作品产生不一样的效果。

影视人类学影片中是否需要文字语言表述的人类学材料作为补充一直以来都是一个没有定论的问题，又或者说这个问题其实不可能有一个最终的定论。一千个读者就

---

* 作者简介：严进进（1994—），女，贵州道真人，贵州大学历史与民族文化学院硕士研究生。研究方向：民族经济与社会文化。

会有一千个哈姆雷特，有人认为一部成功的人类学影视作品并不需要文本来辅助，认为一部无文本的影片可以给观众留下想象的空间，一部影片可以有很多不同的见解，并认为这也是影片拍摄者不设置文本的初衷。但是这真的适合人类学影片的拍摄吗？

从有文本的方面来讲，一部人类学的片子除了画面的呈现，如果再加入文本会产生什么样的效果呢？人类学影片的拍摄者们可能更多地会去选择一些自己比较感兴趣或者有意义又或者是其他人还没有涉足的一些对象进行拍摄，这样的拍摄对象可能是我们平常所不知道或者不了解的，他们的文化可能与我们平时所习大相径庭，如果拍摄者只是通过一些画面来向我们展示他们的文化和生活日常，或许我们因为语言不通等情况并不了解其文化的内涵，以及拍摄者想向我们展现的东西。《牛粪》这一部片子让我们产生了文化震惊，虽然没有文本我们也可以从画面中了解到牛粪在他们那个地方的生活中所产生的诸多作用，但是因为我们不懂他们的语言，而又没有字幕我们无法从他们的谈话中了解到一些信息，这是很可惜的。当然，笔者这样说并不是认为人类学影片中必须要以文本来做补充。

## 二、影视语言学之架构

影视语言学是否可以被架构这一问题也成了不少人心中的疑问，每个人心中的答案千差万别。王海飞在其《近三十年来中国影视人类学的发展与研究》一文中说道：“我们应该在理论层面尽快对这一问题加以明确，这将涉及影视人类学片在拍摄制作过程中遵从怎样的创作原则和方法。”作者这里指的问题是影视语言学是否可以被架构。我们在讨论这一问题之前首先要明白影视语言学的概念，笔者认为影视语言学分为两种，一种是影视本身所呈现的语言，另一种就是文本的语言。文本的语言在下文笔者会再讨论，在此不再赘述。笔者认为无论是哪种影视语言学都是可以被架构的，或许我们看到影视作品画面时直觉告诉我们，那是真实的存在，是如实的记录。一部民族志影视作品是拍摄者将一些零碎的画面剪辑在一起合成的一部作品，这部作品里采用的拍摄者自己的拍摄理念和技巧，无论是所选的拍摄对象还是剪辑的顺序都是通过拍摄者的主观意向来决定的，几个画面的不同拼接可能会产生不同的影视结果及不同影视语言。一般来说，影像画面的组成都有作者想要表达的意义，在拍摄过程中画面不可能完整地呈现现实生活，画面如何剪辑或最终如何出现在读者面前，这些选择都会与作者的意图息息相关。即使民族志影视作品具有客观性和真实性，但是在很大程度上受到拍摄者的主观看法的左右，一部完全客观性的民族志影片是不可能存在的，影视语言学也是在客观存在的基础上通过作者的拍摄和制作手段被架构起来的。

其实不仅影视语言学是被架构出来的，我们所了解的大部分文化都是被我们自身架构出来的，文化会在时间的暗涌中不断地被取代，人类在面对自己所创造的东西时总是会出现各种各样质疑的声音。正如影视人类学的出现为人类学研究带来了许多的便利，但是也引起了很多的争议，很多争论的焦点，大家都是各执一词，没有定论。也正是这些争论让一门学科或者一个学术领域得到发展。

## 三、影视之文本

文本可以是多方面的，旁白、字幕、语言文本等都囊括其中。在影视人类学出现以前，人类学的研究都是依赖文本来进行记录和表达，可以说离了文本是不行的。影视人类学产生以后，使得人类学这一领域的研究又多了一个研究的手段和方法，为我们的研究提供了不少的便利，将一些文字表达不清楚的内容通过影视这种更直观的方式来表达。而如今人们却把这两个方面拆分来看，将两者视为对立面，这似乎有违影视人类学产生初衷。在笔者看来，文本和影视是一种相辅相成的关系，彼此可以独立存在，但是两者并存可以更完美。就像一位学者谈到的，他邀请一位老人接受了他的拍摄，学者记录了这位老人一天的生活，但是全程没有说过一句话，拍摄结束后老人对别人说，如果不是语言不通，她会和他聊天。原本学者认为这段视频因为全程没有语言而不具任何意义，准备删掉的时候，听到老人的这句话才觉得这段视频有了存在的意义。这也很好地向我们说明了语言文本在民族学影视中的重要性。

影视民族学作品较之其他的影视作品，更具客观性和真实性，不过这一点也是受到人们质疑的。无论是民族志影视片也好，一般的影视作品也罢，其拍摄和制作都不是纯客观的，一个民族学影视片的拍摄也不可能是过程的全部记录，它的制作同样是拍摄者将一些画面通过后期的处理拼接起来的，而且因为拍摄者的爱好和角度的不同，一个民族志的影视作品只是一个局部的展示，通过后期的制作可能会产生不同的影视结果，与现实产生冲突。如一位影视学者谈到为了拍摄到那些残留的建筑被人们搬走的画面，他会特意地在人们走过来的时候按下按键，开始拍摄，或是在离开时按下按键进行拍摄，这样的手段是出自拍摄者自己对这件事情的理解，而不完全是按照客观的事实，如果作者不说出他们的拍摄手段，我们是不会清楚这一内幕的，我们在看民族志影视作品时，也不会看到这样的文本介绍。民族志影视作品中画面与画面的衔接也是拍摄者根据自己所理解的角度来进行的重组，如果这样的影视作品没有文本资料的话我们是很难读懂拍摄者所要表达的初衷。正如我们前面说到，没有文本材料我们完全依托于影像来进行解读可能会有不同的感悟，但是我们必须要明白一个真相，对于民族志作品而言，拍摄者的初衷应该更多的是通过影视这一种方法将某一文化更直观地展示在我们的面前，让我们通过这个画面来了解这一文化事项，或许某些方面需要我们自己去解读，但是民族文化的真相或许只有一个，如果每个人都是根据自己的意向去解读的话那真实何在？影视人类学的意义何在？笔者这样说，并不是要反对或者质疑什么，只是想要表达自己内心的疑惑，影视人类学之文本存在的必要性在哪里？

笔者认为，一部好的影视人类学的作品应该可以让人们了解一种文化的真实性，同时通过影视画面可以引发人们的思考。每个人看完作品可能都有不同的感受，这是我们可以接受也必须接受的事实，但是这样的事实是建立在阐释之上的阐释，我们的不同感受是来自这种阐释的结果，而不是我们去阐释产生这种结果的内部结构，我们的任务不是去解构视频而是去体会或者认识这种社会现象给我们带来的感受，以及我们对它的认识。地方性的知识通过拍摄者比较客观的拍摄手法，通过影像的方式呈现在我们的面前，让我们去认识和了解一种文化，但是我们看到的只是画面，如果拍摄者可以给我们介绍一下他是如何认知这一文化，或者是如何去拍摄及为什么要拍摄这个片子，或许会给我们更多的启示，如果说这样的做法会影响我们对这部片子的解读，或许可以将这样的内容放到结尾。这样至少我们可以了解这部片子为什么会出现在我们的影视人类学中。

影视人类学中是否需要文本或许我们可以举个例子来说明。《轮回》这部影片没有语言，从头到尾没有一个文字，它是由很多不同的片段组合而成，通过这种方式来向我们表达了一种轮回的思想，让人们有不同的感悟和认识，在一定程度上这部片子无疑是很成功的。但是，在看这部影片时笔者发现一个问题，我们先不说拍摄者要表达什么样的含义，其中拍摄者所选用的拍摄片段是来自各个地方，那么问题来了，这些不同的地方到底是哪里，这些人做的是什么事情，或许我们的无知是因为我们孤陋寡闻，但是拍摄者选这些地方、对象肯定是有一定的道理的，何不把这些告诉大家呢？至少地名可以介绍一下，也不至于观看者从头到尾一头雾水。让笔者印象最为深刻的是大家看到几个画着浓妆的小个子女人在跳舞，所有人都在疑惑跳舞的那几位是大人还是小孩？像这样的情况如果拍摄者可以加以文本的解释，就没有这么多的疑惑。笔者举这样的例子并非是为了批判这部影片，只是想要更了解这部片子但是却不得要领。笔者认为必要的文本材料是需要的，因为这样的文本解释是不会影响我们对这本片子的解读的，只会帮助我们去解读。我们所需要的文本材料是去解释一个事实的东西，这个事实是不以人的意志为转移的。

文本表达可以粗犷也可以很细腻，文本有浅描和深描之别，文字可以将人内心的活动描述出来，而民族志影视作品可以直观地看出人们的面部表情，以及他们身体语言。人的一些情绪通过文字是无法描述的，有些影视表达不出来的可以通过文字来表现。这一点或许我们可以跳到影视人类学与书面民族志之间的关系上来，最初影视人类学是作为田野调查的辅助工具，包括现在我们也仍然在这样做。后来影视人类学摆脱了书面民族志，让学术界认识到了其不同于文本民族志的人类学价值。影视人类学的出现为书面民族志的研究提供了很多的便利，后来随着影视人类学的不断发展，其在文本民族志研究中产生的影响越来越大，得到学术界的高度认可。其在人类学研究中产生的作用不同于文本研究，影视人类学的功能也不同于文本民族志研究，但这并不意味着影视人类学和文本语言必须是独立存在的。影视人类学与文本研究涉及的领域有所不同，影视人类学与书面研究并不一样，影视人类学使人类学应用研究变得更深、更广泛。影视人类学和文本民族志的研究都属于人类学的范畴，只是两者所擅长和专攻的领域不同，但这并不代表两者是孤立存在的。所以，笔者认为影视人类学的研究成果是需要文字语言来表达的，但他们不是必须绑定的，两者的共同存在可以很好地表达出研究内容和成果。

## 四、结语

人类学影视作品被看作影视民族志文本，“是一个可以用来被‘阅读’的‘文本’（text）”。影视作品同文本作品一样都是需要观众（读者）来欣赏和解读，都是人类学研究成果的载体，两者共存并不矛盾。“影视与文字作品的互补，也许是最理想的人类学表述方式”，影视作品与其文本的关系也可以是“互利共赢”。

## 【参考文献】

[1] 王海飞. 近三十年来中国影视人类学的发展与研究 [J]. 民族研究，2008（1）.

[2] 侯小琴. 论人类学田野的影视表达——《神农溪的冬天》拍摄实践及反思 [D]. 武汉：中南民族大学，2012.

[3] 王海飞. 人类学影像的视角、语言与呈现——兼论影视人类学教学中的几个核心议题 [J]. 民族教育研究，2016（1）.

[4] 马秋晨. 影视人类学在中国西南地区的发展 [D]. 贵阳：贵州民族大学，2012.

# ● 文化冲突下少数民族族群权利的维护

## ——以《赛德克·巴莱》为解读对象*

吕博文**

（贵州大学　历史与民族文化学院，贵州　贵阳　550025）

**摘　要**：电影《赛德克·巴莱》讲述了中日签订《马关条约》将中国台湾岛割让给日本后，日本残暴统治下，中国台湾高山族的日常生活遭遇到外来文化入侵和本地文化逐渐消亡时，面对自身文化、信仰和社会结构面临着的巨大改变，在族群信仰、身份认同和生命尊严之间所做出的生死抉择的过程。本研究对"雾社事件"的产生及其原因进行了简单的分析解构，试图从该事件中去找寻过去甚至当下仍然存在的文化冲突的相关问题，并提出个人反思，对少数民族未来发展和相关保护给出个人建议，找出一条适合少数民族族群的文化、信仰、社会等问题的发展之路。

**关键词**：族群信仰；身份认同；文化冲突

### 一、文化冲突中的雾社社会

#### （一）传统的雾社社会

电影中莫那·鲁道同孩子们讲述了关于祖先的神话：在名为"Bnuhung"的山上，有棵树被族人称为"Pusu Qhuni"（波索康夫尼），由一半木和一半石组成，吸取日月精华而成精。一天从树里走出了一对男女，他们繁衍出了很多后代，这就是赛德克族传说的由来。雾社地区多为山地，充满树木和岩石，以此构成了赛德克族最初与祖灵保持交流的基础。如关于墓地石碑的说法，就是为了使安息于此的灵魂可以得到庇护，能同这石碑一样不朽。世界各地常有深信祖灵潜藏在石头中的传说，用手摸石头，可使祖先灵魂进入身体中，使抚摸石头的人怀孕，让灵魂得以延续，这种传说显示出神话流传地区人们的宇宙观。赛德克族则同样用石头作为其祖先来源之一，可见作为圣物的石头，赐予了赛德克族的来源意义。

---

* 基金项目：贵州大学文科重点学科及特色学科重大科研项目："文化线路·互动共生：贵州地域文化生态研究"（合同编号：GDZT2017 11）。

** 作者简介：吕博文（1991—），男，湖北襄阳人，贵州大学历史与民族文化学院硕士研究生。研究方向：马克思主义民族理论与政策。

树也是神圣的象征。“它是挺拔的，它是成长的，它的树叶落下并且再次生长，因而无数次的再生（它死而复生），同时能生产树脂等”。树是赛德克族同祖灵沟通的纽带，包含着生殖崇拜，象征着生命的轮回。所以在最后同日本人决战之前，塔达欧·莫那对妹妹说：“马红，一定要多生孩子，这样族群才会变得更强大。”随着决战进入胶着期，不想成为族群负担的妇女和儿童，选择一边唱着歌，一边在树上上吊自杀。生于树，死于树，生命在植物和人之间的交换流转，重回祖灵怀抱，等待之后的新生。

赛德克族在日本统治期间，在日本人类学者经过调查后，因仅有语言上同泰雅人有差异，被划分为“泰雅族”的一个分支，这个称呼一直延续到 2008 年 4 月 23 日，才被中国台湾承认为第十四支高山族民族。赛德克族包含雾社群（又称德克达雅群，有马赫坡社、荷戈社等在内的雾社地区十二个部落）、道泽群（包括屯巴社在内四个部落）及太鲁阁群（又称托鲁阁群）三大语群，在雾社地区生活了 300 多年。传统的赛德克族社会结构简单，因为居住在深山地区，故形成散居型居住的特点，大多是十余户为单位的小型部落。从“鲁道·鹿黑”“莫那·鲁道”“塔达欧·莫那”祖孙三代的名字可以看出，赛德克族后代的名字取长辈的姓氏，故赛德克族属于父系社会，以“纹面”作为族群的标记，也作为成年的标志。社会男女分工也非常明确，男性以打猎为主，女性则在家里织布带孩子。在生活中，赛德克族依靠着 Gaya/Waya 为主、部落意识次之的系统保持社会正常运转，Gaya/Waya 系该民族的律法、规范，由祖先传下，延续至今，也称为祖训。部落意识也是在此基础上生成的。换言之，Gaya/Waya 是部落里的最高准则，族人日常生活和维系发展必须要遵守。赛德克人对于祖灵的崇拜是该族信仰的根源，在他们的宗教信仰里，人会死亡，灵魂不会。只有保持对 Gaya 的遵守，才能踏上彩虹桥，在死后回到祖灵的世界。部落间的冲突等问题，则主要依靠“出草”来解决。这样的行为只在播种和收获期间才会有。赛德克人对于 Utux，有着崇信和诉求，Utux 是“神鬼、祖灵”，播种前的祭祀仪式是为了祈求 Utux 能带来作物的丰收，收获后的祭祀仪式则是为了感谢 Utux 对于族人的恩赐和保佑。

### （二）日本统治下的雾社社会

在长达三个世纪的闭关锁国之后，明治维新打开了日本开放的大门，对西方先进科学技术的崇拜，使他们在各行各业中进行改革学习，迅速走上了资本主义发展的道路。同时，日本当局夸大了天皇的地位，使其神圣化，结合国内传统文化中的各种精神和象征，营造出大和民族独有的民族自尊心和自信心，而后逐渐演变成为极端的民族主义思想，开启了对外侵略扩张之路。随着 1895 年甲午中日战争的战败，中国被迫与日本签订两国之间第一个不平等条约——《马关条约》。日本通过条约割据了中国台湾，开始了对于中国台湾的殖民统治，统治的方式则是极端的民族主义，充满了各种民族主义的特征。

首先，日本人携枪带炮入侵，否定了身为高山族的赛德克族自身的自主权，用代表着现代文明的武器去压制仍然使用火枪、弓箭的高山族。1910 年，日本殖民者出动 1000 多名军人和警察，动用飞机大炮等武器，对中国台湾山地高山族进行了疯狂的进攻，迫使他们放弃抵抗并上缴了各种武器，并劳役他们参加各种山地地区和平原地区的城镇建设项目。通过残酷的镇压，将善于在深山中战斗的高山族逐渐迁移至地势较为平缓的地区居住，进行集中管理，且将相同社或者相邻社相同血族支系的人发配至不同的地区，同其他的族群混合居住，用以瓦解高山族的凝聚力，并打散聚集起来容易形成的反抗意识。同时，日本殖民者要求高山族放弃原先以狩猎为生的生活方式，从事与现代发展有关的事务，砍伐树木、运输原木等，按照日本人的社会模式去生活。影片中雾社地区两个族群的首领为了猎场的领地争吵而拔刀相见，小岛的儿子对着双方吼道，“什么你的我的，全都是我们日本人的”，双方同时愣住。从一个日本小孩的言行折射出日本人无视他人自主权的入侵方式。

其次，否定了高山族的族群利益，对他们原先生产生活的地区进行大范围的掠夺。在日本治理的期间，日本人按照自己的发展建设模式，在高山族辖区建设了代表着现代文明的各种建筑和设施，如医院、学校、邮局、酒馆、厕所等。但是，这种建设都依靠着对于高山族的统治和掠夺，单就雾社地区的基础设施建设来说，所用的木料、矿石、土地、人力都是高山族原本生活环境当中的资源。男人们被奴役着去砍伐先民们留下来的代表着自身族群信仰的参天古树，经过精致打磨后，运输到日本人要求的地方进行储藏，用于高山族辖区和日本国内的建设。女人们则被要求充当仆人，任凭日本人训斥和指使。日本人为高山族带来了现代文明的气息，却没有真正地去丰富他们的物质生活，也没有让他们感觉到现代文明带来的好处，相反，彻彻底底地沦为了日本人用来赚钱和采集资源的工具。

最后，实行奴化教育，侵蚀高山族的族群信仰和文化。将赛德克族的孩子们集中起来，进行日语教学，教授日本礼仪，进行相关的社会规范。迫使赛德克族人讲出并销毁其作为民族文化的象征“出草”的战利品——败者的人头。禁止赛德克族人继续“纹面”，借此一系列的行为试图去消灭他们的信仰和文化。对于赛德克族人本身来讲，“纹面”等事情被禁止，违背了祖传下来的由 Gaya/Waya 带给民族的律法、规范，阻隔了他们同祖先的联系，无法让他们在现代文明中成为“赛德克·巴莱”，也就是“真正的人”，等到死后更不可能回归到那祖灵之地。在现代文明带来的精神缺失中，他们表现出对祖灵信仰的担心，这些都不能用物质进行补偿。

## 二、文化冲突下雾社地区高山族的抉择

“雾社事件”发生在日本人统治中国台湾相对比较稳定的时期，却因为诸多原因的掺杂，导致了高山族的“出草”。日本人的到来，施加于高山族的统治让他们原先的生活方式遭到了严重的破坏，资源的被掠夺也使过去的生活空间急剧缩小；雾社地区以马赫坡社的莫那·鲁道等头目对于日本人统治，以及剥削压榨的不满情绪的积攒等，都是“雾社事件”爆发的诸多原因之一。更进一步的分析也可以看出，深层次隐藏的原因则是日本统治者所执行的极端民族主义的方式同中国台湾高山族原本生活方式中的传统民族文化之间形成的巨大的冲突和差别，那些所谓先进的、文明的、领先的大和民族的民族文化对于高山族传统文化和民族信仰带来无情绞杀。面对着让所有人都没有防备的日本统治，以马赫坡社为代表的雾社地区高山族，选择用不同的方式和态度来面对。

首先，通过武力进行反抗。先民留下的祖训深深地融入血液，通过武力捍卫自己的土地是赛德克族人生来就具有的本能。但落后的武器使得赛德克族人在现代化的武器面前显得不堪一击。一次次的反抗，结果都是族人被杀，村社被烧毁。族群原本的生存空间变得愈发狭小，也使得他们放弃了用武力去进行反抗的想法。

其次，长期的奴化教育和残酷统治之下，高山族的小孩子们不得不从小接受日本人的教育，大部分人脱离了先辈们赖以生存的传统生活生计方式，遵守着来自日本人现代化的思想传输，逐渐接受了关于日本文化和文明的理念，甚至会竭力摆脱高山族的身份，希望借此可以获得统治者的认同。显然，这种努力徒劳无功，因为“日本必须为建立登记制度而战斗，当然这种是在日本之下的等级制度”。日本人带来的以奴化为根本目的的政策，决定了他们并不可能在日本人统治的社会中获得平等的待遇和地位，在成了统治者奴隶的同时，也被自己族群的人民所排斥。具有这一特殊身份认同冲突的代表人物就是影片中的花岗一郎，他接受了日本的教育，希望可以摆脱赛德克族人的身份，加入到日本的主流社会，获得平等的待遇。现实却是另一番景象：学习的时候时常受到来自日本同级生的欺凌，即使是以高学历毕业，工作的分配也只给了他一个警务职员的身份。民族等级制度的存在，让这一类人无论如何也不可能融入日本人自身所处的主流社会和文化当中，也无法获得平等的权利和待遇，在自己的族群丧失了原本的身份，被夹杂在两个社会的中间，不被任何一方接受。看透一切而伤心的花岗一郎对着花岗二郎无奈地说道：“不管怎么改变也改变不了这张不被文明认可的野蛮的面孔。”

再次，是用表象的服从去求得生存。为了避开被灭族的危机，大部分高山族不得不选择服从日本人的统治和指挥。道泽群屯巴社头目铁木·瓦里斯就选择了同日本人合作，他们并不是认可日本人的统治带来的改变，更不是心甘情愿接受日本人的指使，只是为了给整个民族在这个已经改变了的生存环境中争取到生存的环境和空间。高山族都需要以“血祭祖灵”的仪式来让一个族人完成从青年人到成年人的蜕变，才能继续跟随着 Gaya 的指引。当日本人小岛教唆着铁木·瓦里斯对其他族人进行扑杀的时候，铁木对着他吼道：“我们的‘出草’是为了祭祖，而不是为了给你的家人复仇。”可见，铁木·瓦里斯是假借听从着日本人的指挥而用以帮助本族的青年人完成传统的成人仪式。“出草”之后，可以获得“纹面”，标志着成为“真正的人”。

最后，是决裂和反抗。在最后的决战之前，莫那·鲁道穿上了红色的服装，在山顶上唱着族群的歌曲，跳着族群的舞。用这种方式宣示着对日本人发起战争的决定，也表达着自己的族群认同感和骄傲，“我们的生命是祖先用鲜血换来的，现在我们也要去染红这战衣，真正的赛德克·巴莱可以输掉身体，不可以输掉灵魂”。在当时的背景下，“出草”已经不再是其原来的意义，而是代表着高山族找回自己传统文化的庄严仪式。当自身的传统文化空间被外来统治者一步步抹杀，原来的特征逐渐被遗忘在所谓的现代文明当中的时候，高山族最终用决裂和反抗作为对于鲁莽的侵略者的回答，如果你们的文明是让我们卑躬屈膝，那么我们就让你们见识到野蛮的骄傲。

## 三、思考

《赛德克·巴莱》的结尾是以赛德克族为代表的六社高山族在“雾社事件”中全部

壮烈牺牲而结束。这是中国台湾各地少数民族族群在同日本侵略者斗争中，比较具有突出代表性的案例，其余的大部分族社在日本统治下继续生活，一直持续到第二次世界大战结束日本战败并从中国台湾撤离。在长达半个世纪的统治时期，日本人给赛德克族人所造成的伤害，一直持续影响着剩余幸存的人，变成了民族记忆中无法略过的灾难篇章。纵观整个近代史，皆是因为经济发展和殖民拓展导致了不同国家和地区的殖民者人口逐渐超过被殖民人口，让高山族在自己的家园变成了“少数”。面对外来者鲁莽的文化入侵和资源掠夺，高山族有权团结自主地把侵略者赶走。在这样的背景下，以莫那·鲁道及其领导的族群，还有其他社群的高山族表现出了对地区现代化的排斥和抵抗，面对外来势力的侵略和本民族文化、信仰等的被破坏，在整个族群危急存亡之际选择了誓死反抗，并遭到了残酷的镇压。整个“雾社事件”只是全世界各个地区少数民族族群所面临的困境的一个缩影。高山族们并不是不能接受现代文明带来的改变，他们只是反对以建设现代文明为借口，对其原本的文化环境和生存空间进行大肆毁坏和掠夺。当今世界，少数民族群体的文化、信仰、生存空间，遭受着全球一体化的冲击，即使是外界的一点小波动，也有可能对某些民族造成致命打击。既能让少数民族族群传统文化继续发展又能符合现代文化发展方向的道路，是摆放在世界各国面前亟待解决的问题。

反观当今世界各国与民族文化相关的政策无不流露出要尊重少数民族族群的多元文化、承认各种文化之间存在差异等这样的价值观，少数民族族群的文化权力和利益变成了许多国家去制定和实行民族政策的要素。除此之外，在切实达到民族族群文化自由平等的表达，仍然有许多的措施等待着落实。第一，“为协调国家整体事务安排与少数民族利益之间的分歧，通过合理划分自治权限或地域，对国家民族性导致的不平等境况加以补救。……通过一定的组织与活动原则，对内自律、管理，听取各种需求；对外则依法行使权利，争取该群体的利益”。通过提供相应必要的外部保护措施，早日实现少数民族族群的相关权力和利益。第二，不仅提供来自外部的保护措施，也要在民族族群内部进行合理的限制。在维护民族族群稳定的前提下，对人员进行适当引导，逐渐剔除原本存在于其内部的不合理规则和准则。保持并发扬内部合理规范的同时，保持着少数民族族群同外部的交流和融合，这样做既可以保持本身的族群认同，也可以使其相关文化获得创新，与时俱进，找出属于本民族族群文化、信仰和社会结构持续存在的方式。

## 【参考文献】

[1] 张圆，喻涛．从电影《赛德克·巴莱》看少数族群权利的维护［J］．贵州民族研究，2013（4）．

[2] 米尔哈·伊利亚德．神圣的存在——比较宗教学范畴［M］．晏可佳，姚贝琴，译．桂林：广西师范大学出版社，2008：258.

[3] 鲁思·本尼迪克特．菊与刀［M］．王纪卿，译．北京：中国友谊出版公司，2017：17.

[4] 李剑．少数民族人权：权力分类与对应性保护［J］．贵州民族研究，2012（4）．

# ● 灾后重建后报京侗寨社会文化变迁

蔡生龙*

（贵州省湄潭县委党校　贵州　湄潭　564199）

**摘　要：** 2014 年“1·25”大火灾彻底地毁灭了报京侗寨弥足珍贵的物质文化和原生态侗文化，灾后重建随之而来的跨越式发展，则带来了基础设施的大发展、生计方式的大变迁、民俗民风的嬗变。因时因地不得不变的侗族大寨，面临着传统与变革、原生态与现代性之间的艰难抉择。灾后重建如何保留完整的原生态文化，是我们不得不思考的问题。

**关键词：** 灾后重建；报京侗寨；社会文化；适应策略

报京侗寨地处山区，山高谷深造就了交通不便和封闭闭塞的地理特征，世居此地的侗族人民保留了传统的吊脚楼和完整的原生态文化。然而，2014 年“1·25”大火灾彻底地毁灭了报京侗寨弥足珍贵的物质文化和原生态侗文化，灾后重建随之而来的跨越式发展，则带来了基础设施的大发展、生计方式的大变迁、民俗民风的嬗变。因时因地不得不变的侗族大寨，面临着传统与变革、原生态与现代性之间的艰难抉择。

## 一、报京侗寨概况及火灾原因

报京侗寨古称“京挡洞”，侗语为山包包之意，位于距离镇远县城 39 千米处的崇山峻岭间，是黔东南侗族苗族自治州最大的北侗大寨，早在清朝康熙年间（1661 年），侗族先民们便定居于此。报京侗寨以颇具特色的民居建筑、传统节日、古朴的民风民俗而声名显赫，2007 年被列入贵州省非物质文化保护村寨，2013 年被列入第二批中国传统村落名录。木质吊脚楼依山而建，鳞次栉比，错落有致，为两层的干栏式建筑，采用“人在上，畜在下”的居住方式。这是遥远过去的生活场景罢了，当今报京侗寨的吊脚楼一楼也住人，大多村民往往在住房旁边修建附属建筑，用作圈养家禽和厕所之用。报京侗寨节日众多，具有代表性的民族节日有“三月三”、活路节、牯藏节、吃公酒等。村民全为侗族，无一是其他民族，由于地理位置偏僻和交通不便，至今还很好地保留了淳朴的民风民俗、服饰文化和原始的生产方式。令人痛惜的是，这座颇具特色的侗族却遭受了灭顶之灾。2014 年 1 月 25 日晚，突如其来的一场大火，把这座具有 300 多年历史的侗族毁于一旦，148 栋房屋被烧毁，受灾人数 1100 多人，直接经济

---

* 作者简介：蔡生龙（1960—），男，贵州湄潭人，贵州省湄潭县委党校，高级政工师。

损失多达980万。集吊脚楼、古水井和芦笙塘于一身的民族村寨就这样毁于一旦，弥足珍贵的银饰、刺绣和服饰也湮灭在了熊熊的大火之中。火灾留下了很多惨痛的教训，也留下了很多值得深思的问题。灾后的报京侗寨，面临着重建家园的使命，这实则是一个难度颇大的问题，涉及如何兼顾保护历史传统和适应现代社会生活需要的两难问题。

报京侗寨火灾有着多方面的原因。既与木质建筑本身固有的习性有关，也与居民生活设施质量差、布局不合理的人为因素有关。更深层次的原因则涉及传统生活方式的诸多弱点，以及在发展经济大背景之下，农村大量青壮年劳动力向城市迁移，由此带来的在灾害来临之际，救援力量的不足和缺失。

房屋结构耐火性差是诱发火灾的第一个原因。报京侗寨的村民住房为传统的北侗吊脚楼，采用当地常有的木材为建筑材料。木制建筑与生俱来的弱点，导致燃点低，耐火性极差，一旦燃烧便很难扑灭。作为传统古村寨的典型代表，报京侗寨的形成和发展是一个自然而然的演变过程，缺乏科学的整体规划，房屋密度很大，房屋与房屋之间没有设立防火隔离带。上述两个原因导致一旦发生火灾，便很容易造成火烧连营的情况，往往会烧毁整个村寨。此外，电路老化、生活用火的隐患、消防意识差也是这次火灾的重要原因。以报京侗寨为代表的古村落，是人类宝贵的历史瑰宝，稍有不慎而毁于一旦，任何试图通过灾后重建而复原其原貌的做法，都不可能完整无缺地恢复其原来的面貌。火灾和灾后重建，促使这座侗族大寨的社会文化发生了不可颠覆的变迁。

## 二、社会文化变迁

自然灾害往往会引起一个社区诸多方面的变迁，而这些变迁无疑是积极主动的，其中物质生活的变迁明显快于精神生活的变迁。“1·25”火灾不仅烧毁了尤为宝贵的历史文化遗产，也使得报京侗寨村民们的生活发生了颠覆性的变化，面临着在传统农耕生活方式与旅游大背景之下不得不变的艰难抉择。

### （一）基础设施

火灾发生后，各路媒体纷纷报道，受灾的报京侗寨得到了前所未有的关注，社会各界纷纷慷慨解囊伸出了援助之手，这个古老的侗族很快便得到了重生与重建。

重建后的报京侗寨，村民居住的房屋一律采用砖结构的三层小楼，抛弃了传统的一楼一底的木结构吊脚楼，是村民们面对的一个极为艰难的选择。砖结构小楼和木质吊脚楼各有其优势，就防火功能、清洁卫生而言，前者明显要强于后者。然而，有的吊脚楼曾经居住过好几代人，是一个家族兴衰荣辱历史的物质载体，承载了村民们太多的记忆和感情。猛然间便变成了砖结构的一楼一底房屋，这对于村民们来说，是一件极难接受的事情。笔者在报京侗寨进行田野考察期间，和在水井旁一群做针线活的侗族妇女们聊天，她们直言并不喜欢现在的砖结构房子，特别留恋从前的木结构房屋。木结构的吊脚楼历经了一番自然而然的发展演变过程，适应了当地的气候和地理环境，凝聚了一代代侗寨工匠们的集体智慧，有诸多优势，宽敞通风，夏凉冬暖，人畜共处，生活很是方便。在全球化的大趋势之下，传统的侗族建筑依然有着不可比拟的优势，假以时日，必将焕发出无穷的活力和顽强的生命力，为勤劳勇敢的侗族儿女们提供无穷的福祉。

灾后重建后，以前房前屋后种菜的自留地没有了，取而代之的是一片片水泥闲置地，用以车辆进出，房屋与房屋之间的间距增加了，防火功能也有了显著提高。报京侗寨村民世代从事农业生产，水井（塘）、芦笙场、吊脚楼、耕地和水田，构成了一个自给自足的封闭社会的基本单位。侗族同胞在这片小天地里，日出而作，日落而息，与外界鲜有交往与联系，房前屋后的菜园子是村民们重要的食物来源地。菜园子的消失，不但给村民们的生活带来了很多的不便之处，也无端端地增加了一笔额外的经济开销。重建后的报京侗寨，没有设计和建造关养家禽的场所，和人们生活息息相关的猪牛羊鸭等家禽无处安置，这是报京侗寨建筑设计上的另外一个硬伤。设计规划者们的初衷是好的，但没有从村民们的实际需要出发，而把传统生活中一些必不可少的建筑元素抹掉了，这不能不说是一个无法弥补的憾事。

除了以上两个令人心生遗憾的变化之外，在基础设施方面，重建后的报京侗寨也有了令人惊喜的变化。火灾之前，报京侗寨周围的道路硬化程度较低，一定程度上给村民们的日常生活和生产活动造成了很多不便之处。灾后重建后，道路基本上得到了硬化，尤其是村里新修的水泥路，宽敞干净，不仅为村民们的出行提供了便利，而且在很大程度上成为人们的休闲场所。闲暇之余，村民们三三两两聚在村里的道路旁，或闲聊，或从事下棋等娱乐活动。更为重要的是，灾后的报京侗寨新增了很多设施，如太阳能路灯和消防泵房等，在一定程度上，把村民们的生活和生产方式提高了一个层次。

### （二）生计方式的变迁

在人类学和民族学的语境里，“生计（livelihood）是指当地人通过不同的资源利用和生产方式满足人民生存和发展需要的策略”。查阅文献资料和进行田野考察后可得知，灾后重建后的报京侗寨村民们的生计方式发生了很大改变。火灾发生前，报京侗寨村民们的生计方式是贵州山区农村典型的经济模式，以农业生产为主，兼具外出打工和养殖业。农业生产方面，以种植水稻和玉米为主，兼种其他经济作物。外出打工人员以青壮年为主力军，主要是到广东和江浙一带务工，从事劳动密集型产业，技术含量不高，收入居于中下水平。养殖业主要是猪、牛、羊、鸡、鹅，主要供自家食用，偶尔出售以补贴家用。“1·25”火灾后，在各级政府的大力支持和扶持下，更是在市场的调节之下，报京侗寨的生计方式发生了变化，主要表现在以下几个方面。

一是旅游从业人员逐渐增多。报京侗寨的灾后重建遵循《报京乡旅发展游详细规划》和《报京乡环境整治方案》的原则，按照 AAAA 级标准进行打造，集民族特色和现代新农村特点于一身，努力形成“南有肇兴，北有报京”的侗族文化旅游格局，完善了旅游基础设施，新修了报京楼、鼓楼和风雨桥等独具特色的民族建筑。焕然一新的报京侗寨，以全新的面貌吸引着四方游客，尤其是报京“三月三”讨葱文化节举办期间，前来观光旅游的人数空前高涨，2015 年的三月三节庆当天达到了 2 万多人。旅游业的不断发展，促使了从事与旅游相关产业的人数不断增加。一些家庭利用闲置的房屋，做起了餐饮生意，一些家庭则开起了家庭旅馆和小卖部等。这些新的生计方式在增加了村民们收入的同时，也在潜移默化地改变着千年古寨的面貌。

二是文化产业初步发展。报京“1・25”火灾带来了巨大的损失，也带来了千载难逢的发展机会。火灾发生后，地理位置偏僻的报京侗寨，受到了新闻媒体的广泛关注，相关报道铺天盖地而来，这个有些默默无名的传统村寨，一瞬间进入了广大民众的视野当中。当地政府很好地利用了现代大众传媒的力量，不失时机地介绍和推广了报京侗寨独具特色的侗族文化，促进了民族文化产业的发展。一年一度的报京三月三，2014 年申报国家非物质文化遗产成功后，来参加节日的游客、学者、媒体人数急剧上涨。加工侗族传统服饰和银饰，成了部分村民们的部分生活收入来源，有的村民开起了银饰加工店，售卖银饰、服装、帽子、鞋子、肚腰等各种侗族刺绣。新建的报京非物质文化遗产展示馆里的展品，是报京侗族文化的缩影，更是理解侗族人民内心世界的一扇窗口。

三是回乡务工创业的人数增加。中国“城乡二元体制的存在，城市社会一方面对青年民工的依赖性越来越大，一方面又以各种方式阻碍他们融入其中。”报京侗寨出外务工的青壮年劳动力，远赴广东江浙一带务工，同样也遭遇了上述生存和发展的困境，普遍表现出了对固有民族文化和社会结构的眷恋。“1・25”火灾成了返乡的一个重要诱因，出于重建家园的需要，外出务工的青壮年们，都无一例外地回到了报京侗寨，以极大的热情投入到了灾后重建工作当中。重建家园的使命完成后，这些青壮年劳动力选择了留在家乡创业，从事旅游、养殖、手工、餐饮、家庭旅馆等行业，收入较外出打工而言有很大的提高。

### （三）民俗文化

促使一个民族民俗文化变迁的原因是多方面的，既有内在的原因，也有外部的因素，而在诸多因素当中，生计方式的改变起了决定性的作用。“1・25”火灾促使报京侗寨的村民们改变了生存和发展适应策略，变更了世代农耕为主的生计方式，客观上使民俗文化发生了多方面和多层次的改变。

报京侗寨罕见外来人口，“村民们也普遍对外来人口持排斥的态度，”是一个典型的熟人社会。侗话是当地通行的语言，也使用“黔东南方言”进行对外交流，现代大众传媒大量涌入后，大部分村民能听懂普通话，但使用普通话的时间和场所并不多见。“1・25”火灾发生后，大量志愿者、官方和社会救援力量的进入，不仅带来了全方位的物质援助，也悄无声息地改变了侗话为通行语的格局。在与外界救援人员的交流过程当中，村民们发现无法使用报京侗话进行有效的沟通，便尝试使用“黔东南方言”或“贵普话”进行交流。灾后重建后，旅游业的发展，也让使用普通话的机会越来越多。诚然，这并不能改变报京人说侗话的传统，但外来人口的不断涌入，必然会使报京侗话吸收普通话甚至是外国语言的一些词汇和语法，这片小小的村落世界当中，也必然会发生多元文化语言碰撞与融合的现象。

旅游业是一把双刃剑，既可以给旅游目的地带来巨大的经济收益，也可以对当地文化带来负面的影响。灾后重建的报京侗寨，受到了全社会的广泛关注，新一轮的旅游热潮即将到来。旅游业改变了报京村民们生计方式的同时，也改变了这里一贯有之的原生态侗族文化，经济利益无孔不入地侵蚀着传统的少数民族文化。原本朴实无华的民族节日，在各方面推手的助力之下，变得过度商业化，进而失去本来的面目和真实的寓意。仅以一年一度的“三月三”为例，这个集历史和传说于一身的侗族节日，有着朴实而丰富的内涵，在报京侗族人的婚姻生活中占据着重要的位置。灾后重建后，在政府力量的主导之下，报京侗寨于 2015 年和 2016 年举行了两次“三月三”讨葱文化节。这两次节日规模巨大，盛况空前，人数众多，得到了广大媒体的广泛关注和报道。然而，热闹的背后却隐约透露出很多令人不安的现象，莫嘎树下情歌对唱、讨葱蒜、下田摸鱼虾等节日环节的商业表演色彩越来越浓厚，与侗族青年男女的爱情和婚姻的联系却越来越淡薄了。在市场经济和旅游业高度发展的社会背景之下，如何很好地保护民族文化被过度地商业化是一个值得深思的问题。

## 三、结语

“1·25”火灾给报京侗寨造成了惨重的损失，灾后重建所导致基础设施、生计方式和民俗文化的变迁，从不同方面打破了侗族文化的原生态性和完整性，从而引发了报京侗寨社会结构和民众心理等更深层次的变迁。一般而言，任何一种社会文化发生变迁与变异，总是内部固有因素和外部刺激因素在双双发生作用，而前者的作用通常大于后者。然而，报京侗寨灾后重建后的实际情况表明，在一个人口数量不多和文化异于主流文化的传统村落里，外部刺激因素往往更为重要，也更应该得到重视。为了应对物质生活和精神文化生活方面的改变，报京侗族村民们努力调整了生存发展的适应策略，尽力在多元文化不断碰撞的背景之下，保持自身文化的原生态性和完整性。尽管援建者和报京侗寨村民们付出了不懈的努力，力图通过最大限度的复原方式，来恢复和保护当地侗族的原生文化。一个令人痛心的事实是，“1·25”火灾的破坏力如此之大，灾后重建引发的变迁程度如此之深，以至于任何不辞辛劳的付出，使用任何先进高明的技术手段，都无法原封不动地恢复报京侗寨传统文化的原生态性和完整性了。

## 【参考文献】

[1] 王松．报京侗寨毁灭式火灾后期待重生［N］．中华工商时报，2014-02-11.
[2] 秦红增，唐剑玲．瑶族农民的生计转型研究——以广西大化县七百弄布努瑶为例［J］．广西民族学院学报（哲学社会科学版），2006（6）.
[3] 王大贤．青年民工返乡创业的制约因素及其对策[J].安徽理工大学学报(社会科学版)，2005(6).
[4] 孟庆沛．法律人类学中的纠纷解决研究［D］．北京：中央民族大学，2012.

# 法学研究

# ● 法官的价值选择与裁判说服

## ——以司法个案为例

陈绍松 *

（贵州商学院　马列学院，贵州　贵阳　550014）

**摘　要：**关注主流媒体的法律宣讲，是研究法律修辞的重要路径。本研究以具体案例为分析工具，揭示了司法裁判中法官价值选择被一种形式主义的裁判证成方式所掩盖。通过论证法官价值选择与个案裁判结果的关联，指出法官价值选择影响裁判结果，但法官价值选择因隐而不见在裁判中不被论证，成为一种法官的恣意。这种恣意的弊害在于使裁判结果不可预期，使裁判结果的共识难以获得。裁判结论的证成，应当基于相同的裁判假定，“法律人格”制度化的建构，是这一假定的基本保障。

**关键词：**价值选择；裁判说服；恣意

主流媒体的宣讲，是一种重要的法律修辞活动。其宣讲主题的选择，表明了法治社会建设的目标性方向。就法治社会建设而言，这种修辞活动以主题为导引进行说服，从而产生对普通民众潜移默化的影响，实现对法治社会预期的认同。媒体通过专门的法律类节目，举案说法，实现普法教育，推进法治社会建设。以中央电视台为例，普及度极高的“今日说法”和“经济与法”栏目，实现了许多普通观众在电视节目中轻松学习法律知识。但是，“法律本身是一个严密的逻辑体系，对法律的正确理解和适用需要严格地遵循正确思维的规律规则。”普法不应仅仅停留在一般地强调法律意识，而应以法律人法律思维的指引，影响听众，提升听众的识法能力，从而理性地接受媒体的宣讲，形成正确的法律价值选择。本研究选择“今日说法”中的一例离婚案❶作为事例。

---

*　作者简介：陈绍松（1971—），男，贵州石阡人，法学博士，贵州商学院马列学院副教授。研究方向：法哲学、法律方法论。

❶　案例“五百万大奖之谜”，2017 年 2 月 26 日《今日说法》播报。案件的案情和争议如下：重庆市梁平县一对夫妻 2015 年 2 月 25 日协议离婚，次日前夫从福彩中心兑出 573 万福彩大奖的税后所得 460 万元。前妻因此将前夫诉至法院要求分割夫妻共同财产，而前夫及其母称彩票为其母购买，所有权为其母亲，并非夫妻共同财产。一审法院支持了被告前夫母亲主张彩票为其所有的请求，认定其提出的两个言词证据有效，判定彩票为家庭共有财产，原告按比例分得份额。二审法院否定了前夫母亲提出的两个言词证据的有效性，其中的关键证据，彩票销售人的证言因彩票兑奖后被告前夫曾有一笔资金汇给证人，被告不能提供其曾经在证人处借款的证明，推定其有贿买证言的可能，从而否定了证言的有效性。

## 一、法官价值选择导致个案结果差异

司法裁判中法的适用是一个法律推理的过程，司法裁决的证成是法律推理的结果。法律推理需要解决规范判断与事实判断的等置问题，司法裁决的结果作为一个规范判断，是由与个案关联的法律规范判断与事实判断推导得出，这个推导必须有一个中介环节。学者指出，这个中介环节就是价值判断，“没有价值判断就没有法律推理，价值判断是法律推理的灵魂”。这一理论命题也得到部门法学者的支持：“法律规范的特点决定了法官的价值判断是刑事司法过程中不可或缺的方法，法官的价值判断是受诸多客观要素的影响，不会影响刑事判决的相对客观性。”理论研究肯定了司法裁判中价值判断不可或缺。同时，法官在具体司法裁判中怎样实现价值判断和价值选择，在理论研究中也有学者进行了回答。[1]但是，在司法实践中，法官的价值选择在具体个案中却并无明显表现，法官价值选择产生的影响，也未受到裁判听众的重视。本研究所列案例即为一个典型标志。主流媒体将其作为一个宣讲主题，更多的只是关注案件本身的结果判断，完全忽视了两审裁判中法官的价值判断、价值选择的存在和可能产生的对裁判听众的影响和说服。

两审法院就同一案件事实支持完全相反的法律选择，使裁判的结果出现了性质上不同的判断：一审法院支持了被告方主张，认定彩票的所有权属于被告母亲，因而属于家庭共有财产；二审法院支持原告主张，认定彩票所有权属于被告，因而属于夫妻共同财产。二审判决作为生效判决，在客观上否认了初审判决。但二审的否定，并不说明一审判决就是一个错误的判决。一审与二审之间在裁决上的不一致并不逻辑地推导出一审判决的错误，否则所有二审改判的案件都将反推出一审案件为错案，会使一审法官陷入错案裁判的不利，破坏法官独立审判个案的司法改革。如果两审法官的审判在形式主义意义上（或称法条主义）都并无过错，导致法官就同一案件事实做出不同选择裁决，就只能是法官不同的价值选择。

### （一）两审法院相同的裁判路径

二审法院基于不同的事实认定否定了一审法院的裁判，如果说一审法院因而在裁判结论上出现了错误，也仅仅是因为两审法院对案件事实进行了不同的认定。在本案的裁判中，两审法院坚持了相同的裁判方法，选择了同样的裁判路径，严格遵守形式法律推理。即在法律适用过程中，根据审判过程中的案件事实，直接援用相关的法律条款，并严格按照确定的法律条款进行法律推理，形成裁判结论。

强调权威的法律规范作为案件判决的基本依据。以现行法为工作起点，以法律规范建构诉争事实，并以法律规范评价诉讼争点，形成裁判，是本案两审法院基本的法律适用方法。具体而言，两审法院的审判都以婚姻法确定的夫妻共同财产制为起点，解决案件争议中，“五百万大奖”的彩票所有权归属；以民事诉讼法“谁主张谁举证”的证明责任明确事实证明的责任分配和不利后果承担；通过证据的相关规则认定和建

[1] 张继成. 法律价值推理的方法及其公理［J］. 东岳论丛，2005（1）. 该文具体阐述了案件事实的价值评价方法和法律价值推理的基本公理。

构出案件事实，最终在选择认定的案件事实基础上形成对彩票收入的分配方案。

“适用或不适用任何条款都是开放的”，即使坚持同样路径的裁判方法，但由于规则的开放性，不同法院对同一案件可能适用不同的法律规则形成裁判，这一方法论中不能回避的问题可能导致裁判结论差异。但是法律规则的适用在本案中并未形成争议，本案也不存在对现行法理解共识的争议。作为一个普通案件，在法律适用上两级审判法院也并无本质差别[1]，二审对一审法院判决的改判仅仅建立在案件事实认定的差异上。如果说一审法院的判决出现了错误，也只是在事实“证明”上的错误。但由于民事审判对事实的认定只要求“高度概然性”证明标准，因此其据以裁判的法律事实与生活（客观）事实不符完全可能存在。如果在事实证明上并没有程序上和法律规则适用的错误，则案件事实的裁判结论认定就没有错误。此时需要追问的是，什么导致了两审法院完全不同的裁判结论？

### （二）两审法院价值选择的同与异

两审法院基于同样的法律适用和同样的证据基础，对同一案件事实做出了完全不同的认定。其选择的依据在表现形式上通过证据规则得以说明。同样的规则，同样的证据，两级审判法院做出了完全不同的事实认定，仅仅通过对规则的阐述并不能得到说明。本案事实并不复杂，证据规则也非常清楚，如果说一审法官在事实认定上在规范意义上犯了错误，那也只能推定其为故意犯了错误，导致一审法官认定彩票归被告人母亲所有的案件事实建立在其基本价值选择上；二审不同的事实认定，根本上也是因为其不同的价值选择。

（1）依法裁量与解决纠纷，或者说法条主义的裁判方法，是两级审判法院共同坚持的价值选择。一审法院在认定彩票归属被告人母亲之后，以“家庭共有财产”为据，仍然判决原告分得 115 万元，其基本的考量即为化解纠纷；当这一裁判选择并未实现良好的社会效果，二审法院通过更严格的规则主义，通过对案件事实的重新认定，实现对彩票利益的重新分配，以期实现解决纠纷。“以事实为根据，以法律为准绳”的裁判方式是两级法院在裁判方式上首先的价值选择，解决纠纷是其共同的目标寻求。这种选择符合我国司法制度的基本要求，因此在媒体的宣讲中并未对裁判的恰当性提出质疑。“现行法是到目前为止人们在价值判断问题上所能达成的最大妥协和共识”，这是司法裁判中坚持法律规则裁判的基本理由。

（2）公平与生活事实，是一审法院在审判过程中更关注的价值选择。《婚姻法》第 17 条夫妻共同财产制的规定和第 47 条对离婚前财产因一方隐藏而“可以再次分割夫妻共同财产”的相关法律条文，成为两审法院共同遵守的规范性要求，但最终对同样的案件事实两审法院作了相反的认定。就审判程序查清案件事实而言，两审法院所依据的证据并无本质差别，在对彩票的“不记名、不挂失，谁认领，谁拥有所有权”的规范基础上，因彩票是被告实名领取，首先肯定所有权归属被告。基于这一肯定，当被

[1] 由于案例来源于媒体报道，作者未能看到两审法院的裁判文书，不能具体了解两审法院在法律适用上是否有细微差别，但就案件的判决结论和方法而言，两审法院并未在法律适用上产生分歧。

告母亲主张彩票是其所买时，由其对彩票所有权的主张举证，并以此举证判定彩票的归属。一审法官以彩票出售人的直接证言和一个传来证言，认定被告母亲的证据能够证明彩票是其所买，从而否定彩票是离婚前丈夫所买并在离婚时隐藏的财产。民事诉讼证明标准只需盖然性证明，法院这一事实判定在法律上虽不充分，也并无不妥。如果将这一案件的事实回归生活判断，彩票判定为“家庭共同财产”也更符合公平原则。就案例的宣讲而言，两个方面必定是作为一审法院进行事实判定的基础：一是代际之间的生活互助；二是案件离婚当事人在离婚以前持续一年的生活分离状态。

（3）诚信与守法，二审法院以此作为该审判价值目标。通过对传来证据证明力的否认，并进而通过被告在彩票兑奖后通过银行汇款给彩票出售人，却不能证明这一款项所还借款的借款凭证为由，判定这一汇款行为有贿买彩票出售人作假证的可能，因而认定彩票人的证言不具有证明力。在进一步以亲属不能作证为由否定了被告兄长和姐姐的证言后，判定被告母亲不能证明自己是彩票所有人，从而支持原告的诉讼请求，认定彩票为被告所有，系婚前夫妻共同财产，以夫妻共同财产重新分割。二审对案件事实的认定，经由被告兑换彩票后支出给彩票出售人和兄姐的几笔费用，假定其贿买证人，并以其不能证明曾经向彩票出售人借用钱款而判定其系列行为不合法。这一“坏人”假定还可连同其离婚时主动承担婚姻期间债务，主动抚养未成年子女而辅助性证明。在逻辑推导上，表达为“因为中了大奖，被告人急于离婚独占财产，因此，为了达到目的，不惜承担更多义务”。这一推理以被告人就是坏人作为假定前提。为了宣讲公民应当诚信守法，而不让坏人在诉讼中受益，判定彩票属被告隐藏的婚前财产。当然，这一分析二审法官也许并不认同，因为二审法官如果要对当事人进行坏人假定，那原告首先也应该被假定为坏人，事实上如果从坏人假定的思维出发，原告在离婚时不承担任何责任的行为也应该受到贬义的评价，在事实认定上并无同情原告的理由。因而，判定原告为彩票所有人只是严格适用法律的结果。于此，有两点说明，其一基于坏人假定的原告评价，对本案的事实认定不产生影响，此外，本案被告对所欠债务是否有必须证明的义务；即使有，在中国的生活状态下，也存在事实的证明不能，因为日常生活债务不履行任何手续，完全凭借双方信任，符合中国人生活习惯。

## 二、法官价值选择的说服力

司法裁判应提供“理由充分”的裁决。理由充分的裁决以其论证说理的可预见性，使律师可以预见并告诉诉讼委托人，法庭判决可能是什么，从而更多促成低成本和风险的商谈结束冲突，有效减少法律诉讼。司法裁判是一个理性证立的过程，司法裁决是法官慎思的结果，而不应是法官恣意的擅断。然而“理由充分”不等于裁判结论选择的唯一，“法律的特别之处就在于，人们能够就同一个命题来理性地辩护支持的观点和反对的观点。”理由充分的论证要实现对裁判听众的说服，也必须以裁判者与听众核心价值选择一致为保证。如果法官通过结果判断选择的价值目标与裁判听众不一致，法官应论证其价值选择的优越性。而这种优越性的判断标准只能是法治背景下，法律规范的内在价值。

### （一）“法条主义”与“后果考量”

本案两审法院都坚持了以“法律为准绳”的基本价值选择，但这一基本价值选择不是导致两审出现性质区别的原因。就法条主义以法条为基础的裁判而言，本案所依“法律准绳”两审法院并无差异，也未作不同的法律解释。本案从法条主义的视角并无裁判困境，在规则与事实等置之间没有明显的法律裂隙。虽然《婚姻法》第 17 条没有列举偶然所得为夫妻共同所有，但其第 5 款“其他应当归共同所有的财产”在本案中包含彩票购买这种射幸所得似乎并无争议。事实上，在裁判的具体过程中，两审审判过程对此并未提出异议。尽管并不能因此断言此案并非法条主义之困，毕竟“其他应当归共同所有的财产”与购买彩票所得收入之间的等置尚有争议的空间。但至少可以说本案就同一事实做出的不同判断可能产生的裁判说服力的缺失并非法条主义之过，“法条主义是围绕法律条文研究法律的，一旦法律条文和社会实践发生冲突，或者不相适应，那么，法条主义也就可能遭遇尴尬”。本案裁判不确定结果并非法律条文与社会实践冲突所致，并未遭遇法条主义之困。

案件裁判的结果差异源于对案件事实性质的不同判定。基于同样的事实理由，一审判定被告之母为彩票所有人，基于对其举证证明力的认可；二审则基于被告与主要证人（彩票销售人）之间有银行账务往来而不能证明其曾经对彩票销售人有过债务而判定其“还款行为”为贿赂彩票销售人，推定彩票销售人作了假证，从而否定被告母亲为彩票持有人。导致两审法院对案件事实的不同判断在于其分别选择了不同价值基础评价案件涉及的法律事实，基于一种后果主义的考量得出不同的判决结论。

后果主义考量是以法官做出预设结论为出发点，以庭审阶段排除例外事实为重心环节，基于此寻找法律规范验证结论的正确与合理，并做出裁判的裁判思维。正如麦考密克指出，结果主义考量可能陷于极端立场。即一方面认为一项决定的唯一证成将是从其所有结果出发做出的证成；另一方面则认为，一项决定的性质和品质，不管其结果如何，都被看作和该决定的正当性证明或决定的合理性有关的唯一要素。这两个极端的观点在司法实践中都是不可取的。“我们应该只考虑位于两者之间的中间观点，即认为某些种类的结果以及某些范围的结果一定和决定之证成相关。”麦考密克基于此证明了“某种结果论推理在司法裁决证成中有着决定性的作用”，这一证明对认识本案基于同一生活事实，判定不同事实性质，证成不同裁判结果的原因有说服力。两审法官基于同样的法律规则，同样的事实证据，通过对事实性质的不同判定，对案件做出不同的裁决。这种区别于裁判结论的获得，正是因为在裁判过程中，预设了不同裁判结果。而导致两审法院选择不同裁判结果的后果主义证明，正是其不同的价值选择。那么，需要追问的就是，司法裁判证成过程中的价值选择怎样面对生活事实，法官怎样通过合理的价值选择，重构案件的法律事实，证成裁判结论，实现良好的裁判说服。

### （二）价值选择与法律事实建构

法官价值选择与后果主义裁判关联。在司法裁判过程中，可能通过法律规则的不同适用实现不同的裁判结论。本案两审法院在法律规则的适用上并无差异，也未作不同解释，审判过程中也未对法律规则的适用提出异议。导致两审法院不同裁判结果的原因是对案件事实性质不同的判定。事实性质的不同判定成为本案二审改判的基本依据。两审法院对同一案件事实做出不同的性质认定，正是基于不同的后果主义考量和一种裁判中并未言明的不同价值选择。两审法院不同的价值选择，前文已述及。此处继续讨论的是法官在价值选择指引下，对法律事实建构的合理性。

法律事实是对生活事实以法律规则为标准进行建构的事实。法律事实以生活事实为基础，但因其受规则的约束，并不等同于生活事实，这才有诉讼法上对事实之“真”的争议。然而不管是生活事实的客观之真，还是法律事实之真，本案判决都未得到充分的证明。导致这种“真”未得到充分证明的原因正是裁判过程中法官受一种并未言明的价值选择的指引，事实成为追求特定裁判结论的工具，事实的证明却被漠视，以下详述。

就本案生活事实而言，案件所涉彩票所有权属于被告或其母的可能性都存在。就买彩票的行为事件而言，最大的可能当然是被告本人，因为其购买彩票的习惯使其可能在任何可能时候购买彩票；但如果从谁出资，谁受益的基本原则而言，其母是彩票出资人的可能性也极大。事实的理由在于当时被告处在与妻子长期分居（时间已快一年，只是因为没有钱偿还妻家债务而未就离婚达成协议），自己并无任何生活来源，没有起码的收入。吃用的基本开支不能保证的情况下，被告仍有可能去买彩票，这符合其生活习惯，但这钱的来源完全有可能为其母亲，这符合中国父母与子女的生活相处的生活习惯。本案中，被告母亲称一段时间被告无心再购买彩票，该彩票为其购买的事实，实际上也符合中国父母关心子女的生活事实。本案中，第一种财产所有情况，即被告为彩票所有人的情况，正是原告要实现的事实判断，根据该彩票谁申领谁为所有人的原则，不需要特别证明；后两种情况，被告母亲为彩票所有人的可能在法律上当然都需要证明，上升为法律事实，才能作为裁判案件的依据。

法律事实在诉讼中通过证据证明得以建构。被告母亲要证明其为彩票持有人，必须证明彩票为其所买，被告领取彩票的行为只是受其所托的代理行为。本案中的代理行为并不成为争论点，争论的关键在于彩票是否为被告母亲所买。被告母亲在审判过程中提出的证据有间接证据和直接证据。间接证据在本案中并无太大证明力，主要争论焦点在于直接证据，彩票销售人证明彩票为被告母亲所购买。一审认定案件事实以此为据并无疑义；二审也是对此证据的证明力进行否定从而做出了不同的事实认定。二审否定彩票销售人证据的理由在于被告兑现彩票资金以后，与彩票所有人通过银行卡资金往来，不能证明其作为还款的借款依据，从而推定此一行为为被告贿赂彩票销售人，因而否定其证言的证明力。由于彩票销售人的证明为言词证据，其可信度受到怀疑无须质疑。但二审要求原案被告证明其支付给彩票销售人的资金为借款的借款凭证这一评价行为，即使符合裁判者的身份要求，也忽略了一个基本事实，借钱不写借条仅凭彼此信任是中国社会普遍的生活事实。原案被告不能证明其借款行为实属生活常情。

法律事实与生活事实纠缠，难以有效证成；法官通过结果考量回溯案件事实，基于某种价值判断建构案件法律事实，是本案两审法官共同的裁判方式。而不同价值观念与裁判结果关联，虽然在形式上都以法律之名实现裁判证成，但裁判结论却差异明显。二审法院作为生效判决要产生其有效的说服力，应当有比一审法院更强的说明理由，否则就只是一种通过权力的说服。即使裁判结论更符合社会普泛大众的要求，司法作为一个制度体系，也并不能实现良好的社会说服。

### （三）慎思与擅断的法官价值选择

“在当代法律体系中给出理由的法律义务是法治的核心成分”。具备司法裁判说服力的理由，是符合裁判制度语境，经过最优选择的慎思所形成，而不能仅仅是凭借司法权力的擅断。尽管司法裁判之所以正确有时候确实是因为裁判者拥有权力。

一个慎思的裁判是一个法律证成的裁判。然而，一个裁判结论作为一个法律判断是否被证成，是一个可以从不同的、甚至矛盾的角度来回答的问题。就法条主义的裁判模式而言，本案两审法院裁判结论的获得在形式上都符合基本法律推理模式，应当理解为是一个法律证成的裁判。两审法院证成的是矛盾的结论，这肯定了“单个理论可以导向被证成的、但矛盾的命题”这一基本判断。亦如学者所论，“针对特定结论的说服力在特定理由陈述的内容来看未必是单向的，有的理由同时能够产生反作用力，涉及该命题的相关性资源在充当说服性依据的时候，也有可能导致推翻该结论。”于此，法律证成并不易简单理解。

法律证成的理论意义在于，进一步理解法律证成中发挥作用的因素。两审法院不同的裁判结论建构于法律规则的相同理解和不同法律事实的判断，裁判形式上的相同与结论的差异，肯定了法律证成中发挥作用的因素并非简单的法条主义证明，影响裁判结论的关键因素正是前议所述法官不同的价值选择。

作为一种影响裁判的关键因素，法官有证成其价值选择优越性的义务，以此说明其裁判选择优越于其他选择。问题的症结正在于此，价值选择决定了法官对裁判结论的选择，但价值选择并未被纳入法律证成的过程，成为一种潜藏的力量。产生影响，但无以证明，无须证成，成为一种擅断的选择。正是这种价值选择的擅断，使生效裁判的说服力减损。一种价值的选择也应该遵循基本的方法及其公理，否则，法律推理只能处于经验的层面，依靠法官的直觉，从而不可捉摸，无法预测，裁判听众无以适从，使本已缺失的司法公信力受到伤害。“司法公信力不足甚至下降已经日益成为困扰当代中国法治的重大问题”，缺失公信力的判断其说服听众的有效性自难成立。

## 三、法官价值选择恣意的弊害与共识获得

法律只能说服信仰法律的人。司法裁判对法律的适用，只能说服具有法律人格的人。说服是一个施加影响的过程，这个过程不仅包括明显地施加影响的尝试，也包括法官对此种尝试所作出的回应。婚姻案件所反映的基本价值追求是维系婚姻的幸福与稳定，这一价值追求在本案基于离婚判决的事实而产生的对婚前财产的再分割，似乎已经很难作为目标追求。法官在进行价值选择时多大程度上被诉讼所涉的案件事实说服，直接影响法官对案件的最终裁判结论。如果假定案件判决的法官都是基于法律的内在要求做出判决，本案一、二审法院之间裁判结果的差异在于两审法官对于案件事

实的认定做出了不同的价值选择。法官作为理想法律人格的代表也会因个体差异受诉讼当事人“说服”行为不同的影响。因而价值选择问题似乎与“法律人格”的塑造没有直接的关联。但这只是一种表象上的逻辑推理。作为说服接受者的法官，作为一个案件裁判的“问题解决团体”，在法律适用中存在趋于一致的压力，并基于对法律信仰屈从于这些压力。“对于团体中的一位个体成员而言，当所有其他成员都与之有不同回答时，要坚持他或她的回答是困难的，即使他或她是唯一一位正确的成员。”趋于一致的压力导致异见者服从，这是一个被广泛证明的社会心理现象。案例中这种趋于一致的压力——夫妻共同财产制的法律规范——两审法院事实上都已服从，两审法官同样注重形式正义，给法律规则赋予了绝对优势的价值权重。但这不是本案法官支持不同裁判结论的价值选择。案例中两审法院基于结果判断做出了不同的价值选择，从而使裁判在同一事实基础上出现了不同的判决，反证了作为裁判者的法官在价值选择上保持一致的重要。两种价值选择在本案中的优劣并未被法官充分论证，使本案体现出一种法官对案件裁量的恣意。在法治社会制度背景中，一个具有法治信仰的人格体，能够理性接受二审法院裁判的价值判断。因为他接受了法律这种制度性事实，他理解这是法治的制度化选择。但是从本案仍然能够感受，法官价值选择的不一致对法治建设的危害。对同一案件事实基于不同的价值预设做出不同的判断，导致不同的裁判结论，对做出判决的价值选择不作理由的论证，以一种主观的方式获得并隐含地影响案件判决，使案件丧失可预见性对法治产生危害。

### （一）法官价值选择恣意的弊害：裁判的可预见性丧失

法律价值选择是法治社会建设的基点，“法治中国既需要认同人类文明进步的核心主流价值，也需要关注现实国情和本土资源，只有如此，才能推进我们的法治事业有条不紊地前行。”在具体的司法裁判中，价值判断在法律推理中的地位和作用，已经有学者充分论证了“没有价值判断就没有法律推理，价值判断是法律推理的灵魂”，尽管这种判断没有得到推广和广泛接受，但在司法裁判中出现法官不经证成的价值判断，并因此影响裁判结论的获得，其对法治的弊害显而易见。

法官未经证成、不经推理的价值选择，在其影响裁判结论的语境，导致的结果是裁判结论的不可预见，进而导致的影响是法官权威的丧失，从而使司法裁判更多为裁判听众所裹挟。这三重危害在当下中国司法制度语境中当然都不是单一原因所致，它们都是当下法学研究的问题点，但因法官价值判断和选择的恣意导致的弊害仍未被重视。

法官的价值选择在司法裁判过程和结论中总是不可避免。这种价值选择可能是存于法律规范体系中的价值选择，比如沸沸扬扬的“辱母杀人案”，法官对刑事被告的判刑正是选择了刑法“打击犯罪”的价值追求，而漠视“保护人民”的价值目标，未能对刑事被告人的行为做出具有说服力的裁判。这种对规范体系内在隐含的价值目标恣意的选择，直接的危害是法律服务于民众的功能发生偏离，司法的权威遭到破坏；在社会广泛质疑和民意的压力下，上诉法院遭遇法律之外，由于社会和民众作为裁判听众的巨大压力，对案件做出公正判决的难度倍增，如果民意被社会不公正力量操纵，裁判结论就可能脱离正常法律轨道，被听众裹挟，失去公正。

司法裁判中法官遵循价值推理方法，审慎地做出价值选择，避免因恣意可能导致对法治的危害，减少裁判结论的不确定，对增强司法裁判说服力具有重要意义。但是正因为法官价值选择难以避免，一个司法裁判要实现对裁判听众的有效说服，导致在法治的语境中寻求达成共识的标准可能出现多元化趋向，裁判的说服因而不仅仅是一个法律命题证成的问题，更是裁判听众在对法律规范认同基础上，对裁判价值选择的认同。这两个问题共同指向说服的共识性问题，“共识决定了一个法律命题的状态是否是被证成的”，然而有没有实现共识，这取决于听众，一个司法裁判能否说服裁判听众，要求听众与裁判证成者有核心价值观的一致，裁判的说服才能建立在共同语境基础上。

### （二）法官价值选择共识的获得：法律人格培育

“法治中国”这一主题，在制度建设层面体现了限制公权的基本价值关怀，中国法治的实践已从单纯政治功能转向个人权利关怀和社会整合功能。因此对法治问题进行的大多数讨论的焦点放在执政者和执法者身上的话题热，已受到学者批判，“法治与每一个公民相关，因而一般公民法治思维的养成也是同等重要的问题”。公民的法治思维通过积极守法的法律人格得到体现。而本案纠结的事实问题也是法官在价值选择中面临两难的症结。案例的核心问题是案件事实的认定。诉讼当事人通过举证对法官的说服，是法官形成事实判断的基础。本案中对事实的证明，两审法院的认定都并非建立在确实充分的基础上，这在审判法律程序上并无瑕疵。正是民事证明的盖然性标准，为法官主观价值的渗入留下了空隙。两审法院的法官在不同价值引导下对案件事实作了不同的判定，除却裁判中法官的恣意外，本案导致对事实的不同判断还在于主审法官对案件当事人人格判定的不同假定。

由于案件事实证明中，当事人提供的证据都是言词证据，证明的真实性只能通过证明人的人格作为担保，对案件当事人、证人的人格假定成为建构案件法律事实的前提。因为缺失一种证明当事人与证人人格可信度的制度保证，对其人格的假定只能由法官根据裁判结果来定，是本案及多数中国类似司法案件中法官价值选择的路径。本案一审法官选择认定被告母亲是彩票持有人的事实判断，建立在对证人证言的采信基础上，肯定被告证人的言辞为真，判定证人证言的证明力，事实上预设了证人人格的可信，所作证言为“真实”的表达。与一审相反，二审法官对证人证言的不予采信，否定了证人证言的证明力。以具有一定关联性的事实，被告对主要证人的债务偿还不能证明其债务来源而否定证人证言的证明力，对上诉人和证人的人格可信度作了与一审法官完全相反的假定。

证言的证明力与证人的人格关联，两审法官在裁判的法律事实建构中，对证人不同人格假定的选择未作必要的论证，以一种恣意的态度对待当事人、证人人格的判定，在制度上并不违反我国司法裁判制度规范。但这种恣意使裁判结论的证成缺失基于理由论证的说服力，二审裁判作为生效判决在证明理由上并不比一审裁判充分，这种不充分性正是法官对价值选择的证明缺失。由于没有证人人格保障制度，法官对涉案当事人的人格假定缺乏统一的认定标准，不能从制度上保障对当事人人格假定的统一。审判法官在审判中没有证明当事人人格标准的义务，因而对当事人人格判定的随意性在审判中在所难免。人格认定的不一致成为本案事实认定不同的前提假设，最终导致两审法院法官对案件做出了相反的判断。

对涉案当事人不同的人格假定证成了本案两审法院法官不同的裁判结论。法律人格在司法裁判中的意义因而不可忽视。如果两审法院法官能够以制度化方式保证涉案人员人格的评价，影响法官价值选择的基本假定能够形成共识，裁判结论就能够实现可接受性。

## 【参考文献】


[1] 李丽，吕建武．法律适用中逻辑困境与出路［J］．政法论丛，2016（2）．

[2] 张继成．法律价值推理的方法及其公理［J］．东岳论丛，2005（1）．

[3] 黄京平，陈鹏展．刑事裁判过程中价值判断问题研究［J］．法学家，2005（6）．

[4] 阿尔诺·R. 洛德．对话法律：法律证成和论证的对话模型［M］．北京：中国政法大学出版社，2016.

[5] 刘星．怎样看待中国法学的“法条主义”［J］．现代法学，2007（2）．

[6] 尼尔·麦考密克．修辞与法治［M］．程朝阳，孙光宁，译．北京：北京大学出版社，2014：137.

[7] 玛蒂尔德·柯恩．作为理由之治的法治［J］．中外法学，2010（3）．

[8] 徐梦醒．法律论证的推论规则［J］．政法论丛，2015（4）：156.

[9] 唐稷尧．中国当前刑法司法解释公信力刍议［J］．政法论丛，2016（4）．

[10] 戴维·克雷因，格里高利·米切尔．司法决策的心理学［M］．陈林林，张晓笑，译．北京：法律出版社，2016.

[11] 张志铭，于浩．现代法治释义［J］．政法论丛，2015（1）．

[12] 武宏志．法治思维与论题思维［J］．法学论坛，2013（5）．

# ● 恶意刷信誉行为的刑法考量 *

刘 杰 **

（贵州大学 法学院，贵州 贵阳 550025）

**摘 要：** 全国首例恶意刷信誉案行为人在南京以破坏生产经营罪定罪量刑，而学界关于恶意刷信誉行为的定性不一，存有无罪说、破坏生产经营罪说、损害商业信誉、商品声誉罪说，以及妨害业务罪说等学说，日本、韩国、德国等国刑法也有不同立法例。基于对其他学说与立法例的宏观考量与破坏生产经营罪具体构成要件的微观探究，以实质解释论立场解释破坏生产经营罪构成要件，认为恶意刷信誉侵犯了经济利益、刷信誉属于破坏生产经营行为、恶意属于破坏生产经营的主观目的，恶意刷信誉行为构成破坏生产经营罪。

**关键词：** 恶意刷信誉；破坏生产经营罪；生产经营；实质解释

## 一、问题提出：恶意刷信誉行为的定性不一

全国首例恶意刷信誉案于 2016 年 12 月 19 日在南京中院二审宣判，判定董某与谢某成立破坏生产经营罪，董某被判有期徒刑 1 年，缓刑 1 年；谢某则免于刑事处罚。在此案中，董某雇佣谢某多次以同一账号大量购买北京万方数据服务科技有限公司南京分公司（以下简称“南京分公司”）淘宝网店铺的商品，致使其被淘宝公司误认为进行虚假买卖以刷销量，进而对其处以搜索降权处罚。消费者通过淘宝网无法搜索到该公司商品，严重影响其正常经营，造成经济损失 10 万余元。

此案虽已尘埃落定，但针对恶意刷信誉行为的定性及其如何规制仍有待厘清。首当其冲的是恶意刷信誉行为的性质为何？是一般的民事侵权行为，抑或是犯罪行为？如是犯罪行为，构成何种犯罪？这些问题亟待细致深入探讨。

恶意刷信誉行为，概言之，是指行为人恶意刷对方店铺的销量，以使对方店铺被淘宝网等网络销售平台误认为是虚假交易，从而给予对方店铺以搜索降权处分，致使消费者难以或者无法搜索到该店铺，造成经济损失的行为。针对恶意刷信誉行为，学术界主要存有无罪说；破坏生产经营罪说；损害商业信誉、商品声誉罪说。

无罪说论者立足网络销售平台的视角，认为店铺经济损失是由网络销售平台的误

---

* 基金项目：本研究受 2017 年度贵州大学人文社会科学青年课题项目“新型网络犯罪与刑法解释论纲”［项目号：GDQN2017019］的资助。

** 作者简介：刘杰（1990—），男，江西丰城人，法学硕士，实验师。研究方向：刑法学、犯罪学。

判导致的，店铺卖家应就损失向网络销售平台追究民事赔偿责任。还有学者认为本案行为定性较难，建议应该审慎适用刑罚。破坏生产经营罪说，则立足行为人主观方面具有打击竞争对方、进行不正当竞争目的，客观方面则采取了通过网络虚假交易，破坏正常生产经营，致使严重经济损失的行为，整体充足了破坏生产经营罪的构成要件。损害商业信誉、商品声誉罪说则主张，行为人采用虚假刷销量致使卖家造成较大经济损失的行为，客观上损害了卖家的商业信誉与商品声誉，符合此罪的构成要件。[1]此外，各国针对恶意刷信誉等新型网络犯罪行为还有诸多立法例，下面将摘取部分国家的立法例予以介绍。

## 二、域外经验：部分国家立法例的客观分析

针对恶意刷信誉致使被害人遭受重大损失的新型网络犯罪行为，各国有不同程度与力度的立法，以规制此类行为。笔者收集了部分国家的有关立法，发现有针对恶意刷信誉行为的专门性立法条文，如日本、荷兰、韩国，以及意大利等，设置了妨害信用或业务类犯罪；也有立足对数据的修改、删除、损害、破坏等行为造成重大损失的视角，将其置于破坏数据类犯罪，代表性国家有奥地利、瑞士、伊朗等；还有国家将恶意刷信誉行为归于计算机诈骗类犯罪，将其认定为对计算机系统信息等进行修改等以实施欺诈的犯罪行为，如德国、法国与俄罗斯等。

### （一）妨害信用或业务类犯罪立法

《日本刑法典》第 233 条规定："散布虚假传闻信息或者利用诡计，毁损他人信用或妨害他人业务的，判处 3 年以下惩役或 50 万日元以下罚金。"第 234 条规定："以暴力妨害他人业务的，依前条规定处断。"第 234 条之二规定："损坏他人业务所用的电子计算机或电磁记录，或将虚假信息或不正当指令输入业务所用的电子计算机中，或以其他方法使电子计算机无法按使用目的运行或违背使用目的运行，妨害其业务的，处 5 年以下有期徒刑或 100 万日元以下罚金。"

《荷兰计算机犯罪法》第 161 节第 6 段（b）规定："任何人故意破坏、损坏或摧毁任何用以资料的存储、处理的自动化系统，或电信装置，妨害其运作或功能，或使与之相关的安全措施无用，严重危害到商品或正常提供服务，处 6 年以下监禁，或 10 万荷兰盾罚金。"

《韩国刑法》第 313 条规定："散布虚伪信息或以其他欺骗方式，妨害他人信用的，判处 5 年以下劳役或 100 万韩元以下罚金。"第 314 条规定："以前条的方式或者威力，妨害他人业务的，判处 5 年以下劳役或 100 万韩元以下罚金"。

《意大利刑法》第 513 条规定："使用针对物的威力或者欺诈方法妨碍或者滋扰工业或者贸易性活动的，假如行为不充足更加严重犯罪构成的，经过被害人告诉的，判处两年以下有期徒刑及 103 欧元以上 1032 欧元以下罚金。"

在上述妨害信用或业务类犯罪立法中，有一般性质的妨害信用或业务类犯罪立法，

---

[1] 参见 http：//www.njyhfy.gov.cn/www/yhfy/mtbd-mb_a391705031972.htm。

如《日本刑法典》233条、《韩国刑法》313条，以及《意大利刑法》513条，行为方式主要表现为散布虚假信息或以其他欺骗方法、欺诈手段或用威力、暴力，妨害他人信用或业务的行为。案件类型含自诉与公诉，自诉案件的刑罚为两年以下有期徒刑，并处罚金；公诉案件的刑罚为至少3年以下有期徒刑，或处罚金。也包含专门针对以计算机手段妨害业务类犯罪立法，如《日本刑法典》234条之二、《荷兰计算机犯罪法》第161节第6段（b），行为方式主要表现为行为人故意破坏、损坏或毁坏电磁记录、资料存储与处理自动系统、电信装置或安全措施等，妨害他人业务的行为。此类案件的刑罚为至少5年以下有期徒刑，或处罚金。

### （二）破坏数据类犯罪立法

《瑞士刑法典》第144bis条规定："未经允许修改、删除或者使不可用以电子或者相似方法存储或者传送的数据，被提起告诉的，判处三年以下自由刑或者罚金。致使重大损失的，处自由刑一至五年。"

《巴基斯坦预防网络犯罪法》第二章"犯罪与刑罚"中"数据破坏"规定："任何人意图非法损害或破坏数据，对公众和个人造成损害的，将被单处最高三年的有期徒刑，或罚款，或并处。"就该条"数据破坏"的表述而言，其不局限于修改、涂改、删除、抹除、查禁或改变数据的位置或使数据暂时性或永久性失效，以及中止电子系统、阻塞网络，或影响数据的有效性和可靠性。

《伊朗计算机犯罪法》第二章"针对数据、计算机或通信系统的完备性及其效用性的犯罪"第9条规定："行为人未经许可，使他人的计算机或通信系统失去效用，或者通过输入、传输、分配、删除、禁止、篡改、破坏数据或电磁、光学波阻碍功能实现的，判处6个月以上2年以下监禁，单处或并处1000万至4000万里亚尔罚金。"

《罗马尼亚预防和打击网络犯罪法》第49条规定："以为自己或他人获得经济利益为目的，通过录入、篡改或删除计算机数据，通过限制对该数据的访问或通过任何妨害计算机系统功能行使的方式，致使财产损失的，判处监禁3~12年。"

以上破坏数据类犯罪立法的行为方式，集中表现为行为人故意对数据进行非法使用、压制、存储、传输、分配、修改、删除、禁止、篡改、限制访问等，损害他人的行为。法定刑主刑6个月至12年自由刑不等，并处或者单处罚金刑。主观方面内容为故意，涵盖以为自己或他人获取经济利益等内容。

### （三）计算机诈骗类犯罪立法

《德国刑法典》第263a条规定："意在为本人或他人获得非法性财产利益，通过不正确的程序编制、使用不正确或者不完整的数据、未经许可地使用数据或者其他未经许可的影响过程的方式对数据处理流程的结果产生影响，致使他人损失的，判处五年以下自由刑，或处罚金"。

《法国刑法典》在第二编"其他侵犯财产的犯罪"第三章"未经授权访问自动化数据处理"第323-3条规定："欺骗性地将数据引进自动化数据处理系统，或欺骗性地删除或修改上述系统保存的数据的，处5年监禁和75000法郎罚款。"

《俄罗斯联邦刑法典》第九编“危害公共安全和社会秩序的犯罪”第 28 章“计算机信息领域的犯罪”第 274 条规定：“有机会进入电子计算机及其系统或其网络者违背使用规则，导致法律所保护的电子计算机信息丢失、变异或闭锁，致使重大损害的，处 5 年以下不得担任特定职务或进行某项活动的权利，或处 180 至 240 小时的强制性社会公益劳动，或处以 2 年以下的限制自由；上述行为，如过失导致严重后果的，判处 4 年以下有期徒刑”。

上述计算机诈骗类犯罪行为方式，主要表现为行为人欺骗性地通过对计算机程序、系统、数据或其他信息等的删除、修改，造成重大损失或损害的行为。一般的法定刑包括 5 年以下自由刑，并处或单处罚金刑；针对具有特殊身份的监管者，则处以 5 年以下不得担任特定职务或进行某项活动的权利❶，或处以一定时限的强制性社会劳动，或处以 2 年以下的限制自由刑。此罪主观方面一般为故意，表现为意在为本人或他人获得非法性财产利益为目的；有过失的例外，对过失者，判处 4 年以下有期徒刑。

## 三、入罪规制：破坏生产经营罪定性的合理性考究

### （一）其他学说与立法例之考量

首先，无罪说缺乏实质性根据，上述恶意刷信誉行为严重侵犯了卖家的经济利益，致使卖家损失 10 万余元，且破坏了正常的市场竞争秩序，具有严重的法益侵犯性，应予以刑罚处罚。同时，无罪说坚持损失是由网络销售平台误判所导致的，应由网络销售平台承担责任，有失合理。因为损失实际是由行为人虚假刷销量，致使网络销售平台对受害方搜索降权处理，才最终导致巨额损失，符合间接正犯的成立条件，对背后的利用者当然也应按正犯来处罚。即行为人将网络销售平台作为促成自己实施犯罪的工具，成立间接正犯，其所实施的破坏生产经营行为及造成的结果只能由被告人承担。

其次，恶意刷信誉行为的实施主体恶意虚假刷销量，致使卖家店铺遭受搜索降权处理且遭受巨大损失的行为，严重破坏了市场经济秩序，构成损害商业信誉、商品声誉罪。但破坏生产经营罪的法定刑重于损害商业信誉、商品声誉罪的法定刑，❷按照想象竞合犯的从一重罪处罚的原则，应按破坏生产经营罪定罪处刑。

再次，国外立法例中计算机诈骗类犯罪、破坏数据类犯罪中属于“危害公共安全和社会秩序的犯罪”范畴的立法例与我国《刑法》286 条规定的破坏计算机信息系统罪，实质上都涵盖恶意刷信誉致损的行为，属于破坏计算机信息系统罪的成立情形之

---

❶ 在我国，禁止从事某种职业，属于非刑罚处罚方法的一种，为我国《刑法修正案（九）》所新增，主要在于规制因利用职业便利实施犯罪，或者实施违背职业要求的特定义务的犯罪被判处刑罚的犯罪人，时间一般为刑罚执行完毕之日或者假释之日后的 3~5 年。

❷ 根据我国《刑法》第 221 条及 276 条规定，犯损害商业信誉、商品声誉罪的，应处两年以下有期徒刑或者拘役，并处或单处罚金。但犯破坏生产经营罪的，处 3 年以下有期徒刑、拘役或者管制；情节严重的，处 3 年以上 7 年以下有期徒刑。

一，[1]从客观行为上看，恶意刷信誉行为符合破坏计算机信息系统罪的客观行为内容，但是就主观方面来说，破坏计算机信息系统罪的故意意指行为人明知行为会造成计算机信息系统的破坏而积极为之或放任之，而破坏生产经营罪的主观方面为破坏生产经营，恶意刷信誉行为中恶意意指破坏生产经营的主观目的，因而，恶意刷信誉行为不构成破坏计算机信息系统罪及国外立法例中计算机诈骗类犯罪、破坏数据类犯罪中属于“危害公共安全和社会秩序的犯罪”范畴的犯罪。

最后，国外立法例中妨害信用或业务类犯罪、计算机诈骗类犯罪、破坏数据类犯罪中属于“侵犯财产犯罪”范畴的另立新法的立法例，不符合我国刑法的现实立法需求。其一，我国刑法的计算机类犯罪属于妨害社会管理秩序罪这一类罪名，侵犯的法益是社会管理秩序中的公共秩序，而国外立法例中计算机诈骗类犯罪以及破坏数据类犯罪属于“侵犯财产犯罪”范畴的立法例，侵犯法益是财产权益；其二，刑法教义学也好，刑法解释学也好，就是刑法学，刑法学的本体就是解释。从我国破坏生产经营罪的构成要件来说，对现有刑法条文规定的解释能够合理规制恶意刷信誉行为，其实质只涉及刑法解释的立场与解释方法的合理选择；其三，增设妨害信用或业务罪涉及刑法分则新罪名的增加，这种以新设罪名方式来解决入罪，会致使刑法罪名增多，刑法体系渐趋庞大，进而影响整个刑法规范的稳定性。

### （二）实质刑法解释立场之坚持

我国刑法学界在西方旧派及新派的基础上，逐步展开了对我国刑法学派论争有无的探讨。在刑法学学派论争的氛围下，形式刑法观与实质刑法观间的论争也逐步展开，主要以《实质刑法观》以及《中国实质刑法观批判》两书为鲜明代表，而随着诸如醉驾超标电动车案、男男强奸案、组织男性卖淫案等案件的频发，对于电动车能否解释为机动车、强奸罪的对象是否包括男性、组织卖淫罪的对象是否包括男性等刑法具体条文的刑法解释问题不断涌现，而其本质则属于刑法解释立场问题。刑法解释立场的采纳，事关区分个案罪及非罪、此罪及彼罪，事关罪刑法定原则内容贯彻，更事关形式及实质刑法观立场秉持。

#### 1. 形式解释论与实质解释论论争之性质

我国形式及实质解释论间的论争源于大陆法系刑法学领域的构成要件理论之争，涉及构成要件符合性、违法性以及有责性三者间的关系问题，这也就是大陆法系有关形式与实质犯罪论之间的争议，张明楷教授所提的形式及实质解释论论争的主要内容为构成要件层面的争论。另外，有学者认为，大陆法系刑法学理论中形式与实质解释论间的论争点还包括刑法规范之性质及实行行为层面的理解等其他问题。由此，大陆法系国家有关形式与实质解释论论争之性质主要在于构成要件理论层面，其内容涵盖构成要件、刑法规范性质及实行行为理论等多层面问题。

---

[1] 根据《最高人民法院、最高人民检察院关于办理危害计算机信息系统安全刑事案件应用法律若干问题的解释》第4条规定：破坏计算机信息系统功能、数据或者应用程序，具有下列情形之一的，应当认定为刑法第二百八十六条第一款和第二款规定的“后果严重”：（三）违法所得5000元以上或者造成经济损失1万元以上的。

我国刑法学理论界对于我国形式与实质解释论论争性质问题观点各异，主要有犯罪论或构成要件论、罪刑法定原则理解论、刑法条文用语论、法学方法论或刑法价值观论四种主张。犯罪论或构成要件论认为，论争主要内容在于对犯罪论形式以及实质层面意义的解释，尤其体现在构成要件层面；罪刑法定原则理解论主张，形式及实质解释论间的争论，实质上是对该原则含义及内容阐释上的分歧，形式与实质解释论的正确判断之关键就在于如何正确研读该原则所具备的内在精神；刑法条文用语论主张者则把德日形式与实质解释论论争性质与我国相区分，认为“两者的对立仅仅发生在刑法具体条文用语的情形下，而对犯罪构成符合性的相关解释则兼具形式属性以及实质属性”；法学方法论或刑法价值观论者则立足于刑法解释所具备的方法论性质，认为两者间的论争不单是方法论意义上的微观论争，更加是宏观层面有关刑法价值观意义上的论争。

2. *形式解释论与实质解释论之主张*

与大陆法系国家构成要件符合性层面意义上的形式及实质解释论的产生顺序不同，我国刑法中的实质解释论产生在先，最早可以追溯到张明楷教授在《犯罪论原理》（1991 版）中有关实质解释概念的阐释及提出，形式解释论是在批判前者的基础上产生与发展的，而两者论争的高潮态势则以 2010 年《实质解释论的再提倡》，以及《形式解释论的再宣示》两文的发表为主要标志。两者的区别则着眼于刑法条文用语的字面含义，形式解释论意指以刑法字面含义以限度，强调刑法概念体系的内在封闭性与尊重刑法规范的字面含义、注重以概念为基础得出相关结论的解释论，而实质解释论则意指以变化之情势及目的来发现及探寻刑法规范的意义及目的的解释论。有学者则进一步指出，形式解释论是指对刑法条文所进行的字面、形式与逻辑的解释，并对法官持有的有关刑法解释的实质与价值判断予以排除的理论，而实质解释论则指的是以值得处罚的合理及必要性为基点，对刑法进行实质的解释，而非价值无涉的形式解释的理论。基于此，形式解释论以刑法字面含义为限，主张对刑法进行字面的、逻辑的、价值无涉的、形式的解释，而实质解释论则主张对刑法进行价值的、合目的的、实质的解释。

就我国而言，实质解释论者以张明楷教授、刘艳红教授、魏东教授、苏彩霞教授及李立众副教授等为代表，主张主要有：其一，以犯罪本质及法条的法益保护来指导构成要件之解释，而非仅仅依赖于法条字面含义；其二，对“实质有必要予以刑罚处罚，但是欠缺刑法形式意义上的明确规定的行为”，采纳不违背民主主义内容及预测可能性原则基础上的扩大解释予以处理，而对“刑法条文明确规定，但本质上不具有值得处罚必要的行为”，不将其作为犯罪处理；其三，成文刑法在性质上属于具有正义性质的文字表述，由此，法官必须一如既往地秉持探寻法律正义与真理的良善之心去对规范文本进行解释，而刑法的正义性内容既包括了对于刑法安定性的形式意义的要求，也包括了适当性处罚及均衡性罪行等实质意义层面的内容，并且包含了凭借刑法达到追求社会正义层面的终极目的的内容；其四，在解释方法位阶上，主张文理解释及目的解释的决定性作用，前者表现为，刑法解释须立足法条的形式内容，并且不能逾越刑法条文用语可能含义范围，超出该范围的解释，即使与刑法目的相符，也不能被予以采纳，后者表现为，一个法条存有两种可能以上的解释结论之时，以其他解释方法予以辅助，从而得出与刑法目的相符合的解释。而形式解释论则以陈兴良、邓子滨及王昭振教授为代表，主张主要有：其一，以文义为边界解释刑法，在其限度及框架内，可根据实质判断将不具有刑罚处罚必要性之行为予以出罪，但是禁止将“实质有必要予以刑罚处罚，但是欠缺刑法形式意义上的明确规定的行为”予以入罪；其二，每个解释，皆以自然及特别的相关法学名词术语的字义为依据，从法律条文文义出发，存有多义时，以法律产生史及在整个法律体系中之系统相关性来选择刑法解释；其三，法官在认定犯罪之时，只可就具体生活事实是否被法定构成要件内容涵盖的判断做形式及抽象类型之判断，而不能够做任何实质及价值之判断，否则会损害刑法构成要件之安定与实证性；其四，在刑法用语可能语义之范围内，对刑法予以严格解释，并不拘泥于刑法条文及术语的形式，包括严格刑法可能语义之界限，以区分类推及扩大。

在笔者看来，形式与实质解释论之上述主张之对立可以划分为两个层面，宏观层面来讲，形式解释论主张刑法解释的刑法字面含义之拘泥，排除以刑法正义、刑法目的、刑法价值及其他刑法条文之外的实质性因素为标准的实质价值判断在刑法解释过程中的适用，而实质解释论则主张以犯罪本质、法益主义、刑法目的等实质性因素对刑法予以解释，但是又不能违背罪刑法定主义原则形式侧面之要求，并且实质解释论者的实质因素的内容呈现多样化，但以刑法目的、处罚合理性与必要性及法益保护等为核心。微观层面来讲，双方的对立点主要表现在，对“刑法条文明确规定，但本质上不具有处罚的必要性的行为”都持出罪之立场，这点是两者共同的，但是对于“实质有必要予以刑罚处罚，但是欠缺刑法形式意义上的明确规定的行为”的入罪问题上，形式解释论者持禁止之观点，而实质解释论者则主张在民主主义及预测可能性之范围内对刑法作扩大解释的观点；另外，在刑法解释方法层面上，形式解释论者主张文理解释的主导地位，刑法解释将文理解释作为开端以及终局追求目标，并主张对刑法可能含义予以严格解释，而实质解释论主张以文理解释为前提，存有多义时，则以目的性解释为依据进行终局选择，并且不违反罪刑法定原则的基本内容。

3. *实质解释论立场之秉持*

笔者秉持实质解释论，即是以罪刑法定主义原则为前提，以刑法目的或法益保护内容为实质性考量，在刑法可能语义之范围内，对相关涉及具有处罚必要性的行为的刑法条文予以合目的性的扩张解释，另外，对于形式上符合刑法规定的，但实际上并无处罚必要性的行为，予以相关刑法条文无罪化解释，无罪化解释的依据是我国刑法中有关但书内容之规定。换言之，笔者所主张的是双面的实质解释论，包括合目的性扩张的入罪化解释与不具有处罚必要性的出罪化解释，而非仅赞成出罪化解释的单面或保守解释论，因为单面的实质解释论，实际上仍属于形式解释论立场，因为形式论者对出罪化解释并不持反对观点，运用《刑法》第 13 条之规定，对于实质不具有处罚必要性行为予以出罪化解释，因而笔者更为赞成双面的实质解释论。下文笔者将以实质解释论对恶意刷信誉行为符合破坏生产经营罪的构成要件展开论述。

### （三）实质解释论视域下具体构成要件之探究

#### 1. 恶意刷信誉侵犯了经济利益

有学者指出，上述恶意刷信誉行为，致使卖家造成10万余元的经济损失，其中的经济损失属于无形的预估损失，不属于有形的财产损失，故并未侵犯卖家的财产权益。其实质争议在于财产罪法益为何的问题，是仅仅包括有形财产，还是涵盖有形与无形财产？就财产罪侵犯法益而言，日本刑法界存有本权说及占有说，本权说认为，本权意指包括抵押权、租赁权与担保物权等在内的合法占有的权利；占有说则主张，财产罪的法益意指他人事实上占有财物。在德国刑法界，立足侵害结果视角提出法律的财产说、经济的财产说以及法律·经济的财产说，法律的财产说主张，财产罪意指侵害财产上权利的犯罪；刑法之所以规定财产罪，旨在对民事法权利给予保护。经济的财产说主张，财产指的是作为整体性质的含有经济价值的利益。法律·经济的财产说则主张，财产意指法秩序给予保护的、作为整体性质的含有经济价值的利益。

笔者赞成法律·经济的财产说，认为侵犯财产罪中的"财产"，意指法秩序给予保护的、作为整体性质的含有经济价值的有形与无形利益，包括有形与无形财产利益。首先，本权说与占有说在日本刑法理论中实际是针对取得型财产罪而言的，而破坏生产经营罪属于毁坏型财产罪，不存在行为样态上的取得及占有，也不具有不法占有的主观目的。其次，财产作为具有经济价值的利益，利益是其本质含义，离开利益谈财产，无异于空谈；而罪刑法定主义贯穿刑法始终，刑法中的任何规定必须以此为准则，财产概念也不例外，因而财产须同时具备经济价值的利益与法秩序保护两个特征。再者，财物是指具有价值的物品，不仅囊括有形形式的财物，而且囊括无形形式的，对财物一词应予以具有价值性特征的扩大解释，而非仅限于有形财物，对股票、债券、应得销售额等具有经济利益的无形财产也应予以囊括。

在恶意刷信誉行为中，行为人通过恶意刷销售量的行为方式，致使降权处理，造成消费者无法搜索到店铺以及产品，损失10万余元，其一，店铺合法开展论文查重业务，属于法秩序保护的正当行为，其中的盈利为合法利益；其二，店铺损失的利益属于无形财产中的应得经济利益，属于财产中的无形利益范畴。故而，恶意刷信誉行为侵犯了破坏生产经营罪所保护的"无形的经济利益"的法益。

#### 2. 刷信誉属于破坏生产经营行为

破坏生产经营罪的行为方式涵盖毁坏机器设备、残害耕畜或者以其他方法破坏生产经营的行为。有学者主张，生产经营从字面含义来看，涵盖生产和经营，生产意指工农业生产，经营意指经营状态的维持，故"生产经营"意指对工农业生产经营状态的维持。此外，根据"或者"关联词前后意思相近的逻辑解释原则，以其他方法破坏生产经营行为中"其他方法"应予以解释为"与毁坏机器设备、残害耕畜相类似的破坏生产经营的方法"，而毁坏机器设备及残害耕畜明显带有工农业生产的印记，是我国前期以工农业生产为核心的经济形态产物，简言之，此处的其他方法，意指带有工农业生产特点的方法，诸如现代化第三产业中破坏股票、债券以及恶意刷信誉致损等行为不属于其他方法的范畴。

前述对于以其他方法破坏生产经营行为的解释属于形式解释论观点，主张以刑法字面含义为限，对刑法进行字面的、逻辑的、价值无涉的、形式的解释。固守“或者”的逻辑语义以及工农业生产的特征，认为生产经营仅限于工农业生产经营，将蓬勃发展的第三产业及其他新型产业经营排除在外，欠缺客观性。

笔者秉持实质解释论立场，首先，我国旧刑法中破坏生产经营罪确属于破坏经济秩序的犯罪，侵犯的主要法益是经济秩序，但基于第三产业及其他新型产业的发展以及生产经营形式的多样，此罪侵犯的主要法益已转换为财产权利，现行刑法则在侵犯财产罪中加入破坏生产经营罪。财产的语义范围则不仅仅限于机器设备、耕畜等明显带有工农业生产特点的有形财产，而是指法秩序所保护的具有经济利益的有形与无形财产。破坏生产经营罪中的“以其他方法破坏生产经营”意指以毁坏财物的方式破坏对所有制性质不予限制的生产经营。其次，如前所述，上述恶意刷信誉行为致使损失10万余元，严重侵犯了卖家的经济利益，具有刑罚处罚的必要性。再次，前文域外妨害信用或业务类犯罪立法例中，各国将商品、服务、工业、贸易活动等都涵盖在生产经营性质的业务之中，而非单纯的限制工农业生产。因而以刑法已将破坏生产经营罪纳入侵犯财产罪这一罪刑法定内容为前提，以刑法保护具有经济利益的有形与无形财产为实质性考量，在财产的可能语义范围内，对涉及具有处罚必要性的恶意刷信誉行为的破坏生产经营罪中的“其他方法”予以合目的性扩张解释，将恶意刷信誉行为界定为破坏生产经营。

3. 恶意属于破坏生产经营的主观目的

在恶意刷信誉案件中，审理者王法官认为，董某与谢某两人间的QQ聊天记录里数次有“刷死他、搞死他”一类文字，由此可推断二人具备报复以及从中牟利的主观目的，实施了借损害商业信誉以破坏南京分公司生产经营的客观行为，致使经济损失10万余元，二人的刷单行为与造成的经济损失间存有因果关系，符合破坏生产经营罪的构成要件。如上，实务法官将恶意定性为具有报复和从中获利的主观目的，符合破坏生产经营罪中“泄愤报复”的主观要件。但在学术界对破坏生产经营罪中的“由于泄愤报复或者其他个人目的”的定性不一，有学者认为第276条规定了主观要件，旨在与故意毁坏财物罪相区分。有学者立足犯罪目的仅有一个，而犯罪动机可有多个，主张“泄愤报复或者其他个人目的”既非犯罪成立要素，也非界限要素，当然也非同位语，它作为犯罪动机，仅有提示机能。

笔者赞成“泄愤报复或者其他个人目的”属于犯罪动机的论点，首先，就破坏生产经营罪本罪而言，行为人客观上实施了破坏生产经营的行为，主观上应以破坏他人生产经营为目的，泄愤报复或者其他个人目的是激起行为人实施破坏生产经营行为的内心起因，属于犯罪动机范畴，而非行为人通过实施犯罪行为所欲达到的破坏生产经营的危害结果。其次，“泄愤报复或者其他个人目的”属于“概括+列举”式的表述，“其他个人目的”属于兜底性的条款，可涵盖数项内容。而作为同一性质的犯罪，犯罪目的相同，犯罪动机则可各异。如盗窃罪中的“以非法占有为目的”、诬告陷害罪中的“意图使他人受刑事追究”等。再次，在“泄愤报复或者其他个人目的”中，泄愤报复的列举，是根据立法当时行为人为泄私愤、报复他人实施破坏生产经营的事件发生概率较高，在此罪动机中特意强调以提示司法机关之意。而对于其他个人目的，则应做能促使行为人实施破坏生产经营行为的除泄愤报复外的个人目的的扩大解释。最后，“泄愤报复或者其他个人目的”为犯罪动机，而非破坏生产经营罪成立要件，不能作为区分此罪与彼罪的要素。

在上述案件中，董某与谢某两人间的 QQ 聊天记录里数次有“刷死他、搞死他”一类文字，其是促使董某与谢某实施破坏南京分公司生产经营的内心起因，属于行为人的犯罪动机，而非犯罪目的。行为人董某与谢某的犯罪目的则是破坏南京分公司的论文检测经营业务，客观上实施了破坏生产经营行为，致损 10 余万元，严重侵犯了南京分公司的经济利益，充足破坏生产经营罪构成要件，成立此罪。

## 四、结语

伴随大数据产业与网络技术的不断发展，恶意刷信誉等新型网络犯罪行为不断凸显，我国 2015 年 11 月 1 日起施行的《刑法修正案（九）》新增部分新型网络犯罪，[1]2017 年 6 月 1 日起施行的《网络安全法》对网络安全支持与促进、网络运行安全、网络信息安全、监测预警与应急处置及法律责任等内容做了较为全面规定。以上说明我国网络安全越发重要，针对新型网络犯罪案件，应该立足于现有刑法规定，秉持实质解释论立场，采用扩大解释等刑法解释方法解释有关罪名的构成要件，以更好规制新型网络犯罪行为。同时，对网络犯罪共犯行为正犯化路径、网络数据安全与个人信息的刑法保护等问题应重点关注并解决，基于破坏生产经营罪隶属侵犯财产罪，并结合本文第二部分各国立法例基本都有处罚金的附加刑，笔者建议在破坏生产经营罪原有刑罚基础上新增并处罚金，并用禁止令等非刑罚处罚方法，以合理规制新型网络犯罪行为。

## 【参考文献】


［1］于冲．域外网络法律译丛·刑事法卷［M］．北京：中国法制出版社，2015：134.

［2］刘明祥．从单一正犯视角看共谋共同正犯论［J］．法学评论，2018（1）：77.

［3］李世阳．互联网时代破坏生产经营罪的新解释——以南京“反向炒信案”为素材［J］．华东政法大学学报，2018（1）：54.

［4］张明楷，陈兴良，车浩．立法、司法与学术——中国刑法二十年回顾与展望［J］．中国法律评论，2017（5）：30.


❶《刑法修正案（九）》新增拒不履行信息网络安全管理义务罪、非法利用信息网络罪、帮助信息网络犯罪活动罪等新型网络犯罪。其中帮助信息网络犯罪活动罪对网络犯罪帮助行为予以全面犯罪化，无疑是对网络犯罪帮助行为所体现出的独立性、主导性的全面回应。参见于冲．网络刑法的体系构建［M］．北京：中国法制出版社，2016：151.

[5] 刘杰．老鼠仓行为的定性研究［J］．中南财经政法大学研究生学报，2016（4）：128.

[6] 程红．形式解释论与实质解释论对立的深度解读［J］．法律科学（西北政法大学学报），2012（5）：81.

[7] 苏彩霞．实质的刑法解释论之确立与展开［J］．法学研究，2007，（2）：38，43.

[8] 陈兴良．形式解释论的再宣示［J］．中国法学，2010（4）：35–36.

[9] 欧阳本祺．走出刑法形式解释与实质解释的迷思［J］．环球法律评论，2010（5）：34.

[10] 高翼飞，高爽．立场选择与方法运用：刑法解释的道和器［J］．中国刑事法杂志，2012（10）：16.

[11] 阿图尔·考夫曼，温弗里德·哈斯默尔．当代法哲学与法律理论导论［M］．郑永流，译．北京：法律出版社，2002：158.

[12] 苏永生．文化的刑法解释论之提倡——以“赔命价”习惯法为例［J］．法商研究，2008（5）：49.

[13] 李立众，吴学斌．刑法新思潮——张明楷教授学术观点探究［M］．北京：北京大学出版社，2008：67.

[14] 张明楷．刑法理念与刑法解释［J］．法学杂志，2004（4）：11.

[15] 刘艳红．走向实质解释的刑法学——刑法方法论的发端、发展与发达［J］．中国法学，2006（5）：175.

[16] 张明楷．刑法分则的解释原理［M］．（第二版上）．北京：中国人民大学出版社，2011：45–46.

[17] 刘杰．形式与实质解释论论争［J］．宜春学院学报，2017（2）：24–25.

[18] 魏东．“实质刑法观与风险防范”学术讲座稿［M］// 魏东．刑法观与解释论立场．北京：中国民主法制出版社，2011.

[19] 大塚仁．刑法概说（各论）［M］．冯军，译．北京：中国人民大学出版社，2003：208.

[20] 张明楷．刑法学［M］．（第五版）．北京：法律出版社，2016：930–931.

[21] 孙道萃．破坏生产经营罪的网络化动向与应对［J］．中国人民公安大学学报（社会科学版），2016（1）：91.

[22] 柏浪涛．破坏生产经营罪问题辨析［J］．中国刑事法杂志，2010（3）：49.

[23] 周光权．刑法总论［M］．北京：中国人民大学出版社，2007：194.

# ● 论我国意定监护制度的确立和完善

## ——兼评《中华人民共和国民法总则（草案）》第三十二条

王　凯*

（贵州师范大学法学院，贵州　贵阳　550025）

**摘　要：**人类进入21世纪以来，老龄化状况日趋严重，为解决这一社会问题，各国不断通过增设相应的法律制度来予以解决。意定监护制度的确立与完善便是其中一项重要的改革举措。虽然在2015年修正的老年人权益保障法对于此问题已有所涉及，但《中华人民共和国民法总则（草案）》（以下简称《民法总论（草案）》）第三十二条的规定才是通过民事立法的方式来正式确立了该制度，此规定对于我国意定监护制度的设立意义深远。因此，本研究拟就在审议《民法总论（草案）》的背景下，从我国意定监护制度的确立及完善等方面来展开论述。

**关键词：**意定监护制度；民法总则；确立；完善

### 一、意定监护的界定

意定监护制度和传统的监护制度最大的不同就是其主要针对的是成年人，当成年人在意识能力具备时就可为自己预先选定监护人，双方通过签订意定监护合同的方式建立起意定监护关系，监护的事项由双方自行决定，同时，可以由公权力机关对该合同的实施情况等进行监督。即具有意识能力的成年人可以自行通过法律行为的方式，具体而言为签订书面的意定监护合同，来为自己以后在丧失行为能力的状况下设立监护事务，就法律适用来说，其效力要优于法定监护，其突破了原有的被监护对象只能由法律或他人设立监护的传统，是一项全新的民事法律制度。民法源于古罗马法，从古罗马法时期就有了监护制度，是一项古老的法律制度。而传统的监护制度需要监护的对象仅限于精神病人以及未成年人，监护的产生方式也只有法定及指定监护。意定监护制度却是在最近几十年才产生的，其产生的原因主要是为顺应各国老龄化现象的出现，属于一项成年监护制度。从其产生的方式来看，主要有委托监护制度、遗嘱监护制度以及专门针对身心障碍者所设立的监护制度。此次的《民法总则（草案）》第三十二条规定："具有完全民事行为能力的成年人，可以与近亲属、其他愿意担任监护

---

*　作者简介：王凯（1978—）男，贵州安顺人，副教授，贵州师范大学法学院教师。研究方向：民商法学。

人的个人或者有关组织事先协商，以书面形式确定自己的监护人，协商确定的监护人在该成年人丧失或者部分丧失民事行为能力时，承担监护责任。”[1]在该草案中，我国首次以民事立法的方式确立了意定监护制度。符合当今世界各国在监护制度立法中对自我决定权的尊重，以及维持本人生活的正常化同时重视其意识能力的监护理念。但与此同时，该项规定不完善的地方也是显而易见的。参考当今主要国家针对意定监护制度的设定，可以对该制度的进一步完善提出建议。

## 二、国外对意定监护制度的相关立法

对于该制度的国外立法，作为从罗马法传承下来的古老民事制度，大陆法系国家通过成文法的方式将其规定得较为完备，但是近些年来，英美法系的国家通过在不断注重其成文法典的编撰中，也通过立法的方式逐步建立起比较完备的法律制度。

### （一）德国的照管制度

德国目前的监护制度主要表现为照管制度，现行的《德国民法典》在其第1896~1908条中对此做出了详尽的规定。虽然提法不同，但实质上即为监护制度。总结德国对于该制度的规定，有这样几个方面的特点：第一，设立了一个专门的支援团体，目的在于保护被照管者的利益；第二，传统监护制度中一直沿用的禁治产宣告制度在新的监护制度产生后已基本上被废除；第三，对照管的程序及照管期限都做了相应的规定，首先在程序上，从贯彻意思自治的原则考虑，在照管人的选任上，尽量做到要直接听取被照管人的真实想法，使被照管人的意思表示能够得到充分的尊重。其次在期限上，规定了照管人有五年任期的限制，而且期限到时，监护法院也会考虑被监护人是否有照管的需求。[2]

### （二）美国法有关意定监护的规定

美国虽然是不成文法国家，但是也制定了相对完备的成年监护立法。美国创设的持续性代理权授予制度，就是其最为集中和主要的立法体现。20世纪60年代末，美国制定了《统一持续性代理权授予法》，该法一般简称为DPA法，该法是专门为那些已经丧失行为能力且年龄较大者设立的，主要用来对他们的财产进行管理的法律法规，美国是世界上最早使用该制度来规制成年监护的国度。所谓持续性代理制度，实际上就是老年人提前为自己设立的代理授权，使得今后如若出现失去行为和意思能力时，能够维护自己的权益。[3]

纵观以上几个国家针对其成年监护制度方面的立法实践，可以看出有这样几个特点：第一，突破了监护制度中原有的法定和指定产生方式，在监护领域引入了约定产生的方式，体现了对被监护对象内心真实想法的充分尊重，符合现代监护理念的新需

---

❶ 法律图书馆网站．中华人民共和国民法总则（草案）（三次审议稿）［EB/OL］.（2016-12-29）［2017-05-18］. http：//www. law-lib. com/fzdt/newshtml/20/20161229171628. htm.

❷ 李乔乔．我国老年监护制度的立法构建［J］．法制博览，2016（3）.

❸ 吴国平．意定监护制度探析［J］．商丘师范学院学报（社会科学版），2010（4）.

要，使意思自治这一民法的基本原则深入贯彻到了监护制度当中，丰富了这一制度的理论体系。第二，很多国家在设立意定监护的时候，往往采取了民事单行法的形式，由此可见，以上国家在对待成年人监护制度改革的问题之上，因为老龄化问题的出现，显得非常之重视。结合我国当前的立法举措来看，在基本法律中还没有确立该制度之前，通过单独立法的方式来确立该制度的时机及条件还未达到，因此，在此次民法总则草案中确立该制度的做法是可行的。第三，各国在意定监护方面的规定是非常详尽和具体的，大致涉及意定监护产生的条件、监护的类型、划分的标准，以及意定监护产生后的监督等问题。

## 三、我国意定监护制度的进一步完善

《民法总则（草案）》第三十二条中的规定对于我国意定监护制度的确立和进一步完善奠定了一定的基础。这一制度在历次草案中均存在，因此不出意外，将会在最终的立法中得以确立。但是比较国外目前对于意定监护制度的规定，结合这一规定本身来看还是有着亟待完善之处。结合前文对于德、日、美等国对于该制度的现行法律规定，从“对成年受保护人自我决定的尊重”[1]这一理念出发，在下一步完善意定监护相关的配套立法时，总的来说，以下几个方面应作为重点完善的部分。

### （一）确定意定监护合同的主体

该合同的主体双方，一方是意定委托人，即为本人将来生活之需要而与他人设定监护的人；另一方是意定受托人，即接受了意定委托人的委托的人，既包括自然人，也包括法人或其他组织。《民法总则（草案）》第三十二条规定了不但是自然人，单位也可作为“意定受托人”。这样一来，为目前国内大量兴起的养老院、敬老院等成为“意定受托人”明确了法律依据。但是，如何来对这些组织进行有效的监督与管理，使其能更好地发挥其作用则是今后的配套立法需要解决的问题。因此，首先就要明确规定作为受托人应具有的任职资格，对受托人的资格要求，因其不同的法律属性而有所不同，如果是自然人作为“意定受托人”，那么既要有完全民事行为能力，还要能胜任委托的工作，具备完成委托事务的能力。而对于受托人任职资格审查上，有几个因素都是需要考虑的，如其经济条件、道德品质等。如果受托人在此之前有着不良历史记录，比如说刑事犯罪前科，这些都不利于受托人在今后从事监护工作。

### （二）确定合同生效和终止的条件

此合同应属附条件的民事合同的范畴，首先，在生效条件方面，应将公证作为该合同的生效要件，原因在于这样做有利于更好地保护意定委托人的合法权益，这一点在草案当中并没有做出强制性要求，但是考虑到该合同有别于其他合同的特点，为了能够尽量兼顾到双方当事人的合法权益，尤其是保障被监护人利益，在合同签订之后双方当事人应到公证机关对该合同及时进行公证，将公证设定为该合同生效的要件。

---

[1] 张锋学 . 意定监护制度探析［J］. 华南理工大学学报（社会科学版），2014（5）.

其次，在终止条件方面，在合同签订时也应明确意定受托人，可以因为本身的缘由，已全然不具备再履行监护义务能力的状况下，可以提出单方面终止监护合同。

### （三）明确意定监护的有偿性

《民法总则（草案）》第三十二条中同样没有对受托人能够因为履行了监护义务而获得相应的报酬做出明确的规定，但是，在市场经济的形势下，实行有偿的意定监护是无须避讳的。事实上，只有在意定监护合同中约定了合理的报酬，才会调动意定受托人积极性，使需要得到监护的人，能够得到更好的照看和看护，完全有必要在未来的立法中明确意定监护的有偿性。该制度的确立既可以使意定受托人减轻经济上的负担，同时又可以激励其认真地履行好监护义务。在报酬的筹措方面，首先应是受监护对象本人所有的财产，当出现没有任何的财产或财产明显不足以支付监护报酬时，就可以充分发挥我国现行社会保障制度的作用；而以上这些办法仍不能彻底解决时，则可以考虑通过当地政府来解决，通过财政统筹的方式来承担当地的监护费用问题。至于如何来规范这些具体的制度，使得实践中不至出现这些资金被挤占或挪用，则需今后出台配套的立法来予以完善。

### （四）扩大意定监护的被监护的对象和监护事务的范围

在被监护的对象上，日本的做法可以借鉴，即采取一定的标准来区分不同层次以及不同情形下的成年人，以此来划定哪些人群属于被监护的对象。如在独立生活方面存在一定的瑕疵，但是程度比较轻微的成年人，可纳入意定监护的被监护对象的范围当中。同时，应当包括身体有残疾者（以鉴定机构的出具的伤残等级为准），患有严重疾病导致生活不能自理者、高龄老人（包括老龄痴呆者）、智障人士（轻度障碍）、独立生活能力低下者，病情较轻的精神患者，以及因为自身原因而导致无法独立生活的人群，具体可包括经常性酗酒的人、吸毒人员、网瘾患者等。将上述人群纳入被监护对象主要在于，他们在某些方面已不具备了独立生活的能力。

在监护事务的范围上，主要涉及的还是以自然人利益密切相关的两大方面，即人身上的照顾、财产上的管理。首先，在人身照顾上，意定监护人应为被监护人的起居饮食提供基本的照顾，以及在生病期间提供必要的医疗服务，包括送其就医和基本看护等；其次，在财产管理上，主要是被监护对象的财产交由监护人来代为统一管理，但是在此应贯彻传统监护制度的基本理论，即明确监护人不得随意使用被监护对象的财产，除非是基于维护被监护人利益的因素考虑。但是，也不是所有的事务均可由"意定受托人"来完成，委托代理中的代理事项范围在此可以参考适用，如婚姻决定权、收养权，以及政治权利的行使等因其与被监护对象的人身密切相关，此时，就只能由监护对象本人自行完成。总的说来，此时的被监护对象仅是丧失了行为能力，无法独立生活及管理自己的财产，但并没有丧失意思能力，故也不能随意扩大监护事务的范围，以免在实践中完全将被监护人当作无民事行为能力人来看待，从而在事实上剥夺了被监护对象独立表达意志的能力。

## 四、结语

总之，在《民法总则（草案）》的起草过程所确立的意定监护制度，彰显了我国不断完善对公民权利的保护能力和水平。监护制度本身而言已将公法及私法这两大属性进行了融合。当今社会，如何真正做到让诸如被监护对象等弱势群体能够平等地参与到社会生活中去，是各国在制定法律时需要着重思考的一个问题，而意定监护制度无疑能够在一定程度上诠释这一目的。意定监护能够实现保障被监护人基本生存的同时，又能兼顾被监护对象的自主决定权。如果这一制度最终能够在正式的立法中确立下来，就应该以此作为基础不断完善相应的配套立法，以期顺应新时期我国老龄化社会发展的实际需要。

# ● “所有权让与不破租赁”公示制度之比较研究 *

张逸夫 **

（贵州大学 法学院，贵州 贵阳 550025）

**摘 要：**本研究关于“所有权让与不破租赁”公示制度之比较研究立足于建筑物的物权转让和租赁行为，将视角更多地投向于不同法制背景下关于土地与建筑物之物权转让与租赁行为间，对于承租人是否产生“所有权让与不破租赁”规则的适用，以及公示外观为何等问题进行梳理和归纳，以求对于我国在物权变动公示之适用及对相对人权益保护方面，对于“债权物权化”这一理论体系方面有所借鉴学习。

**关键词：**所有权让与不破租赁；比较法；公示外观

## 一、英美法系之普通法（common law）

### （一）不动产租赁（lease）为物权

在英美普通法之下，依学者所见，最初承租人的权利，纯粹系债权性质，与大陆法相同，但到了16世纪，出租人与承租人的关系发生了显著变化，承租人的利益与土地上享有占有利益之所有人（owner of possessory interests in land），受到同等之保护。不动产租赁基本上是一种物权移转行为（conveyance）。不动产出租人与承租人的关系，被视为物权法（property law）的一部。美国租赁的性质，像是一种有期限的所有权，承租人被视为有期限的不动产所有人，租金则被认为是出卖租赁权价金的分期给付。其结果，租赁物所有权（ownership）之变动，不影响承租人的地位。从而在普通法下，并无所谓租赁权需物权化，或租赁契约对抗第三人之问题。唯如发生所有人未交付租赁物等违约情形时，一样是用契约法请求救济。

学者认为，租赁权是经常得借由契约成立的一种财产权。承租人具备财产上权利（如对该物具排他性支配），亦得同时具备契约上权利（如承租人因合意订立租约所获之利益）。虽然法院在私人间所订立之租赁，确实会承认其有“终止契约（The doctrine of termination for breach）”“给付顿挫（The doctrine of frustration）”等看似具备契约性质之特征。然法院所考虑的，系基于此种租赁具有双方合意之特性，并非因其定性上

* 基金项目：贵州大学重点学科及特色学科重大科研项目“中国物权法的学理解读与解释适用研究”（GDZT201401）。

** 作者简介：张逸夫（1994—），男，重庆市人，贵州大学法学院法律硕士研究生。研究方向：民法。

为契约。此外，终止契约和给付顿挫并不限于适用于契约，亦可适用于基于双方合意而生之权利。故讨论租赁是契约权利或财产权利为假命题，应从租赁之本质为法律之解释适用。

以英国法为例，租赁（lease）系指于一定期间内对土地有排他性之支配；在一定期间内对该土地享有所有权。应注意的是，如土地所有人并未给予用益权人排他性、支配之权利，仅同意其在一定期间内为使用收益，即为特许权（license）。特许权并非一种物权（a property right）或得终生保有之权利（a persistent right），可以口头或书面为之，亦不限于有偿无偿，默示特许亦无不可（如上述杂货店的例子）。特许权若为口头无偿或默示者，可随时撤回（revokable），若为书面或有偿者则通常不可撤回。特许权虽然涉及土地之使用，然与英美法上之租赁有所不同。

### （二）公示制度分为契据[1]（deed）和登记（register）

既然不动产租赁形同有限期间之所有权移转，则应满足物权之公示需求。以英国法为例，按 1925 年《财产法》第 52 条第 1 项规定："所有以移转或创造法律上不动产为目的之物权或利益的移转，非经载于契据，不生效力"。可知原则上不动产租赁须以契据为之。唯租期若不超过三年，且承租人以取得租赁物之占有，约定之租金价额最为合理适当且未附带任何违约罚款（at the best rent which can be reasonably obtained without taking a fine）时，按同法第 54 第 2 项，口头约定即可生效，毋庸以契据为之。另外，按照 2002 年《土地登记法》第 27 条第 2 项（b）款（i）项之规定，若租期超过 7 年，则须经登记。如租期未超过 7 年，原则上无须登记，唯若承租人缔约时尚未取得对租赁物之排他性支配（例如，约定租期自 3 个月后起算），或其排他性支配不具继续性，例如，订立分时租赁（time-share leases）契约，每年仅有 7 月和 8 月才使用租赁物，则例外须经登记。

## 二、其他法系

### （一）德国法

#### 1. 租赁契约得"物权化"

按现行德国《民法》第 566 条第 1 项规定："出租人交付承租人作为居住空间使用后，若出租人将租赁物处分给第三人，受让人在所有权期间内承担租赁契约的权利义务。"本条可说系我国所有权让与不破租赁之先祖。值得注意的是，按同条第 2 项规定："租赁物受让人不履行租约时，就承租人因此所受之损害，原出租人负担保责任。除承租人到期前终止租约之情形外，如出租人通知承租人使其知悉租赁物转让之事实，可以免除担保责任。"

另外，在出租人就租赁物设定负担妨碍承租人使用、出租人交付承租人使用前，即

[1] 所谓契据，系指一方移转不动产所有权于他方时以手写之证明文件，目的在于确保移转名义人及移转内容之真正。

移转租赁物所有权或设定妨碍其使用之权利、租赁物经辗转转让或辗转设定负担、租赁物系土地或经登记之船舶这些特殊情形，均有相关规定明示准用德国《民法》第566条。

2. 公示外观为"登记"和"占有"

德国之基地租赁性质上为物权，故按《土地登记法》第3条第1项之规定，任何物权（real property）均须登记于土地登记簿，故其公示外观为登记无疑。但是就德国民法典中之所有权让与不破租赁规则而言，尽管第566条规定以承租人"使用中"为要件，然第567a条中规定，纵然承租人未占有租赁物，租赁权亦得经受让人之同意而取得物权化之效力，故承租人之"占有"非让与不破租赁之必要条件，应解为租赁权之公示外观系一种强度"较弱"的占有。

### （二）瑞士法

1. 租赁契约得"物权化"

按瑞士《债务法》第261条规定："（1）在租约缔结后，出租人即地主转让租赁物，或经清偿程序或破产程序转让，租约将随同租赁物所有权转让给受让人。（2）只有受让人可以选择：a. 就居住或营业场所，以自己或其近亲或姻亲急需使用为由，通知承租人将于相当之合法期间经过后终止租约；b. 就其他不动产，通知承租人将于相当之合法期间经过后终止租约。（3）如受让人在租期前终止地主或原出租人所订租约，后者将承担承租人之一切损害。（4）强制购买之相关规定不受本条影响。"

另按瑞士《债务法》第261条之a规定："当地主或出租人设定限制物权给第三人，致使与移转租赁物所有权无异时，准用转让租赁物之规定。"

可知瑞士民法看起来是采"让与不破租赁"原则，但相较于其他国家，因为租赁物之受让人就原租约享有广泛之终止权；若租赁物受让人得轻易终止对其继续存在之租赁权，则承租人自难对租赁物继续使用收益，仅得请求原出租人赔偿因租赁物受让人期前终止所生之损害。故实质而言，瑞士《债务法》原则上是采"让与破租赁"原则。

2. 公示外观为"登记"

按瑞士《债务法》第261条之b规定，当事人的协议就租约为登记，登记后则拘束任何未来之受让人。另按瑞士《民法》第959条可知，不动产使用租赁债权应登记于土地登记簿，登记后则可对抗任何随后设定之权利。亦即，当不动产租约经协议取得"登记"之公示外观时，对抗第三人之"物权化"效力将大幅提升。

## 三、我国物权化租赁之公示外观之检讨

不动产租赁契约之物权化，无论其背后之立法意旨为何，各国在政策上比起所有人优先保护使用权人，以增进社会整体福祉。"所有权让与不破租赁"及"债权物权化"，均系债权相对性原则之例外，按传统之观点即应认为须具备一定之公示外观，以免有害交易安全。对于现实中的不动产交易情形，由于不动产往往价值不菲，市场上从事交易的个体经验上一般会愿意支出一定之信息搜集成本以获取关于不动产的具体

情况。故对绝大多数寻求购买不动产者而言，了解不动产之情报应是常态。既然多数交易者均了解关于不动产之情报，保障交易安全之论据，即未必全面。但是，在不动产租赁债权有物权化之可能时，建立有效之公示外观，才能尽量减少潜在寻求交易者的信息搜集成本，使交易更有效率进而促进自愿交易，增进社会总体利益。

如前所述，现行我国台湾相关规定租赁债权物权化之公示外观在于“占有”或“公证”。尽管 2000 年“民法债”编修正时，“修法委员”因技术上或实际上之困难，认为不动产租赁不宜采登记制度。但就“占有”而言，由于承租人有占有权表示其对该租赁物具有事实上管领力，至于系基于什么原因（买卖、租赁、使用借贷，甚至根本无权）而占有，潜在之买受人仍不得而知，故买受人仍须为此支出一定的信息搜集成本。我国台湾学者亦有认为，现行台湾相关规定下以承租人“占有”租赁物加上租赁契约的“公证”对于交易相对人的保障仍属不足，“立法”上仍需改为“注册登记”的方式较有效率。就租约公证而言，虽然以公证作为公示方法，并非罕见（例如，法国民法），但有学者主张，公证就交易实务上，潜在的利害关系人仍难以得知该租约之存在，仅在出租人同意时始得为之，并非最有效率之公示方法[1]。

然我国虽对房屋租赁之登记备案有所规定，但也仅限于在“一房多租”时，始有对抗第三人之效力，我国也并未强制要求必须对房屋租赁进行登记。且在《合同法》关于“所有权让与不破租赁”的规定[2]中，并未对公示之外观有所规定。而对于不动产，可靠的公示制度显得非常重要，只有界限十分清楚的财产权才能更无障碍地在市场上流转。在不动产租赁中，登记虽然比占有所花费的成本要高，但其成本已经涵盖在了登记制度中，而登记簿对于不动产租赁也是可以负荷的，尤其在网络愈加发达的今天尤其如此；可是登记却会大幅度节省不动产买卖市场的信息搜集成本，从而活络不动产买卖市场，以增社会经济之效益。

因此本研究认为，就不动产租赁债权物权化之公示外观，立法论上应改为“登记”较为妥适。一来是登记为主管机关所管理之公开信息，任何潜在交易相对人均可查询，成本相对低廉。二来是透过其他掌握信息者（例如，中介或不动产附近左邻右舍）取得信息，不仅真实性比较难以确保，还要额外支出例如事前监督成本、事后发生违约请求损害赔偿等代理成本（agency cost）等。

从前述英国法，以及法国法之经验来看，租约须超过一定年限，始须经登记才取得对抗第三人之效力，或为较折中之做法。如租约之年限越久，经验上代表承租人对租赁物的依赖性以及对租赁物所付出投资必然越多，从而其需保护性即租赁债权安定之要求则越高。此与出租人出卖租赁物后，承租人所受之巨大损害相比，要求其负担登记之相关成本即属公允。如承租人衡量利弊后认为无登记之必要，仍坚持订立长期之租赁，其因租赁物转让所受之不利后果即应自行负责。如此方能平衡兼顾承租人与潜在买受人之权益，以及社会总体利益。当然究竟租约须多长才能以“登记”作为公示外观，仍有待进一步实证研究，或俟诸立法者未来的价值判断。

---

❶ 张永健. 物权法之经济分析（第一册）：所有权［M］. 台北：元照出版社，2015：1268–1270.

❷《中华人民共和国合同法》第二百二十九条“租赁物在租赁期间发生所有权变动的，不影响租赁合同的效力。”

## 【参考文献】


[1] 王泽鉴. 民法总则 [M]. 北京：北京大学出版社，2009.

[2] 王泽鉴. 债法原理 [M]. 北京：北京大学出版社，2009.

[3] 王泽鉴. 民法物权 [M].（增订二版）. 北京：北京大学出版社，2010.

[4] 尹田. 法国物权法 [M]. 北京：法律出版社，1999.

[5] 卡尔·拉伦茨. 法学方法论 [M]. 陈爱娥，译. 北京：商务印书馆，2005.

[6] 孙宪忠. 德国物权法 [M]. 台北：五南出版社，1999.

[7] 谢在全. 民法物权论（上）[M]. 台北：新学林出版社，2014.

[8] 谢哲胜. 民法物权 [M]. 台北：三民出版社，2012.

[9] Jürgen F. Baur，Rolf Stürner. 德国物权法（上册）[M]. 张双根，译. 北京：法律出版社. 2004.

[10] Roger H. Bernhardt，Ann M. Burkhart. 不动产 [M]. 钟韦锋，译. 北京：法律出版社，2005.

[11] François Terré，Philippe Simler. 法国财产法 [M]. 罗结珍，译. 北京：中国法制出版社，2008.

[12] 王泽鉴. 基于债之关系占有权的相对性及物权化[M]// 王泽鉴. 民法学说与判例研究(七). 台北：元照出版社，2009.

[13] 王泽鉴. 契约关系对第三人之保护效力：德美两国契约法之发展趋势与我国现行制度之检讨 [M] // 王泽鉴. 民法学说与判例研究（二）. 台北：元照出版社，1979.

[14] 王文宇. 物权法定原则与物权债权区分 [M] // 王文宇. 民商法理论与经济分析（二）. 台北：元照出版社，2003.

[15] 尹田. 法国物权法中动产与不动产的法律地位 [J]. 现代法学，1996（3）.

[16] 孙鹏，王智斌. 交易安全与中国民商法现代化 [J]. 学习与探索，1996（1）.

[17] 朱庆育. 法典理性与民法总则 [J]. 中外法学，2010（4）.

[18] 朱庆育. 所有权让与不破租赁的正当性 [M] // 张双根，等. 中德私法研究（第一卷）. 北京：北京大学出版社，2006.

[19] 苏永钦. 物权法定主义松动下的民事财产法体系：再探大陆民法典的可能性 [M] // 苏永钦. 寻找新民法. 台北：元照出版社，2008.

[20] 苏永钦. 物权法定主义的再思考：从民事财产法的发展与经济观点分析 [M] // 苏永钦. 经济法的挑战. 台北：五南出版社，1999.

[21] 苏永钦. 关于租赁权物权效力的几个问题——从“民法”第四二五条的修正谈起 [M] // 走入新世纪的私法自治. 北京：中国政法大学，2002.

# ● 生活垃圾焚烧处理中项目特许经营的法律问题探析 *

赵莎莎 **

（贵州大学　法学院，贵州　贵阳　550025）

**摘　要：** 垃圾焚烧处理项目现阶段主要采取特许经营的形式，但我国垃圾焚烧处理中的项目特许经营存在实务界和理论界对行政特许和特许经营合同定性的不准确，特许经营缺乏相关规制，特许经营协议没有明确双方职责及特许经营的转让退出机制不完善等问题，导致政府随意解除合同和项目出现问题责任主体不明确。因此，我们有必要规制政府特许经营中的违法行为，规范特许经营单位的市场准入和退出机制并明晰特许经营双方的职责，保障焚烧处理特许经营项目合法有效运营。

**关键词：** 生活垃圾；焚烧处理；特许经营；法律问题

## 一、引言

生活垃圾焚烧处理的公益性使其产生负外部性，导致市场调整失灵，需要政府在这过程起重要作用[❶]。但生活垃圾焚烧处理不仅需要完备的技术、高效的管理，更需要大量资金投入，在财政资金恒定的情况下，政府单方面投入大量资金建设垃圾焚烧处理设施无形中增加了政府压力。所以，至 2002 年以来，原国家建设部印发了《关于加快市政公用事业市场化进程意见的通知》，提出鼓励社会资本参与市政公用设施建设，这为垃圾焚烧处理市场化运营提供了政策指引。随后政府逐步摆脱委托国企投资运营的垄断模式，引入垃圾焚烧处理的 BOT 模式或者 PPT 模式，以授予特许经营权的方式把建设、管理和投资的大部分工作转移给具有垃圾焚烧处理资质的建设单位。2015 年，发改委、财政部、住建部等六个部门单位联合发布了《基础设施和公用事业特许经营管理办法》(以下简称《特许经营管理办法》)，规定在能源、交通、环保、市政等基础设施领域实行特许经营。这种市场化的运营模式不仅减少了政府负担，还以优胜劣汰的市场竞争机制提高了建设单位的垃圾焚烧处理能力。但由于我国市场化运作模式

---

* 基金项目：2017 年贵州大学人文社科学术创新团队建设项目“我国生态环境法制及防震减灾法若干问题研究”(GDT2017003)。

** 作者简介：赵莎莎（1995—）女，贵州织金人，硕士研究生。研究方向：环境与资源保护法学。

❶ 张凌云，齐晔 . 地方环境监管困境解释——政治激励与财政约束假说［J］. 中国行政管理，2010（3）.

起步晚、经验少和法律规制不健全，导致垃圾焚烧处理特许经营制度法律规制不完备，垃圾焚烧特许经营项目发展难免受到阻碍。

## 二、生活垃圾焚烧处理特许经营的性质辨析

垃圾焚烧处理本身的性质决定政府需要引入社会资本，以减轻财务负担，提升行政效率。政府引入社会资本采用特许经营的方式，与垃圾焚烧处理的建设单位签订项目特许经营协议，以公私合营的形式共同维护公共利益。项目特许经营权的获得需要完成两方面内容，一是获得政府的行政特许，二是与政府签订特许经营协议。项目特许经营涉及的这两方面的内容的性质历来有许多争议，明确其性质有利于发生纠纷时如何选择救济途径。

### （一）行政特许的性质

特许经营包括商事特许经营和行政特许经营，两者都具有以协议的方式规定双方权利义务及违约责任的相似之处，但两者在协议的主体、性质、目的方面又有所区别❶，这里我们主要讨论行政特许经营。行政特许经营与特许经营协议都属于项目特许经营的内容，但两者是一个问题的两个方面，有的学者忽略行政特许这一行为直接讨论特许经营协议，有的学者则明确区分两者的区别，并由此产生单一行为说和双阶段说之争❷。单一行为说笼统地认为行政特许是特许经营协议的前提，行政特许的许多内容已规定于协议之中，无须过多区分讨论。双阶段说则具体区分了项目特许经营中的特许经营权的授予和特许经营权的履行两方面，即明确经营权的授予是行政许可，而经营权的履行则是行政合同❸。从特许经营的程序和性质来看，不可否认包含了这两方面内容，而且两者并不是包含关系，比如，项目特许经营前期的公告、申请、审查和授权等阶段并不属于行政协议的内容。从《特许经营管理办法》第三条规定解释❹，项目特许经营包括政府采用竞争方式依法授权的行为和政府与被授权者签订行政协议的行为两个方面。所以，两阶段理论更能完全地概括行政特许经营的内容，明确两个行为之间的真正含义。根据行政法学的一般解释，行政许可是指行政主体应行政相对方申请，通过颁发许可证、执照等形式，依法赋予行政相对方从事某种活动的法律资格或实施某种法律行为的法律权利的行政行为❺，可见，行政许可是一种依申请获得某种权利的具体行政行为。而特许经营权符合这一行为特点，是一种授权性的行政行为，其实质是一种行政许可行为，由于对特许经营的受许可对象有特别限制，这种许可是一种特殊的行政许可。

---

❶ 李光伟．政府特许经营协议法律问题研究［J］．当代经济，2016（12）．

❷ 张鲁萍．PPP背景下基础设施和公用事业特许经营行为性质之辨析［J］．四川行政学院学报，2016（5）．

❸ 张鲁萍．PPP背景下基础设施和公用事业特许经营行为性质之辨析［J］．四川行政学院学报，2016（5）．

❹《基础设施和公用事业特许经营管理办法》第3条：本办法所称基础设施和公用事业特许经营，是指政府采用竞争方式依法授权中华人民共和国境内外的法人或者其他组织，通过协议明确权利义务和风险分担，约定其在一定期限和范围内投资建设运营基础设施和公用事业并获得收益，提供公共产品或者公共服务。

❺ 罗豪才．行政法学［M］．北京：北京大学出版社，2000.

### （二）特许经营协议的性质

垃圾焚烧处理项目在获得项目特许经营的许可后，政府与被许可的建设单位应当签订明确双方权利义务的协议。这个协议因涉及政府与建设单位两方不平等的主体，其性质也颇受争议。实务界对特许经营协议的性质有民事合同和行政合同之争，如 2014 年财政部发布的《政府和社会资本合作模式操作指南（实行）》规定项目单位发生争议且无法协商解决时应当申请仲裁或进行民事诉讼❶，这表明特许经营协议是一种民事合同；最高人民法院在审理有关特许经营协议的案例中，认定 BOT 模式下的政府特许经营协议属于民事合同❷。而《特许经营管理办法》规定特许经营者认为行政机关的行为侵犯自己合法权益的，有提起行政复议或行政诉讼的权利则表明特许经营协议是一种行政合同❸。理论界对特许经营协议的性质之争主要分为“公法说”“私法法”和“混合说”❹三种，“公法说”认为特许经营协议是行政契约的一种，应当依照行政法的方式解决，属于公法的范畴；“私法说”认为特许经营协议是双方意思表示一致的合同行为，具有民事合同的性质，应当依照民事合同来规制；而“混合说”则认为特许经营协议因特许经营双方身份的特殊性，兼具民事合同和行政合同的性质。根据行政法学对行政合同（又称行政契约或公法契约）的定义，行政合同是指以行政主体为一方当事人的发生、变更或消灭行政法律关系的合意❺。其包含三个方面特征，一是一方主体必须为行政主体；二是合同内容经过双方当事人协商一致，三是合意的目的是实现公共利益，完成政府的行政管理职能。而垃圾焚烧处理项目的特许经营协议符合一方主体为政府，协议经双方协商一致且为了实现生活垃圾减量化和资源化的公益目的的特征，所以，其性质为行政合同。

## 三、项目特许经营的法律问题分析

### （一）项目特许经营中缺乏合理规制

垃圾焚烧处理项目特许经营权的获得要经过政府公告、相关单位申请、政府审批后再决定是否授权等阶段。理论上，按照程序，垃圾焚烧处理项目特许经营的公告阶段所有有资质的垃圾焚烧处理企业都有权就垃圾焚烧处理项目建设提出申请，政府通过审批阶段多方考虑后授权一个符合条件且报价较低的企业作为建设运营商。现实中，受现阶段客观环境和技术条件限制，我国能够拥有成套垃圾焚烧处理设备并能合理管理运营的企业相对较少，相关部门也未对垃圾焚烧处理企业的资质进行审核监管，使

---

❶《政府和社会资本合作模式操作指南（实行）》（财金〔2014〕113号文）第28条第3款：在项目实施过程中，按照项目合同约定，项目实施机构，社会资本或项目公司可就发生争议且无法协商达成一致的事项，依法申请仲裁或提起民事诉讼。

❷ 最高人民法院（2015）民一终字第244号，“河南新陵公路建设投资有限公司与辉县市人民政府合同纠纷管辖权异议一案”。

❸《基础设施和公用事业特许经营管理办法》第51条规定：特许经营者认为行政机关作出的具体行政行为侵犯其合法权益的，有陈述、申辩的权利，并可以依法提起行政复议或者行政诉讼。

❹ 姜雪梅．PPP 特许经营协议的性质及法律规制［J］．法律，2017（1）．

❺ 余凌云．行政契约论［M］．北京：中国人民大学出版社，2000.

得市面上的垃圾焚烧处理企业鱼龙混杂。许多垃圾焚烧处理项目的建设单位根本无焚烧处理的任何经验，某些公司仅仅是为了迎合政府垃圾焚烧处理要求而转变投资方向。又因为垃圾焚烧处理项目的建设不仅有项目建设资金，后期运营过程还存在财政补贴和税收优惠等大量经济利益，这就促使垃圾焚烧处理项目成为许多企业觊觎的“肥肉”，为了拿到这一项目，在没有任何监管措施前提下，这些企业容易暗箱操作以达到政府公布的条件，有的企业甚至直接垄断当地垃圾焚烧处理项目的建设。而政府在这过程中，有选择建设单位的自由裁量权，拥有自由裁量权的政府容易忽略项目建设单位的资质条件，出现权力寻租。

前面已论述垃圾焚烧处理项目特许经营协议订立的前提是双方合意，即双方意思表示达成一致。在市场经济条件下，任何主体的任何行为都具有利益导向性，都是理性的经济人，是自身利益的最好感受者，只有满足合同双方的利益取向，垃圾焚烧处理特许经营协议才可能订立。于政府而言，政府希望选择一个报价低、经验足、效率高的企业作为建设单位。于建设企业而言，其更愿意选择价格高、优惠多、要求少的项目。在两方对自己利益的考量中，极易出现政府为了尽可能降低财政支出而选择报价最低的建设单位，而建设单位为了能够符合这一条件在投标过程中形成恶性竞争。最终是政府选择一个报价极低的建设单位，建设单位为了降低成本，在垃圾焚烧处理项目的建设运营过程中容易偷工减料、削减管理人员、减少工程工序以实现利益最大化，双方博弈的结果是损害公共利益达到双赢目的。

### （二）项目特许经营协议双方职责不规范

垃圾焚烧处理项目的特许经营协议应当明确双方权利义务及违约责任的承担方式，但在协议签订后，双方极易利用已有的优势地位和协议违约责任不明的特点滥用职权，造成公众利益、政府利益和特许经营方利益受损。首先，特许经营的授权部门容易滥用行政优益权。特许经营协议是一种行政合同就意味着签订合同的双方具有不平等性，这种不平等性体现在政府在这过程中享有行政优益权。所谓行政优益权即是政府可以为了公共利益的考虑而终止合同，而公共利益本是一个难以确定的范畴，政府可能以公共利益为借口而随意解除合同，损害特许经营单位的利益。《基础设施和公用事业特许经营管理办法》第38条规定，因任一方原因导致特许经营协议无法继续履行而需要终止的，需要与债权人协商一致后才能终止，政府可根据情况给予一定的补偿，这表明政府具有主导项目是否继续实施的权力，并且决定是否补偿，以及补偿数额多少，这容易损害特许经营单位的预期可得利益。其次，特许经营项目的建设资金可分为全额由承建方承担和承建方承担主要部分、政府合理分担两种方式，但最终费用来源于焚烧处理厂辐射范围居民身上。若在这过程中政府不注重成本控制，以较优厚条件与承建方签订特许经营协议，间接地增加了居民负担，损害居民合法利益。最后，特许经营单位为了降低成本，容易出现不注重项目建设质量或者在项目运营中不达标排放污染物的问题，当项目特许经营出现问题后，政府与特许经营单位会相互推脱，免于承担责任。总之，不管是政府滥用职权还是特许经营单位违法经营，都源于双方职责不够规范，都容易造成公共利益、特许经营单位利益和政府利益受损。

### （三）特许经营项目的转让和退出机制不完善

垃圾焚烧处理特许经营项目的运营涉及公共利益，所以需要保持其持续性和稳定性，这也是《基础设施和公用事业特许经营管理办法》第 4 条规定的特许经营原则。由于市场经济的风险性无法预估，特许经营项目可能因为违法经营、资金困乏、政策变动等原因需要转让或退出。但《基础设施和公用事业特许经营管理办法》中并未规定项目转让的处理方式，对于协议终止项目退出的规定也过于笼统，这导致在项目转让退出过程中容易产生纠纷。首先，若特许经营项目被抵押后，如何保障抵押权人的合法权益，在抵押人的合法权益、特许经营者的利益和公共利益中如何衡量三者之间关系是转让和退出后需要考虑的问题；其次，因为特许经营者违法经营的原因导致项目转让退出的，因违法行为产生的法律责任在特许经营企业被吊销资格或者破产后的责任承担也是需要进一步明确的问题；最后，在项目转让过程中，受让方的资质条件是否需要审查以及审查的部门等是法律没有规定的。同时，若特许经营者违法转让应当如何处罚也是法律没有明确规定的。

## 四、垃圾焚烧处理特许经营项目的法律规制建议

垃圾焚烧处理特许经营因缺乏合理规制使得特许经营过程中出现政府滥用行政特许经营许可权，垃圾焚烧建设单位为了获得授权出现恶性竞争，双方权利义务不明确等问题。为了保障垃圾焚烧处理特许经营有序进行，我们应当从特许经营的主体入手，规制双方行为，实现项目特许经营从无序化到规范化的演变。

### （一）规制政府特许经营授权中的违法行为

垃圾焚烧处理特许经营是一种授权性的行政许可，隐含政府在这一过程拥有自由裁量权。因垃圾焚烧处理项目存在庞大经济利益，政府容易与被特许经营方形成“利益共同体”，滥用自由裁量权。规制政府的行政特许行为既是合法行政的要求，也是垃圾焚烧处理特许经营项目规范化的必然选择。首先，在项目授权公告阶段，政府应当全面公开授权的条件、授权的程序以避免存在暗箱操作的情形。公开条件和程序后，只有符合基本条件和经过法定程序授权的企业才有建设垃圾焚烧处理项目的资格。其次，特许经营授权审查过程中，建立利益关涉方回避制度，即与申请特许经营的企业存在经济联系或与该企业的高层存在亲属关系的行政人员应当回避，保证授权公平。再次，推进政府法律顾问制度建立，提升政府在特许经营的授权中的依法履职能力。最后，特许经营单位需达到一定比例政府才能审查，这是为了避免一些与政府有利益关联的企业在特许经营中造成垄断，政府形成先入为主意识，破坏政府特许经营审查的初衷。

### （二）建立垃圾焚烧处理项目市场化运营机制

垃圾焚烧处理项目的特许经营就是为了引入社会资本，加强政府与社会资本的合作，最终达到提高政府社会管理职能、保障民众公共权益、实现特许经营单位获利的“三赢”局面。但现实中的特许经营项目市场化运营不规范、特许经营单位市场准入和

退出机制不完善导致许多无经济实力、无专业技术、无焚烧处理经验的企业都能获得授权投资建设。

一是严格市场准入机制，垃圾焚烧处理项目特许经营不规范的原因之一来自于垃圾焚烧处理企业的市场准入机制不完善。现阶段的法律法规和政策都没有对垃圾焚烧处理企业资质进行规制，导致许多企业鱼目混珠地进入焚烧处理市场，降低垃圾焚烧处理质量。所以，首先，我们应当推行垃圾焚烧处理市场准入前能力培训，一方面是加强垃圾焚烧处理企业管理能力和焚烧技术的培训，提高垃圾焚烧处理企业综合运营能力；另一方面是对垃圾焚烧技术人员的培训，以科学、规范的焚烧处理标准武装技术人员并实时更新，才能整体提高垃圾焚烧处理的技术水平。其次，对垃圾焚烧处理企业给予资质评级并按时审查。垃圾焚烧处理企业有大有小，能力各不相同，政府可以根据处理能力、焚烧技术、管理经验等方面全面考察企业的综合处理能力，并授予一定的资质，这不仅有利于垃圾焚烧企业市场的规范化，还便于政府对特许经营单位的选取。同时，还要按时对这些企业进行审查，对不符合级别要求的降低等级或者限时整改。最后，提高垃圾焚烧处理市场准入门槛，把没有焚烧技术、焚烧处理经验的企业排除在市场之外。

二是规范市场退出机制，在垃圾焚烧处理项目特许经营中，特许经营单位经常为了获得特许经营权而违法投标，形成恶性竞争，扰乱市场秩序。待低价中标后，为了减少成本又降低建厂质量、违法偷排漏排，造成环境二次污染，浪费社会资源的同时损害了公众环境权益。为此，我们可以建立失信垃圾焚烧处理企业黑名单制度，将恶意投标和违法排放的企业纳入黑名单，以影响其社会公信力和经济效益的方式来规制违法行为。若特许经营企业的违法行为造成重大社会影响，给环境造成巨大损害，应直接取缔其垃圾焚烧处理的资格，并不得再申请垃圾焚烧处理特许经营项目。只有以强大的威慑力来处罚违法行为，才能保障垃圾焚烧处理市场规范运营。

### （三）明晰特许经营双方职责

特许经营合同与一般民事合同的最大区别在于特许经营合同中政府具有行政优益权，这种行政优益权使得合同双方主体处于不平等的地位。行政优益权是保障行政职权有效行使，国家赋予行政主体及行政人享受职务上和物质上优异条件的资格，包括行政优先权和行政受益权两方面[1]。政府可为了公共利益的而行使行政优异权的某些优先条件，在公共利益难以界定的情况下，行政主体可能会滥用该优先权随时解除垃圾焚烧处理经营合同，损害公共利益和被特许经营方的权利。而契约化的经营方式会使得政府和被特许经营者偏向于采取商业化的行为模式，商业化追本逐利的本质难以避免偏离公共服务的需要[2]，最终损害公共利益。为避免公共利益受损和保障特许经营单位的权利，应当明晰双方的权利义务。

一是合理规制政府的行政优益权，行政合同包含行政和合同的双重属性，行政的

---

❶ 胡建淼．行政法学［M］．（第二版）．北京：法律出版社，2003.

❷ 孙东耀．公用事业特许经营的法律规制［N］．中国社会科学报，2016-06-01.

含义为权力，为了公共服务的持续供给和服务质量，当特许经营企业出现违法行为时，政府变更、暂停或解除行政合同有其正当性基础。而合同包含意思表示一致、违约责任承担等内容，这表明行政主体的行政优益权有一定的界限，即必须有充足的理由和证据才能变更或解除行政合同。特许经营单位相对具有行政特权的政府来说力量较弱，为了提高特许经营企业积极性，保障特许经营企业合法利益，应当合理规制行政主体的权力界限。第一，明确解除特许经营合同的程序。一是解除合同主体的合法性，只有具有行政主体资格且经过上级部门审批后的解除协议决定才有效力；二是必须经过责令改正程序，只有特许经营单位拒不改正时才可进一步解除[1]，避免突然解除合同损害特许经营单位的经济利益和公共环境利益；三是在做出解除合同的决定之前要召开听证会，公开解除的原因并允许特许单位作合理解释。第二，给予受损的特许经营单位合理补偿。补偿的依据来自于政府享有的行政优益权损害了特许经营单位的既得利益和预期利益时，应当弥补由此造成的损害。可知，只有特许经营单位没有违法行为且其利益遭到损害时才能得到补偿，补偿的方式可以是补偿金，也可以是其他政策优惠措施。第三，畅通特许经营单位的救济渠道。若政府解除合同的行为违法，或者没有给受损的特许经营单位补偿，该单位可通过行政复议、行政诉讼的方式维护自己的合法权益。

二是明确特许经营单位的违约责任，行政合同中政府具有的行政特权使得政府具有很多优势，容易随意解除合同，损害特许经营单位的利益和公共利益，但也不乏特许经营单位违约的情形。前面所述，许多垃圾焚烧处理的特许经营单位在获得授权前是不具有焚烧处理的技术和经验的，在焚烧处理项目的特许经营中特许经营单位可能因为技术不达标和资金筹集困难而导致项目特许经营无法正常进行，这时若解除合同重新授权其他经营单位则费时费力，浪费行政资源。所以，特许经营因涉及公共利益，其违约责任的承担有其特殊性。若违约责任较小，政府应当首先让其承担继续履行的违约责任，企业启动特许经营备用计划，政府可以给予资金和技术的支持，帮助经营单位渡过困难时期。而且，政府也应当有应急预案，特许经营单位继续履行不能时，政府可结束与该单位的合同，重新委托备选企业为新的建设单位继续运营。当特许经营单位无法继续履行合同时，应当及时对已经启动的项目作价评估，并根据违约责任的大小依约赔偿给政府造成的经济损失。

## 五、结语

垃圾焚烧处理项目的行政特许经营因为缺乏规制导致政府和特许经营单位处于无序化状态，为了平衡公众、政府和特许经营单位三方的利益，我们应当合理规制政府的行政许可权和行政优益权，保障特许经营单位合法高效运营，并建立特许经营单位的市场准入和退出机制，以明晰违约责任的承担方式，保障公共利益得以实现和垃圾焚烧项目特许经营合法有序运行。

---

[1] 邓可祝．公私合作背景下行政特许经营协议的强制终止［J］．法学研究，2017（3）．

# 其他

# ● 福斯特小说《最漫长的旅程》中的生态思想解读 *

刘代琼 **

（四川民族学院　外国语学院，四川　康定　626001）

**摘　要**：文章基于生态批评理论，从自然生态、社会生态和精神生态三个层面来对福斯特的小说《最漫长的旅程》进行剖析，以期管窥福斯特小说中蕴含的生态思想及其构建和谐生态整体主义的愿景。

**关键词**：生态批评；生态思想;《最漫长的旅程》

## 一、引言

《最漫长的旅程》是 E. M. 福斯特生前发表的五部长篇小说[1]之一，与其说是小说，倒不如说是福斯特本人的自传，因为在小说主人公里奇身上可以清晰地看到福斯特的影子。这本小说虽不如其他小说畅销，却耐人回味。经知网检索，1989—2017 年期间收录的以“《最漫长的旅程》”为主题的文献共计 27 篇，从多个角度对小说作了探讨，主要体现在四个方面：第一，恋母情结。研究者立足弗洛伊德相关学说来分析主人公里奇 · 艾略特的“恋母情结”及其命运（张福勇、李烨、王晓丹，2012）。第二，同性恋，研究者从同性恋的视角对《最漫长的旅程》发掘隐藏在异性恋关系和男男友谊中的同性恋欲望和关系，以严肃的学术视角更好理解作家和其作品（骆文琳，2009）。第三，从拉康精神分析理论来观照主人公里奇 · 艾略特的命运，有的研究者认为其年少时期的俄狄浦斯情结导致了他的病态想象，阻碍了自我身份的认同和人际关系的建立，最终导致了自我迷失（骆文琳，2008）；有的研究者分析里奇的认识误区心理成因，并认为福斯特对认识论问题或者说是对其所谓“现实的形而上学观点”的关注是对爱德华时代的“认识危机”回应（李建波，2009）。第四，伦理道德，研究者认为“道德主题”在本小说中代表“理想与现实、习俗与真理的冲突，对个人自由与自然情感的渴求以及阶级准则的压力”，也传递出作者福斯特本人所追求的理想社会是

---

* 基金项目：本研究系四川外国语言文学研究中心项目“从生态整体主义视角解读福斯特小说的生态问题”阶段性成果（项目编号：SCWY16–05）。

** 作者简介：刘代琼（1981—），四川雅安人，硕士，副教授。研究方向：外语教学、比较文学与跨文化研究。

[1] 其他四部分别为《天使不敢涉足的地方》《看得见风景的房间》《霍华德别业》和《印度之行》。

一个人人“心灵发育完善的”、关系和谐的道德社会（文蓉，2011）。除此之外，还有对该小说写作手法、爱德华时期英国社会等方面的研究。从某种意义上说，福斯特是个生态主义者，在其作品中不乏对人与自然、人与人、人与自身关系的写照和思考，而现文献表明研究者对《最漫长的旅程》中自然生态方面研究的欠缺，因此，通过对该小说进行生态批评的主位研究，利于我们更好地理解该作品和认识福斯特的生态思想。

## 二、生态批评概述

“生态批评”思潮发端于 20 世纪 70 年代，作为文学批评的一个分支或流派，它不是“生态”和“文学批评”的简单叠加组合，而是基于两者内涵和外延发展的需要，经过几个阶段的演变而来，并且不停地得以发展完善。一方面，“生态学”作为自然科学的一个门类，其研究方法和手段慢慢被运用到人类学、社会学等领域，具有浓郁的人文色彩，新东西的注入使得生态学的范畴得到进一步拓展，逐渐实现其人文转向。随着自然灾害的频发和环境恶劣程度愈演愈烈，以利奥波德 1949 年出版的《沙乡年鉴》和卡森于 1962 年出版的《寂静的春天》为代表的自然文学作品的问世，“自然书写”“生态文学”等如雷贯耳，进入大众视野，唤起了人们的环境意识。另一方面，文学批评理论层出不穷，而其中却没有很好地用来解读生态文学作品的理论，1974 年，美国学者密克尔（Meeker）在著作《幸存的喜剧：文学的生态学研究》中提出“文学生态学（literary ecology）”这一概念。

生态批评在国外的发展大致经历了三个阶段，即“‘表征阶段’，主要研究文学如何表现自然及人与自然的关系；‘重现阶段’，致力于重新发掘有关自然的作品以及自然作家；‘理论阶段’，主要是构建自身的理论体系，即考察物种的象征建构，理解文学话语如何定义‘人’这个概念”。在我国，有关“文学与生态”的研究最早可以追溯到 1983 年赵鑫姗的《生态学与文学艺术》，作者希望文学家能打开眼界去掌握一些生态学、环保和自然哲学等学科的理论知识，关注现代科技对人、社会和自然的影响，探求如何建立一种人与自然的新关系。1996 年，鲁枢元认为文学艺术是拯救人类面临的生态危机的精神通道，呼吁人们思考生态学、文艺学的转向发展问题；1999 年，“ecocriticism”首次进入中国文艺学学者的视野[1]；随后，鲁枢元于 2001 年对“生态学文艺批评”进行梳理并尝试对其内涵和外延下定义；同年，由王宁教授主编的《新文学史》精选本第一辑中首次正式提出“生态批评”的术语。从此，有关“生态批评”的理论、实践研究层出不穷，有很多代表性学者，其中较有影响力、研究周期较长、连贯的有学者鲁枢元和王诺等。2006 年，生态批评家鲁枢元从“生态学”的范畴进行了补充，他认为生态学应该包括自然生态、社会生态和精神生态三个层面。而对于什么是生态批评，王诺认为“生态批评是在生态主义、特别是生态整体主义思想指导下探讨文学与自然之关系的文学批评。它要揭示文学作品所反映出来的生态危机之思想

[1] “ecocriticism”被介绍到国内，译作“文学生态学”，参见：司空草．文学的生态学批评［J］．外国文学评论，1999（4）：134–135.

文化根源，同时也要探索文学的生态审美及其艺术表现。”

如果把生态批评比作一栋三层楼的房子，那么第一层是自然的，是人与自然的关系之所栖；第二层是社会的，是人与他人的关系之所栖；第三层是精神的，是人的灵魂与意志之所栖。这三个层面你中有我，我中有你，是构成整个生态系统的有机体，只有保持整个生态系统中的生态万物间关系的平衡稳定，才能实现生态整体的和谐。基于此，本研究拟结合《最漫长的旅程》从“自然生态”“社会生态”及“精神生态”三个层面来考察主人公与其自身、与他人及与自然之间的错位关系，以管窥福斯特小说中的生态思想。

## 三、《最漫长的旅程》中的生态思想解读

小说书名《最漫长的旅程》源自雪莱的长篇情诗《心之灵》中的诗句“……与一个伤感的朋友，抑或嫉妒的对头，开始走上那最沉闷最漫长的旅程”，言下之意是指两性之间不自由的结合是“最沉闷最漫长的旅程”。福斯特本人自评该小说带有强烈的时代烙印，因为人口的增长和科学的滥用造成乡村道路的危险、空气的污浊、河流的肮脏、蝴蝶和野花所受喷雾剂的摧残、埃文河飘满洗涤剂的沫儿、鱼儿在剑桥泛起肚皮，那个无比美好的英格兰面目全非，一去不复返了。在文明和科技进步大道上越走越远的人类如何能回归工业革命和城市化之前的大自然的怀抱，这将是“最漫长的旅程”。

### （一）福斯特对自然、自然人及人与自然的错位关系的书写

首先，在小说《最漫长的旅程》中，福斯特通过对自然景色的诗意描写来表达了对大自然的向往、赞美及担忧。在剑桥河岸的旁边，有幽静的小山谷，绿草如茵，有清澈的水池等，哪怕每一处界标都让里奇感到快活，他把剑桥当作他真正的家；里奇同阿格尼丝结婚后来到索斯顿生活后，文中对自然风景的描写几乎没有，但提到了索斯顿扩建的校舍没有了古代建筑的典雅之风，却多了纯现代建筑的样式，就如同学校的办学理念过于商业化；而在威尔茨郡的福斯特同样用了大量笔墨去描写当地的自然风景，清澈见底的河水、令人向往的草原堑壕、广袤的树林、令人称奇的圆形阵地、让人爱戴的朴实无华的田野等。通过对自然风光的描写，还可以揭示一个道理，即人在充满自然生态气息的风景，会恬淡而宁静；而一旦脱离自然的怀抱，人就会奄奄一息，失去自我。福斯特在通篇小说中数次安插了火车的出现，火车是工业文明的产物，它的出现要不就是夺走人的生命，要不就是对环境造成破坏，火车具有深刻的生态寓意，反映出作者对生态危机的忧患意识。

人作为自然的组成部分，福斯特不仅歌颂自然，还赞美人，赞美那些没有地位、学识不高但四肢健壮、生机勃勃的“自然人”。其中的典型代表是里奇同母异父的弟弟斯蒂芬，他是牧羊人，“是一个二十来岁的虎背熊腰的小伙子，一身令人羡慕的肌肉，只是与身高相比，身体过分宽厚了。”斯蒂芬远离人类文明、大城市，生活在僻远的乡村，率真、潇洒自在、生机盎然，成了里奇羡慕的对象。斯蒂芬要来和里奇认亲的时候，脱离了原来的乡村生活环境，从一个自然人被异化为一个堕落的文明人，几经波

折，最后远离尘嚣，回到原来的乡下，恢复了生命的活力。他在新婚之夜都睡在他过去经常一个人睡的开阔的丘陵草原，女儿降生后，他带着女儿一起投入大自然的怀抱，惬意地生活，纯粹的自然之美与生命之美有机地融合在一起，构成一幅美丽的画卷。

### （二）福斯特对人与人、人与社会之间错位关系的批判

简言之，社会生态观主要是指人与他人或个体与社会之间多种关系的总和。理想的社会生态关系是人与人之间平等的，人与社会是各尽其能、各得其所、相互依存的和谐状态。然而在现代文明中，由于名利、金钱、地位等的诱惑，部分人丧失自我，人与人、人与社会之间的关系变得扭曲、畸形，这在小说《最漫长的旅程》中有集中的体现。里奇的父母对他的疏离，让他没有安全感、自卑，父母的先后出轨让他对感情和婚姻产生怀疑；女主人公阿格尼丝表面看似清高，其实骨子里伪善，就是个十足的拜金女，她想方设法撺掇里奇去获取他姑妈的财产；埃米莉姑妈生性刻薄冷漠，对亲侄子里奇多次进行挖苦讽刺，就连他的死她也不放过嘲讽，对收养的和她没有半点血缘关系的斯蒂芬进行身心羞辱、虐待；阿格尼丝的哥哥彭布洛克虚伪势利，追名逐利，打心底看不起地位较低的人。而里奇却要周旋于这些人物之间，可见其内心是多么的崩溃，尤其是在索斯顿，在压抑且专制的氛围中，他逐渐迷失了自我，活在矛盾中。福斯特在小说的开端给大家构筑了一个仿若和谐美好的社会状态，然后再让里奇亲手撕开层层面纱，直到真实的丑陋逐渐浮现出水面，引人深思。

### （三）福斯特对人与自身精神世界错位关系的揭露

人类的存在既具有自然属性，又具有社会属性，更具有精神属性。小说《最漫长的旅程》既披露了人类精神的异化，也揭示了自我精神的救赎，比如阿格尼丝、里奇的母亲和里奇等人。如里奇的妻子阿格尼丝工于心计，对里奇身后的可能获得的财产打主意，最终如意算盘落空，她和里奇分道扬镳，流连于物色下一个人选，或许后来的她在物质上得到了满足，但精神层面却沦丧了，忘记了她灵魂原本该有的样子。里奇的母亲在一次聚会上认识了平头百姓罗伯特，被他那双粗糙的干农活儿的手吸引住了，他们谈论人工沤制肥料、如何侍弄土地，“土地变成了活生生的东西，肥料也不再是肮脏之物，成了繁衍生命的生生不息的象征物”。在得知丈夫出轨后，埃里奥特太太决定抛弃埃里奥特先生和那看似体面却病态的生活，同年轻的农夫罗伯特远赴他乡，“逃入”充满生活活力的大自然的怀抱，在斯德哥尔摩经营农场来谋生，通过下地干农活儿来谋求幸福的生活，这可以说是里奇母亲对自我精神的救赎，表达了福斯特“回归自然”式的生态哲思。对里奇而言，在索斯顿的日子是他最煎熬的，邓伍德大厦就像一个加工厂，学生就是批量生产的产品，里奇也被机械化了，他的工作就是配合妻子的哥哥进行商业性的“搞阴谋”，而不是真正的教书育人，他同情和他有过类似经历的弱者，但不能提供实质性的帮助，他厌倦了这个机械呆板的工作，他的精神、良心随之沉沦，脾气秉性也发生了变化，正派的里奇在这个利益至上的现代文明的漩涡里也慢慢迷失了自我，精神部分也逐渐被扼杀了。在安塞尔和斯蒂芬的帮助下，里奇最终摆脱种种束缚，又通过牺牲自我来唤醒斯蒂芬，而福斯特也通过里奇找回了自我并

实现自我精神世界的平衡。

## 四、结语

生态批评的核心理念是生态整体主义，其内涵是“把生态系统的整体利益作为最高价值，把是否有利于维持和保护生态系统的完整、和谐、稳定、平衡和持续存在作为衡量一切事物的根本尺度，作为评判人类生活方式、科技进步、经济增长和社会发展的终极标准。”人类作为生态系统中的重要组成，在遵循自然规律的前提下可以有限度地向自然界索取生存资源，也要履行维护生态系统正常运转的义务。福斯特说过在这部小说的创作过程中比在其他写作中更接近他自己的心智和心灵，自传的成分很多，文中的里奇可以说就是作者本人的映射。“奶牛在那里”作为一个哲学意象在小说中反复多次出现，它可能指生态系统的运转异常，具体体现在：人与自然之间的错位、人与他人之间的错位、人与自我的错位。福斯特通过对剑桥、威尔特郡等多处自然风景进行明快和晦涩的描绘来传达出人类赖以生存的生态环境和自然资源在文明进程中所付出的沉重代价；作者对里奇与父母、姑妈、妻子、私生子弟弟等人物之间关系的创设，重在揭示工业时代背景下人与人之间关系的机械化、陌生化；里奇的一生在与他人之间关系错位的同时，其精神也被异化，天生的腿脚残疾、亲情的缺失、婚姻的破裂以及工作的压抑促使里奇慢慢丧失自我。小说以主人公里奇从剑桥到索斯顿再到威尔特郡的地点转换顺序为主线来勾勒出他精神异化的轨迹，在安塞尔和斯蒂芬的救赎下，他最终用生命与这些错位关系达成了和解，表达了福斯特想要实现生态整体和谐的诉求。

## 【参考文献】

[1] 张福勇，李烨，王晓丹．解析《最漫长的旅程》中的恋母情结［J］．东岳论丛，2012（7）：185–187.

[2] 骆文琳．《最漫长的旅程》：福斯特对同性恋欲望的隐匿书写［J］．西南农业大学学报（社会科学版），2009（6）：118–121.

[3] 骆文琳．漫长的旅程　注定的悲剧——以拉康的精神分析理论解读《最漫长的旅程》里基·艾略特的命运［J］．中北大学学报（社会科学版），2008（6）：56–58.

[4] 李建波．拉康心理分析理论的变奏——《最漫长的旅程 》中认识误区心理成因的呈现［J］．英美文学论丛，2009（5）：40–49.

[5] 文蓉．论《最漫长的旅程》中的伦理道德主题［J］．嘉应学院学报，2011（12）：65–68.

[6] 刘玉．美国生态文学及生态批评述评［J］．外国文学研究，2005（1）：154–159.

[7] 赵鑫姗．生态学与文学艺术［J］．读书，1983（3）：110–111.

[8] 清初．《新文学史》中文版精选本在海峡两岸同时出版［J］．外国文学，2001（7）：33.

[9] 鲁枢元．生态批评的空间［M］．上海：华东师范大学出版社，2006：93.

[10] 王诺．生态批评：界定与任务［J］．文学评论，2009（1）：63–68.

[11] E.M. 福斯特．最漫长的旅程［M］．苏福忠，译．北京：人民文学出版社，2009.

[12] 王诺．生态批评与生态思想［M］．北京：人民出版社，2013：141.

# ●“两课”考试中开放题应用的制约因素

高齐天[*]

（兴义民族师范学院，贵州　兴义　562400）

**摘　要：**开放题有利于学生发散扩展能力的培养和创新能力的塑造，高校“两课”考试中更应该注重开放题的应用。制约开放题在“两课”考试中应用的技术性因素体现在题型设计和评分标准环节，而在制约其应用的非技术性因素中，既有教师因素，也有管理机制问题。本研究提出与“两课”考试开放题应用相关的几条建议。

**关键词：**“两课”考试；封闭题；开放题；素质教育

## 一、开放题的价值及其在“两课”考试中的应用现状

开放题或开放性试题相对于传统封闭性试题而命名。与传统封闭性试题固定的、一维式的答案相比，开放题的答案具有多样化、多重性，反映思维的多向度结果，可以有效避免传统封闭性试题误导学生机械记忆、单向思维的后果，通过答案的多样性与条件的不完备性相关联，造成条件与结论之间的多环节、多线条之间的联系，对学生知识的综合运用能力、思维的发散扩展能力进行相应的考查，“考学生在运用课堂所学原理中是否有创新思维，同时，也可测试和考察学生的逻辑思维能力和政论水平”，有利于学生创新能力和实践能力的塑造。

随着素质教育的推进，开放题在中学思想政治课的各级考试中得到普遍推广，特别是在高考政治试卷中连年出现。与开放题在中学思政课考试中的应用情况形成鲜明对比的是，多年来高校“两课”（高校“马克思主义理论课和思想政治教育课”的简称）考试，“试卷结构大体上分为客观题和主观题两大部分，题型模式一般是由选择、填空、名词解释、简答和论述等题型构成”，材料分析题这样的开放题型却难得一见。这是很反常的现象。从认识发展的规律上看，学生在大学阶段比中学时期的思维水平更复杂，实践经验更丰富，更有能力接受开放题的涉入；从社会发展的需要来看，大学阶段是踏进社会大门的前奏，学生更应该在这一时期学会如何运用所学知识去分析和处理现实中可能遇到的种种问题，才能顺利地接轨社会。因此，高校“两课”考试中更应该注重开放题的应用，而不是相反。

---

* 作者简介：高齐天（1968— ），男，河南信阳人，兴义民族师范学院马克思主义学院副教授，中国哲学硕士。研究方向：中国哲学和思想政治教育。

## 二、制约开放题在“两课”考试中应用的技术性因素

“两课”考试中开放题之所以少见的首要原因在于，该题型在题目设计与分数评定两个环节存在一定的复杂性，构成制约其普及应用的技术因素。

### （一）题目设计的考量视角

考试是对学生水平的检测，而命题则是对教师水平的检测。能否通过恰当的题目设计达到开放题预设的考查目标，决定该题型命题的质量与成败，需要命题人员精心设计，注意诸如以下多重因素的权衡：①考查内容的综合性。开放题跳出传统问答题“点对点”的考查模式，突破简单的线性思维，通过立意多元化，实现“面对面”的问与答，调动学生的发散思维，这本身就需要考查的题目“在知识内容上应具有综合性，使内容标准能覆盖更多的相关知识点”，为学生思考问题构造一个足够开阔的空间范围。②考查内容的限定性。开放题的所谓开放，不是无条件的、无限定的、任意的开放，而是结合考试科目的具体教学目标，对相应的知识与能力结构进行考查。因此，如何把握好开放性与限定性的有机统一，让学生在预设的范围内自由发挥，是衡量题目优劣的一个关键。③背景材料信息量的处理。背景材料是构建问题方向、考查能力类型的信息平台，它所“提供的信息情况直接影响到学生解题的情况，反应学生的学业水平，影响试题的功能”。出题者通过对材料信息冗余或不足的设计，让学生利用所学知识对材料信息进行筛选或补充，从而锻炼确定条件、处理问题的实践能力，锻炼在条件与结论之间构建逻辑链条的探究能力。④多元结论的问题设计。无论是在分析论证型、反思评价型、对策研究型等问题类型中做如何选择，都应当留出足够的结论空间，确保问题设计的开放性，确保学生在找原因、谈认识、提建议、找办法的过程中有充分的个性和能力释放空间。

总之，出一道高水平的开放试题，要比出一道传统的问答题复杂得多，包含着更高的技术含量。

### （二）评分标准的设定

与封闭题具有标准答案、可以采取简单的“采点计分”形式不同，“开放题评分的最大难度正在于没有确定的评分标准可以参照，这使得作为评分标准的评分量规本身成了最需关注的焦点，其开发和运用成了整个开放题评分系统中的技术核心”。

相对于封闭题评分在标准答案与学生答案之间进行等量比对的做法，开放题评分则需要对学生建构的答案形式和内容进行主观判断，而判断的依据和标准就是评分量规。开放题答案的多元化且伴生着一定的不可预知性，所以其评分标准不可能像封闭性试题一样采取简单的“采点计分”形式，而应该积极探索与开放题相称的评价办法，保持一定的灵活性，方能实现开放题型的测试功能。目前，思政课开放题的评分标准仍然表现为两种极端的低水平形式：其一，“采点计分”。在罗列出多种可能性答案中，分别提供得分的知识点，将封闭题的单点或定点给分，变多点给分而已，其“采点计分”的实质未变。其二，笼统性标准。不再提供具体的计分点，而以“言之有理，酌

情给分”之类的模糊语言作为替代标准。这种情况反映出思政考试开放题研究的不成熟的一面，直接影响开放题的价值与评分信度。

在开放题评分环节，TIMSS、NAEP 模式[1]已经在国际上得到了广泛认可，在相应的数学、科学、语言等学科领域的运用日趋成熟，应该成为其他学科研究、模仿和借鉴的对象。如何根据“两课”内容的特殊性，借鉴国际教育评估系统的研究成果，让开放题的评分量规更具科学性和可操作性，是对“两课”教师评分智慧的考验。

## 三、制约开放题在“两课”考试中应用的非技术性因素

### （一）教师因素

教师是教学活动的具体实施者，在现行国家教育体制所赋予高校教师的教学权利下，其个人意志与注意力决定了在课程考核过程中的命题选择与偏好。

“两课”教师不愿意设计开放题的主要原因有两点：一是拈轻怕重思想。一方面，如前所述，开放题本身的设计和评阅与封闭题相比，就是复杂劳动与简单劳动的关系；另一方面，如果考试涉及开放题，就必然需要相应地在长期的教学过程中转变教学注意力，重视学生运用知识的能力和个人综合素质的培养，在教学过程的各个环节投入更多的时间和精力，付出更多的背后不为人知的劳动。因此，如果没有外在的行政规定或者奖励机制作为制约或引导因素，多数教师宁愿做出避重就轻的选择，远离开放题。二是学生学习状态的影响。学生个人素质及其对“两课”的态度，直接影响教师的教学思路和命题思想。受就业压力、专业学习压力以及市场经济和社会负面问题等诸多因素的影响，大多学生其实并不重视“两课”内容的学习。他们关注的是课程考试能不能过关，能不能考出及格分，而不是在这种学科学问上有所建树，不愿意在该课程上下更多工夫。这种状况，使得“两课”教师在长年的出题中，总是尽量减少试题难度，尽量出一些知识考查性的封闭性试题，以迎合学生。

### （二）“两课”考核管理机制

各高校“两课”考核工作在国家教育部和各省教育厅的宏观指导下，在各高校教务处的具体管理下，由各教学部门及其教研室具体实施。这套机制在运行过程中存在的一些问题，直接或间接地影响着“两课”考核的改革思路和实施过程，难以为开放性试题在理论考试中的运用提供强有力的机制性保障。

#### 1. 宏观指导过于笼统、监管过于粗放

中宣部、教育部 2005 年颁发的“意见”与“实施方案”是指导高校“两课”教学与考核工作的最高权威文件。据其要求，高校“两课”的考核工作，努力实现“改进和完善考试方法”，不断探索新的考核方式并取得了一定的成效。但是，纵观各高校

[1] TIMSS（the Tthird International Mathematics and Science Study）指国际教育成就评估协会进行的一系列学业成就研究；NAEP（the National Assessment of Educational Progress）是美国唯一一个在全国范围内持续进行的对学生在多学科领域达到的素养实施评价的项目。

近年来的考核方式改革，可以看出，它们大都集中在加强过程考核与实践活动考核两个方面。诚然，这有利于针对思政课"育人"特征加强学生道德品质、政治素质的培养与考核，但是却忽略了在理论素养考核方面的改革思考，而理论素养的培养恰恰是"两课"教学产生实效性的思想基础。这种情况折射出宏观指导的缺陷。相比之下，教育部直接通过高考命题的方式更容易成为高中政治考试命题的"指挥棒"，并由此左右高中政治教学的改革方向。当然，这里并非要求教育部对高校政治教学与考核的管理模式要与高中模式相同，因为毕竟大学教育与中学教育是完全不同的两个阶段，但是如何调整指导方式，使教育部、各省教育厅对高校政治教学的指导更加切实有效，则是需要在实践中不断探索的问题。

从监管机制上看，教育部、各省教育厅通过各种"评估""检查"手段监督和促进高校教学管理，起到了一定的效果。但是从"两课"试题考试形式改革的角度上，这类形式的监管过于粗线条化，具体表现为：第一，评估、检查频度过低，不能形成常态化检查；第二，综合性检查，专业检查少。这两种情况导致高校"两课"考试情况检查几乎成了"盲区"，少有问津者，即使有人过问也往往是浮光掠影，难以站在"两课"理论教学目标的高度进行检查或提出整改要求。

2. 执行缺乏灵活性

各高校教务管理机构、思政教育工作管理部门，为了各类评估、检查过关，对"两课"教学的整体工作包括考试工作提出种种规范化、标准化要求。这些要求从总体上来说有利于"两课"考核工作的优化推进，例如要求试卷要有命题计划，批阅要用规范标识，平时成绩要有记录等。但是过分机械化地推行所谓规范化难免会导致一些局部性的问题，例如对试卷命题的所有主观性题目一刀切式地要求采点计分，要求命题人提供的答案标准里必须准确给出计分点，更有甚者，要求所有题目都必须能在教材中找到现成答案，这种要求对于开放性试题就显得有些苛刻，不利于这类试题的推广，最终也偏离了"两课"的考试目标。

## 四、与"两课"考试开放题应用相关的建议

第一，加强开放题的研究与应用。如前所述，开放题在题目设计与评分标准方面都存在着一定的技术难度，尤其是在高校"两课"考试中应用经验的短缺，都客观地要求着"两课"教师投入更多的精力加强该项题型的研究与应用。"两课"教师应在借鉴开放题应用的相关经验基础上，发挥个人智慧，创新命题设计。

第二，加强日常教学中的素质教育。考试是对教学结果的检验，只有在日常教学环节注重素质教育，注重学生能力的培养，才能在考试环节中让学生欣然接受开放题型。管理机构、教学部门、教师个人都应树立素质教育的导向与观念，真正提高学生素质。

第三，加强师资队伍建设，提高教师的职业道德与业务水平。制约开放题设计和应用的种种因素，注定了它的应用与推广包含着教师个人更多的精力付出，要求教师具有强烈的奉献精神和较高的业务素质。教学机构除了建立相应的激励机制外，更应

当加强教师的职业道德教育与业务素质培训。

第四，加强校级教学管理，提高教学管理水平。校级教学管理部门是领会、执行上级管理机构精神意图，并对下级管理对象提出相应的教学要求的重要环节，决不能简单地将自己的作用等同于“传声筒”，机械执行甚至“失真”传达上级政策，而应当在提高本部门工作人员业务素质的基础上，加强对教学规律的研究好为“两课”考试改革提供较为广阔的应用空间。

## 【参考文献】


[1] 张允熠．两课考试方法改革发微［J］．教育与现代化，2005（1）：21.

[2] 王锁明．高校思想政治理论课考试改革研究综述［J］．中国考试，2012（7）：49.

[3] 蔡小梅．高中思想政治学科开放题设计研究［D］．福州：福建师范大学，2014.

[4] 冯翠典，等.TIMSS 和 NAEP 的开放题评分技术研究［J］.教育测量与评价（理论版），2010（3）：27.

# ● 运用思维导图提高小学生语文学习效率

杨芳芳*

（贵阳市第二实验小学　贵州　贵阳　550025）

**摘　要：**思维导图这种学习方式可以帮助我们开发大脑潜能，本研究介绍了如何在实际课程中向学生介绍思维导图，充分调动学生的学习兴趣和好奇心，让学生可以在学习思维导读的过程中很好地促进知识的结构化，使知识的获取、存贮、提取更便捷高效，从而培养学生的思维能力，促使学生学会学习。

**关键词：**思维导图；小学语文教育；课程设计

## 一、思维导图的概念及其教学意义

面对知识爆炸性发展的大数据时代，传统语文的课堂教授方式已经面临着严峻考验及挑战，如果不进行教学模式的更新和优化，如何适应现在高速发展的社会？因此，越来越多的教育工作者达成了共识——通过开展课题研究来提高教学课堂的有效性。探讨思维导图在教学中的运用，无疑为小学语文教学注入了新的理念，不仅培养了学生新的学习思维，还提高了教师的教学水平，并改变了教学模式走向，这种新的学习方式一进入课堂，就备受教师们的关注。

在学校进行的“提升学生学习力”课题研究中，笔者了解到人的大脑是一个沉睡的巨人，生理学家和心理学家通过研究发现普通人的大脑终其一生也只能用到5%~10% 的大脑潜能。我们大脑的潜能绝大部分还在沉睡！我们的一生可能花费 90% 以上的学习时间学习各种各样的业务知识，也许只花了 10% 不到的时间学习训练学习的方法。怎样在短时间内提高我们的学习效率，激发大脑潜能？思维导图这种学习方式可以帮助我们开发大脑潜能。

思维导图是由英国的心理学家、教育家托尼·布赞在 20 世纪 60 年代提出的一种图解形式记笔记的方法，他运用图文并重的技巧，把各级主题的关系用相互隶属与相关的层级图表现出来，将主题关键词与图像、颜色等建立记忆链接，充分运用左右脑的机能，利用记忆、阅读、思维的规律，协助人们在科学与艺术、逻辑与想象之间平衡发展，从而开启人类大脑的无限潜能，通俗地说是对人脑的模拟，把所有的信息都

* 作者简介：杨芳芳（1975—），侗族，贵州石阡人，中小学一级教师，主要从事利用科研引领课堂教学教育工作。

组织在一个树状的结构图上，每一个分支上写着不同的关键词或短语，而图上又充满色彩和图像。它的整个画面正像一个人大脑的结构图，用思维导图思考学习的方法与我们大脑处理事物的自然方式相吻合。因此它能更有效地把信息放进你的大脑，或是把信息从你的大脑中取出来。它是将人类大脑的自然思考方式——放射性思考可视化的图形思维工具。它既可呈现知识网络，是组织陈述性知识的良好工具；也可以呈现思维过程，是组织程序性知识的良好工具。我们生活中常见的知识网络图、流程图、解析图等都属于思维导图。

## 二、思维导图的教学实践

### 1. 教学中用思维导图代替板书

思维导图独有的呈现方式，能促进学生在逻辑、抽象、发散思维等各方面的发展，并培养学生在语文活动中对问题的分析能力、观察思考、内容理解及语言表达等方面的能力。

在传统的语文教学中，一般是先通过对课文的通读，了解文章想表达的含义和主题，然后对知识点归纳概括。这种模式比较单一和固定，对学生的发散性思维和积极性的调动很有局限，学生容易被固化在单一思维模式中，不容易把不同的知识有机地联系，而且容易让学生产生疲倦感，对学习提不起兴趣和爱好，知识机械地重复单一模式，也是我们的学生成绩好、但是能力弱的原因。

我们的教育不能只停留在课本上，仅关注知识与技能的传授，世界上有很多科学的、符合规律的、经过实践证明的一些有效的学习和思维方式应该让学生去学习并运用。既然思维导图有这样多的优势，我们就应该把这种学习方式教给学生，让学生知道它、理解它、学会运用它，这样才能培养出适应未来社会发展的人才。想教会学生有效运用思维导图，教师必定要先去摸索，尝试着在语文教学中去理解、认识和应用思维导图。

思维导图在小学语文的教学中应该使用多种方案，在课堂的各个方面里有机地把知识融合进去，利用不同情景的教学模式，提升课堂氛围，增加学习的趣味性使得课堂更丰富活跃，激发学生学习兴趣，充分调动学习的热情，从而完成老师所教给的任务，掌握基础性的知识。

在语文教学中使用思维导图带来的成效是很不错的，但是由于在操作思维导图的过程中软件操作比较烦琐，对于使用电脑不是很熟悉的老师来说比较困难，在制定知识框架的过程中容易出现错误和漏洞，但是老师可以通过不断的熟悉、加强对教材深度含义的理解分析，对相关软件的不断探索反复操作，可以变得得心应手。在教学中根据老师自己的正确理解制订出思维导图，让学生可以很快地熟悉课文，加深对相关知识的印象，从而提高成绩。

怎样向学生介绍思维导图？根据中年级的学生认知特点，最好的办法莫过于直观认识了。为了寻找在教学中运用思维导图的切入口，笔者决定在教学中用思维导图代替平时的板书。

根据学生年龄特点编写的高年级语文阅读教材都是完整内容的呈现，所以学生呈现的思维导图也应是内容完整的，这种具备完整倾向的思维导图可以帮助学生更全面、更好地理解阅读材料。

笔者第一次使用思维导图是在教学语文苏教版第五册《北大荒的秋天》一文。这篇课文结构清晰，语言优美，介绍了北大荒秋天的自然风光和丰收景象，说明北大荒是个美丽富饶的地方，表达了作者对北大荒的热爱之情。描写自然风光时，作者对北大荒天空“一碧如洗”和晚霞的绮丽、小河的“清澈见底”及小鱼逆水而游的情景进行了细致的描写。描写丰收的原野时，先用“原野热闹非凡”这个中心句概括了原野的景象，接着从大豆与高粱、榛子树这两方面进行了具体的描绘。接下来作者通过“田野、山岭、江河……草甸子”点明了北大荒丰收的情景。

只有深入地研究教材，才能厘清教学脉络，明白作者的写作意图和教学目的，笔者抓住文章中的关键词来设计思维导图，让思维导图更好地为语文教学服务。笔者在教学时一改平时板书的刻板，将丰富的图案、粗细不同的线条和色彩、文中的关键词与教学有机地结合起来。学生们眼前一亮，有了学习的兴趣，笔者也趁此机会向学生们介绍了“思维导图”，让这陌生的学习方式自然地走进了学生的学习。

“打铁趁热”，笔者又利用三年级语文教材选了《西湖》《做一片美的叶子》《三袋麦子》等课文来讲解、训练思维导图的基本图形和绘制方式，讲解曲线、连接、色彩、关键词、简笔画这些更接近大脑形象记忆的巧妙运用。通过思维导图的展示、讲解，学生基本掌握了思维导图的绘制技巧。重点以“蜘蛛网型”“章鱼型”和“树形”为基本图形；笔者慢慢训练学生从“第一主题”到“次主题”；训练学生找出“关键词”进行填写；最后训练各个“次主题”的位置顺序和色彩区分。

2. 课外阅读活动中使用思维导图

在小学语文的阅读理解中，思维导图的分散性思维可以起着很大的帮助，根据不同题材的阅读材料可以相应地制订科学合理的思维导图来教学。比如文言文、散文、诗歌、小说等不同类型的阅读材料，教师可以针对不同类型的材料制订相应的框架导图，然后设计对应的问题和知识点，引导学生根据导图中的提问做出对应的回答，这样学生可以在很短时间找出规律和答案，加强理解和记忆，对各知识点不容易混淆，只有学生清晰地知道提问的内容，才会针对性地去记忆和理解。

为了让学生能尽快地学习运用思维导图，笔者有意识地选择一些简短、层次清晰的文章让学生集体读，读后用问题引导他们快速地寻找到文中的关键词，然后找重点句子体会作者的意图，最后可以小组或个人的形式来设计思维导图。学生完成思维导图后组织他们进行评比，根据整体的设计，关键词语的提炼，线条的清晰度及自己的体会和收获这几方面来评判。凡是优秀的思维导图，都展示在班级上进行大力表扬，这一做法激发了学生画思维导图的兴趣。

接下来笔者根据三年级学生的阅读要求和能力，推荐了一些优秀的课外书籍让学生阅读。如《窗边的小豆豆》《爱的教育》《中国神话故事》等书籍，学生可以根据其中的一个故事或一本书的内容在规定的时间内完成一篇思维导图。思维导图可以用色彩、图画、代码和多维度来加以修饰，增强效果，使其显得更有趣味、更美、更有特性。这些东西反过来会增强创造力、记忆力，特别是有利于回忆信息。经过这样的尝试和训练，学生们对思维导图不再陌生，并且能迅速抓住文章的主线和关键语句，提高了阅读的兴趣，加大了阅读量，阅读能力进一步提升。

同时可以让学生自己制订思维导图，教师可以先让学生学会制订简单和层数比较少的思维导图，让学生在制作自己思维导图的过程中提高兴趣并且也加深对知识的理解归纳。回到学校课堂，可以将不同学生的思维导图进行对比，让学生分成几个小组，每个小组之间互相提问和讨论，然后根据老师的引导每个小组再来完善自己的思维导图，这种是先放手让学生自己做、再让学生自己找问题、最后老师来归纳总结的模式，让学生提高兴趣，对知识细化，学会科学地记忆和理解问题。

学生在第一次绘制思维导图时，容易没有头绪，无从下手。这时，教师要耐心对学生进行示范性指导，教会他们思维导图的绘制办法。同时，教师需要做好示范工作。当学生绘制的导图出现典型错误时，教师不仅要进行指正，而且要出示自己的思维导图，以供学生参考、修正。

## 三、思维导图教学应注意的问题

如何将思维导图运用于教学的其他方面，发挥它的最大作用？笔者尝试着将它使用于课前预习和课后复习。

### 1. 用思维导图将课前预习落到实处

预习的目的在于初步理解新教材的基本问题和思路。大多数老师要求学生预习的方法是读两遍课文，勾画词语并思考课文讲了什么，自己明白了什么，还有什么不会的。实际操作中，学生往往是将预习忽略了，因为没有办法向老师呈现像作业一样的实物，预习往往落不到实处。因此，在学生课前预习时笔者要求他们制作思维导图，建议他们可以抓住课文的主要脉络和关键词来梳理文章结构、要点，也可以分为字、词、句、写法特点、篇章结构等几个板块来进行思考。通过这样的教学，学生觉得预习不再是单调重复的读书，而是积极主动地储备知识。有了课前有效的预习，上课时学生对课文的理解加深，教学效果更突出。

### 2. 用思维导图巩固、梳理已学知识

复习是师生双方对所学知识进行系统梳理、深化拓宽及灵活应用的过程，并以促进知识迁移为最终目的。传统的复习方式枯燥乏味，基本是老师讲要点，孩子做笔记或进行练习，往往是学生写字写到手酸，一提到“复习”孩子就觉得索然无味。这样的复习如何能调动学生的积极性？语文知识多而零散，容易造成学生记忆的混乱和目的性的偏差。这时候就可以用画思维导图的方式帮助学生构建整个知识网络，厘清层次，找出重难点。思维导图的“梳理”和“压缩”功能，能把一个单元甚至是一本书的内容“梳理”并“压缩”成由关键信息及其联系所组成的一张图，这更便于学生在整体上建构和把握知识点，理清复习的思路和重难点。笔者相信长期运用这种学习策略，可以很好地促进知识的结构化，使知识的获取、存贮、提取更便捷高效，从而培

养学生的思维能力，促使学生学会学习。教师也可以从学生画的思维导图中判断学生对所学内容的掌握情况及时予以评价、指导。

回顾学生在这阶段完成思维导图的过程中，发现他们处在不断有新发现的喜悦中，这提高了学生探究新事物的动手能力和学习能力；自我展示的活动也会鼓励和刺激学习的主观能动性，变被动学习为主动学习，从而把学习变成一种乐趣。课堂因此而活跃起来，学生的“主体”作用充分发挥后才能成为课堂学习的主人。在此过程中，教师只是参与者和引领者，课堂不再是教师“唱独角戏”的地方，而变成师生思想碰撞的舞台了。

叶圣陶先生曾经说过，教就是为了达到不教。笔者想，思维导图应该有更大的学习空间，作为语文教师，我们应该积极探索，寻找到更多的学习价值和更多的学习方式，让课堂的学习形式不再单一。课题的研究带给笔者和学生们对新的学习方式一种全新感受，只有依托课题研究，教师在教学实践中不断总结经验，不断完善教学方式，才能将语文教学与学生的具体情况有机结合，真正达到提高教学实效的目的。

## 【参考文献】

[1] 高斯涛，陈容. 思维导图在小学语文教学中的研究综述[J]. 软件导刊(教育技术)，2017，16(11)：83-86.

[2] 李静. 思维导图在小学中高年段语文教学中的应用现状研究[D]. 沈阳：沈阳师范大学，2018.